ZHONGHUARENMINGONGHEGUO XINGFA
LIFA JINGJIE

中华人民共和国刑法
立法精解

—— 上 ——

王爱立／主编

中国检察出版社

图书在版编目（CIP）数据

中华人民共和国刑法立法精解：上下／王爱立主编
.—北京：中国检察出版社，2021.6
ISBN 978-7-5102-2543-7

Ⅰ.①中⋯　Ⅱ.①王⋯　Ⅲ.①刑法－立法－研究－中国　Ⅳ.①D924.02

中国版本图书馆 CIP 数据核字（2020）第 270795 号

中华人民共和国刑法立法精解（上下）
王爱立　主编

责任编辑：俞　骊　李冬青
技术编辑：王英英
美术编辑：曹　晓

出版发行：中国检察出版社
社　　址：北京市石景山区香山南路 109 号（100144）
网　　址：中国检察出版社（www.zgjccbs.com）
编辑电话：（010）86423753
发行电话：（010）86423726　86423727　86423728
　　　　　（010）86423730　86423732
经　　销：新华书店
印　　刷：保定市中画美凯印刷有限公司
开　　本：710mm×960mm　16 开
印　　张：76　插页 8
字　　数：1320 千字
版　　次：2021 年 6 月第一版　2021 年 8 月第二次印刷
书　　号：ISBN 978-7-5102-2543-7
定　　价：238.00 元（上下）

检察版图书，版权所有，侵权必究
如遇图书印装质量问题本社负责调换

编写说明

2020年12月26日，第十三届全国人大常委会第二十四次会议通过了《刑法修正案（十一）》。这是自1997年刑法全面修订以来，又一次重要的修改完善。

1997年以来，全国人大常委会对刑法作了一系列修改补充，先后通过了一个决定、十一个刑法修正案和十三个有关刑法的法律解释。总体来看，我国这一时期刑事立法活动比较活跃。一方面，刑法对于依法惩处犯罪、维护国家安全和社会稳定、保护人民群众生命财产安全、保障人权具有重要意义，根据我国经济社会发展需要和刑事犯罪情况的变化，及时对刑法作出修改、补充、解释，是刑法适应保障改革开放和社会主义现代化建设的必然要求。另一方面，作为中国特色社会主义法律体系中居于基础性、保障性地位的基本法律，刑法应当保持稳定，刑法的修改需要极为慎重，这也是坚持全面依法治国、加强和完善刑事法治的必然要求。

《刑法修正案（十一）》是继2011年《刑法修正案（八）》、2015年《刑法修正案（九）》、2017年《刑法修正案（十）》之后，又一个无论体量还是分量都比较重的修正案。这次刑法修改，坚持以习近平法治思想为指导，贯彻落实党中央各项决策部署，将党中央决策及时转化为法律制度；坚持以人民为中心，适应新时代人民群众日益增长的美好生活需要；坚持宽严相济刑事政策，对社会危害严重的犯罪保持高压态势，对一些社会危害较轻，或者有从轻情节的犯罪，留下从宽处置的余地和空间，体现德主刑辅、明德慎刑的法治理念；坚持问题导向，对实践中突出的问题，人民群众最为关切的问题，及时对刑法作出调整，以回应实践需要，适应国家治理体系和治理能力现代化的要求。主要内容上，强化对安全生产犯罪的预防和惩治；完善食品药品犯罪规定；从严惩处造成金融乱象的犯罪；加强对企业产权的平等保护；强化公共卫生刑事法治保障；加大对知识产权的刑法保护力度；加大对污染环境犯罪的惩处力度等。

为了便于广大司法工作人员和人民群众及时掌握这次刑法修改的精神与主要内容，同时，也便于系统学习和准确把握整部刑法的精神与条文的具体含义，全国人大常委会法制工作委员会从事刑事立法工作的同志对刑法制定和修改的有关情况进行了系统梳理，编写了《中华人民共和国刑法立法精解》一书。本书由全国人大常委会法制工作委员会刑法室主任王爱立同志担任主编，参加本书编写的有刑法室黄永、许永安、王宁、伊繁伟、张义健、陈远鑫、黄星、马曼、张金勇、董晴、骆程等同志。

本书对刑法规定的内涵和实践中需要注意的问题进行了逐条阐释，特别是结合刑事立法工作，对刑法条文的内容作了精要解读。本书还对此次《刑法修正案（十一）》增加或修改的条文，详细介绍了立法背景，以便于更好地理解和掌握。希望本书对公民学习法律、遵守法律，对司法工作人员正确适用刑法和法学界的刑法理论研究有所帮助。由于编者水平所限，书中难免有错误之处，敬请读者指正。

编　者

2021 年 3 月

目 录

第一编 总 则 ·· 1

第一章 刑法的任务、基本原则和适用范围 ·· 3
第一条 【立法目的和根据】 ··· 3
第二条 【刑法的任务】 ··· 5
第三条 【罪刑法定原则】 ·· 7
第四条 【法律面前人人平等原则】 ··· 9
第五条 【罪责刑相适应原则】 ··· 10
第六条 【属地管辖】 ·· 11
第七条 【属人管辖】 ·· 13
第八条 【保护管辖】 ·· 14
第九条 【普遍管辖】 ·· 15
第十条 【对外国刑事判决的消极承认】 ··································· 16
第十一条 【外交豁免】 ··· 17
第十二条 【刑法的溯及力】 ·· 18

第二章 犯 罪 ··· 23
第一节 犯罪和刑事责任 ·· 23
第十三条 【犯罪的概念】 ·· 23
第十四条 【故意犯罪】 ··· 25
第十五条 【过失犯罪】 ··· 27
第十六条 【不可抗力和意外事件】 ··· 29
第十七条 【刑事责任年龄】 ·· 30
第十七条之一 【老年人从宽处罚】 ·· 36

第十八条 【精神病人、醉酒的人的刑事责任能力】…………… 37
第十九条 【又聋又哑的人、盲人犯罪的刑事责任】…………… 39
第二十条 【正当防卫】………………………………………… 40
第二十一条 【紧急避险】……………………………………… 43

第二节 犯罪的预备、未遂和中止……………………………… 45
第二十二条 【犯罪预备】……………………………………… 45
第二十三条 【犯罪未遂】……………………………………… 47
第二十四条 【犯罪中止】……………………………………… 50

第三节 共同犯罪………………………………………………… 53
第二十五条 【共同犯罪的概念】……………………………… 53
第二十六条 【主犯、犯罪集团及其处罚】…………………… 57
第二十七条 【从犯及其处罚】………………………………… 58
第二十八条 【胁从犯及其处罚】……………………………… 59
第二十九条 【教唆犯及其处罚】……………………………… 60

第四节 单位犯罪………………………………………………… 62
第三十条 【单位负刑事责任的范围】………………………… 62
第三十一条 【单位犯罪的处罚】……………………………… 67

第三章 刑 罚……………………………………………………… 68

第一节 刑罚的种类……………………………………………… 68
第三十二条 【刑罚的种类】…………………………………… 68
第三十三条 【主刑的种类】…………………………………… 69
第三十四条 【附加刑的种类】………………………………… 70
第三十五条 【驱逐出境】……………………………………… 72
第三十六条 【赔偿经济损失与民事优先原则】……………… 73
第三十七条 【非刑罚处置措施】……………………………… 74
第三十七条之一 【从业禁止】………………………………… 76

第二节 管 制…………………………………………………… 79
第三十八条 【管制的期限与执行】…………………………… 79
第三十九条 【被管制罪犯的义务与权利】…………………… 81
第四十条 【管制的解除】……………………………………… 83
第四十一条 【管制刑期的计算和折抵】……………………… 83

第三节 拘 役 ·· 84
第四十二条 【拘役的期限】 ································· 84
第四十三条 【拘役的执行】 ································· 85
第四十四条 【拘役刑期的计算和折抵】 ············· 87

第四节 有期徒刑、无期徒刑 ···································· 89
第四十五条 【有期徒刑的期限】 ·························· 89
第四十六条 【有期徒刑与无期徒刑的执行】 ····· 91
第四十七条 【有期徒刑刑期的计算与折抵】 ····· 93

第五节 死 刑 ·· 94
第四十八条 【死刑的适用条件和核准程序】 ····· 94
第四十九条 【死刑适用对象的限制】 ················· 95
第五十条 【死缓变更情形、死缓限制减刑】 ····· 97
第五十一条 【死缓期间的计算及死缓减为有期徒刑刑期的计算】 ··· 99

第六节 罚 金 ·· 100
第五十二条 【罚金数额的确定】 ························· 100
第五十三条 【罚金的缴纳】 ································· 101

第七节 剥夺政治权利 ·· 102
第五十四条 【剥夺政治权利的内容】 ················· 102
第五十五条 【剥夺政治权利的期限】 ················· 103
第五十六条 【剥夺政治权利的适用对象】 ········· 104
第五十七条 【对死刑、无期徒刑罪犯剥夺政治权利的适用】 ··· 106
第五十八条 【剥夺政治权利的刑期计算、效力与执行】 ········ 106

第八节 没收财产 ·· 108
第五十九条 【没收财产的范围】 ························· 108
第六十条 【没收财产时犯罪分子所负正当债务的偿还】 ········ 110

第四章 刑罚的具体运用 ·· 111

第一节 量 刑 ·· 111
第六十一条 【量刑的一般原则】 ························· 111
第六十二条 【从重处罚与从轻处罚】 ················· 115
第六十三条 【减轻处罚】 ····································· 116

第六十四条 【涉案财物的处理】……………………………………… 118

　第二节 累 犯………………………………………………………………… 120
　　　第六十五条 【一般累犯】…………………………………………… 120
　　　第六十六条 【特殊累犯】…………………………………………… 123

　第三节 自首和立功………………………………………………………… 125
　　　第六十七条 【自首和坦白】………………………………………… 125
　　　第六十八条 【立功】………………………………………………… 130

　第四节 数罪并罚…………………………………………………………… 132
　　　第六十九条 【数罪并罚的一般规定】……………………………… 132
　　　第七十条 【判决宣告后发现漏罪的并罚】………………………… 135
　　　第七十一条 【判决宣告后又犯新罪的并罚】……………………… 137

　第五节 缓 刑……………………………………………………………… 139
　　　第七十二条 【缓刑的条件】………………………………………… 139
　　　第七十三条 【缓刑考验期限】……………………………………… 142
　　　第七十四条 【累犯、犯罪集团的首要分子不适用缓刑】………… 143
　　　第七十五条 【被宣告缓刑的犯罪分子应当遵守的规定】………… 144
　　　第七十六条 【对缓刑犯实行社区矫正和缓刑考验期满的
　　　　　　　　　处理】………………………………………………… 145
　　　第七十七条 【缓刑的撤销】………………………………………… 147

　第六节 减 刑……………………………………………………………… 149
　　　第七十八条 【减刑的条件和最低服刑期】………………………… 149
　　　第七十九条 【减刑的程序】………………………………………… 152
　　　第八十条 【无期徒刑减刑的刑期计算】…………………………… 153

　第七节 假 释……………………………………………………………… 154
　　　第八十一条 【假释的条件】………………………………………… 154
　　　第八十二条 【假释的程序】………………………………………… 157
　　　第八十三条 【假释考验期限】……………………………………… 158
　　　第八十四条 【被宣告假释的犯罪分子应当遵守的规定】………… 158
　　　第八十五条 【假释考验期满的处理】……………………………… 160
　　　第八十六条 【假释的撤销】………………………………………… 161

第八节 时 效 ·· 163
 第八十七条 【追诉期限】 ································· 163
 第八十八条 【不受追诉期限限制的情形】 ············· 165
 第八十九条 【追诉期限的计算】 ······················ 169

第五章 其他规定 ··· 170
 第九十条 【民族自治地方适用刑法的变通规定】 ····· 170
 第九十一条 【公共财产的范围】 ······················ 172
 第九十二条 【公民私人所有财产的范围】 ············· 174
 第九十三条 【国家工作人员的界定】 ················· 176
 第九十四条 【司法工作人员的界定】 ················· 178
 第九十五条 【重伤的界定】 ···························· 180
 第九十六条 【违反国家规定的界定】 ················· 181
 第九十七条 【首要分子的界定】 ······················ 182
 第九十八条 【告诉才处理的界定】 ··················· 183
 第九十九条 【以上、以下、以内的含义】 ············· 184
 第一百条 【前科报告义务及例外规定】 ··············· 184
 第一百零一条 【总则的适用】 ························ 186

第二编 分 则 ·· 189

第一章 危害国家安全罪 ··· 191
 第一百零二条 【背叛国家罪】 ························ 191
 第一百零三条 【分裂国家罪】【煽动分裂国家罪】 ····· 193
 第一百零四条 【武装叛乱、暴乱罪】 ················· 195
 第一百零五条 【颠覆国家政权罪】【煽动颠覆国家政权罪】 ······ 197
 第一百零六条 【与境外勾结的从重处罚】 ············· 198
 第一百零七条 【资助危害国家安全犯罪活动罪】 ······ 199
 第一百零八条 【投敌叛变罪】 ························ 200
 第一百零九条 【叛逃罪】 ······························ 201
 第一百一十条 【间谍罪】 ······························ 202
 第一百一十一条 【为境外窃取、刺探、收买、非法提供国家秘密、情报罪】 ···················· 204
 第一百一十二条 【资敌罪】 ·························· 206

第一百一十三条 【危害国家安全罪适用死刑、没收财产的规定】……207

第二章　危害公共安全罪……208

第一百一十四条 【放火罪】【决水罪】【爆炸罪】【投放危险物质罪】【以危险方法危害公共安全罪】………208

第一百一十五条 【放火罪】【决水罪】【爆炸罪】【投放危险物质罪】【以危险方法危害公共安全罪】【失火罪】【过失决水罪】【过失爆炸罪】【过失投放危险物质罪】【过失以危险方法危害公共安全罪】……211

第一百一十六条 【破坏交通工具罪】……212

第一百一十七条 【破坏交通设施罪】……213

第一百一十八条 【破坏电力设备罪】【破坏易燃易爆设备罪】……215

第一百一十九条 【破坏交通工具罪】【破坏交通设施罪】【破坏电力设备罪】【破坏易燃易爆设备罪】【过失损坏交通工具罪】【过失损坏交通设施罪】【过失损坏电力设备罪】【过失损坏易燃易爆设备罪】……216

第一百二十条 【组织、领导、参加恐怖组织罪】……217

第一百二十条之一 【帮助恐怖活动罪】……221

第一百二十条之二 【准备实施恐怖活动罪】……224

第一百二十条之三 【宣扬恐怖主义、极端主义、煽动实施恐怖活动罪】……227

第一百二十条之四 【利用极端主义破坏法律实施罪】……230

第一百二十条之五 【强制穿戴宣扬恐怖主义、极端主义服饰、标志罪】……233

第一百二十条之六 【非法持有宣扬恐怖主义、极端主义物品罪】……235

第一百二十一条 【劫持航空器罪】……238

第一百二十二条 【劫持船只、汽车罪】……240

第一百二十三条 【暴力危及飞行安全罪】……241

第一百二十四条 【破坏广播电视设施、公用电信设施罪】【过失损坏广播电视设施、公用电信设施罪】……242

第一百二十五条　【非法制造、买卖、运输、邮寄、储存枪支、弹药、爆炸物罪】【非法制造、买卖、运输、储存危险物质罪】…………………… 244

第一百二十六条　【违规制造、销售枪支罪】…………… 246

第一百二十七条　【盗窃、抢夺枪支、弹药、爆炸物、危险物质罪】【抢劫枪支、弹药、爆炸物、危险物质罪】…………………… 249

第一百二十八条　【非法持有、私藏枪支、弹药罪】【非法出租、出借枪支罪】…………………… 251

第一百二十九条　【丢失枪支不报罪】…………… 254

第一百三十条　【非法携带枪支、弹药、管制刀具、危险物品危及公共安全罪】…………………… 255

第一百三十一条　【重大飞行事故罪】…………… 257

第一百三十二条　【铁路运营安全事故罪】…………… 258

第一百三十三条　【交通肇事罪】…………… 260

第一百三十三条之一　【危险驾驶罪】…………… 263

第一百三十三条之二　【妨害安全驾驶罪】…………… 269

第一百三十四条　【重大责任事故罪】【强令、组织他人违章冒险作业罪】…………………… 276

第一百三十四条之一　【危险作业罪】…………… 283

第一百三十五条　【重大劳动安全事故罪】…………… 288

第一百三十五条之一　【大型群众性活动重大安全事故罪】…… 292

第一百三十六条　【危险物品肇事罪】…………… 294

第一百三十七条　【工程重大安全事故罪】…………… 297

第一百三十八条　【教育设施重大安全事故罪】…………… 299

第一百三十九条　【消防责任事故罪】…………… 302

第一百三十九条之一　【不报、谎报安全事故罪】…………… 304

第三章　破坏社会主义市场经济秩序罪 …………… 306

第一节　生产、销售伪劣商品罪 …………… 306

第一百四十条　【生产、销售伪劣产品罪】…………… 306

第一百四十一条　【生产、销售、提供假药罪】…………… 309

第一百四十二条　【生产、销售、提供劣药罪】…………… 314

第一百四十二条之一 【妨害药品管理罪】……………………317
第一百四十三条 【生产、销售不符合安全标准的食品罪】……320
第一百四十四条 【生产、销售有毒、有害食品罪】……………323
第一百四十五条 【生产、销售不符合标准的医用器材罪】……326
第一百四十六条 【生产、销售不符合安全标准的产品罪】……328
第一百四十七条 【生产、销售伪劣农药、兽药、化肥、种子罪】…330
第一百四十八条 【生产、销售不符合卫生标准的化妆品罪】…332
第一百四十九条 【对生产、销售伪劣商品行为的法条适用】…333
第一百五十条 【单位犯本节规定之罪的处罚】………………334

第二节 走私罪…………………………………………………335
第一百五十一条 【走私武器、弹药罪】【走私核材料罪】【走私假币罪】【走私文物罪】【走私贵重金属罪】【走私珍贵动物、珍贵动物制品罪】【走私国家禁止进出口的货物、物品罪】……………335
第一百五十二条 【走私淫秽物品罪】【走私废物罪】………342
第一百五十三条 【走私普通货物、物品罪】…………………345
第一百五十四条 【走私保税货物和特定减免税货物犯罪】……348
第一百五十五条 【以走私罪论处的情形】……………………349
第一百五十六条 【走私罪的共犯】……………………………351
第一百五十七条 【武装掩护走私和以暴力、威胁方法抗拒缉私的处罚】…………………………………………352

第三节 妨害对公司、企业的管理秩序罪……………………353
第一百五十八条 【虚报注册资本罪】…………………………353
第一百五十九条 【虚假出资、抽逃出资罪】…………………356
第一百六十条 【欺诈发行证券罪】……………………………359
第一百六十一条 【违规披露、不披露重要信息罪】…………366
第一百六十二条 【妨害清算罪】………………………………373
第一百六十二条之一 【隐匿、故意销毁会计凭证、会计账簿、财务会计报告罪】……………………………375
第一百六十二条之二 【虚假破产罪】…………………………377
第一百六十三条 【非国家工作人员受贿罪】…………………379

第一百六十四条 【对非国家工作人员行贿罪】【对外国公职
人员、国际公共组织官员行贿罪】…………382
第一百六十五条 【非法经营同类营业罪】…………………385
第一百六十六条 【为亲友非法牟利罪】……………………386
第一百六十七条 【签订、履行合同失职被骗罪】…………388
第一百六十八条 【国有公司、企业、事业单位人员失职罪】
【国有公司、企业、事业单位人员滥用
职权罪】…………………………………………390
第一百六十九条 【徇私舞弊低价折股、出售国有资产罪】……393
第一百六十九条之一 【背信损害上市公司利益罪】…………395

第四节 破坏金融管理秩序罪…………………………400
第一百七十条 【伪造货币罪】………………………………400
第一百七十一条 【出售、购买、运输假币罪】【金融工作人员
购买假币、以假币换取货币罪】…………403
第一百七十二条 【持有、使用假币罪】……………………406
第一百七十三条 【变造货币罪】……………………………408
第一百七十四条 【擅自设立金融机构罪】【伪造、变造、转让
金融机构经营许可证、批准文件罪】……410
第一百七十五条 【高利转贷罪】……………………………415
第一百七十五条之一 【骗取贷款、票据承兑、金融票证罪】…417
第一百七十六条 【非法吸收公众存款罪】…………………421
第一百七十七条 【伪造、变造金融票证罪】………………424
第一百七十七条之一 【妨害信用卡管理罪】【窃取、收买、
非法提供信用卡信息罪】……………428
第一百七十八条 【伪造、变造国家有价证券罪】【伪造、变造
股票、公司、企业债券罪】………………432
第一百七十九条 【擅自发行股票、公司、企业债券罪】……434
第一百八十条 【内幕交易、泄露内幕信息罪】【利用未公开
信息交易罪】…………………………………438
第一百八十一条 【编造并传播证券、期货交易虚假信息罪】
【诱骗投资者买卖证券、期货合约罪】……444
第一百八十二条 【操纵证券、期货市场罪】………………447

第一百八十三条 【保险公司工作人员虚假理赔的犯罪及其
　　　　　　　　处罚】······455
第一百八十四条 【金融机构工作人员受贿的犯罪及其处罚】···457
第一百八十五条 【金融机构工作人员挪用资金、公款的犯罪
　　　　　　　　及其处罚】······459
第一百八十五条之一 【背信运用受托财产罪】【违法运用资金罪】···461
第一百八十六条 【违法发放贷款罪】······464
第一百八十七条 【吸收客户资金不入账罪】······467
第一百八十八条 【违规出具金融票证罪】······468
第一百八十九条 【对违法票据承兑、付款、保证罪】······471
第一百九十条 【逃汇罪】······472
第一百九十一条 【洗钱罪】······474
全国人民代表大会常务委员会《关于惩治骗购外汇、逃汇和非法
　　买卖外汇犯罪的决定》第一条【骗购外汇罪】······481

第五节　金融诈骗罪······485

第一百九十二条 【集资诈骗罪】······485
第一百九十三条 【贷款诈骗罪】······492
第一百九十四条 【票据诈骗罪】【金融凭证诈骗罪】······496
第一百九十五条 【信用证诈骗罪】······502
第一百九十六条 【信用卡诈骗罪】······505
第一百九十七条 【有价证券诈骗罪】······510
第一百九十八条 【保险诈骗罪】······512
第一百九十九条 【删去本节规定的死刑】······516
第二百条 【单位犯罪的规定】······518

第六节　危害税收征管罪······521

第二百零一条 【逃税罪】······521
第二百零二条 【抗税罪】······524
第二百零三条 【逃避追缴欠税罪】······526
第二百零四条 【骗取出口退税罪】······529
第二百零五条 【虚开增值税专用发票、用于骗取出口退税、
　　　　　　　抵扣税款发票罪】······532
第二百零五条之一 【虚开发票罪】······535

第二百零六条 【伪造、出售伪造的增值税专用发票罪】 ……… 537

第二百零七条 【非法出售增值税专用发票罪】 …………… 539

第二百零八条 【非法购买增值税专用发票、购买伪造的增值税
专用发票罪】 ………………………………………… 541

第二百零九条 【非法制造、出售非法制造的用于骗取出口退税、
抵扣税款发票罪】【非法制造、出售非法制造的
发票罪】【非法出售用于骗取出口退税、抵扣
税款发票罪】【非法出售发票罪】 ………… 542

第二百一十条 【盗窃、诈骗增值税专用发票、用于骗取出口
退税、抵扣税款发票的处罚】 ……………… 545

第二百一十条之一 【持有伪造的发票罪】 ……………… 546

第二百一十一条 【本节单位犯罪的规定】 …………………… 548

第二百一十二条 【税收征缴优先原则】 ……………………… 548

第七节 侵犯知识产权罪 …………………………………… 549

第二百一十三条 【假冒注册商标罪】 ………………………… 549

第二百一十四条 【销售假冒注册商标的商品罪】 ………… 556

第二百一十五条 【非法制造、销售非法制造的注册商标标识罪】… 559

第二百一十六条 【假冒专利罪】 ……………………………… 562

第二百一十七条 【侵犯著作权罪】 …………………………… 564

第二百一十八条 【销售侵权复制品罪】 ……………………… 571

第二百一十九条 【侵犯商业秘密罪】 ………………………… 574

第二百一十九条之一 【为境外窃取、刺探、收买、非法提供
商业秘密罪】 ……………………………… 580

第二百二十条 【本节单位犯罪的规定】 ……………………… 582

第八节 扰乱市场秩序罪 …………………………………… 584

第二百二十一条 【损害商业信誉、商品声誉罪】 ………… 584

第二百二十二条 【虚假广告罪】 ……………………………… 586

第二百二十三条 【串通投标罪】 ……………………………… 588

第二百二十四条 【合同诈骗罪】 ……………………………… 590

第二百二十四条之一 【组织、领导传销活动罪】 ………… 592

第二百二十五条 【非法经营罪】 ……………………………… 596

第二百二十六条 【强迫交易罪】 ……………………………… 602

第二百二十七条 【伪造、倒卖伪造的有价票证罪】【倒卖车票、船票罪】 604

第二百二十八条 【非法转让、倒卖土地使用权罪】 606

第二百二十九条 【提供虚假证明文件罪】【出具证明文件重大失实罪】 608

第二百三十条 【逃避商检罪】 616

第二百三十一条 【单位犯本节规定之罪的处罚】 617

第四章 侵犯公民人身权利、民主权利罪 619

第二百三十二条 【故意杀人罪】 619

第二百三十三条 【过失致人死亡罪】 620

第二百三十四条 【故意伤害罪】 621

第二百三十四条之一 【组织出卖人体器官罪】 623

第二百三十五条 【过失致人重伤罪】 626

第二百三十六条 【强奸罪】 627

第二百三十六条之一 【负有照护职责人员性侵罪】 631

第二百三十七条 【强制猥亵、侮辱罪】【猥亵儿童罪】 634

第二百三十八条 【非法拘禁罪】 638

第二百三十九条 【绑架罪】 640

第二百四十条 【拐卖妇女、儿童罪】 644

第二百四十一条 【收买被拐卖的妇女、儿童罪】 649

第二百四十二条 【聚众阻碍解救被收买的妇女、儿童罪】 651

第二百四十三条 【诬告陷害罪】 653

第二百四十四条 【强迫劳动罪】 655

第二百四十四条之一 【雇用童工从事危重劳动罪】 657

第二百四十五条 【非法搜查罪】【非法侵入住宅罪】 661

第二百四十六条 【侮辱罪】【诽谤罪】 663

第二百四十七条 【刑讯逼供罪】【暴力取证罪】 667

第二百四十八条 【虐待被监管人罪】 669

第二百四十九条 【煽动民族仇恨、民族歧视罪】 671

第二百五十条 【出版歧视、侮辱少数民族作品罪】 672

第二百五十一条 【非法剥夺公民宗教信仰自由罪】【侵犯少数民族风俗习惯罪】 673

第二百五十二条 【侵犯通信自由罪】 675

第二百五十三条 【私自开拆、隐匿、毁弃邮件、电报罪】 …… 676

第二百五十三条之一 【侵犯公民个人信息罪】 ………… 678

第二百五十四条 【报复陷害罪】 …………………………… 682

第二百五十五条 【打击报复会计、统计人员罪】 ………… 683

第二百五十六条 【破坏选举罪】 …………………………… 685

第二百五十七条 【暴力干涉婚姻自由罪】 ………………… 687

第二百五十八条 【重婚罪】 ………………………………… 688

第二百五十九条 【破坏军婚罪】 …………………………… 689

第二百六十条 【虐待罪】 …………………………………… 691

第二百六十条之一 【虐待被监护、看护人罪】 …………… 694

第二百六十一条 【遗弃罪】 ………………………………… 696

第二百六十二条 【拐骗儿童罪】 …………………………… 697

第二百六十二条之一 【组织残疾人、儿童乞讨罪】 ……… 698

第二百六十二条之二 【组织未成年人进行违反治安管理活动罪】 … 700

第五章 侵犯财产罪 …………………………………………… 703

第二百六十三条 【抢劫罪】 ………………………………… 703

第二百六十四条 【盗窃罪】 ………………………………… 707

第二百六十五条 【盗接通信线路、复制电信号码的处罚】 … 710

第二百六十六条 【诈骗罪】 ………………………………… 712

第二百六十七条 【抢夺罪】 ………………………………… 715

第二百六十八条 【聚众哄抢罪】 …………………………… 717

第二百六十九条 【转化型抢劫罪】 ………………………… 718

第二百七十条 【侵占罪】 …………………………………… 720

第二百七十一条 【职务侵占罪】 …………………………… 721

第二百七十二条 【挪用资金罪】 …………………………… 727

第二百七十三条 【挪用特定款物罪】 ……………………… 732

第二百七十四条 【敲诈勒索罪】 …………………………… 734

第二百七十五条 【故意毁坏财物罪】 ……………………… 736

第二百七十六条 【破坏生产经营罪】 ……………………… 739

第二百七十六条之一 【拒不支付劳动报酬罪】 …………… 740

第六章 妨害社会管理秩序罪 ………………………………… 744

第一节 扰乱公共秩序罪 …………………………………… 744

第二百七十七条 【妨害公务罪】【袭警罪】…………………… 744
第二百七十八条 【煽动暴力抗拒法律实施罪】 ………… 751
第二百七十九条 【招摇撞骗罪】 ……………………………… 753
第二百八十条 【伪造、变造、买卖国家机关公文、证件、印章罪】【盗窃、抢夺、毁灭国家机关公文、证件、印章罪】【伪造公司、企业、事业单位、人民团体印章罪】【伪造、变造、买卖身份证件罪】 ………………………………………………… 756
第二百八十条之一 【使用虚假身份证件、盗用身份证件罪】 … 761
第二百八十条之二 【冒名顶替罪】 …………………………… 764
第二百八十一条 【非法生产、买卖警用装备罪】 ……… 769
第二百八十二条 【非法获取国家秘密罪】【非法持有国家绝密、机密文件、资料、物品罪】………………………………… 771
第二百八十三条 【非法生产、销售专用间谍器材、窃听、窃照专用器材罪】 …………………………………… 774
第二百八十四条 【非法使用窃听、窃照专用器材罪】 ………… 776
第二百八十四条之一 【组织考试作弊罪】【非法出售、提供试题、答案罪】【代替考试罪】 ………………… 778
第二百八十五条 【非法侵入计算机信息系统罪】【非法获取计算机信息系统数据、非法控制计算机信息系统罪】【提供侵入、非法控制计算机信息系统程序、工具罪】 …………………………………………… 784
第二百八十六条 【破坏计算机信息系统罪】 ……………… 790
第二百八十六条之一 【拒不履行信息网络安全管理义务罪】 … 793
第二百八十七条 【利用计算机实施金融诈骗、盗窃等犯罪的处理】 ……………………………………………………… 799
第二百八十七条之一 【非法利用信息网络罪】 ……………… 800
第二百八十七条之二 【帮助信息网络犯罪活动罪】 ………… 805
第二百八十八条 【扰乱无线电通讯管理秩序罪】 …………… 808
第二百八十九条 【聚众"打砸抢"的定罪处罚规定】 ……… 811
第二百九十条 【聚众扰乱社会秩序罪】【聚众冲击国家机关罪】【扰乱国家机关工作秩序罪】【组织、资助非法聚集罪】 ……………………………………………………… 812

第二百九十一条　【聚众扰乱公共场所秩序、交通秩序罪】……816

第二百九十一条之一　【投放虚假危险物质罪】【编造、故意
　　　　　　　　　　传播虚假恐怖信息罪】【编造、故意
　　　　　　　　　　传播虚假信息罪】…………………………817

第二百九十一条之二　【高空抛物罪】………………………………820

第二百九十二条　【聚众斗殴罪】……………………………………825

第二百九十三条　【寻衅滋事罪】……………………………………827

第二百九十三条之一　【催收非法债务罪】…………………………830

第二百九十四条　【组织、领导、参加黑社会性质组织罪】【入
　　　　　　　　境发展黑社会组织罪】【包庇、纵容黑社会
　　　　　　　　性质组织罪】………………………………………835

第二百九十五条　【传授犯罪方法罪】………………………………840

第二百九十六条　【非法集会、游行、示威罪】……………………842

第二百九十七条　【非法携带武器、管制刀具、爆炸物参加
　　　　　　　　集会、游行、示威罪】……………………………844

第二百九十八条　【破坏集会、游行、示威罪】……………………845

第二百九十九条　【侮辱国旗、国徽、国歌罪】……………………846

第二百九十九条之一　【侵害英雄烈士名誉、荣誉罪】……………848

第三百条　【组织、利用会道门、邪教组织、利用迷信破坏法
　　　　　律实施罪】【组织、利用会道门、邪教组织、利用
　　　　　迷信致人重伤、死亡罪】…………………………………852

第三百零一条　【聚众淫乱罪】【引诱未成年人聚众淫乱罪】……856

第三百零二条　【盗窃、侮辱、故意毁坏尸体、尸骨、骨灰罪】…857

第三百零三条　【赌博罪】【开设赌场罪】【组织参与国（境）
　　　　　　　外赌博罪】……………………………………………859

第三百零四条　【故意延误投递邮件罪】……………………………866

第二节　妨害司法罪………………………………………………868

第三百零五条　【伪证罪】……………………………………………868

第三百零六条　【辩护人、诉讼代理人毁灭证据、伪造证据、
　　　　　　　妨害作证罪】…………………………………………869

第三百零七条　【妨害作证罪】【帮助毁灭、伪造证据罪】………871

第三百零七条之一　【虚假诉讼罪】…………………………………873

第三百零八条　【打击报复证人罪】…………………………………878

第三百零八条之一 【泄露不应公开的案件信息罪】【披露、报道不应公开的案件信息罪】…… 879

第三百零九条 【扰乱法庭秩序罪】…… 882

第三百一十条 【窝藏、包庇罪】…… 885

第三百一十一条 【拒绝提供间谍犯罪、恐怖主义犯罪、极端主义犯罪证据罪】…… 886

第三百一十二条 【掩饰、隐瞒犯罪所得、犯罪所得收益罪】…… 889

第三百一十三条 【拒不执行判决、裁定罪】…… 892

第三百一十四条 【非法处置查封、扣押、冻结的财产罪】…… 896

第三百一十五条 【破坏监管秩序罪】…… 897

第三百一十六条 【脱逃罪】【劫夺被押解人员罪】…… 899

第三百一十七条 【组织越狱罪】【暴动越狱罪】【聚众持械劫狱罪】…… 900

第三节 妨害国（边）境管理罪…… 901

第三百一十八条 【组织他人偷越国（边）境罪】…… 901

第三百一十九条 【骗取出境证件罪】…… 903

第三百二十条 【提供伪造、变造的出入境证件罪】【出售出入境证件罪】…… 904

第三百二十一条 【运送他人偷越国（边）境罪】…… 906

第三百二十二条 【偷越国（边）境罪】…… 908

第三百二十三条 【破坏界碑、界桩罪】【破坏永久性测量标志罪】…… 910

第四节 妨害文物管理罪…… 912

第三百二十四条 【故意损毁文物罪】【故意损毁名胜古迹罪】【过失损毁文物罪】…… 912

第三百二十五条 【非法向外国人出售、赠送珍贵文物罪】…… 915

第三百二十六条 【倒卖文物罪】…… 917

第三百二十七条 【非法出售、私赠文物藏品罪】…… 919

第三百二十八条 【盗掘古文化遗址、古墓葬罪】【盗掘古人类化石、古脊椎动物化石罪】…… 921

第三百二十九条 【抢夺、窃取国有档案罪】【擅自出卖、转让国有档案罪】…… 923

第五节 危害公共卫生罪 ······ 925
第三百三十条 【妨害传染病防治罪】 ······ 925
第三百三十一条 【传染病菌种、毒种扩散罪】 ······ 931
第三百三十二条 【妨害国境卫生检疫罪】 ······ 933
第三百三十三条 【非法组织卖血罪】【强迫卖血罪】 ······ 935
第三百三十四条 【非法采集、供应血液、制作、供应血液制品罪】【采集、供应血液、制作、供应血液制品事故罪】 ······ 936
第三百三十四条之一 【非法采集人类遗传资源、走私人类遗传资源材料罪】 ······ 938
第三百三十五条 【医疗事故罪】 ······ 942
第三百三十六条 【非法行医罪】【非法进行节育手术罪】 ······ 943
第三百三十六条之一 【非法植入基因编辑、克隆胚胎罪】 ······ 946
第三百三十七条 【妨害动植物防疫、检疫罪】 ······ 949

第六节 破坏环境资源保护罪 ······ 951
第三百三十八条 【污染环境罪】 ······ 951
第三百三十九条 【非法处置进口的固体废物罪】【擅自进口固体废物罪】 ······ 958
第三百四十条 【非法捕捞水产品罪】 ······ 961
第三百四十一条 【危害珍贵、濒危野生动物罪】【非法狩猎罪】【非法猎捕、收购、运输、出售陆生野生动物罪】 ······ 963
第三百四十二条 【非法占用农用地罪】 ······ 970
第三百四十二条之一 【破坏自然保护地罪】 ······ 973
第三百四十三条 【非法采矿罪】【破坏性采矿罪】 ······ 976
第三百四十四条 【危害国家重点保护植物罪】 ······ 979
第三百四十四条之一 【非法引进、释放、丢弃外来入侵物种罪】 ··· 981
第三百四十五条 【盗伐林木罪】【滥伐林木罪】【非法收购、运输盗伐、滥伐的林木罪】 ······ 984
第三百四十六条 【单位犯本节规定之罪的处罚】 ······ 987

第七节 走私、贩卖、运输、制造毒品罪 ······ 988
第三百四十七条 【走私、贩卖、运输、制造毒品罪】 ······ 988

第三百四十八条 【非法持有毒品罪】 ·················· 995
第三百四十九条 【包庇毒品犯罪分子罪】【窝藏、转移、隐瞒
　　　　　　　　毒品、毒赃罪】 ····················· 997
第三百五十条 【非法生产、买卖、运输制毒物品、走私制毒
　　　　　　　物品罪】 ··························· 999
第三百五十一条 【非法种植毒品原植物罪】 ············ 1003
第三百五十二条 【非法买卖、运输、携带、持有毒品原植物
　　　　　　　　种子、幼苗罪】 ···················· 1004
第三百五十三条 【引诱、教唆、欺骗他人吸毒罪】【强迫他人
　　　　　　　　吸毒罪】 ·························· 1005
第三百五十四条 【容留他人吸毒罪】 ·················· 1006
第三百五十五条 【非法提供麻醉药品、精神药品罪】 ···· 1007
第三百五十五条之一 【妨害兴奋剂管理罪】 ············ 1009
第三百五十六条 【毒品犯罪的再犯】 ·················· 1012
第三百五十七条 【毒品的含义及毒品数量的计算】 ······ 1013

第八节　组织、强迫、引诱、容留、介绍卖淫罪 ············ 1016
第三百五十八条 【组织卖淫罪】【强迫卖淫罪】【协助组织
　　　　　　　　卖淫罪】 ·························· 1016
第三百五十九条 【引诱、容留、介绍卖淫罪】【引诱幼女卖
　　　　　　　　淫罪】 ···························· 1020
第三百六十条 【传播性病罪】 ······················· 1022
第三百六十一条 【旅馆业、饮食服务业等单位组织、强迫、
　　　　　　　　引诱、容留、介绍卖淫的处罚规定】 ······ 1024
第三百六十二条 【查处卖淫、嫖娼活动中通风报信的处罚
　　　　　　　　规定】 ···························· 1025

第九节　制作、贩卖、传播淫秽物品罪 ···················· 1027
第三百六十三条 【制作、复制、出版、贩卖、传播淫秽物品
　　　　　　　　牟利罪】【为他人提供书号出版淫秽书刊罪】··· 1027
第三百六十四条 【传播淫秽物品罪】【组织播放淫秽音像
　　　　　　　　制品罪】 ·························· 1032
第三百六十五条 【组织淫秽表演罪】 ·················· 1034
第三百六十六条 【单位犯本节规定之罪的处罚】 ········ 1036

第三百六十七条　【淫秽物品的含义】……………………… 1037

第七章　危害国防利益罪…………………………………… 1039
　　第三百六十八条　【阻碍军人执行职务罪】【阻碍军事行动罪】… 1039
　　第三百六十九条　【破坏武器装备、军事设施、军事通信罪】
　　　　　　　　　　【过失损坏武器装备、军事设施、军事
　　　　　　　　　　通信罪】………………………………… 1041
　　第三百七十条　【故意提供不合格武器装备、军事设施罪】
　　　　　　　　　【过失提供不合格武器装备、军事设施罪】… 1044
　　第三百七十一条　【聚众冲击军事禁区罪】【聚众扰乱军事
　　　　　　　　　　管理区秩序罪】………………………… 1046
　　第三百七十二条　【冒充军人招摇撞骗罪】……………… 1048
　　第三百七十三条　【煽动军人逃离部队罪】【雇用逃离部队
　　　　　　　　　　军人罪】………………………………… 1050
　　第三百七十四条　【接送不合格兵员罪】………………… 1051
　　第三百七十五条　【伪造、变造、买卖武装部队公文、证件、
　　　　　　　　　　印章罪】【盗窃、抢夺武装部队公文、证件、
　　　　　　　　　　印章罪】【非法生产、买卖武装部队制式
　　　　　　　　　　服装罪】【伪造、盗窃、买卖、非法提供、
　　　　　　　　　　非法使用武装部队专用标志罪】……… 1053
　　第三百七十六条　【战时拒绝、逃避征召、军事训练罪】
　　　　　　　　　　【战时拒绝、逃避服役罪】…………… 1056
　　第三百七十七条　【战时故意提供虚假敌情罪】………… 1058
　　第三百七十八条　【战时造谣扰乱军心罪】……………… 1060
　　第三百七十九条　【战时窝藏逃离部队军人罪】………… 1061
　　第三百八十条　【战时拒绝、故意延误军事订货罪】…… 1063
　　第三百八十一条　【战时拒绝军事征收、征用罪】……… 1064

第八章　贪污贿赂罪………………………………………… 1066
　　第三百八十二条　【贪污罪】……………………………… 1066
　　第三百八十三条　【对贪污罪的处罚】…………………… 1071
　　第三百八十四条　【挪用公款罪】………………………… 1074
　　第三百八十五条　【受贿罪】……………………………… 1076
　　第三百八十六条　【对受贿罪的处罚】…………………… 1079

第三百八十七条 【单位受贿罪】……………………… 1081
第三百八十八条 【斡旋受贿的处罚】……………… 1082
第三百八十八条之一 【利用影响力受贿罪】……… 1083
第三百八十九条 【行贿罪】……………………… 1084
第三百九十条 【对行贿罪的处罚】……………… 1086
第三百九十条之一 【对有影响力的人行贿罪】…… 1088
第三百九十一条 【对单位行贿罪】……………… 1090
第三百九十二条 【介绍贿赂罪】………………… 1091
第三百九十三条 【单位行贿罪】………………… 1092
第三百九十四条 【国家工作人员在公务活动、对外交往中违规收受礼物不交公的处罚】……… 1093
第三百九十五条 【巨额财产来源不明罪】【隐瞒境外存款罪】… 1094
第三百九十六条 【私分国有资产罪】【私分罚没财物罪】…… 1095

第九章 渎职罪 …………………………………… 1097

第三百九十七条 【滥用职权罪】【玩忽职守罪】…… 1097
第三百九十八条 【故意泄露国家秘密罪】【过失泄露国家秘密罪】…… 1100
第三百九十九条 【徇私枉法罪】【民事、行政枉法裁判罪】【执行判决、裁定失职罪】【执行判决、裁定滥用职权罪】…… 1103
第三百九十九条之一 【枉法仲裁罪】……………… 1106
第四百条 【私放在押人员罪】【失职致使在押人员脱逃罪】… 1107
第四百零一条 【徇私舞弊减刑、假释、暂予监外执行罪】… 1109
第四百零二条 【徇私舞弊不移交刑事案件罪】…… 1112
第四百零三条 【滥用管理公司、证券职权罪】…… 1114
第四百零四条 【徇私舞弊不征、少征税款罪】…… 1115
第四百零五条 【徇私舞弊发售发票、抵扣税款、出口退税罪】【违法提供出口退税凭证罪】…… 1117
第四百零六条 【国家机关工作人员签订、履行合同失职被骗罪】…… 1120
第四百零七条 【违法发放林木采伐许可证罪】…… 1121
第四百零八条 【环境监管失职罪】……………… 1123
第四百零八条之一 【食品、药品监管渎职罪】…… 1124

第四百零九条 【传染病防治失职罪】……………………………… 1127
第四百一十条 【非法批准征收、征用、占用土地罪】【非法
　　　　　　　低价出让国有土地使用权罪】…………………… 1129
第四百一十一条 【放纵走私罪】…………………………………… 1130
第四百一十二条 【商检徇私舞弊罪】【商检失职罪】…………… 1132
第四百一十三条 【动植物检疫徇私舞弊罪】【动植物检疫失
　　　　　　　　职罪】………………………………………… 1134
第四百一十四条 【放纵制售伪劣商品犯罪行为罪】……………… 1135
第四百一十五条 【办理偷越国（边）境人员出入境证件罪】
　　　　　　　　【放行偷越国（边）境人员罪】……………… 1137
第四百一十六条 【不解救被拐卖、绑架妇女、儿童罪】【阻碍
　　　　　　　　解救被拐卖、绑架妇女、儿童罪】…………… 1138
第四百一十七条 【帮助犯罪分子逃避处罚罪】…………………… 1140
第四百一十八条 【招收公务员、学生徇私舞弊罪】……………… 1141
第四百一十九条 【失职造成珍贵文物损毁、流失罪】…………… 1143

第十章　军人违反职责罪……………………………………… 1144
第四百二十条 【军人违反职责罪的概念】………………………… 1144
第四百二十一条 【战时违抗命令罪】……………………………… 1146
第四百二十二条 【隐瞒、谎报军情罪】【拒传、假传
　　　　　　　　军令罪】……………………………………… 1147
第四百二十三条 【投降罪】………………………………………… 1148
第四百二十四条 【战时临阵脱逃罪】……………………………… 1150
第四百二十五条 【擅离、玩忽军事职守罪】……………………… 1151
第四百二十六条 【阻碍执行军事职务罪】………………………… 1153
第四百二十七条 【指使部属违反职责罪】………………………… 1154
第四百二十八条 【违令作战消极罪】……………………………… 1155
第四百二十九条 【拒不救援友邻部队罪】………………………… 1156
第四百三十条 【军人叛逃罪】……………………………………… 1157
第四百三十一条 【非法获取军事秘密罪】【为境外窃取、刺探、
　　　　　　　　收买、非法提供军事秘密罪】……………… 1159
第四百三十二条 【故意泄露军事秘密罪】【过失泄露军事
　　　　　　　　秘密罪】……………………………………… 1163
第四百三十三条 【战时造谣惑众罪】……………………………… 1164

第四百三十四条 【战时自伤罪】 …………………………………… 1165
第四百三十五条 【逃离部队罪】 …………………………………… 1166
第四百三十六条 【武器装备肇事罪】 ……………………………… 1167
第四百三十七条 【擅自改变武器装备编配用途罪】 …………… 1169
第四百三十八条 【盗窃、抢夺武器装备、军用物资罪】 ……… 1170
第四百三十九条 【非法出卖、转让武器装备罪】 ……………… 1172
第四百四十条 【遗弃武器装备罪】 ……………………………… 1173
第四百四十一条 【遗失武器装备罪】 …………………………… 1174
第四百四十二条 【擅自出卖、转让军队房地产罪】 …………… 1175
第四百四十三条 【虐待部属罪】 ………………………………… 1176
第四百四十四条 【遗弃伤病军人罪】 …………………………… 1177
第四百四十五条 【战时拒不救治伤病军人罪】 ………………… 1178
第四百四十六条 【战时残害居民、掠夺居民财物罪】 ………… 1179
第四百四十七条 【私放俘虏罪】 ………………………………… 1180
第四百四十八条 【虐待俘虏罪】 ………………………………… 1181
第四百四十九条 【战时缓刑戴罪立功的规定】 ………………… 1181
第四百五十条 【本章适用的主体范围】 ………………………… 1182
第四百五十一条 【战时的含义】 ………………………………… 1183

附　则 …………………………………………………………………… 1185

第四百五十二条 【本法的施行日期、相关法律的废止
与保留】 ………………………………………… 1186

第一编

总　则

北魏 爨宝威造像记

东晋 王羲之

宋 米芾 方圆庵记

东晋 王羲之
集字圣教序

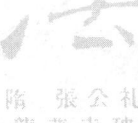
隋 张公礼
龙藏寺碑

隋 智永
真草千字文

东晋 王羲之
此事帖

汉 礼器碑

唐 孙过庭 书谱

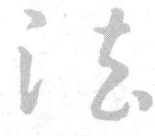
东晋 王羲之

宋 黄山谷
三希堂法帖

唐 褚遂良
雁塔圣教序

第一章

緒論

第一章　刑法的任务、基本原则和适用范围

第一条【立法目的和根据】
为了惩罚犯罪，保护人民，根据宪法，结合我国同犯罪作斗争的具体经验及实际情况，制定本法。

【条文精解】

本条是关于立法目的和根据的规定。

刑法和其他法律一样，是建立在一定的社会经济基础之上的上层建筑的一部分，是社会经济基础的反映。根据我国宪法的规定，我国是实行人民民主专政的社会主义国家。因此，本条在有关制定刑法的目的和立法根据的规定中明确地体现了我国刑法的本质特征。

本条主要规定了以下两方面内容：

其一，制定刑法的目的。制定我国刑法的目的就是"惩罚犯罪，保护人民"。"惩罚犯罪"，就是通过刑法，规定什么是犯罪、哪些行为是犯罪、犯什么罪应受到什么样的惩罚方式，对任何触犯刑法规定的犯罪分子，依照刑法的规定追究其刑事责任。为惩罚犯罪提供法律武器，这是制定刑法的目的之一。"保护人民"是制定刑法的根本目的，这里所说的"保护人民"，不仅是指保护公民个人的人身权利、民主权利、财产权利等合法权利不受侵犯，而且包括代表人民根本利益的国家安全、社会主义政治制度、社会主义经济基础、稳定的社会秩序不遭到破坏。

其二，制定刑法的依据。一是宪法根据。宪法是国家的根本法，是治国安邦的总章程，是党和人民意志的集中体现。宪法是其他一切法律的制定基础。刑法事关国家、社会和人民安全，事关对犯罪公民人身权、财产权等的剥夺，必然要以宪法为根本遵循，宪法关于国家维护社会秩序、镇压叛国和其他危害国家安全的犯罪活动，制裁危害社会治安、破坏社会主义经济和其他犯罪的活动，惩办和改造犯罪分子的规定，关于国家的政治、经济的基本制度的规定，关于保护社会主义的公共财产、公民合法的私有财产的规定，关于保护人身权利、民主权利和其他公民基本权利的规定，关于国家尊重和

保障人权的规定等，都是制定和修改刑法的依据。宪法序言中所确定的指引中国革命走向胜利并取得社会主义事业成就的马克思列宁主义、毛泽东思想、邓小平理论、"三个代表"重要思想、科学发展观、习近平新时代中国特色社会主义思想，也都是制定和修改我国刑法的指导思想和根据。二是我国同犯罪作斗争的具体经验及实际情况，即实践根据。我国在同各种刑事犯罪的斗争中，曾制定了《惩治反革命条例》《惩治贪污条例》等单行刑事法规，特别是1979年制定了我国第一部刑法典，随着实际情况的发展，全国人大常委会又通过了一系列的"决定"和"补充规定"，对刑法加以修改和补充，以及在其他有关行政法律、经济法律中所作的附属刑法规定。这些法律的制定和实施，对加强和巩固人民民主专政政权，保障社会主义事业的顺利进行都发挥了很大的作用，并积累了同犯罪作斗争的大量经验。随着经济社会发展，预防和惩治犯罪方面也出现了一些新的犯罪形式和情况。因此，需要不断总结我国同犯罪作斗争的具体经验，针对实践中出现的新的犯罪，根据我国实际情况，对刑法不断加以完善。这里需要注意的是，根据我国长期预防惩治犯罪斗争实践和我国的实际，我国在惩办与宽大相结合的刑事政策基础上，逐步总结经验并确立了宽严相济的基本刑事政策。这一刑事政策是我国与犯罪作斗争的实践经验的重要组成部分，符合我国的实际情况，体现了我们在同犯罪作斗争的过程中，对于犯罪与刑罚的规律性认识的不断深化，体现了不断趋于科学化和理性化的犯罪观与刑罚观，这些也都是制定刑法的重要思想来源和依据。1997年修订刑法时删去了1979年原条文中"依照惩办与宽大相结合的政策"的规定，较好地处理了法律与政策的关系。同时，相关刑事政策及发展形成的宽严相济刑事政策，是我们实践中应当长期坚持的基本刑事政策。刑法立法工作也应当坚持宽严相济，在确定是否将某种行为规定为犯罪时，要根据各方面意见，进行综合的、全面的论证，要考察行为的社会危害性、行为的普遍性、刑罚的有效性；要考虑刑罚的正当性、合理性和比例原则；要考虑刑罚负面作用和附随后果，如犯罪标签对行为人未来再社会化的影响等，保持刑罚的最后手段性和替代手段可能性；要考虑立法技术上能否通过解释法律解决、适用上界限能否划清、刑法的打击面、执法成本等。

【实践中需要注意的问题】

1997年以来的历次刑法修正案贯彻宽严相济，明确将该基本刑事政策作为立法的重要指导思想。如关于《刑法修正案（八）》草案的说明中提出进一步落实宽严相济的刑事政策，对刑法作出必要的调整和修改。关于《刑法修正案（九）》草案的说明中提出坚持宽严相济的刑事政策，维护社会公平正义，对社会危害严重的犯罪惩处力度不减，保持高压态势；同时，对一些社会危害较轻，或者有从轻情节的犯罪，留下从宽处置的余地和空间。关于《刑法修正案（十一）》草案的说明中提出进一步贯彻宽严相济刑事政策，适应国家治理体系和治理能力现代化的要求，把握犯罪产生、发展和预防惩治的规律，注重社会系统治理和综合施策。对能够通过行政、民事责任和经济社会管理等手段有效解决的矛盾，不作为犯罪处理，防止内部矛盾激化，避免不必要的刑罚扩张。

第二条　【刑法的任务】
中华人民共和国刑法的任务，是用刑罚同一切犯罪行为作斗争，以保卫国家安全，保卫人民民主专政的政权和社会主义制度，保护国有财产和劳动群众集体所有的财产，保护公民私人所有的财产，保护公民的人身权利、民主权利和其他权利，维护社会秩序、经济秩序，保障社会主义建设事业的顺利进行。

【条文精解】

本条是关于刑法的任务的规定。

刑法是一个国家的基本法律。刑法的任务与国家的政权性质，与其政治经济社会制度，以及历史文化传统、发展阶段、现实国情紧密相关。刑法的任务也是依据宪法确定的。宪法所要保护的国家、社会制度，以及公民的基本权利，需要刑法和其他法律共同保障落实。本条的内容在宪法中都有相应规定。

根据本条规定，我国刑法任务的实现手段是通过运用刑罚同一切犯罪行为作斗争。这是刑法与其他部门法相区别的一个重要特征，即以刑罚这种特殊处罚作为预防和惩治犯罪的手段。刑罚是剥夺人身自由、财产等权利的严厉手段，根据我国刑法规定，包括死刑、无期徒刑、有期徒刑、拘役、管制等主刑，以及没收财产、罚金、剥夺政治权利等附加刑。通过刑罚手段惩罚和教育犯罪人、消除其人身危险性和再犯罪能力，进而与犯罪作斗争。同时，其他法律也会在有关资格、职业禁止和行政处罚等方面对违法行为作出规定，其中不少手段也依法适用于犯罪人，因而，也是运用法律手段惩处和预防犯罪的重要手段。在此意义上，刑法和其他行政管理法律等，共同起到维护人民利益，维护国家、社会安全和法秩序的重要作用。

刑法的具体任务有以下几个方面：

第一，保卫国家安全、保卫人民民主专政的政权和社会主义制度。我国的国家安全、人民民主专政的政权和社会主义制度，是我国人民经过长期革命斗争取得的，是我国宪法确立的国家政治、经济制度，是我国进行改革开放和社会主义现代化建设的根本保证。宪法第二十八条规定："国家维护社会秩序，镇压叛国和其他危害国家安全的犯罪活动，制裁危害社会治安、破坏社会主义经济和其他犯罪的活动，惩办和改造犯罪分子。"根据国家安全法第二条的规定，国家安全是指国家政权、主权、统一和领土完整、人民福祉、经济社会可持续发展和国家其他重大利益相对处于没有危险和不受内外威胁的状态，以及保障持续安全状态的能力。因此，用刑罚方法同一切组织、策划、实施武装叛乱、武装暴乱、颠覆国家政权、推翻社会主义制度，勾结外国危害我国主权、领土完整和安全，组织、策划、实施分裂国家、破坏国家统一等犯罪作斗争，是刑法一项很重要的任务。刑法的打击锋芒，首先指向这类危害最严重的犯罪，这也是符合国家和人民最根本利益的。

第二，保护国有财产和劳动群众集体所有的财产，保护公民私人所有的财产。国家所有的财产和劳动群众集体所有的财产，作为公共财产，是社会主义的物质基础，是进行社会主义现代化建设的物质保证。根据宪法关于公共财产神圣不可侵犯的规定，刑法保护国有财产和劳动群众集体所有的财产，具有特别重要的意义。公民私人所有的财产，是公民生产、工作、生活所必需的物质条件，同样受国家法律保护。宪法第十三条规定，公民的合法的私有财产不受侵犯，国家依照法律规定保护公民的私有财产权和继承权。因此，刑法将侵犯公民私人所有的财产的行为规定为犯罪，并规定了相应的处罚。根据刑法第九十二条的规定，公民私人所有的财产，是指下列财产：（1）公民的合法收入、储蓄、房屋和其他生活资料；（2）依法归个人、家庭所有的生产资料；（3）个体户和私营企业的合法财产；（4）依法归个人所有的股份、股票、债券和其他财产。另外，宪法第十一条规定："在法律规定范围内的个体经济、私营经济等非公有制经济，是社会主义市场经济的重要组成部分。国家保护个体经济、私营经济等非公有制经济的合法的权利和利益。"民法典对法人、非法人组织作为民事主体及其财产作了规定，因此，保护非公有制企业等法人、非法人组织的财产也是刑法的一项重要任务。

第三，保护公民的人身权利、民主权利和其他权利。在我国，人民是国家的主人，我国宪法规定了公民的各项基本权利。其中，人身权利是指公民的生命、健康、人身自由等方面的权利；民主权利是指公民依照法律参加国家管理和政治生活的各项权利；其他权利是指劳动、婚姻自由及老人、儿童不受虐待、遗弃等权利。同侵犯公民人身权利、民主权利的犯罪作斗争，维护公民的合法权益，是刑法的重要任务。

第四，维护社会秩序、经济秩序，保障社会主义建设事业的顺利进行。我国进行改革开放和社会主义现代化建设，需要稳定的社会秩序和经济秩序，尤其是建立和完善社会主义市场经济，更需要一个良好的经济秩序，否则，什么事情也办不成。因此，维护社会秩序和经济秩序成为刑法的一项重要任务，对于扰乱社会秩序和经济秩序的犯罪，依照刑法予以打击。

从立法实践看，刑法与保障社会主义建设事业顺利进行的任务一直相伴相生。特别是伴随着改革开放伟大事业的不断深化，刑法不断发展完善。二十多部单行刑法的制定，1997年修订刑法，以及十一个刑法修正案，为改革开放和社会主义事业顺利推进打造安全的社会环境，推动和保障金融、财税等各领域改革成果，发挥了重要作用。

第三条 【罪刑法定原则】

法律明文规定为犯罪行为的，依照法律定罪处刑；法律没有明文规定为犯罪行为的，不得定罪处刑。

【条文精解】

我国刑法关于罪刑法定原则的表述是具有鲜明的特点和针对性的。与许多国家规定罪刑法定原则往往注重强调法无明文规定不为罪、法无明文规定不处罚有所不同，本条规定包括两个方面的内容：一方面，法律规定为犯罪的，要依照刑法的规定定罪处刑，要求严格执法，不能出入人罪。这是根据我国的实际情况作出的规定，强调的是对犯罪的打击和维护社会秩序、保护公民利益，强调的是依照法律规定定罪量刑，而不能法外施刑。另一方面，对法律没有规定为犯罪的行为，不得定罪处罚，即法无规定不可罚。一种行为无论社会危害性多么严重，只要法律没有规定为犯罪，都不得定罪处刑。这两方面相辅相成，共同构成了我国的罪刑法定原则。

【实践中需要注意的问题】

罪刑法定原则是相对封建社会罪刑擅断而言的。确立这个原则，是现代刑事法律制度的一大进步。实行这个原则需要做到：

一是重法不溯及既往。这是罪刑法定原则的必然要求，如果刑法可以任意溯及既往，罪刑法定原则就失去了意义。罪刑法定原则允许有利于被告人的溯及既往。我国刑法第十二条在新旧刑法适用问题上规定，原则上按照行为"当时的法律追究刑事责任，但是如果本法不认为是犯罪或者处刑较轻的"，适用新刑法。

二是不作类推。1997年刑法已经取消了类推制度，但并不意味着实践中就都能够严格坚持罪刑法定原则，在具体案件处理上完全不会发生类似于类推的做法了。因此，贯彻落实罪刑法定原则就必须在进行法律适用、解释的过程中，坚持禁止类推的精神，正确把握类推解释和扩大解释的界限——前者违反罪刑法定原则，后者在法律用语的含义之内并不违反罪刑法定原则。对于确属刑法没有规定的犯罪，即使认为具有很大危害性，也不能用类推的方法援用某个其他犯罪规定以适用刑法加以追究。对于确有必要作为犯罪行为加以规制的，必须通过修改刑法解决。

三是对各种犯罪的构成条件的规定及设定的处罚必须明确、具体。罪刑法定原则既是司法适用中必须坚守的原则，在刑事立法过程中也同样需要加以认真贯彻。一方面，罪刑法定原则要求罪与刑的设定必须通过立法进行。另一方面，立法对罪与刑的设定必须尽量具体、明确，即罪与非罪的界限、此罪彼罪的界限应当明晰，便于公民根据法律规定，明确哪些行为不可为及相关行为的法律后果。如果立法中不能贯彻罪刑法定原则，法律规定本身不清楚、犯罪界限不明，则难以保证司法机关准确适用法律，公正定罪量刑，公民也将无所适从。

需要注意的是，由于司法实践纷繁复杂，各种犯罪的情况复杂多样，立法只是以抽象的原则性规定描述具体的生活现实，在技术上不可能穷尽实践中各种具体情况，需要留有一定空间，由司法机关根据个案情况，将抽象规定适用于具体案件，因而刑法中难免有些犯罪规定保留了兜底项或者"等"字规定。总体上看，这样的立法技术和做法并不违反罪刑法定原则，但是确实是贯彻罪刑法定原则的薄弱环节，在适用法律的过程中需要特别加以注意。对刑法没有列明的行为，按照兜底项或者"等"追究刑事责任，应当与已经列明的行为进行比较，二者在性质、危害性等方面应具有相当性，社会一般人员对于这种相当性应具有预测和认知的可能性，必须符合并有助于实现立法设定该罪名的目的即立法的原意；同时，对于该行为作为犯罪追究刑事责任应当符合比例原则。此外，刑法条文很多规定了"情节严重""后果严重"等犯罪门槛，这是合理划定刑事处罚范围，与行政处罚等相区分的需要，有关司法解释或者规范性文件对此配套了较为具体明确的规定。同时刑法对有关犯罪的处罚也应当是明确的，禁止绝对不定期刑罚。

四是防止法官滥用自由裁量权。

五是司法解释不能超越法律。罪刑法定原则，既是刑事立法原则，同时也是刑事司法原则。刑法取消类推，明确规定这一原则，是我国司法人权保障的重大改革和进步，是我国社会主义民主与法制的重大发展，是宪法规定的国家尊重和保障人权这一重要原则的具体实施，归根结底，是全面建设社会主义法治国家的应有之义和必然要求。

第四条 【法律面前人人平等原则】

对任何人犯罪，在适用法律上一律平等。不允许任何人有超越法律的特权。

【条文精解】

本条是关于法律面前人人平等原则的规定。

法律面前人人平等这一原则有两层含义：

一是要做到刑事司法公正，即定罪公正、量刑公正、行刑公正。人民法院、人民检察院、公安机关等对任何犯罪的人，不分民族、种族、职业、出身、性别、宗教信仰、教育程度、财产情况、职位高低和功劳大小，都应予以刑事追究，根据法律规定和案件事实予以从宽和从严惩处，不能因案外因素干扰定罪量刑，要公正、平等地适用法律。

二是不允许任何人有超越法律的特权。这一规定具有重要的现实意义。由于封建残余思想、资产阶级腐朽思想的影响，特权思想在一些人中，特别是在少数领导干部中仍有一定市场，以言代法、以权代法的现象仍然存在。党中央提出，平等是社会主义法律的基本属性。绝不允许任何人以任何借口任何形式以言代法、以权压法、徇私枉法；领导干部都要牢固树立宪法法律至上、法律面前人人平等、权由法定、权依法使等基本法治观念，对各种危害法治、破坏法治、践踏法治的行为要挺身而出、坚决斗争；要牢记法律红线不可逾越、法律底线不可触碰。因此，法律面前人人平等的原则，其实质就是反对特权。刑法规定的法律面前人人平等的原则，为反对有法不依、执法不严和反对超越法律的任何特权，提供了法律武器。人民法院组织法、人民检察院组织法、法官法等法律，对在适用法律上一律平等，不允许任何组织和个人有超越法律的特权也作了明确规定。

第五条 【罪责刑相适应原则】
刑罚的轻重，应当与犯罪分子所犯罪行和承担的刑事责任相适应。

【条文精解】

本条是关于罪责刑相适应原则的规定。

罪责刑相适应原则是我国刑法的基本原则之一，是社会主义法治的必然要求。我国刑法的罪责刑相适应原则，是指对犯罪规定刑罚和对犯罪分子量刑时，应根据其所犯罪行的性质、情节和对社会的危害程度来决定。这一原则的基本要求是罪重的量刑要重，罪轻的量刑要轻，各个法律条文之间对犯罪刑罚的规定要统一平衡，不能罪重的刑罚比罪轻的轻，也不能罪轻的刑罚比罪重的重。显而易见，这一原则是要保证刑罚适用上的公平。我国刑法有许多规定都体现了罪责刑相适应的原则，如关于对犯罪分子决定刑罚的时候，要根据犯罪的事实、性质、情节和对社会的危害程度的规定，关于对共同犯罪、集团犯罪中的主犯、从犯、胁从犯和累犯、教唆犯以及犯罪不同阶段的预备犯、中止犯、未遂犯从重、从轻、减轻、免除处罚的规定，等等。

本条所确定的原则，既是刑事立法应遵循的原则，也是刑事司法应遵守的原则。在制定和修改刑法时，对于性质严重、社会危害性大的犯罪，对犯罪情节特别严重的，都规定了较重的处刑；对于所犯罪行的性质、情节比较轻的，如过失犯罪等，规定的处刑比较轻。也就是说罪重，规定的刑罚就重；罪轻，规定的刑罚就轻。同时，要注意的是，刑罚配置还要考虑预防犯罪等一些因素，对社会危害性的判断应当是全面、综合的，如盗窃罪和故意毁坏财物罪，从对被害人造成的财产损失而言，后者并不轻于前者，但刑法对盗窃罪规定了更重的刑罚，是考虑到预防犯罪的必要性、惩治犯罪的需要、社会一般观念对盗窃与故意毁坏财物的危害性评价等各方面因素。在刑事司法中也应遵守这个原则，对犯罪分子判处的刑罚轻重，应当与其所犯罪行的轻重和罪过大小以及应承担的刑事责任大小相当。既不能重罪轻判，判轻了，不利于惩罚犯罪，震慑犯罪分子；也不能轻罪重判，判重了，容易造成犯罪分子对法律和社会的抵触心理，不利于罪犯的改造。因此，必须使罪责刑相称，做到重罪重判、轻罪轻判、罚当其罪。

【实践中需要注意的问题】

需要注意的是，本条规定比以前罪刑相适应，或罪刑相当的表述多了一个"责"字。这就是说，在对一个犯罪行为进行评价、确定刑罚时不仅要看犯罪的事实、行为性质、触犯的罪名、犯罪手段等情节，还要对行为人在该犯罪中应承担刑事责任的大小等作出判断，通过综合考量确定相应的刑罚，以实现刑罚的公平。这也是我国刑法理论中认定犯罪和刑罚遵循主客观相统一原则的体现。

第六条　【属地管辖】

凡在中华人民共和国领域内犯罪的，除法律有特别规定的以外，都适用本法。

凡在中华人民共和国船舶或者航空器内犯罪的，也适用本法。

犯罪的行为或者结果有一项发生在中华人民共和国领域内的，就认为是在中华人民共和国领域内犯罪。

【条文精解】

本条是关于刑法对地域的适用范围的规定。

本条共分为三款。第一款是关于在中华人民共和国领域内犯罪的，除法律有特别规定的以外，无论是中国公民还是外国人，无论受害人是中国公民还是外国人，都适用我国刑法追究其刑事责任的规定。如最高人民法院《关于审理拐卖妇女案件适用法律有关问题的解释》第二条规定，外国人或者无国籍人拐卖外国妇女到我国境内被查获的，应当根据刑法第六条的规定，适用我国刑法定罪处罚。

这里所说的"中华人民共和国领域"，是指我国国境以内的全部区域，具体包括：(1)领陆，即国境线以内的陆地及其陆地下的地层；(2)领水，即内水（内河、内海、内湖以及同外国之间界水的一部分）和领海（我国领海宽度从领海基线量起为12海里）及其以下的地层；（3）领空，即领陆和领水之上的空间。

这里所说的"法律有特别规定的"，主要是指刑法第十一条关于享有外交特权和豁免权的外国人的刑事责任的特别规定；刑法第九十条关于民族自治地方制定的变通或补充刑法的规定，以及其他法律中作出的特别规定，如香港、澳门特别行政区基本法中的有关规定等。

第二款是关于在中华人民共和国船舶或者航空器内犯罪，适用我国刑法的规定。根据国际法一般原则，挂有本国国旗或者在本国注册登记的船舶、航空器，属于本国领土的延伸，不论其航行或者停放在哪里，对在船舶或者航空器内的犯罪，都适用旗国的法律，即国际法上的旗国主义。一些国际法对旗国主义原则作了明确规定，如《联合国打击跨国有组织犯罪公约》第十五条规定，各缔约国在以下情况应具有管辖权："（一）犯罪发生在该缔约国领域内；（二）犯罪发生在犯罪时悬挂该缔约国国旗的船只或已根据该缔约国法律注册的航空器内。"又如《联合国反腐败公约》第四十二条规定，各缔约国均应当在下列情况下采取必要的措施，以确立对根据本公约确立的犯罪的管辖权："（一）犯罪发生在该缔约国领域内；（二）犯罪发生在犯罪时悬挂该缔约国国旗的船只上或者已经根据该缔约国法律注册的航空器内。"我国民用航空法第六条规定："经中华人民共和国国务院民用航空主管部门依法进行国籍登记的民用航空器，具有中华人民共和国国籍，由国务院民用航空主管部门发给国籍登记证书。"本条所说的"船舶"和"航空器"（包括飞机和其他航空器），既包括军用的，也包括民用的。我国的船舶、航空器，即使航行或停泊在我国领域以外，也仍属我国管辖，在这些船舶、航空器内犯罪的，也应适用我国刑法予以追究。

第三款是关于犯罪行为和犯罪结果不是同时发生在我国领域内的，如何适用刑法的补充性规定。犯罪行为和犯罪结果都发生在我国领域内，如何适用我国刑法，本条第一款已作了规定。对于犯罪行为或者犯罪结果，只要有一项是发生在我国领域内的，就认为是在我国领域内犯罪，应当适用我国刑法。一部分行为或者一部分结果发生在我国领域内的，我国刑法也有管辖权。这一款规定是对"领域内"犯罪的进一步明确，更有利于打击犯罪，更有利于维护国家主权和国家利益。

第七条 【属人管辖】

中华人民共和国公民在中华人民共和国领域外犯本法规定之罪的，适用本法，但是按本法规定的最高刑为三年以下有期徒刑的，可以不予追究。

中华人民共和国国家工作人员和军人在中华人民共和国领域外犯本法规定之罪的，适用本法。

【条文精解】

本条是关于我国公民在我国领域外犯罪如何适用刑法的规定。

关于本国刑法在领域外的效力问题，各国刑法多有规定。本条规定的是中国公民在中国领域外犯罪适用本法的规定，针对的是中国公民在外犯罪，即通常所说的属人管辖原则。属人管辖原则体现了国家主权、公民与国家的关系，以及公民遵守本国法律的义务。本条共分为两款。

第一款是关于中华人民共和国公民在中华人民共和国领域外犯罪如何适用我国刑法的一般性规定。这里所说的中华人民共和国公民，是指具有中华人民共和国国籍的人，包括定居在外国而没有取得外国国籍的华侨和临时出国的人员以及已经取得我国国籍的外国血统的人。根据我国国籍法的规定，我国不承认双重国籍，定居在国外的我国公民，凡自愿加入或取得外国国籍的，即自动丧失我国国籍，不再属于我国公民。

根据本条规定，我国公民在我国领域外犯刑法分则规定的任何一种罪的，都要适用我国刑法，追究其刑事责任。但是有一种例外，就是所犯的罪，按照刑法分则的规定，最高刑为三年以下有期徒刑的，可以不予追究。对最高刑的判断应当根据犯罪的情节所应适用的相应法定刑档次的最高刑判断。

第二款是关于我国国家工作人员和军人在我国领域外犯罪适用我国刑法的规定。本款是对中华人民共和国公民中的两类人的特别规定。其中所说的国家工作人员，是指本法第九十三条规定的人员，即国家机关中从事公务的人员，国有公司、企业、事业单位、人民团体中从事公务的人员和国家机关、国有公司、企业、事业单位委派到非国有公司、企业、事业单位、社会团体从事公务的人员，以及其他依照法律从事公务的人员。军人包括中国人民解放军、武装警察的军官和士兵等人员。国家工作人员和军人在我国领域外犯本法分则规定之罪的，都适用我国刑法追究刑事责任，没有任何例外。这一规定，体现了对国家工作人员和军人犯罪从严的精神。需要注意的是，我国刑法对我国公民领域外犯罪的属人管辖并不以双重犯罪为原则，与本法第八条的保护管辖原则不一样，后者要求双重犯罪原则。

> **第八条 【保护管辖】**
> 外国人在中华人民共和国领域外对中华人民共和国国家或者公民犯罪，而按本法规定的最低刑为三年以上有期徒刑的，可以适用本法，但是按照犯罪地的法律不受处罚的除外。

【条文精解】

本条是关于外国人在中华人民共和国领域外犯我国刑法规定之罪，如何适用我国刑法的规定。

本条所称外国人，是指具有外国国籍和无国籍的人。根据本条规定，外国人在我国领域外触犯我国刑法，必须同时具备以下条件才能适用我国刑法：

一是对中华人民共和国国家或者公民犯罪。所谓对中华人民共和国国家犯罪，主要是指刑法规定的危害我国国家安全和利益的各种犯罪；所谓对中华人民共和国公民犯罪，主要是指我国刑法规定侵犯我国公民人身权利、民主权利和其他权利的一些犯罪。这一限制既保护了我国国家与公民的利益，也限制了范围，尊重他国主权。反恐怖主义法第十一条对恐怖活动犯罪的保护管辖作了专门规定："对在中华人民共和国领域外对中华人民共和国国家、公民或者机构实施的恐怖活动犯罪，或者实施的中华人民共和国缔结、参加的国际条约所规定的恐怖活动犯罪，中华人民共和国行使刑事管辖权，依法追究刑事责任。"这一规定体现了对国际恐怖活动的严厉打击和打击恐怖主义活动的国际合作。

二是按刑法规定的最低刑为三年以上有期徒刑的犯罪。这是从犯罪的最低法定刑的高低限定是否适用我国刑法。所谓最低法定刑为三年以上有期徒刑，是指刑法规定的一种罪的最低起刑点是三年以上有期徒刑的，如刑法第一百一十四条放火罪、决水罪、爆炸罪、投放危险物质罪，第二百三十二条故意杀人罪等，规定的最低起刑点就是三年以上有期徒刑。也就说，外国人对我国国家或者公民犯较为严重罪行的，才适用本法。

三是根据犯罪地的法律，也认为是犯罪的。如果犯罪地的法律不认为是犯罪，或者规定不予处罚的，尽管符合前两个条件，也不能适用我国刑法。这是通常所说的双重犯罪原则。外国人在国外工作生活，从事有关活动应当遵守当地法律，如果当地不认为是犯罪，甚至是合法的活动，不应按照我国刑法处理。我国引渡法第七条也规定了引渡条件的双重犯罪原则："外国向中华人民共和国提出的引渡请求必须同时符合下列条件，才能准予引渡：（一）引渡请求所指的行为，依照中华人民共和国法律和请求国法律均构成犯罪；（二）为了提起刑事诉讼而请求引渡的，根据中华人民共和国法律和请求国法律，对于引渡请求所指的犯罪均可判处一年以上有期徒刑或者其他更重的刑罚；为了执行刑罚而请求引渡的，在提出引渡请求时，被请求引渡人尚未服完的刑期至少为六个月。"

【实践中需要注意的问题】

外国人在中华人民共和国领域外犯我国刑法规定之罪予以追究的三个限制条件，是有机统一、缺一不可的。因为犯罪人是外国人，而且是在我国领域外犯罪，如果没有被我国抓获或者引渡过来，也无法适用我国刑法。因此，不能管得太宽，需要有条件限制。同时，符合上述条件，刑法规定的是"可以适用本法"，我国刑法保留管辖权，但不必然追究。因为外国人在外国犯罪，同时符合当地法律属地管辖原则，面临刑事处罚，通常会有刑事管辖冲突，我国是否启动追究根据案件情况确定。根据最高人民法院《关于适用〈中华人民共和国刑事诉讼法〉的解释》第十一条的规定，外国人在中华人民共和国领域外对中华人民共和国国家或者公民犯罪，根据刑法应当受处罚的，由该外国人登陆地、入境地、入境后居住地或者被害中国公民离境前居住地或现居住地的人民法院管辖。

第九条　【普遍管辖】
对于中华人民共和国缔结或者参加的国际条约所规定的罪行，中华人民共和国在所承担条约义务的范围内行使刑事管辖权的，适用本法。

【条文精解】

本条是关于我国刑法普遍管辖原则的规定。

本条所说的我国缔结或者参加的国际条约所规定的罪行，是指已经由全国人大常委会批准的我国缔结或者参加的国际条约规定的犯罪。如《关于制止非法劫持航空器的公约》《关于制止危害民用航空安全的非法行为的公约》《防止及惩治灭绝种族罪公约》《联合国海洋法公约》《制止危及海上航行安全非法行为公约》《反对劫持人质国际公约》《联合国禁止非法贩运麻醉药品和精神药物公约》《联合国打击跨国有组织犯罪公约》等，分别规定了一些国际犯罪，如劫持航空器罪、劫持船只罪、海盗罪、贩毒罪等。凡参加了这些国际公约的国家，就承担了对这些国际犯罪进行追究的义务。犯了上述罪行的人，到任何一个缔约国，根据公约的规定，该缔约国如果不将罪犯引渡给他国，该国就应行使刑事管辖权，依照该国的法律对犯罪人进行追究。

根据本条规定，我国对这类犯罪行使管辖权的对象，主要是指在我国领域外犯了国际条约所规定的罪而进入我国领域内的外国人。我国行使刑事管辖权的条件包括：（1）必须是中华人民共和国缔结或者参加的国际条约中所规定的犯罪，对没有缔结或参加的国际条约中规定的犯罪，不能行使刑事管辖权。（2）必须是在我国所承担条约义务的范围内。如果我国对条约中的某些规定声明保留，我国对此就不承担义务。我国缔结或者参加的国际条约中，凡是没有声明保留的规定，都属于我国所承担的义务范围。

本条所说的刑事管辖权，是指我国司法机关对此类案件有依法行使侦查、起诉和审判的权利。"适用本法"是指行使刑事管辖权的，依照我国刑法的规定作为依据追究刑事责任。根据最高人民法院《关于适用〈中华人民共和国刑事诉讼法〉的解释》第十二条的规定，对中华人民共和国缔结或者参加的国际条约所规定的罪行，中华人民共和国在所承担条约义务的范围内，行使刑事管辖权的，由被告人被抓获地、登陆地或入境地的人民法院管辖。另外，我国反恐怖主义法第十一条对在反恐领域刑事案件这一原则的适用作了进一步明确，即"对在中华人民共和国领域外对中华人民共和国国家、公民或者机构实施的恐怖活动犯罪，或者实施的中华人民共和国缔结、参加的国际条约所规定的恐怖活动犯罪，中华人民共和国行使刑事管辖权，依法追究刑事责任"，与刑法的规定衔接。

第十条 【对外国刑事判决的消极承认】
凡在中华人民共和国领域外犯罪，依照本法应当负刑事责任的，虽然经过外国审判，仍然可以依照本法追究，但是在外国已经受过刑罚处罚的，可以免除或者减轻处罚。

【条文精解】

本条是关于犯罪已经外国法院判决如何适用我国刑法的规定。
本条规定有两个方面的含义：

第一，凡在我国领域外犯罪，依照我国刑法应当负刑事责任的，虽然经过外国审判，仍然可以依照我国刑法处理。这里所说的在我国"领域外犯罪"的，犯罪主体既包括我国公民，也包括外国人或者无国籍人。规定虽经外国审判，但依照我国刑法应当负刑事责任的，仍然可以依照我国刑法追究，是国家主权原则和保护原则在我国刑法中的体现。从这个原则出发，我国可以不受外国审判的约束。但是，应当注意的是，这里使用的是"可以"，而没有用"应当"，因此，对于已经外国审判的，还要不要再依照我国刑法处理，需根据具体案件的具体情况决定，并不要求对于外国已审判的，一律依照我国刑法处理。

第二，对于经过外国审判的案件，如果需要依照我国刑法处理的，凡是在国外已受到刑罚处罚的，可以免除或者减轻处罚。这一规定，主要是考虑到行为人已在国外经过审判，受到了刑罚处罚。在依照我国刑法处理时，应当实事求是地对待，根据具体情况，可以对其免除处罚或者减轻处罚。在具体考虑对其是免除处罚还是减轻处罚或者减轻处罚的程度时，可以从其所犯罪行的性质、在国外被判处刑罚的轻重和实际执行刑罚的长短、按照我国刑法可能判处的刑罚的轻重、行为人经过在外国执行刑罚所得到的惩戒和人身危险性减低的情况、判处刑罚的必要性以及刑罚轻重的适当性等方面综合考量。

第十一条 【外交豁免】
享有外交特权和豁免权的外国人的刑事责任，通过外交途径解决。

【条文精解】

本条是关于享有外交特权和豁免权的外国人的刑事责任的规定。

本条规定的"外交特权和豁免权"，是指一个国家为了保证和便利驻在本国的外交代表、外交代表机关以及外交人员执行职务，而给予他们的一种特殊权利和待遇。这种特殊权利和待遇是各国之间按照平等、相互尊重的原则，根据国际惯例和国际公约、协议，相互给予的。如果外国调整我国外交人员相应待遇，我国也可以根据平等原则相应调整该国驻我国的外交人员的待遇。根据国际公约的精神，全国人大常委会于1986年制定了《外交特权与豁免条例》。

这种特殊权利和豁免权包括：人身不可侵犯，办公处、住处和文书档案不可侵犯，免纳关税，不受驻在国的司法管辖，等等。享有这种外交特权和豁免权的外国人主要包括：第一，外国的国家元首、政府首脑、外交部长。第二，外国驻本国的外交代表、大使、公使、代办和同级别的人、具有外交官衔的使馆工作人员（一、二、三等秘书，随员，陆海空武官，商务、文化、新闻参赞或专员）以及他们的家属（配偶、未成年子女）等。第三，执行职务的外交使差。第四，根据我国同其他国家订立的条约、协定享受若干特权和豁免权的商务代表。第五，经我国外交部核定享受若干特权和豁免的下列人员：(1) 途经或临时留在我国境内的各国驻第三国的外交官；(2) 各国派来中国参加会议的代表；(3) 各国政府来中国的高级官员；(4) 按照联合国宪章规定和国际公约享受特权和豁免的其他人员。第六，总领事、领事、副领事、领事代理人、名誉领事和其他领馆人员。

需要注意的是，上述享有外交特权和豁免权的外国人的刑事责任不适用我国刑法刑事管辖权，并不意味着行为不受惩罚，可以"无法无天"，而是犯了罪不交付我国法院审判，他们的刑事责任通过外交途径解决。一般有下列几种方式：(1) 要求派遣国召回；(2) 建议派遣国依法处理；(3) 对罪行严重的，由我国政府宣布其为"不受欢迎的人"，限期出境。同时，根据有关国际法和我国《外交特权与豁免条例》的规定，享有外交特权与豁免的人员：(1) 应当尊重中国的法律、法规；(2) 不得干涉中国的内政；(3) 不得在中国境内为私人利益从事任何职业或者商业活动；(4) 不得将使馆馆舍和使馆工作人员寓所充作与使馆职务不相符合的用途。

第十二条　【刑法的溯及力】
中华人民共和国成立以后本法施行以前的行为，如果当时的法律不认为是犯罪的，适用当时的法律；如果当时的法律认为是犯罪的，依照本法总则第四章第八节的规定应当追诉的，按照当时的法律追究刑事责任，但是如果本法不认为是犯罪或者处刑较轻的，适用本法。

本法施行以前，依照当时的法律已经作出的生效判决，继续有效。

【条文精解】

本条是关于我国刑法在时间上的适用范围的规定。

本条共分为两款。第一款是关于新的刑法对生效以前发生的犯罪行为有无溯及力的规定。对于中华人民共和国成立以后本法施行以前的行为的处理原则，我国刑法采用的是从旧兼从轻的原则，即新法原则上不溯及既往，但新法对行为人处罚更轻时例外。具体内容有以下几方面：（1）在新刑法1997年10月1日生效以后发生的一切犯罪行为，都应当适用新的刑法，原刑法和制定的单行刑事法律对新发生的犯罪不再适用。（2）新刑法施行后，在民事、经济、行政法律中，关于适用原刑法有关条文追究刑事责任的规定，如果新刑法已有具体的罪与刑的规定，原有规定不再适用；如果新刑法对原刑法规定的内容没有修改，只是条文顺序号变了，原规定适用的条文对不上号了，应当适用新的条文；如果在适用中不明确或者有争议的，可以由全国人民代表大会常务委员会解释。新刑法施行以后，对于其生效前发生的行为，如果原有法律不认为是犯罪，新刑法认为是犯罪的，如有的计算机犯罪、证券犯罪等，应适用原来的法律，按无罪处理；如果原有法律认为是犯罪，新刑法也认为是犯罪，并且"依照本法总则第四章第八节的规定应当追诉的"，应当适用原来的法律，但是新刑法规定的处刑较轻时应当适用新刑法。也就是说，只有在不认为是犯罪或者处刑较轻这两种情况下，新刑法才能溯及既往。其中"处刑较轻"，是指刑法对某种犯罪规定的刑罚即法定刑比修订前刑法规定的法定刑轻。确定法定刑是否属于较轻时，应当先比较新旧刑法规定的法定最高刑哪个更轻；如果法定最高刑相同，则比较法定最低刑哪个较轻。如果刑法规定的某一犯罪只有一个法定刑幅度，法定最高刑或者法定最低刑是指该幅度的最高刑或者最低刑；如果刑法规定的某一犯罪有两个以上的法定刑幅度，法定最高刑或者法定最低刑是指具体犯罪行为应当适用的法定刑幅度的最高刑或者最低刑。1997年10月1日以后审理1997年9月30日以前发生的刑事案件，如果刑法规定的处刑标准、法定刑与修订刑法前相同的，应当适用修订前的刑法。

需要注意的是，本条规定刑法适用上从旧兼从轻是刑法效力范围的一般原则，1997年刑法修订以后，全国人大常委会还通过多个刑法修正案对刑法作出了一系列修改，这些刑法修正案修改前后的规定如何具体适用，也应当按照这个总体原则进行判断。《刑法修正案（八）》《刑法修正案（九）》对刑法修改的内容广泛，其中既有过去完全不是犯罪行为增加为犯罪行为的，过去认定为其他犯罪而刑法修正后规定为专门犯罪的，也有总则中刑罚制度的修改，还有其他程序性修改等，情况复杂，因此新的刑法修正案出台后，一般也有司法解释具体跟进，对有关可能存在不同认识的犯罪如何适用作出具体规定。如最高人民法院、最高人民检察院关于《刑法修正案（八）》《刑法修正案（九）》时间效力问题的解释：（1）关于以前属于犯罪行为，刑法修正后规定为其他专门罪名的，如何适用刑法的问题。如考试作弊犯罪。对于

2015年10月31日以前组织考试作弊，为他人组织考试作弊提供作弊器材或者其他帮助，以及非法向他人出售或者提供考试试题、答案，根据修正前刑法应当以非法获取国家秘密罪，非法生产、销售间谍专用器材罪或者故意泄露国家秘密罪等追究刑事责任的，适用修正前刑法的有关规定。但是，根据修正后刑法第二百八十四条之一的规定处刑较轻的，适用修正后刑法的有关规定。又如虚假诉讼犯罪。对于2015年10月31日以前以捏造的事实提起民事诉讼，妨害司法秩序或者严重侵害他人合法权益，根据修正前刑法应当以伪造公司、企业、事业单位、人民团体印章罪或妨害作证罪等追究刑事责任的，适用修正前刑法的有关规定。但是，根据修正后刑法第三百零七条之一的规定处刑较轻的，适用修正后刑法的有关规定。实施修正后刑法第三百零七条之第一款的行为，非法占有他人财产或者逃避合法债务，根据修正前刑法应当以诈骗罪、职务侵占罪或者贪污罪等追究刑事责任的，适用修正前刑法的有关规定。（2）对有关程序性的规定，适用修正后刑法。如《刑法修正案（九）》增加的网络侮辱、诽谤的协助提供证据的规定，司法解释规定，对于2015年10月31日以前通过信息网络实施的刑法第二百四十六条第一款规定的侮辱、诽谤行为，被害人向人民法院告诉，但提供证据确有困难的，适用修正后刑法第二百四十六条第三款的规定。关于《刑法修正案（九）》修改的虐待告诉才处理的条件，司法解释规定，对于2015年10月31日以前实施的刑法第二百六十条第一款规定的虐待行为，被害人没有能力告诉，或者因受到强制、威吓无法告诉的，适用修正后刑法第二百六十条第三款的规定。（3）有关量刑制度的修改，如何适用刑法，应按照从旧兼从轻的原则确定。如关于《刑法修正案（九）》增加的贪污、受贿终身监禁的适用，司法解释规定，对于2015年10月31日以前实施贪污、受贿行为，罪行极其严重，根据修正前刑法判处死刑缓期执行不能体现罪刑相适应原则，而根据修正后刑法判处死刑缓期执行，同时决定在其死刑缓期执行二年期满依法减为无期徒刑后，终身监禁，不得减刑、假释，可以罚当其罪的，适用修正后刑法第三百八十三条第四款的规定。根据修正前刑法判处死刑缓期执行足以罚当其罪的，不适用修正后刑法第三百八十三条第四款的规定。（4）有关刑罚执行制度的规定。如《刑法修正案（八）》对无期徒刑实际最低执行刑期作了修改，进一步提高。对此如何适用，有关司法解释规定，2011年4月30日以前犯罪，被判处无期徒刑的罪犯，减刑以后或者假释前实际执行的刑期，适用修正前刑法第七十八条第二款、第八十一条第一款等的规定。

第二款是关于对已经按原有法律作出的生效判决如何处理的规定。对于新刑法生效以前，依照原法律已经作出的生效判决，既包括有罪判决，也包括无罪判决，仍然是继续有效的判决，不能因新刑法的实施而有所改变。依照当时的法律已经作出的生效判决，继续有效。当然，如果特定时代、特定原因的一些犯罪，现在看来危害性有所变化的，可以在刑罚执行中在减刑、假释等方面加以考量，或者适用特赦制度，但不能因法律修改就对原来的判决重新审判。

【实践中需要注意的问题】

理解本条规定，需要注意几个问题：

一是关于追诉时效新旧刑法的适用。本条中"依照本法总则第四章第八节的规定应当追诉的，按照当时的法律追究刑事责任"，仅指对行为人如何定罪量刑按当时的法律，还是包括对追诉时效的确定也按当时的法律，司法实践中长期存在不同观点。新旧刑法在具体追诉期限的规定上是一样的，如法定最高刑为不满五年有期徒刑的，经过五年不再追诉，法定最高刑为五年以上不满十年有期徒刑的，经过十年不再追诉等。同时，新旧刑法都规定了报请最高人民检察院核准追诉的程序，因此对特别严重的犯罪案件虽然已过追诉时效仍可核准追诉。不同的是，1997年刑法第八十八条有关不受追诉期限限制的规定，与1979年刑法相比，降低了不受追诉期限限制的条件，增加了不受限制的情形。1979年刑法第七十七条规定："在人民法院、人民检察院、公安机关采取强制措施以后，逃避侦查或者审判的，不受追诉期限的限制。"1997年刑法第八十八条第一款规定，"在人民检察院、公安机关、国家安全机关立案侦查或者在人民法院受理案件以后，逃避侦查或者审判的，不受追诉期限的限制"，即将1979年的"采取强制措施以后"修改为"立案侦查或者在人民法院受理案件以后"；同时，1997年刑法还增加了不受追诉期限限制的情形，作为第二款规定："被害人在追诉期限内提出控告，人民法院、人民检察院、公安机关应当立案而不予立案的，不受追诉期限的限制。"与1979年刑法相比，1997年刑法关于不受追诉期限限制的规定更为严格。因此，适用旧刑法还是新刑法追诉时效的规定，对一些特定案件是否追诉会有不同结论。溯及力问题和追诉时效有内在联系，但属于两个不同的制度。从我国刑法的规定看，对于追诉时效一直是"从新"的。1979年刑法第九条规定"如果当时的法律、法令、政策认为是犯罪的，依照本法总则第四章第八节的规定应当追诉的，按照当时的法律、法令、政策追究刑事责任"；1997年刑法第十二条沿用了上述表述，规定"如果当时的法律认为是犯罪的，依照本法总则第四章第八节的规定应当追诉的，按照当时的法律追究刑事责任"。因此，对于1997年刑法生效前实施的行为如何判断时效，刑法的规定是明确的，即适用"本法"总则第四章第八节的规定。据此，对1997年刑法施行以前的犯罪行为，1997年刑法施行后在追诉期限内，具有规定情形的，适用1997年刑法第八十八条的规定，不受追诉期限的限制。如果1997年刑法施行时，根据1979年刑法有关规定已超过追诉时效的，不宜再根据新刑法规定追究刑事责任。

  二是对跨越修订刑法施行日期的继续犯罪如何适用法律。根据最高人民检察院《关于跨越修订刑法施行日期的继续犯罪、连续犯罪以及其他同种数罪应如何具体适用刑法问题的批复》规定，对于开始于1997年9月30日以前，继续到1997年10月1日以后终了的继续犯罪，应当适用修订刑法一并进行追诉；对于开始于1997年9月30日以前，连续到1997年10月1日以后的连续犯罪，或者在1997年10月1日前后分别实施的同种类数罪，其中罪名、构成要件、情节以及法定刑均没有变化的，应当适用修订刑法一并进行追诉；罪名、构成要件、情节以及法定刑已经变化的，也应当适用修订刑法一并进行追诉，但是修订刑法比原刑法所规定的构成要件和情节较为严格，或者法定刑较重的，在提起公诉时应当提出酌情从轻处理的意见。

  三是关于司法解释的适用效力。这一问题与刑法的适用效力紧密联系。本条中的"当时的法律"和"本法"，均是指刑法。刑法的具体适用，包括情节、数额等标准的具体适用，在我国通常由司法解释确定，因此司法解释的效力问题，与具体行为的刑法适用具有直接联系。根据2001年12月最高人民法院、最高人民检察院《关于适用刑事司法解释时间效力问题的规定》规定，司法解释自发布或者规定之日起施行，效力适用于法律的施行期间，对于司法解释实施前发生的行为，行为时没有相关司法解释，司法解释施行后尚未处理或者正在处理的案件，依照司法解释的规定办理；行为时已有相关司法解释，依照行为时的司法解释办理，但适用新的司法解释对犯罪嫌疑人、被告人更有利的，适用新的司法解释；对于在司法解释施行前已办结的案件，按照当时的法律和司法解释，认定事实和适用法律没有错误的，不再变动。

  此外，关于法律解释的效力应当区分情况处理。有的法律解释，属于对法律含义的进一步明确，如全国人大常委会《关于〈中华人民共和国刑法〉第九十三条第二款的解释》，是对刑法第九十三条第二款关于"其他依照法律从事公务的人员"规定的进一步明确，并不是对刑法的修改，其效力可以适用于修订刑法的施行日期。有的法律解释，属于法律制定后出现新的情况，需要准用刑法有关法律依据的，如全国人大常委会有关文物的规定适用于具有科学价值的古脊椎动物化石、古人类化石的解释，则不宜适用于实施前发生的行为。

第二章 犯 罪

第一节 犯罪和刑事责任

第十三条 【犯罪的概念】
　　一切危害国家主权、领土完整和安全，分裂国家、颠覆人民民主专政的政权和推翻社会主义制度，破坏社会秩序和经济秩序，侵犯国有财产或者劳动群众集体所有的财产，侵犯公民私人所有的财产，侵犯公民的人身权利、民主权利和其他权利，以及其他危害社会的行为，依照法律应当受刑罚处罚的，都是犯罪，但是情节显著轻微危害不大的，不认为是犯罪。

【条文精解】

本条是关于犯罪概念的规定。

首先，规定了哪些行为是犯罪。根据本条的规定，犯罪必须是同时具备以下特征的行为：（1）具有社会危害性，即行为人通过作为或者不作为，对社会造成一定危害。没有危害社会的行为，不能认为是犯罪。根据本条规定，具有社会危害性的行为包括危害国家主权、领土完整和安全的行为，分裂国家、颠覆人民民主专政的政权和推翻社会主义制度的行为，破坏社会秩序和经济秩序的行为，侵犯国有财产或者劳动群众集体所有财产的行为，侵犯公民私人所有财产的行为，侵犯公民的人身权利、民主权利和其他权利的行为，以及其他危害社会的行为。（2）具有刑事违法性，即犯罪行为应当是刑法中禁止的行为。危害社会的行为多种多样，由于各种危害行为违反的社会规范不同，其社会危害程度也不同，不是所有危害社会的行为都是犯罪，刑法规定的危害行为都是比较严重的危害社会的行为。（3）具有应受刑罚惩罚性，即犯罪是依照刑法规定应当受到刑罚处罚的行为。违法行为，不一定都构成犯罪，只有依照刑法规定应当受刑事处罚的行为才是犯罪。危害行为应受刑罚处罚性，是犯罪行为与其他违法行为的基本区别。以上三点是犯罪缺一不可的基本特征。

其次，规定了刑法不认为是犯罪的例外情况。这是对犯罪概念的重要补充。它是从不认为是犯罪的例外情况说明什么是犯罪，进一步划清了罪与非罪的界限。"情节显著轻微危害不大的，不认为是犯罪"，即行为人的危害行为虽属于刑法禁止的行为，但情节显著轻微，其社会危害尚未达到应当受刑罚处罚的程度，法律不认为是犯罪。刑法关于犯罪概念的这一规定，把大量虽然形式上符合刑法所禁止的行为的特征，具有一定社会危害性，但情节明显轻微的行为排除在了犯罪之外。有的意见认为，我国刑法关于犯罪概念的规定，具有中国特色，表明构成犯罪应具有严重社会危害性是一个实质判断标准。这样规定，有利于区分不同性质的违法行为，分别采取刑事处罚、行政处罚和其他处理措施，最大限度地化解社会矛盾，减少对立面，促进社会和谐。在运用刑法分则关于具体犯罪的构成要件认定犯罪的过程中，特别是在确定罪与非罪的问题上，需要综合考虑本条"但书"的规定。

【实践中需要注意的问题】

第一，根据本条规定，情节显著轻微危害不大的，不认为是犯罪。这里的"不认为是犯罪"规定的是罪与非罪的界限，指的是行为不构成犯罪。另外，刑法第三十七条规定，对于犯罪情节轻微不需要判处刑罚的，可以免予刑事处罚。该条规定的免予处罚的情形，是指行为依法已经构成了犯罪，只是因犯罪情节轻微不需要判处刑罚，而不予以刑事处罚。免予刑事处罚属于确定有罪，给予行为人的是有罪评价，这与情节显著轻微不认为是犯罪，是两种性质不同的情形。实践中在办理具体案件时，必须严格区分两种不同情况，依法作出准确裁判。

第二，具体如何认定"情节显著轻微危害不大"，应当由具体办理案件案的司法机关，根据个案的具体情况，对涉案行为的社会危害程度进行个案把握。关于一些特定类型案件中"情节显著轻微危害不大"的具体把握，有的司法解释中也有一些规定。如最高人民法院、最高人民检察院《关于办理非法利用信息网络、帮助信息网络犯罪活动等刑事案件适用法律若干问题的解释》第十五条规定，综合考虑社会危害程度、认罪悔罪态度等情节，认为犯罪情节轻微的，可以不起诉或者免予刑事处罚；情节显著轻微危害不大的，不以犯罪论处。也有的司法解释具体明确了"情节显著轻微危害不大"的具体情形，如最高人民法院《关于审理未成年人刑事案件具体应用法律若干问题的解释》第九条规定，已满十六周岁不满十八周岁的人实施盗窃行为未超过三次，盗窃数额虽已达到"数额较大"标准，但案发后能如实供述全部盗窃事实并积极退赃，且具有下列情形之一的，可以认定为"情节显著轻微危害不大"，不认为是犯罪：（1）系又聋又哑的人或者盲人；（2）在共同盗窃中起次要或者辅助作用，或者被胁迫；（3）具有其他轻微情节的。总体上看，在司法解释中明确一些认定"情节显著轻微危害不大"的情形，是可以的，有助于司法机关在办理案件过程中准确把握和正确适用本条规定。需要注意的是，司法解释对如何把握"情节显著轻微危害不大"作出具体规定的情况不多，因此，对于司法解释没有列明的其他情形，如果综合全案情况，属于"情节显著轻微危害不大"的，不能因为司法解释没有明确规定，就不予认定。具体如何认定，应当由司法机关根据案件情况进行个案把握。

第三，在实践中，要根据事实，依照法律规定，注意区分违纪和违法，区分一般违法行为和犯罪行为。对于不构成犯罪的违法行为，应当依照其他相关法律规定处理，有的需要依法给予行政处罚。如治安管理处罚法第二条规定，扰乱公共秩序，妨害公共安全，侵犯人身权利、财产权利，妨害社会管理，具有社会危害性，依照刑法的规定构成犯罪的，依法追究刑事责任；尚不够刑事处罚的，由公安机关依照本法给予治安管理处罚。

第十四条 【故意犯罪】

明知自己的行为会发生危害社会的结果，并且希望或者放任这种结果发生，因而构成犯罪的，是故意犯罪。

故意犯罪，应当负刑事责任。

【条文精解】

本条是关于故意犯罪的定义及其刑事责任的规定。

本条分为两款。第一款是关于什么是故意犯罪的规定。根据本款规定，故意犯罪必须同时具备以下两个特征：（1）行为人对自己的行为会发生危害社会的结果必须是明知的，而这种明知既包括对必然发生危害结果的明知，也包括对可能发生危害结果的明知。（2）行为人的心理必须处于希望或者放任的状态。"希望"和"放任"反映了行为人对犯罪结果的不同的意志取向。我国刑法理论根据刑法的这一规定，将"故意"分为"直接故意"和"间接故意"。"直接故意"是指行为人明知自己的行为会发生危害社会的结果，并且希望这种结果发生的心理状态；"间接故意"是指行为人明知自己的行为可能会发生危害社会的结果而采取漠不关心、听之任之的放任态度。区别"直接故意"和"间接故意"，对判断行为人的主观恶性大小、其危害行为的社会危害程度和决定适当的量刑都具有重要意义。在通常情况下，行为人的心理状态不同，其行为的社会危害程度不同，对行为人改造的难度也不同，适用刑罚也应有所区别。

第二款是关于故意犯罪应当负刑事责任的规定。"刑事责任"是指犯罪行为人实施刑事法律禁止的行为所应当承担的法律后果。"刑事责任"和"刑罚"是两个不同的概念，二者既有联系又有区别。"刑事责任"是犯罪行为人因实施犯罪行为，而应当承担的刑法上的法律后果，是刑罚的前提条件，只有对负有刑事责任的人才能适用刑罚；而刑罚是承担刑事责任的一种形式和结果，是法院以国家的名义对犯罪人进行惩罚和改造的手段。负有刑事责任的人在某些情况下不一定受到刑罚处罚，比如具有法定可以免除处罚情节的，可以不处以刑罚，即免予刑事处罚也是承担刑事责任的一种方式；但受刑罚处罚的人，必须是负有刑事责任的人。根据本条第一款的规定，故意犯罪是实施危害社会行为的人，主观上对其行为会发生危害社会的后果出于故意的心理状态而实施的犯罪，因此，故意犯罪应当负刑事责任。

【实践中需要注意的问题】

首先，刑法分则对故意犯罪的表述有多种方式。我国刑法分则规定的绝大多数犯罪是故意犯罪。同时，鉴于一些常见、多发的犯罪如抢劫罪、抢夺罪、盗窃罪、诈骗罪、强奸罪等，犯罪行为人主观上的故意比较明显，人们通常也能够辨识，刑法分则条文对这样的故意犯罪在表述上往往比较精炼，并没有明确标明"故意"。此外，刑法分则中对有些犯罪明确规定了"故意"，主要包括：一是有一些犯罪，其行为表现形式和危害后果相似，只是犯罪行为人主观心态不同，有的是故意而为，有的是出于过失，如故意杀人罪和过失致人死亡罪等。为了便于区分此罪与彼罪的界限，刑法明确标明了"故意"和"过失"。二是对有些犯罪，强调了主观方面的"故意"因素，如故意毁坏财物罪、故意传播虚假信息罪、故意毁坏尸体罪、故意延误投递邮件罪、故意损坏文物罪等。需要注意的是，根据刑法第十五条的规定，过失犯罪，法律有规定的才负刑事责任。据此，对于没有规定主观方面为故意的犯罪，只要分则条文没有规定主观上可以是过失，主观上仍需为"故意"。

其次，刑法分则的有关罪名，有的对犯罪目的作了专门规定。如第一百五十二条走私淫秽物品罪要求"以牟利或者传播为目的"，第一百七十五条高利转贷罪要求"以转贷牟利为目的"，第一百九十二条集资诈骗罪要求"以非法占有为目的"等，这些标明了犯罪目的的犯罪，犯罪目的是构成犯罪的必要条件，不具备所要求的犯罪目的的，不能构成此罪。根据刑法理论对"直接故意"和"间接故意"的区分，"直接故意"为希望结果的发生，犯罪目的一般也是犯罪直接故意必然存在的一个内容，如刑法第二百七十五条故意毁坏财物罪是以故意毁坏公私财物为目的。又如抢劫、盗窃、诈骗罪等，是以非法占有公私财物为目的。这些犯罪虽然没有直接规定犯罪目的，但"故意"的内容已经包含了这一要素。

最后，要注意区分犯罪的故意和一般生活意义上的故意。犯罪的故意是有特定内容的，具体表现为对自己实施的危害行为及其结果的认识，以及希望或者放任的态度；而日常生活中的故意则指行为人有意识地实施某种行为。比如刑法中的交通肇事罪，行为人违反交通运输管理法规，可能是故意的，但因行为人对发生事故、造成危害结果没有故意，只能是过失。若行为人主观上对危害行为及其结果存在故意，则构成以危险方法危害公共安全罪。

第十五条 【过失犯罪】

应当预见自己的行为可能发生危害社会的结果，因为疏忽大意而没有预见，或者已经预见而轻信能够避免，以致发生这种结果的，是过失犯罪。

过失犯罪，法律有规定的才负刑事责任。

【条文精解】

本条是关于过失犯罪的定义及其刑事责任的规定。

本条分为两款。第一款是关于什么是过失犯罪的规定。"过失"和"故意"一样，也是行为人主观上对危害行为发生危害结果所持的心理状态。根据本款的规定，过失犯罪分为两大类：第一类是疏忽大意的过失犯罪，即行为人应当预见自己的行为可能发生危害社会的结果，因为疏忽大意而没有预见，以致发生了危害社会的结果，构成犯罪的；第二类是过于自信的过失犯罪，即行为人已经预见到自己的行为可能发生危害社会的结果而轻信能够避免，以致发生了危害社会的结果，构成犯罪的。本款规定的"应当预见"，是指行为人对其行为结果具有认识的义务和能力。"应当预见"要求根据行为人的具体情况，行为人对自己的行为可能发生危害社会的结果能够作出正确的判断。所谓行为人的具体情况，主要是指行为人的年龄、责任能力、文化程度、知识的广度和深度、职业专长、工作经验、社会经验等。上述情况不同，行为人对其行为可能发生危害结果的可认识能力也不同。

疏忽大意的过失的特征有两点：一是行为人对自己的行为可能发生危害社会的结果具有可认识的能力，即应当预见；二是由于行为人主观上粗心大意，忽略了对行为后果的认真考虑，盲目实施了这种行为，以致发生了危害社会的结果。过于自信的过失的特征也有两点：一是行为人已经预见到自己的行为可能会发生危害社会的结果；二是由于行为人过高地估计了自己的能力，相信自己能够避免这种结果的发生，以致发生了这种危害结果。不论是疏忽大意的过失还是过于自信的过失，其共同特点是行为人不希望危害社会的结果发生，即主观上都没有让危害结果发生的意图。

第二款是关于过失犯罪，法律有规定的才负刑事责任的规定。根据本款规定，由于行为人主观上的过失造成危害社会的结果的，不一定都负刑事责任。行为人主观上对危害社会的结果持过失的心理状态，其主观恶性比故意犯罪的行为人的主观恶性要小，因此法律没有将行为人过失造成危害结果的都规定为犯罪，只将对社会危害比较大，需要用刑罚手段处理的过失行为规定为犯罪。本款的"法律有规定"是指刑法分则规定的过失犯罪。

【实践中需要注意的问题】

首先，在认定和处理疏忽大意的过失犯罪时，应当注意区分疏忽大意的过失犯罪与不可抗力、意外事件，以划清罪与非罪的界限。前者行为人主观上有过失，即行为人由于主观上疏忽大意，对自己的行为可能发生危害社会的结果应当预见而没有预见，以致发生了这种结果；而后两者是由于客观上不可抗拒、主观上不能预见的原因引起了危害社会的结果，行为人对危害社会的结果主观上没有过失，不负刑事责任。

其次，在认定和处理过失犯罪时，应当注意区分过于自信的过失犯罪和间接故意犯罪，以划清过失犯罪与故意犯罪的界限。二者的根本区别是：前者行为人虽然对其行为的危害结果已有预见，但其主观上并不具有希望或者放任这种结果发生的心理状态，危害结果的发生，是由于行为人过高地估计了自己的能力，过于相信自己能够避免危害结果的发生。在危害结果发生之前，行为人主观上一直认为这种危害结果不会发生。后者是行为人已经预见到其行为可能发生危害社会的结果，而对这种危害结果是否发生持漠不关心、听之任之、有意放任的态度。为了达到个人目的，不管危害结果是否发生，仍然去实施这一行为。可见，间接故意的犯罪，其行为人的主观恶性要远远大于过失犯罪的行为人。主观恶性不同，其社会危害程度也不同，对犯罪人改造的难度也不同，对过失犯罪和间接故意犯罪适用的罪名与刑罚也有重大区别。划清过于自信的过失犯罪与间接故意犯罪界限的意义就在于此。司法实践中，对于交通肇事后逃逸并撞伤多人的行为是认定为交通肇事罪，还是以危险方法危害公共安全罪，关键点也在于对行为人主观上系过于自信的过失还是间接故意的认定。

最后，对由于过失造成危害结果的，法律有规定的才负刑事责任，法律没有规定为犯罪的，不能对行为人定罪处刑。

第十六条 【不可抗力和意外事件】

行为在客观上虽然造成了损害结果，但是不是出于故意或者过失，而是由于不能抗拒或者不能预见的原因所引起的，不是犯罪。

【条文精解】

本条是关于不可抗力和意外事件的规定。

根据本条规定，行为虽然造成了损害结果，但系因不能抗拒或者不能预见的原因所引起，不具备主观方面的构成要件，不构成犯罪。由于不可抗拒的原因发生了损害结果，如自然灾害、突发事件及其他行为人无法阻挡的原因引起了损害结果，这在我国刑法理论上称为不可抗力。此外，由于不能预见的原因引起了损害结果，即根据损害结果发生当时的主客观情况，行为人没有预见，也不可能预见会发生损害结果，这在我国刑法理论上称为意外事件。由于这两种情况，行为人在主观上没有故意或过失，对实际发生的损害结果没有罪过，不应当负刑事责任，因此，本条规定，由于不能抗拒或者行为人不能预见的原因造成损害结果的行为，不是犯罪。这样规定，充分体现了我国刑法主客观相统一的原则。

所谓"不可抗拒"，是指不以行为人的意志为转移，行为人无法阻挡或控制损害结果的发生。如由于某种机械力量的撞击、自然灾害的阻挡、突发病的影响等行为人意志以外的原因，使其无法避免损害结果的发生。"不能预见"是指根据行为人的主观情况和发生损害结果当时的客观情况，行为人不具有能够预见的条件和能力，损害结果的发生完全出乎行为人的意料之外。

【实践中需要注意的问题】

在认定不可抗力和意外事件时，应当注意区分其与疏忽大意的过失之间的界限。二者的根本区别是：前者是由于客观上不可抗拒、主观上不能预见的原因引起了危害社会的结果，行为人对危害社会的结果主观上没有过失，不负刑事责任。而后者行为人主观上有过失，即行为人由于主观上疏忽大意，对自己的行为可能发生危害社会的结果应当预见而没有预见，以致造成了危害社会的结果的发生。具体认定时，应当根据行为人的主客观情况和当时的实际情形，结合法律、职业等的要求来判断其有没有预见的可能。

第十七条　【刑事责任年龄】

已满十六周岁的人犯罪，应当负刑事责任。

已满十四周岁不满十六周岁的人，犯故意杀人、故意伤害致人重伤或者死亡、强奸、抢劫、贩卖毒品、放火、爆炸、投放危险物质罪的，应当负刑事责任。

已满十二周岁不满十四周岁的人，犯故意杀人、故意伤害罪，致人死亡或者以特别残忍手段致人重伤造成严重残疾，情节恶劣，经最高人民检察院核准追诉的，应当负刑事责任。

对依照前三款规定追究刑事责任的不满十八周岁的人，应当从轻或者减轻处罚。

因不满十六周岁不予刑事处罚的，责令其父母或者其他监护人加以管教；在必要的时候，依法进行专门矫治教育。

【条文精解】

本条是关于刑事责任年龄的规定。

1979年刑法对刑事责任年龄作了规定。第十四条规定："已满十六岁的人犯罪，应当负刑事责任。已满十四岁不满十六岁的人，犯杀人、重伤、抢劫、放火、惯窃罪或者其他严重破坏社会秩序罪，应当负刑事责任。已满十四岁不满十八岁的人犯罪，应当从轻或者减轻处罚。因不满十六岁不处罚的，责令他的家长或者监护人加以管教；在必要的时候，也可以由政府收容教养。"

刑事责任年龄，就是法律规定的应当对自己犯罪行为负刑事责任的年龄。只有达到法定年龄的人实施了犯罪行为，才能追究其刑事责任。对于没有达到法定年龄的人，即使实施了危害社会的行为，也不负刑事责任。这是各国刑法普遍采用的原则。这主要是考虑到犯罪行为不只是具有社会危害性的行为，而且是人的有意识的行为，而人们控制、认识自己行为的能力是受到年龄的限制的，只有在达到一定年龄，其接受社会教育的程度和社会经验有了一定的积累时，人们才能具备识别是非善恶并在行动中自我控制的能力，才能要求其对自己的犯罪行为承担刑事责任。为此，我国1979年刑法总结了中华人民共和国成立以来同犯罪作斗争的经验，充分借鉴了国外刑事立法中一些有益的经验，对刑事责任年龄作了明确规定。

1997年修订刑法时对1979年刑法的有关内容作了修改，主要包括：一是对具体责任年龄的表述作了文字修改，进一步明确各个责任年龄段的年龄为周岁，使其表述更为确切，防止实践中产生歧义。二是进一步明确了已满十四周岁不满十六周岁的人犯哪些罪应当负刑事责任。实践中，对1979年刑法第十四条中的"杀人"是否包括过失杀人，"其他严重破坏社会秩序罪"的范围包括哪些，认识不一致，难以保证执法的统一，因此，根据各方面的意见，删去了"其他严重破坏社会秩序罪"的规定，明确规定已满十四周岁不满十六周岁的人，犯"故意杀人、故意伤害致人重伤或者死亡、强奸、抢劫、贩卖毒品、放火、爆炸、投毒罪的"，才应当负刑事责任。这样规定，进一步体现了罪刑法定的基本原则，也便于实践中操作。另外，在列举的具体罪名中，删去了"惯窃罪"，这主要是考虑更突出惩治危害严重的犯罪，体现对未成年人教育为主，惩罚为辅的原则。三是将"因不满十六岁不处罚"修改为"因不满十六周岁不予刑事处罚"，这主要考虑到这部分未成年人只是未达到法定年龄而不予刑事处罚，但其行为性质恶劣，具有社会危害性，虽然没有承担刑事责任，但可能承担其他责任，需要进一步明确处罚的性质。

近年来，低龄未成年人实施严重犯罪的案件时有发生，引发社会广泛关注。对这一问题，大家的共识是应当管起来，这既是矫正犯罪的需要，也是保护受害人正当诉求和利益的需要。但如何去管，是普遍降低刑事责任年龄，还是针对未成年人犯罪矫正的特点去完善收容教养制度等，大家还有不同的认识和侧重点。总体上，对未成年人坚持教育、感化、挽救，坚持教育为主、惩罚为辅的方针和原则没有变。对低龄未成年人犯罪，既不能简单地"一关了之"，也不能"一放了之"。经会同有关方面反复研究，综合考量各方面的意见，2020年12月通过的《刑法修正案（十一）》作了如下修改：一是在特定情形下，经特别程序，对法定最低刑事责任年龄作个别下调，即增加一款规定"已满十二周岁不满十四周岁的人，犯故意杀人、故意伤害罪，致人死亡或者以特别残忍手段致人重伤造成严重残疾，情节恶劣，经最高人民检察院核准追诉的，应当负刑事责任"。二是统筹考虑刑法修改和预防未成年人犯罪法修改相关问题，与预防未成年人犯罪法修改做好衔接，将原刑法规定的"在必要的时候，也可以由政府收容教养"修改为"在必要的时候，依法进行专门矫治教育"。三是将"责令他的家长或者监护人加以管教"修改为"责令其父母或者其他监护人加以管教"，这主要是为了与民法典关于监护人的有关规定做好衔接。四是将"投毒罪"修改为"投放危险物质罪"，这主要是为了与刑法分则有关规定的修改相衔接。全国人大常委会于2001年12月29日通过的《刑法修正案（三）》，对刑法第一百一十四条、第一百一十五条进行了修改，将"投毒"改为"投放毒害性、放射性、传染病病原体等物质"，本条作了相应修改。

本条分为五款。第一款是关于实施犯罪行为的人完全负刑事责任的年龄段的规定。根据本款的规定，实施犯罪行为的人负刑事责任的年龄是满十六周岁，即凡年满十六周岁的人，实施了刑法规定的任何一种犯罪行为，都应当负刑事责任。这样规定，是从我国的实际情况出发的。在我国，已满十六周岁的人，其体力、智力已发展到一定程度，并有一定社会知识，已具有分辨是非善恶的能力，因此，应当要求他们对自己的一切犯罪行为负刑事责任。

第二款是关于相对负刑事责任年龄段的规定，即在这个年龄段中的行为人不是实施了任何犯罪都负刑事责任。根据本款的规定，已满十四周岁不满十六周岁的人，只有实施故意杀人、故意伤害致人重伤或者死亡、强奸、抢劫、贩卖毒品、放火、爆炸、投放危险物质犯罪的，才负刑事责任。这样规定，是充分考虑了他们的智力发育情况。已满十四周岁不满十六周岁的人，一般已有一定的识别能力，但由于年龄尚小，智力发育尚不够完善，缺乏社会知识，还不具有完全识别和控制自己行为的能力，因此，他们负刑事责任的范围，应当受他们刑事责任能力的限制，不能要求他们对一切犯罪都负刑事责任。因此，我国刑法只规定这个年龄段的人犯上述几种社会危害性较大的常见严重犯罪，才应当负刑事责任。需要注意的是，这里所规定的八种犯罪，是指具体犯罪行为而不是具体罪名。"犯故意杀人、故意伤害致人重伤或者死亡"，是指只要故意实施了杀人、伤害行为，并且造成了致人重伤、死亡后果的，都应负刑事责任，而不是指只有犯故意杀人罪、故意伤害罪的，才负刑事责任，绑架撕票的不负刑事责任。对司法实践中出现的已满十四周岁不满十六周岁的人绑架人质后杀害被绑架人，拐卖妇女、儿童并故意造成被拐卖妇女、儿童重伤或者死亡的行为，应当依据刑法追究其刑事责任。2006年最高人民法院《关于审理未成年人刑事案件具体应用法律若干问题的解释》

第五条规定，已满十四周岁不满十六周岁的人实施刑法第十七条第二款规定以外的行为，如果同时触犯了刑法第十七条第二款规定的，应当依照刑法第十七条第二款的规定确定罪名，定罪处罚。

第三款是关于已满十二周岁不满十四周岁的人在特定情形下，经特别程序，应当负刑事责任的特殊规定。这是《刑法修正案（十一）》新增的规定。刑事责任年龄的确定是涉及刑事政策调整的大问题，需要根据国家的经济社会发展、未成年人违法犯罪的现实情况、未成年人身心发展变化、未成年人司法政策和历史文化传统等多方面因素进行统筹评估研究，需要非常慎重。世界上也有国家确定的刑事责任年龄较低，但这是建立在其少年司法制度的基础上的，有关刑事责任年龄实际上是适用少年刑事司法的年龄。

本款中的"犯故意杀人、故意伤害罪，致人死亡或者以特别残忍手段致人重伤造成严重残疾"，同第二款的规定一样，指的也是故意实施了杀人、伤害行为，并且造成了致人死亡或者以特别残忍手段致人重伤造成严重残疾的后果的，都应负刑事责任，而不是指只有犯故意杀人罪、故意伤害罪才负刑事责任，绑架撕票的不负刑事责任。其中，"以特别残忍手段"，同刑法第二百三十四条的规定一样，是指故意要造成他人严重残疾而采用毁容、挖人眼睛、砍掉人双脚等特别残忍的手段伤害他人的行为。本款中的"情节恶劣"需要结合犯罪的动机、手段、危害、造成的后果、悔罪表现等犯罪情节综合判断，包括行为人主观恶性很大、有预谋有组织地实施、采用残忍手段、多次实施、致多人死亡或者重伤造成严重残疾、造成恶劣的社会影响等情形。对于行为人主观恶性不大、被害人有明显过错、行为人家属积极给予被害人及其家属赔偿并取得被害人及其家属的谅解等情形的，最高人民检察院也可以不核准追诉。其中，最高人民检察院核准追诉是必经程序，这是为了严格限制对这部分人追究刑事责任。实践中，应当由公安机关报请核准追诉，由同级人民检察院受理并层报最高人民检察院审查决定。最高人民检察院决定不予核准追诉的，公安机关应当及时撤销案件，犯罪嫌疑人在押的，应当立即释放，并依照有关法律采取相应措施。

第四款是关于对未成年人犯罪处罚原则的规定。根据本款规定，对依照前三款规定追究刑事责任的不满十八周岁的人，应当从轻或者减轻处罚。根据我国的实际情况，不满十八周岁的人尚未成年。未成年人正处在体力、智力发育过程中，虽已具有一定的辨别和控制自己行为的能力，但由于其经历短、社会知识少，其成熟程度还不同于成年人，而且未成年人处于成长过程中，具有容易接受教育改造的特点，因此，对未成年人犯罪规定了"应当从轻或者减轻处罚"的原则。这样规定，充分体现了我国对未成年犯实行教育为主、惩罚为辅原则和重在教育、挽救、改造的方针。

第五款是关于对因不满十六周岁不予刑事处罚的人如何处理的规定。根据本款规定，对于实施了危害社会的行为，但因不满十六周岁而没有受刑事处罚的人，不是放任不管，而是要责令其父母或者其他监护人对行为人严加管教；在必要的时候，依法进行专门矫治教育。这样规定，是为了维护正常的社会秩序，维护被害人的合法权益，也是为了教育行为人，防止其继续危害社会。"在必要的时候"，一般是指其父母或者其他监护人确实管教不了，或者违法行为情节严重，造成恶劣的社会影响等情形。这主要是考虑到未成年人违法犯罪情况复杂，有家庭、学校、社会等多方面的原因，需要综合治理。对于有的由于缺少教育、监管等，实施扰乱社会秩序的一般危害行为的，由监护人严加管教，可能更有利于其回归社会。但对于实施杀人、故意伤害致人重伤或者死亡等严重暴力犯罪，人身危险性大的，应当依法进行专门矫治教育。

关于专门矫治教育，根据我国2020年12月修改的预防未成年人犯罪法第四十五条的规定，未成年人有刑法规定的行为，因不满刑事责任年龄不予刑事处罚的，经专门教育指导委员会评估同意，教育行政部门会同公安机关可以决定将其进行专门矫治教育。省级人民政府应当结合本地的实际情况，至少确定一所专门学校按照分校区、分班级等方式设置专门场所，对这些未成年人进行专门矫治教育。上述专门场所实行闭环管理，由公安机关、司法行政部门负责未成年人的矫治工作，教育行政部门承担未成年人的教育工作。这是应对低龄未成年人违法犯罪的重要制度建设。只有不断完善少年犯罪的司法体系，建立适合未成年人犯罪特点的矫治制度、措施等，才能有效预防和矫治未成年人犯罪，防范其对社会造成危害。

【实践中需要注意的问题】

第一，本条关于刑事责任年龄的规定是指行为人实施犯罪行为时的年龄，而非审判时的年龄。此外，刑法第四十九条规定，犯罪的时候不满十八周岁的人和审判的时候怀孕的妇女，不适用死刑。据此，未成年人不适用死刑的年龄也是实施犯罪行为时不满十八周岁，非审判时不满十八周岁。关于"周岁"的认定，根据2006年最高人民法院《关于审理未成年人刑事案件具体应用法律若干问题的解释》第二条的规定，按照公历的年、月、日计算，从周岁生日的第二天起算。

关于行为人年龄的确定问题，根据上述司法解释第四条的规定，对于没有充分证据证明被告人实施被指控的犯罪时已经达到法定刑事责任年龄且确实无法查明的,应当推定其没有达到相应法定刑事责任年龄;相关证据足以证明被告人实施被指控的犯罪时已经达到法定刑事责任年龄,但是无法准确查明被告人具体出生日期的,应当认定其达到相应法定刑事责任年龄。此外,根据2000年最高人民检察院《关于"骨龄鉴定"能否作为确定刑事责任年龄证据使用的批复》,犯罪嫌疑人不讲真实姓名、住址,年龄不明的,可以委托进行骨龄鉴定或其他科学鉴定,经审查,鉴定意见能够准确确定犯罪嫌疑人实施犯罪行为时的年龄的,可以作为判断犯罪嫌疑人年龄的证据使用;如果鉴定意见不能准确确定犯罪嫌疑人实施犯罪行为时的年龄,而且鉴定意见又表明犯罪嫌疑人年龄在刑法规定的应负刑事责任年龄上下的,应当依法慎重处理。

第二,关于未成年人实施转化型抢劫行为的法律适用问题。根据刑法第二百六十九条的规定,犯盗窃、诈骗、抢夺罪,为窝藏赃物、抗拒抓捕或者毁灭罪证而当场使用暴力或者以暴力相威胁的,依照第二百六十三条抢劫罪的规定定罪处罚。实践中,本着对未成年人"教育为主,惩罚为辅"的原则,最高人民法院《关于审理未成年人刑事案件具体应用法律若干问题的解释》第十条规定:"已满十四周岁不满十六周岁的人盗窃、诈骗、抢夺他人财物,为窝藏赃物、抗拒抓捕或者毁灭罪证,当场使用暴力,故意伤害致人重伤或者死亡,或者故意杀人的,应当分别以故意伤害罪或者故意杀人罪定罪处罚。已满十六周岁不满十八周岁的人犯盗窃、诈骗、抢夺罪,为窝藏赃物、抗拒抓捕或者毁灭罪证而当场使用暴力或者以暴力相威胁的,应当依照刑法第二百六十九条的规定定罪处罚;情节轻微的,可不以抢劫罪定罪处罚。"

第三,关于未成年人犯罪后从宽处理的有关规定。2010年最高人民法院《关于贯彻宽严相济刑事政策的若干意见》第二十条规定,对于未成年人犯罪,在具体考虑其实施犯罪的动机和目的、犯罪性质、情节和社会危害程度的同时,还要充分考虑其是否属于初犯,归案后是否悔罪,以及个人成长经历和一贯表现等因素,坚持"教育为主、惩罚为辅"的原则和"教育、感化、挽救"的方针进行处理。对于偶尔盗窃、抢夺、诈骗,数额刚达到较大的标准,案发后能如实交代并积极退赃的,可以认定为情节显著轻微,不作为犯罪处理。对于罪行较轻的,可以依法适当多适用缓刑或者判处管制、单处罚金等非监禁刑;依法可免予刑事处罚的,应当免予刑事处罚。对于犯罪情节严重的未成年人,也应当依照刑法第十七条第四款的规定予以从轻或者减轻处罚。对于已满十四周岁不满十六周岁的未成年犯罪人,一般不判处无期徒刑。

此外,最高人民法院《关于审理未成年人刑事案件具体应用法律若干问题的解释》针对未成年人刑事案件的审理规定了一些从宽处理的具体规则，如第六条规定："已满十四周岁不满十六周岁的人偶尔与幼女发生性行为，情节轻微、未造成严重后果的，不认为是犯罪。"第七条规定："已满十四周岁不满十六周岁的人使用轻微暴力或者威胁，强行索要其他未成年人随身携带的生活、学习用品或者钱财数量不大，且未造成被害人轻微伤以上或者不敢正常到校学习、生活等危害后果的，不认为是犯罪。已满十六周岁不满十八周岁的人具有前款规定情形的，一般也不认为是犯罪。"第十六条对未成年罪犯应当适用缓刑的情形作了规定。第十八条规定，对未成年罪犯的减刑、假释，在掌握标准上可以比照成年罪犯依法适度放宽。

第四，对未成年人刑事案件处理的特殊程序安排。关于未成年人刑事案件的处理，我国刑事诉讼法第五编第一章专门规定了未成年人刑事案件诉讼程序。其中，第二百八十二条规定，对于未成年人涉嫌刑法分则第四章、第五章、第六章规定的犯罪，可能判处一年有期徒刑以下刑罚，符合起诉条件，但有悔罪表现的，人民检察院可以作出附条件不起诉的决定。附条件不起诉的未成年人在考验期内接受监督考察，在考验期内没有应当撤销附条件不起诉决定的情形的，考验期满，人民检察院应当作出不起诉的决定。这是对犯罪的未成年人实行教育、感化、挽救的方针，坚持教育为主、惩罚为辅原则的具体体现。

第五，行为人承担刑事责任，都得经过法定程序。本条是关于应当负刑事责任的年龄的规定。实践中，具体到个案，行为人承担刑事责任，都需要通过刑事诉讼程序，人民检察院提起公诉，人民法院作出有效判决后，行为人才能依法承担刑事责任。其中，本条第三款中规定的"经最高人民法院核准追诉的，应当负刑事责任"，也并不是指核准追诉的，就一定追责，还需人民法院根据证据和事实情况等，对案件进行审理，审理后作出有罪判决的，判决生效后，行为人才负刑事责任。

第十七条之一 【老年人从宽处罚】

已满七十五周岁的人故意犯罪的，可以从轻或者减轻处罚；过失犯罪的，应当从轻或者减轻处罚。

【条文精解】

本条是关于老年人犯罪从轻或者减轻处罚的规定。

根据本条规定，对于已满七十五周岁的人故意犯罪的，可以从轻或者减轻处罚；过失犯罪的，应当从轻或者减轻处罚。这里规定的"故意犯罪"，根据刑法第十四条的规定，是指"明知自己的行为会发生危害社会的结果，并且希望或者放任这种结果发生，因而构成犯罪的"情况。"可以从轻或者减轻处罚"，是指要根据老年人犯罪的具体情况，决定是否从轻或者减轻处罚，而不是必须从轻或者减轻处罚。"过失犯罪"，根据刑法第十五条的规定，是指"应当预见自己的行为可能发生危害社会的结果，因为疏忽大意而没有预见，或者已经预见而轻信能够避免，以致发生这种结果的"情况。"应当从轻或者减轻处罚"，是指对于老年人过失犯罪的，必须予以从轻或者减轻处罚。

【实践中需要注意的问题】

刑法将老年人犯罪从宽处理从实践中的酌定量刑情节明确为法定量刑情节。因此，在办理老年人犯罪案件时，应当重视这一量刑情节的适用，体现刑法对老年人从宽处理的精神。同时，刑法对老年人犯罪从宽处理的规定，区分了故意犯罪、过失犯罪的不同，对于故意犯罪的，不是一律从轻或者减轻处罚，而是应当根据案件的具体情况决定，当宽则宽，当严则严。

第十八条【精神病人、醉酒的人的刑事责任能力】

精神病人在不能辨认或者不能控制自己行为的时候造成危害结果，经法定程序鉴定确认的，不负刑事责任，但是应当责令他的家属或者监护人严加看管和医疗；在必要的时候，由政府强制医疗。

间歇性的精神病人在精神正常的时候犯罪，应当负刑事责任。

尚未完全丧失辨认或者控制自己行为能力的精神病人犯罪的，应当负刑事责任，但是可以从轻或者减轻处罚。

醉酒的人犯罪，应当负刑事责任。

【条文精解】

本条是关于精神病人、醉酒的人的刑事责任能力的规定。

本条分为四款。第一款是关于精神病人在什么情况下造成危害结果不负刑事责任，以及对不负刑事责任的精神病人如何处理的规定。本款包含三层意思：一是精神病人造成危害结果，不负刑事责任。但必须经法定程序鉴定，确认危害结果是在行为人不能辨认或者不能控制自己行为的时候发生的，才能依法确定行为人无刑事责任能力。二是对不负刑事责任的精神病人，应当责令其家属或者监护人严加看管和医疗，而不能放任不管。三是在必要的时候，可由政府强制医疗。这是在总结实践经验的基础上增加的规定。这一规定不仅有利于维护社会治安秩序，而且为实践中对家属或者监护人无能力看管或医疗的精神病人进行强制医疗提供了法律依据。本款规定的"法定程序"，是指对精神病人进行鉴定必须符合刑事诉讼法、全国人大常委会《关于司法鉴定管理问题的决定》等有关法律规定的程序。"必要的时候"，主要是指精神病人无家属或监护人看管，其家属或监护人无能力看管和医疗，或者家属或监护人的看管不足以防止其继续危害社会的时候。刑事诉讼法第五编第五章专门对依法不负刑事责任的精神病人的强制医疗程序作了规定。该法第三百零二条规定，实施暴力行为，危害公共安全或者严重危害公民人身安全，经法定程序鉴定依法不负刑事责任的精神病人，有继续危害社会可能的，可以予以强制医疗。对不负刑事责任的精神病人的强制医疗应当严格按照刑事诉讼法的规定执行。

第二款是关于间歇性精神病人犯罪如何负刑事责任的规定。根据本款的规定，间歇性精神病人在精神正常的时候犯罪，应当负刑事责任。"间歇性精神病人"是指精神并非经常处于错乱而完全丧失辨认或者控制自己行为的能力的精神病人。这种精神病人表现出的特点是精神时而正常，时而不正常。在其精神正常的情况下，具有辨认或者控制自己行为的能力，因此这时候犯罪，应当负刑事责任。间歇性精神病人造成危害结果，是否处于精神正常的状态，即确认行为人造成危害结果时有无辨认或者控制自己行为的能力，也适用第一款的规定，须经法定程序鉴定确认。

第三款是关于具有限制刑事责任能力的精神病人如何负刑事责任的规定。根据本款的规定，尚未完全丧失辨认或者控制自己行为能力的精神病人造成危害结果的，应当负刑事责任，但是应当从轻或者减轻处罚。本款规定的"尚未完全丧失辨认或者控制自己行为能力的精神病人"，主要是指病情尚未达到完全不能辨认或者不能控制自己行为的程度，还有部分识别是非善恶和控制自己行为的能力的精神病人。由于这些精神病人尚未完全丧失辨认或者控制自己行为的能力，即还有部分行为能力和责任能力，因此应当负刑事责任。但由于这些人辨认或者控制自己行为的能力确实有所减弱，属于限制刑事责任能力人，因此，在规定应当负刑事责任的同时，规定了"可以从轻或者减轻处罚"。具体是从轻处罚，还是减轻处罚，或者是否从轻、减轻处罚，需要结合案件的具体情况，根据行为人辨认或者控制自己行为的能力减弱的程度确定。

第四款是关于醉酒的人犯罪应当负刑事责任的规定。关于醉酒的人的刑事责任能力，情况比较复杂。因为体质的差异，醉酒的程度以及醉酒对行为人辨认或者控制自己行为的能力影响，具有很大的个体差异。对于醉酒的人是否具备完全的辨认和控制自己行为的能力，存在很大的认识分歧。如很多意见认为，醉酒的人一般情况下并没有丧失辨认和控制自己行为的能力，即便是在严重醉酒状态下，认识能力并不会受到重大影响，可能控制自己行为的能力会较平时正常状态下有所减弱，但未必达到减轻其刑事责任的程度。特别是，醉酒本身是一种不良的行为，即便行为人的认识能力、控制能力有所减弱，也完全是人为的，是行为人醉酒前应当预见的。这种情况下减轻其责任，对于被犯罪行为侵害的受害人不公平。另外，因为其先前自我选择了完全可以避免的不良行为，而要求其对该行为之后发生的危害后果承担责任，法律上完全具备正当根据。同时，对醉酒的人减轻刑事责任，难以防止一些人故意借"耍酒疯"进行犯罪活动，也不利于抵制和反对酗酒的不良行为。基于以上考虑，立法机关在本款中规定："醉酒的人犯罪，应当负刑事责任。"

第十九条 【又聋又哑的人、盲人犯罪的刑事责任】
又聋又哑的人或者盲人犯罪，可以从轻、减轻或者免除处罚。

【条文精解】

本条是关于又聋又哑的人或者盲人的刑事责任的规定。

本条包含两层意思：一是又聋又哑的人或者盲人犯罪，应当负刑事责任。又聋又哑的人或者盲人，虽然生理上有视听缺陷，但其智力是正常的，不属于丧失辨认或者控制自己行为能力的情况，不能作为无刑事责任能力人，因此，应当对其造成危害结果的行为负刑事责任。二是对犯罪的又聋又哑的人或者盲人，可以从轻、减轻或者免除处罚。这是因为，人体感知世界主要靠各种感官，其中听觉、视觉器官对于人类了解客观世界，形成认知能力具有不可或缺的重要作用。一般情况下，又聋又哑的人或者盲人由于视听缺陷，特别是先天缺陷的情况下，在受教育、了解外界世界、参与社会活动、与他人沟通等方面会受到很大限制，进而认知能力或多或少会受到影响。另外，有的造成危害后果的行为，可能与视听缺陷有直接关系，特别是一些过失犯罪的场合。因此,根据又聋又哑的人或者盲人视听缺陷的具体情况,认知能力受到影响的程度,其实施的加害行为与视听缺陷之间的关联程度等,给予相对从宽的处理,是完全必要的,也是符合罪责刑相适应和主客观相统一的要求的。同时,考虑到实践中案件情况的复杂性,本条将从轻、减轻或者免除处罚规定为"可以",而不是"应当"。这便于司法机关在办理案件时,结合具体案件中行为人所实施犯罪的情节、造成危害结果的严重程度、生理缺陷的具体情况等,准确确定是从轻、减轻还是免除处罚。"可以"从轻、减轻或者免除处罚,是指根据行为人的上述具体情况,决定是否从轻、减轻或者免除处罚,不是必须从轻、减轻或者免除处罚;对于手段残忍,情节恶劣,危害后果严重的,也可以不从轻、减轻或者免除处罚。

对于盲、聋、哑人,我国刑事诉讼法也专门作出了特殊的制度安排,以保障其合法权利。例如,没有委托辩护人的,有关机关应当通知法律援助机构指派律师为其提供辩护,讯问时应当有通晓聋、哑手势的人参加,认罪认罚的不需要签署认罪认罚具结书,不适用简易程序和速裁程序等。

第二十条 【正当防卫】
为了使国家、公共利益、本人或者他人的人身、财产和其他权利免受正在进行的不法侵害,而采取的制止不法侵害的行为,对不法侵害人造成损害的,属于正当防卫,不负刑事责任。

正当防卫明显超过必要限度造成重大损害的,应当负刑事责任,但是应当减轻或者免除处罚。

对正在进行行凶、杀人、抢劫、强奸、绑架以及其他严重危及人身安全的暴力犯罪,采取防卫行为,造成不法侵害人伤亡的,不属于防卫过当,不负刑事责任。

【条文精解】

本条是关于正当防卫的规定。

本条分为三款。第一款是关于什么是正当防卫和正当防卫不负刑事责任的规定。这一款规定了两层意思:

首先,什么是正当防卫行为。根据本款的规定,构成正当防卫应当同时具备以下条件:一是实施防卫行为必须是出于使国家、公共利益、本人或者他人的人身、财产和其他权利免受不法侵害的正当目的,针对的是不法侵害者及其不法侵害行为，维护的是受法律保护的合法权益。为了维护非法利益，或者针对他人的合法行为，或者针对不法侵害人之外的其他无关人员，不能实施正当防卫，如抢劫财物受到被害人反击，因实施犯罪行为被司法人员依法执行拘留、逮捕、没收财产，对与非法行为无关的加害人的亲友等，不能实行正当防卫。二是防卫行为所针对的不法侵害必须是正在进行的，对尚未开始实施或者已经停止或结束侵害行为的不法侵害人，不能实施正当防卫。三是实施防卫行为的直接目的是制止不法侵害，因此正当防卫的行为应当是制止不法侵害的行为，即实施防卫以制止住不法侵害行为为限，不法侵害的行为被制止后，不能继续实施防卫行为。

其次，实施正当防卫行为，对不法侵害人造成损害的，不负刑事责任。由于正当防卫是公民的合法权利，是出于维护合法利益、制止不法侵害的正当目的，是对国家和人民有益的行为，因此本款规定，正当防卫不负刑事责任，以鼓励人们见义勇为，积极同犯罪作斗争。本款规定的"不法侵害"，是指对受国家法律保护的国家、公民的各种合法权益的违法侵害；"对不法侵害人造成损害的"，主要是指对不法侵害人造成人身损害的情况，也包括对其财产等造成损害。

第二款是关于防卫过当及其刑事责任的规定。本款规定了三层意思：一是什么是防卫过当行为。首先，"防卫过当"必须明显地超过必要限度。所谓"必要限度"，是指为有效制止不法侵害所必需的防卫的强度。"明显超过必要限度"，是指一般人都能够认识到其防卫强度已经明显超过了正当防卫所必需的强度。其次，要求对不法侵害人造成了重大损害。"重大损害"，是指由于防卫人明显超过必要限度的防卫行为造成不法侵害人人身伤亡及其他严重损害。这一规定表明，对防卫人的防卫行为是否超过限度在认定时要有一定的宽容度，不能简单要求一一对等。即使防卫行为客观上超过了一定限度，但对加害人的损害尚未达到重大损害程度的，也不以防卫过当追究。二是防卫过当的，应当负刑事责任。由于防卫过当的行为所造成的损害，是明显超出正当防卫所必需的防卫强度造成的，且属于重大损害，具有一定的社会危害性，因此法律规定，行为人应当负刑事责任。三是对防卫过当的行为应当减轻或者免除处罚。防卫过当的行为虽然具有一定的社会危害性，但动机是出于正当防卫，其主观恶性较小，社会危害也小于其他故意犯罪。社会危害程度不同，处罚也应当有所区别。因此，本款规定，对防卫过当的行为，应当减轻或者免除处罚。

第三款是关于对一些严重危及人身安全的暴力犯罪，实施防卫行为不存在防卫过当的规定，即特殊防卫权。为了保护合法权益，鼓励见义勇为，1997年刑法增加了这一款的内容。根据本款的规定，对正在进行行凶、杀人、抢劫、强奸、绑架及其他严重危及人身安全的暴力犯罪，采取防卫行为，造成不法侵害人伤亡的，不负刑事责任。这样规定主要有两点考虑：一是考虑到社会治安的实际状况。严重暴力犯罪不仅严重破坏社会治安秩序，也严重威胁公民的人身安全。对上述严重的暴力犯罪采取防卫行为作出特殊规定，对鼓励群众勇于同犯罪作斗争、维护社会治安秩序具有重要意义。二是考虑到上述暴力犯罪的特点。这些犯罪都严重威胁人身安全，被侵害人面临正在进行的暴力侵害，很难辨认侵害人的目的和侵害的程度，也很难掌握实行防卫行为的强度，如果对此规定得太严，就会束缚被侵害人的手脚，妨碍其与犯罪作斗争的勇气，不利于公民运用法律武器保护自身的合法权益。

【实践中需要注意的问题】

首先，涉正当防卫具体案件的办理，应当注意全面准确把握刑法有关正当防卫立法的精神，公平公正依法办案。在具体案件的处理中，要对案件事实进行全面调查，具体问题具体分析，立足于防卫人防卫时的具体情况，充分考虑常理常情，综合案件发生的整个过程，依法准确把握正当防卫的起因、时间、对象、意图、限度等条件，充分考虑防卫人面临不法侵害当时的紧迫状态和紧张心理，不能事后求全责备、以强人所难的标准苛责当事人。

其次，认定正当防卫时，应当注意划清正当防卫与防卫挑拨的界限。正当防卫是为了维护国家、公共利益、本人或他人的合法权益，被迫实施的制止不法侵害的行为。防卫挑拨则是为了加害他人，故意挑逗对方先向自己进行侵害，然后以正当防卫为借口侵害对方。正当防卫与防卫挑拨是有本质区别的，防卫挑拨的行为，不能认定为正当防卫。

最后，认定正当防卫时，要注意对正当防卫与相互斗殴进行区分。相互斗殴的双方都没有防卫意图，一般会有一个互相纠缠、冲突逐步升级的过程。需要特别注意的是，双方曾因矛盾引发冲突，一方再次纠缠时，另一方进行反抗，有防卫意图的，也可能成立正当防卫；也不能因为行为人事先进行防卫准备，就认定其具有斗殴意图。具体认定时，需要综合全案各种情况，判定其行为是否符合正当防卫的构成要件，进而得出结论。

第二十一条 【紧急避险】

为了使国家、公共利益、本人或者他人的人身、财产和其他权利免受正在发生的危险，不得已采取的紧急避险行为，造成损害的，不负刑事责任。

紧急避险超过必要限度造成不应有的损害的，应当负刑事责任，但是应当减轻或者免除处罚。

第一款中关于避免本人危险的规定，不适用于职务上、业务上负有特定责任的人。

【条文精解】

本条是关于紧急避险的规定。紧急避险是指行为人在遇到某种危险的情况下，为了防止国家、公共利益、本人或者他人的合法权利遭受损害，不得已而采取的侵犯另一个较小的合法权利，以保护较大的合法权利的行为。和正当防卫制度一样，紧急避险制度是一项历史悠久的法律制度，对于刑事法律而言，具有排除行为犯罪性的作用。通常情况下，每个人的合法权益都受到法律同等的保护，任何人均没有"损人利己"的权利。但在紧急状态下，合法权益必然受损时，由于法律保护权益的平等性，如果不得已损害一个较小的利益，可以将损害降低到最少，从而实现社会利益最大化的，法律也允许采取相应的"损害"另一个合法利益的措施。紧急避险的核心是紧急，只有在紧急状态下实施才不需要承担刑事责任。由于紧急避险是对于另一合法权益的损害，因此，相对于正当防卫制度来说，刑法对紧急避险制度规定了更为严格的限制条件，以最大限度地排除对其他人合法权益的损害。

本条分为三款。第一款是关于什么是紧急避险行为及紧急避险行为不负刑事责任的规定。

一是关于紧急避险的条件。根据本款的规定，采取紧急避险行为应当符合以下条件：（1）避险的目的是使国家、公共利益、本人或者他人的人身、财产和其他权利免受危险。（2）"危险"正在发生，使上述合法权益受到威胁。对尚未发生的危险、已经结束的危险以及假想的危险或者推测的危险，都不能采取紧急避险行为。（3）紧急避险行为是为了使更多、更大的合法权益免受正在发生的危险，而不得已采取的损害另一种合法权益的行为，因此，紧急避险所造成的损害必须小于避免的损害。这是由紧急避险的性质决定的。

二是关于紧急避险行为的法律后果。由于紧急避险造成的损害必须小于避免的损害，对社会总体上是有益的，不具有刑法意义上的社会危害性而具有合法性。因此本款规定，"不得已采取的紧急避险行为，造成损害的，不负刑事责任"。

第二款是关于紧急避险超过必要限度造成不应有的损害的，应当负刑事责任和处罚原则的规定。本款规定了两层意思：

一是采取紧急避险行为超过必要限度造成不应有的损害的，应当负刑事责任。本款规定的"超过必要限度"，是指紧急避险行为超过了使受到正在发生的危险威胁的合法权益免遭损害所必需的强度而造成了不应有的损害。这里规定的"超过必要限度"和"造成不应有的损害"是一致的。所谓"不应有的损害"，是指紧急避险行为造成的损害大于避免的损害。造成不应有的损害的，已经失去紧急避险的意义，具有一定的社会危害性，因此本款规定，紧急避险行为超过必要限度造成不应有的损害的，应当负刑事责任。

二是对超过必要限度应当负刑事责任的紧急避险行为，应当减轻或者免除处罚。超过必要限度造成不应有的损害的紧急避险行为，虽然具有一定的社会危害性，但其前提是正当的，行为人主观动机是为了使更多、更大的合法权益摆脱危险、免受损害，其社会危害性相对小于单纯为了侵害他人合法权益的犯罪行为。因此，本款规定对紧急避险超过必要限度造成不应有的损害的，应当减轻或者免除处罚，这也是符合罪责刑相适应原则的。

第三款是关于紧急避险的特殊规定。根据本款规定，为了避免本人危险而采取紧急避险行为，不适用于职务上、业务上负有特定责任的人，即对正在发生的危险负有特定职责的人，不能为了使自己避免这种危险而采取紧急避险的行为。所谓"职务上、业务上负有特定责任"，是指担任的职务或者从事的业务要求其对一定的危险负有排除的职责，同一定危险作斗争是其职业义务。如消防员不能因为怕火灾对自身造成损害，而拒绝履行灭火职责；负有追捕持枪罪犯职责的公安人员，不能为了自己免受枪击而逃离现场；飞机驾驶员不能因飞机发生故障有坠机危险而不顾乘客的安危自己逃生等。

第二节　犯罪的预备、未遂和中止

第二十二条　【犯罪预备】
为了犯罪，准备工具、制造条件的，是犯罪预备。
对于预备犯，可以比照既遂犯从轻、减轻处罚或者免除处罚。

【条文精解】

本条是关于犯罪预备的规定。

本条共分两款。第一款是关于犯罪预备定义的规定。根据本款的规定，犯罪预备具有两个主要特征：一是"为了犯罪"，即行为人主观上具有明确的实施犯罪的目的和意图。这种实施犯罪的目的和意图，表明了行为人主观上具有犯罪的故意。行为人为了顺利地进行犯罪，开始实施准备犯罪的活动，其所实施的构成犯罪预备的行为，是为了准备犯罪，这一目的和意图体现的是其主观恶性，形成了对预备犯追究刑事责任的主观依据。二是为实行犯罪准备工具、制造条件。准备工具、制造条件，是犯罪预备的行为内容，这些客观的行为表现，是为进一步实施犯罪而为，具有一定的社会危害性，形成了对预备犯追究刑事责任的客观依据。"准备工具"，是指为实施犯罪准备所用的各种作案工具、器材和其他用品。"准备"包括收集、购买、制造以及非法获取等活动。"工具"在司法实践中有较多表现形式，取决于行为人所预备实施的犯罪行为，一般表现为物品，如用于犯罪的刀具、车辆、器材、设备、仪器、零部件、原材料等。在信息网络时代，还可能为了实施网络相关犯罪，而准备数字工具，如专门用于非法侵入、非法控制计算机信息系统的程序、工具等。"制造条件"，是指除准备犯罪工具和其他用品以外的，积极创造有利于实现其犯罪目的的各种便利因素的行为，如营造环境、制造机会、犯罪演练等。

准备工具、制造条件，都是着手实施犯罪之前，准备犯罪的行为。实践中要注意将犯罪预备与单纯犯罪意图流露相区别。行为人为了犯罪准备工具、制造条件的，已经实施了与犯罪有关的相应行为，如为了放火而准备汽油、引火物，为了抢劫而进行尾随，为了诈骗而制作虚假证件以便于隐匿真实身份等。这与只是有犯罪意图，而无任何外在行为的思想状态有本质差异，也与通过言语、动作等方式声称实施犯罪，但实际上并无实施犯罪打算的犯意表达行为性质完全不同。

特别需要注意的是，预备犯尚未着手实施犯罪，其所实施的行为由于不是刑法明确规定的具有类型化特征的构成要件的行为，因而在外在特征上往往不具有明显违法的特征，甚至与一般社会行为会很难区分。比如购买一把菜刀为杀人准备工具，与添置生活用品在行为特征上没有差别，区别两种不同性质行为的依据，是行为人购买菜刀的目的和意图，而目的和意图属于主观方面的内容，是否有坚实的凭据可供作出正确判断，事实上存在很大的不确定性和风险。这就要求司法实践中在认定一个行为是否构成犯罪预备时，必须极为谨慎，应严格坚持主客观相统一。行为人实施"准备工具、制造条件"的客观行为，应与其进行犯罪预备的主观意图相一致。如果行为人没有实施犯罪的主观意愿，相关行为就不属于为了犯罪"准备工具、制造条件"；而行为人是否有实施犯罪的主观意愿，不能仅凭其本人承认与否，而要有确切的客观外在证据佐证。同时，行为人"为了犯罪"而进行的活动，应当是为犯罪所需，有利于或者便利犯罪实施的，这是其行为具有社会危害性的客观基础。

总体上，就犯罪预备对实现犯罪的作用而言，便利了犯罪实施，具有社会危害性，但其危害性尚未达到直接、紧迫的程度，轻于着手实施犯罪。也正是基于此，在对预备犯处罚的力度上，应充分考虑犯罪预备所处的阶段和特点，体现罪责刑相适应。

第二款是关于对预备犯处罚原则的规定。本款包含两层意思：一是对预备犯，应当追究刑事责任。二是对预备犯，可以比照既遂犯从轻、减轻处罚或者免除处罚。由于预备犯所实施的行为处于犯罪的预备阶段，客观上尚未着手实施刑法规定的犯罪构成要件行为，尚不构成直接、紧迫的危险，其社会危害程度要显著低于既遂犯。因此本款规定，对预备犯可以比照既遂犯从轻、减轻处罚或者免除处罚。

对于预备犯有无必要规定"免除处罚"，在1979年立法时曾有争议。有的意见认为，没有必要规定对于犯罪预备"免除处罚"：其一，对于危害国家安全的犯罪（反革命犯罪），如果规定了预备犯"免除处罚"，有可能放纵该类犯罪。其二，对于普通刑事犯罪的预备犯，一般较少诉至人民法院，事实上不会发生由人民法院判决预备犯免予刑事处罚的问题。也有的意见认为，有必要规定对犯罪预备"免除处罚"：其一，预备犯出现在普通刑事案件中的可能性比较大，如果不规定免予处罚，就意味着一律应当依法处罚，这与实际情况和刑事政策不一致。其二，实践中，对于普通刑事犯罪中的预备犯，一般的不予处罚，只对少数重大刑事犯罪（故意杀人罪等）的预备犯才予以处罚，符合区别对待的政策精神。其三，对于预备犯的处罚应轻于未遂犯，规定"免除处罚"可以体现与未遂犯的差别。经认真研究，第二种观点的理由较为充分，因此1979年刑法第十九条第二款规定了对于预备犯可以"免除处罚"。1997年刑法修订时对该款未作修改，形成了目前对预备犯处罚的原则。

【实践中需要注意的问题】

一是应当注意划清犯罪预备与犯罪未遂的界限。二者的主要区别是：前者发生在行为人着手实施犯罪行为之前；而后者发生在着手实施犯罪行为之后，即行为人已经着手实施犯罪，但因其意志以外的原因而没有得逞。后者的危害性要大于前者。危害程度不同，处罚也应不同。注意划清二者的界限，有利于正确适用刑罚，正确处理案件。

二是认定和追究预备犯的刑事责任应当极为慎重，要坚持主客观相统一，体现宽严相济的刑事政策。在准确认定构成预备犯的前提下，在具体决定是否判处刑罚、判处何种刑罚以及决定刑期长短、刑罚轻重的时候，应综合考虑其所准备实施的犯罪的性质、如果犯罪得逞可能造成的社会危害大小、预备行为实施程度、危险性和危害后果等，做到罚当其罪。

第二十三条【犯罪未遂】
已经着手实行犯罪，由于犯罪分子意志以外的原因而未得逞的，是犯罪未遂。
对于未遂犯，可以比照既遂犯从轻或者减轻处罚。

【条文精解】

本条是关于犯罪未遂的规定。

本条共分两款。第一款是关于什么是犯罪未遂的规定。根据本款的规定，犯罪未遂应当同时具有以下特征：

第一，行为人已经着手实行犯罪。这是同犯罪预备相区别的主要标志，也是判断犯罪过程进行和犯罪停止阶段的重要节点。已经着手实行犯罪，表明行为人已经从犯罪预备阶段进入实行阶段，即行为人从为实施犯罪准备工具、制造条件，进入了实际实施并完成犯罪阶段，其犯罪意图通过着手实行的犯罪行为更为明显地体现出来，并通过实行行为加以实现。一般认为，进入着手实行犯罪阶段，犯罪行为人犯罪行为的主客观方面都有不同于犯罪预备阶段的变化，但也应坚持主客观相统一原则。主观上，行为人的犯罪意图更为明显，引导行为人为实现犯罪目的或者犯罪计划而行动，行为人追求犯罪目的实现，在行为人主观引导下的客观行为的侵害性由可能变为现实，行为更为明确地指向某种犯罪。客观上，着手实行犯罪表明行为人已经开始犯罪的实行行为，对刑法保护的利益加以实际侵害。由于其着手实行的行为，是刑法分则明确的某种具体犯罪的构成要件行为，一般情况下相对于犯罪预备，已不难认定其真正的犯罪目的和行为的具体犯罪属性。但在很多情况下，对于因未遂而停止下来的犯罪行为，单凭行为的外在特征，要准确认定属于何罪，也存在一定困难。如强奸未遂还是强制猥亵，有的情况下单凭行为人的外部行为不好区分。对此，仍然应当坚持主客观相统一的原则，结合行为人实施犯罪行为的各种主客观方面的情况，加以具体认定。需要说明的是，行为人的行为属于犯罪预备还是未遂，需要结合刑法分则关于具体犯罪的构成要件的规定确定，而不是凭行为人自己主观上的判断，如行为人主观认为其已经着手实行犯罪，但是实际上其所实施的行为尚不属于刑法分则规定的某种具体犯罪构成要件的实行行为，仍处于为便利犯罪而制造条件的阶段，则不成立犯罪未遂。

第二，犯罪未得逞，即犯罪行为人没有完成刑法分则规定的具体犯罪的犯罪构成要件。这是犯罪未遂与犯罪既遂相区别的主要标志。认定犯罪未得逞也需要坚持主客观相统一。在客观上，"未得逞"是犯罪已经停止的状态下，构成某种犯罪所应具备的要件未能齐备。这里不局限于犯罪结果是否实际发生，需要根据刑法分则关于具体犯罪的构成要件判断。对于需要发生特定犯罪结果才算犯罪构成要件完全具备的，如故意杀人造成被害人死亡的结果，行为人的实行行为即杀人行为虽然完成，但由于其意志以外的原因，被害人未死亡的，成立故意杀人未遂。对于刑法分则中规定的不需要发生特定结果的，如构成犯罪的法定的危险状态的出现、法定的行为的完成等，也可能成立犯罪既遂而非未遂。

第三，犯罪未得逞是由于犯罪分子意志以外的原因。这是犯罪未遂与犯罪中止相区别的主要标志。所谓"犯罪分子意志以外的原因"，是指不以犯罪分子的主观意志为转移的一切原因。

一是犯罪行为人意志以外的客观原因。如被害人的反抗、被害人有效的躲避、第三人的阻止、司法机关的拘捕、自然力的障碍、客观情况的变化等。一般来说，这些客观不利因素需要足以阻止行为人继续完成犯罪。有的情况只是对犯罪行为人继续完成犯罪有一定的妨碍和影响，如被害人轻微的反抗、他人善意的劝告、严厉的斥责等，这些因素虽然对犯罪的完成也有一定的影响，但并不具有阻止行为人继续完成犯罪的效果。在这种情况下，如果行为人本可以继续实施犯罪但未继续进行而自己决定放弃犯罪的，应成立犯罪中止，不属于犯罪未遂。

二是行为人本人的原因。如对自己实施犯罪的能力、经验、方法、手段估计不足，对事实判断错误等。一些情况属于行为人自身的客观原因，比如犯罪技能拙劣、体力不济等。在这些情况下，行为人仍具有犯罪的意志，但由于事实上不具备或者已经丧失了犯罪能力，而不得不停止犯罪行为。还有一些情况属于行为人主观上的认识错误，即犯罪未能完成，是由于行为人主观上对外界客观事实判断错误造成的。比如以下几种情况：其一，对侵害对象出现认识错误。如误以为室内有人，为故意杀人向室内开枪。其二，对使用的工具认识错误。行为人误将不能完成犯罪的工具当作犯罪工具来使用，如误将白糖当作毒药的，客观上不能完成犯罪。其三，对因果关系的认识错误。特定的犯罪结果并未发生，而行为人却误认为已经发生，停止犯罪活动。如实施故意杀人行为，误将他人昏迷视为死亡，停止侵害的。其四，对客观环境认识错误。周围环境不足以阻止犯罪的完成，但行为人却误认为存在阻碍而放弃犯罪的。如行为人因害怕溺水而放弃继续追杀被害人的，实际上河流水位极浅，客观上并不存在障碍，该种事实认识错误而导致的未得逞，也成立犯罪未遂。

需要注意的是，实践中还存在一些所谓迷信犯、愚昧犯的情况。主要表现为行为人基于有悖于科学常识的错误知识，而实施"重大无知"行为，如行为人自信诅咒或祈祷可以杀人、伤害等。这种情况下，没有发生行为人所希望的危害后果不是因为"犯罪行为"遇到障碍，而是行为人的所谓犯罪行为根本不可能发生危害后果，行为人的行为不属于刑法分则规定的犯罪构成要件的行为，因而不构成犯罪的未遂。

总体上，犯罪未得逞是违背犯罪分子的意志的。如果是犯罪分子自动放弃继续犯罪，或者自动有效地防止犯罪结果的发生，属于自动中止，而不是犯罪未遂。

第二款是对未遂犯处罚原则的规定。根据本款的规定，对于未遂犯，可以比照既遂犯从轻或者减轻处罚。由于犯罪未遂的结果是犯罪未能得逞，其社会危害性要小于犯罪既遂，因此，规定对未遂犯可以比照既遂犯从轻或者减轻处罚。这里规定可以从轻或者减轻处罚，是因为在未遂的情况下，往往造成程度不同的危害后果，危害程度不同，处罚也应当不同。规定"可以"

从轻或减轻,是指不是一律必须从轻或减轻,而应当根据案件的具体情况决定是否从轻或减轻。

【实践中需要注意的问题】

实践中,有些情况较为复杂,对未遂犯的认定存有争议,主要包括:

一是行为犯是否存在未遂。刑法分则中有些犯罪的构成要件只规定了行为,无须发生特定的危害结果即可成立犯罪既遂。这些行为犯也分为两类:其一,只要行为人着手实施刑法分则规定的行为就构成犯罪既遂。比如,刑法第二百七十八条规定的煽动暴力抗拒法律实施罪。对于这类犯罪,一般不存在犯罪未遂。其二,行为人着手实施刑法分则规定的行为,需要将行为实施到一定程度,才构成犯罪既遂。比如刑法第二百九十二条规定的聚众斗殴罪,行为人不仅需要聚众,还需要实施斗殴才构成犯罪既遂,因此如果仅完成了部分行为,仍可以构成犯罪未遂。

二是危险犯是否存在未遂。刑法分则规定的有些犯罪,只要行为人的行为造成一定的危险状态,虽尚未发生特定的实际结果的,犯罪即告完成。有的意见认为,对于这种所谓危险犯,只要行为人实施完毕刑法分则规定的特定构成要件行为,犯罪即告既遂,没有成立犯罪未遂的空间。也有的意见认为,由于这类犯罪不要求实际发生特定的危害结果,一般情况下行为人实施刑法分则规定的犯罪行为,其行为造成社会危害的特定危险也就具备了,可以认定犯罪既遂。但是,也不排除在特殊情况下,虽然其行为已经实施完毕,但刑法规定的特定危险状态确实尚未形成的情况,仍可以构成犯罪未遂。上述争议实际上涉及对危险犯的认识和危险是否实际具备的判断标准问题,情况比较复杂。

第二十四条 【犯罪中止】

在犯罪过程中,自动放弃犯罪或者自动有效地防止犯罪结果发生的,是犯罪中止。

对于中止犯,没有造成损害的,应当免除处罚;造成损害的,应当减轻处罚。

【条文精解】

本条是关于犯罪中止的规定。

本条共分两款。第一款是关于什么是犯罪中止的规定。根据本款的规定，犯罪中止应当同时具备以下特征：

一是犯罪中止发生在犯罪过程中。犯罪中止是故意犯罪发展过程中的一种犯罪形态，它可能发生在犯罪的预备阶段，也可能发生在犯罪的实行阶段。所谓"犯罪过程中"，是指犯罪既遂之前的整个犯罪过程。犯罪一旦既遂，就不能再成立中止。既遂后的主动弥补损失的行为，值得肯定和鼓励，但都不是犯罪中止，而是犯罪后的悔罪表现。

二是犯罪中止必须是犯罪行为人自动放弃犯罪或者自动有效地防止犯罪结果的发生。所谓"自动放弃犯罪"，根据其放弃犯罪时犯罪所处的阶段不同，可以分为两种情况。其一，在犯罪尚处于犯罪预备阶段时主动放弃犯罪，即犯罪行为人在为犯罪准备工具、制造条件，尚未着手实施刑法分则规定的具体犯罪的构成要件行为时，主动放弃；其二，犯罪行为人已经着手实施构成要件行为，但犯罪尚未完成之前主动放弃继续犯罪，中止犯罪行为。

认定行为人"自动"放弃犯罪的主观心态，关键在于"自动性"。对此，需要注意以下两点：其一，从行为人内心对犯罪继续进行的可能性的认知看，其自认为可以继续实施和完成犯罪。因此，即使行为人所进行的犯罪客观上已经不可能完成，但行为人不了解这一情况，而"主动"放弃继续犯罪。由于其是在主观上仍然认为可以完成犯罪的情况下放弃继续犯罪的，其放弃犯罪的"主动性"应当予以认定。例如行为人去仓库实施盗窃，半路上因内心畏惧中途折返，主动放弃犯罪，虽然事实上当时仓库内货物已经搬离，即使行为人不放弃犯罪也无法实施盗窃，也属于自动放弃犯罪。与此相反，如果犯罪客观上可以完成，但行为人自己主观上误认为犯罪遇到障碍无法完成，因而"被迫"停止继续实施犯罪的行为的，由于其停止犯罪缺乏主观上的"主动性"，不属于自动放弃犯罪。以强奸案件为例，行为人遇有被害人经期、怀孕、哀求、轻微反抗等情况，因而产生不安、同情、怜悯等情绪，进而放弃强奸的，由于这些因素客观上并不足以阻止行为人的犯罪意志和活动，行为人放弃犯罪是出于自己的选择，应属于自动放弃犯罪。如果行为人在实施强奸过程中，听到附近有人走过，以为被发现而仓皇逃走，行为人放弃犯罪是以为犯罪将被阻止，应属于被迫而非自动放弃犯罪。其二，行为人必须出于本人意愿放弃犯罪。如果行为人不是出于本人意愿，而是在外力强制或主观上被强制的情况下停止犯罪的，不属于犯罪中止。行为人产生放弃犯罪的意愿有多种情况，有的表现为幡然醒悟、认罪悔罪；有的表现为畏惧法律威严，害怕案发受到制裁；有的表现为经亲友劝说、教育，对被害人心生怜悯等。总之，行为人是在自由意志的状态下，自愿放弃犯罪的。

本款规定的"自动有效地防止犯罪结果发生"是指犯罪人在已经着手实施犯罪后、犯罪结果发生之前主动放弃继续犯罪，并主动采取积极措施防止了犯罪结果的发生。如杀人未杀死，但造成被害人重伤，如果这时犯罪人悔悟，在完全有条件把被害人杀死的情况下，主动放弃继续犯罪并将被害人送医院抢救，避免了被害人死亡的结果，犯罪人的上述行为就构成了犯罪中止；如果犯罪人虽然采取了积极措施，但是没有避免被害人死亡的结果，则不能认定为犯罪中止。在共同犯罪的情况下，"自动有效地防止犯罪结果发生"同样是判断行为人犯罪中止的重要依据。具体有以下几种情况：其一，共同犯罪中部分行为人决定中止犯罪后，积极劝说其他人放弃犯罪，其他人经劝说放弃犯罪，且有效防止结果发生的，共同犯罪的所有行为人均构成犯罪中止。其二，共同犯罪中部分行为人决定中止后，积极劝说其他人放弃犯罪未果，但是采取有效措施避免了危害结果发生的，该部分行为人构成犯罪中止。

第二款是关于对中止犯处罚原则的规定。根据本款的规定，对于中止犯，没有造成损害的，应当免除处罚；造成损害的，应当减轻处罚。这样规定，体现了我国刑法罪责刑相适应的原则，有利于鼓励犯罪分子中止犯罪，减少犯罪造成的社会危害。

【实践中需要注意的问题】

司法实践中，有些情况下能否认定犯罪中止，情况较为复杂，存在一定的争议：

一是自动放弃犯罪是为了实施另一种犯罪，对放弃的行为能否认定中止。例如，出于盗窃的目的入室后，自动放弃盗窃，转而实施强奸；出于故意杀人的目的，在杀人过程中放弃杀人转而实施伤害等。有人认为，对于这种情况，当行为人放弃的犯罪与新的犯罪属于不同性质时，行为人的犯意和行为都发生了根本变化，新的犯罪与当场放弃的犯罪之间不具有紧密的联系，可以分开判断，即可以认定放弃的犯罪成立犯罪中止；如果行为人当场放弃的犯罪与新的犯罪属于同一性质，通常不能否定二者之间的连续性，可将前后行为按照一罪论处，不必再讨论前行为是否构成中止的问题。不同意见认为，考虑行为人放弃的犯罪与实施的新的犯罪之间的联系，以决定是否成立中止，这种思路有一定道理，但是对于前后两罪是否属于同一性质，并没有一个明确的标准，不具备可操作性。上述问题情况非常复杂，理论上难以提出一个简单易行的解决方案，只能在实践中结合具体案件的情况具体认定。

二是对重复侵害行为如何认定中止。即行为人实施了侵害行为，因意志以外的原因没有发生危害结果，出于主观意愿放弃继续进行侵害的，能否认定构成犯罪中止。例如，行为人枪杀他人，第一枪未中，在有机会开第二枪的情况下，行为人自己决意放弃杀害他人的计划，放弃开第二枪。对此，需要坚持主客观相统一进行分析。客观上，行为人存在继续实施并完成犯罪的条件，其可以自主控制犯罪进程，不受其他外在因素的影响。因主动放弃并最终未发生危害后果的，符合犯罪中止"自动放弃犯罪"的要件。如果行为人放弃重复侵害未能阻止危害结果发生的，如上述案件中开第一枪未击中要害而将人击伤后，决意放弃继续杀害他人的计划，停止开第二枪，但被害人终因失血过多而死亡的，则不成立犯罪中止。如果行为人放弃重复侵害后，最终结果的发生与行为人先前行为没有必然联系的，仍可以认定构成犯罪中止。如上述案件中被害人被击伤后，行为人将其送医救治，被害人本无生命危险，伤愈出院前由于医院发生火灾致死的，则行为人仍构成犯罪中止。主观上认定犯罪中止需要行为人自认为犯罪尚未既遂且主动放弃犯罪。如果行为人基于错误认识，误认为已经犯罪既遂，放弃原先计划的后续重复侵害，则不构成犯罪中止。如上述案例中，第一枪击中被害人非要害部位，被害人倒地后，行为人本打算再补一枪，但误以为被害人死亡，遂放弃继续侵害。这种情形下，行为人放弃重复侵害是基于错误认识，不是为了避免危害结果发生的主动放弃，不构成犯罪中止。

第三节　共同犯罪

第二十五条　【共同犯罪的概念】
共同犯罪是指二人以上共同故意犯罪。
二人以上共同过失犯罪，不以共同犯罪论处；应当负刑事责任的，按照他们所犯的罪分别处罚。

【条文精解】

本条是关于共同犯罪的规定。
本条共分两款。第一款是关于什么是共同犯罪的规定。根据本款的规定，共同犯罪应当具备以下两个特征：第一，主体数量特征。共同犯罪的犯罪主体必须是二人以上。第二，罪质特征。共同犯罪必须是共同故意犯罪。

所谓"共同故意犯罪"，应当具备以下三个条件：

一是主观方面。数个犯罪人必须有共同犯罪故意。这里有两层意思：其一，数个犯罪人对自己实施的危害行为都持故意的心理状态，即几个犯罪人都明知自己的行为会发生危害社会的结果，并希望或者有意放任这种结果的发生。其二，数个犯罪人对行为的共同性是明知的，即数个犯罪人都认识到自己和其他行为人在共同进行犯罪活动。这里并不要求犯罪人认识到自己和其他行为人实施的是完全相同的具体活动，只要明知自己正在实施的行为与他人的行为是属于一个共同的犯罪活动即可。行为人主观上符合以上两方面的情况，构成了犯罪人的共同故意。

二是数个犯罪人必须有共同的犯罪行为。所谓共同的犯罪行为，是指各个犯罪人的犯罪行为具有共同的指向性。即犯罪人各自的犯罪行为都是在他们的共同故意支配下，围绕共同的犯罪对象，为实现共同的犯罪目的而实施的。这里各个共同犯罪人的犯罪行为，既可能以分担的方式施行同一犯罪行为；也可能是部分共同犯罪人施行同一犯罪行为，部分共同犯罪行为人根据共同犯罪的目的，实施该犯罪行为以外的其他犯罪行为。总体上看，各个共同犯罪人所实施的犯罪行为都与危害结果具有因果关系，是完成统一犯罪活动的组成部分。

三是共同犯罪具有共同的犯罪对象。即共同犯罪人的犯罪行为必须最终指向同一犯罪对象，这是构成共同犯罪必须有共同的犯罪故意和共同的犯罪行为的必然要求。

第二款是关于二人以上共同过失犯罪，不以共同犯罪论处及对其如何处罚的规定。这是对共同犯罪概念的重要补充。本款规定了两层意思：

一是二人以上共同过失犯罪，不以共同犯罪论处，即二人以上由于过失造成同一危害结果的，不以共同犯罪定罪处刑。这是从另一个角度进一步说明共同犯罪主要是指共同故意犯罪。

二是二人以上由于过失造成危害结果，应当负刑事责任的，按照他们所犯的罪分别处罚，即按照行为人各自的罪责分别处罚，而不以共同犯罪论处。这是共同过失犯罪的处罚原则。具体有以下几种情形：其一，分别定罪且罪名相同。共同过失行为人，先后或同时出现过失行为，共同造成危害结果发生的，如果违反的是同一类性质的注意义务，则应以相同的罪名分别惩处。其二，分别定罪但罪名不同。共同过失行为人先后或同时出现过失行为，共同造成危害结果发生的，但是由于过失行为人的主体、行为等不同情况，分别违反了不同性质的注意义务，应以不同罪名定罪处罚。比如国家机关工作人员和国有企业负责人共同负责一项涉外重大资产投资项目，结果失职被骗。对此，国家机关工作人员的严重不负责任，应以玩忽职守罪定罪处罚；国有企业负责人的严重不负责任，应以签订合同失职被骗罪定罪处罚。其三，发生数个过失行为，能够区分数个过失行为对危害结果具有不同程度的作用的，应根据各个过失行为对结果发生的作用，认定各自的责任，分别处罚。对结果发生起主要作用的过失行为认定较重的责任；对结果发生起次要作用的过失行为认定较轻的责任。

【实践中需要注意的问题】

第一，单位构成共同犯罪的问题。根据刑法规定，单位也可以构成犯罪主体，那么单位能否适用共同犯罪的规定，即两个以上的单位共同故意实施犯罪的，是否构成单位犯罪？对此，在实践中存在争议。一般认为，本条规定的"二人以上"，不仅包括自然人，也包括单位，即单位可以构成共同犯罪。1998年最高人民法院《关于审理骗购外汇、非法买卖外汇刑事案件具体应用法律若干问题的解释》也规定，非国有公司、企业或者其他单位，与国有公司、企业或者其他国有单位勾结逃汇的，以逃汇罪的共犯处罚。

单位构成共同犯罪，主要有以下两种类型：一是单位与单位构成共同犯罪。在这种共同犯罪中，根据单位在犯罪中的地位、作用大小，可以区分单位的主次作用。如2001年最高人民法院《全国法院审理金融犯罪案件工作座谈会纪要》规定，"两个以上单位以共同故意实施的犯罪，应根据各单位在共同犯罪中的地位、作用大小，确定犯罪单位的主、从犯"。认定犯罪的作用大小，对于合理确定单位的处罚，具有重要意义。二是单位与自然人构成共同犯罪。1998年第九届全国人大常委会第六次会议通过的《关于惩治骗购外汇、逃汇和非法买卖外汇犯罪的决定》第五条规定，"海关、外汇管理部门以及金融机构、从事对外贸易经营活动的公司、企业或者其他单位的工作人员与骗购外汇或者逃汇的行为人通谋，为其提供购买外汇的有关凭证或者其他便利的，或者明知是伪造、变造的凭证和单据而售汇、付汇的，以共犯论，依照本决定从重处罚"。根据上述规定，如果相关单位工作人员的行为在性质上属于单位行为的，则有可能成立该单位与骗购外汇的行为人的共同犯罪。这种单位与个人成立共同犯罪的情况，根据刑法分则的规定，还有很多。如单位与个人共同走私、共同侵犯知识产权等。对于这种情况，同样可以根据单位与自然人在共同犯罪中的地位、作用，确定各自应当承担的刑事责任。

第二，对超过共同故意认识范围的犯罪行为，如何认定责任。一般认为，共同犯罪的性质决定了对于超过共同故意认识范围的犯罪行为，应当由具体实施该超过行为的行为人自己承担责任。共同犯罪的参与人通过相互勾结、联系与配合，共同实施犯罪，整体上应对犯罪的目的、后果等大致了解，并希望或放任这种结果发生，形成共同犯罪的故意。在客观上，共同犯罪行为受主观故意指引，表现为相互配合、相互联系，构成针对同一目标的整体犯罪活动。尽管参与人实施的行为可能有所不同，但相关行为都对危害结果产生了作用。与之不同的是，超过共同故意认识范围的犯罪行为，只有具体行为人的故意行为直接导致了危害结果，其他参与人对该危害结果缺少主观认识，也就不能成立该共同的犯罪故意，进而也不能就该危害结果追究未参与人的法律责任。但是行为人需要就其行为和主观上所持的犯罪故意承担相应的责任。如甲乙两人相约共同伤害丙，但实际上甲意图杀害丙，乙不知情。乙将丙抱住让甲殴打，甲却抽刀杀死了丙，乙主观上只有与甲共同伤害丙的故意，没有杀害丙的故意，因而甲乙之间不存在共同杀人的故意，甲乙不构成共同故意杀人罪，甲独立构成故意杀人罪，乙构成故意伤害罪。

具体而言，有以下几种情况：一是在共同实施犯罪的过程中，共同犯罪的个别参与人实施了共同故意以外的其他犯罪，其他参与人对超出共同故意以外的行为不知情，也未共同实施。超出共同故意以外的行为，由实施行为人自行负责，其他参与人不就该超出故意内容的行为承担责任。二是在共同实施犯罪的过程中，共同犯罪的个别参与人实施了共同故意以外的其他犯罪，其他参与人对此知情，并给予适当帮助的，属于达成新的犯罪故意，共同实施了新的共同犯罪，其他参与人应对新的危害结果承担责任。三是在共同实施犯罪的过程中，共同犯罪的个别参与人实施了共同故意以外的其他犯罪，其他参与人对此知情，但未给予帮助，也未阻止的，其他参与人是否对新的危害结果承担责任，实践中有一定的争议。总体上，判断其他参与人的责任，需要结合其对危害结果产生的作用，根据主客观相统一的原则确定。比如其他参与人先前的参与行为对于形成有利于后续犯罪活动的情势具有积极作用，其虽然未参与后续行为，但也未阻止的，或者有证据证明其他参与人的默许、纵容行为对被害人也造成心理压力、产生心理恐惧，客观上促成危害结果发生的，则其也应对新发生的犯罪结果承担责任。四是在共同实施犯罪的过程中，共同犯罪的个别参与人实施了共同故意以外的过度行为，造成加重结果的，其他参与人是否对加重结果承担责任，实践中有一定的争议。一般认为，加重结果仍然是由共同犯罪行为引起的，各个行为人实施共同犯罪的行为性质并未改变，其他参与人在主观上对加重结果的发生是能够预见的，因此其应同样对加重结果承担责任。

> **第二十六条 【主犯、犯罪集团及其处罚】**
> 组织、领导犯罪集团进行犯罪活动的或者在共同犯罪中起主要作用的，是主犯。
> 三人以上为共同实施犯罪而组成的较为固定的犯罪组织，是犯罪集团。
> 对组织、领导犯罪集团的首要分子，按照集团所犯的全部罪行处罚。
> 对于第三款规定以外的主犯，应当按照其所参与的或者组织、指挥的全部犯罪处罚。

【条文精解】

本条是关于主犯、犯罪集团及对犯罪集团首要分子和其他主犯处罚原则的规定。

本条共分四款。第一款是关于什么是主犯的规定。根据本款规定，主犯包括两种人：一种是组织、领导犯罪集团进行犯罪活动的，即组织犯罪集团，领导、策划、指挥犯罪集团成员进行犯罪活动的组织、领导者，可能是一个人，也可能是数个人。另一种是在共同犯罪中起主要作用的人，即在共同犯罪中，实际起到出谋划策、组织指挥、积极实施等重要作用，或者对发生危害结果起重要作用的人。

第二款是关于犯罪集团的定义的规定。根据本款规定，犯罪集团应当具备三个条件：一是必须由三人以上组成；二是为了共同进行犯罪活动；三是有较为固定的组织形式。所谓"固定"，包括参与犯罪的人员的基本固定和犯罪组织形式的基本固定。

第三款是关于对组织、领导犯罪集团的首要分子处罚原则的规定。根据本款规定，对组织、领导犯罪集团的首要分子，按照集团所犯的全部罪行处罚，即首要分子要对他所组织、领导的犯罪集团的全部罪行承担刑事责任。所谓"组织、领导犯罪集团的首要分子"，是指在犯罪集团进行的犯罪活动中，起组织、领导、策划、指挥作用的主犯。

第四款是关于对其他主犯处罚原则的规定。根据本款规定，对除组织、领导犯罪集团的首要分子以外的其他主犯，应当按照其在共同犯罪活动中所参与的或者由他组织、指挥的全部罪行处罚。由于其他主犯有的是在犯罪集团中首要分子的组织、领导下，积极从事犯罪活动或者在犯罪活动中起到重要作用的人员，有的是在一般的共同犯罪或者尚不构成犯罪集团的犯罪团伙中起主要作用的人员，其行为的社会危害性相对犯罪集团的首要分子来说要小些，因此，本条规定了与首要分子有所差别的处罚原则。但是，从罪责刑相适应原则的要求看，其精神是一致的，即都是对自己应当负责的行为承担刑事责任，体现了刑法责任自负的基本要求。

【实践中需要注意的问题】

一是在有些共同犯罪中，主犯的犯罪性质决定共同犯罪人的犯罪定性。比如 2000 年最高人民法院《关于审理贪污、职务侵占案件如何认定共同犯罪几个问题的解释》第三条规定，公司、企业或者其他单位中，不具有国家工作人员身份的人与国家工作人员勾结，分别利用各自的职务便利，共同将本单位财物非法占为己有的，按照主犯的犯罪性质定罪。对于该共同犯罪中行为人的作用难以区分主从犯的，根据 2003 年最高人民法院《全国法院审理经济犯罪案件座谈会纪要》的规定，国家工作人员和非国家工作人员勾结共同非法占有单位财物行为，如果根据案件的实际情况，各共同犯罪人在共同犯罪中的地位、作用相当，难以区分主从犯的，可以贪污罪定罪处罚。

二是关于犯罪集团的首要分子对集团所犯的全部罪行负责。刑法明确规定，首要分子对集团所犯的全部罪行负责。这是基于犯罪集团是为了共同犯罪而组织起来的相对固定的犯罪组织。一般来说，犯罪集团的犯罪目标或者犯罪类型带有一定的相对固定特征，如走私犯罪集团、毒品犯罪集团、盗窃犯罪集团等。如果集团成员自己出于独立的犯罪故意实施了犯罪集团性质之外其他不相干的犯罪，客观上与集团犯罪没有关系，主观上也不是集团犯罪的故意，对于该类犯罪，应遵循主客观相统一的原则，由实施该犯罪行为的人自己承担责任，而不应由首要分子对超出集团犯罪行为的其他犯罪行为负责。

第二十七条　【从犯及其处罚】

在共同犯罪中起次要或者辅助作用的，是从犯。

对于从犯，应当从轻、减轻处罚或者免除处罚。

【条文精解】

本条是关于从犯及其处罚原则的规定。

本条共分两款。第一款是关于什么是从犯的规定。根据本款规定,从犯有两种情况:一是在共同犯罪中起次要作用的。所谓"起次要作用",是指在整个共同犯罪活动中,处于从属于主犯的地位,对主犯的犯罪意图表示赞成、附和、服从,听从主犯的领导、指挥,不参与有关犯罪的决策和谋划;在实施具体犯罪中,在主犯的组织、指挥下进行某一方面的犯罪活动,情节较轻,对整个犯罪结果的发生只起了次要的作用。二是在共同犯罪中起辅助作用的。这种从犯实际上是帮助犯,其特点是不直接参与具体犯罪行为的实施,在共同犯罪活动中,为完成共同犯罪只起了提供物质或者精神帮助的作用。如提供作案工具、为实行犯踩点望风、指示犯罪地点和犯罪对象、消除犯罪障碍等。他们的行为对完成共同犯罪只起了辅助作用。

第二款是关于对从犯如何处罚的规定。根据本款的规定,对于从犯,应当根据其参与犯罪的性质、情节及其在共同犯罪中所起的作用等具体情况,或者从轻处罚,或者减轻处罚,或者免除处罚。对从犯应当从轻、减轻处罚或者免除处罚,是符合我国刑法罪责刑相适应原则的。

【实践中需要注意的问题】

实践中,对行为人实施犯罪给予精神鼓励的,是否以及如何承担刑事责任,需要根据不同情况进行分析。一是犯罪行为人原本没有犯罪意图,因被他人鼓励、怂恿而实施犯罪的,则实施鼓励、怂恿行为的人构成教唆犯。二是犯罪行为人在主观上有犯罪意图,对其提供技术上建议或者增强其犯意的行为,事实上促成犯罪结果发生的,则属于精神上的帮助,可以认定构成帮助犯,属于从犯。三是如果实施颂扬犯罪行为或者预祝犯罪成功等行为与犯罪行为人达成的犯罪结果没有明显的因果关系的,则不成立帮助犯。

第二十八条 【胁从犯及其处罚】

对于被胁迫参加犯罪的,应当按照他的犯罪情节减轻处罚或者免除处罚。

【条文精解】

本条是关于胁从犯及其处罚原则的规定。

根据本条规定,对于被胁迫参加犯罪的,应当按照他的犯罪情节减轻处罚或者免除处罚。所谓"被胁迫参加犯罪",是指行为人在他人对其施加精神强制，处于恐惧状态下，不敢不参加犯罪。根据本条规定，对胁从犯应当根据他的犯罪情节减轻处罚或者免除处罚。所谓"应当"，就是只要认定其属于胁从犯，就应予以减轻或者免除处罚。所谓"按照他的犯罪情节"减轻或者免除处罚，是指在决定具体予以减轻处罚还是免除处罚时，要根据被胁迫犯罪的人参与实施犯罪行为的程度、对危害后果的发生所起到的实际作用大小等情况确定。例如，最高人民法院、最高人民检察院《关于办理组织、利用邪教组织破坏法律实施等刑事案件适用法律若干问题的解释》第九条规定，组织、利用邪教组织破坏国家法律、行政法规实施，符合该司法解释第四条的相关规定，但行为人能够真诚悔罪，明确表示退出邪教组织、不再从事邪教活动的，可以不起诉或者免于刑事处罚；其中，行为人系受蒙蔽、胁迫参加邪教组织的，可以不作为犯罪处理。

【实践中需要注意的问题】

实践中，对胁从犯的认定要综合考虑各方面的情况，以判断行为人是"被胁迫参加犯罪"。具体而言，可以从胁迫的时间、胁迫的程度、胁迫的对象、胁迫的现实紧迫性等方面综合考量。

第二十九条【教唆犯及其处罚】

教唆他人犯罪的，应当按照他在共同犯罪中所起的作用处罚。教唆不满十八周岁的人犯罪的，应当从重处罚。

如果被教唆的人没有犯被教唆的罪，对于教唆犯，可以从轻或者减轻处罚。

【条文精解】

本条是关于教唆犯及其处罚原则的规定。

本条共分两款。第一款是关于对教唆他人犯罪的处罚原则和从重处罚情节的规定。根据本款的规定，对教唆犯，应当按照他在共同犯罪中所起的作用处罚。教唆犯"在共同犯罪中所起的作用"，是指教唆犯罪的人教唆的方法、手段及教唆的程度对完成共同犯罪所起的作用，即在实行所教唆的犯罪中所起的作用。教唆犯在共同犯罪中起主要作用的，按主犯处罚；起次要作用的，按从犯处罚。另外，出于对未成年人的保护，考虑到未成年人阅历浅，思想尚未成熟，容易被教唆而走上歧途，教唆未成年人犯罪的行为具有更大的社会危害性，因此，本款同时明确规定对"教唆不满十八周岁的人犯罪的，应当从重处罚"。实际上对于教唆未成年人犯罪、利用未成年人犯罪的，司法实践中一般也是作为从重处罚的情节处理的。例如2016年最高人民法院《关于审理毒品犯罪案件适用法律若干问题的解释》第五条规定，非法持有毒品达到刑法第三百四十八条或者该司法解释第二条规定的"数量较大"标准，且利用、教唆未成年人非法持有毒品的，应当认定为刑法第三百四十八条规定的"情节严重"，体现从重处罚。

　　第二款是关于被教唆的人没有犯被教唆的罪的，对教唆犯从轻或者减轻处罚的规定。教唆犯对他人实施教唆行为后，因为种种原因，被教唆的人没有实施其所教唆的犯罪的情况在实践中也是比较常见的。这种情况下，按照罪责刑相适应原则的要求，对教唆者应当给予相对较轻的处理。同时，刑法规定对教唆犯按照其在共同犯罪中所起的作用处罚，被教唆者没有实施犯罪的情况下，确定教唆者的教唆行为所起的作用以确定对其的处罚，操作上存在一定的困难。因此，对这种情况有必要明确规定处理的原则。根据本款规定，如果被教唆的人没有犯被教唆的罪，对于教唆犯，可以从轻或者减轻处罚。所谓"被教唆的人没有犯被教唆的罪"，主要包括以下一些情况：一是教唆犯的教唆对被教唆人没有起到促成犯意、实施犯罪的作用，被教唆的人既没有实施教唆犯教唆的犯罪，也没有实施其他犯罪，其教唆行为没有造成直接的犯罪结果；二是被教唆的人没有犯所教唆的罪，而犯了其他罪；三是被教唆的人实施了犯罪，但是其本来就独立形成了犯意，教唆行为没有起到任何促致犯意的作用。不论哪一种情况，教唆他人实施犯罪的教唆行为已经实施，教唆者应当承担刑事责任。但是由于被教唆的人没有实施所教唆的罪，教唆犯的教唆行为的社会危害性较小，因此，本款规定对于上述教唆犯，可以从轻或者减轻处罚。这里规定"可以"，是因为被教唆的人没有犯被教唆的罪的实际情况复杂，对于教唆犯不能一律从轻或者减轻处罚，应当根据案件的具体情况决定是否从轻或减轻处罚。

　　【实践中需要注意的问题】

　　一是被教唆人实施了教唆内容以外的犯罪，对教唆人该如何定罪处罚。一般情况下，大致分为两种情况：其一，如果教唆人的教唆内容特定、明确，被教唆人在特定情况下实施了超过教唆内容范围的行为，对教唆人和被教唆人应当分别追究各自的刑事责任，即教唆人无须对被教唆人超出教唆内容实施的危害结果负责。比如教唆人教唆他人实施盗窃，而被教唆人入室盗窃时却见色起意,实施了强奸犯罪;再如,教唆人教唆他人实施故意伤害行为,并明确指示下手别太重,而被教唆人却将受害人打死。对于这些情况,被教唆人超出范围施行犯罪的危害结果不应由教唆人承担责任。其二,教唆人的教唆内容并没有明确排除特定犯罪对象或者犯罪结果,被教唆人实施的犯罪行为总体上在其教唆的范围内,或者并不明显违背其教唆内容和意图的,或者相应结果属于其所教唆行为可能产生的自然后果的,或者发生的结果不属于无法预料到的后果等情形的,即使实行行为本身与教唆内容略有出入,也应当视为没有超出教唆内容范畴,教唆人和被教唆人都必须对被教唆人的实行行为承担共同犯罪的刑事责任。

二是关于教唆犯的罪名认定。教唆犯一般根据其教唆他人实施行为的性质定罪处罚。刑法分则有特殊规定的,依照分则的规定定罪。如对于教唆他人吸食、注射毒品的,直接按照刑法第三百五十三条"引诱、教唆、欺骗他人吸毒罪"定罪处罚。此外,关于教唆他人自杀、自伤如何认定罪名和追究刑事责任的问题,司法实践中存在不同的做法。对此,一些司法解释作出了相应的规定,可供参考。如2017年最高人民法院、最高人民检察院《关于办理组织、利用邪教组织破坏法律实施等刑事案件适用法律若干问题的解释》第十一条规定,组织、利用邪教组织,制造、散布迷信邪说,组织、策划、煽动、胁迫、教唆、帮助其成员或者他人实施自杀、自伤的,依照刑法第二百三十二条、第二百三十四条的规定,以故意杀人罪或者故意伤害罪定罪处罚。

第四节 单位犯罪

第三十条 【单位负刑事责任的范围】
公司、企业、事业单位、机关、团体实施的危害社会的行为,法律规定为单位犯罪的,应当负刑事责任。

【条文精解】

本条是关于单位犯罪的规定。

本条包含两层意思:

一是单位犯罪的主体包括公司、企业、事业单位、机关、团体。本条规定的"公司、企业"包括全民所有制、集体所有制等各种所有制的公司、企业以及其他形式的公司、企业。根据民法典的规定，公司、企业法人主要属于营利法人。民法典第七十六条规定，"营利法人"包括有限责任公司、股份有限公司和其他企业法人。根据2019年国务院《企业法人登记管理条例》第二条的规定，具备法人条件的下列企业，应当依照本条例的规定办理企业法人登记：（1）全民所有制企业；（2）集体所有制企业；（3）联营企业；（4）在中华人民共和国境内设立的中外合资经营企业、中外合作经营企业和外资企业；（5）私营企业；（6）依法需要办理企业法人登记的其他企业。这些依法登记的企业法人，应属于本条规定的"公司、企业"。

关于本条规定的"事业单位"，根据国务院《事业单位登记管理暂行条例》第二条的规定，是指国家为了社会公益目的，由国家机关举办或者其他组织利用国有资产举办的，从事教育、科技、文化、卫生等活动的社会服务组织。另外，事业单位依法举办的营利性经营组织，必须实行独立核算，依照国家有关公司、企业等经营组织的法律、法规登记管理，实质上属于前述的"公司、企业"。

本条规定的"机关"是指各级各类国家机关和有关机关。

本条规定的"团体"主要是指为了一定宗旨组成的进行某种社会活动的合法组织，实践中主要是社会团体、基金会、专业合作社、供销合作社等单位。这里的社会团体，包括根据民法典第九十条规定的，依法登记成立，取得社会团体法人资格的团体。同时，也包括依法不需要办理法人登记的，从成立之日起，具有社会团体法人资格的团体。此外，本条的"团体"还包括农民专业合作组织、农村集体经济组织、城镇农村的合作经济组织、社会服务机构等其他单位。

二是上述单位实施的危害社会的行为，法律规定为单位犯罪的，应当负刑事责任。这样规定是从单位犯罪的实际情况出发的。自改革开放以来，我国经济不断发展，对外开放力度不断加大，出现了不少违法犯罪的新情况和新问题。这些违法犯罪行为是否存在单位犯罪，情况十分复杂，还需要仔细研究和分析。基于此，刑法对实践中比较突出、社会危害较大、罪与非罪的界限较容易划清的单位危害社会的行为在分则中作了规定。因此，这里的"法律规定"，主要是指刑法分则的规定；如果其他有关法律或者相关决定作出了专门规定的，也包括相应规定。其包含两层意思：其一，根据刑法分则的规定，一些犯罪明确了作为犯罪主体的单位的类型，这些犯罪可以由相应的单位构成,如刑法第一百八十八条"违规出具金融票证罪"规定的银行或者其他金融机构。其二,追究单位刑事责任,需要法律明确规定。刑法中明确规定单位的刑事责任主要有以下三种模式:(1)在一个条文中先以一款规定自然人犯罪的罪状与法定刑,再用一款专门规定单位犯罪,如刑法第三百二十六条"倒卖文物罪";(2)在刑法某节最后一条中对单位犯本节数个条文的罪作出单位犯罪的专门规定,如刑法第三百六十六条、第二百二十条;(3)在条文罪状中明确规定是单位犯罪,如刑法第一百八十五条之一"背信运用受托财产罪"。

此外,司法机关反映,在实际生活中存在公司、企业等单位组织员工实施相关犯罪,而刑法没有对该犯罪规定单位犯罪的情况,比如为单位实施窃电行为等。对于这种情况,按照本条规定不能追究单位的刑事责任,但是否能够追究实施相关犯罪的单位员工的刑事责任,有必要通过法律解释或者其他方式予以明确,以指导和规范司法实践。立法机关经认真研究认为,刑法主要针对一些涉及经济领域的犯罪规定了单位犯罪。对于一些传统的侵犯人身、财产权利的犯罪,如杀人、伤害、抢劫、普通的诈骗、盗窃等,刑法分则没有规定单位犯罪。对这些没有规定单位犯罪的,不应当追究单位的刑事责任,但对组织、策划、直接实施这些法律明文规定为犯罪行为的人,应当按照自然人犯罪依法追究刑事责任。对此,2014年全国人大常委会《关于〈中华人民共和国刑法〉第三十条的解释》规定:"公司、企业、事业单位、机关、团体等单位实施刑法规定的危害社会的行为,刑法分则和其他法律未规定追究单位的刑事责任的,对组织、策划、实施该危害社会行为的人依法追究刑事责任。"

【实践中需要注意的问题】

一是单位的分支机构或者内设机构、部门实施犯罪行为能否认定为单位犯罪。实践中以单位的分支机构或者内设机构、部门实施犯罪的情况时有发生,对此,司法实践中是否应当作为单位犯罪处理,认识上存在分歧。主要争议点在于,这些内设机构、部门没有独立财产,对其判处罚金实际上不能独立承担;如果按照自然人犯罪处理,犯罪行为的所得并非为个人所有,而是归属单位的分支机构或者内设机构、部门所有,完全由个人承担刑事责任不尽合理,也不能体现罪责刑相适应。总体上看,我国刑法对单位犯罪没有采用法人犯罪的概念,就是考虑到单位的外延大于法人。实践中一些法人的分支机构如商业银行的营业部、营业所，单位的基建办等，具有一定独立性，能够以自己的名义独立从事一定的经济社会活动，如果其从事了刑法规定的犯罪行为，应当是可以纳入刑法单位犯罪的处罚范围的。同时，将是否具有相对独立的财产、是否独立承担民事责任等法人成立的条件，作为是否能够成立单位犯罪的判断标准，也缺乏刑法上的依据。2001年最高人民法院《全国法院审理金融犯罪案件工作座谈会纪要》关于单位犯罪的部分，也明确了以单位的分支机构或者内设机构、部门实施犯罪，违法所得亦归分支机构或者内设机构、部门所有的，应认定为单位犯罪。因此，不能因为单位的分支机构或者内设机构、部门没有可供执行罚金的财产，就不将其认定为单位犯罪，而按照自然人犯罪处理。

二是关于以犯罪为目的专门设立的单位是否成立单位犯罪的问题。这里包含两种情况：其一，以实施犯罪活动为主要目的设立公司、企业、事业单位的。对于该种情况，虽然实际上可以以单位的名义实施犯罪，但实质上是实施共同犯罪。为了避免自然人利用单位作为实施违法犯罪活动的"挡箭牌"，一般不认为该种情形属于单位犯罪。其二，单位设立后，以实施犯罪为主要活动的。司法实践中，单位设立后以实施犯罪为主要活动，即使偶尔经营部分正常业务，一般也不认定为单位犯罪。有些单位有正规的主营业务，但是在部分业务往来中没有按正常途径操作，或者偶尔实施了不法行为的，还是可以认为构成单位犯罪。1999年最高人民法院《关于审理单位犯罪案件具体应用法律有关问题的解释》第二条规定，个人为进行违法犯罪活动而设立的公司、企业、事业单位实施犯罪的，或者公司、企业、事业单位设立后，以实施犯罪为主要活动的，不以单位犯罪论处。2003年最高人民法院研究室《关于外国公司、企业、事业单位在我国领域内犯罪如何适用法律问题的答复》同样指出，个人为在我国领域内进行违法犯罪活动而设立的外国公司、企业、事业单位实施犯罪的，或者外国公司、企业、事业单位设立后在我国领域内以实施违法犯罪为主要活动的，不以单位犯罪论处。

三是关于在设立时存在瑕疵的单位是否成立单位犯罪的问题。一些单位在设立时存在严重瑕疵，实践中较为常见的是无设备、无资金、无营业场所、冒用他人身份虚假登记等设立的"空壳公司"。对存在严重瑕疵的单位，实质上并不具备合格的单位设立条件，如不满足法人登记、注册条件等，因其不符合单位成立条件，应直接处罚相关自然人。对于单位设立过程中有一般性瑕疵，但尚不影响单位成立的，应承认其可以构成单位犯罪。此外，还存在尚在筹建阶段的单位实施犯罪的情况，对于该种情况的处理，实践中也存在争议。有的观点认为，筹建机构本身是一个合法存在的组织体，可以对外签署合同、产生债务等，可以作为单位犯罪认定。也有观点认为，没有完成设立程序的筹建机构不能独立成为单位犯罪的主体，其实施的犯罪应归责于负责筹建单位的自然人或者单位。

四是关于单位实施犯罪后，发生资产重组、分立、合并或者破产等导致原单位不存在的，如何认定单位犯罪。司法实践中，一些单位实施犯罪后，发生资产重组、分立、破产等导致原单位不存在。这里的"不存在"包括两种情况：其一，单位消失，例如破产、注销登记。对于这种情况，虽然单位已经不存在了，但是单位犯罪的刑事责任并不当然消灭，应根据不同情况处理。如单位破产后，较难追究单位的刑事责任，但是对原单位的直接负责的主管人员和其他直接责任人员仍应当追究相应的刑事责任。2002年最高人民检察院《关于涉嫌犯罪单位被撤销、注销、吊销营业执照或者宣告破产的应如何进行追诉问题的批复》明确，涉嫌犯罪的单位被撤销、注销、吊销营业执照或者宣告破产的，应当根据刑法关于单位犯罪的相关规定，对实施犯罪行为的该单位直接负责的主管人员和其他直接责任人员追究刑事责任，对该单位不再追诉。其二，产生新单位，例如资产重组。原单位被新单位取代，但是原单位的刑事责任仍应由原单位承担，以符合罪责自负的精神。在诉讼时可仍将原单位作为被告人，承受原单位权利义务的单位法定代表人或者负责人作为诉讼代表人，并应在新成立单位中原单位的财产范围内追究刑事责任。2002年最高人民法院、最高人民检察院、海关总署《办理走私刑事案件适用法律若干问题的意见》第十九条规定，单位实施走私犯罪后，发生分立、合并或者其他资产重组等情况的，只要承受该单位权利义务的单位存在，应当追究单位走私犯罪的刑事责任。走私单位发生分立、合并或者其他资产重组后，原单位名称发生更改的，仍以原单位（名称）作为被告单位。承受原单位权利义务的单位法定代表人或者负责人为诉讼代表人。单位走私犯罪后，发生分立、合并或者其他资产重组情形，以及被依法注销、宣告破产等情况的，无论承受该单位权利义务的单位是否存在，均应追究原单位直接负责的主管人员和其他直接责任人员的刑事责任。人民法院对原走私单位判处罚金的，应当将承受原单位权利义务的单位作为被执行人。罚金超出新单位所承受的财产的，可在执行中予以减除。

第三十一条 【单位犯罪的处罚】

单位犯罪的，对单位判处罚金，并对其直接负责的主管人员和其他直接责任人员判处刑罚。本法分则和其他法律另有规定的，依照规定。

【条文精解】

本条是关于单位犯罪的处罚原则的规定。

根据本条规定，对单位犯罪，一般采取双罚制的原则，即单位犯罪的，对单位判处罚金，同时对单位直接负责的主管人员和其他直接责任人员判处刑罚。这是我国刑法对单位犯罪比较普遍适用的处罚原则。本条同时规定，本法分则和其他法律另有规定的，依照规定。这主要是考虑到单位犯罪的情况比较复杂，一律适用双罚制，有时候刑罚效果未必好，有时候不能准确体现罪责刑相适应的原则。因此，本条对单位犯罪除规定一般采取双罚原则外，还规定了例外的情况。为与本条规定相衔接，刑法分则一些罪名规定的单位犯罪，只处罚直接负责的主管人员和其他直接责任人员，而不对单位判处罚金。如刑法第一百六十二条"妨害清算罪"。

【实践中需要注意的问题】

实践中，对于如何认定单位的直接负责的主管人员的刑事责任，常存在争议。根据本条规定，对于单位犯罪，要追究直接负责的主管人员的刑事责任。一般情况下，直接负责的主管人员，主要是指单位中负有相关管理职责，对所实施的单位犯罪行为起到策划、授意、批准、同意、指挥、组织、实施等作用的人员，就其身份而言，可能是法定代表人、主要负责人、部门的负责人、直接负责相关工作的管理事务的人员等。直接负责的主管人员包含两个特征：其一，该类人员是在单位中实际行使管理职权的负责人员；其二，对单位具体犯罪行为负有主管责任。具体认定时要结合其在单位承担的管理职责，不能简单按照职务从上到下排列。如果行为人在单位犯罪中起组织、指挥、决策作用，例如主持单位领导层集体研究、决定或者依职权个人决定实施单位犯罪的，就属于"直接负责的主管人员"。反之，对于由单位其他领导决定、指挥、决策实施单位犯罪、不在其本人职权分工范围之内、本人并不知情的，如果一概认定为单位犯罪的"直接负责的主管人员"，追究其刑事责任，不符合罪责自负的刑事追诉原则。此外，如果行为人本身具有法律和职务上的责任，因存在不作为、失职行为，造成其确实对单位其他人员实施的犯罪不知情的，不能简单按照职务将其认定为该单位犯罪的"直接负责的主管人员",但是其不作为、失职行为构成相关犯罪的,应当依法追究其法律责任。

第三章 刑 罚

第一节 刑罚的种类

第三十二条【刑罚的种类】
刑罚分为主刑和附加刑。

【条文精解】

本条是关于刑罚的种类的规定。

根据本条的规定,刑罚分为主刑和附加刑。所谓"主刑"是对犯罪分子进行惩罚的主要刑种,它只能独立适用,不能相互附加适用。对一个犯罪,只能判处一个主刑,不能同时适用两种以上主刑。我国刑法规定的主刑有五种,分为两大类:自由刑和生命刑。自由刑包括管制、拘役、有期徒刑和无期徒刑;生命刑,即死刑,包括死刑立即执行和死缓,即判处死刑的同时宣告缓期二年执行。附加刑是补充主刑惩罚罪犯的刑种,它既能附加主刑适用,又可以独立适用,可以同时适用两种以上的附加刑。在刑法条文中,通常是采用判处主刑,并处或者单处附加刑的表述方式。

【实践中需要注意的问题】

对一个犯罪,只能判处一个主刑,不能同时适用两种以上主刑,但可以同时适用两种以上的附加刑。

附加刑无论是附加适用还是独立适用,均应当以刑法分则条文有明文规定为准,凡未规定可以适用附加刑的,则不能附加或者独立适用。

第三十三条 【主刑的种类】

主刑的种类如下：
（一）管制；
（二）拘役；
（三）有期徒刑；
（四）无期徒刑；
（五）死刑。

【条文精解】

本条是关于主刑的种类的规定。

本条规定了五种主刑，以适应不同的犯罪及同种犯罪的不同情节。

其一，管制。管制是对犯罪分子不实行关押，但对其自由和权利依照法律规定作出一定的限制，并在社会上开放的环境下实行矫正的一种刑罚方法。对犯罪分子，不需要关押，不剥夺其人身自由，这是管制刑与拘役、徒刑刑罚执行方法的重要区别。

其二，拘役。拘役是对犯罪分子短期剥夺人身自由，实行就近关押，并进行教育改造的刑罚方法，适用于罪行较轻的犯罪分子。被判处拘役的人，根据情况参加劳动，参加劳动的，酌量发给报酬。

其三，有期徒刑。有期徒刑是对犯罪分子剥夺一定时期人身自由，并进行教育改造的刑罚方法。有期徒刑是我国刑罚种类中适用最广泛的一种刑罚，主要内容是剥夺犯罪人一定时期的人身自由，有劳动能力的，应当参加劳动。刑法总则对有期徒刑的上下限等基本内容作出规定，刑法分则根据具体罪名的情况，设置了长短不一的有期徒刑刑期幅度，有利于人民法院量定刑罚时做到罪责刑相适应。

其四，无期徒刑。无期徒刑是终身剥夺犯罪分子人身自由的刑罚方法，是仅次于死刑的一种严厉的刑罚方法，只适用于严重的犯罪。虽然无期徒刑属于终身剥夺人身自由的刑罚，但我国刑法根据惩罚与教育相结合的原则，在刑罚执行制度中规定了减刑、假释制度，减刑、假释也适用于被判处无期徒刑的罪犯。被判处无期徒刑的罪犯在服刑期间，如果能够认真遵守监规，接受教育改造，确有悔改表现的，或者有立功表现的，依法可以得到减刑。从刑罚执行的实际情况看，大多数被判处无期徒刑的罪犯，在刑罚执行期间都能够积极悔改，被减为有期徒刑，最终刑满释放。

其五，死刑。死刑是剥夺犯罪分子生命的刑罚方法，是一种最严厉的刑罚，适用于罪行极其严重的犯罪分子。

【实践中需要注意的问题】

刑罚是行为人因实施犯罪应当承担的法律后果。对犯罪人判处刑罚，既是为了惩罚犯罪进而预防和减少犯罪，也是为了对犯罪人进行惩戒和教育，将其教育改造为守法公民。因此，适用刑罚也要考虑刑法的教育功能，要根据罪犯实施犯罪的事实、性质、情节、社会危害程度，做到罪责刑相适应，体现刑法个别化。同时，在刑罚执行中，也要坚持惩罚与教育相结合的原则，既依法严格执行刑罚，对犯罪行为人予以应有的惩戒，也要鼓励犯罪人积极改造，顺利回归社会。就刑罚的运用和刑罚的执行而言，刑法总则设置了不同的刑种，规定了附条件不予执行刑罚的缓刑制度、实际减少刑罚执行期限的减刑制度，以及附条件的提前解除监禁的假释制度等，刑法分则根据具体犯罪的情况，设置了具有较大裁量空间的刑罚幅度。这些制度为人民法院准确量定刑罚，监狱等刑罚执行机关依法正确执行刑罚，提供了依据。

第三十四条 【附加刑的种类】

附加刑的种类如下：
（一）罚金；
（二）剥夺政治权利；
（三）没收财产。
附加刑也可以独立适用。

【条文精解】

本条是关于附加刑的种类及适用的规定。

本条分为两款。第一款是关于附加刑种类的规定。根据本款的规定，附加刑有以下几种：

其一，罚金。罚金是强制犯罪分子向国家缴纳一定数额金钱，对罪犯进行经济制裁的一种刑罚方法。罚金的作用在于通过剥夺犯罪人一定数额的金钱，起到惩罚和教育的作用，并限制其利用资金再次犯罪的能力。因此，罚金刑主要适用于破坏社会主义市场经济秩序的犯罪和其他非法牟利的犯罪。罚金是世界各国较为普遍采用的一种刑罚方法，很多国家罚金适用非常普遍，成为人身自由刑罚的替代刑种。

其二，剥夺政治权利。剥夺政治权利是指依法剥夺犯罪分子一定期限参加国家管理和政治活动权利的刑罚方法。剥夺政治权利属于资格刑，剥夺的是犯罪分子依照宪法、法律享有的特定参与公共事务管理、公共表达的权利，也就是参加国家管理和政治活动的权利、资格。剥夺政治权利虽然属于不剥夺或者限制罪犯人身自由的一种开放性刑罚方法，但在现代社会，这种刑罚对犯罪的公民的否定性评价和惩罚程度也是很严厉的。因此，剥夺政治权利刑罚主要适用于危害国家安全和其他严重危害社会治安的犯罪分子。

其三，没收财产。没收财产是指将犯罪分子个人财产的一部分或者全部强行无偿地收归国家所有的一种刑罚方法。没收财产是对罪犯经济上的制裁，与刑法中规定的作为刑事措施的追缴、没收违法所得或用于犯罪的工具等，性质不同，应注意区分。作为刑罚方法的没收财产，没收的是犯罪人本人所有的合法财产。一般而言，相对于罚金，没收财产刑更为严厉，主要适用于危害国家安全罪、破坏社会主义市场经济秩序罪、侵犯财产罪及妨害社会管理秩序罪中较严重的犯罪。

第二款是关于附加刑可以独立适用的规定。根据本条规定，附加刑一般是随主刑附加适用的，但也可以独立适用。这里规定的"可以独立适用"是指依照刑法分则单处附加刑的规定适用，而不是随意适用。

【实践中需要注意的问题】

附加刑主要是配合主刑适用，以更好地做到罪责刑相适应和刑罚个别化，有效发挥刑罚的作用。同时，刑法规定附加刑可以独立适用，主要是考虑到实践中案件情况的复杂性，对于有些情节相对较轻或者有特殊情况的案件，独立适用附加刑可以做到罪责刑相适应的，依法独立适用附加刑更为适宜。这样，附加刑的独立适用，实际上扩大了人民法院在判处刑罚时的选择空间，更有利于实现刑罚目的。因此，附加刑独立适用，一般限于犯罪性质、情节较轻的犯罪。罪行比较严重的犯罪，不独立适用附加刑。另外，刑法分则有些犯罪的法定刑设定中，对相关附加刑规定了"并处""可以并处"不同情况，对此应当严格按照刑法的规定执行。就罚金而言，对于刑法规定"并处罚金"的，人民法院在判处主刑的同时，应当一并依法判处罚金；对于刑法规定"可以并处罚金"的，人民法院应当根据案件具体情况及犯罪分子的财产情况，决定是否并处罚金。

第三十五条 【驱逐出境】
对于犯罪的外国人,可以独立适用或者附加适用驱逐出境。

【条文精解】

本条是关于对犯罪的外国人,可以独立适用或者附加适用驱逐出境的规定。

"对于犯罪的外国人",具有两层含义:一是驱逐出境只适用于外国人,不适用于中国公民;二是刑法上的驱逐出境只适用于犯罪的外国人。在我国境内的外国人,必须遵守我国的法律、法规,不得有侵害我国国家利益和公民利益等违法犯罪行为。如果外国人在我国有犯罪行为,依照我国刑法第六条关于属地原则的规定,除享有外交特权和豁免权的外国人通过外交途径解决等法律有特别规定的以外,依照我国刑法定罪处罚,这也是我国司法自主权的体现。

"可以独立适用或者附加适用驱逐出境",是指对犯罪的外国人不是一律适用驱逐出境,而是根据其犯罪的性质、情节及犯罪分子本人的情况,结合对外交往的形势和需要综合考虑。可以适用驱逐出境,也可以不适用驱逐出境;可以独立适用驱逐出境,也可以附加适用驱逐出境。

【实践中需要注意的问题】

关于驱逐出境,除了刑法中有规定以外,我国其他一些法律中也有相关规定。这里需要注意,虽然相关法律都使用了"驱逐出境"这一用语,但是其根据、适用对象、法律性质都是不同。刑法上的驱逐出境是对犯罪的外国人的一种刑事措施。其他相关法律是将驱逐出境作为一种行政措施规定的。如出境入境管理法规定,对于违反出境入境管理法的外国人可以处驱逐出境。反间谍法第三十四条规定,境外人员违反本法的,可以限期离境或者驱逐出境。境外非政府组织境内活动管理法第五十条规定,境外人员违反本法规定的,有关机关可以依法限期出境、遣送出境或者驱逐出境。可见,虽然上述法律中规定的驱逐出境,在名称上和刑法规定相同,具体内容也都是强制相关外国人离开国(边)境,但就其性质而言,是一种行政措施,适用于行政违法并且情节严重的外国人。

第三十六条 【赔偿经济损失与民事优先原则】

由于犯罪行为而使被害人遭受经济损失的，对犯罪分子除依法给予刑事处罚外，并应根据情况判处赔偿经济损失。

承担民事赔偿责任的犯罪分子，同时被判处罚金，其财产不足以全部支付的，或者被判处没收财产的，应当先承担对被害人的民事赔偿责任。

【条文精解】

本条是关于犯罪行为造成经济损失的赔偿的规定。

本条分为两款。第一款是关于因犯罪行为造成被害人经济损失的，应当予以赔偿的规定。根据本款的规定，由于犯罪行为使被害人遭受经济损失的，对犯罪分子除给予刑事处罚外，应当根据情况判处赔偿经济损失。这里规定的"由于犯罪行为而使被害人遭受经济损失的"，既包括由犯罪行为直接侵害被害人的财产而造成的物质损失，如毁坏财物、盗窃、诈骗等直接侵害财产的情形，也包括由于犯罪行为侵害被害人的人身等权利，给被害人造成其他直接的经济上的损失，如伤害行为，不仅使被害人身体健康受到损害，而且使被害人遭受支出医疗费用等经济损失。"并应根据情况判处赔偿经济损失"，是指人民法院在对犯罪分子判处刑事处罚的同时，根据犯罪分子的犯罪性质、情节、被害人遭受损失的程度，被告人的经济状况等具体情况，一并判处犯罪分子赔偿被害人遭受的经济损失。

第二款是关于被判处财产刑，同时被判处赔偿被害人经济损失的犯罪分子，应当先承担民事赔偿责任的规定。根据本款的规定，犯罪分子先承担民事赔偿责任的，有两种情况：一是犯罪行为人被判处罚金，同时被判处赔偿经济损失的，这里既包括判处其他主刑并处罚金的，也包括单处罚金的。不论是单处还是并处罚金，同时被判处赔偿经济损失的，只要犯罪分子的财产不足以全部支付的，就应当先承担民事赔偿责任。二是犯罪行为人被判处没收财产，同时被判处赔偿被害人经济损失的，不论其财产多少，都应当先承担对被害人的民事赔偿责任。这一规定确定了在有被害人的案件中，对判处财产刑的，执行时采用民事优先的原则，以加强对被害人合法权利的保护。

【实践中需要注意的问题】

执行本条规定应当注意以下问题：一是在认定"由于犯罪行为而使被害人遭受经济损失的"事实时，应当判断犯罪分子的犯罪行为与被害人遭受经济损失的后果之间是否有法律上的因果关系，只有犯罪行为与被害人遭受经济损失之间有因果关系时，才可以判处赔偿经济损失。二是实践中多数案件，被害人请求赔偿是在刑事诉讼程序进行中提起刑事附带民事诉讼。对此，人民法院在同时作出刑事判决和附带民事判决时，应当注意民事赔偿的优先受偿问题；有的案件，人民法院可能先作出刑事判决，后作出附带民事判决，这种情况下，也应当注意安排好民事优先受偿事项。此外，有的案件，被害一方未能在刑事诉讼程序进行中提出附带民事诉讼，而是随后另行提起民事诉讼，这种情况下，如果民事判决作出时，相关刑事判决中罚金、没收财产尚未执行或者尚未执行完毕的，也应当注意民事损害赔偿优先受偿的问题。

对于被判处没收财产刑的犯罪分子，犯罪分子的合法债务履行与财产刑执行间的关系问题，我国刑法第六十条规定，判处没收财产以前犯罪分子所负担的正当债务，需要以没收的财产偿还的，经债权人请求，应当偿还。其中，正当债务，是指犯罪分子在判决生效前所负他人的合法债务。2014年最高人民法院《关于刑事裁判涉财产部分执行的若干规定》就没收财产问题规定，被执行人在执行中同时承担刑事责任、民事责任，如果财产不足以支付的，按照下列顺序执行：（1）人身损害赔偿中的医疗费用；（2）退赔被害人的损失；（3）其他民事债务；（4）罚金；（5）没收财产。

第三十七条 【非刑罚处置措施】
对于犯罪情节轻微不需要判处刑罚的，可以免予刑事处罚，但是可以根据案件的不同情况，予以训诫或者责令具结悔过、赔礼道歉、赔偿损失，或者由主管部门予以行政处罚或者行政处分。

【条文精解】

本条是关于免予刑事处罚的，给予相应非刑罚处置措施的规定。
本条包含两层意思：
其一，对于犯罪情节轻微不需要判处刑罚的犯罪分子，可以免予刑事处罚。这里的"犯罪情节轻微"和"不需要判处刑罚"是"可以免予刑事处罚"必须同时具备的两个条件，也就是说，只有在既"犯罪情节轻微"又"不需要判处刑罚"的情况下，对犯罪分子才"可以免予刑事处罚"。"犯罪情节轻微"，是指已经构成犯罪，但犯罪的性质、情节及危害后果都很轻。"不需要判处刑罚"，是指犯罪情节轻微，犯罪人认罪、悔罪，从刑罚目的看，对其不判处刑罚也能达到惩戒和教育作用，因而没有判处刑罚的必要。

其二，对"免予刑事处罚"的犯罪分子，可以根据案件的不同情况，采用非刑罚方法处理。根据本条的规定，可以采用的非刑罚方法包括两种情况：一是在人民法院判处免予刑事处罚的同时，根据案件的不同情况，对犯罪分子予以训诫或者责令具结悔过、赔礼道歉、赔偿损失。其中，训诫是对犯罪人当庭进行公开谴责的一种教育方法；责令具结悔过是责令其用书面方式保证悔改、不再重犯；责令赔礼道歉是责令其承认错误，向被害人表示歉意的教育方法；对于因被告人的犯罪行为遭受经济损失的被害人，可以责令被告人给予被害人一定经济赔偿。二是由人民法院交由主管部门予以行政处罚或者行政处分。"主管部门"主要是指管辖该案件的公安机关、犯罪分子所在单位或者基层组织。"行政处罚"主要是指行政执法机关依照行政法律、法规的规定，给予被免予刑事处罚的犯罪分子以经济处罚或者限制人身自由的处罚，如罚款、行政拘留等。"行政处分"是指犯罪分子的所在单位或者基层组织，依照规章、制度，对免予刑事处罚的犯罪分子予以行政纪律处分，如开除、记过、警告等。

【**实践中需要注意的问题**】

一是要注意区分"免予刑事处罚"与刑法中有关"免除处罚"的规定。"免予刑事处罚"是一种对情节轻微的犯罪行为的处理制度。"免除处罚"是刑法规定的量刑情节，如：犯罪以后自首，犯罪又较轻的；自首并且有立功表现的；正当防卫明显超过必要限度的等。行为人具有免除处罚情节的，需要由人民法院根据情况依法作出免予刑事处罚的判决。刑法中规定的免除处罚的情节，有的属于"可以"免除处罚，有的属于"应该"免除处罚，具体适用中需要注意。同时，有的案件中，犯罪行为人可能并没有免除处罚的情节，只是犯罪行为本身情节轻微，对此，只要根据案件情况不需要判处刑罚的，也属于依法免予刑事处罚的情形。

二是本条规定的非刑罚处置措施的适用，都是以行为人的行为构成犯罪为前提，即定罪免刑。对于犯罪情节显著轻微危害不大，依照刑法第十三条的规定，不认为是犯罪的，不应适用上述措施。二者性质是不同的。

三是关于给予行政处罚或者行政处分的部门。对于情节轻微不需要判处刑罚，依法免予刑事处罚，并应当给予行政处罚或者行政处分的，应由主管部门作出相关决定。人民法院可以根据案件具体情况提出行政处罚或者处分的建议，不得直接作出。司法机关和其他行政部门之间应当加强沟通和联系，充分发挥刑法、相关法律惩治违法犯罪行为的作用，使得犯罪行为人得到应有的惩罚，并保护被害人的合法权益，使其经济上的损失得到赔偿。

> **第三十七条之一　【从业禁止】**
>
> 　　因利用职业便利实施犯罪，或者实施违背职业要求的特定义务的犯罪被判处刑罚的，人民法院可以根据犯罪情况和预防再犯罪的需要，禁止其自刑罚执行完毕之日或者假释之日起从事相关职业，期限为三年至五年。
> 　　被禁止从事相关职业的人违反人民法院依照前款规定作出的决定的，由公安机关依法给予处罚；情节严重的，依照本法第三百一十三条的规定定罪处罚。
> 　　其他法律、行政法规对其从事相关职业另有禁止或者限制性规定的，从其规定。

【条文精解】

　　本条是关于禁止从事相关职业的预防性措施的规定。
　　本条共分三款。第一款是关于禁止从事相关职业的预防性措施的适用对象、程序和期限的规定。禁止从事相关职业的预防性措施或者称为从业禁止，是指人民法院对于实施特定犯罪被判处刑罚的人，依法禁止其在一定期限内从事相关职业以预防其再犯罪的法律措施。这种措施，是刑法从预防再犯罪的角度针对已被定罪判刑的人规定的一种预防性措施，不是新增加的刑罚种类。本款共作了三个方面的规定：
　　其一，关于禁止从事相关职业的预防性措施的适用对象。根据本款规定，禁止从事相关职业的预防性措施，适用于因为利用职业便利实施犯罪，或者实施违背职业要求的特定义务的犯罪而被判处刑罚的罪犯。本款规定的利用职业便利实施犯罪，是指利用自己从事该职业所形成的管理、经手、权力、地位等便利条件实施犯罪，如犯罪行为人利用职业便利实施的职务侵占犯罪，从事证券业、银行业、保险业等人员利用职业便利实施妨害对公司、企业管理秩序罪、破坏金融管理秩序罪等。本款规定的实施违背职业要求的特定义务的犯罪，是指违背一些特定行业、领域有关特定义务的要求，违背职业道德、职业信誉所实施的犯罪。如从事食品行业的人，实施生产、销售不符合安全标准的食品罪，生产、销售有毒、有害食品罪；从事化学品生产、销售、运输或者储存的人，违反有关要求实施环境污染犯罪等；对未成年人、老年人、患病的人、残疾人等负有监护、看护职责的人，虐待被监护、看护的人，实施虐待被监护、看护人罪等。利用职业便利实施犯罪和实施违背职业要求的特定义务的犯罪，两者在范围上可能有相互覆盖、相互交叉的地方。本款规定的"被判处刑罚"，包括被判处主刑和附加刑。单处罚金或者独立适用剥夺政治权利的，属于本款规定的"被判处刑罚"。对于依照刑法第三十七条规定予以定罪，但免予刑事处罚的犯罪分子，不适用从业禁止的规定。

其二，关于禁止从事相关职业的预防性措施的适用程序。根据本款规定，人民法院可以根据犯罪情况和预防再犯罪的需要，对犯罪行为人决定适用从业禁止。这里规定的"可以"，是指对于因利用职业便利实施犯罪或者实施违背职业要求的特定义务的犯罪被判处刑罚的人，不是一律都要予以从业禁止，而是要根据犯罪情况和预防再犯罪的需要，具体决定是否适用从业禁止。"根据犯罪情况和预防再犯罪的需要"，主要是指根据犯罪的事实、性质、情节、社会危害程度等，以及犯罪分子的主观恶性、再次犯罪的可能性等确定。对于故意实施犯罪主观恶性较大、犯罪情节恶劣、不适用从业禁止可能严重影响人民群众安全感，不利于预防其再次犯罪的，依法适用从业禁止的预防性措施。对于主观恶性较小、犯罪情节较轻、再犯罪可能性较小的，可以不适用从业禁止的预防性措施。从业禁止应当在判决中同时确定，从业禁止的具体内容和时间应当体现在裁判中，具有强制性的法律效力，被禁止从事相关职业的人必须遵守。

其三，关于禁止从事相关职业的期限。根据本款规定，从业禁止的预防性措施，其起始时间是自刑罚执行完毕或者假释之日起。根据刑罚设置从业禁止的立法目的，其效力当然适用于刑罚执行期间。对于被判处有期徒刑、无期徒刑被假释的犯罪分子，从业禁止从假释之日起计算。从业禁止的期限是三年至五年。人民法院可以根据犯罪情况和预防再犯罪的需要，在三年和五年之间，酌情确定从业禁止的具体期限。

第二款是关于违反禁止从事相关职业的预防性措施的法律后果的规定。为保证禁止从事相关职业的预防性措施的规定在实际执行中能够落实到位，本款从两个方面规定了违反从业禁止决定的法律后果：一是被禁止从事相关职业的人违反人民法院依法作出的从业禁止的决定的，由公安机关依法给予处罚。这种情形，主要是针对违反人民法院作出的从业禁止决定，但情节比较轻微，尚不构成犯罪的。二是情节严重的，依照刑法第三百一十三条"拒不执行判决、裁定罪"的规定定罪处罚。这里规定的"情节严重"，主要是指违反人民法院从业禁止决定，经有关方面劝告、责令改正仍不改正的，因违反从业禁止决定受到行政处罚又违反的，或者违反从业禁止决定且在从业过程中又有违法行为的等情形，具体需要结合行为人违反从业禁止的具体情况，根据刑法第三百一十三条的规定确定。

第三款是关于其他法律、行政法规对从事相关职业另有禁止或者限制性规定时，如何处理的规定。据不完全统计，我国现行法律和有关法律问题的决定中有20多部，对受过刑事处罚人员作了从事相关职业的禁止或者限制性规定，包括禁止或者限制担任一定公职、禁止或者限制从事特定职业以及禁止或者限制从事特定活动等。刑法之外的这些相关领域的法律、行政法规规定的禁止或者限制从事相关职业、活动，都属于行政性的预防性措施，与本条规定的从业禁止在适用条件、禁止期限等方面存在一定差异。如有的规定从业禁止只适用于特定犯罪，有的规定适用于被判处特定刑罚的人，有的规定禁止或者限制的期限是终身，有的规定了一定的期限。根据本款规定，其他法律、行政法规对从事相关职业另有禁止或者限制性规定的，从其规定，即依照这些法律、行政法规的规定处理。

【实践中需要注意的问题】

实践中需要注意作为行政措施的从业禁止与作为刑事措施的从业禁止的衔接问题。我国对于很多违法行为在法律责任上，有区分一般行政违法和刑事违法的"二元制"的法制传统。从行政管理的实践看，对于很多发展比较成熟的行业，往往都已经建立了较为严格的资格准入制度，如执业医师、执业药师、金融从业资格等。对于违反有关法律、行政法规的行为人，也都在规定给予行政处罚之外，规定了不同程度的限制或者剥夺相关从业资格的措施。因此，《刑法修正案（九）》增加从业禁止性规定，是考虑到在这些法律、行政法规之外，还有一些职业和领域虽然尚未建立规范的资格准入制度，但也有根据情况禁止其在一定期限内从业的必要性。对这些法律、行政法规尚未规定职业资格准入制度的领域、行业，可以由刑法作出规定，并限定在一个合理的期限之内。因此，刑法关于职业禁止的规定，相对于其他专门的法律、行政法规的规定而言，具有一定的补充性。对于法律、行政法规已经有相应规定的，直接由主管部门依照相关法律、行政法规作出禁止从业的决定；对于尚无相关法律、行政法规，而又有予以一定期限内禁止从业的必要的，人民法院可以根据被告人犯罪的情况和预防再犯罪的需要，依照本条规定作出从业禁止的裁判。因此，这里的"从其规定"，不仅是指从业禁止的期限依照有关法律、行政法规的规定，而且包括给予从业禁止的主体、条件等也应依照有关法律、行政法规的规定。

第二节 管　制

第三十八条 【管制的期限与执行】

管制的期限，为三个月以上二年以下。

判处管制，可以根据犯罪情况，同时禁止犯罪分子在执行期间从事特定活动，进入特定区域、场所，接触特定的人。

对判处管制的犯罪分子，依法实行社区矫正。

违反第二款规定的禁止令的，由公安机关依照《中华人民共和国治安管理处罚法》的规定处罚。

【条文精解】

本条是关于管制刑期、管制禁止令以及依法实行社区矫正的规定。

本条共分四款。第一款是关于管制期限的规定。根据本款的规定，管制的期限，最高为两年，最低为三个月。

第二款是关于对被判处管制的犯罪分子作出禁止令的规定。根据本款规定，人民法院可以根据犯罪情况，在对行为人判处管制的同时，作出禁止其在管制期间从事特定活动，进入特定区域、场所，接触特定的人的禁止令。何为"特定"，法律未作具体规定，是因为实践中情况比较复杂，难以在法律中作出详尽规定，需要人民法院根据每一起案件的具体情况，主要是根据个案中犯罪的性质、情节，行为人犯罪的原因，维护社会秩序、保护被害人免遭再次侵害、预防行为人再次犯罪的需要等情况，在判决时作出具体的禁止性规定。人民法院作出禁止令，可以只涉及一个方面的事项，如只禁止行为人从事特定活动，也可以同时涉及三个方面的事项，即同时禁止其从事特定活动，进入特定区域、场所，接触特定的人，具体根据案件情况和需要确定。法律规定"可以"根据案件情况作出禁止令，并非所有案件均要作出禁止令。是否作出禁止令的裁量权赋予人民法院。

需要注意的是，虽然法律对人民法院的禁止令可以禁止的事项只是作了原则规定，但并不意味着人民法院可以对被判处管制的犯罪分子任意设置禁止令。人民法院作出禁止令，要按照法律规定的原则和精神，从维护社会秩序、保护被害人合法权益、预防再犯罪的需要出发。首先，是否有必要作出禁止令，需要结合具体案件的情况，并非所有判处管制的案件均要作出禁止令。其次，对需要作出禁止令的，禁止令的内容也要符合法律规定，有利于犯罪分子教育改造和重新回归社会，不得损害其合法权益。2011年最高人民法院、最高人民检察院、公安部、司法部发布的《关于对判处管制、宣告缓刑的犯罪分子适用禁止令有关问题的规定（试行）》对禁止令的具体适用作了规定。根据该规定，禁止从事特定活动包括：个人为进行违法犯罪活动而设立公司、企业、事业单位或者在设立公司、企业、事业单位后以实施犯罪为主要活动的，禁止设立公司、企业、事业单位；附带民事赔偿义务未履行完毕，违法所得未追缴、退赔到位，或者罚金尚未足额缴纳的，禁止从事高消费活动；等等。禁止进入特定区域、场所包括：禁止进入夜总会、酒吧、迪厅、网吧等娱乐场所；未经执行机关批准，禁止进入举办大型群众性活动的场所；等等。禁止接触特定的人包括：未经对方同意，禁止接触被害人及其法定代理人、近亲属；未经对方同意，禁止接触证人及其法定代理人、近亲属；等等。

第三款是关于对被判处管制的犯罪分子，依法实行社区矫正的规定。刑法原规定，被判处管制的犯罪分子，由公安机关执行。《刑法修正案（八）》将该规定修改为依法实行社区矫正。当时作出这一规定的背景是：2003年以来，有关部门在一些地方开展社区矫正试点工作，各方面反映较好，2009年有关部门又进一步在全国试行社区矫正。社区矫正是将符合法定条件的罪犯置于社区内，由有关机构在相关社会团体、民间组织和社会志愿者的协助下，在判决、裁定或决定确定的期限内，矫正其犯罪心理和行为恶习，促进其顺利回归社会的非监禁的刑事执行活动。《刑法修正案（八）》的这一修改，为当时正在进行的社区矫正试点工作提供了法律依据。在积累社区矫正经验的基础上，2019年全国人大常委会通过了社区矫正法。社区矫正法第二条规定，对被判处管制的犯罪分子，依法实行社区矫正。第八条规定，国务院司法行政部门主管全国的社区矫正工作；县级以上地方人民政府司法行政部门主管本行政区域内的社区矫正工作；人民法院、人民检察院、公安部和其他有关部门依照各自职责，依法做好社区矫正工作。本款的规定为通过社区矫正，对被判处管制的犯罪分子依法实行教育、管理和监督提供了刑事法律依据。

第四款是关于被判处管制的犯罪分子违反禁止令的法律责任的规定。即由公安机关依照治安管理处罚法的规定予以处罚。根据治安管理处罚法第六十条的规定，被依法执行管制、剥夺政治权利或者在缓刑、暂予监外执行中的罪犯或者被依法采取刑事强制措施的人，有违反法律、行政法规或者国务院有关部门的监督管理规定的行为的，处五日以上十日以下拘留，并处二百元以上五百元以下罚款。

【实践中需要注意的问题】

社区矫正是一项综合性很强的工作，需要各有关部门分工配合，并充分动员社会各方面力量，共同发挥作用。虽然《刑法修正案（八）》将刑法原来规定的"由公安机关执行"修改为"依法实行社区矫正"，但这并非意味着公安机关不再承担对被判处管制的犯罪分子的监督管理职责。在社区矫正工作中，公安机关也承担着重要的职责。如在社区矫正对象失去联系时，公安机关要配合社区矫正机构组织查找；社区矫正对象在社区矫正期间有违反监督管理规定行为的，公安机关要依照治安管理处罚法的规定给予处罚；社区矫正对象殴打、威胁、侮辱、骚扰、报复社区矫正工作人员和其他依法参与社区矫正工作的人员及其近亲属尚不构成犯罪的，公安机关应依法给予治安管理处罚。

第三十九条 【被管制罪犯的义务与权利】

被判处管制的犯罪分子，在执行期间，应当遵守下列规定：

（一）遵守法律、行政法规，服从监督；

（二）未经执行机关批准，不得行使言论、出版、集会、结社、游行、示威自由的权利；

（三）按照执行机关规定报告自己的活动情况；

（四）遵守执行机关关于会客的规定；

（五）离开所居住的市、县或者迁居，应当报经执行机关批准。

对于被判处管制的犯罪分子，在劳动中应当同工同酬。

【条文精解】

本条是关于对被判处管制的犯罪分子的要求和对被判处管制的犯罪分子如何支付劳动报酬的规定。

本条分为两款。第一款是关于对被判处管制的犯罪分子的要求的规定。根据本款的规定，被判处管制的犯罪分子，在执行期间，应当遵守下列规定：

一是遵守法律、行政法规，服从监督。这一规定要求被判处管制的犯罪分子自觉地遵守宪法、法律和行政法规；对于执行机关对其实行的监督，被判处管制的罪犯必须服从。

二是未经执行机关批准，被管制的犯罪分子不得行使言论、出版、集会、结社、游行、示威自由的权利。在犯罪分子被管制期间，限制其行使上述权利,有利于加强对他们的监督管理,防止他们以行使自由权利为借口,继续危害社会。

三是按照执行机关规定报告自己的活动情况。这样规定主要是为了及时掌握被管制的犯罪分子的动态和情况,防止其失去联系,以更好地教育改造犯罪分子,防止其继续实施违法犯罪行为。

四是遵守执行机关关于会客的规定。这样规定有利于防止服刑人受外界的不良影响、干扰,以致再犯罪。

五是离开所居住的市、县或者迁居,应当报经执行机关批准。这项规定的意义与第三项相同。

第二款是关于对被判处管制的犯罪分子如何支付劳动报酬的规定。根据本款的规定,对被判处管制的犯罪分子,在劳动中应当同工同酬。

【实践中需要注意的问题】

管制刑并不意味着同时剥夺政治权利,需要剥夺政治权利的,应当依法附加判处。刑法规定,未经执行机关批准,被管制的犯罪分子不得行使相关权利,并不是剥夺其权利。如果罪犯要行使相关权利,程序上需要由执行机关批准。执行机关应当根据其申请行使权利的目的、理由、方式等情况,主要是从是否有利于其接受教育改造,是否可能发生违法犯罪等方面作审查。

被判处管制的犯罪分子,在社区矫正期间,应当遵守社区矫正法规定的监督管理规定,在社区矫正期间应当遵守法律、行政法规,履行判决、裁定、暂予监外执行决定等法律文书确定的义务,遵守国务院司法行政部门关于报告、会客、外出、迁居、保外就医等监督管理规定,服从社区矫正机构的管理。

对于被判处管制的犯罪分子,在管制执行期间,实施违法行为的,依照社区矫正法第五十九条、第六十条的规定,由公安机关依照治安管理处罚法的规定给予处罚;具有撤销缓刑、假释或者暂予监外执行收监情形的,应当依法作出处理。

被依法实行社区矫正的管制犯,在实践中,存在因违反治安管理被治安拘留、违反审判秩序被司法拘留、因吸毒被强制隔离戒毒等情形,管制刑期如何处理?有的意见认为,对被处管制的罪犯在管制执行期间被依法予以治安拘留的,应当在治安拘留执行期满后继续执行管制,治安拘留时间不计入管制期限。我们考虑,按照管制刑的执行内容,拘留、强制隔离戒毒期间不需要停止执行管制,中止执行没有法律依据,还涉及是否变更人民法院判决等复杂问题。同时，拘留、强制隔离戒毒，也能起监督社区矫正措施执行的作用。因此，管制刑不需要停止执行，拘留期满、强制隔离戒毒措施解除后，管制刑尚未期满的，应当继续执行管制。

第四十条 【管制的解除】

被判处管制的犯罪分子，管制期满，执行机关应即向本人和其所在单位或者居住地的群众宣布解除管制。

【条文精解】

本条是关于管制解除的规定。本条规定包含两层意思：

其一，解除管制的前提是管制期满，即被判处的管制刑执行完毕。

其二，管制期满，执行机关应即向本人和其所在单位或者居住地的群众宣布解除管制。宣布解除应当以让被判处管制的犯罪分子明确知晓和向其所在单位或者居住地的群众明示为标准，可以采取当面宣布、电话、信函等形式。这一规定有利于防止拖延管制期限，损害被解除管制人的合法权利，也有利于及时宣传法制，教育群众，保证法律的正确实施。实践中需要注意的是，刑法规定向本人和所在单位或者居住地的群众宣布，是为了维护管制期满解除管制的人的合法权益，防止因为有关方面不了解管制已经期满的事实而继续限制其相关权利的情况发生，因此，在宣布的时候，应当注意方式方法，避免歧视性做法，以有利于其重新回归社会。

第四十一条 【管制刑期的计算和折抵】

管制的刑期，从判决执行之日起计算；判决执行以前先行羁押的，羁押一日折抵刑期二日。

【条文精解】

本条是管制刑期计算的规定。根据本条的规定，管制的刑期从判决执行之日起计算，即判决开始执行的当日起计算，当日包括在刑期之内；判决执行以前先行羁押的，羁押一日折抵管制刑期二日。这里规定的"先行羁押"，是指判决开始执行以前，针对被判处刑罚的同一行为而实行的关押。

第三节 拘 役

第四十二条 【拘役的期限】

拘役的期限，为一个月以上六个月以下。

【条文精解】

本条是关于拘役刑期限的规定。

拘役是一种短期剥夺罪犯的人身自由的刑罚，是我国主刑之一，在我国刑罚体系中轻于有期徒刑，重于管制，适用于罪行较轻但仍需要短期关押改造的罪犯。对主观恶性较小的罪犯适用短期自由刑，既体现刑法罪责刑相适应的原则，也有利于促使罪犯反省悔罪、重新做人、回归社会。作为一种相对轻缓的监禁刑，拘役不仅在期限上较有期徒刑为短，性质上也是完全不同的，与之相应，相关的法律后果也有很大差异。比如，刑法第六十五条关于累犯的规定，就是以前、后罪都是被判处有期徒刑为构成累犯的条件的，被判处拘役的罪犯，服刑期满后再犯罪的，不作为累犯处理。因此，实践中对于一些本来应当适用拘役的案件，不能因为判处较短的有期徒刑，实际期限相差不大，就处以有期徒刑。根据本条的规定，拘役的期限为一个月以上六个月以下，最低期限为一个月，便于与羁押日期相折抵的执行；最高刑期为六个月，与有期徒刑的最低期限六个月相衔接。拘役的期限虽然比管制刑短，但它属于剥夺人身自由的一种刑罚。在刑法分则中除了过失致人死亡罪没有规定可以适用拘役，绝大多数过失犯罪都可以适用拘役。在这样的条文中，拘役既可以适用于犯罪情节轻微，不需要判处有期徒刑的犯罪，也可以适用于本应判处有期徒刑，但具有从轻情节的犯罪，或者本应判处管制，但具有从重情节的犯罪。拘役作为一种短期自由刑，丰富了我国刑罚的手段，使我国刑罚体系轻重有序、配套衔接。

第四十三条 【拘役的执行】

被判处拘役的犯罪分子，由公安机关就近执行。

在执行期间，被判处拘役的犯罪分子每月可以回家一天至两天；参加劳动的，可以酌量发给报酬。

【条文精解】

本条是关于拘役刑的执行的规定。

本条共分两款。第一款是关于拘役刑由公安机关就近执行的规定。根据本款规定，拘役刑由公安机关执行，而不是交给作为刑罚执行机关的监狱执行。拘役刑由公安机关执行，主要是指在公安机关管理的特定场所进行教育和改造。执行拘役期间，罪犯的人身自由处于被剥夺状态，并由执行人员看管，应当遵守相关管理规定。对于剥夺人身自由的监禁刑，各国一般都是由监狱执行的。我国刑法第四十六条也规定，被判处有期徒刑、无期徒刑的犯罪分子，在监狱或者其他执行场所执行。刑法之所以规定拘役由公安机关就近执行，主要是考虑到拘役虽然也是剥夺人身自由的一种刑罚，但刑期较短，而且被判处拘役的犯罪分子，有的已在侦查、审查起诉、审判过程中因为被采取刑事强制措施而先期羁押，这样，将先期羁押的时间折抵刑期后，剩余的需要实际执行拘役的刑期更短，如果也交由监狱执行，有关机关之间办理法律交接手续、押解等都需要时间，成本比较高，也不安全。同时，也是考虑到罪责刑相适应的原则，毕竟拘役刑主要适用于情节较轻的犯罪，其严厉程度相较有期徒刑相对也较轻，执行内容也应以教育改造为主。与之相关的，对判处有期徒刑罪犯中交付执行时剩余刑期较短的，也是由看守所就近执行的。对此，刑事诉讼法第二百六十四条有明确规定，即对被判处有期徒刑的罪犯，在被交付执行刑罚前，剩余刑期在三个月以下的，由看守所代为执行。刑事诉讼法的规定，也是考虑到剩余刑期较短，不同机关办理换押手续、路途押解等成本、风险等因素。因此，对被判处拘役的罪犯，不必送交监狱，而由公安机关就近执行也是妥当的。

这里所说的"就近执行"，一般是指判决时犯罪分子所在的县、市或市辖区的看守所执行。由犯罪分子被判决时所在的看守所执行，符合就近的原则，既节约司法资源，也便利其家属探视以及执行中经允许回家一至两天等，有利于依法执行刑罚和教育改造罪犯。

关于拘役刑的执行场所，实践中主要经历了以下两个阶段：1979年刑法实施期间，公安机关根据法律规定设置了拘役所，负责拘役刑的执行。对于一些尚未设立拘役所的地方，规定就近放置于看守所或者劳改队执行。2005年12月27日，公安部作出了《关于做好撤销拘役所有关工作的通知》（公通字〔2005〕96号），决定撤销拘役所，对于被判处拘役的罪犯，统一由看守所执行。之所以撤销拘役所，统一由看守所执行拘役刑，主要是长期以来各地拘役所设置很不规范，基础设施条件差、安全系数低，影响了拘役刑执行工作的顺利进行。同时，由于被判处拘役罪犯的数量相对较少，单独设置拘役所关押拘役罪犯有限，致使拘役所普遍以关押留所服刑罪犯为主，名不副实。为全面规范对被判处拘役罪犯的刑罚执行工作，公安部决定，撤销拘役所，对于被判处拘役的罪犯，由看守所执行。

第二款是关于被判处拘役的犯罪分子每月可回家一至两天和酌量发给劳动报酬的规定。根据本条规定，被判处拘役的犯罪分子，每月回家的天数应当计算在刑期之内。同时，在拘役执行期间，执行机关应注意对犯罪分子进行教育。组织参加生产劳动的，根据他们的劳动表现、技术水平等情况酌量发给报酬，这与被判处管制的犯罪分子在劳动中"同工同酬"的规定是有差别的。

关于拘役罪犯参加生产劳动，国务院1990年《看守所条例》第三十三条规定，看守所应当对人犯进行法制、道德以及必要的形势和劳动教育。公安部2013年《看守所留所执行刑罚罪犯管理办法》第八十条规定，看守所应当组织罪犯参加劳动，培养劳动技能，积极创造条件，组织罪犯参加各类职业技术教育培训。第八十二条规定，看守所对于参加劳动的罪犯，可以酌量发给报酬并执行国家有关劳动保护的规定。2017年，公安部负责起草的看守所法草案向社会公开征求意见，其中第八十三条的方案规定，看守所不得强迫犯罪嫌疑人、被告人从事生产劳动，自愿参加劳动的，应当给予适当的报酬。目前，看守所法已经列入十三届全国人大常委会立法规划。

【实践中需要注意的问题】

实践中需要注意的一点是，我国一直坚持对成年罪犯和未成年罪犯实行"分押分管"的原则。根据刑事诉讼法第二百六十四条和第二百八十条的规定，对未成年犯应当在未成年犯管教所执行刑罚，这主要是针对需要在监狱服刑的情形而言。而对被判处拘役的未成年犯，包括交付执行前剩余刑期在三个月以下的未成年犯，仍应由公安机关在看守所执行，并应对成年人犯和未成年人犯分别羁押、分别管理。

第四十四条 【拘役刑期的计算和折抵】

拘役的刑期,从判决执行之日起计算;判决执行以前先行羁押的,羁押一日折抵刑期一日。

【条文精解】

本条是关于拘役的刑期计算与折抵的规定。

本条规定了拘役执行期限的计算方法,以及判决执行以前先行羁押的日期折抵拘役刑期的方法,这是司法实践中准确适用拘役、确保执法统一的必要条件。根据本条规定,拘役的刑期从判决执行之日起计算,即从犯罪分子实际执行拘役开始计算。对于虽已作出拘役判决,但犯罪分子尚未交付公安机关执行的,还不能算判决执行之日,不能开始计算刑期。

由于在侦查、审查起诉、审判等刑事诉讼过程中可能会对犯罪嫌疑人采取拘留、逮捕等强制措施,如果经过人民法院审判后判决被告人有罪的,势必涉及其先前诉讼过程中被羁押时间如何处理,能否折抵其应当服刑的期限问题。另外,从确定具体刑罚执行的起止日期看,刑罚开始执行的时间未必是判决作出或者判决生效之日,可能会因为手续交接等各种需要,实际开始执行刑罚的时间要晚于判决确定的时间。对判决确定之后,等待刑罚执行期间的羁押时间,也需要考虑如何处理。

对先行羁押时间予以刑期折抵,是指将被判刑人在判决执行前被羁押的期间换算为已执行刑期,被判刑人只需继续执行剩余刑期的制度。刑期折抵是各国普遍采用的一项重要的刑罚适用制度,体现了公正、理性、权利保障原则和刑法的人道主义。

根据本条规定,拘役刑的折抵标准为"羁押一日折抵刑期一日"。这里说的先行羁押,主要是指在刑事诉讼过程中被采取刑事拘留、逮捕强制措施。罪犯在判决执行以前被刑事拘留后关押的,以及被采取逮捕措施的,羁押一日折抵刑期一日。此外,需要特别注意的是,其他法律还规定有应当进行刑期折抵的情况:

其一,指定居所监视居住。刑事诉讼法第七十六条规定,指定居所监视居住的期限应当折抵刑期;被判处拘役、有期徒刑的,监视居住二日折抵刑期一日。因此,对于被判处拘役的罪犯,如果其在之前的刑事诉讼期间被采取了指定居所监视居住的强制措施的,也应当折抵刑期,只是折抵标准为二日折抵一日。

其二，因同一行为已经受过行政拘留处罚的。行政处罚法规定，违法行为构成犯罪，人民法院判处拘役或者有期徒刑时，行政机关已经给予当事人行政拘留的，应当依法折抵相应刑期。因此，如果被判处拘役的罪犯在被追究刑事责任之前，其同一违法行为被行政机关作为行政违法行为给予了行政拘留处罚，随后发现构成犯罪，又被依法追究刑事责任的，之前的被行政拘留的时间应当予以折抵刑期。这主要是因为，我国法律对很多违法行为根据情节严重程度区分为一般行政违法行为和犯罪行为，即所谓"二元的法律责任"体系。这种体系之下，行政违法行为与犯罪行为性质是完全不同的。因此，被判处刑罚的犯罪行为是之前被作为行政违法行为给予行政拘留处罚的，属于同一违法行为，如果不予折抵，相当于对同一个行为既作为犯罪定罪量刑，又作为行政违法行为给予行政处罚，混淆了行为的性质和界限，法律适用上属于重复评价，有违法律的公正性。关于折抵的标准，行政处罚法没有明确规定，但行政处罚法规定了"依法折抵相应刑期"，对此，应结合罪犯被判处的刑罚的种类合理确定何为"相应"。考虑到行政拘留是一定时间内完全剥夺行为人人身自由的行政处罚，被行政拘留的日期应按照居留一日折抵拘役一日的标准折抵刑期为宜。

其三，被监察机关留置的。监察法第四十四条第三款规定，被留置人员涉嫌犯罪移送司法机关后，被依法判处管制、拘役和有期徒刑的，留置一日折抵管制二日，折抵拘役、有期徒刑一日。因此，如果被判处拘役的罪犯在之前的监察调查期间被采取过留置措施，留置的期限应当折抵刑期，折抵标准为留置一日折抵拘役一日。

【实践中需要注意的问题】

实际执行中应当注意，拘役的期限为一个月以上六个月以下，刑期相对比较短，一般多适用于情节较轻的犯罪和过失犯罪，因此，司法机关在办理该类刑事案件过程中，对于是否采取强制措施、采取何种强制措施，应严格按照刑事诉讼法规定的条件执行，尽可能避免不必要的羁押措施。同时应注意：一是根据案件情况，认为属于可能会判处拘役的，依照刑事诉讼法的规定，不得采取逮捕的强制措施。二是如果确有必要而依法采取了羁押措施的，应当严格按照刑事诉讼法的规定，在羁押期间对羁押必要性继续进行审查，对不适宜继续羁押的，要及时释放或者变更强制措施。总之，对于有可能被判处拘役的犯罪嫌疑人，要综合其是否有再犯罪、妨害刑事诉讼危险等各种情况和因素慎重采取强制措施，既要保障刑事诉讼活动正常进行，又要维护犯罪嫌疑人的合法权益，保障程序的公平正义，这也是对司法机关依法公平公正办案更高的要求。

第四节　有期徒刑、无期徒刑

第四十五条【有期徒刑的期限】
有期徒刑的期限，除本法第五十条、第六十九条规定外，为六个月以上十五年以下。

【条文精解】

本条是关于有期徒刑期限的规定。

有期徒刑是剥夺犯罪分子一定期限的人身自由的刑罚，是我国主刑之一。在我国刑法规定的自由刑中，有期徒刑下接拘役刑上承无期徒刑，既可以适用于较轻的犯罪，又可以适用于性质居中的犯罪，还可适用于性质比较严重的犯罪，其适用的广泛性远高于其他刑罚，在整个刑罚体系中居于核心重要位置。

根据本条规定，有期徒刑的最低期限为六个月，与拘役相衔接；最高期限为十五年。有期徒刑刑期的范围，是保证司法实践中准确适用有期徒刑的必要条件。在刑法分则条文中没有指明有期徒刑上限或者下限的情况下，均应结合本条规定确定适用刑罚的期限。本条规定了两种除外情形：一是根据刑法第五十条的规定，被判处死刑缓期执行的罪犯，在死缓执行期间，如果确有重大立功表现，二年期满以后，减为二十五年有期徒刑；二是根据刑法第六十九条第一款的规定，对犯罪分子实行数罪并罚，除判处死刑和无期徒刑的以外，应当在总和刑期以下、数刑中最高刑期以上，酌情决定执行的刑期，有期徒刑总和刑期不满三十五年的，最高不能超过二十年，总和刑期在三十五年以上的，最高不能超过二十五年。这两条规定的有期徒刑的最高期限，属于有期徒刑一般刑期的例外规定。

刑法总则关于有期徒刑的上下限的规定，是从总体上对有期徒刑这一刑种的设定和规范。根据刑罚具体运用的需要，还应当在刑法分则中根据不同犯罪性质、类型等，具体设定适用于不同罪名的具体刑罚幅度。这也是体现罪刑法定原则，规范刑罚裁量，避免和减少实践中自由裁量权过大、裁判标准不一致等问题，实现罪责刑相适应的必然要求。在刑法分则的条文中，有期徒刑的法定刑幅度主要有：一年以下、一年以上七年以下；二年以下、二年以上五年以下、二年以上七年以下；三年以下、三年以上七年以下、三年以上十年以下；五年以下、五年以上十年以下、五年以上；七年以上十年以下、七年以上；十年以上；十五年。由此可以看出，我国刑法关于有期徒刑的设定具有很强的可分性，这样，能够使得不同的法定刑适用于社会危害性程度不同的犯罪，便于司法机关在办理案件时根据犯罪事实、性质、情节和对于社会的危害程度等案件具体情况，对罪犯在法定刑幅度内适用适当的有期徒刑，以实现罪责刑相适应。

【实践中需要注意的问题】

我国刑法关于有期徒刑刑期的规定，总体上幅度比较大，赋予了法官较大的自由裁量权。这样，有利于法官根据个案的情况，准确裁量刑罚，做到刑罚个别化和罪责刑相适应，但较大的自由裁量权也难免带来实践中一些个案量刑相差悬殊的情况。同时，司法实践中长期一定程度上存在的重定罪、轻量刑的习惯也加剧了这种现象。近年来，为了回应社会各方面对于司法公开、"同案同判"等呼声，人民法院依法进行量刑规范化改革，通过司法解释等规范性文件对法官量刑标准作出了细化规定。2020年7月31日，最高人民法院《关于统一法律适用加强类案检索的指导意见（试行）》开始实施，作为进一步推进我国量刑程序改革的一部分。这些举措都有利于提高审判质量，体现刑罚均衡和公正，努力实现"同案同判"。另外，需要注意的是，没有一个案件是与其他案件完全相同的，每个案件都有自身的情况，犯罪行为人的有关情况，案件发生的时间、地点，犯罪的动机、过程、结果以及对社会的影响等，都可能影响案件刑罚的裁量。相同情况相同对待，不同情况不同对待，也是量刑公平的必然要求。具体案件的量刑，既要尽可能做到类似情况大体均衡，也要考虑不同情况和差异，依法体现量刑的个别化。因此，在量刑规范化过程中，要避免简单套用指标、机械适用规则，导致量刑僵化、有失公正的情况。这对于人民法院量刑工作提出了很高的要求。量刑工作的核心，是依法量刑，做到过罚相当，体现罪责刑相适应，对此，必须要充分发挥法官的主观能动性，提高法官准确掌握刑事政策和正确适用法律的能力水平。

总之，在实践中如何满足人民群众对司法公正和司法平等的双重期待，在量刑规范化与量刑合目的性之间做好平衡，需要我们在立法、司法、释法等多方面统筹推进，既要尊重法官的自由裁量权，又要以明确的标准予以规制，避免权力滥用。对于有期徒刑这种幅度跨度大、适用广泛的自由刑，需要深入考察刑法分则不同罪名下法定刑的设定和执行情况，在惩治和教育罪犯方面的实际效果，梳理研究实践经验和反映出来的问题，结合刑罚结构调整和刑罚执行制度改革，不断完善。

第四十六条 【有期徒刑与无期徒刑的执行】

被判处有期徒刑、无期徒刑的犯罪分子，在监狱或者其他执行场所执行；凡有劳动能力的，都应当参加劳动，接受教育和改造。

【条文精解】

本条是关于有期徒刑和无期徒刑具体执行的规定，包括执行场所和执行内容。即在监狱或者其他执行场所执行；以劳动和教育和改造为内容。

有期徒刑、无期徒刑是实践中运用最广泛的刑罚，适用于较严重的犯罪，对这些犯罪分子有必要实行集中关押，在监狱等专门刑罚执行场所中执行刑罚。通过参加劳动，改造他们的思想，使他们认罪悔罪，成为守法公民。同时，为了使他们能掌握一技之长，在刑满释放后顺利回归社会，本条规定的教育既包括思想教育、文化教育等，也包括劳动技能和社会适应能力等方面的教育。

根据本条规定，被判处有期徒刑、无期徒刑的犯罪分子，在监狱或者其他执行场所执行。这里所说的"监狱"，是指被判处有期徒刑、无期徒刑、死刑缓期二年执行的罪犯服刑的场所，是国家的刑罚执行机关。"其他执行场所"，这里是指看守所、未成年犯管教所。根据监狱法的规定，罪犯在被交付执行刑罚前，剩余刑期在三个月以下的，由看守所代为执行；对未成年犯在未成年犯管教所执行刑罚。

被判处有期徒刑、无期徒刑的犯罪分子，凡有劳动能力的，都应当参加劳动，接受教育和改造。该规定的目的是使罪犯在劳动中认识自己的罪行，矫正恶习，并学会和掌握基本的生产知识和职业技能，为刑满释放后的就业谋生创造条件。这里所说的"有劳动能力的"，是指根据罪犯身体健康状况可以进行劳动。对于年老体迈、有严重疾病，不具有劳动能力的，不应再安排其进行劳动。对于参加劳动的罪犯，其劳动时间应当参照国家有关劳动工时的规定执行；在季节性生产等特殊情况下，可以调整劳动时间。罪犯有在法定节日和休息日休息的权利。监狱对参加劳动的罪犯，应当按照有关规定给予报酬并执行国家有关劳动保护的规定。罪犯在劳动中致伤、致残或者死亡的，由监狱参照国家劳动保险的有关规定处理。"教育"，是指对罪犯进行思想教育、文化教育、职业技术教育。所谓思想教育，是指对罪犯进行法制、道德、形势、政策等内容的教育；所谓文化教育，是指根据罪犯的不同情况，对其进行扫盲教育、初等教育和中等教育等；所谓职业技术教育，是指根据监狱生产和罪犯释放后就业的需要，对罪犯实行职业技术培训，使其掌握一技之长。根据监狱法的规定，教育改造罪犯，要实行因人施教、分类教育、以理服人的原则，采取集体教育与个别教育相结合、狱内教育与社会教育相结合的方法，使罪犯认罪服法，改恶从善，成为守法的公民。

【实践中需要注意的问题】

实际执行中司法机关和有关部门应当注意严格遵守交付执行的规定。在实践中，一些地方存在被判处有期徒刑、无期徒刑等监禁刑的罪犯未及时依法交付执行的现象，既损害了司法权威，也不利于保障罪犯的合法权益。有的反映，未及时依法交付执行的情形主要有：审前未羁押罪犯"收押难"、病残孕罪犯"送监难"、违法滞留剩余刑期在三个月以上的短期有期徒刑罪犯导致"流转难"等。

根据刑事诉讼法和监狱法的规定，被判处无期徒刑和有期徒刑的罪犯，应当由交付执行的人民法院在判决生效后十日以内将有关的法律文书送达公安机关、监狱或者其他执行机关。对被判处无期徒刑、有期徒刑的罪犯，除剩余刑期在三个月以下的之外，公安机关应当自收到执行通知书、判决书之日起一个月内将该罪犯送交监狱执行刑罚。执行机关应当将罪犯及时收押，并且通知罪犯家属。但是，监狱未全部收到人民检察院的起诉书副本、人民法院的判决书、执行通知书、结案登记表的，不得收监；上述文件不齐全或者记载有误的，作出生效判决的人民法院应当及时补充齐全或者作出更正；对其中可能导致错误收监的，不予收监。罪犯收监后，监狱应当对其进行身体检查。经检查，对于具有暂予监外执行情形的，监狱可以提出书面意见，报省级以上监狱管理机关批准。

由此可见，对于法院作出生效判决后的送监、收监程序，法律已经有了明确规定，司法解释和有关规范性文件也对此予以了细化。对于因身体原因导致有可能暂予监外执行的，现有法律也未对该类犯罪的收监作出限制。监狱等执行机关的工作是刑罚执行中的重要环节，刑罚执行是否合法、到位，直接关系到整个刑事诉讼活动是否顺利完成和刑法目的的实现。因此，相关各级司法机关应高度重视罪犯收监执行工作，严格遵守法律规定的程序和期限，加强沟通配合，确保司法程序各环节的顺利进行。

第四十七条 【有期徒刑刑期的计算与折抵】

有期徒刑的刑期,从判决执行之日起计算;判决执行以前先行羁押的,羁押一日折抵刑期一日。

【条文精解】

本条是关于有期徒刑刑期的计算与折抵的规定。本条规定了有期徒刑执行期限的计算方法以及判决执行以前先行羁押的折抵方法,对确保司法实践中准确适用有期徒刑是非常必要的。

根据本条的规定,有期徒刑的刑期,从判决执行之日起计算。这里所说的"判决执行之日",是指罪犯被送交监狱或者其他执行机关开始执行刑罚之日,而不是指判决生效的日期。以判决执行之日作为刑期开始计算之日,同时辅之以先行羁押日期折抵刑期制度,既简便易行,有利于工作衔接和刑期计算,也有利于保障服刑罪犯的合法权益。另外,对于一些在逃的罪犯,虽然刑事判决已经生效,但由于一直未被收监或送交至其他执行机关,刑期应当待其归案交付执行后再开始计算。需要说明的是,无期徒刑没有具体的刑期,因此,其执行应自开始执行之日径自执行即可。但是我国刑法规定有减刑制度,如果被判处无期徒刑的犯罪分子依法减为有期徒刑,减刑之后的有期徒刑的刑期,按照刑法第八十条从裁定减刑之日起计算。

根据本条的规定,判决执行以前先行羁押的,即判决执行之前犯罪分子被采取刑事拘留、逮捕等剥夺人身自由措施的,羁押一日折抵刑期一日。刑期折抵,是指将被判刑人在判决执行前已被羁押的期间换算为已执行刑期,被判刑人只需继续执行剩余刑期的制度。先行羁押的几种主要情形,已经在上文拘役刑的计算和折抵中有所涉及,在此不做赘述。本条是关于有期徒刑刑期计算的一般规定,因此,这里规定的"羁押",是指"判决执行以前"所采取的拘留、逮捕、留置等剥夺人身自由的强制措施。除此之外,还有一些特殊情况也会涉及有期徒刑的刑期折抵问题:一是被判处有期徒刑适用缓刑的罪犯违反监督管理规定需要撤销缓刑执行刑罚的,在申请撤销缓刑期间有可能会被采取羁押待审的措施;二是被假释的有期徒刑罪犯因为违反假释管理规定需要撤销假释执行剩余刑期的,在申请撤销假释期间可能会被采取羁押待审的措施;三是暂予监外执行的有期徒刑罪犯违反监督管理规定需要收监执行的,有的可能在办理收监执行手续期间被采取羁押措施。因为上述撤销缓刑、假释而被临时羁押限制人身自由的,不属于本条规定的"先行羁押",但也应当按照社区矫正法的规定,在人民法院裁定撤销缓刑、假释并送交执行后,对其开始执行以前被羁押的日数,羁押一日折抵刑期一日。

【实践中需要注意的问题】

实际执行中应当注意被判处有期徒刑并宣告缓刑的犯罪分子,先行羁押期限如何折抵的问题。主要分为以下两种情形:

一是关于被宣告缓刑的罪犯在判决前的羁押日数是否可以折抵缓刑考验期的问题。缓刑是对犯罪分子的一种考验,属于一种暂缓执行刑罚的措施。被宣告缓刑的犯罪分子,在缓刑期限内,如果没有再犯新罪,缓刑期满,原判的刑罚就不再执行。原判刑罚不再执行的,不存在刑期折抵的问题。因此,判决前的羁押日数不能折抵缓刑考验期限。

二是被撤销缓刑的罪犯在判决前的羁押日数是否可以折抵刑期的问题。如前所述,刑期折抵实际上是将先行羁押对人身自由的剥夺予以考量和计算,并通过折抵所判刑期的一种制度,其目的之一,是体现刑罚的公正和对罪犯人权的保障,这也是罪责刑相适应的要求。基于上述理由,被撤销缓刑的,先前被羁押的期限予以折抵刑期是妥当的,也符合刑法的原则和精神。最高人民法院《关于撤销缓刑时罪犯在宣告缓刑前羁押的时间能否折抵刑期问题的批复》中也明确,根据刑法第七十七条的规定,对被宣告缓刑的犯罪分子撤销缓刑执行原判刑罚的,对其在宣告缓刑前羁押的时间应当折抵刑期。

第五节 死 刑

第四十八条 【死刑的适用条件和核准程序】

死刑只适用于罪行极其严重的犯罪分子。对于应当判处死刑的犯罪分子,如果不是必须立即执行的,可以判处死刑同时宣告缓期二年执行。

死刑除依法由最高人民法院判决的以外,都应当报请最高人民法院核准。死刑缓期执行的,可以由高级人民法院判决或者核准。

【条文精解】

本条是关于死刑、死缓及其核准程序的规定。

本条共分两款。第一款是关于死刑适用条件的规定。根据本款规定,死刑只适用于罪行极其严重的犯罪分子。所谓"罪行极其严重",是指所犯罪行对国家和人民的利益危害特别严重和情节特别恶劣。根据这一规定,刑法分则对于可以适用死刑的犯罪作了严格的限制,如对可以判处死刑的,都规定了"对国家和人民危害特别严重、情节特别恶劣的""致人重伤、死亡或者使公私财产遭受重大损失的""造成严重后果的""情节特别严重的""数额特别巨大并且给国家和人民利益造成特别重大损失的"等。为了限制适用死刑,本款还规定,对于应当判处死刑的犯罪分子,如果不是必须立即执行的,可以判处死刑同时宣告缓期二年执行,即死刑缓期二年执行的制度。死刑缓期二年执行并不是一个独立的刑种,而是死刑的一种执行方式。判处死刑缓期二年执行的前提同判处死刑立即执行一样,必须是"罪行极其严重",应当判处死刑的。如果法律对该罪没有规定死刑,或者所犯罪行不该判处死刑,就不能适用"死缓"。判处"死缓",是根据案件的具体情况和犯罪分子的悔罪表现,可以不立即执行死刑。这里所说的"不是必须立即执行",是区分死刑立即执行与死刑缓期执行的原则界限。至于什么属于"不是必须立即执行",法律没有作具体规定。根据司法实践经验,一般是指该罪犯罪行虽然极其严重,但民愤尚不特别大;犯罪分子投案自首或者有立功表现的;共同犯罪中有多名主犯,其中的首要分子或者罪行最严重的主犯已被判处死刑立即执行,其他主犯不具有立即执行必要的;被害人在犯罪发生前或者发生过程中有明显过错的等。

第二款是关于死刑核准程序的规定。根据本款规定,死刑除依法由最高人民法院判决的以外,都应当报请最高人民法院核准。这对于统一死刑适用标准,严格控制和慎重适用死刑,防止冤假错案的发生,具有重要作用。对于死刑缓期执行的,可以由高级人民法院判决或者核准,即既可由高级人民法院直接判决后核准,也可由中级人民法院判决,然后报高级人民法院核准。

第四十九条 【死刑适用对象的限制】

犯罪的时候不满十八周岁的人和审判的时候怀孕的妇女,不适用死刑。

审判的时候已满七十五周岁的人,不适用死刑,但以特别残忍手段致人死亡的除外。

【条文精解】

本条是关于限制死刑适用对象的规定。

本条共分两款。第一款是关于对未成年人和怀孕的妇女不适用死刑的规定。根据本款规定,对下列两种人不能适用死刑:一是犯罪时不满十八周岁的未成年人。未成年人由于其生理和心理发育尚未成熟，社会阅历、社会经验也有限，规定对其不适用死刑（包括死刑缓期二年执行），主要是出于对未成年人保护和刑事责任能力的考虑，且也与我国已经批准加入的《儿童权利公约》和已经签署的《公民权利和政治权利国际公约》中的有关规定相一致。"犯罪的时候不满十八周岁"，是指实施犯罪行为时的年龄，对于犯罪时不满十八周岁但审判时已满十八周岁的，适用本条规定。"不满十八周岁"，是决定不适用死刑的年龄界限，在司法实践中应当一律按公历年、月、日计算实足年龄。必须是过了十八岁生日的第二天起，才认为已满十八周岁，在此之前，则为不满十八周岁。二是对于在审判的时候怀孕的妇女不适用死刑。这一规定主要是出于人道主义考虑，未出生的胎儿是无辜的，不能因其母亲犯罪而剥夺其出生的权利。所谓"审判的时候怀孕的妇女"，是指在人民法院审判的时候被告人是怀孕的妇女，也包括审判前在羁押时已经怀孕的妇女。因此，对于犯罪的怀孕妇女，无论是在被羁押期间还是受审期间怀孕的，都应视同审判时怀孕的妇女，不能适用死刑。

第二款是关于对老年人不适用死刑的规定。本款规定的"审判的时候已满七十五周岁的人"，是指犯罪行为人作为被告人接受人民法院审判的阶段年满七十五周岁的情况。如果实施犯罪行为时尚不满七十五周岁，到审判阶段年满七十五周岁的，属于本款规定的情况。"以特别残忍手段致人死亡"，是指犯罪手段凶残、冷酷，如以肢解、残酷折磨、毁人容貌等特别残忍的手段致使被害人死亡的。本款规定的不适用死刑，也包括不适用死刑缓期二年执行。在实际适用本款规定时应当注意，只要被告人在人民法院作出判决前已年满七十五周岁的，就应适用本款规定。

【实践中需要注意的问题】

在实际执行中，对犯罪时不满十八周岁的人和审判时怀孕的妇女"不适用死刑"，是指绝对不适用死刑。也就是说，只要满足法定条件，即使等到行为人年满十八周岁或者妇女流产、分娩以后也不能执行死刑。根据最高人民法院的相关批复，怀孕妇女因涉嫌犯罪在羁押期间自然流产后，又因同一事实被起诉、交付审判的，应当视为"审判的时候怀孕的妇女"，依法不适用死刑。这也符合立法精神。

另外，实践中也有情况反映，有的犯了严重罪行的妇女，在羁押期间通过设法怀孕逃避被判处死刑，还有的犯罪组织专门利用怀孕妇女从事运输毒品等犯罪。上述利用刑法中的人道主义规定逃避严厉制裁的情况确实存在，但刑法的规定是明确的，即只要符合本条规定的条件，一律不适用死刑。同时，对于前者，应当严格羁押场所管理，依法追究相关责任人的责任，杜绝这种情况的发生。对于后一种情况，虽然不能适用死刑，但是依法运用刑法现有规定和刑罚手段也能起到严厉惩处严重犯罪的作用，如可以适用无期徒刑、限制减刑、限制假释等多种刑罚手段对犯罪分子予以惩处。

> **第五十条**【死缓变更情形、死缓限制减刑】
> 　　判处死刑缓期执行的，在死刑缓期执行期间，如果没有故意犯罪，二年期满以后，减为无期徒刑；如果确有重大立功表现，二年期满以后，减为二十五年有期徒刑；如果故意犯罪，情节恶劣的，报请最高人民法院核准后执行死刑；对于故意犯罪未执行死刑的，死刑缓期执行的期间重新计算，并报最高人民法院备案。
> 　　对被判处死刑缓期执行的累犯以及因故意杀人、强奸、抢劫、绑架、放火、爆炸、投放危险物质或者有组织的暴力性犯罪被判处死刑缓期执行的犯罪分子，人民法院根据犯罪情节等情况可以同时决定对其限制减刑。

【条文精解】

本条是关于被判处死刑缓期执行的罪犯减刑或者执行死刑的条件及程序的规定。

本条共分两款。"死刑缓期执行"不是独立的刑种，而是死刑的一种执行方式。被判处死刑缓期执行的罪犯存在执行死刑和不再执行死刑的两种可能性。为了正确处理判处死刑缓期执行的案件，本条第一款对于被判处死刑缓期执行的罪犯减刑和执行死刑的条件以及程序作了明确的规定。

第一款规定，"判处死刑缓期执行的，在死刑缓期执行期间，如果没有故意犯罪，二年期满以后，减为无期徒刑"。这里所说的"故意犯罪"，依照刑法第十四条的规定，是指明知自己的行为会发生危害社会的结果，并且希望或者放任这种结果发生，因而构成犯罪的；不包括过失犯罪。是否构成"故意犯罪"，具体要看行为人的行为是否符合刑法分则关于个罪犯罪构成的要件的规定。判处死刑缓期执行的，在死刑缓期执行期间，"如果确有重大立功表现，二年期满以后，减为二十五年有期徒刑"。这里所说的"重大立功表现"，是指刑法第七十八条所列的重大立功表现之一，即：阻止他人重大犯罪活动的；检举监狱内外重大犯罪活动，经查证属实的；有发明创造或者重大技革新的；在日常生产、生活中舍己救人的；在抗御自然灾害或者排除重大事故中，有突出表现的；对国家和社会有其他重大贡献的。

判处死刑缓期执行的，在死刑缓期执行期间，"如果故意犯罪，情节恶劣的，报请最高人民法院核准后执行死刑"。所谓"故意犯罪"，需要经人民法院审判确定。根据刑事诉讼法的有关规定，被判处死刑缓期执行的罪犯，在死刑缓期执行期间故意犯罪的，应当由监狱进行侦查，人民检察院提起公诉，罪犯服刑地的中级人民法院依法审判，所作的判决可以上诉、抗诉。所谓"情节恶劣"，需要结合犯罪的动机、手段、危害、造成的后果等犯罪情节，以及罪犯在缓期执行期间的改造、悔罪表现等综合确定。对于故意犯罪、情节恶劣的，在认定构成故意犯罪的判决、裁定发生法律效力后，应当层报最高人民法院核准执行死刑后执行死刑。对于在死刑缓期执行期间，"故意犯罪未执行死刑的，死刑缓期执行的期间重新计算"。这里所规定的"故意犯罪未执行死刑的"，是指故意犯罪，但不属于情节恶劣，因而不执行死刑的。在这种情况下，死刑缓期执行期间重新计算，自故意犯罪的判决确定之日起计算。之所以规定重新计算缓期执行期间，是因为罪犯在原缓期执行期间故意犯罪，虽然依法不需要执行死刑，但属于在二年缓期执行期间仍具有明显社会危险的情形，需要重新确定一个缓期执行期间，再根据在新的缓期执行期内的表现，决定是执行死刑、减为无期徒刑还是减为二十五年有期徒刑。为保证严格执行法律规定，保证对这类案件的审判质量，发挥最高人民法院的监督作用，本款明确规定，对于故意犯罪未执行死刑的，应当将案件情况报最高人民法院备案。最高人民法院发现法律适用确有错误的，应当依法予以纠正。需要注意的是，本款规定的故意犯罪，必须发生在死刑缓期执行期间，如果发生在死刑缓期执行期满后，不适用本款规定，而应当依照刑法第六十九条、第七十一条有关数罪并罚的规定处理。故意犯罪发生在死刑缓期执行期间，司法机关在缓期执行期满以后发现犯罪事实的，适用本款的规定。

第二款是《刑法修正案（八）》所增加的内容。根据本款规定，对一些罪行严重的犯罪分子，人民法院根据犯罪情节等情况可以同时决定对其限制减刑。这些罪行严重的犯罪分子包括被判处死刑缓期执行的累犯以及因故意杀人、强奸、抢劫、绑架、放火、爆炸、投放危险物质或者有组织的暴力性犯罪被判处死刑缓期执行的犯罪分子。其中，累犯没有犯罪性质的限制。有组织的暴力性犯罪，不限于本款所列举的几种暴力犯罪，包括有组织地实施故意伤害、破坏交通工具、以危险方法危害公共安全、黑社会性质的组织犯罪等。需要指出的是，上述规定只是划定了一个可以限制减刑的人员的范围，并不是上述被判处死刑缓期执行的九类罪犯都要限制减刑，应由人民法院根据其所实施犯罪的具体情况等综合考虑决定。这里的"同时"，是指判处死刑缓期执行的同时，不是在死刑缓期执行二年期满以后减刑的"同时"。"限制减刑"，是指对犯罪分子虽然可以适用减刑，但其实际执行刑期比其他被判处死刑缓期执行的罪犯减刑后的实际执行刑期更长。根据刑法第七十八条的规定，对于判处死刑缓期二年执行，人民法院依照本款规定限制减刑的犯罪分子，缓期执行期满后依法减为无期徒刑的，实际执行的刑期不能少于二十五年，缓期执行期满后依法减为二十五年有期徒刑的，实际执行的刑期不能少于二十年。

第五十一条【死缓期间的计算及死缓减为有期徒刑刑期的计算】

死刑缓期执行的期间，从判决确定之日起计算。死刑缓期执行减为有期徒刑的刑期，从死刑缓期执行期满之日起计算。

【条文精解】

本条是关于死缓执行的期间及死缓减为有期徒刑的刑期计算的规定。

根据本条规定，死刑缓期执行的期间，从判决确定之日起计算。这里所说的"判决确定之日"，即判决生效之日，而不是指判决执行之日。因此，罪犯在判决生效后尚未送监执行的期限应当计入二年考验期内。但是，对罪犯在判决生效前先行羁押的时间不能折抵在二年考验期内。"死刑缓期执行减为有期徒刑的"，是指对确有重大立功表现直接减为有期徒刑的，其有期徒刑的刑期从死刑缓期执行期满之日起计算。如果减刑裁定在死刑缓期执行期满以后生效，死刑缓期执行期满之日至裁定减刑之日之间相隔的时间应计入有期徒刑的刑期内，但罪犯在死缓判决生效前先行羁押的时间和缓期执行的二年考验期不能计入有期徒刑的期限内。

【实践中需要注意的问题】

根据刑法规定，死刑缓期二年执行中的"二年"考验期是确定的，从判决确定之日起计算，不存在中止、中断或者延长等情况。按照刑法的规定，死缓罪犯二年考验期满之后减刑的，存在依法减为无期徒刑、依法减为有期徒刑两种可能。另外，在死缓考验期间，也有可能因为故意犯罪，情节恶劣而被核准执行死刑，或者未核准执行死刑。本条只规定了死缓期满依法减为有期徒刑的刑期计算，对于死缓期满依法减为无期徒刑的，由于无期徒刑不存在刑期起算问题，无须在立法中明文规定。对于被核准执行死刑的，则依照刑事诉讼法规定的程序执行死刑，不存在刑期计算问题；对于死缓期间故意犯罪，情节恶劣，但是未核准执行死刑的，其死缓考验期依法需要重新计算。

第六节 罚 金

第五十二条 【罚金数额的确定】
判处罚金，应当根据犯罪情节决定罚金数额。

【条文精解】

本条是关于如何确定罚金数额的规定。

根据本条规定，决定罚金数额的依据是"犯罪情节"。所谓"犯罪情节"，主要是指影响犯罪行为人罪行的危害程度、主观恶性的大小、手段是否恶劣、非法所得的多少、后果是否严重等与犯罪有关的各种情况。同时，犯罪行为人的经济负担能力也需要作为考虑的因素。如果罚金数额过多，超过了犯罪行为人的实际负担能力，犯罪行为人无法缴纳，这对教育改造犯罪行为人不利，同时由于罚金刑无法得到实际执行，也损害了法律的严肃性；如果罚金数额过少，则会使犯罪行为人感受不到经济惩罚，对其起不到惩戒作用。

刑法分则根据本条规定的原则，结合各有关犯罪的具体情况，对于可以判处罚金的犯罪的罚金数额作出不同规定，有的条文未具体规定罚金数额，对有的犯罪规定了一定幅度或者倍数、比例。根据本条规定，无论是刑法分则明确规定了罚金刑幅度的，还是没有明确规定罚金刑幅度的，判处罚金刑时都应当根据犯罪情节决定罚金数额。

【实践中需要注意的问题】

从近年来几个刑法修正案的情况看，在修改刑法分则有关条文时，在罚金刑幅度的规定方面，有不少条文删去了原来对于罚金具体数额幅度或者倍数、比例的规定，改为原则规定"并处罚金""并处或者单处罚金"。这主要是考虑到实际情况比较复杂，为了适应实践中惩治有关犯罪的需要，便于司法机关在处理各种不同情节的案件时，根据个案的实际情况合理决定罚金数额。对于这些没有具体的罚金裁量幅度的案件，司法机关在决定判处罚金的数额时，也还是应当按照本条规定的原则，根据犯罪情节审慎地行使自由裁量权，做到罚当其罪、罪责刑相适应。

第五十三条 【罚金的缴纳】

罚金在判决指定的期限内一次或者分期缴纳。期满不缴纳的，强制缴纳。对于不能全部缴纳罚金的，人民法院在任何时候发现被执行人有可以执行的财产，应当随时追缴。

由于遭遇不能抗拒的灾祸等原因缴纳确实有困难的，经人民法院裁定，可以延期缴纳、酌情减少或者免除。

【条文精解】

本条是关于如何缴纳罚金的规定。

本条规定分为两款。第一款是关于如何缴纳罚金和追缴罚金的规定。根据本款的规定，罚金应当按照判决指定的期限缴纳，可以一次缴纳，也可以分期缴纳。人民法院在判处罚金时，应当同时指定缴纳的期限，并明确是一次缴纳还是分期缴纳。一般说来，罚金数额不多，或者罚金数额虽然较多，但缴纳并不困难的，可以限期一次缴纳；罚金数额较多，根据罪犯的经济状况，无力一次缴纳的，可以限定时间分期缴纳。至于罚金的缴纳期限，应当根据罪犯的经济状况和缴纳的可能性确定。对于罪犯期满不缴纳的，包括未缴纳完毕的，由人民法院强制缴纳。所谓"强制缴纳"，是指人民法院采取查封、拍卖罪犯的财产，冻结、扣划存款，扣留、收缴工资或者其他收入等办法，强制罪犯缴纳罚金。对于根据上述规定采取强制缴纳措施仍未能全部缴纳罚金的，人民法院在任何时候发现被执行人有可以执行的财产，包括主刑执行完毕后发现的，应当随时追缴。所谓"追缴"，是指人民法院对没有缴纳或者没有全部缴纳罚金的被执行人，在发现其有可供执行的财产时，予以追回上缴国库。这种情况下追缴财产，实际上仍是执行原判决判处的罚金刑。这样规定，就使得那些在人民法院执行罚金刑时采用各种手段转移、隐匿财产，逃避承担罚金刑的罪犯，或者在人民法院执行罚金刑时，一时不能缴纳或者全部缴纳，但事后有了执行能力的罪犯的刑事责任不至于落空。另外，赋予人民法院随时追缴的权力，也增强了罚金刑执行的威慑力。

第二款是关于延期缴纳、酌情减少或者免除罚金的规定。根据本款规定，罪犯由于遭遇不能抗拒的灾祸等原因缴纳罚金确实有困难的,经人民法院裁定,可以延期缴纳、酌情减少或者免除。所谓"不能抗拒的灾祸等原因",就是通常所说的"天灾人祸",如遭遇火灾、水灾、地震等自然灾害或者罪犯及其家属重病、伤残等,以及其他一些导致缴纳罚金确实有困难的情形。对存在这些情形的,根据本款规定,可以延期缴纳、酌情减少或者免除。需要注意的,遭遇不能抗拒的灾祸等是延期缴纳或者减免罚金的条件,但并不是凡有上述情况都可以延期缴纳或者减免罚金。只有由于遭遇不可抗拒的灾祸等原因造成缴纳罚金确实有困难的,才可以延期缴纳、酌情减少罚金数额或者免除全部罚金。"延期缴纳",是指期满不能缴纳或者全部缴纳的,给予一定的延长期限缴纳罚金。具体延长多长时间,由人民法院根据罪犯的犯罪情节、经济状况、缴纳困难原因预期消除的时间等因素确定。延期缴纳罚金、酌情减少罚金或者免除罚金,均涉及对原判决的变更,程序上应当严格。根据本款规定,罚金延期缴纳、减少或者免除,需经人民法院裁定。根据最高人民法院《关于适用〈中华人民共和国刑事诉讼法〉的解释》的有关规定,被执行人根据本款规定提出罚金减少或者免除的申请的,应当提交相关证明材料。人民法院应当在收到申请后一个月内作出裁定。符合法定条件的,应当准许;不符合条件的,驳回申请。人民法院也可以依职权对符合本条规定条件的作出罚金延期缴纳、减少或者免除的裁定。

第七节 剥夺政治权利

第五十四条 【剥夺政治权利的内容】
剥夺政治权利是剥夺下列权利:
(一)选举权和被选举权;
(二)言论、出版、集会、结社、游行、示威自由的权利;
(三)担任国家机关职务的权利;
(四)担任国有公司、企业、事业单位和人民团体领导职务的权利。

【条文精解】

本条是关于剥夺政治权利内容的规定。
根据本条规定,剥夺政治权利包括剥夺以下四项权利:(1)选举权和被选举权。所谓"选举权",是指宪法和选举法规定的,公民参加选举活动,按照本人的自由意志投票选举人民代表等职务的权利,即参加投票选举的权利;"被选举权",是指根据宪法和选举法的规定,公民可以被提名为人民代表大会代表等职务的候选人,当选为人民代表等职务的权利。选举权和被选举权是公民的基本政治权利,是公民参与国家管理的必要前提和有效途径,被剥夺政治权利的犯罪行为人当然不能享有此项权利。(2)言论、出版、集会、结社、游行、示威自由的权利。所谓言论自由,是公民以言语表达意思的自由;出版自由,是指以文字、音像、绘画等形式出版作品,向社会表达思想的自由;结社自由,是指公民为一定宗旨组成某种社会组织的自由;集会自由和游行、示威自由,都是公民表达自己见解和意愿的自由,只是表达的方式不同。这六项自由,是我国宪法规定的公民的基本政治自由,是人民发表意见、参加政治活动和国家管理的自由权利,被依法剥夺政治权利的人不能享有这些自由。(3)担任国家机关职务的权利。"国家机关"包括国家各级权力机关、行政机关、监察机关、司法机关以及军事机关等。所谓"担任国家机关职务",是指在上述国家机关中担任领导职务,或者领导职务以外的其他职务,如担任审判人员、检察人员、书记员或者其他行政职务。被剥夺政治权利的人,不能担任这些职务。(4)担任国有公司、企业、事业单位和人民团体领导职务的权利。根据本条规定,被剥夺政治权利的人可以在国有公司、企业、事业单位和人民团体中继续工作,但是不能担任领导职务。

【实践中需要注意的问题】

被剥夺政治权利的人担任集体、私营企业和事业单位领导职务的权利不属于剥夺政治权利的范围,其他法律规定或者人民法院判决的禁止令、职业禁止另有要求的,按其要求执行。

第五十五条 【剥夺政治权利的期限】

剥夺政治权利的期限,除本法第五十七条规定外,为一年以上五年以下。

判处管制附加剥夺政治权利的,剥夺政治权利的期限与管制的期限相等,同时执行。

【条文精解】

本条是关于剥夺政治权利期限的规定。

本条共分为两款。第一款是关于剥夺政治权利期限的一般性规定。根据本款规定，除刑法第五十七条规定的死刑、无期徒刑以及死刑缓期执行、无期徒刑减为有期徒刑附加剥夺政治权利的期限外，剥夺政治权利的期限为一年以上五年以下。这里包括了单处剥夺政治权利和附加剥夺政治权利两种情况，附加剥夺政治权利的，又包括有期徒刑附加剥夺政治权利和拘役附加剥夺政治权利两种情形。在司法实践中，对罪犯判处剥夺政治权利的时候，应当根据犯罪的性质、危害程度以及情节轻重决定剥夺政治权利的期限，尤其是附加剥夺政治权利的刑期，应与所判处的主刑轻重相适应。

第二款是关于判处管制附加剥夺政治权利的期限规定。本款规定有两层意思。一是剥夺政治权利的期限与管制的期限相等，即在判处管制的同时附加判处剥夺政治权利的，判处管制的期限与判处附加剥夺政治权利的期限长短完全相同。根据本法第三十八条的规定，管制的期限为三个月以上二年以下，管制刑附加的剥夺政治权利的期限也是三个月以上二年以下。二是管制与附加的剥夺政治权利同时执行，是指剥夺政治权利的刑罚不是要等管制期满后再执行，而是应在管制开始时就一同执行，当罪犯管制期满解除管制时，政治权利也同时恢复。

【实践中需要注意的问题】

根据本条第二款的规定，管制附加剥夺政治权利的，两种刑罚期限相同，同时执行。但根据刑法、刑事诉讼法、社区矫正法等法律的有关规定，管制和剥夺政治权利两种刑罚的执行机关不同。管制由社区矫正机构负责执行，剥夺政治权利由公安机关负责执行。对于罪犯被判处管制附加剥夺政治权利的，社区矫正机构和公安机关应当加强协调配合，共同做好监督执行工作，确保两种刑罚同时执行到位。

第五十六条【剥夺政治权利的适用对象】

对于危害国家安全的犯罪分子应当附加剥夺政治权利；对于故意杀人、强奸、放火、爆炸、投毒、抢劫等严重破坏社会秩序的犯罪分子，可以附加剥夺政治权利。

独立适用剥夺政治权利的，依照本法分则的规定。

【条文精解】

本条是关于剥夺政治权利适用对象的规定。

本条共分为两款。第一款是关于附加剥夺政治权利适用对象的规定。根据本款规定，附加剥夺政治权利的对象主要是两种人：一是危害国家安全的犯罪分子，即实施刑法分则第一章所规定的危害国家安全犯罪和刑法分则其他章节中规定的性质上属于危害国家安全犯罪行为的犯罪分子。二是对于故意杀人、强奸、放火、爆炸、投毒、抢劫等严重破坏社会秩序的犯罪分子，可以附加剥夺政治权利。根据本款的规定，可以附加剥夺政治权利的犯罪主要是上述这几种犯罪，但并不局限于所列这几种犯罪，其他危害严重的破坏社会秩序的故意犯罪，也可以依法附加剥夺政治权利。需要注意的是，全国人大常委会于2001年12月29日通过了《刑法修正案（三）》，其中对刑法第一百一十四条、第一百一十五条进行了修改，将"投毒"改为"投放毒害性、放射性、传染病病原体等物质"。因此，对本款规定的"投毒"，应当结合《刑法修正案（三）》的有关规定进行理解。

第二款是关于独立适用剥夺政治权利的规定。根据本款规定，独立适用剥夺政治权利的，依照刑法分则的规定。刑法分则规定独立适用剥夺政治权利的对象主要有以下几种犯罪：（1）危害国家安全罪中的分裂国家罪，煽动分裂国家罪，武装叛乱、暴乱罪，颠覆国家政权罪，煽动颠覆国家政权罪，资助危害国家安全犯罪活动罪，叛逃罪，为境外窃取、刺探、收买、非法提供国家秘密、情报罪。（2）危害公共安全罪中的涉恐怖活动的相关犯罪。（3）侵犯公民人身权利、民主权利罪中的非法拘禁罪，侮辱罪，诽谤罪，煽动民族仇恨、民族歧视罪，破坏选举罪。（4）妨害社会管理秩序罪中的煽动暴力抗拒法律实施罪，招摇撞骗罪，伪造、变造、买卖国家机关公文、证件、印章罪，盗窃、抢夺、毁灭国家机关公文、证件、印章罪，伪造公司、企业、事业单位、人民团体印章罪，伪造、变造、买卖身份证件罪，非法获取国家秘密罪，聚众扰乱社会秩序罪，聚众冲击国家机关罪，参加黑社会性质组织罪，非法集会、游行、示威罪，非法携带武器、管制刀具、爆炸物参加集会、游行、示威罪，破坏集会、游行、示威罪，侮辱国旗、国徽、国歌罪。（5）危害国防利益罪中的聚众冲击军事禁区罪，聚众扰乱军事管理区秩序罪，冒充军人招摇撞骗罪，伪造、变造、买卖武装部队公文、证件、印章罪，盗窃、抢夺武装部队公文、证件、印章罪。刑法分则条文中没有规定剥夺政治权利的犯罪，不得独立适用剥夺政治权利。

【实践中需要注意的问题】

剥夺政治权利涉及对公民重要宪法权利的剥夺，司法机关在适用这一刑罚，尤其是对法律规定"可以附加剥夺政治权利"的犯罪决定是否附加剥夺政治权利时，既要考虑严厉惩治有关严重犯罪的需要，也要准确审慎掌握刑罚适用的标准。

第五十七条 【对死刑、无期徒刑罪犯剥夺政治权利的适用】

对于被判处死刑、无期徒刑的犯罪分子，应当剥夺政治权利终身。

在死刑缓期执行减为有期徒刑或者无期徒刑减为有期徒刑的时候，应当把附加剥夺政治权利的期限改为三年以上十年以下。

【条文精解】

本条是关于被判处死刑、无期徒刑的罪犯如何附加适用剥夺政治权利的规定。

本条共分为两款。第一款是关于被判处死刑、无期徒刑的犯罪分子应当剥夺政治权利终身的规定。根据本款规定，被判处死刑、无期徒刑的罪犯，从判处死刑、无期徒刑的判决或者裁定发生法律效力之日起就被终身剥夺政治权利。这里所说的死刑，包括被判处死刑缓期二年执行的情况。根据本款规定，被判处死刑缓期二年执行的犯罪分子，如果在死缓考验期满后被减为无期徒刑的，附加的剥夺政治权利期限仍为终身。

第二款是关于死刑缓期执行、无期徒刑减为有期徒刑时附加剥夺政治权利期限的规定。根据本款规定，原判处死刑缓期执行减为有期徒刑或者无期徒刑减为有期徒刑的，附加剥夺政治权利的期限应由原判终身剥夺改为三年以上十年以下。根据刑法第五十八条的规定，这种情况下剥夺政治权利的期限，应从主刑执行完毕之日或者从假释之日起再开始计算；同时，剥夺政治权利的效力也应自然及于其减刑以后确定的主刑执行期间。

第五十八条 【剥夺政治权利的刑期计算、效力与执行】

附加剥夺政治权利的刑期，从徒刑、拘役执行完毕之日或者从假释之日起计算；剥夺政治权利的效力当然施用于主刑执行期间。

被剥夺政治权利的犯罪分子，在执行期间，应当遵守法律、行政法规和国务院公安部门有关监督管理的规定，服从监督；不得行使本法第五十四条规定的各项权利。

【条文精解】

本条是关于附加剥夺政治权利的刑期如何计算和被剥夺政治权利的罪犯

应当遵守的管理规定的规定。

本条共分为两款。第一款是对附加剥夺政治权利的刑期如何计算和在主刑执行期间对罪犯是否剥夺政治权利的规定。根据本款规定，判处有期徒刑、拘役并附加剥夺政治权利的，剥夺政治权利的刑期从主刑执行完毕之日或者从假释之日起计算，即从主刑执行完毕刑满释放或者假释开始，再计算附加的剥夺政治权利的刑期。但是，剥夺政治权利的效力则从主刑执行之日起开始发生，即在主刑执行期间，也应同时剥夺政治权利。在这种情况下，附加剥夺政治权利的罪犯实际被剥夺政治权利的时间要比判决中确定的剥夺政治权利的期限长，等于罪犯主刑刑期和剥夺政治权利刑期的总和。应当注意的是，被判处有期徒刑、拘役而没有附加剥夺政治权利的罪犯，以及被羁押的犯罪嫌疑人、被告人，在刑罚执行或者羁押期间仍应享有政治权利。依照全国人民代表大会常务委员会《关于县级以下人民代表大会代表直接选举的若干规定》的规定，应准许他们行使选举权。这些人员参加选举，由选举委员会和执行监禁、羁押的机关共同决定，可以在流动票箱投票，或者委托有选举权的亲属或者其他选民代为投票。被判处拘役的人也可以在选举日回原选区参加选举。

第二款是关于被剥夺政治权利的罪犯应当遵守的管理规定。根据本款规定，被剥夺政治权利的罪犯，在执行期间应当遵守以下规定：一是遵守法律、行政法规和国务院公安部门有关监督管理的规定，服从监督。"遵守法律、行政法规"，是指被剥夺政治权利的罪犯在执行期间必须遵守国家法律、行政法规，不得有违法行为。同时，根据刑事诉讼法第二百七十条的规定，对于被剥夺政治权利的罪犯，由公安机关执行。因此，被剥夺政治权利的罪犯在执行期间还应遵守公安部对剥夺政治权利的罪犯监督管理的有关规定，自觉服从居住地公安机关及公安机关委托的罪犯所在单位或者居住地的基层组织的监管、教育。公安部制定的《公安机关办理刑事案件程序规定》对公安机关对被剥夺政治权利的罪犯监督管理的具体措施作了明确。二是不得行使刑法第五十四条规定的各项权利。刑法第五十四条规定的是应剥夺的政治权利的内容，被剥夺政治权利的罪犯在执行期间当然不能行使。只有在执行期满，罪犯被恢复政治权利以后，才能行使刑法第五十四条规定的各项政治权利。被剥夺政治权利的罪犯违反本款规定，如不服从公安机关的监督管理，行使刑法第五十四条规定的政治权利的，根据治安管理处罚法第六十条的规定，可以由公安机关处五日以上十日以下拘留，并处二百元以上五百元以下罚款；情节严重，构成刑法规定的拒不执行判决、裁定罪的，还可以依法追究刑事责任。

【实践中需要注意的问题】

根据刑法有关规定，剥夺政治权利这种刑罚是剥夺罪犯参与政治活动和公共事务的有关权利，对被剥夺政治权利的人的人身自由，法律上并没有特别的限制。这与对被判处管制、宣告缓刑、假释的罪犯是不同的。公安机关对被剥夺政治权利的人的监督管理，也主要是监督他们不得行使有关政治权利，与社区矫正机构对社区矫正对象的监管措施不同。实践中公安机关应当正确执行有关监管措施，不应当对被剥夺政治权利的人的人身自由作不当的限制。

第八节 没收财产

第五十九条 【没收财产的范围】

没收财产是没收犯罪分子个人所有财产的一部或者全部。没收全部财产的，应当对犯罪分子个人及其扶养的家属保留必需的生活费用。

在判处没收财产的时候，不得没收属于犯罪分子家属所有或者应有的财产。

【条文精解】

本条是关于没收财产的规定。

本条共分为两款。第一款是关于如何适用没收财产刑的规定。本款首先明确了刑法规定的没收财产刑的含义，即司法机关依据刑法的有关规定，将犯罪分子个人所有财产的一部分或者全部强制无偿地收归国家所有。只有对于刑法分则中明确规定有没收财产刑的犯罪，才能适用这种刑罚。没收财产一般适用于严重的犯罪，如危害国家安全罪，生产、销售伪劣商品罪，破坏金融管理秩序罪，金融诈骗罪，危害税收征管罪，贪污罪，受贿罪，绑架罪等都有关于没收财产的规定。没收财产，只能是没收犯罪分子个人所有财产的一部分或者全部。这句话有以下两层含义：一是没收的只能是属于犯罪分子本人所有的财产。犯罪分子本人所有的财产，是指属于犯罪分子本人所有的财物及其在与他人共有财产中依法应有的份额。在处理这类案件时，应当依据有关的民事法律界定犯罪分子个人所有的财产，严格划清犯罪分子本人财产与其家属或者他人财产的界限。只有是依法确定为犯罪分子个人所有的财产，才能予以没收。这里的财产包括动产和不动产。二是对于犯罪分子本人所有的财产是没收一部分还是全部，应当根据犯罪的性质、情节、对社会的危害程度以及案件的具体情况确定，不论是没收一部分还是全部，都应当对没收的财产名称、数量等在判决中写明，以便于负责执行的机构执行。不能笼统地写判决没收一部分或者全部。决定没收犯罪分子本人的全部财产时，应当在没收的财产中给犯罪分子本人以及其所扶养的家属保留必要的生活费用。这里所说的"其扶养的家属"，根据民事法律的有关规定，既包括由其扶养的配偶，也包括由其抚养的子女和由其赡养的老人。

第二款是关于不得没收属于犯罪分子家属所有或应有的财产的规定。属于犯罪分子家属的财产，是指属于与犯罪分子共同生活的家庭成员个人所有的财产和在家庭共有财产中应当占有的份额。只要依法确定属于犯罪分子家属所有或者应有的财产，就不能予以没收。要严格执行本款的规定，就要求负责执行没收财产刑的机关，在执行没收财产，特别是没收个人全部财产的刑罚时，应当按照有关民事法律和执行规定，对被执行人的家庭财产进行析产，准确区分被执行人本人的财产和其家属所有和应有的财产，在此基础上再进行执行。

【实践中需要注意的问题】

在适用没收财产的刑罚时，应当注意以下两点：

第一，必须严格执行刑法分则的有关规定。我国的刑法分则对于什么性质的犯罪、具备什么样的条件才能适用没收财产的刑罚都作出了明确的规定。司法机关在办理具体案件时，要充分认识没收财产对于从经济上惩罚犯罪的重要意义，必须严格执行法律，凡是刑法分则条文中有没收财产规定的，就应当正确运用这一刑罚手段。凡是刑法分则条文中没有没收财产规定的，也不得随意扩大没收财产的适用范围。

第二，注意区分没收财产同刑法第六十四条规定的没收犯罪分子违法所得的财物和供犯罪所用的犯罪分子本人的财物的区别。刑法第六十四条的规定是对犯罪分子违法所得、供犯罪所用的本人财物以及违禁品的强制处理方法，而不是一种刑罚。它适用于一切犯罪，不论犯罪分子犯什么罪，判什么刑，只要是犯罪分子违法所得的一切财物和供犯罪用的本人财物都要追缴或者没收，而本条规定的没收财产则是一种刑罚。

第六十条 【没收财产时犯罪分子所负正当债务的偿还】
没收财产以前犯罪分子所负的正当债务，需要以没收的财产偿还的，经债权人请求，应当偿还。

【条文精解】

本条是关于在没收犯罪分子财产时，如何处理犯罪分子所负的正当债务的规定。

根据本条规定，犯罪分子所负债务是否应当以没收的财产偿还，需要符合四个方面的条件。一是债务产生时间是在没收财产以前。根据最高人民法院《关于适用财产刑若干问题的规定》，本条规定的"没收财产以前犯罪分子所负的正当债务"，是指犯罪分子在判决生效前所负他人的合法债务。如果犯罪分子所负债务发生在没收财产的判决生效以后，即使属于合法债务，也不能以没收的财产偿还。二是债务的性质是犯罪分子所负的正当债务，即合法债务，如犯罪分子在犯罪前与他人（包括单位）因为合法的租赁、买卖、借贷、承包等关系所产生的正当债务。如果不是属于这种正当的债务关系，而是因违法行为所负的债务，如因赌博所欠的赌债、违法高利放贷产生的债务等，不属于正当债务，也就不能以没收的财产偿还。三是该债务需要以没收的财产偿还。对于犯罪分子被判处没收部分财产的，如果犯罪分子还有其他财产可用以偿还债务而不是必须以没收的财产偿还的，不应适用本条规定。四是债权人提出申请。债权人应当向人民法院提出申请，申请的时间可以是在审判程序中，也可以是在没收财产刑执行程序中。人民法院接到债权人的申请后，经审查属于正当债务且符合本条规定的，应当予以偿还。

【实践中需要注意的问题】

实践中存在有的犯罪分子为逃避财产刑的执行，与他人恶意串通，虚构债权债务关系，以偿还债务为名非法转移财产的情况。对这类情形，人民法院应当加强对申请偿还的债务的真实性、合法性的审查，发现有关违法犯罪情形的，及时依法处理。

第四章 刑罚的具体运用

第一节 量 刑

第六十一条 【量刑的一般原则】
对于犯罪分子决定刑罚的时候,应当根据犯罪的事实、犯罪的性质、情节和对于社会的危害程度,依照本法的有关规定判处。

【条文精解】

本条是关于人民法院对犯罪行为人量刑原则的规定。

根据本条规定,对于犯罪行为人决定刑罚的时候,应当遵循以下原则:

第一,根据犯罪的事实。这里所说的"犯罪的事实",应是广义的犯罪事实,包括与犯罪有关的全部事实。包括:犯罪的主体是否为具有完全刑事责任能力者,以及是否符合特定犯罪对特殊主体的特别要求;犯罪的主观方面,是故意还是过失,以及犯罪的动机、目的等主观要素;犯罪的客观方面,危害社会的行为、手段、危害社会的后果、行为和后果之间的因果关系以及犯罪的时间、地点和方法等。要求量刑根据犯罪的事实,这是我国以事实为根据的基本司法原则的必然要求。犯罪事实既是定罪的事实基础,也是正确量刑的客观事实基础。要正确量刑,首先必须以实事求是的态度,搞清楚犯罪的事实真相,然后才能在此基础上做到准确确定罪名,进而根据各项具体的犯罪事实,准确衡量其社会危害性和犯罪人本人的人身危险性,并对其量处恰当的刑罚,做到无罪不罚、有罪量罚、重罪重罚、轻罪轻罚、罚当其罪。

第二,根据犯罪的性质。犯罪的性质,就是认定行为人的犯罪行为构成什么犯罪,应当确定什么样的罪名。我国刑法分则根据犯罪行为的性质和社会危害程度,分十章对不同性质的犯罪作了规定,在每一章中又根据情况规定了各种不同的罪名,并为各个具体罪名设定了不同的刑罚。因此,只有正确认定犯罪性质,才能准确确定罪名和相应的法定刑幅度,这是准确裁量刑罚的前提。

第三,根据犯罪的情节。"犯罪的情节",是指实施犯罪的有关具体情况,包括犯罪过程、手段等,这也是人民法院决定刑罚轻重的重要依据。一般按照犯罪情节是否在刑法中作了明确规定,可以把量刑情节分为以下两类:

一是法定情节,即法律中明确加以规定的从重、从轻、减轻以及免除处罚的情节。刑法在总则中规定了具有某些犯罪情节时应当或者可以从重、从轻、减轻、免除处罚,在分则中规定具体犯罪和法定刑时也针对某些情节规定了从重、从轻、减轻、免除处罚。(1)法定从轻、减轻、免除处罚情节,包括应当或者可以从轻、减轻、免除处罚,如总则中规定的犯罪的预备、未遂、中止,正当防卫和紧急避险超过必要限度,未成年人犯罪,已满七十五周岁的老年人犯罪,限制行为能力的精神病人犯罪,坦白、自首、立功,共同犯罪中的从犯、胁从犯等;分则中规定的行贿人在被追诉前主动交待行贿行为;非法种植毒品原植物,在收获前自动铲除的;收买被拐卖的妇女、儿童,对被买儿童没有虐待行为,不阻碍其进行解救,或者按照被买妇女的意愿,不阻碍其返回原居住地的等。(2)法定从重处罚情节,包括应当或者可以从重处罚,如总则中规定的累犯,教唆未成年人犯罪;分则中规定的奸淫不满十四周岁的幼女的,猥亵儿童的,组织、强迫未成年人卖淫的,武装掩护走私的,索贿的等。对于犯罪行为具有法定情节的,必须依法确定其量刑的轻重。

二是酌定情节,即不是法律中明确规定的情节,而是人民法院根据实际情况和审判实践,在量刑时予以考虑的情节。在司法实践中,酌定情节主要包括犯罪的动机、犯罪的手段、犯罪时的环境和条件、犯罪的损害结果、犯罪侵害的对象、犯罪分子的个人情况和一贯表现、犯罪分子的认罪态度等。(1)酌定从轻处罚情节,如犯罪没有造成危害结果或者危害结果较轻的,偶犯、初犯,犯罪分子为老年人、残疾人、孕妇等弱势人员,认罪态度较好,采取积极的措施消除或者减轻由其犯罪所造成的危害结果等。(2)酌定从重处罚情节,如造成一定危害结果或者危害结果较重的,危害行为持续时间较长的,犯罪方法手段残忍,犯罪人是具有犯罪经验和犯罪技能的人,有犯罪前科,犯罪目的、犯罪动机卑劣的,在重大自然灾害或者预防、控制突发传染病疫情等灾害期间故意犯罪的。

第四,根据犯罪行为对于社会的危害程度。"对于社会的危害程度",是指犯罪行为对法律保护的社会关系损害的程度。对社会的危害程度一般包括两方面的内容:一是犯罪行为直接造成的危害结果;二是犯罪行为虽未直接造成实际的危害结果,但存在造成实际危害结果的危险性,这也是犯罪行为的社会危害性的具体体现。如刑法分则中规定的"足以使火车、汽车、电车、船只、航空器发生倾覆、毁坏危险""足以造成严重食物中毒事故或者其他严重食源性疾病""足以严重危害人体健康"等。根据不同的犯罪对社会的不同危害程度，刑法规定了不同的刑罚或者划分了不同的量刑幅度。

第五，依照本法的有关规定判处。所谓"本法的有关规定"，包括定罪量刑依据的刑法分则中的有关规定，也包括刑法总则中的有关规定。根据这些规定，来确定对于被告人是否要处以刑罚，处以何种刑罚以及适用刑期的长短、刑罚的执行方式等。在具体适用刑法分则的有关规定时，如果该规定有不同的量刑幅度，应当选择与所犯罪行相应的量刑幅度。在适用总则的有关规定时，要根据犯罪的事实和情节，正确适用从重、从轻、减轻、免除刑罚的有关规定。

【实践中需要注意的问题】

第一，量刑是刑事审判的重要环节，对于犯罪分子决定刑罚的时候，应当综合考虑犯罪的事实、性质、情节以及对社会的危害程度，依照刑法总则和分则的有关规定，决定判处的刑罚。对于存在特殊情况的应当区别情况予以处理，以体现刑罚的个别化和罪责刑相适应。如根据最高人民法院《关于审理未成年人刑事案件具体应用法律若干问题的解释》第十一条，对未成年罪犯适用刑罚，应当充分考虑是否有利于未成年罪犯的教育和矫正。对未成年罪犯量刑应当依照刑法第六十一条的规定，并充分考虑未成年人实施犯罪行为的动机和目的、犯罪时的年龄、是否初次犯罪、犯罪后的悔罪表现、个人成长经历和一贯表现等因素。对符合管制、缓刑、单处罚金或者免予刑事处罚适用条件的未成年罪犯，应当依法适用管制、缓刑、单处罚金或者免予刑事处罚。

第二，关于量刑规范化与刑罚个别化的关系问题。近年来，司法机关在司法体制改革中对于量刑规范化问题比较重视，实践中也作了较多的探索，取得了一定的成效。量刑规范化改革的初衷，是由于长期以来司法实践中存在的所谓"同案不同判"、量刑轻重相差悬殊的情况比较突出的问题，各方面反映比较强烈，影响人民群众对司法公正的期待。总的来看，量刑不规范的成因是比较复杂的，其中既有长期以来重定罪轻量刑的传统问题，也有法官的业务能力水平、司法实践经验以及对法律的理解存在较大差异的问题，也有个别案件受到各种不正常因素影响的人为原因。因此，探索和寻找一套科学合理的量刑方法，规范法官的自由裁量权，对于实现量刑均衡，增强司法公信力，具有重要的积极意义。同时，也必须看到，量刑本身是一个把法律规定的抽象的规则适用于具体案件的过程，而具体的案件情况非常复杂，可以说不存在完全相同的两个案件。量刑规范化只能是在总结实践经验基础上，将相对常见和具有一定共性的量刑情节等大体类型化，并根据情况设定相应的基数、参数、系数等，帮助法官在具体案件中做到基本相似的案件，量刑大体均衡，而不可能精准地解决所有量刑问题。因此，要做到每一个案件的量刑都罚当其罪，都体现刑罚个别化，仅靠有限的规范量刑的一些规则和参数等，显然是不现实的。为此，在量刑规范化运用过程中，要防止简单套用公式和规则，而不论结果是否符合司法公正基本要求的机械做法。因为"同案不同判"固然不能体现司法公正，不同案件一刀切的判决结果，也不符合司法公正的要求。为此，在具体量刑时需要注意以下问题：一是刑事案件情况复杂，犯罪的事实、性质和情节，以及对社会的危害性千差万别，很难用统一的标准予以衡量，如果设定的量刑标准过于机械，缺乏一定的灵活性和人性化，反而可能导致重罪轻判、轻罪重判的现象发生。二是现代刑罚更强调个别化原则，刑罚裁量不能不考虑犯罪人的具体情况，因此，在量刑时需要充分考虑行为人的个体差异，如行为人所处的社会环境，生理和心理因素，不同的原因产生不同的犯罪，同样的犯罪，也可能因为原因不同而适用不同的刑罚，只有这样才能达到刑罚不仅体现预防惩罚犯罪的目的，也能充分发挥刑罚的教育矫正罪犯的功能。

第三，关于被害人过错对量刑的影响。在司法实践中，有些案件的被害人对犯罪的发生也存在一定的过错，有的被害人的过错还比较明显和重大。因此，对于被害人有过错的案件，在量刑时是否需要加以考虑，是否应当影响对犯罪行为人量定刑罚，是需要认真和研究的一个问题。一般而言，被害人过错对量刑是否有影响，不能一概而论，具体需要根据被害人的过错程度予以确定，如果被害人只是一般过错，如言行举止不当等，在量刑时，一般不考虑被害人的过错而减轻加害人的责任；如果由于被害人存在重大过错而导致犯罪行为发生或者引发侵害结果进一步扩大的，如家庭内伤害案件，被害人长期实施家庭暴力行为等，在量刑时，应当根据被害人过错的具体情况，适当减轻加害人的责任；如果完全由于被害人的过错而导致加害人的行为，如被害人正在实施性侵行为等，则要考虑加害人是否属于刑法规定的正当防卫行为，以及正当防卫是否超过必要的限度等。

第六十二条 【从重处罚与从轻处罚】

犯罪分子具有本法规定的从重处罚、从轻处罚情节的，应当在法定刑的限度以内判处刑罚。

【条文精解】

本条是关于犯罪分子具有本法规定的从重、从轻处罚情节的应当如何适用刑罚的规定。

根据本条规定，从重处罚、从轻处罚都应当在法定刑的限度内判处刑罚。

第一，从重处罚。所谓"从重处罚"，是指在法定刑的幅度内，对犯罪分子适用相对较重的刑种或者处以相对较长的刑期。我国刑法总则规定有从重处罚的情节，如教唆不满十八周岁的人犯罪、累犯等。刑法分则也规定了从重处罚情节，如奸淫不满十四周岁的幼女，利用、教唆未成年人走私、贩卖、运输毒品或者向未成年人出售毒品，非法拘禁他人或者以其他方法非法剥夺他人人身自由的犯罪中，具有殴打、侮辱情节的等。

第二，从轻处罚。所谓"从轻处罚"，是指在法定刑的幅度内，对犯罪分子适用相对较轻的刑种或者处以较短的刑期。我国刑法规定的从轻处罚的情节大多数见于刑法总则，如犯罪形态中的预备犯、未遂犯、中止犯，未成年人犯罪，共同犯罪中的从犯、胁从犯，又聋又哑的人或者盲人犯罪，防卫过当、紧急避险超过必要限度的，被教唆的人未犯被教唆的罪的，犯罪后有自首、立功情节的，等等。刑法分则也有个别条款规定了从轻处罚的情节，如收买被拐卖的妇女、儿童，对被买儿童没有虐待行为，不阻碍对其进行解救，或者按照被买妇女的意愿，不阻碍其返回原居住地的；行贿人在被追诉前主动交待行贿行为的等。刑法规定的从轻处罚的情节可以分为两类：一类是应当从轻处罚；另一类是可以从轻处罚。对于刑法规定应当从轻处罚的，人民法院在量刑时应充分考虑该情节，并必须处以相对较轻的刑罚；对于刑法规定可以从轻处罚的情节，人民法院在量刑时也应当充分考虑该情节，并综合全案情况，决定是否予以从轻处罚以及从轻的幅度。如果犯罪分子同时具备从轻、从重处罚情节的，人民法院应当综合全案情况，在罪刑相适应原则的指导下，处以合理的刑罚。

根据本条规定，对于具有本法规定的从重、从轻处罚情节的，应当对犯罪分子在法定刑的限度以内判处刑罚。所谓"法定刑的限度以内"，是指刑法分则针对某种特定的犯罪的特定情节规定的量刑幅度，既包括适用的刑种，也包括该条文具体规定的刑期。人民法院在决定量刑时,应当根据犯罪的事实、情节、社会危害程度以及刑罚的具体量刑幅度,判处相应的刑罚,不得超出法定最低刑和法定最高刑判处。

【实践中需要注意的问题】

对于从重处罚应当注意把握以下两点:一是应当在法定刑幅度内适用相对较重的刑罚,也就是在犯罪分子所犯罪行应适用的法定刑幅度内相对从重,而不能在法定最高刑之上判处刑罚。如果刑法分则对某罪名规定数个刑罚幅度的,首先要依法确定该犯罪分子应适用的幅度,然后在该幅度内从重。二是从重处罚并不意味着一律判处该幅度的最高刑罚,而是要根据犯罪分子的具体犯罪行为和情节、危害后果等,相对于其如果没有该从重情节的情况下应判处的刑罚,适当从重,也就是对于具有从重情节的犯罪分子所判处的刑罚比对不具有该从重情节时所应判处的刑罚要相对重些,而不是一律判处法定最高刑或者一律适用较重的刑种、较长的刑期或者一律在法定刑的平均刑期以上判处刑罚。

对于从轻处罚应当注意把握以下两点:一是应当在法定刑幅度内适用相对较轻的刑罚,而不能在法定最低刑以下判处刑罚。二是从轻处罚并不意味着一律判处该幅度的最低刑罚,而是要根据犯罪分子的具体犯罪行为和情况、危害后果等,相对于其他没有从轻情节的情况下应判处的刑罚,适当从轻。

第六十三条 【减轻处罚】

犯罪分子具有本法规定的减轻处罚情节的,应当在法定刑以下判处刑罚;本法规定有数个量刑幅度的,应当在法定量刑幅度的下一个量刑幅度内判处刑罚。

犯罪分子虽然不具有本法规定的减轻处罚情节,但是根据案件的特殊情况,经最高人民法院核准,也可以在法定刑以下判处刑罚。

【条文精解】

本条是关于减轻处罚的规定。

本条共分两款。第一款是关于具有法定减轻处罚情节的如何适用刑罚的规定。本款规定包含两个方面的内容:

第一，犯罪分子具有本法规定的减轻处罚情节的，应当在法定刑以下判处刑罚。所谓"减轻处罚"，是指在法定最低刑以下判处刑罚。我国刑法规定的减轻处罚的情节有预备犯、未遂犯、中止犯、从犯、胁从犯，犯罪后自首、立功，未成年人犯罪等。刑法规定的减轻处罚的情节包括两类：一类是应当予以减轻处罚的；另一类是可以予以减轻处罚的。不论哪种情形，都必须先根据犯罪的事实、犯罪的性质、情节和对社会的危害程度，依照本法有关规定确定对犯罪分子应当判处的法定刑。对于具有刑法规定的应当减轻处罚的情节的，人民法院在量刑时必须在该法定刑的量刑幅度规定的最低刑以下判处刑罚。对于具有刑法规定的可以予以减轻处罚情节的，人民法院应当综合全案的情况以决定是否予以减轻处罚和减轻处罚的幅度。

第二，本法规定有数个量刑幅度的，应当在法定量刑幅度的下一个量刑幅度内判处刑罚。刑法中的减轻处罚的情节往往是以复合形式规定的，如"应当从轻、减轻或者免除处罚""可以从轻、减轻处罚"等，因此，人民法院在量刑时首先要综合全案情况，决定对犯罪分子是从轻还是减轻处罚，然后才能根据刑法的有关规定判处适当的刑罚。对于已经确定予以减轻处罚，本法规定有数个量刑幅度的，应当在法定量刑幅度的下一个量刑幅度内判处刑罚，即本法规定此罪有两个以上量刑幅度的，减轻处罚只能在法定量刑幅度紧接着的下一个量刑幅度内判处刑罚，而不能跨越一个量刑幅度去判处刑罚；如果法定量刑幅度已经是最轻的一个量刑幅度，则减轻处罚也只能在此幅度内判处较轻或最轻的刑罚；对于已经确定予以减轻处罚，本法只规定了一个量刑幅度的，则只能在此量刑幅度内判处较轻或最轻的刑罚。

第二款是关于犯罪分子没有法定减轻处罚的情节，但是根据案件的特殊情况，也可以在法定刑以下判处刑罚的规定。本款规定，就是为了赋予人民法院在特殊情况下，根据案件的特殊情况作出特殊处理。"经最高人民法院核准"，主要是为了防止实践中扩大适用范围或滥用减轻处罚的规定，造成不良的影响和后果。本款规定的"案件特殊情况"，主要是指案件本身的特殊性，如涉及政治、国防、外交等特殊情况。对于有上述特殊情况的案件，虽然犯罪分子不具有本法规定的减轻处罚的情节，但是确有需要的，地方各级人民法院经报最高人民法院核准，也可以在法定刑以下判处刑罚。需要特别注意的是，这是刑法对减轻处罚的特殊规定，实践中在具体适用上应当非常慎重。

【实践中需要注意的问题】

首先，减轻处罚判处的刑罚应当是在本应当适用的量刑幅度的下一个量刑幅度内的刑罚。也就是说，对犯罪分子适用减轻处罚，应当在其所犯罪行法定量刑幅度基础上降一个档后在该量刑幅度内判处刑罚。如果已经是最低量刑幅度或者只有一个量刑幅度的，也必须适用该幅度的刑罚，不能适用量刑幅度内没有的刑罚。如故意杀人罪，根据刑法第二百三十二条的规定，故意杀人的，处死刑、无期徒刑或者十年以上有期徒刑；情节较轻的，处三年以上十年以下有期徒刑。如果行为人犯罪情节较轻，又具有减轻处罚情节，而没有法定免除处罚情节的，法院在量刑时最低只能判处三年有期徒刑，不能判处比三年有期徒刑更低的徒刑甚至判处管制、拘役。

其次，减轻处罚不是免予刑事处罚。实践中，对于减轻处罚是否可以一直减至免予刑事处罚存在不同认识。有的认为，可以一直减至免予刑事处罚。我们认为，减轻处罚与免予刑事处罚性质不同，减轻处罚是人民法院对犯罪分子具体适用刑罚时的量刑情节和量刑方式，是在一定条件下对刑期的缩减。一般情况下，减轻处罚仍然应当判处一定的刑罚。免予刑事处罚是针对犯罪情节轻微的情况设立的一种特殊制度，有独立的适用条件。刑法第三十七条规定，对于犯罪情节轻微不需要判处刑罚的，可以免予刑事处罚。据此，免予刑事处罚是犯罪情节轻微，不需要判处刑罚的情况。因此，减轻处罚作为量刑情节和量刑制度，只能在法定刑幅度的下一个量刑幅度内判处刑罚。如果已经是最低量刑幅度或者只有一个量刑幅度的，减轻处罚也必须在该幅度内判处刑罚。

当然，根据案件的具体情况，对于犯罪行为人具有刑法规定的免除处罚情节的，综合全案考虑，属于情节轻微的情况，符合刑法第三十七条规定的免予刑事处罚条件的，可以直接免予刑事处罚。

第六十四条 【涉案财物的处理】

犯罪分子违法所得的一切财物，应当予以追缴或者责令退赔；对被害人的合法财产，应当及时返还；违禁品和供犯罪所用的本人财物，应当予以没收。没收的财物和罚金，一律上缴国库，不得挪用和自行处理。

【条文精解】

本条是关于追缴违法所得、没收违禁品和供犯罪所用的本人财物的规定。

本条主要规定以下几个方面的内容：

第一，犯罪分子违法所得的一切财物，应当予以追缴或者责令退赔。所谓"违法所得的一切财物"，是指犯罪分子因实施犯罪活动，而取得的全部财物，包括金钱或者物品，如盗窃得到的金钱或者物品，贪污得到的金钱或者物品等。所谓"追缴"，是指将犯罪分子的违法所得强制收缴。如在刑事诉讼过程中，对犯罪分子的违法所得进行追查、收缴；对于在办案过程中发现的犯罪分子已转移、隐藏的赃物追查下落，予以收缴。"责令退赔"，是指犯罪分子已将违法所得使用、挥霍或者毁坏的，也要责令其按违法所得财物的价值退赔。

第二，对于追缴和退赔的违法所得，如果是属于被害人的合法财产，应当及时返还。这里所说的"被害人"，是指遭受犯罪行为侵害的个人和单位。"合法财产"，是指依照法律规定属于被害人所有的动产和不动产，如被害人的财物、金钱、房屋等。根据本条规定，对于被害人的合法财产，原物存在的，应当及时返还；原物不存在或者损坏的，应当折价退赔。

第三，对于违禁品和供犯罪所用的本人财物，应当没收。所谓"违禁品"，是指依照国家规定，公民不得私自留存、使用的物品，如枪支、弹药、毒品以及淫秽物品等。对违禁品，不管属于谁所有，法律规定都应予以没收。"供犯罪所用的本人财物"，是指供犯罪分子进行犯罪活动而使用的属于他本人所有的钱款和物品，如用于走私的运输工具等。如果这些财物不是犯罪分子本人的，而是借用或者擅自使用的他人财物，财物所有人事前不知是供犯罪使用的，应当予以返还。但是，对司法机关作为证据扣押的，需要等到案件审理结束后，再发还给财物所有人。如果通过照片、录像资料能够使原物充分发挥证据作用的，也可以将原物发还财物所有人，只保存照片、录像资料。

第四，对于依法没收的财物和罚金，一律上缴国库，不得私自挪用或者自行处理。这里所说的"上缴国库"，是指结案以后，由最后结案的单位统一上缴国家财政，不得挪作他用，如不能用于单位盖办公楼等；也不得随便处理，即不得私自低价变卖或者分给单位职工等。

第二节 累 犯

> **第六十五条 【一般累犯】**
> 被判处有期徒刑以上刑罚的犯罪分子,刑罚执行完毕或者赦免以后,在五年以内再犯应当判处有期徒刑以上刑罚之罪的,是累犯,应当从重处罚,但是过失犯罪和不满十八周岁的人犯罪的除外。
> 前款规定的期限,对于被假释的犯罪分子,从假释期满之日起计算。

【条文精解】

本条是关于累犯的概念以及对累犯如何处罚的规定。

本条共分两款。第一款是关于累犯的概念以及对累犯从重处罚的规定。

一般来说,累犯可以是指符合特定条件的再次犯罪的人,也可以是指需要依法考虑的一种量刑的情节,还可以理解为对特定对象的一种量刑制度。累犯涉及犯罪行为人的刑罚轻重,对累犯的构成条件以及量刑方法,应当由法律作出明确规定。根据本条第一款的规定,累犯是指在刑罚执行完毕或者赦免以后,在法定的期限内又犯应当判处刑罚之罪,依法应当予以从重处罚的情况。根据本款规定,构成累犯应当同时具备以下四个条件:

第一,行为人因前罪被判处有期徒刑以上刑罚,其所实施的新罪依法也应当被判处有期徒刑以上刑罚,即前后罪的刑罚都是有期徒刑以上的刑罚。这里的有期徒刑以上刑罚包括被判处有期徒刑、无期徒刑和死刑的情况。需要注意的是,后罪应当判处有期徒刑以上刑罚,是指根据后罪的性质、情节、社会危害程度等,属于应判处有期徒刑以上刑罚的情况,而不是指该罪的法定刑幅度中包含有期徒刑以上的刑罚。因此,如果后罪的法定刑当中规定了有期徒刑,但按照案件的具体情况,对行为人应当判处的刑罚为拘役、管制、单处罚金等的,则不符合作为累犯的条件。

第二,前罪和后罪的间隔时间不超过五年。后罪发生的时间必须在前罪的刑罚执行完毕或者赦免以后五年以内,即后罪犯罪行为实施之日,至前罪刑罚执行完毕释放之日或者赦免释放之日不满五年。在刑罚执行期间再犯罪的,不适用本款的规定,应当依照本法关于数罪并罚的规定处罚。这里所说的"刑罚执行完毕"是仅指主刑执行完毕,还是也包括罚金、剥夺政治权利等附加刑执行完毕,实践中存在不同认识。考虑本条是对被判处有期徒刑以上刑罚的犯罪分子构成累犯的规定，因此本条所说的"刑罚执行完毕"应是指有期徒刑以上的刑罚执行完毕。关于赦免，一般将赦免分为特赦和大赦，我国宪法只规定了特赦而没有规定大赦，因此，这里的"赦免以后"，应是指特赦以后。

第三，前罪和后罪必须都是故意犯罪。累犯不包括过失犯罪。前后罪中如果有一个罪是过失犯罪，就不符合累犯的条件。

第四，犯罪分子在犯前罪和后罪时必须都是年满十八周岁以上的人。如果犯前罪时是不满十八周岁的未成年人，即使犯后罪时年满十八周岁，也不可以将未满十八周岁时所犯的前罪与后罪一起计算，构成累犯。

根据本款规定，对于累犯应当从重处罚，即应当在法定刑的幅度内处以更重的刑罚。具体应当在犯罪行为人所犯罪行应适用的法定刑幅度内，适用相对没有累犯情节的情况下，更重的刑罚。从重处罚不能超越应当适用的刑罚幅度予以加重处罚，也不简单意味着在应当适用的刑罚幅度内一律判处最高刑罚，即"顶格"量刑。具体需要在依法确定行为人如果不属于累犯的情况下，应当适用的量刑幅度和应当判处的刑罚的基础上，进一步量定更为严厉的刑罚，要罚当其罪，体现罪责刑相适应。

第二款是关于被假释的罪犯，在认定是否构成累犯时，如何计算前后罪时间间隔是否在五年以内的规定。

根据本款的规定，对于被假释的犯罪分子，应当从假释期满之日起计算第一款规定的五年期限。刑法第八十一条规定，被判处有期徒刑的犯罪分子，执行原判刑期二分之一以上，被判处无期徒刑的犯罪分子，实际执行十三年以上，如果认真遵守监规，接受教育改造，确有悔改表现，没有再犯罪的危险的，可以假释。第八十五条规定，对假释的犯罪分子，在假释考验期限内，依法实行社区矫正，如果没有本法第八十六条规定的情形，假释考验期满，就认为原判刑罚已经执行完毕。根据上述规定，假释考验期满就视为刑罚执行完毕，因此，对于被假释的犯罪分子，在认定是否构成累犯时，其前后罪间隔时间从其假释考验期满之日起计算。

【实践中需要注意的问题】

首先，如何理解本条规定的"刑罚执行完毕"。实践中对于这一问题存在不同的认识，有的认为，"刑罚"是指主刑，而不包括附加刑，主刑执行完毕以后五年内再犯罪的，构成累犯。有的认为，"刑罚"不仅包括主刑，也包括附加刑，因为主刑和附加刑是一个统一的刑罚整体，不可割裂。2015年通过的《刑法修正案（九）》对数罪并罚制度的修改，又进一步增加了对上述主刑是仅指有期徒刑以上刑罚，还是也包括管制在内的争议。《刑法修正案（九）》在刑法第六十九条中增加一款，规定数罪中有判处有期徒刑和管制的，有期徒刑执行完毕后，管制仍须执行。这一修改，使得一个罪犯可能会被判处两个主刑，即有期徒刑和管制，那么对于犯罪分子同时被判处有期徒刑和管制的，都是主刑，其刑罚执行完毕的期限应当从有期徒刑执行完毕还是应当从管制执行完毕计算，也出现不同认识。有的认为，被同时判处有期徒刑和管制的，根据刑法第六十九条，有期徒刑执行完毕后，管制仍须执行，也就是说有期徒刑虽然执行完毕，但管制还在执行，并不能认为刑罚已经执行完毕，累犯的起算时间应当从管制执行完毕开始计算。我们认为，这里所说的"刑罚执行完毕"应当是有期徒刑以上刑罚执行完毕。因为刑法中"刑罚执行完毕"在数个条文中都有规定，在理解其含义时，必须结合刑法的具体规定，分析其本来含义和应有之义，不宜脱离开刑法规定的具体制度，简单化地一刀切。具体到对累犯条件中"刑罚执行完毕"的理解，自然应当根据刑法有关累犯制度的规定，结合累犯制度的立法目的等因素确定其含义。以有期徒刑执行完毕之日为累犯的起算时间的主要理由：一是根据本条规定，只有判处有期徒刑以上刑罚的犯罪分子才可能构成累犯，也就是说被判处拘役、管制或者单处罚金、剥夺政治权利等刑罚的，都不能构成累犯，因此，累犯的起算时间不适宜从拘役、管制或者单处罚金、剥夺政治权利等刑罚执行完毕之日开始计算。二是既然本条规定的是被判处有期徒刑以上刑罚的犯罪分子构成累犯，这体现了刑法在累犯构成条件上对前后罪的严重程度作了一定的限制，设置了构成累犯的"门槛"，即不是所有犯罪都作为构成累犯的条件予以考虑，那么刑罚执行完毕也应当是指所犯有期徒刑之罪的刑罚即有期徒刑执行完毕。有期徒刑执行完毕后犯罪分子已经被释放，根据刑法有关规定，被判处管制的，依法实行社区矫正，是在社会上服刑；罚金等附加刑也可以在社会上执行，因此，累犯的起算时间从有期徒刑执行完毕开始计算是适宜的，即使管制或者罚金等附加刑尚未执行完毕，也不影响累犯的起算时间。

其次，因故意犯罪被判处有期徒刑但适用缓刑的罪犯，再犯应判处有期徒刑以上刑罚的故意犯罪的，是否构成累犯，对这一问题也存在不同认识。有的人认为，缓刑考验期满以后五年以内再犯罪的，构成累犯。主要理由在于：一是宣告缓刑必须以判处刑罚为前提，被判处缓刑的犯罪分子，如果是被判处有期徒刑以上刑罚的，符合累犯的适用条件；二是从我国刑法的目的上看，规定累犯是为了预防犯罪，对于那些屡教不改、严重危害社会的犯罪分子应当给予严厉的惩处，对于缓刑考验期满后再犯罪的，有必要从重处罚。我们认为，刑法第七十六条规定，对宣告缓刑的犯罪分子，在缓刑考验期限内，依法实行社区矫正，如果没有本法第七十七条规定的情形，缓刑考验期满，原判的刑罚就不再执行。根据这一规定，缓刑属于附条件地不执行刑罚，考验期满原判刑罚不再执行，也就是说刑罚并没有执行。因此，被判处缓刑的犯罪分子不能认为已经执行了刑罚，也就不符合本条规定的"刑罚执行完毕"的条件，不能构成累犯。

第六十六条 【特殊累犯】

危害国家安全犯罪、恐怖活动犯罪、黑社会性质的组织犯罪的犯罪分子，在刑罚执行完毕或者赦免以后，在任何时候再犯上述任一类罪的，都以累犯论处。

【条文精解】

本条是关于危害国家安全犯罪、恐怖活动犯罪、黑社会性质的组织犯罪累犯的特殊规定。

根据本条规定，认定危害国家安全犯罪、恐怖活动犯罪、黑社会性质的组织犯罪的累犯，应当注意以下三个特点：

其一，犯罪分子所犯的前罪和后罪都是危害国家安全犯罪、恐怖活动犯罪、黑社会性质的组织犯罪。前罪或者后罪中一罪不属于上述犯罪范围的，不能构成本条规定的特殊累犯。但是，根据本条的规定，犯危害国家安全犯罪、恐怖活动犯罪、黑社会性质的组织犯罪的行为人，只要再犯这三类犯罪中的任一类犯罪的，均构成累犯。即前罪和后罪不需要同属一类犯罪，如犯危害国家安全犯罪者，再犯恐怖活动犯罪的，就构成累犯。

其二，不受刑法第六十五条关于构成累犯的前罪和后罪都应是"判处有期徒刑以上刑罚"的刑种条件限制。即前罪只要判处刑罚即可，后罪只要构成犯罪即可。

其三，不受刑法第六十五条关于构成累犯应在"刑罚执行完毕或者赦免以后，在五年以内再犯"的时间条件限制。即危害国家安全犯罪、恐怖活动犯罪、黑社会性质的组织犯罪的犯罪分子，在前罪的刑罚执行完毕或者赦免之后，不论何时再犯危害国家安全犯罪、恐怖活动犯罪、黑社会性质的组织犯罪，都构成累犯，不受五年期限的限制。

【实践中需要注意的问题】

实际执行中对于未成年人是否构成特殊累犯，在认识上存在分歧。有的认为，未成年人不构成累犯是在一般累犯的条款中规定的，不适用于特殊累犯，未成年人只要实施了危害国家安全犯罪、恐怖活动犯罪、黑社会性质的组织犯罪，在刑罚执行完毕或者赦免以后，在任何时候再犯前述任一类罪的，都要以累犯论处。也有的认为，不能一概而论，对于已满十四周岁不满十六周岁的未成年人不构成特殊累犯，而已满十六周岁不满十八周岁的未成年人构成特殊累犯。我们认为，2011年通过的《刑法修正案（八）》增加了未成年人犯罪不构成累犯的规定。这一规定主要是考虑到未成年人身心发育尚未成熟，对犯罪的未成年人更好地体现以教育、挽救为主的方针，以使他们能更好地接受教育矫正，便于他们以后顺利地融入社会。因此，未成年人不构成累犯属于对未成年人的特别规定，与刑法第十七条的规定一脉相承，不仅限于刑法第六十五条，也应当适用于本条关于特殊累犯的规定。同时，从刑法第六十五条和第六十六条的关系来看，第六十五条既是一般累犯的规定，也是对累犯制度的一般性和基础性规定；而第六十六条是刑法在确立累犯基本制度的基础上，进一步针对几类特殊犯罪作的专门性规定。刑法第六十六条的立法目的在于，针对几类特殊犯罪，考虑到再次犯罪充分表明其主观方面顽固坚持恐怖等立场和难以悔改的态度，给予其更为严厉的惩处。未成年人由于心智发育等方面的情况，具有较强的可塑性，既然不能构成一般累犯，也不应构成特殊累犯。另外，刑法关于未成年人不构成累犯的规定，与对特殊累犯增加恐怖活动犯罪、黑社会性质的组织犯罪的规定，都是2011年《刑法修正案（八）》中增加的体现宽严相济刑事政策的内容，对此问题立法机关做过专门研究，二者是并行不悖的。

第三节　自首和立功

第六十七条　【自首和坦白】

犯罪以后自动投案，如实供述自己的罪行的，是自首。对于自首的犯罪分子，可以从轻或者减轻处罚。其中，犯罪较轻的，可以免除处罚。

被采取强制措施的犯罪嫌疑人、被告人和正在服刑的罪犯，如实供述司法机关还未掌握的本人其他罪行的，以自首论。

犯罪嫌疑人虽不具有前两款规定的自首情节，但是如实供述自己罪行的，可以从轻处罚；因其如实供述自己罪行，避免特别严重后果发生的，可以减轻处罚。

【条文精解】

本条是关于自首的定义、对自首犯如何处罚以及对如实供述自己罪行的罪犯如何处罚的规定。

本条共分三款。第一款是关于自首的概念及其处罚原则的规定。根据本款规定，自首必须符合下列条件：

其一，犯罪以后自动投案。所谓"自动投案"，是指犯罪分子犯罪以后，犯罪事实未被司法机关发现以前，或者犯罪事实虽被发现，但不知何人所为；或者犯罪事实和犯罪分子均已被发现，但是尚未受到司法机关的传唤、讯问或者尚未采取强制措施之前，主动、直接到司法机关或者所在单位、基层组织等投案，接受审查和追诉。这里的"司法机关"应指所有的依法负有调查、处理违法犯罪案件相关职责的机关，包括公安机关、国家安全机关、监察机关、人民检察院、人民法院等。需要说明的是，实践中对于法律关于相关司法机关具体职责分工的规定，很多公民并不是很清楚或者认知不是很准确。因此，只要犯罪行为人确实出于主动投案，接受法律处理的目的，到有关机关自首，即使该机关不属于相关案件的法定管辖机关，也不因为这一点而影响其自首的成立。如行为人实施了间谍行为，为自首到公安机关投案，实际上案件应当由国家安全机关管辖；或者其到人民法院自首，而人民法院是审判机关，并不负责案件的侦查。这些机关接到犯罪行为人投案的，应当将其转交相应的具有案件管辖权的机关处理，这样的情况不影响其自首的成立。

其二，如实供述自己的罪行。所谓"如实供述自己的罪行"，是指犯罪分子投案以后，对于自己所犯的罪行，不管司法机关是否掌握，都必须如实地向司法机关供述,不能有隐瞒。至于有些细节或者情节,犯罪分子记不清楚或者确实无法说清楚的,不能认为是隐瞒。只要基本的犯罪事实和主要情节说清楚,就应当认为属于如实供述自己的罪行。如果犯罪分子避重就轻或者供述一部分,还保留一部分,企图蒙混过关,就不能认为是如实供述自己的罪行。对于共同犯罪中的犯罪分子不仅应供述自己的犯罪行为,还应供述与其共同实施犯罪的其他共犯的共同犯罪事实;对于犯有数罪的仅如实供述所犯数罪中部分犯罪的,只对如实供述部分犯罪的行为,认定为自首。实践中,有的犯罪嫌疑人自动投案并如实供述自己罪行后又翻供,最高人民法院《关于处理自首和立功具体应用法律若干问题的解释》第一条规定,对这种情况不能认定为自首;但在一审判决前又能如实供述的,应当认定为自首。

犯罪以后自动投案,如实供述自己的罪行以后,不能逃避司法机关的处理。虽然本条对此没有明确规定,但是自首的性质本身就包含主动投案,自愿接受法律处理的含义。因此,对于自首的犯罪行为人来说,只有自觉接受法律处理,而不是逃避追究,才能说明其确有悔改的诚意。如果投案后如实供述了自己的罪行,后来又逃跑了,逃避司法机关对其的侦查、起诉和审判,说明其自动投案不彻底,不是真正意义上的自首,不能认定为自首。

根据本款规定,对于自首的犯罪分子可以在法定刑的幅度内从轻或者减轻处罚。如果是犯罪较轻的,也可以免除处罚。具体确定是从轻、减轻还是免除处罚,以及从轻、减轻的幅度,都需要根据案件的具体情况,包括犯罪的事实、性质、情节、对社会的危害程度等,并考虑自首的具体情节、行为人悔罪程度等予以确定。

第二款是关于以自首论的规定。根据本款规定,必须同时具备以下条件的,才能以自首论:

第一,以自首论的对象有以下三种人:已经被司法机关采取强制措施的犯罪嫌疑人、被告人和正在服刑的罪犯。这里的"强制措施",是指我国刑事诉讼法规定的拘传、拘留、取保候审、监视居住、逮捕。"正在服刑",是指已经人民法院判决,正在执行刑罚的罪犯。

第二,如实供述的内容是司法机关还未掌握的本人其他罪行。这里所说的"司法机关还未掌握的本人其他罪行",是指司法机关根本不知道、还未掌握犯罪嫌疑人、被告人和正在服刑的罪犯的其他罪行,是司法机关正在追查或已经追究的行为人所犯罪行以外的其他犯罪行为。例如,司法机关正在对行为人的盗窃行为进行侦查,该犯罪嫌疑人又如实交代了司法机关未掌握的抢劫犯罪行为。对于共同犯罪来说,如果供述司法机关未掌握的他人的犯罪,也不属于这种情况,但是如果这种行为符合立功的条件的,应当按照刑法关于立功的规定处理。根据本款规定,只要符合上述条件,应当以自首论,按照本条第一款规定的原则处罚。应当注意的是,实践中,有的被告人自首后,对自己行为的性质进行辩解,这种情况不影响自首的成立。

第三款是对不具有前两款规定的"自首"以及"以自首论"的情节,但是如实供述自己罪行的,可以从轻或者减轻处罚的规定。坦白从宽是我国一贯的刑事政策,但"如实供述自己罪行"在司法实践中只是作为一种酌定量刑情节,在司法实践中适用时存在许多问题,如在侦查阶段的坦白、认罪,有时在审判阶段不被认可,甚至在个别的案件中存在因被告人的坦白使得司法机关认定了本来不掌握的罪行,而被判处较重的刑罚的情况,被戏称为"坦白从宽,牢底坐穿"。司法实践表明,到案后能够自愿认罪,也表现了犯罪嫌疑人改恶向善的意愿,相对于负隅顽抗,甚至故意编造谎言误导侦查、审判工作的犯罪嫌疑人而言,自愿认罪者也更易于改造,使用较轻的刑罚即可达到刑罚目的。如最高人民法院《关于处理自首和立功若干具体问题的意见》规定,犯罪嫌疑人被亲友采用捆绑等手段送到司法机关,或者在亲友带领侦查人员前来抓捕时无拒捕行为,并如实供认犯罪事实的,虽然不能认定为自动投案,但可以参照法律对自首的有关规定酌情从轻处罚。这一情形,在《刑法修正案(八)》出台之前,属于酌定从宽情节,现在根据本款规定,属于法定从宽情节。

根据本款规定,以下两种情况属于可以从宽处理的情形,但在从宽处理的幅度上有所不同。一是对一般的如实供述自己罪行的,可以从轻处罚;二是因其如实供述自己罪行,避免特别严重后果发生的,可以减轻处罚。其中的"如实供述自己罪行"和前两款的精神是一致的,应指自己犯罪的主要事实或者基本事实。"因其如实供述自己罪行,避免特别严重后果发生的",主要是指行为人已经实施了犯罪行为,但犯罪结果还没有发生或者没有全部发生,由于行为人的供述,使得有关方面能够采取措施避免了特别严重后果发生的情况。本款规定的从宽处理是"可以"从轻、减轻处罚,对行为人虽然如实供述了自己罪行,但犯罪情节比较恶劣的,也可以不从轻、减轻处罚。

【实践中需要注意的问题】

首先,关于"自动投案"的具体认定。除了比较典型的自动投案行为以外,实践中还有很多投案的情况比较复杂。为便于司法机关依法适用刑罚,1998年最高人民法院《关于处理自首和立功具体应用法律若干问题的解释》

第一条对"自动投案"的情形作了解释:(1)犯罪嫌疑人向其所在单位、城乡基层组织或者其他负责人员投案的。(2)犯罪嫌疑人因病、伤或者为了减轻犯罪后果,委托他人先代为投案,或者先以信电投案的。(3)罪行未被司法机关发觉,仅因形迹可疑被有关组织或者司法机关盘问、教育后,主动交代自己的罪行的。(4)犯罪后逃跑,在被通缉、追捕过程中,主动投案的。(5)经查实确已准备去投案,或者正在投案途中,被公安机关捕获的,应当视为自动投案。(6)并非出于犯罪嫌疑人主动,而是经亲友规劝、陪同投案的;公安机关通知犯罪嫌疑人的亲友,或者亲友主动报案后,将犯罪嫌疑人送去投案的,应当视为自动投案。2010年最高人民法院《关于处理自首和立功若干具体问题的意见》第一部分对"自动投案"的情形又作了补充:(1)犯罪后主动报案,虽未表明自己是作案人,但没有逃离现场,在司法机关询问时交代自己罪行的。(2)明知他人报案而在现场等待,抓捕时无拒捕行为,供认犯罪事实的。(3)在司法机关未确定犯罪嫌疑人,尚在一般性排查询问时主动交代自己罪行的。(4)因特定违法行为被采取行政拘留、司法拘留、强制隔离戒毒等行政、司法强制措施期间,主动向执行机关交代尚未被掌握的犯罪行为的。(5)罪行未被有关部门、司法机关发觉,仅因形迹可疑被盘问、教育后,主动交代了犯罪事实的,应当视为自动投案,但有关部门、司法机关在其身上、随身携带的物品、驾乘的交通工具等处发现与犯罪有关的物品的,不能认定为自动投案。(6)交通肇事后保护现场、抢救伤者,并向公安机关报告的,应认定自动投案,构成自首的,因上述行为同时系犯罪嫌疑人的法定义务,对其是否从宽、从宽幅度要适当从严掌握。交通肇事逃逸后自动投案,如实供述自己罪行的,应认定为自首,但应依法以较重法定刑为基准,视情决定对其是否从宽处罚以及从宽处罚的幅度。

其次,关于"如实供述自己的罪行"的具体认定。司法实践中对有些情形是否属于如实供述自己的罪行的认定存在不同认识,为便于司法机关依法适用刑罚,1998年最高人民法院《关于处理自首和立功具体应用法律若干问题的解释》第一条对"如实供述自己的罪行"的情形作了解释:(1)犯有数罪的犯罪嫌疑人仅如实供述所犯数罪中部分犯罪的,只对如实供述部分犯罪的行为,认定为自首。(2)共同犯罪案件中的犯罪嫌疑人,除如实供述自己的罪行,还应当供述所知的同案犯,主犯则应当供述所知其他同案的共同犯罪事实,才能认定为自首。(3)犯罪嫌疑人自动投案并如实供述自己的罪行后又翻供的,不能认定为自首,但在一审判决前又能如实供述的,应当认定为自首。2010年最高人民法院《关于处理自首和立功若干具体问题的意见》第二部分对"如实供述自己的罪行"认定作了补充:(1)如实供述自己的罪行,除供述自己的主要犯罪事实外,还应包括姓名、年龄、职业、住址、前科等情况。(2)犯罪嫌疑人供述的身份等情况与真实情况虽有差别,但不影响定罪量刑的,应认定为如实供述自己的罪行。犯罪嫌疑人自动投案后隐瞒自己的真实身份等情况,影响对其定罪量刑的,不能认定为如实供述自己的罪行。(3)犯罪嫌疑人多次实施同种罪行的,应当综合考虑已交代的犯罪事实与未交代的犯罪事实的危害程度,决定是否认定为如实供述主要犯罪事实。虽然投案后没有交代全部犯罪事实,但如实交代的犯罪情节重于未交代的犯罪情节,或者如实交代的犯罪数额多于未交代的犯罪数额,一般应认定为如实供述自己的主要犯罪事实。无法区分已交代的与未交代的犯罪情节的严重程度,或者已交代的犯罪数额与未交代的犯罪数额相当,一般不认定为如实供述自己的主要犯罪事实。(4)犯罪嫌疑人自动投案时虽然没有交代自己的主要犯罪事实,但在司法机关掌握其主要犯罪事实之前主动交代的,应认定为如实供述自己的罪行。

最后,关于"司法机关还未掌握的本人其他罪行"和"不同种罪行"的具体认定。由于司法实践对有些问题存在不同认识,2010年最高人民法院《关于处理自首和立功若干具体问题的意见》第三部分对"司法机关还未掌握的本人其他罪行"和"不同种罪行"的认定作了规定:(1)犯罪嫌疑人、被告人在被采取强制措施期间,向司法机关主动如实供述本人的其他罪行,该罪行能否认定为司法机关已掌握,应根据不同情形区别对待。如果该罪行已被通缉,一般应以该司法机关是否在通缉令发布范围内作出判断,不在通缉令发布范围内的,应认定为还未掌握,在通缉令发布范围内的,应视为已掌握;如果该罪行已录入全国公安信息网络在逃人员信息数据库,应视为已掌握。如果该罪行未被通缉、也未录入全国公安信息网络在逃人员信息数据库,应以该司法机关是否已实际掌握该罪行为标准。(2)犯罪嫌疑人、被告人在被采取强制措施期间如实供述本人其他罪行,该罪行与司法机关已掌握的罪行属同种罪行还是不同种罪行,一般应以罪名区分。虽然如实供述的其他罪行的罪名与司法机关已掌握犯罪的罪名不同,但如实供述的其他犯罪与司法机关已掌握的犯罪属选择性罪名或者在法律、事实上密切关联,如因受贿被采取强制措施后,又交代因受贿为他人谋取利益行为,构成滥用职权罪的,应认定为同种罪行。

第六十八条 【立功】

犯罪分子有揭发他人犯罪行为，查证属实的，或者提供重要线索，从而得以侦破其他案件等立功表现的，可以从轻或者减轻处罚；有重大立功表现的，可以减轻或者免除处罚。

【条文精解】

本条是关于犯罪分子有立功表现应当从宽处理的规定。

根据本条规定，作为量刑情节的立功，其主体是在案件侦查、审查起诉和庭审阶段的犯罪分子，其中庭审阶段包括一审庭审阶段和二审庭审阶段。

立功有以下常见表现形式：

一是犯罪分子有揭发他人犯罪行为，查证属实的。"犯罪分子揭发他人的犯罪行为"，是指犯罪分子归案以后，主动揭发其他人的犯罪行为，包括共同犯罪案件中的犯罪分子揭发同案犯共同犯罪以外的其他犯罪。揭发他人的犯罪行为，必须经过查证属实。"查证属实"是指必须经过司法机关查证以后，证明犯罪分子揭发的情况确实属实。如果经过查证，犯罪分子揭发的情况不属实或者不属于犯罪行为，那么也不算是犯罪分子有立功表现。

二是提供重要线索，从而得以侦破其他案件的。所谓"提供重要线索"，是指犯罪分子向司法机关提供未被司法机关掌握的重要犯罪线索，如证明犯罪行为的重要事实或提供有关证人等。这种提供必须是犯罪分子自身掌握的，是实事求是的，不能是编造的线索。"从而得以侦破其他案件"，是指司法机关根据犯罪分子提供的线索，查清了犯罪事实，侦破了其他案件。

此外，除上述两种立功表现形式外，实践中有的犯罪分子还有其他有利于国家和社会的突出表现，如阻止他人犯罪活动、协助司法机关抓捕其他犯罪分子（包括同案犯）等，也属于本条规定的立功。

根据本条规定，对于有立功表现的犯罪分子，可以从轻或者减轻处罚；对于有重大立功表现的，可以减轻或者免除处罚。所谓"重大立功表现"，是相对于一般立功表现而言，主要是指犯罪分子检举、揭发他人的重大犯罪行为，如揭发了一个犯罪集团或犯罪团伙，或者因其提供了犯罪的重要线索，才使一个重大犯罪案件得以侦破；阻止他人重大犯罪活动；协助司法机关抓捕其他重大犯罪分子（包括同案犯）；对国家和社会有其他重大贡献的；等等。一般而言，犯罪分子检举、揭发的他人犯罪，提供侦破其他案件的重要线索，阻止他人的犯罪活动，或者协助司法机关抓捕的其他犯罪嫌疑人，犯罪嫌疑人、被告人依法可能被判处无期徒刑以上刑罚的，应当认定为有重大立功表现。

【实践中需要注意的问题】

首先，关于"立功表现"的认定。为了便于司法机关正确适用法律，1998年最高人民法院《关于处理自首和立功具体应用法律若干问题的解释》第五条对"犯罪分子有揭发他人犯罪行为"的情形作了规定：（1）共同犯罪案件中的犯罪分子揭发同案犯共同犯罪以外的其他犯罪，经查证属实；（2）提供侦破其他案件的重要线索，经查证属实；（3）阻止他人犯罪活动；（4）协助司法机关抓捕其他犯罪嫌疑人（包括同案犯）；（5）具有其他有利于国家和社会的突出表现的。

另外，实践中在认定立功方面还有一些突出问题。一是有的犯罪嫌疑人为了立功以求得从宽处理，以金钱收买他人犯罪线索，贿赂他人获得犯罪线索等不正当手段"立功"。有的地方甚至形成所谓"线索黑市"。这些行为严重影响司法公正，损害司法权威，为此，2010年最高人民法院《关于处理自首和立功若干具体问题的意见》第四部分对"立功线索来源"的认定作了规定：（1）犯罪分子通过贿买、暴力、胁迫等非法手段，或者被羁押后与律师、亲友会见过程中违反监管规定，获取他人犯罪线索并"检举揭发"的，不能认定为有立功表现。（2）犯罪分子将本人以往查办犯罪职务活动中掌握的，或者从负有查办犯罪、监管职责的国家工作人员处获取的他人犯罪线索予以检举揭发的，不能认定为有立功表现。（3）犯罪分子亲友为使犯罪分子"立功"，向司法机关提供他人犯罪线索、协助抓捕犯罪嫌疑人的，不能认定为犯罪分子有立功表现。二是司法实践中对于如何认定"协助抓捕其他犯罪嫌疑人"往往存在不同认识，为此，最高人民法院在上述意见的第五部分对"协助抓捕其他犯罪嫌疑人"的认定作了规定：（1）按照司法机关的安排，以打电话、发信息等方式将其他犯罪嫌疑人（包括同案犯）约至指定地点的；（2）按照司法机关的安排，当场指认、辨认其他犯罪嫌疑人（包括同案犯）的；（3）带领侦查人员抓获其他犯罪嫌疑人（包括同案犯）的；（4）提供司法机关尚未掌握的其他案件犯罪嫌疑人的联络方式、藏匿地址的等。

其次，在司法实践中应当注意，对于具有立功情节的犯罪分子，应当结合案件的性质、危害后果、犯罪分子的人身危险性等因素综合考虑，依法决定是否对其从轻、减轻或者免除处罚以及从轻、减轻处罚的幅度。对于自首后又有重大立功表现的犯罪分子，刑法虽然删除了应当减轻或者免除处罚的规定，但是考虑到这类犯罪分子的立功行为客观上有利于打击犯罪，主观上有的也具有明显的悔罪意识，人身危险性有所降低，原则上可以结合案件具体情况减轻或者免除处罚。

第四节　数罪并罚

第六十九条　【数罪并罚的一般规定】

判决宣告以前一人犯数罪的，除判处死刑和无期徒刑的以外，应当在总和刑期以下、数刑中最高刑期以上，酌情决定执行的刑期，但是管制最高不能超过三年，拘役最高不能超过一年，有期徒刑总和刑期不满三十五年的，最高不能超过二十年，总和刑期在三十五年以上的，最高不能超过二十五年。

数罪中有判处有期徒刑和拘役的，执行有期徒刑。数罪中有判处有期徒刑和管制，或者拘役和管制的，有期徒刑、拘役执行完毕后，管制仍须执行。

数罪中有判处附加刑的，附加刑仍须执行，其中附加刑种类相同的，合并执行，种类不同的，分别执行。

【条文精解】

本条是关于数罪并罚一般原则的规定。

本条共分三款。第一款是关于判决宣告以前一人犯数罪的应当如何决定执行刑罚的一般性规定。

本款规定主要包含以下两个方面的内容：

第一，对数罪中有一罪被判死刑、无期徒刑的，数罪并罚采用吸收原则。对于犯罪分子犯有数罪的，都应对各罪分别作出判决，而不能"估堆"判处刑罚。对犯罪分子的各罪判处的刑罚中，有死刑或者无期徒刑的，由于死刑是以剥夺生命为内容的最严厉的刑罚，而无期徒刑属于终身剥夺自由的刑罚，这两种刑罚的特殊性决定了在适用本款规定的并罚原则时，实际上死刑和无期徒刑就会吸收其他主刑，即在有死刑的数罪中实际执行死刑，在没有判处死刑而有无期徒刑和其他主刑的数罪中实际执行无期徒刑。也就是说：（1）数罪中无论判处几个死刑或者最重刑为死刑时，只执行一个死刑，不再执行其他无期徒刑、有期徒刑、拘役或者管制。(2)数罪中无论判处几个无期徒刑或者最重刑为无期徒刑时,只执行一个无期徒刑,不再执行其他无期徒刑、有期徒刑、拘役或者管制。

第二,对数罪判处数个有期徒刑或者数个拘役或者数个管制的,数罪并罚采用限制加重原则。根据本款规定,对于判决宣告之前一人犯有两种或者两种以上不同的罪,总的处罚原则是:在总和刑期以下、数刑中最高刑期以上,酌情决定执行的刑期。有期徒刑、拘役、管制都是有期限的,数罪并罚时的限制加重,主要体现在以下三个方面:一是受总和刑期的限制。"总和刑期",是指将犯罪分子的各个不同的罪,分别依照刑法确定刑期后相加得出的刑期总数。根据本款规定,必须在总和刑期以下决定执行的刑期,也就是说,执行的刑期不能超过总和刑期。二是受数罪中最高刑的限制。根据本款规定,必须在数罪中最高刑期以上决定执行的刑期,也就是说,不能低于数罪中判处的最高刑。"数刑中最高刑期",是指对数个犯罪确定的刑期中最长的刑期。对于被告人犯有数罪的,人民法院在量刑时,应当先就数罪中的每一种犯罪分别量刑,然后再把各罪判处的刑罚相加,计算出总和刑期,最后在数罪中的最高刑期以上、数罪总和刑期以下决定执行的刑罚。如被告人在判决宣告之前犯有强奸罪和抢劫罪,强奸罪判处有期徒刑十年,抢劫罪判处有期徒刑八年,这两种罪中最高刑期为强奸罪所判处的十年,总和刑期为十八年,人民法院应当在十年以上十八年以下决定应执行的刑期。三是受本款确定的相应刑种最高刑期的限制。(1)根据本款规定,管制最高不能超过三年。需要注意的是,刑法第三十八条规定,管制的最高刑期为二年,该最高刑期是对于一罪而言的,根据本款关于管制的数罪并罚的最高刑期的规定,对于数个罪都被判处管制的,不论管制的总和刑期多少年,决定执行的管制刑期最高不能超过三年。(2)根据本款规定,拘役最高不能超过一年。需要注意的是,刑法第四十二条规定,拘役的最高刑期为六个月,该最高刑期是对于一罪而言的,根据本款关于拘役的数罪并罚的最高刑期的规定,对于数个罪都被判处拘役的,不论拘役的总和刑期多少年,决定执行的拘役刑期不能超过一年。(3)根据本款规定,有期徒刑总和刑期不满三十五年的,最高不能超过二十年,总和刑期在三十五年以上的,最高不能超过二十五年。需要注意的是,刑法第四十五条规定,有期徒刑的最高刑期为十五年,该最高刑期是对于一罪而言的,根据本款关于有期徒刑的数罪并罚的最高刑期的规定,对于数个罪都被判处有期徒刑的,将每个犯罪判处的有期徒刑刑期相加计算得出总和刑期,对于总和刑期不满三十五年的,数罪并罚的期限不能超过二十年,即在数刑中最高刑以上、总和刑期（最长为二十年）以下决定执行的刑期。对于总和刑期等于或者超过三十五年的，数罪并罚的期限最高不能超过二十五年，即在数刑中最高刑以上、二十五年以下决定执行的刑期。

第二款是关于被判处有期徒刑、拘役、管制不同种刑罚如何并罚的规定。

本款包含以下两个方面的内容：第一，对数罪中有判处有期徒刑和拘役的，数罪并罚采用吸收原则。根据本款规定，数罪中有判处有期徒刑和拘役的，执行有期徒刑，拘役不再执行，实际上相当于有期徒刑吸收了拘役。也就是说，对于一人因犯数罪被判处有期徒刑和拘役的，只执行有期徒刑，拘役因被吸收而不再执行。第二，数罪中有判处有期徒刑和管制，或者拘役和管制的，数罪并罚采用并科原则，即有期徒刑、拘役执行完毕后，管制仍须执行，也就是说，管制刑不能被有期徒刑、拘役所吸收。对于数罪中同时被判处有期徒刑、拘役和管制的，执行有期徒刑，拘役不再执行，但管制仍须执行，也就是说，对该罪犯在执行有期徒刑后，再执行管制。

第三款是关于数罪中有判处附加刑的，附加刑如何执行的规定。

根据本款规定，在数罪中有一个罪判处附加刑，或者数罪都判处附加刑，附加刑种类相同的，合并之后一并执行，种类不同的，同时或者依次分别执行。"合并执行"，是指对于种类相同的多个附加刑，期限或者数额相加之后一并执行，比如同时判处多个罚金刑的，罚金数额相加之后一并执行，同时判处多个剥夺政治权利的，将数个剥夺政治权利的期限相加执行。需要注意的是，相同种类的多个附加刑并不适用限制加重原则。

【实践中需要注意的问题】

第一，根据本条第二款规定，数罪中有判处有期徒刑和拘役的，执行有期徒刑，拘役不再执行，在拘役被有期徒刑吸收时，该罪的罚金、剥夺政治权利等附加刑则不能被吸收，附加刑仍然应当按照本条第三款的规定，种类相同的，合并执行，种类不同的，分别执行。

第二，对被判处剥夺政治权利的合并执行问题。根据本条规定，附加刑种类相同的，合并执行。实践中主要有两种情况：一是被判处数个一定期限的剥夺政治权利的，剥夺政治权利的期限相加，然后一并执行相加后的剥夺政治权利期限，执行的期限不受刑法第五十五条规定的五年期限的限制，这是因为刑法第五十五条规定的剥夺政治权利期限是一个罪判处的期限，对于数罪的应当按照本条规定执行。二是被判处数个剥夺政治权利的，其中只要有一个剥夺政治权利终身的，只执行一个剥夺政治权利终身，这是因为如果罪犯被判处剥夺政治权利终身，也就是其在任何时期都无法行使权利，因此，即使罪犯被判处数个剥夺政治权利，也只能执行一个剥夺政治权利终身。

> **第七十条** 【判决宣告后发现漏罪的并罚】
> 判决宣告以后，刑罚执行完毕以前，发现被判刑的犯罪分子在判决宣告以前还有其他罪没有判决的，应当对新发现的罪作出判决，把前后两个判决所判处的刑罚，依照本法第六十九条的规定，决定执行的刑罚。已经执行的刑期，应当计算在新判决决定的刑期以内。

【条文精解】

本条是关于判决宣告以后，刑罚执行完毕以前，发现被判刑的犯罪分子在判决宣告之前，还有其他罪没有判决的，应当如何数罪并罚的规定。

根据本条规定，在判决宣告以后，刑罚执行完毕以前，发现有漏罪没有判决的，应当对新发现的罪作出判决，再把前后两个或几个判决所判处的刑罚相加，按照本法第六十九条规定的数罪并罚的原则，决定应执行的刑罚，然后再减去罪犯已经执行的刑期，剩余的刑期就是罪犯应当继续执行的刑期。

本条中所说的"其他罪"，是指漏罪。漏罪发现的时间，必须是在判决宣告以后，刑罚执行完毕以前，即犯罪分子在服刑期间。发现的漏罪必须是司法机关判决宣告之前已经发生的犯罪，并且犯罪应当是依法应当判处刑罚而没有判处的其他罪，不是判决以后新犯的罪。这里所说的"发现"，是指通过司法机关侦查、他人揭发或犯罪分子自首等途径发现犯罪分子还有其他罪行。所说的"两个判决所判处的刑罚"，是指已经交付执行的判决确定的执行刑期和对犯罪分子在原判决宣告之前的漏罪所判处的刑期。"已经执行的刑期应当计算在新判决决定的刑期以内"，是指重新判决决定执行的刑期应当包括犯罪分子已经执行的刑期。比如甲犯因盗窃罪被判处十三年有期徒刑，在刑罚执行八年后发现还有漏罪被判处十年有期徒刑，那么前后罪并罚时，根据"先并后减"的方法，在总和刑期以下即二十三年以下，数罪中最高刑期以上即十三年以上，再根据总和刑期不满三十五年的，最高不能超过二十年的规定，应当在十三年以上二十年以下确定需要执行的刑期；假定决定执行的刑期为十八年，之后再减去八年已经执行的刑期，还需要执行的刑期为十年有期徒刑。

【实践中需要注意的问题】

首先，刑罚执行完毕以前，罪犯因漏罪或者又犯新罪数罪并罚时，其在执行原判决确定的刑罚过程中如果有过减刑的情况，相关减刑裁定应如何处理的问题。2012年最高人民法院《关于罪犯因漏罪、新罪数罪并罚时原减刑裁定应如何处理的意见》规定，罪犯被裁定减刑后，因被发现漏罪或者又犯新罪而依法进行数罪并罚时，经减刑裁定减去的刑期不计入已经执行的刑期；在此后对因漏罪数罪并罚的罪犯依法减刑，决定减刑的频次、幅度时，应当对其原经减刑裁定减去的刑期酌情予以考虑。这样规定，实际上就是对此前执行期间的减刑裁定的效力未予直接承认，主要理由是此前执行的判决因为发现漏罪而需要与就漏罪作出的判决按照数罪并罚的规定重新决定执行的刑罚，之前判决执行期间的减刑裁定针对的判决已经不存在了，相关减刑裁定也无法直接认定为有效。对此，实践中存在不同的认识。有的认为，被减刑裁定减去的刑期如果不计入已经执行的刑期，仅靠法官在今后刑罚执行中酌情考虑是无法弥补的，这对罪犯来说过于严苛，特别是有的判处长刑的案件，在长期服刑过程中可能已经数次减刑，都不予承认，罪犯实际服刑期限会很长，对罪犯不公平，也不利于对其的教育改造。针对这方面的复杂情况，2017年1月1日起施行的最高人民法院《关于办理减刑、假释案件具体应用法律的规定》第三十四条规定："罪犯被裁定减刑后，刑罚执行期间因发现漏罪而数罪并罚的，原减刑裁定自动失效。如漏罪系罪犯主动交代的，对其原减去的刑期，由执行机关报请有管辖权的人民法院重新作出减刑裁定，予以确认；如漏罪系有关机关发现或者他人检举揭发的，由执行机关报请有管辖权的人民法院，在原减刑裁定减去的刑期总和之内，酌情重新裁定。"第三十五条规定："被判处死刑缓期执行的罪犯，在死刑缓期执行期内被发现漏罪，依据刑法第七十条规定数罪并罚，决定执行死刑缓期执行的，死刑缓期执行期间自新判决确定之日起计算，已经执行的死刑缓期执行期间计入新判决的死刑缓期执行期间内，但漏罪被判处死刑缓期执行的除外。"第三十六条规定："被判处死刑缓期执行的罪犯，在死刑缓期执行期满后被发现漏罪，依据刑法第七十条规定数罪并罚，决定执行死刑缓期执行的，交付执行时对罪犯实际执行无期徒刑，死缓考验期不再执行，但漏罪被判处死刑缓期执行的除外。在无期徒刑减为有期徒刑时，前罪死刑缓期执行减为无期徒刑之日起至新判决生效之日止已经实际执行的刑期，应当计算在减刑裁定决定执行的刑期以内。原减刑裁定减去的刑期依照本规定第三十四条处理。"第三十七条规定："被判处无期徒刑的罪犯在减为有期徒刑后因发现漏罪，依据刑法第七十条规定数罪并罚，决定执行无期徒刑的，前罪无期徒刑生效之日起至新判决生效之日止已经实际执行的刑期，应当在新判决的无期徒刑减为有期徒刑时，在减刑裁定决定执行的刑期内扣减。无期徒刑罪犯减为有期徒刑后因发现漏罪判处三年有期徒刑以下刑罚，数罪并罚决定执行无期徒刑的，在新判决生效后执行一年以上，符合减刑条件的，可以减为有期徒刑，减刑幅度依照本规定第八条、第九条的规定执行。原减刑裁定减去的刑期依照本规定第三十四条处理。"

其次，对于第一审人民法院的判决宣告以后，因被告人提出上诉或者检察院提出抗诉，判决尚未发生法律效力的，如果第二审人民法院在审理期间，发现原审被告人在第一审判决宣告以前还有漏罪没有判决的，应当如何处理的问题。对于这种情况，第二审人民法院一般应当裁定撤销原判，发回原审人民法院重新审判，原审人民法院重新审判时，由于上诉或抗诉期间，判决没有生效，不属于判决宣告以后的情形，不能适用本条规定的先并后减的方法，应当依照刑法第六十九条规定的数罪并罚原则处理。

第七十一条 【判决宣告后又犯新罪的并罚】

判决宣告以后，刑罚执行完毕以前，被判刑的犯罪分子又犯罪的，应当对新犯的罪作出判决，把前罪没有执行的刑罚和后罪所判处的刑罚，依照本法第六十九条的规定，决定执行的刑罚。

【条文精解】

本条是关于犯罪分子在刑罚执行的过程中又犯新罪的，应当如何数罪并罚的规定。

根据本条规定，犯罪分子又犯新罪的时间，必须是在判决宣告以后，刑罚执行完毕之前，即犯罪分子在刑罚执行期间。"被判刑的犯罪分子又犯罪的"，是指被判刑的犯罪分子在刑罚执行期间又犯依照刑法应当受到刑罚处罚的新罪。根据本条规定，对在执行刑罚期间又犯新罪的，应当先对犯罪分子所犯的新罪作出判决，再将新罪判处的刑期与前罪未执行的刑期相加，依照本法第六十九条的规定，决定应执行的刑期。"没有执行的刑罚"，也就是原判刑罚没有执行完的剩余部分，如原判决对犯罪分子确定的刑罚是十年，对新犯的罪作出判决时，犯罪分子已经执行了五年，原判决没有执行完的刑罚就是五年。刑罚尚未执行完毕正在服刑期间又犯新罪，说明行为人未能积极接受教育改造，人身危险性比较大，相比在刑罚执行完毕以前发现漏罪没有判决的情况，应当给予更为严厉的惩戒。因此，本条对在服刑中的罪犯又犯新罪实行数罪并罚规定了"先减后并"的并罚原则，体现了对这类犯罪情形从严打击的精神。比如甲犯因盗窃罪被判处十三年有期徒刑，在刑罚执行八年后又犯罪故意伤害罪被判处十年有期徒刑，那么前后两罪并罚时，根据"先减后并"的方法，先以原来的判决刑期减去已经执行的刑期，剩余刑期五年，再将剩余五年刑期与新犯的故意伤害罪的刑期按照刑法第六十九条的规定实行数罪并罚。这样，在总和刑期十五年以下，数罪中最高刑期十年以上，即十年至十五年之间确定应当执行的刑期。一般来说，适用"先减后并"的方法比适用"先并后减"的方法执行结果更重。一是先前已经实际执行的刑期不计算在新判决确定的刑期以内，其将来实际执行的最低刑期会提高。一般情况下，在刑罚执行期间，犯罪分子所犯新罪的时间距离原判决决定的刑罚执行的时间越远，数罪并罚实际执行的最低刑期可能就越高。二是实际执行的最高刑期限度，可能超过数罪并罚法定最高刑期的限制。一般情况下，在新罪所判处的刑期与原判决尚未执行完毕的剩余刑期之和长于数罪并罚法定最高刑期的情况下，实际执行的最高刑期长于数罪并罚法定最高刑期。

【实践中需要注意的问题】

本条所说的"刑罚执行完毕"，应当是指主刑执行完毕，而不包括罚金、剥夺政治权利等附加刑。关于这个问题，实践中存在不同认识，有一种观点认为，刑法第三十二条规定的刑罚包括主刑和附加刑，因此这里的刑罚应作同样理解。这种理解是不正确的。虽然一般来说法律中用语的含义应保持一致，但在具体确定用语含义时，还要结合用语的各种背景情况，包括所在条文、涉及的具体制度等，确定其最符合立法本意的含义，简单套用一个解释模式适用于所有的规定，有时可能会出现矛盾或者不合情理的解释结果。根据刑法第七十条、第七十一条的规定，判决宣告以后，刑罚执行完毕以前，发现犯罪分子有漏罪或者又犯新罪的，依照第六十九条的规定，决定执行的刑罚。而刑法第六十九条主要是针对主刑规定了实行数罪并罚的具体方法，包括吸收、限制加重等；对于附加刑，则是在该条第三款另行规定的，实际上实行的是简单并科。就数罪并罚制度的本质来说，实际上是协调数个罪的判决之间的关系，以最终决定要执行的刑罚，即对各罪的宣告刑按照数罪并罚规则处理之后确定执行刑。如果将"刑罚执行完毕以前"理解为包括附加刑，实际上就是针对主刑已经执行完毕，而附加刑尚未执行完毕的情况，这种情况下，对于主刑而言，已经执行完毕，无从与新罪判决的主刑数罪并罚，对附加刑而言，只需继续执行，不存在需要数罪并罚的必要。因此，这里的"刑罚执行完毕以前"，结合语言环境和数罪并罚制度本意，应指主刑执行完毕以前，否则是没有实际意义的。

根据2017年1月1日起施行的最高人民法院《关于办理减刑、假释案件具体应用法律的规定》第三十三条的规定，罪犯被裁定减刑后，刑罚执行期间因故意犯罪而数罪并罚时，经减刑裁定减去的刑期不计入已经执行的刑期。原判死刑缓期执行减为无期徒刑、有期徒刑，或者无期徒刑减为有期徒刑的裁定继续有效。

第五节 缓 刑

第七十二条 【缓刑的条件】

对于被判处拘役、三年以下有期徒刑的犯罪分子，同时符合下列条件的，可以宣告缓刑，对其中不满十八周岁的人、怀孕的妇女和已满七十五周岁的人，应当宣告缓刑：

（一）犯罪情节较轻；

（二）有悔罪表现；

（三）没有再犯罪的危险；

（四）宣告缓刑对所居住社区没有重大不良影响。

宣告缓刑，可以根据犯罪情况，同时禁止犯罪分子在缓刑考验期限内从事特定活动，进入特定区域、场所，接触特定的人。

被宣告缓刑的犯罪分子，如果被判处附加刑，附加刑仍须执行。

【条文精解】

本条是关于缓刑的对象、条件以及宣告缓刑可以同时附加禁止令的规定。

缓刑，是一种刑事执行制度，而不是一种刑罚。缓刑，是指对罪行较轻的罪犯，在其符合法定条件的情况下，可以在一定的期间内不予关押，暂缓其刑罚的执行，以促进其悔过自新的一种刑事执行制度。实行缓刑制度，可以弥补短期自由刑的不足，避免恶性较轻的罪犯在监狱"交叉感染"其他恶习；对缓刑犯不予关押，使其个人、家庭维持基本生活状态，不受影响，从而有利于改造罪犯,也有利于社会的稳定。我国近代"缓刑"制度初见于《大清新刑律》,此后的《中华民国暂行新刑律》《中华民国刑法》等均规定了缓刑制度。新中国成立后,借鉴中外立法的经验,结合我国实际情况,建立了自己的缓刑制度,新中国成立初期的一些刑事法规和司法文件已有关于缓刑的规定和解释,并在司法实践中广泛运用,如1950年中央人民政府司法部发布的《关于假释、缓刑、剥夺公权等问题的解释》规定"缓刑一般适用于对社会危害较小的,且依据具体情况又暂不执行为宜的徒刑犯"。1953年最高人民法院在关于缓刑问题的复函中指出,缓刑适用于对社会危害不大,处刑较轻,并因其他具体情况以暂不执行为宜的被告人,即于判决罪刑时,同时宣告缓刑若干时期。这些实践都为我国确立系统的缓刑制度打下了良好的基础。

  本条共分三款。第一款是关于适用缓刑的对象和条件的规定。根据本款规定,适用缓刑的前提有两个:一是适用缓刑的对象,必须是被判处拘役、三年以下有期徒刑的特定的犯罪分子。二是同时符合犯罪情节较轻、有悔罪表现、没有再犯罪的危险、宣告缓刑对所居住社区没有重大不良影响四项条件。是否可以适用缓刑的关键是看适用缓刑的犯罪分子是否具有社会危害性,只有不予关押不会危害社会的,才能适用缓刑。如果犯罪分子有可能危害社会,即使是被判处拘役、三年以下有期徒刑,也不能适用缓刑。是否具有社会危害性,应当根据犯罪分子的犯罪情节、悔罪表现、有无再犯罪的危险以及宣告缓刑是否会对所居住社区造成重大不良影响四个条件综合加以判断。"犯罪情节较轻"是指犯罪人的行为性质不严重、犯罪情节不恶劣,如果犯罪情节恶劣、性质严重,则不能适用缓刑;"有悔罪表现"是指犯罪人对于其犯罪行为能够认识到错误,真诚悔悟并有悔改的意愿和行为,同时积极向被害人道歉、赔偿被害人的损失、获取被害人的谅解等;"没有再犯罪的危险"是指对犯罪人适用缓刑,其不会再次犯罪,如果犯罪人有可能再次侵害被害人,或者是由于生活条件、环境的影响而可能再次犯罪,比如犯罪人为常习犯等,则不能对其适用缓刑;"宣告缓刑对所居住社区没有重大不良影响"是指对犯罪人适用缓刑不会对其所居住社区的安全、秩序和稳定带来重大不良影响,这种影响必须是重大的、现实的,具体情形由法官根据个案情况来判断。适用缓刑的两个前提必须同时具备,缺一不可。如果根据案件的具体情节和罪犯的表现,不关押不足以教育改造和预防犯罪,就不能适用缓刑;或者罪犯虽然不再具有社会危害性,但判刑较重,超过三年有期徒刑的,也不能适用缓刑。

  对于一般主体,符合适用缓刑条件的,法律规定可以适用缓刑,从而赋予法官一定的自由裁量权,法官依据案件情况决定宣告缓刑,也可以不适用缓刑。但是，根据修改后的规定，对于符合上述适用缓刑条件的不满十八周岁的人、怀孕的妇女和已满七十五周岁的人三类主体，应当宣告缓刑，即只要符合适用缓刑条件，就应当适用缓刑。需要指出的是，这三类主体适用缓刑也必须是被判处拘役、三年以下有期徒刑，同时符合犯罪情节较轻、有悔罪表现、没有再犯罪的危险、宣告缓刑对所居住社区没有重大不良影响四项条件，如果不符合上述条件，也不能宣告缓刑。

　　第二款是关于对宣告缓刑的犯罪分子，可以根据案件情况附加禁止令的规定。为了维护社会稳定，保护被害人、证人人身安全，同时为了帮助适用缓刑的犯罪分子改过自新，防止其再次犯罪，法律规定法官可以用禁止令的方式，对于被宣告缓刑的犯罪分子有针对性地在缓刑考验期限内进行一定的约束。禁止令的内容应体现在判决中，具有强制性的法律效力，犯罪分子必须遵守。"根据犯罪情况"主要是指根据犯罪分子的犯罪情节、生活环境、是否有不良癖好等确定禁止令的内容。禁止令限定的"特定活动""特定区域、场所""特定的人"应当与原犯罪有关联，防止引发被宣告缓刑犯罪分子的再次犯罪，或者是为了确保犯罪分子遵守非监禁刑所要求的相关义务，总之，禁止令的内容应当有正当理由或者是基于合理推断，而不能是随意规定，比如"特定活动"是与原犯罪行为相关联的活动，"特定的人"是原犯罪行为的被害人及其近亲属、特定的证人等，"特定区域、场所"是原犯罪的区域、场所以及与原犯罪场所相类似的场所、区域等。本款为选择性适用规定，由法官决定在宣告缓刑的同时是否有必要规定禁止令，如果法官认为没有必要则可以不作规定。

　　第三款是关于被宣告缓刑的犯罪分子，如果被判处附加刑，附加刑仍须执行的规定。根据本款的规定，缓刑的效力不及于附加刑，无论缓刑是否撤销，也不论是何种附加刑，附加刑都不能免除执行。

【实践中需要注意的问题】

　　首先，缓刑不同于死刑缓期执行。二者虽然都是有条件地不执行原判刑罚，都不是独立的刑种，但在适用对象、执行方法、考验期限和法律后果等方面存在本质区别：（1）缓刑适用于被判处拘役或者三年以下有期徒刑的犯罪人；死缓适用于应当判处死刑但不是必须立即执行的犯罪人。（2）对于宣告缓刑的犯罪人不予关押；对于宣告死缓的犯罪人必须予以监禁，并强迫劳动改造，以观后效。（3）缓刑的考验期限，依所判处的刑种与刑期不同而有不同的法定期限；死缓的考验期为二年。（4）缓刑的后果要么是原判刑罚不再执行，要么是执行原判刑罚乃至数罪并罚；死缓的后果根据情况既可能是减为无期徒刑或有期徒刑，也可能是执行死刑。

其次，缓刑与对军人的"战时缓刑"也有区别。刑法第四百四十九条规定："在战时，对被判处三年以下有期徒刑没有现实危险宣告缓刑的犯罪军人，允许其戴罪立功，确有立功表现时，可以撤销原判刑罚，不以犯罪论处。"可以看出，战时缓刑虽然属于一种特殊缓刑，但实际上是刑事责任消灭的一种特殊方式。缓刑与战时缓刑在适用的时间、适用的对象、适用的条件、考验的内容、法律后果等方面存在相当明显的区别。

第七十三条　【缓刑考验期限】

拘役的缓刑考验期限为原判刑期以上一年以下，但是不能少于二个月。

有期徒刑的缓刑考验期限为原判刑期以上五年以下，但是不能少于一年。

缓刑考验期限，从判决确定之日起计算。

【条文精解】

本条是关于缓刑考验期限的规定。

缓刑考验期限是指人民法院在宣告缓刑时，依照法律的规定并结合案件的具体情况，对犯罪分子暂缓执行原判刑罚，放在社会上进行考察的期限。决定缓刑考验期限，应当根据犯罪分子犯罪的情节、悔罪的表现以及判处的刑期，在法律规定的幅度内决定犯罪分子的考验期限。在缓刑考验期对犯罪分子的人身危险性进行考察，如果没有刑法第七十七条规定情形的，就不再执行原判刑罚。

本条共分三款。第一款规定了被判处拘役的犯罪分子的缓刑考验期限为原判刑期以上一年以下，但不能少于二个月。根据刑法第四十二条的规定，拘役的期限为一个月以上六个月以下，数罪并罚不能超过一年。即使犯罪分子被判处一个月的拘役，拘役的缓刑考验期限也不能少于二个月；如果实行数罪并罚，犯罪分子被判处一年的拘役，缓刑的考验期限可以确定为一年。

第二款规定了对被判处有期徒刑的犯罪分子的缓刑考验期限为原判刑期以上五年以下，但是不能少于一年。根据本法第四十五条的规定，有期徒刑的期限，一般为六个月以上十五年以下。对于犯罪分子被判处一年以下有期徒刑的，缓刑考验期限也不能少于一年；犯罪分子被判处五年以上有期徒刑的，缓刑考验期限也不能超过五年。

第三款规定了缓刑考验期限，应当从判决确定之日起计算。所谓判决确定之日，即判决发生法律效力之日。如果提出上诉或抗诉后，则应从终审判决确定之日起计算。判决确定以前先行羁押的日数不能折抵缓刑考验期限，因为缓刑期间并未执行刑罚。如果撤销缓刑，执行原判刑罚的，则之前的羁押日期可以折抵刑期。

【实践中需要注意的问题】

实际执行中应当注意以下问题：人民法院应当在本条规定的法定期限内酌情裁量考验期限的长短，缓刑考验期可以等于原判刑期，也可以高于原判刑期，但不能低于原判刑期。考验期限过长或过短，都不能充分有效地发挥缓刑制度的作用：考验期限过长，会给犯罪人造成不必要的精神压力，不利于其改过自新；考验期限过短，难以考察犯罪人是否得到改造，也有失刑罚的严肃性。

第七十四条【累犯、犯罪集团的首要分子不适用缓刑】
对于累犯和犯罪集团的首要分子，不适用缓刑。

【条文精解】

本条是关于累犯、犯罪集团的首要分子不适用缓刑的规定。

累犯的概念在刑法第六十五条已经阐述过，由于累犯主观恶性大，具有屡教不改的特点，对社会危害性很大，如果不关押执行，而适用缓刑任其在社会上游荡，会有再次危害社会的危险性。因此，本条规定，对于累犯不适用缓刑，体现了对累犯从严管理、从重打击的精神。这样规定并不意味着累犯就没有出路了，累犯可以在狱中好好改造，认真悔过，如果表现良好，还可以获得减刑等。

本条规定的"犯罪集团"，是指刑法第二十六条规定的，三人以上为共同实施犯罪而组成的较为固定的犯罪组织。"犯罪集团的首要分子"，是指在犯罪集团进行犯罪活动中起组织、领导作用的主要犯罪分子。犯罪集团的首要分子在犯罪集团中起组织、领导作用，这类犯罪集团经常多次犯罪，有些犯罪行为性质恶劣，对社会危害严重，犯罪集团的首要分子主观恶性大，需要依法予以严惩，如果构成犯罪，即便被判处三年以下有期徒刑，也不能适用缓刑。

【实践中需要注意的问题】

根据本条的规定，对于刑法第六十五条规定的一般累犯和第六十六条规定的特殊累犯，都不能适用缓刑。由于2010年《刑法修正案（八）》对特殊累犯的对象范围作了扩大，由"危害国家安全的犯罪分子"扩大到"危害国家安全犯罪、恐怖活动犯罪、黑社会性质的组织犯罪的犯罪分子"，所以不适用缓刑的累犯范围实际上有所扩大。

第七十五条 【被宣告缓刑的犯罪分子应当遵守的规定】

被宣告缓刑的犯罪分子，应当遵守下列规定：
（一）遵守法律、行政法规，服从监督；
（二）按照考察机关的规定报告自己的活动情况；
（三）遵守考察机关关于会客的规定；
（四）离开所居住的市、县或者迁居，应当报经考察机关批准。

【条文精解】

本条是关于被宣告缓刑的犯罪分子，在缓刑考验期限内应当遵守的规定。

根据本条规定，被宣告缓刑的犯罪分子，应当遵守下列规定：

第一，遵守法律、行政法规，服从监督，是指遵守国家法律、国务院行政法规等规范性文件，自觉服从社区矫正机构、所在单位以及基层组织的监督考察。"遵守法律、行政法规"，是每个公民都应当履行的法律义务，无论是否在缓刑考验期间，缓刑对象都应当自觉遵守法律、行政法规，这也是预防其再次违法犯罪的有效途径，也是监督其是否改过自新的重要标准。这样规定也与社区矫正法等有关法律规定的要求是一致的。

第二，按照考察机关的规定报告自己的活动情况，是指按照社区矫正机构的规定，定期或不定期地报告自己的活动情况，如报告自己的思想、改造和遵纪守法的情况等。这样规定主要是为了及时了解、掌握缓刑对象的现实情况，以便更好地为其提供教育帮扶。

第三，遵守考察机关关于会客的规定，是指遵守社区矫正机构向其宣布的有关会客的要求和规定。规定缓刑对象应当遵守会客的监督管理规定，主要是为了防止其受外界的不良影响、干扰，以致继续犯罪或重新违法犯罪。

第四，离开所居住的市、县或者迁居，应当报经社区矫正机构批准。未经批准不得擅自离开所居住的市、县或者迁居。结合本法和社区矫正法的相关规定，缓刑对象未经批准不得擅自离开所居住的市、县或者迁居，因故需要离开的，应当履行必要的请假、变更手续。社区矫正法第二十七条规定："社区矫正对象离开所居住的市、县或者迁居，应当报经社区矫正机构批准。社区矫正机构对于有正当理由的，应当批准；对于因正常工作和生活需要经常性跨市、县活动的，可以根据情况，简化批准程序和方式。因社区矫正对象迁居等原因需要变更执行地的，社区矫正机构应当按照有关规定作出变更决定。社区矫正机构作出变更决定后，应当通知社区矫正决定机关和变更后的社区矫正机构，并将有关法律文书抄送变更后的社区矫正机构。变更后的社区矫正机构应当将法律文书转送所在地的人民检察院、公安机关。"

【实践中需要注意的问题】

刑法对包含缓刑犯在内社区矫正对象的报告、会客、外出、迁居等监督管理措施作了规定，但总体比较原则。2019年12月，十三届全国人大常委会第十五次会议审议通过了社区矫正法。社区矫正是贯彻宽严相济刑事政策，推进国家治理体系和治理能力现代化的一项重要制度，是立足我国国情和长期刑事司法实践经验基础上，借鉴吸收其他国家有益做法，逐步发展起来的具有中国特色的非监禁的刑事执行制度。社区矫正法明确社区矫正机构负责社区矫正工作的具体实施，社区矫正机构特别是基层社区矫正机构对社区矫正对象直接负有监督管理和教育帮扶的职责，社区矫正对象应当自觉服从其管理。实践中，作为社区矫正对象重要组成部分的缓刑犯，不仅要遵守刑法关于监督考察的规定，同时也要遵守社区矫正法的规定。相较于刑法，社区矫正法的规定更为具体、详细，但两者规定的精神和基本要求是一致的，执行机关和缓刑对象应将两部法律的规定和要求结合起来理解和适用。

第七十六条 【对缓刑犯实行社区矫正和缓刑考验期满的处理】
对宣告缓刑的犯罪分子，在缓刑考验期限内，依法实行社区矫正，如果没有本法第七十七条规定的情形，缓刑考验期满，原判的刑罚就不再执行，并公开予以宣告。

【条文精解】

本条是关于对被宣告缓刑的犯罪分子实行社区矫正，以及缓刑考验期满应如何处理的规定。主要有两层意思：

第一，对于被宣告缓刑的犯罪分子，在缓刑考验期限内依法实行社区矫正。缓刑是对符合条件的犯罪分子在一定期限内暂不关押，予以考察的刑罚执行制度。作为一种非监禁的刑罚执行方式，缓刑充分体现了宽严相济的刑事政策，对于教育改造犯罪情节相对较轻的犯罪分子，鼓励其回归社会，最大限度化消极因素为积极因素，促进社会和谐，具有重要意义。缓刑要取得好的社会效果，一个很重要的方面在于对处于缓刑考验期的犯罪分子予以有效地监督、管理和教育改造，而不是一放了之。近年来在社区矫正执行中，由社区矫正组织对缓刑的犯罪分子进行监督和管理，是新的社会条件下探索改进缓刑犯罪分子监督管理工作的有益尝试，实际上加强了对这部分犯罪分子的管理和教育改造的力度，这也为进一步扩大缓刑适用范围创造了条件。2020年7月1日起施行的社区矫正法是关于社区矫正的基础性法律，社区矫正法总结实践经验、坚持问题导向，构建了社区矫正制度的总体框架，为社区矫正工作提供了法律依据和支持。从具体内容看，社区矫正法明确了社区矫正工作的目标和原则，对社区矫正机构设置、工作程序等作了原则规定，明确了监督管理和教育帮扶具体措施，对未成年人社区矫正作了专章规定。对于缓刑犯适用社区矫正，应当严格依照社区矫正法的规定进行。需要注意的是，刑法关于缓刑考察机关的修改，并不是简单地将考察机关由一个部门更换为另一个部门。虽然《刑法修正案（八）》将刑法原来规定的"由公安机关考察"修改为"依法实行社区矫正"，但这并非意味着公安机关不再承担对被适用缓刑的犯罪分子的监督管理职责。社区矫正是一项综合性很强的工作，仅靠社区矫正机构或者司法行政部门是不够的，要注重发挥各相关部门的合力作用。社区矫正法第八条规定，人民法院、人民检察院、公安机关和其他有关部门依照各自职责，依法做好社区矫正工作。具体而言，人民法院需要把好社区矫正的入口关，做好对社区矫正对象的教育工作，确保社区矫正对象自觉接受监管；公安机关要依法为社区矫正工作提供警务保障；人民检察院要依法对社区矫正工作实行法律监督。因此，在社区矫正工作中，公安机关依旧承担着重要的监督管理职责。

第二，规定了缓刑考验期正常结束的情形，即被宣告缓刑的犯罪分子如果没有本法第七十七条规定的情形，缓刑考验期满，原判的刑罚就不再执行，并公开予以宣告。适用缓刑的罪犯在缓刑考验期内如何没有发生刑法第七十七条规定的情形，表明其在考验期间的教育改造取得了成效，人身危险性得以消除，原判刑罚就不需要再执行。对此，有关方面应当向犯罪分子及其所在单位、居住地的居委会、村委会公开予以宣告。同时，刑法第七十七条规定了缓刑考验期被撤销的两种情形：一是被宣告缓刑的犯罪分子，在缓刑考验期限内犯新罪或者发现判决宣告以前还有其他罪没有判决的，应当撤销缓刑，对新犯的罪或者新发现的罪作出判决，把前罪和后罪所判处的刑罚，依照刑法第六十九条的规定，决定执行的刑罚。二是被宣告缓刑的犯罪分子，在缓刑考验期限内，违反法律、行政法规或者国务院有关部门关于缓刑的监督管理规定，或者违反人民法院判决中的禁止令，情节严重的，应当撤销缓刑，执行原判刑罚。如果适用缓刑的罪犯在缓刑考验期发生刑法第七十七条规定的情形，表明其人身危险性没有消除，不宜继续适用缓刑，需要依法撤销缓刑判决，根据具体情况依法处理。

第七十七条 【缓刑的撤销】

被宣告缓刑的犯罪分子，在缓刑考验期限内犯新罪或者发现判决宣告以前还有其他罪没有判决的，应当撤销缓刑，对新犯的罪或者新发现的罪作出判决，把前罪和后罪所判处的刑罚，依照本法第六十九条的规定，决定执行的刑罚。

被宣告缓刑的犯罪分子，在缓刑考验期限内，违反法律、行政法规或者国务院有关部门关于缓刑的监督管理规定，或者违反人民法院判决中的禁止令，情节严重的，应当撤销缓刑，执行原判刑罚。

【条文精解】

本条是关于撤销缓刑的规定。

本条共分为两款。第一款是关于犯罪分子在缓刑考验期间再犯新罪或者发现漏罪的如何处理的规定。

缓刑犯在考验期间再犯新罪，表明其具有较大的人身危险性，不符合"没有再犯罪危险"的条件，不宜继续适用缓刑。缓刑犯在考验期间发现漏罪，也表明之前判决时对其人身危险性等的判断根据不全面，且需要对其漏罪作出判决后与前罪实行数罪并罚，因此也需要撤销缓刑。根据本款的规定，只要被宣告缓刑的犯罪分子在缓刑考验期限内犯新罪或者发现判决宣告以前还有其他罪没有判决的，就应当撤销缓刑，然后对新犯的罪和发现的漏罪作出判决，依照刑法第六十九条数罪并罚的规定，决定执行的刑罚。根据刑法

第七十三条的规定，缓刑考验期从判决确定之日起计算。所谓判决确定之日就是指判决生效之日。这里所说的在考验期限内又犯新罪，是指缓刑犯在缓刑考验期限内又实施了新的犯罪行为。所说的发现判决宣告以前还有其他罪没有判决的，是指对犯罪分子宣告缓刑后，发现有漏罪没有判决的情况。缓刑犯在缓刑考验期限内犯新罪，说明犯罪分子仍然具有较高的人身危险性，不再符合刑法第七十二条规定的适用缓刑的条件，因此应当撤销缓刑。缓刑犯在缓刑考验期内被发现存在漏罪情形，说明在对犯罪分子适用缓刑时，关于悔罪表现、人身危险性等的判断根据不全面，因此应当撤销缓刑。关于如何处理新罪、漏罪与原来被判处缓刑罪并罚问题，由于缓刑是附条件的不执行刑罚，缓刑犯并未实际执行刑罚，因此，可以依照刑法第六十九条的规定处理。

第二款是关于缓刑考验期间因违反有关监管规定，撤销缓刑的规定。根据本款规定，被判处缓刑的犯罪分子，在缓刑考验期限内违反法律、行政法规或者国务院有关部门关于缓刑的监督管理的规定，或者违反人民法院判决中的禁止令，情节严重但还未构成犯罪的，也应当撤销缓刑，收监执行原判刑罚。这一规定促使犯罪分子遵纪守法、接受改造，也解决了实践中对于大错不犯、小错不断的缓刑犯如何处理的法律依据问题。

【实践中需要注意的问题】

实践中需要注意，除本条的规定外，刑事诉讼法、社区矫正法也对撤销缓刑的条件、撤销缓刑的程序等作了规定，实践中需要结合适用。如社区矫正法第二十三条规定，社区矫正对象在社区矫正期间应当遵守法律、行政法规，履行判决、裁定、暂予监外执行决定等法律文书确定的义务，遵守国务院司法行政部门关于报告、会客、外出、迁居、保外就医等监督管理规定，服从社区矫正机构的管理。对于缓刑对象违反上述规定的，可能存在符合撤销缓刑的情形。此外，社区矫正法第六章专门对撤销缓刑等的条件作了较为详细的规定。

第六节 减 刑

第七十八条【减刑的条件和最低服刑期】

被判处管制、拘役、有期徒刑、无期徒刑的犯罪分子,在执行期间,如果认真遵守监规,接受教育改造,确有悔改表现的,或者有立功表现的,可以减刑;有下列重大立功表现之一的,应当减刑:

（一）阻止他人重大犯罪活动的;

（二）检举监狱内外重大犯罪活动,经查证属实的;

（三）有发明创造或者重大技术革新的;

（四）在日常生产、生活中舍己救人的;

（五）在抗御自然灾害或者排除重大事故中,有突出表现的;

（六）对国家和社会有其他重大贡献的。

减刑以后实际执行的刑期不能少于下列期限:

（一）判处管制、拘役、有期徒刑的,不能少于原判刑期的二分之一;

（二）判处无期徒刑的,不能少于十三年;

（三）人民法院依照本法第五十条第二款规定限制减刑的死刑缓期执行的犯罪分子,缓期执行期满后依法减为无期徒刑的,不能少于二十五年,缓期执行期满后依法减为二十五年有期徒刑的,不能少于二十年。

【条文精解】

本条是关于减刑条件以及减刑后实际应执行刑期的规定。

刑罚目的包括一般预防与特殊预防,刑罚的执行则侧重于特殊预防。减刑制度是犯罪人人身危险性变化和罪刑相适应原则在刑罚执行中的具体体现,也是惩办与宽大相结合政策在刑罚执行中的具体运用。人民法院的裁判生效之后,刑罚并非固定不变,在刑罚执行过程中,犯罪人的人身危险性会随着执行情况发生变化,如果犯罪人积极改过,认真遵守监规、接受教育改造,确有悔改表现或者有立功表现,说明其人身危险性不断降低,在这种情况下,就可以对原判的刑罚进行调整,适当缩短刑罚执行期限,以体现刑罚与犯罪人人身危险性的动态适应;同时,减刑制度也有利于激励犯罪人积极改造,早日重返社会。为了规范减刑适用,刑法作了本条规定。

本条共分两款。第一款是关于减刑对象和条件的规定。

减刑的对象是被判处管制、拘役、有期徒刑、无期徒刑的犯罪分子,也就是说，被判处这类刑罚的犯罪分子，在执行刑罚期间只要符合减刑条件的都可能成为减刑的对象。这一规定有利于犯罪分子认罪服法，接受改造。

减刑的条件分为两类：第一类是有悔改或者立功表现可以减刑的。"认真遵守监规，接受教育改造，确有悔改表现的"，是指在服刑期间积极参加政治、文化、技术学习，积极参加生产劳动，完成或者超额完成生产任务，认罪服法等。根据2017年1月1日起施行的最高人民法院《关于办理减刑、假释案件具体应用法律的规定》第三条的规定，"确有悔改表现"是指同时具备以下四个方面情形：认罪悔罪；遵守法律法规及监规，接受教育改造；积极参加思想、文化、职业技术教育；积极参加劳动，努力完成劳动任务。对职务犯罪、破坏金融管理秩序和金融诈骗犯罪、组织（领导、参加、包庇、纵容）黑社会性质组织犯罪等罪犯，不积极退赃、协助追缴赃款赃物、赔偿损失，或者服刑期间利用个人影响力和社会关系等不正当手段意图获得减刑、假释的，不认定其"确有悔改表现"。罪犯在刑罚执行期间的申诉权利应当依法保护，对其正当申诉不能不加分析地认为是不认罪悔罪。根据上述司法解释第四条的规定，"立功表现"包括下列情形：(1) 阻止他人实施犯罪活动的；(2) 检举、揭发监狱内外犯罪活动，或者提供重要的破案线索，经查证属实的；(3) 协助司法机关抓捕其他犯罪嫌疑人的；(4) 在生产、科研中进行技术革新，成绩突出的；(5) 在抗御自然灾害或者排除重大事故中，表现积极的；(6) 对国家和社会有其他较大贡献的。第四项、第六项中的技术革新或者其他较大贡献应当由罪犯在刑罚执行期间独立或者为主完成，并经省级主管部门确认。犯罪分子在执行期间符合上述减刑条件，就可以减刑。第二类是属于重大立功表现应当减刑的。根据本条规定，有下列重大立功表现之一的，应当予以减刑：(1) 阻止他人重大犯罪活动的；(2) 检举监狱内外重大犯罪活动，经查证属实的；(3) 有发明创造或者重大技术革新的；(4) 在日常生产、生活中舍己救人的；(5) 在抗御自然灾害或者排除重大事故中，有突出表现的；(6) 对国家和社会有其他重大贡献的。此外，根据上述司法解释第五条的规定，协助司法机关抓捕其他重大犯罪嫌疑人的也应当认定为有"重大立功表现"。上述第三项中的发明创造或者重大技术革新应当是罪犯在刑罚执行期间独立或者为主完成并经国家主管部门确认的发明专利，且不包括实用新型专利和外观设计专利；第六项中的其他重大贡献应当由罪犯在刑罚执行期间独立或者为主完成，并经国家主管部门确认。

第二款是关于减刑后实际执行刑期的具体规定。本款规定包括三个方面：(1) 判处管制、拘役、有期徒刑的，最低实际执行刑期不能少于原判刑期的二分之一。(2)判处无期徒刑的,最低实际执行刑期不能少于十三年。《刑法修正案(八)》对无期徒刑减刑后最低实际执行的刑期作了修改,由十年提高到十三年。这样修改的原因:一是判处无期徒刑的罪犯属严重犯罪的罪犯,根据罪责刑相适应原则,可以适当将最低执行期限提高到十三年。二是《刑法修正案(八)》对刑法第六十九条作了修改,对数罪并罚后总和刑期在三十五年以上的,执行的刑期最高可达二十五年,其减刑后实际执行的刑期就要超过十年。本项如果不作修改,将会出现被判处无期徒刑的犯罪分子的实际执行刑期比被判处有期徒刑的犯罪分子的实际执行刑期短的情况。从罪责刑相适应原则以及维护刑罚结构合理性的角度,有必要提高被判处无期徒刑的犯罪分子的最低实际执行刑期。(3)人民法院依照刑法第五十条第二款规定限制减刑的死刑缓期执行的犯罪分子,缓期执行期满后依法减为无期徒刑的,最低实际执行刑期不能少于二十五年,缓期执行期满后依法减为二十五年有期徒刑的,最低实际执行刑期不能少于二十年。结合《刑法修正案(八)》对刑法第五十条的修改,这部分人是指被判处死刑缓期执行并被限制减刑的累犯以及实施故意杀人、强奸、抢劫、绑架、放火、爆炸、投放危险物质或者有组织的暴力性犯罪的罪犯。本项规定是《刑法修正案(八)》所增加的内容。在研究过程中,有意见提出,1997年刑法对死刑缓期执行罪犯减刑后的最低实际执行刑期未作规定,在实际执行中,死缓罪犯平均执行的刑期与无期徒刑罪犯平均执行刑期相差无几,建议明确被判处死缓罪犯的最低实际执行刑期。经反复慎重研究,根据宽严相济刑事政策的要求,延长死缓罪犯被减刑后的实际执行刑期,应主要针对被判处死缓并被限制减刑的累犯以及实施故意杀人、强奸、抢劫、绑架、放火、爆炸、投放危险物质或者有组织的暴力性犯罪的罪犯,不宜普遍提高死缓期满后被减刑的罪犯的刑罚执行期限,因此,对其他死缓罪犯被减刑后的最低实际执行刑期未作规定。

应当特别指出的是,本条第二款规定的减刑后实际执行的刑期,是实际执行的最低刑期,即不能少于这个刑期,而不是只要执行了这些刑期,就释放犯罪分子。对犯罪分子的实际执行刑期,应在遵循本款规定的基础上,根据犯罪分子接受教育改造等具体情况确定。2017年最高人民法院《关于办理减刑、假释案件具体应用法律的规定》对减刑起始时间、间隔时间、减刑幅度等作了进一步具体规定。

【实践中需要注意的问题】

减刑的法律效果体现在减轻实际执行的刑罚,所减去的刑期,无须再予执行。这与"改判"存在原则性区别。减刑不影响原判的效力，并未使原判决失效。而判决之后的改判，是发现原来的裁判在事实认定或法律适用上确有错误，由人民法院重新裁判，改判是对原判决的修正，使原判决失去效力。而判决确定之后的减刑，是在肯定原来判决结果的基础上进行的，对原判决不发生更改问题。

第七十九条 【减刑的程序】

对于犯罪分子的减刑，由执行机关向中级以上人民法院提出减刑建议书。人民法院应当组成合议庭进行审理，对确有悔改或者立功事实的，裁定予以减刑。非经法定程序不得减刑。

【条文精解】

本条是关于减刑程序的规定。为使司法机关在办理减刑案件时有章可循、有法可依，减刑程序更加规范，刑法专门就减刑应当遵循的程序作出了规定。规定减刑建议必须由执行机关向中级以上人民法院提出，人民法院必须组成合议庭进行审理，主要是考虑到实践中存在执行机关和人民法院对提请和裁定减刑案件把关不严，也有的由于受到社会不正之风的影响，对不符合减刑条件的人予以减刑，在社会上造成不良影响的情况，除从法律上和实践中加强管理外，有必要从程序上加以规范。

根据本条规定，对于符合减刑条件的犯罪分子，应当由执行机关向其所在地的中级以上人民法院提交减刑建议书。减刑建议书是执行机关制作的，建议人民法院予以减刑的正式书面文件，也是人民法院启动减刑程序的依据，没有执行机关的减刑建议书，人民法院不能受理减刑案件，也不能制作减刑裁定书。这里的"执行机关"是指依法执行相关刑罚的机关，如公安机关和监狱。

人民法院收到执行机关的减刑建议书后，应当组成合议庭对减刑案件进行审理。审理的内容主要是执行机关申报的程序是否合法、手续是否完备和根据执行机关申报的材料，审查罪犯是否有悔改表现或者立功表现的事实等。根据最高人民法院《关于减刑、假释案件审理程序的规定》第六条，下列减刑、假释案件，应当开庭审理：(1)因罪犯有重大立功表现报请减刑的；(2)报请减刑的起始时间、间隔时间或者减刑幅度不符合司法解释一般规定的；(3)公示期间收到不同意见的；(4)人民检察院有异议的；(5)被报请减刑、假释罪犯系职务犯罪罪犯，组织（领导、参加、包庇、纵容）黑社会性质组织犯罪罪犯，破坏金融管理秩序和金融诈骗犯罪罪犯及其他在社会上有重大影响或社会关注度高的；（6）人民法院认为其他应当开庭审理的。经过审理，合议庭认为犯罪分子确有悔改或者立功事实，符合减刑法定条件的，应当裁定减刑；认为没有悔改或者立功事实的或者不符合法定减刑条件的，不予减刑。

对于可以减刑的，应当制作裁定书，裁定书应当送达提出减刑建议书的执行机关。不经过上述法定的减刑程序，不得减刑。

【实践中需要注意的问题】

一是减刑不同于改判。改判是指原判决有错误，撤销原判决而重新作出判决；改判的结果多种多样。减刑并不改变原判决，而是在肯定原判决的基础上，基于法定原因将原判决的刑罚予以减轻。

二是关于减刑后的刑期计算方法，因原判刑罚的种类不同而有所区别：对于原判刑罚为管制、拘役、有期徒刑的，减刑后的刑期应从原判决执行之日起计算；原判刑期已经执行的部分时间，应计算到减刑后的刑期以内。对于无期徒刑减为有期徒刑的，有期徒刑的刑期从裁定减刑之日起计算；已经执行的刑期以及判决宣告以前先行羁押的日期，不计算在裁定减刑后的有期徒刑的刑期以内。对于无期徒刑减为有期徒刑以后再次减刑的，其刑期则应按照有期徒刑减刑的方法计算。对于曾被依法适用减刑，后因原判决有误，经再审后改判的，原来的减刑所减刑期，应从改判后的刑期中扣除。

第八十条 【无期徒刑减刑的刑期计算】

无期徒刑减为有期徒刑的刑期，从裁定减刑之日起计算。

【条文精解】

本条是关于无期徒刑减为有期徒刑的刑期从何时起计算的规定。

无期徒刑是自由刑中最严厉的刑罚方法，主要表现在剥夺犯罪人终身人身自由。不过，由于法律同时规定了减刑、假释、赦免等制度，事实上被判处无期徒刑的犯罪人很少有终身服刑的，因此就涉及无期徒刑的减刑问题。刑法对被判处无期徒刑罪犯裁定减刑的起算日期加以明确规定，是为了便于司法实践中具体执行，同时也使刑罚的执行更加准确。

根据本条规定，被判处无期徒刑的犯罪分子，裁定减为有期徒刑，其有期徒刑的服刑日期，应当从人民法院裁定减刑之日起计算。裁定减刑之日，即减刑裁定发生法律效力之日。由于无期徒刑是剥夺终身自由，故裁定减刑前罪犯已经执行的刑期以及判决宣告以前先行羁押的日期，不得计算在裁定减刑后的有期徒刑的刑期以内。根据刑法规定，无期徒刑是剥夺犯罪分子终身自由的刑罚方法，是仅次于死刑的一种严厉的刑罚方法。如果没有减刑，无期徒刑的本意就是要终身进行监禁。如果将无期徒刑的罪犯减为有期徒刑，已经是对罪犯的宽大处理和奖励，之前执行的刑期自然不能再用来折抵有期徒刑的刑期。对于无期徒刑减为有期徒刑以后再次减刑的，其刑期的计算，则应按照有期徒刑减刑的方法计算。

【实践中需要注意的问题】

根据刑法第五十七条的规定，对于被判处死刑、无期徒刑的犯罪分子，应当剥夺政治权利终身。在死刑缓期执行减为有期徒刑或者无期徒刑减为有期徒刑的时候，应当把附加剥夺政治权利的期限改为三年以上十年以下。

第七节 假 释

第八十一条 【假释的条件】

被判处有期徒刑的犯罪分子，执行原判刑期二分之一以上，被判处无期徒刑的犯罪分子，实际执行十三年以上，如果认真遵守监规，接受教育改造，确有悔改表现，没有再犯罪的危险的，可以假释。如果有特殊情况，经最高人民法院核准，可以不受上述执行刑期的限制。

对累犯以及因故意杀人、强奸、抢劫、绑架、放火、爆炸、投放危险物质或者有组织的暴力性犯罪被判处十年以上有期徒刑、无期徒刑的犯罪分子，不得假释。

对犯罪分子决定假释时，应当考虑其假释后对所居住社区的影响。

【条文精解】

本条是关于假释的对象和条件的规定。

所谓假释，是指对于被判处有期徒刑、无期徒刑的犯罪分子，在执行期间确有悔改表现不致再危害社会的，执行一定的刑期后，附条件地将其提前释放的一种制度。它对于教育改造罪犯，鼓励犯罪分子认罪服法，充分发挥刑罚的教育、改造功能起到了积极的作用。实践证明，这也是一项行之有效的制度。

假释制度同缓刑制度都是近现代刑罚制度的重大改革。一般认为假释的优点体现在：一是判处长时间有期徒刑的罪犯易自暴自弃，甚至产生"监狱型人格"；而假释制度，可给予他们提前出狱的希望，引导其改恶从善。二是刑罚目的之一是改造罪犯，执行一定期限的监禁刑罚后，如果犯人人身危险性显著降低，有改过自新之意，刑罚就没有继续执行的必要。三是通过假释可以减轻监狱的压力，节约财政资金。历史上，美国1869年《假释法》第一次将假释制度纳入法律。此后，各国纷纷规定了假释制度。中国最早规定假释制度的法律是1911年的《大清新刑律》。新中国成立后，1954年9月颁布的《劳动改造条例》将假释作为一种刑罚执行制度，对表现较好的在押罪犯的刑事奖励措施而加以明确和具体的规定。

本条共分三款。第一款是关于适用假释的条件的规定。根据本款的规定，假释必须符合以下条件：

第一，适用假释的对象有三种人。一是被判处有期徒刑的犯罪分子；二是被判处无期徒刑的犯罪分子；三是原判死刑缓期执行，被依法减刑的犯罪分子。

第二，对于被假释的犯罪分子，必须实际执行一定的刑期。被判处有期徒刑的犯罪分子，实际执行原判刑期二分之一以上；被判处无期徒刑的犯罪分子，实际执行原判刑期十三年以上。这样规定主要是为了维护法律的严肃性，保证被判刑的犯罪分子得到必要的改造。同时也只有在对被判刑的人实际执行一定的刑期，经过一段时间的改造，执行机关和司法机关才能据此判断出其是否会再危害社会。

《刑法修正案（八）》将无期徒刑罪犯假释的前提条件"实际执行十年以上"修改为"实际执行十三年以上"，是因为有期徒刑的最高刑期在特定情况下可达到二十五年，该刑期的罪犯假释所要求的实际执行刑期为二分之一以上，即十二年半以上；无期徒刑犯假释所要求的实际执行刑期应高于有期徒刑犯，故将实际执行刑期由十年以上改为十三年以上，以保持二者的平衡。

有关假释前的实际执行刑期还有一个例外规定，即"如果有特殊情况，经最高人民法院核准，可以不受上述执行刑期的限制"。据此，对实际服刑不足法律规定期限的犯罪分子需要予以假释的，都必须报请最高人民法院核准；不经最高人民法院核准，任何法院都无权批准假释。这样可以防止有的司法机关执法不严，滥用假释情况的发生。所谓特殊情况，主要是指涉及政治或者外交等从国家整体利益考虑的情况。最高人民法院《关于办理减刑、假释案件具体应用法律的规定》第二十四条也对这里所说的特殊情况作了明确，即"有国家政治、国防、外交等方面特殊需要的情况"。

第三，必须认真遵守监规，接受教育改造，确有悔改表现，没有再犯罪的危险。所谓确有悔改表现、没有再犯罪的危险，是指犯罪分子在刑罚执行期间遵守监规，接受教育改造，并通过教育、改造和学习，对自己所犯罪行有较深刻的认识，并以实际行动痛改前非，改恶从善，释放后不会重操旧业或从事违法犯罪活动。根据最高人民法院《关于办理减刑、假释案件具体应用法律的规定》第二十二条的规定，办理假释案件，认定"没有再犯罪的危险"，除符合刑法第八十一条规定的情形外，还应当根据犯罪的具体情节、原判刑罚情况，在刑罚执行中的一贯表现，罪犯的年龄、身体状况、性格特征，假释后生活来源以及监管条件等因素综合考虑。应当注意的是，对罪犯在刑罚执行期间提出申诉的，要依法保护其申诉权利。对罪犯申诉应当具体情况具体分析，不应一概认为是没有悔改，不认罪服法。

在一般情况下，上述三个条件必须同时具备，缺一不可。对于同时具备上述条件的，依据本款规定，可以假释。

第二款是关于不得假释的情形的规定。关于不得假释的规定主要包括两个方面的内容：一是累犯不得假释，因为累犯主观恶性较深、再犯的可能性较大；二是严重犯罪不得假释。关于严重犯罪，《刑法修正案（八）》对原规定的范围作了修改。原规定为："因杀人、爆炸、抢劫、强奸、绑架等暴力性犯罪被判处十年以上有期徒刑、无期徒刑的犯罪分子，不得假释。"《刑法修正案（八）》修改为："因故意杀人、强奸、抢劫、绑架、放火、爆炸、投放危险物质或者有组织的暴力性犯罪被判处十年以上有期徒刑、无期徒刑的犯罪分子，不得假释。"和原规定相比，增加了对实施投放危险物质以及有组织的暴力性犯罪的犯罪分子不得假释。其中有组织的暴力性犯罪是指有组织地进行黑社会性质犯罪、恐怖活动犯罪等暴力性犯罪的情形。需要指出的是，对不得假释的犯罪分子，本款规定还必须是被判处十年以上有期徒刑或者无期徒刑的犯罪分子。因为这类犯罪分子罪行严重，主观恶性深，社会危害性大，所以对于这类犯罪分子不适用假释。

第三款是关于对犯罪分子决定假释时，应当考虑其假释后对所居住社区的影响的规定。如前所述，假释制度有助于减少长期监禁刑对罪犯回归社会造成的不利影响。一般来说，被假释的犯罪分子大多会回到原来所居住的社区，会对原来的社区造成一定的影响，如果犯罪分子假释后对所居住社区的影响不好，势必影响其融入社会，甚至会诱发新的犯罪，不利于社会的稳定与安宁。因此，《刑法修正案（八）》规定，对犯罪分子决定假释时，应当考虑其假释后对所居住社区的影响。

【实践中需要注意的问题】

根据最高人民法院《关于办理减刑、假释案件具体应用法律的规定》第二十八条的规定，罪犯减刑后又假释的，间隔时间不得少于一年；对一次减去一年以上有期徒刑后，决定假释的，间隔时间不得少于一年六个月。罪犯减刑后余刑不足二年，决定假释的，可以适当缩短间隔时间。

第八十二条 【假释的程序】

对于犯罪分子的假释，依照本法第七十九条规定的程序进行。非经法定程序不得假释。

【条文精解】

本条是关于假释程序的规定。

对于犯罪分子的假释，必须依照法律规定的程序进行，非经法定程序不得假释。根据本条规定，假释依照刑法第七十九条规定的减刑程序进行。刑法第七十九条规定："对于犯罪分子的减刑，由执行机关向中级以上人民法院提出减刑建议书。人民法院应当组成合议庭进行审理，对确有悔改或者立功事实的，裁定予以减刑。"据此，对于犯罪分子的假释，应当由执行机关向所在地的中级以上人民法院提出假释建议书，中级以上人民法院应当组成合议庭审理假释案件。人民法院应当依照刑法第八十一条的规定对犯罪分子是否符合假释条件进行审查，即审查被判处有期徒刑的犯罪分子，是否已经实际执行原判刑罚二分之一以上刑期；被判处无期徒刑的犯罪分子，是否已经实际执行十三年以上刑期，更重要的是应审查罪犯在狱中是否认真遵守监规，接受教育改造，确有悔改表现，假释后有没有再犯罪危险。经过审理，人民法院认为符合假释条件的，应当作出假释的裁定。对于不符合假释条件的，不予假释。

【实践中需要注意的问题】

对于决定假释的，应当制作裁定书，裁定书应当送达提出假释建议的执行机关。不经法定的程序，不得假释。

第八十三条 【假释考验期限】

有期徒刑的假释考验期限，为没有执行完毕的刑期；无期徒刑的假释考验期限为十年。

假释考验期限，从假释之日起计算。

【条文精解】

本条是关于假释考验期限的规定。

本条共分两款。第一款是关于假释考验期限的规定。根据本款规定，假释考验期限分为以下两类：一是有期徒刑的假释考验期限为没有执行完毕的刑期，也就是说，被判处有期徒刑的犯罪分子的假释考验期限为没有执行完毕的刑罚期限或者剩余刑罚的期限。二是无期徒刑的考验期限为十年，即不论被判处无期徒刑的犯罪分子实际执行刑罚多少年，其假释考验期限都应从人民法院裁定其假释之日起计算，一律为十年。

第二款是关于假释的考验期限计算的规定。根据本款规定，考验期限从人民法院依法裁定假释之日起计算。

【实践中需要注意的问题】

本条第一款规定无期徒刑的假释考验期为十年，是指无期徒刑没有减刑而直接适用假释的情况；对于原判无期徒刑，后减为有期徒刑的假释考验期限，应为减刑以后没有执行完毕的刑期。

第八十四条 【被宣告假释的犯罪分子应当遵守的规定】

被宣告假释的犯罪分子，应当遵守下列规定：

（一）遵守法律、行政法规，服从监督；

（二）按照监督机关的规定报告自己的活动情况；

（三）遵守监督机关关于会客的规定；

（四）离开所居住的市、县或者迁居，应当报经监督机关批准。

【条文精解】

本条是关于被假释的犯罪分子在假释考验期限内应当遵守规定的规定。

被宣告假释的犯罪分子在假释考验期限内，应当遵守下列规定：

第一，遵守法律、行政法规，服从监督，是指遵守国家法律、国务院行政法规，自觉服从监督机关对其的监督。"遵守法律、行政法规"，是每个公民都应当履行的法律义务，无论是否在假释考验期间，假释对象都应当自觉遵守法律、行政法规，这也是预防其再次违法犯罪的有效途径，也是监督其是否改过自新的重要标准。这样规定也与社区矫正法等有关法律规定的要求是一致的。

第二，按照监督机关的规定报告自己的活动情况，是指按照社区矫正机构的要求，定期或不定期地报告自己在假释期间的活动情况，如报告自己的工作情况和遵纪守法情况等。这样规定主要是为了及时了解、掌握假释对象的现实情况，以便更好地为其提供教育帮扶。

第三，遵守监督机关关于会客的规定，是指遵守监督机关向其宣布的有关会客的要求和规定，结合本法和社区矫正法的相关规定，主要是要遵守社区矫正机构向其宣布的有关会客的要求和规定。规定社区矫正对象应当遵守会客的监督管理规定，主要是为了防止其受外界的不良影响、干扰，以致继续犯罪或重新违法犯罪。

第四，离开所居住的市、县或者迁居，应当报经监督机关批准。结合本法和社区矫正法的相关规定，假释对象未经批准不得擅自离开所居住的市、县或者迁居，因故需要离开的应当履行必要的请假、变更手续。社区矫正法第二十七条规定，"社区矫正对象离开所居住的市、县或者迁居，应当报经社区矫正机构批准。社区矫正机构对于有正当理由的，应当批准；对于因正常工作和生活需要经常性跨市、县活动的，可以根据情况，简化批准程序和方式。因社区矫正对象迁居等原因需要变更执行地的，社区矫正机构应当按照有关规定作出变更决定。社区矫正机构作出变更决定后，应当通知社区矫正决定机关和变更后的社区矫正机构，并将有关法律文书抄送变更后的社区矫正机构。变更后的社区矫正机构应当将法律文书转送所在地的人民检察院、公安机关"。

【实践中需要注意的问题】

刑法对包含假释犯在内的社区矫正对象的报告、会客、外出、迁居等监督管理措施作了规定，但总体比较原则。2019年12月，十三届全国人大常委会第十五次会议审议通过了社区矫正法。社区矫正是贯彻宽严相济刑事政策，推进国家治理体系和治理能力现代化的一项重要制度，是立足我国国情和长期刑事司法实践经验基础上，借鉴吸收其他国家有益做法，逐步发展起来的具有中国特色的非监禁的刑事执行制度。社区矫正法明确社区矫正机构负责社区矫正工作的具体实施，社区矫正机构特别是基层社区矫正机构对社区矫正对象直接负有监督管理和教育帮扶的职责，社区矫正对象应当自觉服从其管理。实践中，作为社区矫正对象重要组成部分的假释犯，不仅要遵守刑法关于监督考察的规定，同时也要遵守社区矫正法的规定。相较于刑法，社区矫正法的规定更为具体、详细，但两者规定的精神和基本要求是一致的，执行机关和假释对象应将两部法律的规定和要求结合起来理解和适用。

第八十五条 【假释考验期满的处理】

对假释的犯罪分子，在假释考验期限内，依法实行社区矫正，如果没有本法第八十六条规定的情形，假释考验期满，就认为原判刑罚已经执行完毕，并公开予以宣告。

【条文精解】

本条是关于对假释的犯罪分子实行社区矫正以及假释考验期满如何处理的规定。

对假释的犯罪分子的考验制度是假释制度的重要内容。假释考验有一定期限，只有在这个期限届满之前遵守了特定的条件，才能宣告假释的结束。本条主要规定了两层意思：

第一，被假释的犯罪分子，在假释考验期内，依法实行社区矫正。2003年以来，有关部门在一些地方开展社区矫正试点工作，各方面反映较好，2009年有关部门又进一步在全国试行社区矫正。社区矫正是将符合法定条件的罪犯置于社区内，由专门的国家机关在相关社会团体、民间组织和社会志愿者的协助下，在判决、裁定或决定确定的期限内，矫正其犯罪心理和行为恶习，促进其顺利回归社会的刑事执行活动。本条的规定为通过社区矫正，对被假释的犯罪分子依法实行教育、管理和监督提供了必要的法律依据。社区矫正是在开放的环境下，采用社会化的方式，充分发挥社会力量的作用，对判处管制、宣告假释、假释或者暂予监外执行的社区矫正对象，进行必要的监督管理和教育帮扶，帮助和促进其顺利回归社会的一项刑事执行制度。对符合条件的罪犯依法实行社区矫正，促其在社会化开放环境下顺利回归社会，有利于减少监狱羁押，避免"交叉感染"，节约行刑成本，是法治文明和进步的体现；也有利于化解消极因素，缓和社会矛盾，预防和减少犯罪，维护社会和谐稳定，提高社会治理体系和治理能力现代化水平。对于假释犯的监督考察，应当结合社区矫正法的具体内容开展。社区矫正机构应当按照刑法第八十四条和有关部门关于假释的监督管理规定，认真履行社区矫正职责，加强对被假释犯罪分子的监督管理和教育改造，督促他们在考验期间改恶从善，重新做人。

第二，规定了假释考验期满的处理。刑法第八十六条规定了撤销假释的具体情形。如果在假释考验期内，被假释的犯罪分子没有刑法第八十六条规定的情形，即犯罪分子在假释考验期内没有再犯新罪，没有发现在判决宣告前还有漏罪没有判决，没有严重的违法行为，假释考验期满的，就认为犯罪分子的原判刑罚已经执行完毕。同时，有关方面应当向犯罪分子和当地群众、组织或其所在单位公开予以宣告假释期满、执行完毕。这里的"执行完毕"与缓刑期满原判刑罚"不再执行"，其法律效果是不同的。被假释的犯罪分子在假释期满以后，如果五年以内再犯应当判处有期徒刑以上刑罚之罪的，仍能构成累犯；而被宣告缓刑的犯罪分子，在缓刑期满以后五年以内再犯应当判处有期徒刑以上刑罚之罪的，则不能构成累犯，因为缓刑期满，原判刑罚并没有实际执行，不构成累犯的条件。

【实践中需要注意的问题】

《刑法修正案（八）》关于假释监督机关的修改，并不是简单地将监督机关由一个部门更换为另一个部门。社区矫正是一项综合性很强的工作，需要各有关部门分工配合，并充分动员社会各方面力量，共同努力。虽然《刑法修正案（八）》将刑法原来规定的"由公安机关监督"修改为"依法实行社区矫正"，但这并不意味着公安机关不再承担对被假释的犯罪分子的监督管理职责。根据社区矫正法的规定，在社区矫正工作中，公安机关承担着为社区矫正机构开展社会矫正活动提供警务保障的重要职责。

第八十六条 【假释的撤销】

被假释的犯罪分子，在假释考验期限内犯新罪，应当撤销假释，依照本法第七十一条的规定实行数罪并罚。

在假释考验期限内，发现被假释的犯罪分子在判决宣告以前还有其他罪没有判决的，应当撤销假释，依照本法第七十条的规定实行数罪并罚。

被假释的犯罪分子，在假释考验期限内，有违反法律、行政法规或者国务院有关部门关于假释的监督管理规定的行为，尚未构成新的犯罪的，应当依照法定程序撤销假释，收监执行未执行完毕的刑罚。

【条文精解】

本条是关于撤销假释的规定。

本条共分三款。第一款是关于在假释考验期间犯新罪如何处理的规定。根据本款规定，对在假释考验期间犯新罪的犯罪分子，应当撤销其假释，依照刑法第七十一条确定的先减后并原则实行并罚，也就是将前罪没有执行完的刑罚和后罪新判处的刑罚依照刑法第六十九条的规定确定应当执行的刑期。

第二款是关于假释考验期间发现漏罪如何处理的规定。根据本款规定，在假释考验期内，如果发现被假释的犯罪分子在判决宣告以前还有其他罪没有判决的，应当撤销假释，依照刑法第七十条先并后减的原则实行数罪并罚，即将前后两罪的判决依照刑法第六十九条的规定确定刑罚，扣除已执行完的刑期后，剩余刑期为仍需执行的刑期。

第三款是关于有违反法律、行政法规或者国务院有关部门关于假释的监督管理规定的行为如何处理的规定。根据本款规定，在假释考验期内，犯罪分子实施了违反法律、行政法规或者国务院有关部门关于假释的监督管理规定的行为，但尚未构成新的犯罪的，有关部门应当依法定程序对其撤销假释，并收监执行其未执行完毕的剩余刑罚。需要注意的是，犯罪分子违反的规定应当是法律、行政法规或者国务院有关部门规章中与假释监管相关的规定。一般的违法行为不应成为撤销假释的条件。根据最高人民法院《关于办理减刑、假释案件具体应用法律的规定》第二十九条的规定，罪犯在假释考验期内违反法律、行政法规或者国务院有关部门关于假释的监督管理规定的，作出假释裁定的人民法院，应当在收到报请机关或者检察机关撤销假释建议书后及时审查，作出是否撤销假释的裁定，并送达报请机关，同时抄送人民检察院、公安机关和原刑罚执行机关。罪犯在逃的，撤销假释裁定书可以作为对罪犯进行追捕的依据。

需要注意的是，上述司法解释第三十条规定，依照刑法第八十六条规定被撤销假释的罪犯，一般不得再假释。但依照该条第二款，被撤销假释的罪犯，如果罪犯对漏罪曾作如实供述但原判未予认定，或者漏罪系其自首，符合假释条件的，可以再假释。被撤销假释的罪犯，收监后符合减刑条件的，可以减刑，但减刑起始时间自收监之日起计算。

【实践中需要注意的问题】

除本条的规定外，刑事诉讼法、社区矫正法也对撤销假释的条件、撤销假释的程序等作了规定，实践中需要结合适用。如社区矫正法第二十三条规定，社区矫正对象在社区矫正期间应当遵守法律、行政法规，履行判决、裁定、暂予监外执行决定等法律文书确定的义务，遵守国务院司法行政部门关于报告、会客、外出、迁居、保外就医等监督管理规定，服从社区矫正机构的管理。对于假释对象违反上述规定的，可能存在符合撤销假释的情形。此外，社区矫正法第六章专门对撤销假释等的条件、程序等作了较为详细的规定。

第八节 时 效

第八十七条【追诉期限】

犯罪经过下列期限不再追诉：

（一）法定最高刑为不满五年有期徒刑的，经过五年；

（二）法定最高刑为五年以上不满十年有期徒刑的，经过十年；

（三）法定最高刑为十年以上有期徒刑的，经过十五年；

（四）法定最高刑为无期徒刑、死刑的，经过二十年。如果二十年以后认为必须追诉的，须报请最高人民检察院核准。

【条文精解】

本条是关于犯罪追诉时效期限的规定。

追诉时效，是指依照法律规定对犯罪分子追究刑事责任的有效期限。在法定的追诉期限内，司法机关有权依法追究犯罪分子的刑事责任；超过法定的追诉期限，不应再追究犯罪分子的刑事责任。根据刑法关于追诉时效制度的规定，刑事诉讼法第十六条对已过追诉期限案件的处理程序也作出了规定，即"犯罪已过追诉时效期限的"，不追究刑事责任，已经追究的，应当撤销案件，或者不起诉，或者终止审理，或者宣告无罪。

本条针对不同的犯罪行为分别规定了四种不同的追诉期限：

（1）法定最高刑为不满五年有期徒刑的，经过五年，不再追诉。就是说，刑法对犯罪分子所犯罪行规定的刑罚，最高不超过五年有期徒刑的，如果犯罪人在五年之内没有被追究刑事责任，不再追究。《刑法修正案（八）》增加了危险驾驶罪，《刑法修正案（九）》增加了使用虚假身份证件、盗用身份证件罪，以及代替考试罪等较轻犯罪，这类犯罪的最高刑为拘役。本条规定的法定最高刑为不满五年有期徒刑，最高刑为拘役的，应当理解为最高刑不满五年有期徒刑，适用该项规定的五年追诉期限。

（2）法定最高刑为五年以上不满十年有期徒刑的，经过十年，不再追诉。根据刑法第九十九条的规定，以上包括本数。因此，法定最高刑为五年有期徒刑的，适用十年追诉期限。

（3）法定最高刑为十年以上有期徒刑的，经过十五年，不再追诉。同样，根据刑法第九十九条的规定，"以上"包括本数在内，因此，最高刑为十年有期徒刑的，也按照十五年的追诉期限处理。

（4）法定最高刑为无期徒刑、死刑的，经过二十年，不再追诉。如果二十年以后认为必须追诉的，须报请最高人民检察院核准。也就是说，虽然已经经过二十年，但由于案件后果特别严重、情节特别恶劣、社会影响特别重大等特殊原因，不追究刑事责任严重违反公平正义，严重影响国家安全、重大社会公共利益，必须予以追究的，经最高人民检察院核准同意，可以不受追诉期限的限制。这就是通常所说的核准追诉。这一制度规定对于弥补特殊情形下追诉期限的缺陷具有重要意义。一方面坚持追诉时效制度的基本定位，另一方面为实践留有余地，由最高人民检察院根据案件情况、社会影响等因素决定是否核准，能最大限度发挥刑法惩处犯罪、平衡维护公平正义与保持社会关系平稳的关系。2012年最高人民检察院《关于办理核准追诉案件若干问题的规定》、2019年《人民检察院刑事诉讼规则》等对核准追诉的条件和程序作了具体规定。实践中，最高人民检察院公布了一些核准追诉的指导案例。近些年来，随着DNA检测和信息系统建设等技术手段应用于刑侦领域，一些二十年以前发生的重大案件不断破获，对此，一方面应当依照刑法追诉期限的规定精神处理，另一方面必须追诉的应当报请核准，进一步实现核准追诉制度的作用和意义。

【实践中需要注意的问题】

一是在确定追诉期限的法定最高刑时，需注意以下两个问题：（1）法定最高刑不是指罪犯应判决的具体刑期，而是根据犯罪分子的犯罪性质和法定情节，与其所犯罪行相对应的刑法分则条文规定的处刑档次中的最高刑。（2）法定最高刑也不是指某种性质犯罪全部刑罚的最高刑，而是指某种性质犯罪中与该犯罪情况基本相适应的某一档处罚的最高刑。即对犯罪分子应在该档量刑幅度内处刑的档次最高刑。例如，犯故意杀人罪，法定最高刑有两档：一档的最高刑是死刑；而情节较轻的另一档最高刑为十年有期徒刑。在确定追诉期限时，应首先根据犯罪情节确定行为人应当适用的量刑幅度是"死刑、无期徒刑或者十年以上有期徒刑"，还是"三年以上十年以下有期徒刑"，然后确定其追诉期限是二十年，还是十五年。

二是关于追诉期限计算截止点。刑法第八十七条根据犯罪轻重规定了不再追诉的具体期限。对何为追诉、不再追诉期限的计算以何时间点截止没有明确规定。理论上对于追诉期限截止点的理解也不一致。多数观点认为，追诉是指进入刑事诉讼程序，即立案侦查是追诉期限的截止点；也有国家如日本刑事诉讼法，将提起公诉作为追诉期限计算的截止点；还有国家如德国，以及我国的一些学者、有的法院审判实践中将人民法院立案审查或者审理作为截止点。上述对追诉以及追诉期限计算截止点的不同理解，对一些案件的处理会有不同结论。应当说，刑法追诉时效制度中的"追诉"，应是指国家追究犯罪人刑事责任的活动。根据刑事诉讼法的有关规定，立案侦查、审查起诉和审判是刑事诉讼活动的不同阶段，人民法院、人民检察院和公安机关在刑事诉讼活动中分工负责、互相配合、互相制约。立案侦查是追诉活动的一部分，在刑法规定的追诉期限以内立案侦查表明国家已经开始行使对犯罪人的追诉权，依法不应当再计算追诉期限。如果立案侦查、审查起诉期间继续计算追诉期限，如何实现刑法惩罚犯罪、保护人民的目的，如何保证办案质量以及与刑事诉讼法规定的办案期限是否协调等都需要进一步研究。但是，将立案侦查作为追诉期限计算的截止点，也还有一些问题需要进一步研究。如侦查机关立案后，不采取实质措施追究犯罪，久拖不办，犯罪嫌疑人又没有逃避侦查的，这种情况下无论经过多长时间都要追究刑事责任，是否符合追诉时效制度的目的等，也需要进一步研究。

第八十八条 【不受追诉期限限制的情形】

在人民检察院、公安机关、国家安全机关立案侦查或者在人民法院受理案件以后，逃避侦查或者审判的，不受追诉期限的限制。

被害人在追诉期限内提出控告，人民法院、人民检察院、公安机关应当立案而不予立案的，不受追诉期限的限制。

【条文精解】

本条是关于不受追诉期限限制的特别规定。

根据本条规定，不受追诉期限限制的情况包括两种：

（1）人民检察院、公安机关、国家安全机关立案侦查或者在人民法院受理案件以后，逃避侦查或者审判的，不受追诉期限的限制。1979年刑法规定的是"采取强制措施以后"。一般认为，采取强制措施以后，既适用于已经执行强制措施后逃避侦查或者审判的，也适用于人民法院、人民检察院、公安机关决定（批准）采取强制措施后，由于犯罪分子逃避而无法执行，以及犯罪分子在逃，经决定（批准）逮捕并发布通缉令后拒不到案的情况。这里修改为"立案侦查以后"，是指人民检察院、公安机关、国家安全机关依照刑事诉讼法的规定按照自己的管辖范围，对发现犯罪事实或者犯罪嫌疑人的案件予以立案，进行侦查，收集、调取犯罪嫌疑人有罪或无罪、罪轻或罪重的证据材料之日起。需要注意的是，刑事诉讼法规定，发现犯罪事实或者犯罪嫌疑人的，应当立案侦查。立案侦查包括"因事立案"和"因人立案"，当然也有人和事均发现后立案。本条规定了"立案侦查"以后，逃避侦查的，不受追诉期限的限制。如何理解这里的"立案侦查"，是指在程序上有"立案"就可以，还是要求对犯罪嫌疑人"因人立案"，并要求采取了一定的侦查措施活动？对于"因事立案"后，办案机关没有采取实质侦查活动，犯罪嫌疑人也未逃跑的，是不是也不受追诉期限的限制，存在不同意见。一种意见认为，这里的"立案侦查"没有限定因人立案还是因事立案，侧重点在于"立案"，只要立案就可以，既包括"因人立案"，也包括"因事立案"，这样理解与刑事诉讼法的规定一致。另一种意见认为，"立案侦查"只是指因人立案，不包括单纯的因事立案，仅有犯罪事实而没有采取实质侦查活动，并没有确定犯罪嫌疑人的，不属于这里的"立案侦查"，否则就会导致案件事实一旦被发现，若完全不知道犯罪嫌疑人是谁，就不适用追诉时效制度，会导致追诉时效制度事实上被架空。还有意见认为，"立案侦查"是指侦查机关已经发现犯罪事实和犯罪嫌疑人，并且针对犯罪嫌疑人展开了侦查活动，对于单纯"因事立案"或者"因人立案"后未采取任何侦查措施的，追诉期限应当继续计算。对此，需要结合追诉时效制度的目的和各类复杂案件的情况进一步研究。

"受理案件以后"，是指人民法院依照刑事诉讼法关于审判管辖的规定，接受人民检察院提起公诉或被害人自诉案件之日起。

关于"逃避侦查或者审判"的理解，一种观点认为，应限于积极的、明显的、致使侦查或审判工作无法进行的逃避行为，主要是指积极逃跑、畏罪潜逃或者藏匿，且主观上应当知道自己可能已经被发现涉嫌犯罪、可能被列为犯罪嫌疑人，具有逃避侦查的故意。如果对逃避作过于宽泛的理解，追诉时效制度会丧失应有的意义。另一种观点认为，"逃避侦查或者审判"除了积极的逃跑或者藏匿以外，还包括虽然人身没有离开相关地方，但是通过实施毁灭犯罪证据、到案后不如实供述等妨碍侦查或者审判的行为，也包括主观上不是出于逃避侦查或者审判，而是因为工作生活的需要而有变更住所、单位等情况，客观上对侦查、审判造成妨碍的，甚至包括没有主动投案，只是消极不到案的情况。根据刑法的规定和追诉时效制度的立法目的，以及关于不受追诉期限限制的条件设定本身所要解决的问题，"逃避侦查或者审判"主要是指以逃避、隐藏的方法逃避刑事追究，不应包括消极不到案等情况。犯罪嫌疑人在人民检察院、公安机关和国家安全机关立案侦查或者被告人在人民法院受理案件以后，如果其从拘留所、看守所中逃跑，从自家中潜逃、隐藏起来或者采用其他方法逃避侦查或者审判的，在任何时候将其追捕归案后，都可以进行追诉，不再受刑法第八十七条规定的追诉期限的限制。

（2）被害人在追诉期限内提出控告，人民法院、人民检察院、公安机关应当立案而不予立案的，不受追诉期限的限制。"被害人"是指遭受犯罪行为侵害的自然人和单位。"控告"是指被害人对侵犯本人、本单位合法权益的犯罪行为向司法机关告诉，要求追究侵害人的法律责任的行为。刑事诉讼法第一百一十条、第一百一十二条和第一百一十三条规定，被害人对侵犯其人身、财产权利的犯罪事实或者犯罪嫌疑人，有权向公安机关、人民检察院或者人民法院报案或者控告。人民法院、人民检察院或者公安机关对于报案、控告、举报和自首的材料，应当按照管辖范围，迅速进行审查，认为有犯罪事实需要追究刑事责任的时候，应当立案；认为没有犯罪事实，或者犯罪事实显著轻微，不需要追究刑事责任的时候，不予立案，并且将不立案的原因通知控告人。人民检察院认为公安机关对应当立案侦查的案件而不立案侦查的，或者被害人认为公安机关对应当立案侦查的案件而不立案侦查，向人民检察院提出的，人民检察院应当要求公安机关说明不立案的理由。人民检察院认为公安机关不立案理由不能成立的，应当通知公安机关立案，公安机关接到通知后应当立案。对于自诉案件，被害人有权向人民法院直接起诉。因此，"应当立案"是指符合刑事诉讼法第一百一十二条规定的"有犯罪事实需要追究刑事责任"的立案条件，应当立案侦查的。"不予立案"是指对符合立案条件的，不属于刑事诉讼法第一百一十二条规定的"没有犯罪事实，或者犯罪事实显著轻微，不需要追究刑事责任"不予立案的情况，但人民法院、人民检察院、公安机关却未予立案。"不予立案"包括立案后又撤销案件的情况。根据本款规定，只要被害人在追诉期限内提出控告，遇有该立案而不予立案的情况，对犯罪分子的追诉就不受刑法第八十七条规定的追诉期限的限制。

【实践中需要注意的问题】

一是不能简单地理解为只要人民检察院、公安机关、国家安全机关对案件进行立案，或者人民法院对案件予以受理后，就可不受追诉期限的限制。上述机关对案件进行立案或受理后，犯罪嫌疑人或被告人必须具有"逃避侦查或者审判"的情况。如果没有逃避侦查和审判的行为，而是有的司法机关立案或受理后，因某些原因又未继续采取侦查或追究措施，以至超过追诉期限的，不应适用本条规定。另外，本条规定"立案侦查"和"受理案件"是指在追诉时效内，对于已过了追诉时效才开始的立案侦查和审判活动，不适用本条规定，而是应分别采取撤销案件、不起诉或者宣告无罪的方法处理，不再追究刑事责任。对于其中法定最高刑为无期徒刑、死刑的，如果认为确实需要追诉的，应当报请最高人民检察院核准后再行追诉。

二是本条规定在"人民检察院、公安机关、国家安全机关"立案侦查以后，逃避侦查的，不受追诉期限的限制，没有明确规定军事犯罪的军队保卫部门的侦查活动。1993年12月全国人大常委会通过的《关于中国人民解放军保卫部门对军队内部发生的刑事案件行使公安机关的侦查、拘留、预审和执行逮捕的职权的决定》规定，"中国人民解放军保卫部门承担军队内部发生的刑事案件的侦查工作，同公安机关对刑事案件的侦查工作性质是相同的，因此，军队保卫部门对军队内部发生的刑事案件，可以行使宪法和法律规定的公安机关的侦查、拘留、预审和执行逮捕的职权"。刑事诉讼法第三百零八条规定，军队保卫部门对军队内部发生的刑事案件行使侦查权。因此，对于军队保卫部门立案侦查以后，逃避侦查或者审判的，也是应当适用本条规定的。此外，关于海警立案侦查权，2018年全国人大常委会通过的《关于中国海警局行使海上维权执法职权的决定》规定，中国海警局履行海上维权执法职责，包括执行打击海上违法犯罪活动、维护海上治安和安全保卫，中国海警局执行打击海上违法犯罪活动、维护海上治安和安全保卫等任务，行使法律规定的公安机关相应执法职权；刑事诉讼法第三百零八条规定"中国海警局履行海上维权执法职责，对海上发生的刑事案件行使侦查权"；因此对于海警部门立案侦查以后，逃避侦查的，也应适用本条追诉期限规定。

三是关于共同犯罪追诉时效的确定。共同犯罪案件中，有的犯罪分子作案后逃跑，如主犯逃跑，有的犯罪分子，如从犯未逃跑，侦查机关针对主犯立案后没有发现未逃跑的人参与案件，如果主犯不受追诉期限限制，从犯是否应当一并不受追诉期限限制予以追究，即共同犯罪案件是一体确定追诉时效，还是可以分别计算。一种意见认为，共同犯罪案件应当一体确定追诉时效，共同犯罪人之间的追诉时效判断应当一致，保证案件公正审判。另一种意见认为，共同犯罪中，犯罪是共同的，责任是分别的，对是否"逃避侦查和审判"、是否经过追诉时效的判断应当是个别判断,这样处理符合罪责自负的原则。2015年最高人民检察院发布的有关追诉时效的指导案例(检例第23号)则持对共犯人追诉时效个别认定的立场,裁判说明中指出:"1997年9月30日以前实施的共同犯罪,已被司法机关采取强制措施的犯罪嫌疑人逃避侦查或者审判的,不受追诉期限限制。司法机关在追诉期限内未发现或者未采取强制措施的犯罪嫌疑人,应当受追诉期限限制。"另外,需要注意的是,在确定共同犯罪的具体追诉期限时,按照主犯的法定刑确定,如共同犯罪主犯的最高法定刑是无期徒刑、死刑的,追诉期限为二十年,那么全体共同犯罪人的追诉期限均应当确定为二十年。

第八十九条 【追诉期限的计算】

追诉期限从犯罪之日起计算;犯罪行为有连续或者继续状态的,从犯罪行为终了之日起计算。

在追诉期限以内又犯罪的,前罪追诉的期限从犯后罪之日起计算。

【条文精解】

本条是关于追诉期限起算的规定。

本条规定的追诉期限有两种起算情况。

第一,一般情况下,追诉期限的起算时间是从犯罪之日起计算。"犯罪之日"是指犯罪行为完成或停止之日。如运输毒品,在路途上用了三天,应以第三天将毒品运到转交他人起开始计算运输毒品犯罪的追诉期限。对于以危害结果作为构成要件的犯罪,如一些过失犯罪如玩忽职守罪,结果发生之日为犯罪完成之日,自该日起算。在共同犯罪的场合,一般以所有共犯人中的最终的行为终了之日起算对所有共犯人的追诉期限。

第二,特殊情况下追诉期限的起算时间,有三种情形:

(1)犯罪行为处于连续状态的,从犯罪行为终了之日起计算。就是说犯罪人连续实施同一罪名的犯罪,追诉期限从其最后一个犯罪行为施行完毕时开始计算。"连续状态"是指犯罪人在一定时期,以一个故意连续实施数个独立的犯罪行为触犯同一罪名的。如某罪犯多次在汽车上扒窃,其连续扒窃行为即是盗窃罪的"连续"状态。

(2)犯罪行为处于继续状态的,从犯罪行为终了之日起计算。就是犯罪人的犯罪行为在一定时间处于持续状态的,追诉期限自这种持续状态停止的时候起开始计算。"继续状态"也就是持续状态，是指犯罪人实施的同一犯罪行为在一定时间内处于接连不断的状态，不法行为与不法状态同时继续。如非法拘禁他人，在被害人脱离拘禁以前，该犯罪就一直属于继续状态。对于脱逃罪、重婚罪等，是否只要犯罪处于继续状态，都属于在时效以内，对此，司法实践中持肯定态度。如最高人民法院研究室《关于重婚案件的被告人长期外逃法院能否中止审理和是否受追诉时效限制问题的电话答复》对此持肯定态度。

（3）在追诉期限内又犯罪的，前一犯罪的追诉期限从后罪的犯罪行为完成或停止之日起计算。这里的前罪和后罪并未限定为同一种罪名，只要构成犯罪即可。只要再犯新罪，前罪开始计算的追诉期限就归于无效，而从犯后罪之日起计算。这样规定是考虑到行为人犯罪后追诉期限尚未过去又再次犯罪，说明其人身危险性较大，经过一段时间以后，本人并没有悔过和完成自我改造重新回归社会，因而，如果不中断其追诉期限的计算，从性质上不符合设置时效制度的目的，为此，刑法规定前罪的追诉期限从犯后罪之日起重新计算。

【实践中需要注意的问题】

如果被告人此前犯有多个罪的，多个罪的追诉期限都属于"前罪"，都应该重新计算，而不是各个前罪依照后一个罪的完成之日重新计算，换句话说，前罪不是前一个罪，而是之前的罪。

第五章 其他规定

第九十条 【民族自治地方适用刑法的变通规定】
民族自治地方不能全部适用本法规定的，可以由自治区或者省的人民代表大会根据当地民族的政治、经济、文化的特点和本法规定的基本原则，制定变通或者补充的规定，报请全国人民代表大会常务委员会批准施行。

【条文精解】

本条是关于民族自治地方在不能全部适用本法规定的情况下，可以制定变通或者补充规定的规定。

本条所说的"民族自治地方",是指在我国领域内少数民族聚居的地方,根据当地的实际情况,依照宪法和法律建立的民族自治县、自治州或者自治区。"不能全部适用本法规定"是指根据民族自治地方的少数民族群众在长期的历史发展过程中所形成的一些风俗习惯、传统的特殊性而不能完全适用刑法的有关规定。"根据当地民族的政治、经济、文化的特点"是指根据民族自治地方的少数民族在政治、经济、文化方面的特殊性。"制定变通或者补充的规定"是指民族自治区或省一级的人民代表大会根据当地民族的政治、经济、文化的特点和本法规定的基本原则,对刑法的有关规定作一些变通或者补充的规定。

根据本条规定,对刑法制定变通或者补充的规定,必须符合以下条件:(1)制定变通或者补充的规定,必须根据刑法规定的基本原则,即刑法对犯罪及其刑罚规定的原则。制定变通或者补充规定的依据,是由于少数民族的特点不能全部适用刑法的,而不是由于其他原因。(2)制定变通或者补充的规定,应由自治区或省一级的人民代表大会制定,并报全国人大常委会批准后方可执行,其他任何机关都无权制定或批准变通、补充的规定。(3)制定变通或者补充的规定,既要考虑当地民族的政治、经济、文化的特点,还要考虑当地政治、经济、文化的进步和发展。

【实践中需要注意的问题】

我国是统一的多民族国家,基于少数民族聚居地方经济、文化特点的现实情况,国家在一些地方实行民族区域自治。也是考虑到有的少数民族可能因为长期历史形成的习惯和传统,完全执行刑法的有些规定可能存在一定的困难,刑法中专门规定了可以依法作出变通和补充规定的制度。但是,必须明确的是,刑法作为国家基本法律,原则上必须保证其在全国范围内统一施行,这是我国作为单一制国家的必然要求。同时,刑法作为规定犯罪与刑罚的法律,其所确立的规则,都是基本的行为规范,所禁止的行为,都是具有严重社会危害性的犯罪行为。因此,对于刑法的规定,公民基本上都应当能够理解和执行。这也是本条之所以规定,不能全部执行本法规定时,根据本法规定的原则,可以制定变通或者补充规定全部的主要考虑,即变通或者补充规定不能与刑法的原则精神相抵触,不能在"大是大非"问题上出现不一致。为此,在实践中需要注意以下问题:

一是关于变通和补充规定。就变通和补充的内容而言,变通和补充的目的是处理及协调好刑法规定统一适用这一原则问题,与更好适应民族自治地方特殊情况这一灵活性问题之间的关系,因此,变通和补充内容应该考虑民族区域自治地方的政治、经济、文化等实际情况及刑法与民族习惯的冲突等问题。不同民族、不同区域的法律变通的需求不一样，甚至是相同民族在不同区域其变通情况也不一定一样，所以说，其变通的内容主要是针对本地区本民族的实际情况来定。就变通或者补充规定的效力范围而言，仅适用于本民族自治区域内，不得适用于该区域之外的地方。至于在本民族区域内是否都要按照变通或者补充的规定执行，也需要根据具体情况，由自治区或者省人民代表大会在制定具体规定时确定。

二是民族自治地方的司法机关在具体案件的处理中，也要注意正确处理少数民族习惯和刑法具体适用的关系问题。从我国的实际情况看，民族习惯在少数民族地区的生活和社会交往以及纠纷解决中仍然有一定的影响力，这些习惯对于刑法的具体适用也会带来一些影响，在具体案件处理中，需要妥善处理好刑法适用与民族习惯之间的关系。如在婚姻家庭领域，重婚、早婚、抢婚、公房制等，与刑法规定的重婚罪、强奸罪、暴力干涉婚姻自由罪等的适用问题；在有的民族习俗中还存在除魔驱鬼的习惯，一些被认为是带来灾难或招致疾病的人会被毁坏财物，甚至被殴打，这些行为与故意毁坏财物罪、故意伤害罪等的适用问题。上述问题表明，即使是在没有制定变通或者补充规定的领域，刑法在少数民族地区实施过程中，也可能面临与当地风俗习惯的不一致问题，特别是相关风俗习惯的长期存在，可能会对当地少数民族群众关于某些行为的社会危害性的大小和应予谴责性的强烈程度的认识不可避免带来影响。对此，需要司法机关在对具体案件处理时注意把握好法律和政策。

第九十一条 【公共财产的范围】

本法所称公共财产，是指下列财产：

（一）国有财产；

（二）劳动群众集体所有的财产；

（三）用于扶贫和其他公益事业的社会捐助或者专项基金的财产。

在国家机关、国有公司、企业、集体企业和人民团体管理、使用或者运输中的私人财产，以公共财产论。

【条文精解】

本条是关于公共财产范围的界定。

本条共分两款。第一款对公共财产的范围和种类作了明确。本款规定的公共财产，包括以下三种：

第一，国有财产，即国家所有的财产。主要包括国家机关、国有公司、企业、国有事业单位、人民团体中的属于国家所有的财产。国有财产的范围十分广泛，根据我国宪法和有关法律的规定，主要包括：(1) 国家机关及所属事业单位的财产；(2) 军队财产，如军事设施等；(3) 全民所有制企业；(4) 国家所有的公共设施、文物古迹等；(5) 国家在国外的财产；(6) 国家对非国有单位的投资以及债权等其他财产权等。

第二，劳动群众集体所有的财产。主要包括集体所有制的公司、企业、事业单位、经济组织中的财产。在经济活动中，公民多人合伙经营积累的财产，属于合伙人共有，不属于集体所有的财产。民法典第二百六十一条规定，农民集体所有的不动产和动产，属于本集体成员集体所有；第二百六十三条规定，城镇集体所有的不动产和动产，依照法律、行政法规的规定由本集体享有占有、使用、收益和处分的权利。关于集体所有的财产的范围，根据民法典第二百六十条的规定，包括：(1) 法律规定属于集体所有的土地和森林、山岭、草原、荒地、滩涂；(2) 集体所有的建筑物、生产设施、农田水利设施；(3) 集体所有的教育、科学、文化、卫生、体育等设施；(4) 集体所有的其他不动产和动产。对于集体所有的土地和森林、山岭、草原、荒地、滩涂等，属于村农民集体所有的，由村集体经济组织或者村民委员会依法代表集体行使所有权；分别属于村内两个以上农民集体所有的，由村内各该集体经济组织或者村民小组依法代表集体行使所有权；属于乡镇农民集体所有的，由乡镇集体经济组织代表集体行使所有权。集体所有的财产受法律保护，禁止任何组织或者个人侵占、哄抢、私分、破坏或者非法查封、扣押、冻结、没收。

第三，用于扶贫和其他公益事业的社会捐助或者专项基金的财产。"公益事业"主要是指服务于社会公益的非营利性事项。根据公益事业捐赠法第三条的规定，"公益事业"是指非营利的下列事项：(1) 救助灾害、救济贫困、扶助残疾人等困难的社会群体和个人的活动；(2) 教育、科学、文化、卫生、体育事业；(3) 环境保护、社会公共设施建设；(4) 促进社会发展和进步的其他社会公共和福利事业。"社会捐助"是指个人、组织或单位向社会公益事业以及向贫困地区所捐赠、赞助的款物。"专项基金"是指专门用于上述公益事业的各种基金。

第二款规定了在国家机关、国有公司、企业、集体企业和人民团体管理、使用、运输中的私人财产，以公共财产对待，按公共财产予以保护。因为这部分财产虽然属于私人所有，但当交由国家机关、国有公司、企业、集体企业和人民团体管理、使用、运输时，上述单位就有义务保护该财产，如果丢失、损毁，需要依法承担赔偿责任。对这些财产进行侵害，其法律后果就相当于对公共财产造成了损害。因此，法律规定这些财产以公共财产论。

【实践中需要注意的问题】

一是对于国有财产和个人财产混同的情况要做好区分，特别是涉及与国有企业改制相关的问题时，既有国有资产被侵吞、侵占的情况，也有改制过程中因各种复杂情况造成的权属界限不明晰、帐目不清、制度不规范等情况，需要结合案件的具体情况，根据法律和有关政策规定，妥善处理。

二是对于本条第二款规定中的"管理、使用或者运输"应作实质理解，特别是对"管理"的理解不能与"占有"简单等同，只要事实上处于支配或管有状态即可。

第九十二条 【公民私人所有财产的范围】

本法所称公民私人所有的财产，是指下列财产：

（一）公民的合法收入、储蓄、房屋和其他生活资料；

（二）依法归个人、家庭所有的生产资料；

（三）个体户和私营企业的合法财产；

（四）依法归个人所有的股份、股票、债券和其他财产。

【条文精解】

本条是关于公民私人所有的财产具体范围的规定。

本条规定的公民私人所有的合法财产，包括以下四种情况：

（1）公民的合法收入、储蓄、房屋和其他生活资料。"合法收入"是指公民个人的工资收入、劳动所得、资产性收入以及其他各种依法取得的收入，如接受继承、馈赠而获得的财产等。"储蓄"是指公民将其合法的收入存入银行、信用社及其所得的利息。"房屋"是指公民私人所有的住宅。"其他生活资料"主要是指公民的各种生活用品，如家具、交通工具、图书资料等。上述生活资料的获得必须符合法律的规定，非法占有的生活资料不受法律保护，如贪污受贿得到的钱财，法律不但不予保护，而且应当没收。

（2）依法归个人、家庭所有的生产资料。包括各种劳动工具和劳动对象，如拖拉机、插秧机等机器设备，耕种的庄稼，用于耕种的牲畜，饲养的家禽、家畜，自己种植的林木以及其他用于生产的原料等生产资料。

（3）个体户和私营企业的合法财产。个体户包括个体工商户和农村承包经营户。民法典保留了原民法通则第二十六条、第二十七条的规定，延续了个体工商户和农村承包经营户的分类。民法典第五十四条规定："自然人从事工商业经营，经依法登记，为个体工商户。个体工商户可以起字号。"第五十五条规定："农村集体经济组织的成员，依法取得农村土地承包经营权，从事家庭承包经营的，为农村承包经营户。"第五十六条规定："个体工商户的债务，个人经营的，以个人财产承担；家庭经营的，以家庭财产承担；无法区分的，以家庭财产承担。农村承包经营户的债务，以从事农村土地承包经营的农户财产承担；事实上由农户部分成员经营的，以该部分成员的财产承担。"总之，个体户是以个人或家庭为生产单位的，其合法财产属于该个人或者家庭所有。根据有关法律、行政法规，私营企业主要包括四类：其一，独资企业，是指一个自然人独家投资经营的企业。其二，合伙企业，根据合伙企业法第二条的规定，是指自然人、法人和其他组织依法在中国境内设立的普通合伙企业和有限合伙企业。普通合伙企业由普通合伙人组成，合伙人对合伙企业债务承担无限连带责任；有限合伙企业由普通合伙人和有限合伙人组成，普通合伙人对合伙企业债务承担无限连带责任，有限合伙人以其认缴的出资额为限对合伙企业债务承担责任。其三，有限责任公司，是指若干个投资者以其出资额对公司负责，公司以其全部资产对公司债务承担责任的公司。其四，股份有限公司，是指依法由若干个人出资认股，公司以其全部资产对公司债务承担责任的企业。

（4）依法归个人所有的股份、股票、债券和其他财产。"个人所有的股份"是指公民个人出资认购的股份。公民个人出资认购的股份，属于个人所有的财产。"股票"是指股份有限公司依法发行的表明股东权利的有价证券。"债券"是指国家或企业依法发行的，约定到期时向持券人还本付息的有价证券，分为公债券、金融债券和企业债券。公债券是指国家发行的债券，国库券就是一种公债券。金融债券是指由金融机构直接发行的债券。企业债券即由企业发行的债券。"个人所有的股票、债券"，是指由公民个人购买的依法向社会公开发行的股票和债券。公民个人合法购买或通过继承、馈赠等合法获取的股票、债券，也属于公民私人所有的财产。

第九十三条 【国家工作人员的界定】

本法所称国家工作人员,是指国家机关中从事公务的人员。

国有公司、企业、事业单位、人民团体中从事公务的人员和国家机关、国有公司、企业、事业单位委派到非国有公司、企业、事业单位、社会团体从事公务的人员,以及其他依照法律从事公务的人员,以国家工作人员论。

【条文精解】

本条是关于国家工作人员范围的规定。

本条共分两款。第一款是关于国家工作人员的定义。本款规定的"国家机关",是指国家的权力机关、行政机关、监察机关、司法机关以及军事机关。国家机关是依据宪法和法律设立的,依法承担一定的国家和社会公共事务的管理职责和权力的组织。一般而言,国家机关的性质是比较容易确定的,但由于我国目前正在进行政治、经济体制的改革,改革中出现的一些特殊情况需要加以特别注意。比如,目前有些机关在编制上属于事业编制而不是行政编制,如中国证券监督管理委员会,虽然其编制属于国有事业单位,但实际上行使了国家机关的职责,依照法律对全国证券市场进行统一监管,并具有行政处罚权。有的国家机关内部既包括一部分行政编制,又含有一部分事业编制,而且各地的具体做法也不尽相同,1997年修订刑法前后,有的地方的房地产管理局、技术监督局、工商所等整建制的属于事业编制,有的地方的原国家商检部门改为商检中心等。对于这些组织是否属于国家机关,实践中存在不同认识。国家机关的设立和对国家机关中工作人员的编制管理是性质不同的两个问题,因此只要是依法设立的行使一定国家管理职权的组织就是国家机关,至于组织人事部门在编制上对其是按照行政编制还是事业编制进行管理,并不影响刑法上将其作为国家机关性质从严要求,以体现权责一致。"从事公务的人员",是指在上述国家机关中行使一定管理职权、履行一定职务的人员。在上述国家机关中从事劳务性工作的人员,如司机、门卫、炊事员、清洁工等勤杂人员以及部队战士等,不属于国家工作人员范畴。

第二款是关于"以国家工作人员论"的规定。"以国家工作人员论"主要包括三个方面:一是在国有公司、企业、事业单位、人民团体中从事公务的人员。这里规定的"从事公务的人员",是指在国有公司、企业等单位中具有经营、管理职责或履行一定管理职务的人员,在国有公司、企业等上述单位中不具有管理职责的一般工人、临时工等其他劳务人员,不属于本款规定的从事公务的人员。二是国家机关、国有公司、企业、事业单位委派到非国有公司、企业、事业单位、社会团体从事公务的人员。"委派"主要是指在一些具有国有资产成分的中外合资企业、合作企业、股份制企业当中,国有公司、企业或其他有关国有单位为了行使对所参与的国有资产的管理权而派驻的管理人员。这里也包括有的国家机关、国有事业单位委派一些人员到非国有事业单位、社会团体中从事公务的人员。三是其他依照法律从事公务的人员,是指虽不是上述单位的人员,但依照法律规定从事国家事务工作的人员。

在认定国家机关工作人员身份的问题上,实践中存在不同认识。一种观点可称为"身份论",即只有依照法定程序任命,具有国家工作人员身份的人才属于国家机关工作人员;另一种观点可称为"职责论",这种观点认为,一般情况下国家工作人员是指上述具有正式国家工作人员身份的人,但是在特殊情况下,一些虽不具有正式国家工作人员身份的人员,如果因临时委托、授权等法律上的原因而实际上依法承担了国家事务的管理职责的,在其依法履行该职责时,应作为国家工作人员看待,如果有贪污贿赂、渎职等犯罪行为的,应依法追究相应的刑事责任。显然,"职责论"更符合刑法的立法本意,也更符合我国目前的实际情况。因此,对于那些虽不具有正式的国家工作人员身份,但因委托等法定原因实际享有国家工作人员的管理职权的人员,应当以国家工作人员论。例如,协助人民政府从事行政管理事务的村民委员会等村基层组织人员等,只要实际负有国家管理职责,在依法履行相应的职责的过程中有受贿、非法占有公共财物等行为,均应以国家工作人员论,构成犯罪的,依法追究相应的刑事责任。根据全国人大常委会《关于〈中华人民共和国刑法〉第九十三条第二款的解释》的规定,村民委员会等村基层组织人员协助人民政府从事下列行政管理工作时,属于刑法第九十三条第二款规定的"其他依照法律从事公务的人员":(1)救灾、抢险、防汛、优抚、扶贫、移民、救济款物的管理;(2)社会捐助公益事业的款物的管理;(3)国有土地的经营和管理;(4)土地征收、征用补偿费用的管理;(5)代征、代缴税款;(6)有关计划生育、户籍、征兵工作;(7)协助人民政府从事其他行政管理工作。同时规定,村民委员会等村基层组织人员从事前述的公务,利用职务上的便利,非法占有公共财物、挪用公款、索取他人财物或者非法收受他人财物,构成犯罪的,适用刑法第三百八十二条和第三百八十三条贪污罪、第三百八十四条挪用公款罪、第三百八十五条和第三百八十六条受贿罪的规定。

2002年全国人大常委会《关于〈中华人民共和国刑法〉第九章渎职罪主体适用问题的解释》规定,在依照法律、法规规定行使国家行政管理职权的组织中从事公务的人员，或者在受国家机关委托代表国家机关行使职权的组织中从事公务的人员，或者虽未列入国家机关人员编制但在国家机关中从事公务的人员，在代表国家机关行使职权时，有渎职行为，构成犯罪的，依照刑法关于渎职罪的规定追究刑事责任。这也体现了"依职责定责任"的立法精神。"依照法律、法规"是指其从事公务的根据，来源于相关法律法规。由于有相关法律、法规的授权规定，这些组织本身就是依法从事特定领域公共管理事务的机构，在其中依法履职的工作人员，就应当作为"其他依照法律从事公务的人员"。比如各级疾控中心不属于行政机关，但传染病防治法对疾控中心依法开展相关工作作了明确规定，疾控中心就相应具有了法律所赋予的特定公共事务管理职权，其工作人员在依法履行这些公共事务管理职权过程中，就属于本条规定的"其他依照法律从事公务的人员"。传染病防治法第七条规定，各级疾病预防控制机构承担传染病监测、预测、流行病学调查、疫情报告以及其他预防、控制工作。第十八条进一步规定，各级疾病预防控制机构在传染病预防控制中履行下列职责：(1)实施传染病预防控制规划、计划和方案；(2)收集、分析和报告传染病监测信息，预测传染病的发生、流行趋势；(3)开展对传染病疫情和突发公共卫生事件的流行病学调查、现场处理及其效果评价；(4)开展传染病实验室检测、诊断、病原学鉴定；(5)实施免疫规划，负责预防性生物制品的使用管理；(6)开展健康教育、咨询，普及传染病防治知识；(7)指导、培训下级疾病预防控制机构及其工作人员开展传染病监测工作；(8)开展传染病防治应用性研究和卫生评价，提供技术咨询。上述职责有的就涉及对相关人员、事项采取相应措施的职权，如第三项中对传染病疫情和突发公共卫生事件的流行病学调查、现场处理。如果疾控中心履行相关职责的人员在从事公务过程中有渎职、侵吞公共财物、索取收受贿赂等行为的，就要按照国家工作人员的相关犯罪规定处理。

第九十四条 【司法工作人员的界定】

本法所称司法工作人员，是指有侦查、检察、审判、监管职责的工作人员。

【条文精解】

本条是关于司法工作人员范围的规定。

根据本条规定，司法工作人员主要包括以下四种人员：

（1）担任侦查职责的人员。主要是指公安机关、国家安全机关依照刑事诉讼法规定的管辖分工，对犯罪嫌疑人的犯罪行为进行侦查的人员。另外，根据刑事诉讼法的规定，还有一些机构也承担特定刑事案件的侦查职责，对此需要注意：一是根据刑事诉讼法第十九条第二款的规定，人民检察院在对诉讼活动实行法律监督中发现的司法工作人员利用职权实施的非法拘禁、刑讯逼供、非法搜查等侵犯公民权利、损害司法公正的犯罪，可以由人民检察院立案侦查。对于公安机关管辖的国家机关工作人员利用职权实施的重大犯罪案件，需要由人民检察院直接受理的时候，经省级以上人民检察院决定，可以由人民检察院立案侦查。根据以上规定，人民检察院依照刑事诉讼法规定直接侦查的案件中，承担相应侦查工作的人员，也属于本条规定的有侦查职责的工作人员。二是根据刑事诉讼法第三百零八条规定，军队保卫部门对军队内部发生的刑事案件行使侦查权；中国海警局履行海上维权执法职责，对海上发生的刑事案件行使侦查权；对罪犯在监狱内犯罪的案件由监狱进行侦查。因此，上述机构中的人员在承办相关刑事案件中，也属于有侦查职责的工作人员。

（2）担任检察职责的人员。主要是指检察机关担任批准逮捕、审查起诉、出庭支持公诉、法律监督工作职责的人员。

（3）担任审判职责的人员。主要是指在人民法院担任与审判工作有关的职务的人员，包括正副院长、正副庭长、审判委员会委员、审判员，以及其他依法负有审判辅助职责的法官助理、书记员等人员。

（4）担任监管职责的人员。主要是指公安机关、国家安全机关以及司法行政部门所属的有关羁押场所（监狱、看守所等）中担任监管犯罪嫌疑人、被告人、罪犯职责的人员。

【实践中需要注意的问题】

本条中的"司法工作人员"不同于一般所说的司法机关工作人员的概念。不是所有在公安机关、国家安全机关、人民检察院、人民法院以及看守所、监狱等监管机关工作的人员都属于司法工作人员，只有担负本条规定的四种职责之一的，才能被认定为是刑法所说的"司法工作人员"。

本条所说的具有侦查、检察、审判、监管职责的人员不是只限于直接做上述工作的人员，在公安机关、国家安全机关、人民检察院、人民法院以及看守所、监狱等监管机关中负责侦查、检察、审判、监管工作的领导人员，也都属于司法工作人员。

第九十五条 【重伤的界定】

本法所称重伤,是指有下列情形之一的伤害:
(一)使人肢体残废或者毁人容貌的;
(二)使人丧失听觉、视觉或者其他器官机能的;
(三)其他对于人身健康有重大伤害的。

【条文精解】

本条是关于重伤概念的规定。

本条规定了属于"重伤"的三种情况:

第一,使人肢体残废或者毁人容貌的。"肢体残废"是指由各种致伤因素致使肢体缺失,或者肢体虽然完整但已丧失功能。例如,按照实践中掌握的重伤害标准,二肢以上离断或者缺失(上肢腕关节以上、下肢踝关节以上),二肢六大关节功能完全丧失,四肢任一大关节强直畸形或者功能丧失50%以上,膝关节挛缩畸形屈曲30°以上,一足离断或者缺失50%以上,足跟离断或者缺失50%以上,一足第一趾及其相连的跖骨离断或者缺失,双手离断、缺失或者功能完全丧失,手功能丧失累计达一手功能36%等。"毁人容貌"是指毁损他人面容,致使面容显著变形、丑陋或者功能障碍。根据有关规定,面部瘢痕畸形,并有以下六项中四项者,属于重度容貌毁损:(1)眉毛缺失;(2)双睑外翻或者缺失;(3)外耳缺失;(4)鼻缺失;(5)上、下唇外翻或者小口畸形;(6)颈颏粘连。具有以下六项中三项者,属于中度容貌毁损,具有以下六项中两项者,属于轻度容貌毁损:(1)眉毛部分缺失;(2)双睑外翻或者部分缺失;(3)耳郭部分缺失;(4)鼻翼部分缺失;(5)唇外翻或者小口畸形;(6)颈部瘢痕畸形。

第二,使人丧失听觉、视觉或者其他器官机能的。"丧失听觉"是指损伤后,一耳听力障碍(≥91dB HL);一耳听力障碍(≥81dB HL),另一耳听力障碍(≥41dB HL);一耳听力障碍(≥81dB HL),伴同侧前庭平衡功能障碍;双耳听力障碍(≥61dB HL);双侧前庭平衡功能丧失,睁眼行走困难,不能并足站立等。"丧失视觉",是指损伤后,一眼盲目3级,双眼盲目4级等。丧失"其他器官机能"是指丧失听觉、视觉之外的其他器官的功能或者功能严重障碍。例如,女性两侧乳房损伤丧失哺乳能力;肾损伤并发肾性高血压、肾功能严重障碍等。

第三,其他对于人身健康有重大伤害的。这种情况主要是指上述几种重伤之外的，在受伤当时危及生命或者在损伤过程中能够引起威胁生命的并发症，以及其他严重影响人体健康的损伤。例如，开放性颅脑损伤；心脏损伤；胸部大血管损伤；胃、肠、胆道系统穿孔、破裂；烧、烫伤后出现休克等。

【实践中需要注意的问题】

关于"重伤"的概念和范围，2013年8月30日最高人民法院、最高人民检察院、公安部、国家安全部、司法部发布《人体损伤程度鉴定标准》，自2014年1月1日起施行。该标准对人体损伤程度鉴定的原则、方法、内容和等级划分作了详细的规定，将重伤分为重伤一级和重伤二级，分别针对不同情况，制定了具体的认定标准。办理关于重伤的刑事案件，应以本条和该文件作为衡量是否构成重伤的具体标准。最高人民法院、最高人民检察院、公安部、国家安全部、司法部2016年4月18日颁布、2017年1月1日起施行的《人体损伤致残程度分级》明确规定了人体损伤致残程度分级的原则、方法、内容和等级划分。该规定将人体损伤致残程度划分为十个等级，从一级（人体致残率100%）到十级（人体致残率10%），每级致残率相差10%。

在办理刑事案件中，应注意对于有多处损伤的，其中必须有一处符合重伤鉴定标准的规定才能构成重伤，而不能简单以多处轻伤相加，作为重伤看待。

第九十六条 【违反国家规定的界定】

本法所称违反国家规定，是指违反全国人民代表大会及其常务委员会制定的法律和决定，国务院制定的行政法规、规定的行政措施、发布的决定和命令。

【条文精解】

本条是关于违反国家规定的解释性规定。

根据本条规定，"违反国家规定"主要包括两个方面：

（1）违反全国人大及其常委会制定的法律和决定，包括由全国人大通过的法律，如宪法及其他基本法律，由全国人大常委会通过的法律、决定以及对现行法律的修改和补充的规定。宪法规定，立法权必须由全国人大及其常委会行使，法律是全国人民的意志表现，所以只有代表全体人民的最高国家权力机关才可以制定。

（2）违反国务院制定的行政法规、规定的行政措施、发布的决定和命令。宪法规定，国务院是最高国家权力机关的执行机关，是最高国家行政机关，可以根据宪法和法律，制定行政法规、规定行政措施、发布决定和命令。这里需要注意的是，实践中除了由国务院直接制定行政法规、规定行政措施、发布决定和命令以外，还有一些国务院发布的规范性文件，是由国务院有关部委制定，经国务院批准后以国务院名义发布的。对于这些规范性文件的层级是属于国务院还是属于部委，存在不同认识。多数意见认为，由国务院批准发布是实践中长期存在的一种规范性文件制定和发布方式，虽然其制定主体是国务院部委，但是发布主体是国务院，而且从发布程序看，国务院在批准之前，一般有经过征求其他部委和各有关方面意见的过程，将其作为国务院的发布规范性文件的行为，是符合实际的。这样的规范性文件也不是很多，作为刑法规定的"国家规定"，是严格审慎的，总体上也是符合罪刑法定原则的要求的。

【实践中需要注意的问题】

本条中的国家规定仅限于全国人大及其常委会制定的法律和决定，国务院制定的行政法规、规定的行政措施、发布的决定和命令。各级地方人大及其常委会制定的地方性法规以及国务院各部委制定的规章和发布的决定和命令都不属于刑法所指的国家规定。

第九十七条 【首要分子的界定】

本法所称首要分子，是指在犯罪集团或者聚众犯罪中起组织、策划、指挥作用的犯罪分子。

【条文精解】

本条是关于首要分子的概念的规定。

根据本条规定，本法所说的首要分子主要包括两类：

第一，在犯罪集团中起组织、策划、指挥作用的犯罪分子。

"组织"，主要是指将其他犯罪人纠集在一起。"策划"，主要是指为犯罪活动如何实施拟订办法、方案。"指挥"，是指在犯罪的各个阶段指使、命令其他犯罪人去实施犯罪行为等。

"犯罪集团"是指三人以上为共同实施犯罪而组成的较为固定的犯罪组

织。主要具有以下特征:(1)人数在三人以上,主要成员固定或基本固定。(2)经常纠集在一起共同进行一种或数种犯罪活动。(3)有明显的首要分子。有的首要分子是在纠集过程中形成的,有的首要分子则在纠集开始时就是组织者和领导者。(4)有预谋地实施犯罪活动。(5)不论作案次数多少,对社会造成的危害或其具有的危险性都很严重。

第二,在聚众犯罪中起组织、策划、指挥作用的犯罪分子。"聚众犯罪",是指纠集多人共同实施的犯罪活动,如聚众斗殴、聚众哄抢公私财物的犯罪等。"聚众犯罪"与"犯罪集团"不同,是因进行犯罪将众人聚集起来的,而不具有较固定的犯罪组织和成员。

由于首要分子在犯罪集团或者聚众犯罪中起组织、策划、指挥作用,罪恶比较严重,因此,刑法分则对首要分子规定的处刑都比较重。

【实践中需要注意的问题】

对首要分子的认定要结合实际案件中所起的具体作用,特别是对于犯罪集团的首要分子的认定,往往组织、策划的人在犯罪中起到重要的谋划、指挥作用,虽并未实际参与犯罪行为,但并不影响对其首要分子的认定。

第九十八条 【告诉才处理的界定】

本法所称告诉才处理,是指被害人告诉才处理。如果被害人因受强制、威吓无法告诉的,人民检察院和被害人的近亲属也可以告诉。

【条文精解】

本条是关于告诉才处理的概念及如何适用的规定。

根据办理刑事案件实际的需要,刑法规定了一些告诉才处理的犯罪。根据刑法分则的规定,主要包括第二百四十六条侮辱罪、诽谤罪,第二百五十七条暴力干涉婚姻自由罪,第二百六十条虐待罪,第二百七十条侵占罪等。由于对犯罪行为的刑事追究或对行为人的处理往往涉及被害人的利益,所以法律允许被害人权衡利弊,作出是否提起刑事诉讼的决定。"告诉才处理",是指只有被害人提出控告,要求对犯罪人追究刑事责任时,司法机关才能受理,如果有权进行告诉的人不告诉,司法机关则不能主动追诉犯罪。

根据本条规定,有权进行告诉的有三种人:

(1)告诉才处理的刑事案件的被害人。

（2）人民检察院在被害人因受强制、威吓而无法告诉的情况下可以告诉。"受强制"是指被害人受到暴力的控制或者阻碍，如被捆绑、拘禁等。"威吓"是指被害人受到威胁、恐吓，不敢向人民法院提出控告。

（3）告诉才处理的刑事案件中被害人的近亲属在被害人因受强制、威吓而无法告诉的情况下也可以告诉。"被害人的近亲属"是指被害人的父母、子女、配偶、同胞兄弟姊妹。

【实践中需要注意的问题】

《刑法修正案（九）》对刑法第二百六十条原第三款作了修改，将该款中"告诉的才处理"的规定修改为"告诉的才处理，但被害人没有能力告诉，或者因受到强制、威吓无法告诉的除外"。

第九十九条　【以上、以下、以内的含义】
本法所称以上、以下、以内，包括本数。

【条文精解】

本条是关于刑法所称的"以上""以下""以内"的概念如何理解的规定。

根据本条规定，刑法所称的"以上""以下""以内"都包括本数在内。如规定对某种犯罪行为判处三年以下有期徒刑，判处的最高刑可以是三年。

第一百条　【前科报告义务及例外规定】
依法受过刑事处罚的人，在入伍、就业的时候，应当如实向有关单位报告自己曾受过刑事处罚，不得隐瞒。

犯罪的时候不满十八周岁被判处五年有期徒刑以下刑罚的人，免除前款规定的报告义务。

【条文精解】

本条是关于前科报告义务的规定。

本条共分两款。第一款是关于前科报告义务的一般规定。主要有两个方面的内容：

一是依法受过刑事处罚的人，应当如实向有关单位报告自己曾受过刑事处罚，不得隐瞒。"依法受过刑事处罚的人"，是指依照我国的刑事法律，行为人的行为构成犯罪，并经人民法院判处刑罚。经人民法院判处刑罚，包括被人民法院依法判处刑法规定的各种主刑和附加刑。例如，某犯罪分子被人民法院判处有期徒刑一年，宣告缓刑一年，在缓刑考验期内遵守刑法的有关规定，缓刑考验期满，原判的刑罚不再执行，这种情况也属于依法受过刑事处罚。如果某行为人虽曾受到司法机关的追诉，但其行为符合刑法规定的不需要判处刑罚或者免除刑罚的情况，因而人民法院决定免予刑罚处罚的，则不属于"受过刑事处罚的人"。同样，如果检察机关对上述情况依照刑事诉讼法的规定决定不予起诉的，也不在"受过刑事处罚"之列。

二是如实报告仅限于在入伍、就业的时候。"入伍"是指加入中国人民解放军或者中国人民武装警察部队。"就业"包括参加任何种类的工作，如进入国家机关，各种公司、企业、事业单位，各种团体等。"向有关单位报告"是指向自己参加工作的单位报告。法律这样规定，是为了便于用人单位掌握本单位职工的情况，便于安置工作以及对该有关人员开展帮助和教育。

第二款是对不满十八周岁的未成年人免除报告义务的规定。有两个条件：一是被免除前科报告义务的主体是犯罪时不满十八周岁的人，既包括入伍、就业时未满十八周岁的未成年人，也包括入伍、就业时已满十八周岁的成年人，只要其犯罪时不满十八周岁，就构成适用本款规定的条件之一；二是被判处五年有期徒刑以下刑罚，包括被判处五年以下有期徒刑的情形，也包括被判处拘役、管制、单处附加刑的情形，以及适用缓刑的情形。需要注意的是，以上两个条件需同时具备才能适用本款的规定，犯罪时不满十八周岁的人如果被判处超过五年有期徒刑的刑罚（不包括五年有期徒刑）的，则不适用本款的规定。

【实践中需要注意的问题】

第一，本款的规定只是免除了犯罪的时候不满十八周岁、被判处五年有期徒刑以下刑罚的人的前科报告义务，这些人在入伍和就业时，征兵部门和招录单位依照招录的有关规定仍然可以对其进行考察。

第二，这些被免除前科报告义务的人，司法机关仍会保留其犯罪记录，但会对这些记录予以封存。2012年修改后刑事诉讼法明确规定了未成年人犯罪记录封存制度。刑事诉讼法第二百八十六条规定，犯罪的时候不满十八周岁，被判处五年有期徒刑以下刑罚的，应当对相关犯罪记录予以封存；犯罪记录被封存的，不得向任何单位和个人提供，但司法机关为办案需要或者有关单位根据国家规定进行查询的除外；依法进行查询的单位，应当对被封存的犯罪记录的情况予以保密。

第一百零一条 【总则的适用】

本法总则适用于其他有刑罚规定的法律，但是其他法律有特别规定的除外。

【条文精解】

本条是关于刑法总则适用于其他有刑罚规定的法律的规定。

本条包括两个方面的内容：

第一，本法总则适用于其他有刑罚规定的法律。主要是指刑法总则规定的原则对于其他有定罪处刑规定的法律也适用，在依照其他法律规定对犯罪人判处刑罚时，也要依照刑法总则的规定。

"其他有刑罚规定的法律"，是指除刑法以外的其他有定罪处刑规定的法律，理论上包括全国人大常委会通过的对刑法所作的决定或者补充规定，以及其他法律中对刑法补充规定的犯罪行为及其刑罚的规定。1997年刑法施行以来，"其他有刑罚规定的法律"已经比较少见。比较典型的是1998年12月29日第九届全国人民代表大会常务委员会第六次会议通过的《关于惩治骗购外汇、逃汇和非法买卖外汇犯罪的决定》，这是1997年刑法修订以后全国人大常委会第一次对刑法作修改补充，由于当时还没有就以修正案的方式修改刑法形成共识，就仍旧按照1979年刑法施行期间的做法，通过单行决定的方式对刑法作出了修改和补充。该决定属于典型的在刑法典之外"有刑罚规定的法律"。2014年11月1日第十二届全国人民代表大会常务委员会第十一次会议通过的反间谍法是另外一种比较特别的情况。该法虽然没有直接规定罪名和刑罚，但是对于有特定情节的间谍行为的处理，作出了明确的规定，而该规定与刑法总则的相应规定有所不同。一是反间谍法第二十七条规定，实施间谍行为，有自首或者立功表现的，可以从轻、减轻或者免除处罚；有重大立功表现的，给予奖励。这一规定与刑法第六十七条、第六十八条关于自首、立功的规定相比，从宽的幅度更大。二是反间谍法第二十八条规定，在境外受胁迫或者受诱骗参加敌对组织、间谍组织，从事危害中华人民共和国国家安全的活动，及时向中华人民共和国驻外机构如实说明情况，或者入境后直接或者通过所在单位及时向国家安全机关、公安机关如实说明情况，并有悔改表现的，可以不予追究。这一规定相比刑法总则的规定，增加了被诱骗实施犯罪的情形，可以不予追究的处理，也体现了更大力度的从宽政策。此外，2020年6月30日第十三届全国人民代表大会常务委员会第二十次会议通过的香港特别行政区维护国家安全法的性质比较特殊，其中对危害国家安全的四类犯罪行为及其处罚作了规定，可以作为"其他有刑罚规定的法律"。

第二，其他法律有特别规定的除外。这是指在其他有刑罚规定的法律中，若对于涉及刑法总则的有关问题又作出了特殊规定，则在一定范围、一定限度内对刑法总则的有关规定不再适用，而依照该法律的特别规定执行。

第二编

分　则

宋　米芾　方円庵記

隋　智永
真草千字文

漢　礼器碑

東晉　王羲之

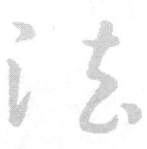
唐　孫過庭　書譜

東晉　王羲之
此事帖

東晉　王羲之

北魏　鄭長猷造像記

東晉　王羲之
集字聖教序

宋　黄山谷
三希堂法帖

隋　張公礼
龍蔵寺碑

唐　褚遂良
雁塔聖教序

第一章 危害国家安全罪

第一百零二条 【背叛国家罪】
勾结外国,危害中华人民共和国的主权、领土完整和安全的,处无期徒刑或者十年以上有期徒刑。
与境外机构、组织、个人相勾结,犯前款罪的,依照前款的规定处罚。

【条文精解】

本条是关于背叛国家罪及其处罚的规定。

背叛国家罪,是指中国公民勾结外国,或者与境外机构、组织、个人相勾结,危害中华人民共和国的主权、领土完整和安全的行为。本条共分两款。第一款是对背叛国家罪及其处罚的规定。根据本款规定,背叛国家罪具有以下特征:

(1)构成本罪的犯罪主体必须是具有中华人民共和国国籍的公民,即中国公民。

(2)行为人在客观上必须实施了勾结外国,危害国家主权、领土完整和安全的行为。这里所说的"勾结外国",是指行为人通过各种方式与外国政府、政党、政治集团以及他们的代表人物联络,进行组织、策划危害国家安全行为等活动。这里的"外国"应作广义理解,主要是指具有独立主权的国家,但也可以包括其他虽未被广泛承认但以国家名义活动的实体,以及某些国家联盟性质的国际组织。"危害国家主权、领土完整和安全",是指行为人勾结外国的直接目的和实施的行为,必须是危害了中华人民共和国的国家主权、领土完整和安全。勾结外国是危害国家主权、领土完整和安全的手段,危害国家主权、领土完整和安全是勾结外国的直接目的,这两个行为必须同时具备,才能构成本罪。根据本条的规定,背叛国家罪的构成,并不要求造成危害国家主权、领土完整和安全的实际后果,只要实施了勾结外国,危害国家主权、领土完整和安全的行为,即构成本罪。无论是在暗中策划、信电往来秘密接触的阴谋阶段,还是已经将形成的计划付诸实施,都不影响构成本罪。

根据本款规定,行为人实施勾结外国,危害中华人民共和国的主权、领土完整和安全的行为，处无期徒刑或者十年以上有期徒刑。同时，根据本法第一百一十三条的规定，构成本罪，对国家和人民危害特别严重、情节特别恶劣的，可以判处死刑；构成本罪，还可以并处没收财产。依照刑法第五十六条规定，犯危害国家安全罪的，应当附加剥夺政治权利。

本条第二款明确规定，与境外机构、组织、个人相勾结，实施危害中华人民共和国的主权、领土完整和安全的犯罪行为的，依照第一款的规定处罚。这里所说的"境外机构、组织"，是指中华人民共和国边境以外的国家或者地区的机构、组织，也包括其在中华人民共和国境内设立的分支（代表）机构和分支组织等。"境外个人"，是指我边境以外的人员；同时，在我国境内的外国公民、无国籍人，也属于境外人员。"与境外机构、组织、个人相勾结"实施本条第一款规定的行为，主要是指通过与境外机构、组织、个人相互勾结，共同策划或者进行危害我国家主权、领土完整和安全的活动；接受外国或者境外机构、组织、人员资助或者指使，进行危害中华人民共和国的主权、领土完整和安全的活动；与外国或者境外机构、组织、人员建立联系，取得支持、帮助，进行危害中华人民共和国的主权、领土完整与安全的活动等情况。根据各国的司法实践，背叛国家行为往往要通过一些组织、个人进行，外国政府的活动也往往在一些民间组织及个人身份的掩护下进行。本款的规定充分考虑了维护国家安全的需要以及国际上政治斗争的特点。

根据本款规定，行为人与境外机构、组织、个人相勾结，实施危害中华人民共和国的主权、领土完整和安全的行为，依照第一款的规定处罚，即处无期徒刑或者十年以上有期徒刑。同时，根据本法第一百一十三条的规定，对国家和人民危害特别严重、情节特别恶劣的，可以判处死刑，还可以并处没收财产。依照刑法第五十六条规定，犯危害国家安全罪的，应当附加剥夺政治权利。

【实践中需要注意的问题】

本章规定的其他危害国家安全犯罪，如间谍罪，为境外窃取、刺探、收买、非法提供国家秘密、情报罪等，也存在与境外势力勾结的情况，也对国家安全造成危害。因此，区分本罪与其他危害国家安全犯罪的关键不同，在于本罪在性质属于直接从根本上危害国家的主权、统一和领土完整，从而危害到国家的安全；从行为表现上看，往往是通过与外国通谋，出卖国家领土和主权，勾结外国反动势力，对我国发动侵略战争，掠夺我国领土，破坏我国领土完整等。这些行为直接危害我国的国家主权和领土完整的行为，体现的是对国家安全的根本的、整体的危害，直接威胁到国家的外部安全，因而也有的国家称之为外患或者诱致外患犯罪。至于那些具体危害到国家安全某一方面的犯罪行为，则属于本章规定的其他相关危害国家安全犯罪，如危害国家政权和社会主义制度的行为，触犯的是刑法第一百零五条颠覆国家政权罪、煽动颠覆国家政权罪。

这里的"勾结"，是指与外国或者境外的机构、组织、个人进行公开的或者秘密的联系，以共同谋划，表现方式多种多样，可以是主动投靠，建立联系，也可以是国外的机构、组织、个人与国内的机构、组织、个人进行策划、帮助或提供资助；可以是直接接触，也可以是信件往来；应当结合其客观行为与主观目的进行认定。

这里的"危害"并不要求已经着手实施行为，或者造成实际发生国家主权、领土完整和安全的损害结果。只要行为人就危害中华人民共和国的主权、领土完整和安全进行谋议、策划就构成犯罪的既遂。

> **第一百零三条 【分裂国家罪】【煽动分裂国家罪】**
> 组织、策划、实施分裂国家、破坏国家统一的，对首要分子或者罪行重大的，处无期徒刑或者十年以上有期徒刑；对积极参加的，处三年以上十年以下有期徒刑；对其他参加的，处三年以下有期徒刑、拘役、管制或者剥夺政治权利。
> 煽动分裂国家、破坏国家统一的，处五年以下有期徒刑、拘役、管制或者剥夺政治权利；首要分子或者罪行重大的，处五年以上有期徒刑。

【条文精解】

本条是关于分裂国家罪和煽动分裂国家罪及其处罚的规定。

本条共分两款。第一款是对分裂国家罪及其处罚的规定。根据本款规定，构成本罪必须具备以下几个条件：

（1）构成本罪的主体是一般主体，即任何人都可以构成本罪的犯罪主体。本罪处罚的是"首要分子或者罪行重大的""积极参加的"和"其他参加的"犯罪分子。其中，"首要分子"的范围在刑法总则中已作了明确的界定。"罪行重大"，是指虽不是首要分子，但在犯罪活动中起了十分恶劣的作用或者直接参与实施主要犯罪活动的骨干分子；"积极参加的"，是指那些主动参加犯罪集团并多次参与犯罪活动的；"其他参加的"，是指一般参加者。分裂国家、破坏国家统一是一种严重的危害国家安全犯罪，往往靠个人难以达到目的，一般要组成一定的集团进行长期的犯罪活动。而且中国是一个多民族的国家，犯罪分子往往利用并激化民族矛盾，挑起事端，较其他犯罪更具有欺骗性和危险性，所以这种犯罪有可能会因某一突发性事件或者在一些特定的社会环境下，出现聚众犯罪的情况。对此，本款根据犯罪分子参与犯罪的情节及其所起的作用，对"首要分子或者罪行重大的""积极参加的"和"其他参加的"分别规定了处刑。应当注意的是，在严厉打击分裂国家、破坏国家统一的犯罪活动的同时，对这种有可能参加人数较多的聚众犯罪，要把那些受欺骗蒙蔽、不明真相的群众与犯罪分子区别开。

（2）必须是实施了分裂国家、破坏国家统一的行为。这里所说的"分裂国家、破坏国家统一"，是指以各种手段和方式，企图将我国领土的一部分分离出去，另立政府，制造割据局面和分裂我国统一的多民族国家，破坏民族团结，制造民族分裂等行为。所谓"组织"，是指分裂国家的犯罪集团和分裂活动的组织人所进行的纠集行为，行为人在组织过程中手段具有多样性，包括采用招募、雇佣、强迫、威胁、勾引、收买等多种手段，既包括将本来就具有分裂国家倾向的人员纠合起来，也包括采用名利、地位、金钱、色情甚至强迫手段聚集人员实施分裂国家活动；所谓"策划"，是指对分裂国家、破坏国家统一的活动进行谋划的行为，如制定实施分裂国家的犯罪行动计划、方案，确定参加犯罪活动的人员名单和具体实施步骤等；所谓"实施"，就是实际着手实施分裂国家、破坏国家统一的行为，既包括组织、策划者将其策划的内容付诸实施，也包括组织、策划者以外的其他人在组织、策划者的组织、指挥下参与实施分裂国家、破坏国家统一的活动。

根据本款规定，对组织、策划、实施分裂国家、破坏国家统一的，对首要分子或者罪行重大的，处无期徒刑或者十年以上有期徒刑；根据本法第一百一十三条的规定，对国家和人民危害特别严重、情节特别恶劣的，可以判处死刑。对积极参加的，处三年以上十年以下有期徒刑；对其他参加的，处三年以下有期徒刑、拘役、管制或者剥夺政治权利。

第二款是对煽动分裂国家罪及其处罚的规定。这里所说的"煽动"，是指以语言、文字、图像等方式对他人进行鼓动、宣传，意图使他人相信其所煽动的内容，进而使他人去实施所煽动的行为，客观行为表现为对不特定人或者多数人实施的，使其产生分裂国家的犯罪意思，或者刺激、助长、坚定已经产生的分裂国家的犯罪意思的行为。实践中应当注意与分裂国家罪的教唆行为之间的区别。根据本款规定，行为人实施了煽动分裂国家、破坏国家统一的行为，并不以被煽动者实施分裂国家行为，即具体地着手组织、策划、实施分裂国家、破坏国家统一的行为为必要，即构成犯罪，处五年以下有期徒刑、拘役、管制或者剥夺政治权利；对首要分子或者罪行重大的，处五年以上有期徒刑。根据本法第一百一十三条的规定，构成本罪，还可以并处没收财产。

第一百零四条 【武装叛乱、暴乱罪】

组织、策划、实施武装叛乱或者武装暴乱的，对首要分子或者罪行重大的，处无期徒刑或者十年以上有期徒刑；对积极参加的，处三年以上十年以下有期徒刑；对其他参加的，处三年以下有期徒刑、拘役、管制或者剥夺政治权利。

策动、胁迫、勾引、收买国家机关工作人员、武装部队人员、人民警察、民兵进行武装叛乱或者武装暴乱的，依照前款的规定从重处罚。

【条文精解】

本条是关于武装叛乱、暴乱罪及其处罚的规定。

本条共分两款。第一款是对武装叛乱、暴乱罪及其处罚的规定。武装叛乱，是指采取武装对抗的形式，以投靠境外组织或境外敌对势力为背景，或者意图投靠境外组织或境外敌对势力，反叛国家和政府的行为。武装暴乱，是指采取武装的形式，与国家和政府进行对抗或者烧杀抢掠等集体暴行的行为。根据本款规定，武装叛乱、暴乱罪具有以下特征：(1) 构成犯罪的主体是一般主体，即达到刑事责任年龄，具有刑事责任能力，实施了武装叛乱、暴乱行为的一切自然人都是本罪的犯罪主体。实践中多为我国公民，但不排除外国人、无国籍人犯本罪的可能性。(2) 必须实施了"组织、策划、实施"的具体行为。其中，本条规定的"组织、策划、实施"的基本含义与本法第一百零三条的规定是一致的，故不再赘述。(3) 必须具有"武装"性质。所谓"武装"，是指叛乱者或者暴乱者在实施犯罪行为中，装备了各种具有杀伤力的武器，携带或使用了各种军用、警用武器装备、民用枪械、刀、矛、棍棒、炸药、雷管、手榴弹等武器，与国家和政府进行对抗。只要是叛乱、暴乱分子持有上述武器即可，持有武器的多少均不影响本罪的成立。如果行为人没有携带或使用武器，只是使用一般性的暴力，如扔石块等，则不能构成武装叛乱、暴乱罪。武装叛乱行为与武装暴乱行为的主要区别，就是在于行为人是否以境外组织或者境外敌对势力为背景。如果行为人的目的是投靠境外组织或境外敌对势力，或者与之相勾结而与国家和政府进行武装对抗的，就是武装叛乱；如果行为人没有上述意图和目的，只是直接与国家和政府武装对抗的，则是武装暴乱。当然，在武装暴乱的犯罪过程中，犯罪分子可能也会与境外的一些敌对势力相勾结，但其暴乱活动主要是针对政府；而武装叛乱，犯罪分子的主要目的是投靠、勾结境外组织或境外敌对势力。

根据本款规定，组织、策划、实施武装叛乱或武装暴乱的，对其首要分子或者罪行重大的，处无期徒刑或者十年以上有期徒刑；根据本法第一百一十三条的规定，对国家和人民危害特别严重、情节特别恶劣的，可以判处死刑。对积极参加的，处三年以上十年以下有期徒刑；对其他参加的，处三年以下有期徒刑、拘役、管制或者剥夺政治权利。

第二款是对策动、胁迫、勾引、收买国家机关工作人员、武装部队人员、人民警察、民兵进行武装叛乱或者武装暴乱的处罚规定。这里所说的"策动"，是指策划鼓动他人进行某项活动的行为，具体指通过进行叛乱、暴乱的宣传、鼓动而使之产生背叛意图，参加武装叛乱或者暴乱活动；"胁迫"，是指以暴力或者其他手段威胁、强迫他人实施某种行为，具体指以实施暴力侵害、揭露隐私或者对家庭成员实施侵害行为等手段，使得国家机关工作人员、武装警察部队、人民警察、民兵等不敢反抗，被迫进行武装叛乱、暴乱；"收买"，是指以金钱、财物或者其他物质利益诱使上述人员为其所用，进行武装叛乱、暴乱的行为；"勾引"，是指以名利、地位、职务或者女色等各种利益对上述人员进行引诱，使之服从其领导、控制，为其所用，进而进行武装叛乱、暴乱犯罪的行为。"国家机关工作人员"，是指在国家立法机关、行政机关、监察机关、司法机关、军事机关从事公务的人员。国家机关工作人员是国家政权机构的组成人员，发动他们进行武装叛乱、暴乱，对国家政权的危害更为直接和严重。同时，上述人员或掌握国家秘密，或拥有武器装备，一旦进行叛乱、暴乱，其破坏能力非一般犯罪主体可比，将严重危及国家安全。故本款将策动、威胁、勾引、收买等武装叛乱、暴乱罪的预备行为纳入该罪的规制范围，体现对此种行为严厉处罚的精神。

根据本款的规定，策动、胁迫、勾引、收买国家机关工作人员、武装部队人员、人民警察、民兵进行武装叛乱或者武装暴乱的，依照第一款的规定，从重处罚。

第一百零五条 【颠覆国家政权罪】【煽动颠覆国家政权罪】

组织、策划、实施颠覆国家政权、推翻社会主义制度的，对首要分子或者罪行重大的，处无期徒刑或者十年以上有期徒刑；对积极参加的，处三年以上十年以下有期徒刑；对其他参加的，处三年以下有期徒刑、拘役、管制或者剥夺政治权利。

以造谣、诽谤或者其他方式煽动颠覆国家政权、推翻社会主义制度的，处五年以下有期徒刑、拘役、管制或者剥夺政治权利；首要分子或者罪行重大的，处五年以上有期徒刑。

【条文精解】

本条是关于颠覆国家政权罪、煽动颠覆国家政权罪及其处罚的规定。

本条共分两款。第一款是对颠覆国家政权罪及其处罚的规定。根据本款规定，颠覆国家政权罪，是指行为人组织、策划、实施颠覆国家政权、推翻社会主义制度的行为。其中，"组织、策划、实施"与前两条规定的"组织、策划、实施"的含义是一致的，这里不再赘述。本条规定的"颠覆国家政权、推翻社会主义制度"，是指以除武装暴动外的各种非法手段推翻国家政权，改变人民民主专政的政权性质和社会主义制度的行为。我国宪法明确规定，中华人民共和国是工人阶级领导的、以工农联盟为基础的人民民主专政的社会主义国家。社会主义制度是国家的根本制度，所以说，任何企图以各种手段颠覆国家政权、推翻社会主义制度的行为，都是对我国国家安全的严重危害，必须受到我国法律的严厉制裁。应当注意的是，"颠覆国家政权"在手段上通常有使用暴力手段的情况，刑法第一百零四条明确规定了武装叛乱、暴乱罪，并规定了更重的刑罚。对于以武装暴乱形式颠覆国家政权的，应当适用武装叛乱、暴乱罪。本款所规定的是指以非武装暴乱方式颠覆国家政权的行为。这里的"国家政权"包括中央政权和地方政权机关，具体包括我国各级权力机关、行政机关、司法机关、军事机关等。

根据本款规定，颠覆国家政权罪的构成不要求有颠覆国家政权、推翻社会主义制度的实际危害结果的发生，只要行为人进行了组织、策划、实施颠覆国家政权、推翻社会主义制度的行为，即构成本罪。对首要分子或者罪行重大的，处无期徒刑或者十年以上有期徒刑；对积极参加的，处三年以上十年以下有期徒刑；对其他参加的，处三年以下有期徒刑、拘役、管制或者剥夺政治权利。

第二款是对煽动颠覆国家政权罪及其处罚的规定。这里所说的"煽动",是指以造谣、诽谤或者其他方式诱惑、鼓动群众颠覆国家政权和社会主义制度的行为。其中,"造谣",主要是指出于颠覆国家政权和社会主义制度之目的,制造并散布各种谣言,以混淆视听,迷惑群众;"诽谤",主要是指捏造事实并予以散布,诋毁、攻击国家政权和社会主义制度,主要有以下几种:利用文化传媒煽动颠覆国家政权;在公共场所书写、张贴含有颠覆国家政权、推翻社会主义制度内容的传单、大小字报或投寄煽动信件;以诗歌、漫画等形式进行宣传煽动;组织、参加相关组织,进行煽动、呼喊活动等。根据本款规定,构成本罪的,行为人在主观上必须具有颠覆国家政权、推翻社会主义制度的故意。本款对煽动颠覆国家政权罪规定了两档刑,只要行为人实施了以造谣、诽谤或者其他方式煽动颠覆国家政权、推翻社会主义制度行为的,就构成本罪,处五年以下有期徒刑、拘役、管制或者剥夺政治权利;对首要分子或者罪行重大的,处五年以上有期徒刑。

根据本法第一百一十三条的规定,构成本条两款罪的,还可以并处没收财产。

第一百零六条 【与境外勾结的从重处罚】
与境外机构、组织、个人相勾结,实施本章第一百零三条、第一百零四条、第一百零五条规定之罪的,依照各该条的规定从重处罚。

【条文精解】

本条是对与境外机构、组织、个人相勾结,实施危害国家安全犯罪的,予以从重处罚的规定。近些年来,境外一些敌对势力为达到"西化""分化"我国的目的,以各种手段、方式对我国进行渗透、干扰,与境内不法分子相勾结,进行危害我国国家安全的犯罪活动。而我国国内的犯罪分子在进行危害国家安全的犯罪活动中,也往往与境外机构、组织、个人相勾结,取得他们的援助、资助等。这是很多危害国家安全犯罪的一个重要特点。为了更有力地维护国家安全,打击危害国家安全的犯罪,刑法特别作了关于与境外机构、组织、个人相勾结实施分裂国家罪、煽动分裂国家罪、颠覆国家政权罪、煽动颠覆国家政权罪及武装叛乱、暴乱罪应从重处罚的规定。这几种犯罪都是对我国国家安全危害最为严重、危险性最大的犯罪。本条规定的"相勾结",是指境内的犯罪分子与境外机构、组织、个人通过各种途径联络,共同策划、密谋，以实施本章第一百零三条、第一百零四条、第一百零五条规定的有关危害国家安全的犯罪行为。

根据本条规定，境内人员与境外机构、组织、个人相勾结，实施本章第一百零三条、第一百零四条、第一百零五条规定之罪的，对其依照上述有关条文规定的刑罚从重处罚。

第一百零七条 【资助危害国家安全犯罪活动罪】
　　境内外机构、组织或者个人资助实施本章第一百零二条、第一百零三条、第一百零四条、第一百零五条规定之罪的，对直接责任人员，处五年以下有期徒刑、拘役、管制或者剥夺政治权利；情节严重的，处五年以上有期徒刑。

【条文精解】

本条是关于资助危害国家安全犯罪活动罪及其处罚的规定。根据本条规定，任何机构、组织或者个人资助实施本条所规定的危害中华人民共和国国家安全犯罪活动的，都将适用本条定罪量刑。"境内外机构、组织或者个人"，包括境内外一切机构、组织和个人。这里所说的"资助"，是指明知他人进行危害国家安全的犯罪活动，而向其提供金钱、物资、通信器材、交通工具等，使犯罪分子得到物质上的帮助。如果境内外机构、组织或者个人没有提供物质上的帮助，仅是在精神、宣传舆论等方面给予帮助、支持，则不能适用本条，而应适用其他危害国家安全犯罪的规定处理。

本条将资助行为限定于资助实施本章第一百零二条规定的背叛国家罪，第一百零三条规定的分裂国家罪和煽动分裂国家罪，第一百零四条规定的武装叛乱、暴乱罪，第一百零五条规定的颠覆国家政权罪和煽动颠覆国家政权罪的范围。之所以这样规定，主要是因为这几种犯罪对国家安全最具危险性，同时，也是根据维护国家安全的实际需要。

根据本条规定，犯本条规定之罪的，对直接责任人员，处五年以下有期徒刑、拘役、管制或者剥夺政治权利；情节严重的，即具有多次资助、资助多人，或者资助金额巨大，或者被资助者的行为造成严重后果等情形的，处五年以上有期徒刑。直接责任人员包括资助行为的决策人以及实际实施的人员。如果资助属个人行为，行为人即为直接责任人员。根据刑法第一百一十三条的规定，对犯本罪的，还可以并处没收财产。

第一百零八条 【投敌叛变罪】
投敌叛变的，处三年以上十年以下有期徒刑；情节严重或者带领武装部队人员、人民警察、民兵投敌叛变的，处十年以上有期徒刑或者无期徒刑。

【条文精解】

本条是关于投敌叛变罪及其处罚的规定。根据本条规定，无论行为人出于何种目的或动机，实施投敌叛变行为的，即构成本罪。这里所说的"投敌叛变"，是指背叛国家，投靠敌国、敌方，出卖国家和人民利益的变节行为，包括投入敌人营垒，为敌人效力行为、被敌人俘虏后投降敌人进行危害国家安全的行为等；其中，所谓"敌"是广义的，既包括在交战状态下公开宣布的敌国、敌方等敌人，也包括其他公然敌视中华人民共和国的政权和制度的敌对营垒。本条没有区分平时与战时。在战时"敌"的概念非常明确，只要与我国正式交战的即是敌，也就是说，行为人只要是投奔或者投靠敌方的，就构成本罪；但在和平时期，特别是在目前世界处于相对和平、稳定、发展的时代，我国的对外交往十分广泛，所以在确定"敌"时应非常慎重。

本条对投敌叛变罪规定了两档刑，对构成本罪的一般投敌叛变行为，处三年以上十年以下有期徒刑；对情节严重或者带领武装部队人员、人民警察、民兵投敌叛变的，处十年以上有期徒刑或者无期徒刑，根据本法第一百一十三条的规定，对国家和人民危害特别严重、情节特别恶劣的，可以判处死刑。构成本罪，还可以并处没收财产。这里所说的"情节严重"，主要是指带领众人投敌叛变的手段特别恶劣，给国家和人民利益造成严重损失或者造成恶劣的政治影响等情况。"带领武装部队人员、人民警察、民兵投敌叛变的"，是指带领成建制的武装部队，如一个班、一个排或者更多的部队、武警投敌叛变，或者是带领人数较多的武装部队人员、人民警察、民兵投敌叛变的行为。武装部队、人民警察、民兵是国家的武装力量和专政机关，负有巩固国防、抵抗侵略、保卫祖国、保卫人民和平劳动的职责，带领这些人员投敌叛变比带领其他人员投敌叛变，对国家安全和社会稳定具有更大的危害性，故必须予以严惩。

第一百零九条 【叛逃罪】

国家机关工作人员在履行公务期间,擅离岗位,叛逃境外或者在境外叛逃的,处五年以下有期徒刑、拘役、管制或者剥夺政治权利;情节严重的,处五年以上十年以下有期徒刑。

掌握国家秘密的国家工作人员叛逃境外或者在境外叛逃的,依照前款的规定从重处罚。

【条文精解】

本条是关于叛逃罪及其处罚的规定。

本条共分两款。第一款是国家机关工作人员叛逃罪的规定。根据本款规定,构成本罪的,必须具备以下两个条件:

(1)构成本罪的主体是特殊主体,为国家机关工作人员,即在国家权力机关、行政机关、监察机关、司法机关以及军事机关中从事公务的人员。

(2)必须是在履行公务期间,擅离岗位,叛逃境外或者在境外叛逃的。这里所说的"履行公务期间",主要是指在职的国家机关工作人员在执行公务期间,如国家机关代表团在外访问期间、我国驻外使领馆的外交人员以及国家派驻国外执行任务的人员履行职务期间等。国家机关工作人员离职在境外学习,或者到境外探亲访友的,则不属于本款规定中的"履行公务期间"。"擅离岗位",是指违反规定私自离开岗位的行为。"叛逃境外",是指同境外的相关机构、组织联络,由境内逃离到境外的行为;"在境外叛逃的",是指国家机关工作人员在境外履行公务期间擅自不归国,投靠境外的有关机构、组织,或者直接投奔国外的有关机构、组织,背叛国家的行为。根据本款的规定,构成本罪的,处五年以下有期徒刑、拘役、管制或者剥夺政治权利;情节严重的,处五年以上十年以下有期徒刑。根据刑法第一百一十三条的规定,构成本罪,还可以并处没收财产。

第二款是关于掌握国家秘密的国家工作人员犯叛逃罪如何处罚的规定。根据保守国家秘密法的规定,"国家秘密",是指关系国家的安全和利益,依照法定程序确定,在一定时间内只限一定范围的人员知悉的事项。以下涉及国家安全和利益的事项,泄露后可能损害国家在政治、经济、国防、外交等领域的安全和利益的,应当确定为国家秘密:(1)国家事务重大决策中的秘密事项;(2)国防建设和武装力量活动中的秘密事项;(3)外交和外事活动中的秘密事项以及对外承担保密义务的秘密事项;(4)国民经济和社会发展中的秘密事项;(5)科学技术中的秘密事项;(6)维护国家安全活动和追查刑事犯罪中的秘密事项；(7)经国家保密行政管理部门确定的其他秘密事项。政党的秘密事项中符合上述规定的，属于国家秘密。"掌握国家秘密"应当是指由于职务关系、工作关系而知悉国家秘密或者因本人就是专兼职保密工作人员而保管、知悉国家秘密的情形。如果是采用非法手段如窃取、利诱等而知悉国家秘密的，不属于"掌握国家秘密"国家工作人员的范围，对其行为可以依照其他有关规定处理。

本条第二款较第一款的规定有以下几点不同：

（1）犯罪主体范围更大，为国家工作人员。随着现代经济的发展，国家秘密占很大比重的是科技、经济领域的秘密，而掌握这一部分国家秘密的人员，不一定全都是国家机关工作人员。如果这些人中有人叛逃境外或在境外叛逃，同样会给国家安全造成严重的危害。而根据刑法第九十三条的规定，国家工作人员除国家机关工作人员之外，还包括"国有公司、企业、事业单位、人民团体中从事公务的人员和国家机关、国有公司、企业、事业单位委派到非国有公司、企业、事业单位、社会团体从事公务的人员，以及其他依照法律从事公务的人员"。

（2）客观行为与第一款规定比较，没有在"履行公务期间，擅离岗位"的限制条件。这样规定，主要是由于掌握国家秘密的国家工作人员，一旦叛逃，将有可能对国家安全造成更大的危害，因此，对这些人员叛逃，没有规定时间等情形的限制。

（3）量刑上从重处罚。掌握国家秘密的国家工作人员叛逃境外或者在境外叛逃对国家安全具有更大的危害性，因此，第二款规定，对上述人员叛逃境外或者在境外叛逃的，依照第一款的规定从重处罚。根据第一款的规定，情节一般的，最高可被处以五年有期徒刑，而情节严重的，则面临最高十年有期徒刑的刑罚。

第一百一十条 【间谍罪】

有下列间谍行为之一，危害国家安全的，处十年以上有期徒刑或者无期徒刑；情节较轻的，处三年以上十年以下有期徒刑：

（一）参加间谍组织或者接受间谍组织及其代理人的任务的；

（二）为敌人指示轰击目标的。

【条文精解】

本条是关于间谍罪及其处罚的规定。根据本条规定，间谍行为主要包括以下三种行为：

（1）参加间谍组织。间谍组织，一般是指一国建立的旨在收集他国政治、经济、文化等各方面的国家秘密或者情报，或者以收集他国情报、对敌国进行颠覆、破坏作为其主要任务的组织。参加间谍组织，就是通过一定的程序和手续正式加入境外的间谍组织而成为其中的一员。只要是正式参加间谍组织，就构成本罪，不以接受间谍组织任务，实施具体的危害行为为成立的要求。

（2）接受间谍组织及其代理人的任务。这是指受间谍组织或者其成员的命令、派遣、指使、委托、资助，进行危害中华人民共和国国家安全活动的行为。其中，间谍组织的"代理人"，是指受间谍组织委托、指派或者授意，下达间谍组织的任务指令的人，他们虽不属于间谍组织，但接受间谍组织的指使、委托、组织从事危害我国国家安全的行为。只要是接受间谍组织及其代理人的任务，无论是否在组织上参加间谍组织成为间谍组织成员，均不影响间谍罪的成立。

（3）为敌人指示轰击目标。这里所说的"敌人"，主要是指战时与我方交战的敌对国或敌方，也包括平时采用轰击方式袭击我国领土的敌国、敌方。"指示"，包括用各种手段向敌人明示所要轰击的目标，如发电报、写信、点火堆、放信号弹、报告目标的地理方位数据等，以使敌人能够准确地打击我方目标。"轰击"，包括各类武器轰炸、炮击、爆炸以及导弹袭击等。只要是实施了为敌人指示轰击目标的行为，无论是否参加了间谍组织或者接受间谍组织及其代理人的任务，均不影响间谍罪的成立。

反间谍法第三十八条对间谍行为的含义作了明确规定。根据该条规定，间谍行为是指下列行为：（1）间谍组织及其代理人实施或者指使、资助他人实施，或者境内外机构、组织、个人与其相勾结实施的危害中华人民共和国国家安全的活动；（2）参加间谍组织或者接受间谍组织及其代理人的任务的；（3）间谍组织及其代理人以外的其他境外机构、组织、个人实施或者指使、资助他人实施，或者境内机构、组织、个人与其相勾结实施的窃取、刺探、收买或者非法提供国家秘密或者情报，或者策动、引诱、收买国家工作人员叛变的活动；（4）为敌人指示攻击目标的；（5）进行其他间谍活动的。上述间谍行为的定义，是正确认定刑法中间谍罪的重要根据，但是需要特别注意的是，上述间谍行为的定义，是从国家防范和制止间谍行为的角度作的规定，相关行为都可以构成犯罪，但是具体属于刑法规定的哪一个罪名，还需要依据刑法的规定，结合具体案件的情况确定。如其中第三项规定的，间谍组织及其代理人以外的其他境外机构、组织、个人实施或者指使、资助他人实施，或者境内机构、组织、个人与其相勾结实施的"窃取、刺探、收买或者非法提供国家秘密或者情报"的行为,在刑法第一百一十一条中作了专门的规定;"策动、引诱、收买国家工作人员叛变的活动",根据情况,可以分别适用刑法第一百零四条策动、胁迫、勾引、收买国家机关工作人员、武装部队人员、人民警察、民兵进行武装叛乱或者暴乱的规定处理,或者以刑法第一百零八条"投敌叛变罪"或第一百零九条"叛逃罪"的教唆犯、帮助犯处理。

根据本条规定,对犯间谍罪,危害国家安全的,处十年以上有期徒刑或者无期徒刑;情节较轻的,即尚未对国家安全造成严重危害的,处三年以上十年以下有期徒刑。同时,根据本法第一百一十三条的规定,构成本罪,对国家和人民危害特别严重、情节特别恶劣的,可以判处死刑。构成本罪的,还可以并处没收财产。

【实践中需要注意的问题】

为了有利于防范和打击间谍行为,反间谍法还对追究间谍行为的法律责任作了特别规定。反间谍法第二十七条第二款规定,实施间谍行为,有自首或者立功表现的,可以从轻、减轻或者免除处罚;有重大立功表现的,给予奖励。第二十八条规定,在境外受胁迫或者受诱骗参加敌对组织、间谍组织,从事危害中华人民共和国国家安全的活动,及时向中华人民共和国驻外机构如实说明情况,或者入境后直接或者通过所在单位及时向国家安全机关、公安机关如实说明情况,并有悔改表现的,可以不予追究。

第一百一十一条 【为境外窃取、刺探、收买、非法提供国家秘密、情报罪】

为境外的机构、组织、人员窃取、刺探、收买、非法提供国家秘密或者情报的,处五年以上十年以下有期徒刑;情节特别严重的,处十年以上有期徒刑或者无期徒刑;情节较轻的,处五年以下有期徒刑、拘役、管制或者剥夺政治权利。

【条文精解】

本条是关于为境外窃取、刺探、收买、非法提供国家秘密、情报罪及其处罚的规定。根据本条规定,构成本罪的,必须符合以下几个条件:(1)构成本罪的主体是一般主体,即无论其是中国公民还是非中国公民,都可能构成本罪。（2）必须是为境外的机构、组织和人员实施本条规定的犯罪行为。（3）必须是采取了窃取、刺探、收买、非法提供的方法。（4）行为人实施的犯罪对象只限于"国家秘密"或"情报"。

"境外机构"，是指中华人民共和国边境以外的国家和地区的机构。如外国和地区政府、军队以及其他由官方设置的机构等，也包括外国官方机构驻我国境内的代表机构、办事机构等。"境外组织"，主要是指中华人民共和国边境以外的国家和地区的政党、社会团体，以及相关国际组织等，也包括企业等经济组织以及宣传组织。"境外人员"，主要是指在我国边境外居住的人员，在我国境内的外国公民、无国籍人也属于"境外人员"。"窃取"，是指行为人采用各种秘密手段，如盗窃、偷拍、偷录等，取得国家秘密或情报的行为；"刺探"，是指行为人通过各种途径和手段非法探知国家秘密或情报的行为；"收买"，是指行为人以给予财物或者其他物质性利益的方法非法得到国家秘密或情报的行为；"非法提供"，是指国家秘密或情报的持有人，将自己知悉、管理、持有的国家秘密或情报非法出售、交付、告知其他不应知悉该秘密或情报的境外机构、组织、人员的行为。

"国家秘密"，是指关系国家的安全和利益，依照法定程序确定，在一定时间内只限于一定范围的人员知悉的事项。根据保守国家秘密法的规定，国家秘密分为绝密、机密和秘密三级。而这里所说的"情报"，是指除国家秘密以外的关系国家安全和利益、尚未公开或者依照有关规定不应公开的事项。应当注意的是，对于情报的范围，法律并没有作出具体规定，在司法实践中要根据具体案件作具体分析，从严掌握。一是不能把所有未公开的内部情况，都列入"情报"范围，以免扩大打击面；二是要注意与正常的信息情报交流区别开。

根据本条的规定，为境外窃取、刺探、收买、非法提供国家秘密或者情报，对国家安全和利益造成严重损害的，构成本条规定的犯罪，处五年以上十年以下有期徒刑；情节特别严重的，即为境外窃取、刺探、收买、非法提供国家秘密或者情报，对国家安全和利益造成特别严重损害的，处十年以上有期徒刑或者无期徒刑；为境外窃取、刺探、收买、非法提供国家秘密或者情报，情节较轻的，处五年以下有期徒刑、拘役、管制或者剥夺政治权利。同时，根据本法第一百一十三条的规定，构成本罪，对国家和人民危害特别严重、情节特别恶劣的，可以判处死刑。构成本罪，还可以并处没收财产。

【实践中需要注意的问题】
一是行为人知道或者应当知道没有标明密级的事项关系国家安全和利益，而为境外窃取、刺探、收买、非法提供的，依照本条的规定定罪处罚；二是通过互联网将国家秘密或者情报非法发送给境外的机构、组织、个人的，依照本条的规定定罪处罚。而因渎职行为将国家秘密通过互联网传送，因而造成泄露，情节严重的，依照刑法第三百九十八条的规定定罪处罚。

第一百一十二条 【资敌罪】
战时供给敌人武器装备、军用物资资敌的，处十年以上有期徒刑或者无期徒刑；情节较轻的，处三年以上十年以下有期徒刑。

【条文精解】
本条是关于资敌罪及其处罚的规定。

根据本条规定，构成本罪，必须具备以下几个条件：（1）任何人都可以构成本罪的主体。（2）必须是在"战时"。所谓"战时"，是指国家宣布进入战争状态、部队接受作战任务或者遭受敌人突然袭击时。根据我国宪法的规定，宣布进入战争状态是全国人民代表大会的职权，在全国人民代表大会闭会期间，如果遇到国家遭受武装侵犯或者必须履行国际共同防止侵略的条约的情况，由全国人大常委会决定战争状态的宣布。当国家遭受外国突然袭击，来不及由国家的权力机关宣布进入战争状态，自遭受突然袭击时起，国家就自然进入战争状态。（3）必须具有供给敌人武器装备、军用物资的行为。这里所说的"供给"，是指非法向敌人提供，包括非法出售或者无偿提供。"武器装备"，主要是指各种武器、弹药、坦克车、飞机、舰艇、军用通信设备等；"军用物资"，主要是指武器装备以外的其他军用物品，如医疗用品、军服、军被等。

构成本条规定犯罪的，处十年以上有期徒刑或者无期徒刑；情节较轻的，即没有使国家安全和利益遭受重大损失的，处三年以上十年以下有期徒刑。同时，根据本法第一百一十三条的规定，构成本罪，对国家和人民危害特别严重、情节特别恶劣的，可以判处死刑；构成本罪的，还可以并处没收财产。

第一百一十三条 【危害国家安全罪适用死刑、没收财产的规定】

本章上述危害国家安全罪行中，除第一百零三条第二款、第一百零五条、第一百零七条、第一百零九条外，对国家和人民危害特别严重、情节特别恶劣的，可以判处死刑。

犯本章之罪的，可以并处没收财产。

【条文精解】

本条是关于对犯危害国家安全罪适用死刑及没收财产的规定。

本条共分两款。第一款是关于犯危害国家安全罪适用死刑的规定。危害国家安全的犯罪，是对国家危害最严重的犯罪，是刑法首要打击的犯罪。本款对本章所规定的危害国家安全的犯罪，集中规定了最高刑可以判处死刑。根据本款规定，下列对国家和人民危害特别严重、情节特别恶劣的危害国家安全的犯罪，最高刑可以判处死刑：（1）第一百零二条规定的背叛国家罪；（2）第一百零三条第一款规定的分裂国家罪；（3）第一百零四条规定的武装叛乱、暴乱罪；（4）第一百零八条规定的投敌叛变罪；（5）第一百一十条规定的间谍罪；（6）第一百一十一条规定的为境外窃取、刺探、收买、非法提供国家秘密、情报罪；（7）第一百一十二条规定的资敌罪。根据本款规定，危害国家安全罪不适用死刑的有：（1）第一百零三条第二款规定的煽动分裂国家罪；（2）第一百零五条规定的颠覆国家政权罪和煽动颠覆国家政权罪；（3）第一百零七条规定的资助危害国家安全犯罪活动罪；（4）第一百零九条规定的叛逃罪。其中，颠覆国家政权罪之所以未规定死刑，主要是考虑到对于以武装暴乱形式颠覆国家政权的行为，应按照武装暴乱罪处罚，该条已有死刑规定，颠覆国家政权罪所规定的主要是以非暴力形式进行的犯罪行为。

第二款是对犯危害国家安全罪适用没收财产的规定。没收财产，是指没收犯罪分子个人所有财产的一部分或全部。本条规定，对犯有危害国家安全罪的，可以并处没收财产。这就是说，对犯有危害国家安全罪的犯罪分子，除依法判处主刑外，根据其罪行和财产状况，可以并处没收财产。因此，本款规定的没收财产是作为附加刑的，不能独立适用。

【实践中需要注意的问题】

本条在规定没收财产时，使用的是"可以"，而不是"应当"，也就是说，在人民法院审理危害国家安全的犯罪案件时，应当根据案件的具体情况适用法律，对有必要判处没收财产的犯罪分子，可以并处没收财产，而不是一律并处没收财产。

第二章　危害公共安全罪

> **第一百一十四条**　【放火罪】【决水罪】【爆炸罪】【投放危险物质罪】【以危险方法危害公共安全罪】
>
> 　　放火、决水、爆炸以及投放毒害性、放射性、传染病病原体等物质或者以其他危险方法危害公共安全，尚未造成严重后果的，处三年以上十年以下有期徒刑。

【条文精解】

本条是关于放火罪、决水罪、爆炸罪、投放危险物质罪、以危险方法危害公共安全罪及其处罚的规定。本条列举了在危害公共安全的犯罪中最常见、最具危险性的四种犯罪手段，即放火、决水、爆炸和投放毒害性、放射性、传染病病原体等物质。但以放火、爆炸等方法进行的犯罪，并不都是危害公共安全罪，只有以这几种危险方法用于危害不特定的多数人的生命、健康以及重大财产的安全时，才能构成本罪。所谓"放火"，是指故意纵火焚烧公私财物，严重危害公共安全的行为；"决水"，是指故意破坏堤防、大坝、防水、排水设施，制造水患危害公共安全的行为；"爆炸"，是指故意引起爆炸物爆炸，危害公共安全的行为；"投放毒害性、放射性、传染病病原体等物质"，是指向公共饮用水源、食品或者公共场所、设施投放能够致人死亡或者严重危害人体健康的上述几种物质的行为。这里的"毒害性"物质，是指能对人或者动物产生毒害的有毒物质，包括化学性毒物、生物性毒物和微生物类毒物等；"放射性"物质，是指具有危害人体健康的放射性的物质，国家一直对这些极具危险性的物质实行严格的管理；"传染病病原体"，是指能在人体或动物体内生长、繁殖，通过空气、饮食、接触等方式传播，能对人体健康造成危害的传染病菌种和毒种。按照我国传染病防治法的相关规定，传染病分为甲、乙、丙三类。甲类传染病是指鼠疫、霍乱；乙类传染病是指传染性非典型肺炎、艾滋病、病毒性肝炎、脊髓灰质炎、人感染高致病性禽流感、麻疹、流行性出血热、狂犬病、流行性乙型脑炎、登革热、炭疽、细菌性和阿米巴性痢疾、肺结核、伤寒和副伤寒、流行性脑脊髓膜炎、百日咳、白喉、新生儿破伤风、猩红热、布鲁氏菌病、淋病、梅毒、钩端螺旋体病、血吸虫病、疟疾；丙类传染病是指：流行性感冒、流行性腮腺炎、风疹、急性出血性结膜炎、麻风病、流行性和地方性斑疹伤寒、黑热病、包虫病、丝虫病，除霍乱、细菌性和阿米巴性痢疾、伤寒和副伤寒以外的感染性腹泻病。其中，对乙类传染病中传染性非典型肺炎、炭疽中的肺炭疽和人感染高致病性禽流感，可以采取传染病防治法所称甲类传染病的预防、控制措施。其他乙类传染病和突发原因不明的传染病需要采取传染病防治法所称甲类传染病的预防、控制措施的，由国务院卫生行政部门及时报经国务院批准后予以公布、实施。省、自治区、直辖市人民政府对本行政区域内常见、多发的其他地方性传染病，可以根据情况决定按照乙类或者丙类传染病管理并予以公布，报国务院卫生行政部门备案。"其他危险方法"，是指除放火、决水、爆炸以及投放毒害性、放射性、传染病病原体等物质以外的其他任何足以造成不特定的多数人的伤亡或者公私财产重大损失的行为。如2020年最高人民法院、最高人民检察院、公安部、司法部发布的《关于依法惩治妨害新型冠状病毒感染肺炎疫情防控违法犯罪的意见》中将故意传播新型冠状病毒感染肺炎病原体，危害公共安全的行为，认定为以危险方法危害公共安全罪。

根据本条规定，构成本条之罪的主体是一般主体；行为人主观上必须是故意；本条处罚的是，以放火、决水、爆炸以及投放毒害性、放射性、传染病病原体等物质或者以其他危险方法危害公共安全犯罪中，尚未造成严重后果的犯罪行为，处三年以上十年以下有期徒刑。所谓"尚未造成严重后果"，是指行为人实施了本条所列的危害公共安全的行为，但尚未造成他人重伤、死亡或者公私财产重大损失等情况。若行为人的行为造成了严重后果的发生，则不能适用本条的规定，而应依照第一百一十五条的规定处刑。

【实践中需要注意的问题】

本条是把多个罪名规定在同一个条文中，形式上是选择性罪名，但实质上是并列罪名，不能作为选择性罪名适用。

本条与刑法第一百一十五条共同构成以危险方法危害公共安全的罪名。

对于实施了放火、决水、爆炸等危险行为，尚未造成严重后果的，依照本条处罚；致人重伤、死亡或者使公私财产遭受重大损失的，依照刑法第一百一十五条的规定定罪处罚。

对于"其他危险方法"，不是指任何具有危害公共安全可能性的方法，而是在危险程度上与放火、决水、爆炸、投放危险物质等行为的危险性具有相当或者超过上述行为危险性的方法。行为客观上必须对不特定多数人的生命、健康或者重大公私财产安全产生了威胁，具有发生危险后果的现实可能性。没有这种现实可能性，就不是认定为"其他危险方法"。本罪的法定最低刑是三年有期徒刑，是比较严重的犯罪，执行中注意不宜泛化，甚至作为一个口袋罪适用，对一些予以治安管理处罚即可的行为追究刑事责任，违背罪责刑相适应的刑法基本原则。司法解释中有不少适用以危险方法危害公共安全罪定罪的细化规定，执行中也应注意把握好罪与非罪的界限。例如：2003年最高人民法院、最高人民检察院《关于办理妨害预防、控制突发传染病疫情等灾害的刑事案件具体应用法律若干问题的解释》第一条规定，故意传播突发传染病病原体，危害公共安全的行为；2009年最高人民法院《关于印发醉酒驾车犯罪法律适用问题指导意见及相关典型案例的通知》规定，行为人明知酒后驾车违法、醉酒驾车会危害公共安全，却无视法律醉酒驾车，造成重大伤亡的行为；2013年公安部《关于公安机关处置信访活动中违法犯罪行为适用法律的指导意见》规定，为制造社会影响、发泄不满情绪、实现个人诉求，驾驶机动车在公共场所任意冲撞，危害公共安全的行为；2020年最高人民法院、最高人民检察院、公安部、司法部《关于依法惩治妨害新型冠状病毒感染肺炎疫情防控违法犯罪的意见》规定，故意传播新型冠状病毒感染肺炎病原体，危害公共安全的行为；2020年最高人民法院、最高人民检察院、公安部《关于办理涉窨井盖相关刑事案件的指导意见》规定，盗窃、破坏人员密集往来的非机动车道、人行道以及车站、码头、公园、广场、学校、商业中心、厂区、社区、院落等生产生活、人员聚集场所的窨井盖，足以危害公共安全的行为。如果某种行为符合其他犯罪的犯罪构成，以其他犯罪论处符合罪刑相适应原则，应尽量认定为其他犯罪，不宜认定为以危险方法危害公共安全罪定罪处罚。

第一百一十五条 【放火罪】【决水罪】【爆炸罪】【投放危险物质罪】【以危险方法危害公共安全罪】【失火罪】【过失决水罪】【过失爆炸罪】【过失投放危险物质罪】【过失以危险方法危害公共安全罪】

放火、决水、爆炸以及投放毒害性、放射性、传染病病原体等物质或者以其他危险方法致人重伤、死亡或者使公私财产遭受重大损失的，处十年以上有期徒刑、无期徒刑或者死刑。

过失犯前款罪的，处三年以上七年以下有期徒刑；情节较轻的，处三年以下有期徒刑或者拘役。

【条文精解】

本条是关于放火罪、决水罪、爆炸罪、投放危险物质罪、以危险方法危害公共安全罪以及失火罪、过失决水罪、过失爆炸罪、过失投放危险物质罪、过失以危险方法危害公共安全罪及其处罚的规定。

本条共分两款。第一款是对放火、决水、爆炸以及投放毒害性、放射性、传染病病原体等物质或者以其他危险方法致人重伤、死亡或者使公私财产遭受重大损失的处罚规定。其中，本条所规定的"放火""决水""爆炸"和"投放毒害性、放射性、传染病病原体等物质"与第一百一十四条的规定是一致的，前面已有论述，这里不再赘述。本款规定的是对放火、决水、爆炸以及投放毒害性、放射性、传染病病原体等物质或者以其他危险方法危害公共安全罪，造成严重后果的犯罪行为的处刑，与第一百一十四条规定的"尚未造成严重后果"的处刑是相对应的。这里所说的"造成严重后果"，就是本款规定的"致人重伤、死亡或者使公私财产遭受重大损失"的结果。根据本款规定，对造成上述危害后果的，处十年以上有期徒刑、无期徒刑或者死刑。

第二款是关于失火罪、过失决水罪、过失爆炸罪、过失投放危险物质罪、过失以危险方法危害公共安全罪及其处罚的规定。其中，"过失犯前款罪的"，是指由于行为人主观上的过失而引起的火灾、决水、爆炸以及投放毒害性、放射性、传染病病原体等物质，造成致人重伤、死亡或者使公私财产遭受重大损失的严重后果，危害公共安全的行为。根据本款规定，上述过失行为必须是造成了严重后果，才构成犯罪。根据2008年最高人民检察院、公安部《关于公安机关管辖的刑事案件立案追诉标准的规定（一）》的规定，过失引起火灾，涉嫌下列情形的，可以按照失火罪立案追诉：（1）导致死亡一人以上，或者重伤三人以上的；（2）造成公共财产或者他人财产直接经济损失五十万元以上的；（3）造成十户以上家庭的房屋以及其他基本生活资料烧毁的；（4）造成森林火灾，过火有林地面积两公顷以上，或者过火疏林地、灌木林地、未成林地、苗圃地面积四公顷以上的；（5）其他造成严重后果的情形。

根据本款的规定，由于过失行为构成本款所规定的犯罪的，处三年以上七年以下有期徒刑；情节较轻的，处三年以下有期徒刑或者拘役。

第一百一十六条 【破坏交通工具罪】

破坏火车、汽车、电车、船只、航空器，足以使火车、汽车、电车、船只、航空器发生倾覆、毁坏危险，尚未造成严重后果的，处三年以上十年以下有期徒刑。

【条文精解】

本条是关于破坏交通工具罪及其处罚的规定。

破坏交通工具罪，是指故意破坏火车、汽车、电车、船只、航空器，足以使火车、汽车、电车、船只、航空器发生倾覆、毁坏危险，尚未造成严重后果或者造成严重后果，危害公共安全的行为。本条与刑法第一百一十九条共同构成对破坏交通工具的行为的处罚。根据本条规定，构成本罪必须符合以下条件：

第一，行为人主观上必须是具有破坏的故意。

第二，必须是破坏火车、汽车、电车、船只、航空器这五种特定的交通工具。随着社会发展和科学技术的进步，新型交通工具不断出现，如高速铁路、地铁、无人机以及无人驾驶的公共汽车等，这些交通工具不仅要耗费大量的资金生产或购置，而且承担着大量的客运、货运任务，对它们进行破坏会造成旅客的重大伤亡和财产的重大损失，对社会公共安全具有极大的危险性和危害性，对于破坏这些新型的交通工具的行为，也可以认定为破坏交通工具罪。这里所规定的"航空器"，包括飞机和除飞机以外的其他飞行工具。这里所说的"破坏"，是指以各种手段和方法破坏交通工具，危害公共安全的行为。

第三，破坏行为必须是足以使这几种交通工具发生倾覆、毁坏的危险。

这里所说的"倾覆",是指火车出轨、颠覆,汽车、电车翻车,船只翻沉,航空器坠毁等情况;"毁坏",是指上述交通工具由于遭到人为破坏而不能正常行驶,危及运载的人、物品及交通工具自身的安全。"足以使火车、汽车、电车、船只、航空器发生倾覆、毁坏危险",是指该种破坏行为有造成火车、汽车、电车、船只、航空器的倾覆、毁坏的现实可能性和威胁。应当注意的是,在实践中如何判断某种破坏行为是否已达到"现实可能性和威胁"的程度,主要应从以下几个方面来判定:(1)交通工具是否在使用过程中。这不仅包括正在行驶和飞行期间,也包括使用过程中的待用期间。如果破坏的是尚未交付使用或者正在修理的交通工具,一般不会危及公共安全,故不构成本罪。(2)破坏的是不是交通工具的关键部位。如果行为人破坏的是交通工具的次要部位,如破坏的是交通工具的座椅、卫生设备或者其他不影响安全行驶的辅助设备等,则不足以使火车、汽车、电车、船只、航空器发生倾覆、毁坏危险,故同样不能构成本罪。(3)破坏交通工具所采用的破坏方法。行为人所采用的破坏方法应达到足以造使交通运输工具发生倾覆、毁坏危险的,才构成本罪。

第四,必须是尚未造成严重后果的。所谓"尚未造成严重后果的",是指该种破坏交通工具的行为,没有造成任何危害后果或者只造成了轻微的危害后果。根据本条规定,对这种没有造成严重后果的破坏交通工具的行为,处三年以上十年以下有期徒刑。

只要行为人实施完毕破坏公共交通工具的行为,足以导致发生交通工具倾覆的危险,即构成本罪的既遂,并不要求出现实际的严重后果。对于造成人员伤亡、财产损失等严重后果的,应当依照刑法第一百一十九条的规定,处十年以上有期徒刑、无期徒刑或者死刑。

第一百一十七条 【破坏交通设施罪】

破坏轨道、桥梁、隧道、公路、机场、航道、灯塔、标志或者进行其他破坏活动,足以使火车、汽车、电车、船只、航空器发生倾覆、毁坏危险,尚未造成严重后果的,处三年以上十年以下有期徒刑。

【条文精解】

本条是关于破坏交通设施罪及其处罚的规定。

根据本条规定，破坏交通设施罪，是指破坏轨道、桥梁、隧道、公路、机场、航道、灯塔、标志或者进行其他破坏活动，足以使火车、汽车、电车、船只、航空器发生倾覆、毁坏危险，尚未造成严重后果的行为。构成本罪必须同时符合以下条件：

第一，行为人主观上必须具有破坏的故意。

第二，破坏行为必须是针对涉及交通安全的设施的。如果破坏的是与交通安全无关的设施，不影响车辆行驶、船只航行、航空器飞行安全，则不构成本罪。这里所说的"其他破坏活动"，是指破坏上述列举以外的其他交通设施和虽然没有直接破坏上述交通设施，但却足以使火车、汽车、电车、船只、航空器发生倾覆、毁坏危险的行为，如乱发指示信号、干扰无线电通信、导航，在铁轨上放置障碍物等。应当强调的是，这里所说的"破坏"，不仅包括使交通设施遭受有形的损坏，也包括对交通设施正常功能的损害，如发出无线电干扰信号，使正常行驶中的交通工具与指挥、导航系统不能联系，致使该交通工具处于极大风险之中的行为等。

第三，破坏行为必须是足以使火车、汽车、电车、船只、航空器发生倾覆、毁坏危险的。这里所说的"足以"，是指行为人对交通设施的破坏程度，已达到可以使交通工具发生倾覆或者毁坏的现实可能性和威胁。如果其破坏交通设施的程度不会造成这种现实危险的，则不构成本罪。主要应从以下几个方面来判定：（1）犯罪对象是正在使用中的直接关系交通运输安全的交通设施，不是正在建设中或者正在修理且未交付使用的交通设施，或者已废弃不用的交通设施；（2）从破坏的手段、部位等进行分析，对于破坏交通设施的重要部位会危及交通工具的行驶安全，足以造成交通工具倾覆、毁坏危险的，应当认定为本罪，如果行为人破坏的只是交通设施的附属部分，如破坏火车道旁的沙石，这些行为与交通运输安全没有直接联系，不足以发生交通工具倾覆、毁坏危险的，不构成本罪。

第四，根据本条规定，本条处罚的是"尚未造成严重后果"的破坏交通设施的犯罪，规定处三年以上十年以下有期徒刑。对于已造成严重后果的破坏交通设施的犯罪，适用刑法第一百一十九条的规定处罚。

第一百一十八条 【破坏电力设备罪】【破坏易燃易爆设备罪】

破坏电力、燃气或者其他易燃易爆设备，危害公共安全，尚未造成严重后果的，处三年以上十年以下有期徒刑。

【条文精解】

本条是关于破坏电力设备罪、破坏易燃易爆设备罪及其处罚的规定。

根据本条规定，破坏电力设备罪和破坏易燃易爆设备罪，是指破坏电力、燃气或者其他易燃易爆等设备，危害公共安全的行为。构成本条罪名必须同时具备以下几个条件：

第一，行为人主观上必须具有破坏的故意。

第二，必须实施了破坏电力、燃气或者其他易燃易爆设备的行为。其中，"电力"设备是指用来发电和供电的公用设备，如发电厂、供电站、高压输电线路等。需要注意的是，这里的电力设备，包括处于运行、应急等使用中的电力设备；已经通电使用，只是由于枯水季节或电力不足等原因暂停使用的电力设备；已经交付使用但尚未通电的电力设备。不包括尚未安装完毕，或者已经安装完毕但尚未交付使用的电力设备。"燃气"设备是指生产、贮存、输送各种燃气的设备，如煤气管道、煤气罐、天然气管道等；"其他易燃易爆设备"，是指除燃气设备以外的生产、贮存和输送易燃易爆物品的设备，如石油管道、汽车加油站、火药及易燃易爆的化学物品的生产、贮存、运输设备等。这里的犯罪对象是易燃易爆设备，而不是易燃易爆物品。对违反易燃易爆危险物品管理规定而造成火灾、爆炸等严重后果的，不构成本条犯罪，应以刑法第一百三十六条"危险物品肇事罪"定罪处罚。

第三，破坏易燃易爆设备的行为，必须是危害了公共安全，如果上述破坏行为仅局限在一些特定的范围，没有危及公共安全，则不应按本条处罚。情节严重的，可依法以其他犯罪处罚。

本条处罚的是"尚未造成严重后果的"破坏电力、燃气或者其他易燃易爆设备，危害公共安全的行为，规定处三年以上十年以下有期徒刑。对于造成严重后果的破坏电力设备、易燃易爆设备的犯罪，则应依照其他有关条款的规定处罚。

第一百一十九条 【破坏交通工具罪】【破坏交通设施罪】【破坏电力设备罪】【破坏易燃易爆设备罪】【过失损坏交通工具罪】【过失损坏交通设施罪】【过失损坏电力设备罪】【过失损坏易燃易爆设备罪】

破坏交通工具、交通设施、电力设备、燃气设备、易燃易爆设备，造成严重后果的，处十年以上有期徒刑、无期徒刑或者死刑。

过失犯前款罪的，处三年以上七年以下有期徒刑；情节较轻的，处三年以下有期徒刑或者拘役。

【条文精解】

本条是关于破坏交通工具罪、破坏交通设施罪、破坏电力设备罪、破坏易燃易爆设备罪以及过失损坏交通工具罪、过失损坏交通设施罪、过失损坏电力设备罪、过失损坏易燃易爆设备罪及其处罚的规定。

本条共分两款。第一款是对破坏交通工具、交通设施、电力、燃气或者其他易燃易爆设备造成严重后果的处罚规定。刑法第一百一十六条规定的破坏交通工具罪、第一百一十七条规定的破坏交通设施罪、第一百一十八条规定的破坏电力设备罪和破坏易燃易爆设备罪规定的处罚，针对的是上述破坏行为尚未造成严重后果的情况。而本款则针对这几条规定的犯罪行为造成严重后果的，规定了更为严厉的处罚。这里所说的"造成严重后果的"，主要是指犯罪分子实施上述几种犯罪行为，导致火车、汽车、电车、船只、航空器倾覆、毁坏的结果发生或者电厂、供电设备失火、天然气管道爆炸，发生重大火灾等，造成人员的死亡或者公私财产的重大毁损，从而危害公共安全。根据本款的规定，对实施第一百一十六条规定的破坏交通工具罪、第一百一十七条规定的破坏交通设施罪、第一百一十八条规定的破坏电力设备罪和破坏易燃易爆设备罪，造成严重后果的，处十年以上有期徒刑、无期徒刑或者死刑。本款所规定的"交通工具"，是指第一百一十六条所规定的火车、汽车、电车、船只、航空器；"交通设施"，是指第一百一十七条规定的轨道、桥梁、隧道、公路、机场、航道、灯塔、标志等；"电力设备""燃气设备"和"易燃易爆设备"，与本法第一百一十八条规定的范围是一致的，因在前面已有解释，这里不再赘述。

第二款是关于过失损坏交通工具罪、过失损坏交通设施罪、过失损坏电力设备罪、过失损坏易燃易爆设备罪的规定。这里所说的"过失犯前款罪"，是指由于行为人主观上疏忽大意或者轻信能够避免的过失而损坏交通工具、交通设施、电力、燃气设备、易燃易爆设备，造成严重后果，危害公共安全的行为。根据本款规定，构成过失损坏交通工具罪、过失损坏交通设施罪、过失损坏电力设备罪、过失损坏易燃易爆设备罪必须同时具备以下条件：（1）行为人在主观上是过失，而不是故意。如果行为人故意实施破坏行为，则应按第一款的规定处罚，不能适用本款。（2）行为人的过失行为必须实际造成了严重后果，才能构成犯罪，适用本款规定。根据本款规定，过失损坏交通工具、交通设施、电力、燃气设备或者其他易燃易爆设备，造成严重后果的，处三年以上七年以下有期徒刑；情节较轻的，处三年以下有期徒刑或者拘役。对于何为"造成严重后果"，可以根据各种因素综合认定。比如，有盗窃油气、破坏油气设备的行为，造成人员死亡或者多人重伤、轻伤的，造成井喷或者重大环境污染事故的，造成直接经济损失数额巨大，或者造成其他严重后果的。再如，损坏电力设备造成人员死亡或者多人重伤、轻伤的，造成长时间断电致使生产、生活受到严重影响的，造成直接经济损失数额巨大的，以及造成其他危害公共安全严重后果的。

如果本条所规定的犯罪行为同时构成其他犯罪，属于刑法中的竞合情形，应当按照从重原则处罚。比如，盗窃油气等同时构成盗窃罪和破坏易燃易爆设备罪的，依照刑法处罚较重的规定定罪处罚。

第一百二十条 【组织、领导、参加恐怖组织罪】

组织、领导恐怖活动组织的，处十年以上有期徒刑或者无期徒刑，并处没收财产；积极参加的，处三年以上十年以下有期徒刑，并处罚金；其他参加的，处三年以下有期徒刑、拘役、管制或者剥夺政治权利，可以并处罚金。

犯前款罪并实施杀人、爆炸、绑架等犯罪的，依照数罪并罚的规定处罚。

【条文精解】

本条是关于组织、领导、参加恐怖组织罪及其处罚的规定。

本条共分两款。第一款是关于组织、领导、参加恐怖组织罪及其处罚的规定。这里所说的"组织"，是指鼓动、召集若干人建立或者安排为从事某一特定活动的比较稳定的组织或者集团。"领导",是指在某一组织或者集团中起指挥、决定作用。"积极参加的",是指对参与恐怖活动态度积极,并起主要作用的成员。"其他参加的",主要是指恐怖组织中的一般成员。根据反恐怖主义法的规定,恐怖主义,是指通过暴力、破坏、恐吓等手段,制造社会恐慌、危害公共安全、侵犯人身财产,或者胁迫国家机关、国际组织,以实现其政治、意识形态等目的的主张和行为。恐怖活动,是指恐怖主义性质的下列行为:(1)组织、策划、准备实施、实施造成或者意图造成人员伤亡、重大财产损失、公共设施损坏、社会秩序混乱等严重社会危害的活动的;(2)宣扬恐怖主义,煽动实施恐怖活动,或者非法持有宣扬恐怖主义的物品,强制他人在公共场所穿戴宣扬恐怖主义的服饰、标志的;(3)组织、领导、参加恐怖活动组织的;(4)为恐怖活动组织、恐怖活动人员、实施恐怖活动或者恐怖活动培训提供信息、资金、物资、劳务、技术、场所等支持、协助、便利的;(5)其他恐怖活动。恐怖活动组织是指三人以上为实施恐怖活动而组成的犯罪组织。恐怖活动组织一般具备以下特征:一是成员必须是三人以上,这是恐怖活动组织在人数上的最低限制。实践中,恐怖活动组织的规模大小不一,有的几人,有的几十人,有的甚至成百上千人,在具体把握上,对于其中成员数量达到三人以上的,即可认定为恐怖活动组织。二是恐怖活动组织必须具有特定的目的,一般带有政治、意识形态等性质,不具有这方面的目的,仅是为实施普通犯罪而结合起来的犯罪集团,与恐怖活动组织是有明显区别的。三是属于犯罪组织,既包括为实施恐怖活动而组成的较为固定的犯罪集团,也包括组织形态相对松散、人员不太固定的犯罪团伙。根据反恐怖主义法的规定,对恐怖活动组织有两种认定渠道:一是由国家反恐怖主义工作领导领导机构认定;二是由人民法院在刑事诉讼中依法认定。

根据最高人民法院、最高人民检察院、公安部、司法部《关于办理恐怖活动和极端主义犯罪案件适用法律若干问题的意见》的有关规定,具有下列情形之一的,应当认定为本条规定的"组织、领导恐怖活动组织",以组织、领导恐怖组织罪定罪处罚:(1)发起、建立恐怖活动组织的;(2)恐怖活动组织成立后,对组织及其日常运行负责决策、指挥、管理的;(3)恐怖活动组织成立后,组织、策划、指挥该组织成员进行恐怖活动的;(4)其他组织、领导恐怖活动组织的情形。具有下列情形之一的,应当认定为本条规定的"积极参加",以参加恐怖组织罪定罪处罚:(1)纠集他人共同参加恐怖活动组织的;(2)多次参加恐怖活动组织的;(3)曾因参加恐怖活动组织、实施恐怖活动被追究刑事责任或者二年内受过行政处罚，又参加恐怖活动组织的；（4）在恐怖活动组织中实施恐怖活动且作用突出的；（5）在恐怖活动组织中积极协助组织、领导者实施组织、领导行为的；（6）其他积极参加恐怖活动组织的情形。参加恐怖活动组织，但不具有前述规定情形的，应当认定为本条规定的"其他参加"，以参加恐怖组织罪定罪处罚。

根据本款规定，对组织、领导、积极参加和参加恐怖活动组织的，除判处主刑外，还要区别情形判处财产刑。具体而言：对组织、领导恐怖活动组织的，处十年以上有期徒刑或者无期徒刑，并处没收财产；对积极参加的，处三年以上十年以下有期徒刑，并处罚金；对其他参加的，处三年以下有期徒刑、拘役、管制或者剥夺政治权利，可以并处罚金。

第二款是关于参加恐怖活动组织又实施恐怖活动的处罚规定。恐怖主义犯罪是极其严重的犯罪，因此，刑法将有组织、领导、积极参加或者参加恐怖活动组织行为之一的，即规定为犯罪，将刑法的防线提前，不等到有其他更严重危害行为时才作犯罪处理。但对犯罪分子而言，组织、领导、参加恐怖活动组织只是手段不是目的。他们的目的是要借助其组织实施暴力恐怖行为，因而往往同时又实施了具体的恐怖活动。对于在组织、领导或者参加恐怖活动组织后又借助其组织实施其他犯罪行为的情况如何处理，本款作了明确规定。根据本款规定，犯组织、领导、参加恐怖组织罪同时又实施了杀人、爆炸、绑架等犯罪的，依照数罪并罚的规定处罚。本款列举的"杀人、爆炸、绑架"三种犯罪，是根据实际情况和国际反恐怖主义工作的经验看，恐怖活动组织经常实施的几种犯罪活动。这些犯罪活动都是严重危害人身安全、公共安全的严重刑事犯罪，必须予以严惩。对于恐怖活动组织实施的这三种犯罪以外的其他犯罪，如劫持航空器、以危险方法危害公共安全等其他犯罪，根据本款规定，也要依照数罪并罚的规定处罚。即以本罪与所犯其他暴力性犯罪，分别定罪量刑，然后依照本法第六十九条的规定，决定应执行的刑罚。

需要注意的是：（1）本罪是选择性罪名，行为人只要实施了组织、领导、积极参加或者参加恐怖活动组织行为之一的，便构成本罪。行为人实施本条第一款规定的两个或者两个以上的行为，比如既组织又领导恐怖组织的，也只成立一罪，不实行数罪并罚。（2）关于本罪的财产刑的适用问题。对犯本罪的，除判处主刑外，还要区别情形判处不同财产刑。对其中组织、领导恐怖活动组织的，并处没收财产；对积极参加的，并处罚金；对参加的，可以并处罚金。

【实践中需要注意的问题】

实践中，根据本条规定认定犯罪时，还应当注意以下几点：

（1）对于恐怖活动犯罪，要注意做好案件侦办、证据固定等工作，用好、用足刑法相关规定，不放纵犯罪。既要注意适用本条中有关数罪并罚的规定，对具体的恐怖活动犯罪行为，注意根据情况分别适用刑法有关杀人、爆炸、绑架等规定；也要考虑刑法总则第五十条有关"限制减刑"和第六十六条有关"特殊累犯"的规定。对于组织、领导恐怖活动组织，符合刑法总则有关犯罪集团的规定的，对组织、领导犯罪集团的首要分子，按照集团所犯的全部罪行处罚。

（2）掌握好罪与非罪的界限。本罪的主观方面是故意，一般具有借助恐怖活动组织实施恐怖活动的目的。实践中，对于参加恐怖活动组织而言，行为人必须明知是恐怖活动组织而自愿参加的，才能构成本罪。对于那些因不明真相，因受蒙蔽、欺骗而参加恐怖活动组织，一经发现即脱离关系，实际上也没有参与实施恐怖活动的，不能认定为犯罪。

（3）掌握好本罪与组织、领导、参加黑社会性质组织罪的界限。本法第二百九十四条规定了组织、领导、参加黑社会性质组织罪，并明确了黑社会性质组织应当同时具备的特征。这两种犯罪在客观方面的行为方式上非常相近，在人员构成、犯罪方式、活动形式等方面也很相似。但两者的区别也是明显的：一是类罪名不同。组织、领导、参加恐怖组织罪是危害公共安全的犯罪，而组织、领导、参加黑社会性质组织罪是破坏社会管理秩序的犯罪。二是犯罪组织的性质不同。恐怖组织具有较浓的政治色彩，而黑社会性质组织更多是为了追求非法经济利益，主要构成对经济、社会生活秩序的严重破坏。

（4）对恐怖活动组织和人员的认定与救济。根据反恐怖主义法与本法的规定，恐怖活动组织的认定包括行政认定与司法认定。行政认定是由国家反恐怖主义工作领导领导机构认定，司法认定是由人民法院在刑事诉讼中依法认定。根据刑事诉讼法的规定，有管辖权的中级以上人民法院在审判刑事案件的过程中，可以依法认定恐怖活动组织和人员。在具体的恐怖活动案件中可能两种认定方式并存。对于被认定为恐怖活动组织和人员不服的，应当按照各自的规定申请救济，其中根据反恐怖主义法认定的恐怖活动组织和人员，对认定不服的，可以通过国家反恐怖主义工作领导机构的办事机构申请复核。

> **第一百二十条之一** 【帮助恐怖活动罪】
> 资助恐怖活动组织、实施恐怖活动的个人的,或者资助恐怖活动培训的,处五年以下有期徒刑、拘役、管制或者剥夺政治权利,并处罚金;情节严重的,处五年以上有期徒刑,并处罚金或者没收财产。
> 为恐怖活动组织、实施恐怖活动或者恐怖活动培训招募、运送人员的,依照前款的规定处罚。
> 单位犯前两款罪的,对单位判处罚金,并对其直接负责的主管人员和其他直接责任人员,依照第一款的规定处罚。

【条文精解】

本条是关于资助恐怖活动、资助恐怖活动培训以及为恐怖活动招募、运送人员的犯罪及其处罚的规定。

本条共分三款。第一款是关于资助恐怖活动组织、实施恐怖活动的个人以及资助恐怖活动培训的犯罪及其处罚的规定。构成本款犯罪必须符合以下条件:一是主观上必须是故意,即犯罪分子明知对方是恐怖活动组织,是实施恐怖活动的个人,或者从事、参加恐怖活动培训,而予以资助。不知道对方是恐怖活动组织、实施恐怖活动的个人、恐怖活动培训,而是由于受欺骗而为其提供资助的,不构成本罪。这是区分罪与非罪的重要界限。二是必须是实施了相应的资助行为,即实施了为恐怖活动组织、实施恐怖活动的个人或者恐怖活动培训筹集、提供经费、物资或者提供场所以及其他物质便利的行为。提供资助的犯罪动机是多种多样的,但不同动机不影响本罪的构成。三是资助的对象必须是恐怖活动组织、实施恐怖活动的个人或者恐怖活动培训。其中的"恐怖活动组织",是指本法第一百二十条和反恐怖主义法第三条规定的恐怖活动组织,既包括在我国境内的恐怖活动组织,也包括在境外其他国家或者地区的恐怖活动组织;既包括由官方名单确认的恐怖活动组织,也包括未经官方名单确认,但符合其实质特征的恐怖活动组织。"实施恐怖活动的个人",指预谋实施、准备实施和实际实施恐怖活动的个人,既包括在我国境内实施恐怖活动的个人,也包括在其他国家和地区实施恐怖活动的个人;既包括我国公民,也包括外国人和无国籍人。"恐怖活动培训",既包括为实施恐怖活动而进行的培训活动,也包括去参加或者接受恐怖活动培训的行为;既包括在我国境内开展的恐怖活动培训,也包括在我国境外开展的恐怖活培训。根据本款的规定，只要实施了资助恐怖活动组织、实施恐怖活动的个人，或者资助恐怖活动培训的，就构成犯罪，处五年以下有期徒刑、拘役、管制或者剥夺政治权利，并处罚金；情节严重的，处五年以上有期徒刑，并处罚金或者没收财产。实践中，对于有多次资助、持续资助、提供大量资金资助等情形的，可以认定为本款规定的"情节严重"。

第二款是关于为恐怖活动组织、实施恐怖活动或者恐怖活动培训招募、运送人员的犯罪及其处罚的规定。这里所规定的"招募"，是指通过所谓"合法"或者非法途径，面向特定或者不特定的群体募集人员的行为。"运送"，是指用各种交通工具运输人员。这些行为，在本质上也属于资助行为。根据本款规定，只要为恐怖活动组织、实施恐怖活动或者恐怖活动培训招募、运送人员的，就构成犯罪，依照本条第一款的规定处罚，即处以五年以下有期徒刑、拘役、管制或者剥夺政治权利，并处罚金；情节严重的，处五年以上有期徒刑，并处罚金或者没收财产。实践中，对于有多次招募、运送人员，招募、运送人员众多等情形的，可以认定为本款规定的"情节严重"。实践中需要注意的是：本罪在主观上必须是故意，即犯罪分子知道或者应当知道对方是恐怖活动组织、实施恐怖活动或者恐怖活动培训而为其招募、运送人员。对于不明真相，或者因上当受骗而为其提供招募、运送服务的，不构成本条规定的犯罪。

根据最高人民法院、最高人民检察院、公安部、司法部《关于办理恐怖活动和极端主义犯罪案件适用法律若干问题的意见》的有关规定，具有下列情形之一的，依照本条规定，以帮助恐怖活动罪定罪处罚：（1）以募捐、变卖房产、转移资金等方式为恐怖活动组织、实施恐怖活动的个人、恐怖活动培训筹集、提供经费，或者提供器材、设备、交通工具、武器装备等物资，或者提供其他物质便利的；（2）以宣传、招收、介绍、输送等方式为恐怖活动组织、实施恐怖活动、恐怖活动培训招募人员的；（3）以帮助非法出入境，或者为非法出入境提供中介服务、中转运送、停留住宿、伪造身份证明材料等便利，或者充当向导、帮助探查偷越国（边）境路线等方式，为恐怖活动组织、实施恐怖活动、恐怖活动培训运送人员的；（4）其他资助恐怖活动组织、实施恐怖活动的个人、恐怖活动培训，或者为恐怖活动组织、实施恐怖活动、恐怖活动培训招募、运送人员的情形。

第三款是关于单位犯资助恐怖活动组织、实施恐怖活动的个人或者恐怖活动培训,以及为恐怖活动组织、实施恐怖活动或者恐怖活动培训招募、运送人员的犯罪及其处罚的规定。根据本款规定,单位犯本条规定之罪的,对单位判处罚金,并对其直接负责的主管人员和其他直接责任人员,处五年以下有期徒刑、拘役、管制或者剥夺政治权利,并处罚金;情节严重的,处五年以上有期徒刑,并处罚金或者没收财产。

另外,根据反恐怖主义法第八十条的规定,实施本条规定的行为,情节轻微,尚不构成犯罪的,由公安机关处十日以上十五日以下拘留,可以并处一万元以下罚款。

【实践中需要注意的问题】

(1)要注意本罪与参加恐怖活动组织、实施恐怖活动犯罪的区别。构成本罪的主观故意只是资助恐怖活动组织、实施恐怖活动的个人和恐怖活动培训,而不是作为恐怖活动组织的成员负责有关筹集资金、物资的活动,也不是直接资助恐怖活动组织或者个人所实施的恐怖犯罪活动,其主观故意与被资助对象的犯罪故意是不一致的。如果行为人与恐怖活动组织或者实施恐怖活动的个人通谋,为其提供物资、资金、帐号、证明,或者为其提供运输、保管或者其他方便的,属于共同犯罪,根据刑法总则关于共同犯罪的有关规定进行惩处。

(2)资助只能是以有形的物质性利益进行帮助,即只能是提供经费、活动场所、训练基地、各种宣传通信设备、设施等,如果行为人不是提供物质上的帮助,仅是在精神上、舆论宣传等方面给予支持帮助,不能认定为本条规定的资助行为。

(3)要注意本罪的罪名被确定为帮助恐怖活动罪,但具体的构成行为应该严格按照本条的规定具体确定,要注意和共同犯罪中的帮助犯相区分。本条在《刑法修正案(三)》中增加的资助恐怖活动组织或者实施恐怖活动的个人的基础上,根据实践需要,增加了资助恐怖活动培训,以及为恐怖活动组织、实施恐怖活动或者恐怖活动培训招募、运送人员的情形,并非所有的帮助犯都要按照本罪追究。

第一百二十条之二 【准备实施恐怖活动罪】
有下列情形之一的，处五年以下有期徒刑、拘役、管制或者剥夺政治权利，并处罚金；情节严重的，处五年以上有期徒刑，并处罚金或者没收财产：
（一）为实施恐怖活动准备凶器、危险物品或者其他工具的；
（二）组织恐怖活动培训或者积极参加恐怖活动培训的；
（三）为实施恐怖活动与境外恐怖活动组织或者人员联络的；
（四）为实施恐怖活动进行策划或者其他准备的。
有前款行为，同时构成其他犯罪的，依照处罚较重的规定定罪处罚。

【条文精解】

本条是关于准备实施恐怖活动的犯罪及其处罚的规定。

本条共分两款。第一款是对准备实施恐怖活动罪及其处罚的规定。本款规定了以下几种准备实施恐怖活动的犯罪行为：

（1）为实施恐怖活动准备凶器、危险物品或者其他工具的。这一行为的前提是"为实施恐怖活动"。这里规定的"凶器"，是指用来实施犯罪行为，能够对人身健康、生命等造成危险的枪支等武器及刀具、棍棒、爆炸物等物品。这里所说的"危险物品"，是指具有燃烧性、爆炸性、腐蚀性、毒害性、放射性等特性，能够引起人身伤亡，或者造成公共利益和人民群众重大财产损害的物品，比如剧毒物品、放射性物品和其他易燃易爆物品等。"其他工具"，是指能够为恐怖活动犯罪提供便利，或者有利于提高实施暴力恐怖活动能力的物品，比如汽车等交通工具、手机等通信工具、地图、指南针等。

（2）组织恐怖活动培训或者积极参加恐怖活动培训的。恐怖活动培训可以使恐怖活动人员形成更顽固的恐怖主义思想，熟练掌握残忍的恐怖活动技能，并在培训过程中加强恐怖活动人员之间的联系而促使他们协同配合进行恐怖活动，具有极大的社会危害性。为此，《上海合作组织反恐怖主义公约》等相关国际公约明确要求将组织恐怖活动培训或者积极参加恐怖活动培训的行为规定为犯罪。一些国家也直接对这种组织培训或者接受培训的行为规定了刑事责任。比如，法国刑法规定了"赴恐怖训练营受训罪"，对公民或者常驻居民赴境外参加、接受恐怖主义训练的，予以刑事惩处。这里所说的"恐怖活动培训"，在内容上，既可以是传授、灌输恐怖主义思想、主张，使恐活动人员形成更顽固的思想，也可以是进行心理、体能训练或者传授、训练制造工具、武器、炸弹等方面的犯罪技能和方法，还可以是进行恐怖活动的实战训练等。在具体的组织方式上，包括当面讲授、开办培训班、组建训练营、开办论坛、组织收听观看含有恐怖主义内容的音视频材料、在网上注册成员建立共同的交流指导平台等。

（3）为实施恐怖活动与境外恐怖活动组织或者人员联络的。近些年，国际恐怖主义日益猖獗，境内恐怖活动组织、人员与境外恐怖活动组织、人员之间相互勾连的情形日益严重。联络的目的，有的是为了参加境外的恐怖活动组织，有的是为了出境参加所谓"圣战"、接受培训，有的是为了寻求支持、支援或者帮助，有的是要求对方提供情报信息，有的是为了协同发动恐怖袭击以制造更大的恐慌和影响等。进行联络的方式也多种多样，包括直接见面、写信、打电话、发电子邮件等。只要是为实施恐怖活动而与境外恐怖活动组织或者人员联络的，都要依照本款规定追究刑事责任。

（4）为实施恐怖活动进行策划或者其他准备的。这里的"策划"，是指制定恐怖活动计划，选择实施恐怖活动的目标、地点、时间，分配恐怖活动任务等行为。"其他准备"是关于准备实施恐怖活动犯罪的兜底性规定，指上述规定的四种准备行为之外的其他为实施恐怖活动而进行的准备活动。

根据最高人民法院、最高人民检察院、公安部、司法部《关于办理恐怖活动和极端主义犯罪案件适用法律若干问题的意见》的有关规定，具有下列情形之一的，依照本条的规定，以准备实施恐怖活动罪定罪处罚：（1）为实施恐怖活动制造、购买、储存、运输凶器，易燃易爆、易制爆品，腐蚀性、放射性、传染性、毒害性物品等危险物品，或者其他工具的；（2）以当面传授、开办培训班、组建训练营、开办论坛、组织收听收看音频视频资料等方式，或者利用网站、网页、论坛、博客、微博客、网盘、即时通信、通讯群组、聊天室等网络平台、网络应用服务组织恐怖活动培训的，或者积极参加恐怖活动心理体能培训，传授、学习犯罪技能方法或者进行恐怖活动训练的；（3）为实施恐怖活动，通过拨打电话、发送短信、电子邮件等方式，或者利用网站、网页、论坛、博客、微博客、网盘、即时通信、通讯群组、聊天室等网络平台、网络应用服务与境外恐怖活动组织、人员联络的；（4）为实施恐怖活动出入境或者组织、策划、煽动、拉拢他人出入境的；（5）为实施恐怖活动进行策划或者其他准备的情形。

根据本款的规定，对于有上述情形之一的，处五年以下有期徒刑、拘役、管制或者剥夺政治权利，并处罚金；情节严重的，处五年以上有期徒刑，并处罚金或者没收财产。这里所说的"情节严重"，是指准备凶器、危险品数量巨大，培训人员数量众多，与境外恐怖活动组织频繁联络，策划袭击可能造成重大人员伤亡以及重大目标破坏等情形。在司法实践中，可由司法机关根据案件的具体情节予以认定，必要的时候也可以通过制定相关的司法解释作出具体的规定。

本条第二款是关于实施第一款规定的犯罪同时构成其他犯罪如何处理的规定。犯罪分子实施本条第一款规定的犯罪行为，也可能同时触犯刑法的其他规定，构成刑法规定的其他犯罪。比如，行为人为了准备实施恐怖活动犯罪而制造、买卖、运输、储存枪支、弹药、爆炸物或者危险物质；在培训过程中煽动被培训对象实施分裂国家、颠覆国家政权的犯罪；传授制枪、制爆技术或者传授其他犯罪方法；在进行策划以及其他准备过程中以窃取、刺探、收买等方式非法获取国家秘密、情报等。对于这些犯罪行为，如果与本款规定的犯罪行为出现了竞合的情形，应当依照处罚较重的规定定罪处罚。

【实践中需要注意的问题】

本条为适应与日益猖獗的恐怖主义犯罪活动作斗争的需要，将刑法惩治的防线提前，将以往按照法律规定属于犯罪预备阶段的一些行为规定为独立的犯罪，司法机关要把握好本条规定的精神，用好法律武器，对这些行为总体上从严惩治。与此同时，也要注意把握好法律和政策的界限，处理好惩治极少数与教育挽救大多数的关系。特别是在受恐怖主义、极端主义思想影响较深的地区，还是要综合运用多种手段做好反恐和去极端化工作，不能单纯依靠刑事手段进行打击。对于受蒙蔽、裹挟参与了一些涉恐活动，但情节显著轻微危害不大的，可以依法不认定为犯罪。

此外，适用中要注意把握此罪与彼罪的界限。本条主要针对"独狼式"暴恐等组织程度较低的恐怖活动犯罪所增加的规定，要准确界定是组织程度较低还是属于大的恐怖活动组织犯罪的一个环节或准备阶段，两者虽然在表现形式上有相似之处，但严重程度明显不同，对于后者，符合刑法第一百二十条规定的，应该按照组织、领导、参加恐怖组织罪的规定依法追究刑事责任。要避免因为查证不深入等原因轻纵了犯罪，放松对此类犯罪的打击。

第一百二十条之三 【宣扬恐怖主义、极端主义、煽动实施恐怖活动罪】 以制作、散发宣扬恐怖主义、极端主义的图书、音频视频资料或者其他物品,或者通过讲授、发布信息等方式宣扬恐怖主义、极端主义的,或者煽动实施恐怖活动的,处五年以下有期徒刑、拘役、管制或者剥夺政治权利,并处罚金;情节严重的,处五年以上有期徒刑,并处罚金或者没收财产。

【条文精解】

本条是关于宣扬恐怖主义、极端主义、煽动实施恐怖活动的犯罪及其处罚的规定。

这里所规定的"宣扬",是指以各种方式散布、传播恐怖主义、极端主义观念、思想和主张的行为。这里规定的"恐怖主义"的含义,与第一百二十条中阐释的相同。"极端主义",根据反恐怖主义法第四条第二款的规定,是指以歪曲宗教教义或者其他方法煽动仇恨、煽动歧视、鼓吹暴力等的主张和行为。这里所规定的"煽动",是指以各种方式对他人进行要求、鼓动、怂恿,意图使他人产生犯意,去实施所煽动的行为。煽动的具体内容,主要是煽动实施暴力恐怖活动,既包括煽动参加恐怖活动组织,也包括煽动资助或者以其他方式帮助暴力恐怖活动。对于煽动类的犯罪来说,只要行为人实施了煽动行为就构成犯罪,被煽动人是否接受煽动而实施恐怖活动犯罪,不影响犯罪的构成。

本条主要包括两类犯罪:一是宣扬恐怖主义、极端主义,二是煽动实施恐怖活动。

本条具体列举了宣扬恐怖主义、极端主义常见的一些形式。主要包括:

(1)制作、散发宣扬恐怖主义、极端主义的图书、音频视频资料或者其他物品。这里所说的"制作",是指编写、出版、印刷、复制载有恐怖主义、极端主义思想内容的图书、音频视频资料或者其他物品的行为。"散发",是指通过发行,当面散发,以邮寄、手机短信、电子邮件等方式发送,或者通过网络、微信等即时通信工具、聊天软件、移动存储介质公开发帖、转载、传输,以使他人接触到恐怖主义、极端主义信息的行为。散发的目标可以是明确、具体的,也可以是针对不特定的多数人的。"图书、音频视频资料或者其他物品",包括图书、报纸、期刊、音像制品、电子出版物,载有恐怖主义、极端主义思想内容的传单、图片、标语等,在手机、移动存储介质、电子阅读器、网络上展示的图片、文稿、音频、视频、音像制品,以及带有恐怖主义、极端主义标记、符号、文字、图像的服饰、纪念品、生活用品等。需要注意的是,制作、散发恐怖主义、极端主义的图书、音频视频资料或者其他物品的行为,是宣扬恐怖主义、极端主义活动的重要环节,因此,即使只实施了制作、寄递、出售等行为,也应当依照本条规定定罪处罚。比如,工厂明知所制作、印刷的是宣扬恐怖主义、极端主义的图书、音频视频资料而制作的,寄递企业明知道是宣扬恐怖主义、极端主义的图书、音频视频资料而寄递的,书店明知道是宣扬恐怖主义、极端主义的图书、音频视频资料而出售的,也属于宣扬恐怖主义、极端主义的行为。

(2)讲授、发布信息等方式。这里所说的"讲授",是指为宣扬对象讲解、传授恐怖主义、极端主义思想、观念、主张的。讲授的对象,可以是明确的一人或者数人,也可以是一定范围内的不特定的人,比如,在广场上针对围观的人群进行讲解。"发布信息",则是面向特定个人或者不特定个人,通过手机短信、电子邮件等方式宣扬恐怖主义、极端主义,也可以是在网络平台上发布相关信息,使特定人或者不特定人看到这些信息的行为。

(3)其他方式。本条在列举宣扬恐怖主义、极端主义的具体方式中使用了"等方式"的表述。在本条中列举宣扬的具体方式,主要是为了对司法执法活动提供指导,同时也向社会警示宣扬恐怖主义、极端主义在实践中常见的方式,发挥刑法对社会行为的引导和教育作用。这里所规定的"等方式",意思是说宣扬恐怖主义、极端主义的方式不限于本条所列举的情形。例如,在私人场合或者秘密场合,在家庭、朋友之间,或者通过投寄信件、利用不开放的网络论坛或者聊天室等进行的煽动行为,也属于本条规定的犯罪,应当依法追究其刑事责任。

本条规定的另一类犯罪是煽动实施恐怖活动的犯罪,对具体行为方式未作限定,在煽动的时间、场合、方式等方面和宣扬恐怖主义、极端主义的犯罪有一定重合。比如,近些年来,我国部分地区利用地下讲经点煽动实施恐怖活动的情况比较严重,甚至有相当一部分未成年人进入这些秘密的地下讲经点,接受恐怖主义、极端主义的灌输、洗脑,成为"独狼式"的恐怖活动人员。宣扬恐怖主义、极端主义犯罪和煽动实施恐怖活动的区别主要在于前者重在思想上的洗脑,煽动则侧重于具体的恐怖活动行为。

根据最高人民法院、最高人民检察院、公安部、司法部《关于办理恐怖活动和极端主义犯罪案件适用法律若干问题的意见》的有关规定,实施下列行为之一,宣扬恐怖主义、极端主义或者煽动实施恐怖活动的,依照本条的规定，以宣扬恐怖主义、极端主义、煽动实施恐怖活动罪定罪处罚：（1）编写、出版、印刷、复制、发行、散发、播放载有宣扬恐怖主义、极端主义内容的图书、报刊、文稿、图片或者音频视频资料的；（2）设计、生产、制作、销售、租赁、运输、托运、寄递、散发、展示带有宣扬恐怖主义、极端主义内容的标识、标志、服饰、旗帜、徽章、器物、纪念品等物品的；（3）利用网站、网页、论坛、博客、微博客、网盘、即时通信、通讯群组、聊天室等网络平台、网络应用服务等登载、张贴、复制、发送、播放、演示载有恐怖主义、极端主义内容的图书、报刊、文稿、图片或者音频视频资料的；（4）网站、网页、论坛、博客、微博客、网盘、即时通信、通讯群组、聊天室等网络平台、网络应用服务的建立、开办、经营、管理者，明知他人利用网络平台、网络应用服务散布、宣扬恐怖主义、极端主义内容，经相关行政主管部门处罚后仍允许或者放任他人发布的；（5）利用教经、讲经、解经、学经、婚礼、葬礼、纪念、聚会和文体活动等宣扬恐怖主义、极端主义、煽动实施恐怖活动的；（6）其他宣扬恐怖主义、极端主义、煽动实施恐怖活动的行为。

根据本条规定，宣扬恐怖主义、极端主义，或者煽动实施恐怖活动的，处五年以下有期徒刑、拘役、管制或者剥夺政治权利，并处罚金；情节严重的，处五年以上有期徒刑，并处罚金或者没收财产。在实践中，对于是否属于"情节严重"，可以根据制作、散布的图书、音像制品等物品的数量，讲授、发布信息的次数和数量，宣扬、煽动的内容、场所和对象范围，以及引起恐怖活动发生的现实危险程度等因素综合衡量。比如，制作、散发宣扬恐怖主义、极端主义图书、音频视频资料数量特别巨大的，散布范围广大或者造成广泛影响的，接受讲授和信息的人员数量巨大的，在公共场所、人员密集场所公然散布图书、音频视频资料或者讲授、发布信息的，造成他人实施恐怖活动、极端主义行为的等，可以认定为情节严重的行为。

另外，根据反恐怖主义法第八十条的规定，实施本条规定的行为，情节轻微，尚不构成犯罪的，由公安机关处十日以上十五日以下拘留，可以并处一万元以下罚款。

【实践中需要注意的问题】

在实践中，应当注意本罪名属于选择性罪名。从司法实践情况看，宣扬恐怖主义、极端主义和煽动实施恐怖活动往往交织在一起。有些犯罪分子在宣扬恐怖主义、极端主义的同时，也会煽动被宣传对象去实施恐怖活动。因此，在适用本条规定时，任何人无论是同时实施了宣扬恐怖主义、极端主义和煽动实施恐怖活动的行为，还是仅仅实施了宣扬恐怖主义、极端主义或者煽动实施恐怖活动行为中的某一种行为，都构成本罪，应当依法追究刑事责任。

> **第一百二十条之四　【利用极端主义破坏法律实施罪】**
> 利用极端主义煽动、胁迫群众破坏国家法律确立的婚姻、司法、教育、社会管理等制度实施的，处三年以下有期徒刑、拘役或者管制，并处罚金；情节严重的，处三年以上七年以下有期徒刑，并处罚金；情节特别严重的，处七年以上有期徒刑，并处罚金或者没收财产。

【条文精解】

本条是关于利用极端主义煽动、胁迫群众破坏国家法律制度实施的犯罪及其处罚的规定。

构成本条规定的犯罪，需要符合以下条件：

第一，本罪的行为方式，表现为利用极端主义煽动、胁迫群众。只有利用极端主义实施本条规定的煽动、胁迫行为的，才构成本罪。这里规定的"极端主义"的含义，与第一百二十条之三中阐释的相同，经常表现为对其他文化、宗教、观念、族群等的完全歧视和排斥。在日常生活中，极端主义的具体形态多种多样，有的打着宗教的旗号，歪曲宗教教义，强制他人信仰宗教或者不信仰宗教，歧视信仰其他宗教或者不信仰宗教的人，破坏宪法规定的宗教信仰自由制度的实施。也有的披着民族传统、风俗习惯的外衣，打着"保护民族文化"的招牌，煽动仇恨与其民族、风俗习惯不同的群体，主张民族隔离，煽动抗拒现有法律秩序等。这里所说的"煽动"，是指利用极端主义，以各种方式对他人进行要求、鼓动、怂恿，意图使他人产生犯意，去实施所煽动的行为。实践中，这种煽动经常表现为无中生有，编造不存在的事情，或者通过造谣、诽谤对事实进行严重歪曲，或者通过对被煽动对象的情绪进行挑拨，使被煽动者丧失对事实的正常感受和判断能力，丧失对自己行为的理性控制，从而去从事违法犯罪行为，达到破坏国家法律制度实施的目的。这里所说的"胁迫"，是指通过暴力、威胁或者以给被胁迫人或者其亲属等造成人身、心理、经济等方面的损害为要挟，对他人形成心理强制，迫使其从事胁迫者希望其实施的特定行为。胁迫的方式可以是通过暴力手段，也可以是通过言语威胁或者对被胁迫者的利益进行限制、剥夺等方式。实践中，还出现以关爱朋友、亲情等为借口，或者以孤立、排斥等方法施加压力的情况。虽然被胁迫者仍然具有一定的意志自由，能够理解自己的行为是违法行为，主观上也不愿意实施这些行为，但由于受到精神的强制而处于恐惧状态之下，因而不得已按照胁迫者的要求行事。煽动和胁迫的内容也多种多样。

第二，本罪中煽动、胁迫的目的，是破坏国家法律制度的实施。国家法律确立的婚姻、司法、教育、社会管理等方面的制度，涉及社会的基本生活，是国家对社会进行管理的基本形式和内容。我国宪法和法律保障公民的宗教信仰自由，保障各民族平等、团结共同发展和共同繁荣，尊重各民族的风俗习惯，并为保障这些权利制定了相应的法律制度。尊重宗教信仰自由和民族风俗习惯，与遵守国家法律制度本身是一致的。但很多极端主义分子歪曲宗教教义或者民族风俗习惯，假借宗教信仰或者民族风俗习惯等煽动歧视、煽动仇恨、崇尚、鼓吹、挑动暴力，本身就与宗教信仰自由和民族风俗习惯背道而驰，是对国家相关法律制度的破坏。虽然他们在进行煽动、胁迫时经常打着维护宗教教义或者民族风俗习惯的旗号，但其背后的真实目的是要煽动歧视、煽动仇恨、崇尚、鼓吹、挑动暴力，煽动、胁迫人们对政府管理活动的抵制甚至对抗，蛊惑人们不遵守国家法律确立的婚姻、司法、教育、社会管理等制度，制造国家对社会管理的真空，引起社会秩序的混乱。

近些年来，在我国一些地区，出现了各种形式的利用极端主义煽动、胁迫群众破坏国家法律制度实施的情形。比如，煽动、胁迫群众按照宗教仪式举行婚礼或者离婚，不到政府机关进行婚姻登记，对已办理婚姻登记的撕毁结婚证等；煽动、胁迫群众以民族、宗教等名义干扰司法或者阻碍司法工作人员依法执行职务；煽动、胁迫群众出现纠纷不依照法律途径处理，甚至出现命案也通过私下谈判进行私了；煽动、胁迫群众不让孩子到学校读书，不接受义务教育，而是参加所谓的"读经班"，阻挠、破坏国家的教育制度实施；煽动、胁迫群众拒绝使用身份证、户口簿等国家法定证件以及人民币，甚至煽动、胁迫他人损毁身份证、户口簿等国家法定证件以及人民币；煽动、胁迫群众改变信仰；煽动、胁迫群众驱赶其他民族或者有其他信仰的人离开居住地；煽动、胁迫群众违反法律规定，干涉他人日常的生活方式、生产经营和人际交往等。这些行为都属于破坏国家法律制度实施的行为。

第三，本罪的直接危害，是破坏国家法律规定的管理制度，使国家法律确定的婚姻、司法、教育、社会管理等制度得不到有效实施。同时，本罪的危害还在于，这一行为还会使被煽动、胁迫的特定对象产生认识混乱或者恐惧心理，损害其个人的合法权益，进而危及公共利益、社会安全和秩序。本罪不以被煽动、胁迫者实施破坏国家法律制度的具体行为为必要条件，只要行为人实施了煽动、胁迫的行为，就已经构成本罪。

根据最高人民法院、最高人民检察院、公安部、司法部《关于办理恐怖活动和极端主义犯罪案件适用法律若干问题的意见》的有关规定，利用极端主义，实施下列行为之一的，依照本条的规定，以利用极端主义破坏法律实施罪定罪处罚：（1）煽动、胁迫群众以宗教仪式取代结婚、离婚登记，或者干涉婚姻自由的；（2）煽动、胁迫群众破坏国家法律确立的司法制度实施的；（3）煽动、胁迫群众干涉未成年人接受义务教育，或者破坏学校教育制度、国家教育考试制度等国家法律规定的教育制度的；（4）煽动、胁迫群众抵制人民政府依法管理，或者阻碍国家机关工作人员依法执行职务的；（5）煽动、胁迫群众损毁居民身份证、居民户口簿等国家法定证件以及人民币的；（6）煽动、胁迫群众驱赶其他民族、有其他信仰的人员离开居住地，或者干涉他人生活和生产经营的；（7）其他煽动、胁迫群众破坏国家法律制度实施的行为。

根据本条规定，利用极端主义煽动、胁迫群众破坏国家法律确立的婚姻、司法、教育、社会管理等制度实施的，处三年以下有期徒刑、拘役或者管制，并处罚金；情节严重的，处三年以上七年以下有期徒刑，并处罚金；情节特别严重的，处七年以上有期徒刑，并处罚金或者没收财产。对于"情节严重"和"情节特别严重"，可以根据其煽动、胁迫行为所使用的手段、涉及的人员多少和区域大小、造成的危害程度和影响等各方面因素综合考虑，分别适用不同的刑罚。必要的时候，也可以由有关部门制定司法解释，进一步作出具体的规定。

另外，根据反恐怖主义法第八十一条的规定，实施本条规定的行为，情节轻微，尚不构成犯罪的，由公安机关处五日以上十五日以下拘留，可以并处一万元以下罚款。

【实践中需要注意的问题】

首先，"利用极端主义"是构成本罪的一个要件。对于煽动、胁迫他人破坏国家法律制度实施但没有利用极端主义的，应当根据具体情况分别处理。对于组织、利用会道门、邪教组织或者利用迷信破坏国家法律、行政法规实施，构成犯罪的，依照本法第三百条的规定定罪处罚。有些人由于狭隘思想或者愚昧等原因，对宗教教义、民族风俗习惯产生不正确的理解，并进而破坏国家法律制度实施的，如果构成犯罪，可以按照刑法的其他规定定罪处罚；不构成犯罪的，依法予以行政处罚或者进行批评、教育。

其次，在处理这类犯罪时，应当正确区分敌我矛盾和人民内部矛盾，处理好依法打击和分化瓦解的关系，在依法严厉打击少数极端分子的同时，对受裹挟、蒙蔽的一般群众，应当最大限度地进行区分，予以团结和教育。

最后，要注意罪与非罪的界限。本条规定的是煽动、胁迫"群众"破坏国家相关制度实施而不是煽动他人。对于家长出于极端主义考虑干涉未成年子女接受义务教育，或者干涉子女婚姻自由的，一般不宜按照本条规定的煽动、胁迫破坏国家制度的犯罪追究，必要时可以根据反恐怖主义法的规定予以行政处罚。

第一百二十条之五【强制穿戴宣扬恐怖主义、极端主义服饰、标志罪】

以暴力、胁迫等方式强制他人在公共场所穿着、佩戴宣扬恐怖主义、极端主义服饰、标志的，处三年以下有期徒刑、拘役或者管制，并处罚金。

【条文精解】

本条是关于强制他人穿着、佩戴恐怖主义、极端主义服饰、标志的犯罪及处罚的规定。

本条规定的犯罪主体为一般主体，即任何强制他人在公共场所穿着、佩戴宣扬恐怖主义、极端主义服饰、标志的人。犯罪侵害的客体是多重客体，既在社会范围内渗透恐怖主义、极端主义思想，又侵犯被害人的人身权利、民主权利，同时也妨害社会管理秩序。犯罪的主观要件为故意，对强制他人在公共场所穿着、佩戴宣扬恐怖主义、极端主义服饰、标志的行为和结果都是明知并且希望结果的发生。

本条所说的"暴力"，是指以殴打、捆绑、伤害他人身体的方法，使被害人不能抗拒。"胁迫"，是指对被害人施以威胁、恐吓，进行精神上的强制，迫使被害人就范，不敢抗拒，包括以杀害被害人、加害被害人的亲属相威胁，威胁要对被害人、被害人的亲属施以暴力，以披露被害人的隐私相威胁，利用职权、教养关系、从属关系或者被害人孤立无援的环境迫使被害人服从等，恐怖主义、极端主义犯罪中比较常见的胁迫包括以死后不能进天堂等相胁迫。除了暴力、胁迫手段以外，通过采用对被害人产生肉体强制或者精神强制的其他手段，强制他人在公共场所穿着、佩戴宣扬恐怖主义、极端主义服饰、标志的，也构成本罪。如限制被害人的人身自由，利用被害人的宗教信仰施加精神强制，强迫被害人长时间暴露在高温或者严寒中，负有监护责任的人对被监护人不给饭吃、不给衣穿等。这里的"公共场所",包括群众进行公开活动的场所,如商店、影剧院、体育场、街道等,也包括各类单位,如机关、团体、事业单位的办公场所,企业生产经营场所,医院、学校、幼儿园等;还包括公共交通工具,如火车、轮船、长途客运汽车、公共电车、汽车、民用航空器等。

本条规定的"宣扬恐怖主义、极端主义服饰、标志",指的是穿着、佩戴的服饰、标志包含了恐怖主义、极端主义的符号、旗帜、徽记、文字、口号、标语、图形或者带有恐怖主义、极端主义的色彩,容易使人联想到恐怖主义、极端主义。实践中比较普遍的是穿着模仿恐怖活动组织统一着装的衣物,穿着印有恐怖主义、极端主义符号、旗帜等标志的衣物,佩戴恐怖活动组织标志或者恐怖主义、极端主义标志等。具体哪些服饰、标志属于"宣扬恐怖主义、极端主义服饰、标志",可由有关主管部门根据国际国内反恐、去极端化斗争实际认定和掌握。从实践情况看,恐怖主义、极端主义势力通过强制他人在公共场所穿着、佩戴宣扬恐怖主义、极端主义服饰、标志等手段,在社会上强化了人们的身份差别意识,用异类的标志或者身份符号,刻意地制造出隔阂和距离感,以达到其渲染恐怖主义、极端主义氛围甚至宣扬恐怖主义、极端主义的目的,社会危害是很大的。

根据最高人民法院、最高人民检察院、公安部、司法部《关于办理恐怖活动和极端主义犯罪案件适用法律若干问题的意见》的有关规定,具有下列情形之一的,依照本条规定,以强制穿戴宣扬恐怖主义、极端主义服饰、标志罪定罪处罚:(1)以暴力、胁迫等方式强制他人在公共场所穿着、佩戴宣扬恐怖主义、极端主义服饰的;(2)以暴力、胁迫等方式强制他人在公共场所穿着、佩戴含有恐怖主义、极端主义的文字、符号、图形、口号、徽章的服饰、标志的;(3)其他强制他人穿戴宣扬恐怖主义、极端主义服饰、标志的情形。

根据本条规定,对以暴力、胁迫等方式强制他人在公共场所穿着、佩戴宣扬恐怖主义、极端主义服饰、标志的,应当视情节的轻重,处以三年以下有期徒刑、拘役或者管制,并处罚金。

另外,根据反恐怖主义法第八十条的规定,实施本条规定的行为,情节轻微,尚不构成犯罪的,由公安机关处十日以上十五日以下拘留,可以并处一万元以下罚款。

【实践中需要注意的问题】

本条规定追究刑事责任的是以暴力、胁迫等方式强制他人在公共场所穿着、佩戴宣扬恐怖主义、极端主义服饰、标志的行为人。对于受裹挟、蒙蔽，或者受极端主义思想影响，在公共场所穿着、佩戴宣扬恐怖主义、极端主义服饰、标志的群众，应当加强教育、劝阻，促使他们转变思想观念，通过多种途径做好去极端化工作，并可以根据有关地方性法规等禁止其在公共场所穿着、佩戴有关服饰、标志。

第一百二十条之六 【非法持有宣扬恐怖主义、极端主义物品罪】

明知是宣扬恐怖主义、极端主义的图书、音频视频资料或者其他物品而非法持有，情节严重的，处三年以下有期徒刑、拘役或者管制，并处或者单处罚金。

【条文精解】

本条是关于非法持有宣扬恐怖主义、极端主义物品的犯罪及处罚的规定。

非法持有宣扬恐怖主义、极端主义物品罪，是指明知是宣扬恐怖主义、极端主义的图书、音频视频资料或者其他物品而非法持有，情节严重的行为。本罪在主观上要求是故意，即行为人明知是宣扬恐怖主义、极端主义的图书、音频视频资料或者其他物品而非法持有的，才能构成本罪。这里所说的"明知"，是指知道或者应当知道。实践中，行为人有可能会辩解其"不明知"所持有物品的性质和内容。在这种情况下，不能仅听行为人本人的辩解，对是否"明知"的认定，应当结合案件的具体情况和有关证据材料进行全面分析。要坚持重证据、重调查研究，以行为人实施的客观行为为基础，结合其一贯表现、具体行为、手段、事后态度，以及年龄、认知和受教育程度、所从事的职业、所生活的环境、所接触的人群等综合作出判断。比如，对曾因实施暴力恐怖活动、极端主义违法犯罪行为受过行政、刑事处罚的，或者被责令改正后又实施的，应当认定为明知。有其他共同犯罪嫌疑人、被告人或者其他知情人供认、指证，虽然行为人不承认其主观上"明知"，但又不能作出合理解释的，依据其行为本身和认知程度，足以认定其确实知道或者应当知道的，应当认定为明知。但是，结合行为人的认知程度和客观条件，如果确实属于不明知所持有物品为宣扬恐怖主义、极端主义的图书、音频视频资料等物品的，不能认定为本罪。比如，捡拾到保存有宣扬恐怖主义、极端主义音频视频资料的手机、U盘或者其他存储介质的;维修电脑的人员为修理而暂时保管他人送修的存有宣扬恐怖主义、极端主义的音频视频资料的电脑,而事先未被告知,待公安机关查办案件时才发现的等。对于不属于明知而持有宣扬恐怖主义、极端主义的图书、音频视频资料等其他物品的,一旦发现后,就应当立即予以销毁、删除,个人无法销毁、删除的,应当将含有恐怖主义、极端主义的图书、音频视频资料或者其他物品交由公安机关或者基层组织,请求帮助销毁、删除。对此问题,最高人民法院、最高人民检察院、公安部、司法部《关于办理恐怖活动和极端主义犯罪案件适用法律若干问题的意见》作了一些具体规定。

本罪在客观上要求行为人有非法持有的行为。这里所规定的"持有",是指行为人对恐怖主义、极端主义宣传品处于占有、支配、控制的一种状态。不仅随身携带可以认定为持有,在其住所、驾驶的运输工具上发现的恐怖主义、极端主义宣传品也可以认定为持有。持有型犯罪以行为人持有特定物品或者财产的不法状态为基本的构成要素。我国刑法设置的持有型犯罪有巨额财产来源不明罪,非法持有毒品罪,非法持有、私藏枪支、弹药罪,非法持有假币罪,非法持有国家绝密、机密文件、资料、物品罪,非法持有毒品原植物种子、幼苗罪等。在持有型犯罪中,有的持有物本身不具有危害性,如巨额财产和绝密、机密文件等;有的本身就是违禁品,如毒品、枪支、弹药、毒品原植物种子和幼苗等。无论是不是违禁品,构成犯罪的前提都是非法持有。实践中有一些合法持有的情形,如查办案件的人民警察因查封、扣押宣扬恐怖主义、极端主义的图书、音频视频资料等物品而持有的,研究反恐怖主义问题的专家学者为进行学术研究而持有少量恐怖主义、极端主义宣传品的,则不能认定为犯罪。

从实践情况看,宣扬恐怖主义、极端主义的图书、音频视频资料和其他物品主要包含了两类内容:一是含有恐怖主义、极端主义的思想、观念和主张,煽动以暴力手段危害他人生命和公私财产安全,破坏法律实施等内容的。二是含有传授制造、使用炸药、爆炸装置、枪支、管制刀具、危险物品实施暴力恐怖犯罪的方法、技能等内容。这些宣传品在形式上和内容上均表现多样。比如,有的宣扬参加暴力恐怖活动的,流血就能洗刷罪过,可以带自己和亲友上天堂,杀死一人胜做十年功,可以直接上天堂,在天堂中有仙女相伴等。有的利用地理环境相对闭塞地区的一些信教民众对外部正确信息了解甚少、辨别意识不强,借助区域经济差异、社会竞争压力等社会问题,对国家民族政策大肆诋毁,破坏民族关系。有的通过编造谣言或者炒作个别案例，将社会成员划分为不同群体，刻意制造不同信仰者、不同民族之间的隔阂和对立，煽动仇恨、歧视，争取民众对暴恐分子的同情。有的表面上是宣传宗教教义，但在内容上对宗教教义进行歪曲，或者在其中夹杂恐怖主义、极端主义的内容，诱骗一些对宗教教义知之甚少的群众将一些错误观点奉为经典，造成思想混乱，为暴恐活动披上"宗教"的合法外衣。本条中规定的"其他物品"，是指除图书、音频视频资料外的其他恐怖主义、极端主义宣传品，如含有宣扬恐怖主义、极端主义内容的文稿、图片、存储介质、电子阅读器等。实践中，在网络存储空间内储存宣扬恐怖主义、极端主义的资料，本质上与存储在个人电脑、手机、移动硬盘中没有区别，且更容易造成大面积传播，情节严重的，也构成本罪。对涉案物品因涉及专门知识或者语言文字等内容难以鉴别的，可商请有关主管部门提供鉴别意见。

根据最高人民法院、最高人民检察院、公安部、司法部《关于办理恐怖活动和极端主义犯罪案件适用法律若干问题的意见》的有关规定，明知是载有宣扬恐怖主义、极端主义内容的图书、报刊、文稿、图片、音频视频资料、服饰、标志或者其他物品而非法持有，达到下列数量标准之一的，依照刑法本条规定，以非法持有宣扬恐怖主义、极端主义物品罪定罪处罚：（1）图书、刊物二十册以上，或者电子图书、刊物五册以上的；（2）报纸一百份（张）以上，或者电子报纸二十份（张）以上的；（3）文稿、图片一百篇（张）以上，或者电子文稿、图片二十篇（张）以上，或者电子文档五十万字符以上的；（4）录音带、录像带等音像制品二十个以上，或者电子音频视频资料五个以上，或者电子音频视频资料二十分钟以上的；（5）服饰、标志二十件以上的。非法持有宣扬恐怖主义、极端主义的物品，虽未达到前述规定的数量标准，但具有多次持有，持有多类物品，造成严重后果或者恶劣社会影响，曾因实施恐怖活动、极端主义违法犯罪被追究刑事责任或者二年内受过行政处罚等情形之一的，也可以定罪处罚。

根据本条规定，明知是宣扬恐怖主义、极端主义的图书、音频视频资料或者其他物品而非法持有的行为，只有达到情节严重的，才构成犯罪。对于是否属于"情节严重"，可以根据所持有的恐怖主义、极端主义宣传品的数量多少，所包含的内容的严重程度，曾经因类似行为受到处罚的情况，以及其事后的态度等因素作出认定。对于因为好奇或者思想认识不清楚，非法持有少量的恐怖主义、极端主义宣传品，没有其他的恐怖主义、极端主义违法行为，经发现后及时销毁、删除的，不作为犯罪追究。

另外，根据反恐怖主义法第八十条的规定，实施本条规定的行为，情节轻微，尚不构成犯罪的，由公安机关处十日以上十五日以下拘留，可以并处一万元以下罚款。

【实践中需要注意的问题】

本罪作为持有型犯罪，是一项补充性罪名，目的是严密法网，防止放纵犯罪分子。在实践中，对于被查获的非法持有恐怖主义、极端主义宣传品的人，应当尽力调查其犯罪事实，如果经查证是为通过散发、讲授等方式宣扬恐怖主义、极端主义，煽动实施恐怖活动而非法持有的，是为利用极端主义煽动群众破坏国家法律制度实施而非法持有的，应当依照刑法第一百二十条之三、第一百二十条之四的规定定罪处罚。

第一百二十一条 【劫持航空器罪】

以暴力、胁迫或者其他方法劫持航空器的，处十年以上有期徒刑或者无期徒刑；致人重伤、死亡或者使航空器遭受严重破坏的，处死刑。

【条文精解】

本条是关于劫持航空器罪及其处罚的规定。

根据本条规定，行为人构成本罪必须是实施了以暴力、威胁或者其他方法劫持航空器的行为。这里所说的"暴力"，主要是指犯罪分子使用强暴手段，如杀害、殴打等方法劫持航空器的行为；"胁迫"，主要是指犯罪分子以爆炸飞机、枪杀旅客等手段要挟、强迫机组人员服从其劫持航空器的命令的行为；"其他方法"，是指犯罪分子使用除暴力、威胁方法以外的方法劫持航空器的行为，如航空器的驾驶人员，利用驾驶航空器的便利条件，违反规定直接驾机非法出逃境外，危害公众安全的行为。本罪侵犯的对象是使用中的航空器。这里规定的"航空器"，是指各种运送旅客和运输物资的空中运输工具。《东京公约》《海牙公约》中规定的都是在飞行中的航空器。所谓在飞行中是指航空器在装载结束，机舱外部各门均已关闭时起，直到打开任一机门以便卸载时为止的任何时间；如果飞机是强迫降落的，则指在主管当局接管该航空器及其所载人员和财产以前。《蒙特利尔公约》扩大了罪行的范围，不仅包括在飞行中，而且包括在使用中的航空器内所犯的罪行。而所谓使用中是指从地面人员或机组对某一特定飞行器开始进行飞行前准备起，直到降落后24小时止。因此，我们不能狭义地把本罪的侵犯对象理解为飞行中的航空器。

根据本条的规定，对以暴力、胁迫或者其他方法劫持航空器的犯罪的处刑分为两档，即一般情况下，处十年以上有期徒刑或者无期徒刑；致人重伤、死亡或者使航空器遭受严重破坏的，处死刑，后一情况主要是指犯罪分子在劫持航空器的过程中，造成旅客或者机组人员重伤、死亡或者使航空器上的重要设施、设备遭受严重破坏等。

【实践中需要注意的问题】

（1）对于航空器的理解。根据航空服务的目的不同，航空器可分为国家航空器和民用航空器。国家航空器的概念最早于1919年《巴黎公约》中正式出现。其第三十条规定："下列为国家航空器：(a)军用航空器。(b)专为国家目的服务的航空器，如邮政、海关、警用航空器。除此之外任何其他航空器都应当被认定为是私人航空器。除军用、海关和警用航空器外，所有国家航空器均应视为私人航空器，并应遵守本公约的所有规定。"第三十一条还进一步解释了军用航空器的定义："具体来讲，每架由服役人员指挥的航空器，均应视为军用航空器。"这里使用的是"私人航空器"（private aircraft）的概念，而不是"民用航空器"（civil aircraft）。确定航空器是不是国家航空器的决定因素是有关航空器是否受雇于国家服务部门。1919年《巴黎公约》不仅给国家航空器和私人航空器下了定义，还清晰地确定了两者定义的边界。1944年《芝加哥公约》第三条规定："(a)本公约只适用于民用航空器，不适用于国家航空器。(b)用于军事、海关和警察的航空器，应视为国家航空器。"这里开始出现"民用航空器"的概念，这一概念在随后的航空法律文书中继续使用。此外，与1919年《巴黎公约》不同，《芝加哥公约》对于军用航空器这一特定类型没有给出明确的定义，而军用航空器往往是受到特别规则管制的一类。对于劫持航空器罪是否包括国家航空器，有不同认识：一种观点认为，从国际公约和我国承担的义务来看，本罪中的航空器仅指民用航空器；另一种观点认为，本罪侵犯的对象是航空器，至于是民用的，还是供军事、海关等使用，均不影响本罪的成立。我国刑法并没有对航空器作出任何限制；劫持用于军事、海关、警察等领域的航空器的犯罪行为也可能发生，应依法予以惩治。

（2）关于管辖权。刑法第九条规定："对于中华人民共和国缔结或者参加的国际条约所规定的罪行，中华人民共和国在所承担条约义务的范围内行使刑事管辖权的，适用本法。"我国作为相关公约的缔约国，对劫持航空器的犯罪行为，不论航空器是哪国的，不论犯罪行为人是哪国的或有无国籍，也不论犯罪行为发生在何地，我国都可以行使刑事管辖权。

（3）关于本条规定中的"死刑"的理解。本条规定的刑罚中的"死刑"，包括死刑立即执行和死刑缓期二年执行。对于有本条规定的犯罪行为，但不是必须立即执行的，可以依法判处死刑缓期二年执行。

第一百二十二条【劫持船只、汽车罪】

以暴力、胁迫或者其他方法劫持船只、汽车的，处五年以上十年以下有期徒刑；造成严重后果的，处十年以上有期徒刑或者无期徒刑。

【条文精解】

本条是关于劫持船只、汽车罪及其处罚的规定。

劫持船只、汽车罪，是指以暴力、胁迫或者其他方法劫持船只、汽车，危害公共安全的行为。其中，"以暴力、胁迫或者其他方法"的含义与第一百二十一条规定的劫持航空器罪中的"以暴力、胁迫或者其他方法"的基本含义是一致的。"暴力"可以理解为对船只、汽车的驾驶、操作人员实施打击或身体强制，使其不能反抗、不敢反抗或无力反抗，从而使船只、汽车按照行为人意志行驶或者由行为人自己控制船只、汽车；"胁迫"是指对船只、汽车的驾驶、操作人员等以事实伤害、杀害等暴力手段相威胁，对其实施精神强制，使其恐惧不敢反抗的手段；"其他方法"是暴力、胁迫以外的，与此相当的犯罪方法，如用药物麻醉、致昏等。本条所说的"船只"，是指各种运送旅客或者物资的水上运输工具；"汽车"主要是指公共汽车、电车等机动车辆，包括内燃机、柴油机、电机等以机械为动力的车辆。

根据本条规定，只要行为人实施了以暴力、胁迫或者其他方法劫持船只、汽车的行为，即构成本罪，处五年以上十年以下有期徒刑；造成严重后果的，即造成人员伤亡或者使国家和人民的财产遭受重大损失的，处十年以上有期徒刑或者无期徒刑。需要指出的是，本条规定的劫持船只、汽车的行为不是为了抢劫或者实施海盗行为，对于以抢劫为目的劫持船只、汽车的，应当依照抢劫罪的规定定罪处罚。本条规定的劫持船只、汽车的目的与第一百二十一条规定的劫持航空器的目的是基本一致的，主要是为了逃避法律追究，让船只、汽车开往其指定的地点，或者以劫持车船作为要挟手段，让政府答应其提出的某项条件等。

【实践中需要注意的问题】

如果仅有对船只、汽车的驾驶、操作人员等使用暴力、胁迫或者其他方法的行为，无非法且劫夺、控制船只、汽车的行为，不是"劫持"。另外，所谓"劫持"，应是非法的，因执行公务、紧急避险等情况而强行控制船只、汽车的，不是劫持。劫持的对象，必须是正在使用中的船只、汽车，包括正在行驶和停放码头、车站等停机待用、准备随时执行运输任务的船只、汽车。至于船只、汽车是否正在行驶中，本条没有明文规定，如果行为人在船只、汽车停机、待用时，以暴力、胁迫或者其他方法强制驾驶、操作人员等上船、上车而进行劫持的，也应按本罪处理。

第一百二十三条 【暴力危及飞行安全罪】
　　对飞行中的航空器上的人员使用暴力，危及飞行安全，尚未造成严重后果的，处五年以下有期徒刑或者拘役；造成严重后果的，处五年以上有期徒刑。

【条文精解】

本条是关于暴力危及飞行安全罪及其处罚的规定。

根据本条规定，构成本罪的主体是一般主体，即任何在飞行中的航空器上的人员都可以构成本罪的主体。

构成本罪还必须具有以下条件：（1）必须使用暴力。即对飞行中的航空器上的人员使用暴力，如使用凶器行凶或者斗殴等。这里所说的使用暴力，较劫持航空器罪的范围要宽，包括对飞行中的航空器上的人员脚踢、使用凶器进行行凶，以及乘客之间、乘客与机组人员之间的暴力事件。（2）危及飞行安全。在飞行中的航空器上，任何使用暴力的情况都会危及飞行安全，但本罪在处刑上区分了两种情况，一是尚未造成严重后果的，二是造成严重后果的。其中，"尚未造成严重后果的"，是指使用暴力对飞行安全没有造成直接的危害后果。"造成严重后果的"，主要是指因行为人在航空器中使用暴力的行为，致使航空器不能正常航行，以致迫降、坠毁等。

本条规定的航空器仅限于"飞行中"的航空器。关于"飞行中"，《关于制止危害民用航空安全的非法行为的公约》第二条规定："航空器从装载完毕、机舱外部各门均已关闭时起，直至打开任一机舱门以便卸载时为止，应被认为是在飞行中；航空器强迫降落时，在主管当局接管对该航空器及其所载人员和财产的责任前，应被认为仍在飞行中。"对于不在"飞行中"的航空器及相关人员使用暴力的，构成犯罪的，可以根据故意伤害、毁损财物等相关犯罪依法追究刑事责任。

根据本条规定，对暴力危及飞行安全罪，尚未造成严重后果的，处五年以下有期徒刑或者拘役；造成严重后果的，处五年以上有期徒刑。

【实践中需要注意的问题】

是否处于"飞行中"是确定罪与非罪的关键，根据《东京公约》《海牙公约》中规定的飞行中的航空器是指航空器在装载结束，机舱外部各门均已关闭时起，直到打开任一机门以便卸载时为止的任何时间；而如果飞机是强迫降落的，则指在主管当局接管该航空器及其所载人员和财产以前。《蒙特利尔公约》扩大了罪行的范围，它不仅包括在飞行中，而且包括在使用中的航空器内所犯罪行。而所谓使用中是指从地面人员或机组对某一特定飞行器开始进行飞行前准备起，直到降落后24小时止。实践中应严格把握是否为飞行中的状态，如果是对处于待飞行状态的航空器上的人员使用暴力，原则上不适用本条。"待飞行"应以实质的飞行状态判断，如经停、航行前检测、维修、航空管制待飞等均应属于"待飞行"。对于不在"飞行中"的航空器及相关人员使用暴力，构成犯罪的，可以根据故意伤害、毁损财物等相关犯罪依法追究刑事责任，如在飞机上、候机厅、安检处等殴打安检人员、飞机乘务人员、其他旅客等造成人身伤害的，以故意伤害罪追究刑事责任。毁坏机场设备或飞机上的设备等情形可以故意毁坏财物罪追究刑事责任。

第一百二十四条 【破坏广播电视设施、公用电信设施罪】
【过失损坏广播电视设施、公用电信设施罪】

破坏广播电视设施、公用电信设施，危害公共安全的，处三年以上七年以下有期徒刑；造成严重后果的，处七年以上有期徒刑。

过失犯前款罪的，处三年以上七年以下有期徒刑；情节较轻的，处三年以下有期徒刑或者拘役。

【条文精解】

本条是关于破坏广播电视设施、公用电信设施罪和过失损坏广播电视设施、公用电信设施罪及其处罚的规定。

本条共分两款。第一款是关于故意破坏广播电视设施、公用电信设施犯罪的规定。这里所说的"广播设施"，包括发射无线电广播信号的发射台站等；"电视设施"，主要是指传播新闻信息的电视发射台、转播台等。"公用电信设施"主要包括:(1)通信线路类,包括光(电)缆、电力电缆等;交接箱、分(配)线盒等;管道、槽道、人井(手孔);电杆、拉线、吊线、挂钩等支撑加固和保护装置;标石、标志标牌、井盖等附属配套设施。(2)通信设备类,包括基站、中继站、微波站、直放站、室内分布系统、无线局域网(WLAN)系统、有线接入设备、公用电话终端等。(3)其他配套设备类,包括通信铁塔、收发信天(馈)线;公用电话亭;用于维系通信设备正常运转的通信机房、空调、蓄电池、开关电源、不间断电源(UPS)、太阳能电池板、油机、变压器、接地铜排、消防设备、安防设备、动力环境设备等附属配套设施。(4)电信主管部门认定的其他电信设施。如国家电信部门的无线电发报设施、设备,包括发射机、天线等;还有电话交换局、交换站以及有关国家重要部门的电话交换台、无线电通信网络,如在航空、航海交通工具及交通设施中使用的无线电通信、导航设施等。总之,电信设施,既包括各种机器设备,也包括其组成部分的线路等。应当注意的是,对于那些不可能影响公共安全的通信服务设备,如城市大街上的公用电话亭、一般的民用家庭电话等,不属于本条规定的"公用电信设施"的范围。破坏该类设备,可按故意毁坏财物罪处理。根据本款的规定,行为人破坏广播电视设施、公用电信设施的行为,必须达到"危害公共安全"的程度,才能构成本罪。本款对破坏广播电视设施、公用电信设施的犯罪行为规定了两档刑:危害公共安全的,处三年以上七年以下有期徒刑或者拘役;造成严重后果的,处七年以上有期徒刑。"造成严重后果的",是指由于行为人破坏广播电视设施、公用电信设施的行为,致使广播电视传播或者公用通信中断,不能及时排除险情或者疏散群众,因而导致人员伤亡或者使公私财产遭受重大损失等情况。

关于"危害公共安全"和"严重后果"的理解,2004年《最高人民法院关于审理破坏公用电信设施刑事案件具体应用法律若干问题的解释》第一条规定,采用截断通信线路、损毁通信设备或者删除、修改、增加电信网计算机信息系统中存储、处理或者传输的数据和应用程序等手段,故意破坏正在使用的公用电信设施,具有下列情形之一的,属于刑法第一百二十四条规定的"危害公共安全",依照刑法第一百二十四条第一款规定,以破坏公用电信设施罪处三年以上七年以下有期徒刑:(1)造成火警、匪警、医疗急救、交通事故报警、救灾、抢险、防汛等通信中断或者严重障碍,并因此贻误救助、救治、救灾、抢险等,致使人员死亡一人、重伤三人以上或者造成财产损失三十万元以上的;(2)造成二千以上不满一万用户通信中断一小时以上,或者一万以上用户通信中断不满一小时的;(3)在一个本地网范围内,网间通信全阻、关口局至某一局向全部中断或网间某一业务全部中断不满二小时或者直接影响范围不满五万（用户×小时）的；（4）造成网间通信严重障碍，一日内累计二小时以上不满十二小时的；（5）其他危害公共安全的情形。

对于"情节严重"的理解，上述解释第二条规定，实施该解释第一条规定的行为，具有下列情形之一的，属于刑法第一百二十四条第一款规定的"严重后果"，以破坏公用电信设施罪处七年以上有期徒刑：（1）造成火警、匪警、医疗急救、交通事故报警、救灾、抢险、防汛等通信中断或者严重障碍，并因此贻误救助、救治、救灾、抢险等，致使人员死亡二人以上、重伤六人以上或者造成财产损失六十万元以上的；（2）造成一万以上用户通信中断一小时以上的；（3）在一个本地网范围内，网间通信全阻、关口局至某一局向全部中断或网间某一业务全部中断二小时以上或者直接影响范围五万（用户×小时）以上的；（4）造成网间通信严重障碍，一日内累计十二小时以上的；（5）造成其他严重后果的。

第二款是关于过失损坏广播电视设施、公用电信设施罪及其处罚的规定。所谓"过失犯前款罪的"，是指由于行为人主观上的疏忽大意或者过于轻信等过失，造成广播电视设施、公用电信设施被损坏，危害公共安全的行为。根据本款规定，构成过失损坏广播电视设施、公用电信设施罪的，处三年以上七年以下有期徒刑；情节较轻的，即广播电视设施、公用电信设施被损坏的程度不太严重，对公共安全危害不大等行为，处三年以下有期徒刑或者拘役。

第一百二十五条【非法制造、买卖、运输、邮寄、储存枪支、弹药、爆炸物罪】【非法制造、买卖、运输、储存危险物质罪】

非法制造、买卖、运输、邮寄、储存枪支、弹药、爆炸物的，处三年以上十年以下有期徒刑；情节严重的，处十年以上有期徒刑、无期徒刑或者死刑。

非法制造、买卖、运输、储存毒害性、放射性、传染病病原体等物质，危害公共安全的，依照前款的规定处罚。

单位犯前两款罪的，对单位判处罚金，并对其直接负责的主管人员和其他直接责任人员，依照第一款的规定处罚。

【条文精解】

本条是关于非法制造、买卖、运输、邮寄、储存枪支、弹药、爆炸物罪和非法制造、买卖、运输、储存危险物质罪及其处罚的规定。

本条共分三款。第一款是对非法制造、买卖、运输、邮寄、储存枪支、弹药、爆炸物的犯罪及其处罚的规定。这里所说的"非法"，既包括违反法律、法规，也包括违反国家有关部门发布的规章、通告等规范性文件。其中，"制造"，是指以各种方法生产枪支、弹药、爆炸物的行为，包括变造、装配；"买卖"，是指行为人购买或者出售枪支、弹药、爆炸物的行为；"运输"，是指通过各种交通工具移送枪支、弹药、爆炸物的行为；"邮寄"，是指通过邮局、快递等将枪支、弹药、爆炸物寄往目的地的行为；"储存"，包括明知是他人非法制造、买卖、运输、邮寄的枪支、弹药、爆炸物而为其存放的行为，也包括自己储存的情况。应当注意的是，这里所说的"运输"与"邮寄"的主要区别是运输的方式不同，一个通过交通工具，另一个通过邮政、快递系统，"运输"一般较"邮寄"的数量要多。

本款规定的"枪支"，根据枪支管理法的规定，是指以火药或者压缩气体等为动力，利用管状器具发射金属弹丸或者其他物质，足以致人伤亡或者丧失知觉的各种枪支。包括军用的手枪、步枪、冲锋枪、机枪以及射击运动用的各种枪支，还有各种民用的狩猎用枪等。"弹药"，是指上述枪支所使用的子弹、火药等。"爆炸物"，是指具有爆破性并对人体造成杀伤的物品，如手榴弹、炸药以及雷管、爆破筒、地雷等。根据本款规定，2009年11月16日，最高人民法院公布了《关于修改〈关于审理非法制造、买卖、运输枪支、弹药、爆炸物等刑事案件具体应用法律若干问题的解释〉的决定》，对2001年5月发布的解释进行了修改，实践中应当按照修改后的司法解释执行。

第二款是对非法制造、买卖、运输、储存毒害性、放射性、传染病病原体等物质，危害公共安全犯罪的处罚规定。这里所说的"毒害性、放射性、传染病病原体等物质"，第一百一十四条中已有论述，不再赘述。根据本款规定，非法制造、买卖、运输、储存毒害性、放射性、传染病病原体等物质，必须是危害公共安全的，才构成犯罪。

根据本条规定，非法制造、买卖、运输、邮寄、储存枪支、弹药、爆炸物的，以及非法制造、买卖、运输、储存毒害性、放射性、传染病病原体等物质，危害公共安全的，处三年以上十年以下有期徒刑；情节严重的，处十年以上有期徒刑、无期徒刑或者死刑。

本条第三款规定了单位犯罪。单位犯前两款罪的，对单位判处罚金，并对其直接负责的主管人员和其他直接责任人员，依照第一款的规定处罚，即：一般情形处三年以上十年以下有期徒刑；情节严重的，处十年以上有期徒刑、无期徒刑或者死刑。

第一百二十六条 【违规制造、销售枪支罪】

依法被指定、确定的枪支制造企业、销售企业，违反枪支管理规定，有下列行为之一的，对单位判处罚金，并对其直接负责的主管人员和其他直接责任人员，处五年以下有期徒刑；情节严重的，处五年以上十年以下有期徒刑；情节特别严重的，处十年以上有期徒刑或者无期徒刑：

（一）以非法销售为目的，超过限额或者不按照规定的品种制造、配售枪支的；

（二）以非法销售为目的，制造无号、重号、假号的枪支的；

（三）非法销售枪支或者在境内销售为出口制造的枪支的。

【条文精解】

本条是关于违规制造、销售枪支罪及其处罚的规定。

根据本条的规定，构成本罪的主体只能是单位，即依法被指定、确定的枪支制造企业、销售企业。枪支是涉及国家安全、公共安全的特殊物品，国家对枪支的制造、销售等实行严格的管制。现行枪支管理法第十三条明确规定，国家对枪支的制造、配售实行特别许可制度；未经许可，任何单位或者个人不得制造、买卖枪支。只有经国家专门指定或确定的企业才能从事枪支的制造或销售。这里所说的"依法"，是指枪支管理法和有关部门依据枪支管理法制定的有关规定。所谓"被指定、确定的枪支制造企业"，是指根据枪支管理法由国家和有关部门指定、确定的允许制造枪支的企业。根据枪支管理法的规定，公务用枪，即部队、警察、民兵以及其他特殊部门所装备的各种军用、警用等公务使用枪支，由国家指定的企业制造；民用枪支，即猎枪、麻醉注射枪、射击运动枪等其他非军用枪支的制造企业，由国务院有关主管部门提出，由国务院公安部门确定。同时，制造民用枪支的企业，由国务院公安部门核发民用枪支制造许可证件，有效期三年，期满需要继续制造民用枪支的，应当重新申请领取许可证件。所谓"被指定、确定的枪支销售企业"是指，根据枪支管理法及国家有关部门的规定，由国务院有关部门确定的有权销售枪支的企业。根据枪支管理法第十五条的规定，配售民用枪支的企业，由省级人民政府公安机关确定；并由省级人民政府的公安机关核发民用枪支配售许可证件，有效期为三年，期满需继续配售民用枪支的，应当重新申请领取许可证件。

本条规定的犯罪行为主要包括三种情形：

一是以非法销售为目的，超过限额或者不按规定的品种制造、配售枪支的。其中，"以非法销售为目的"，是指其生产活动、经营活动是以非法出售枪支获得非法利润为目的。这里的"超过限额制造、配售枪支的"，是指枪支制造企业、销售企业超过国家有关主管部门下达的生产或配售枪支的数量指标或者任务，而擅自制造、配售枪支的行为。根据枪支管理法及有关主管部门的规定，制造、销售枪支的企业，每年的生产任务、销售总数都由各级公安部门及其他有关主管部门统一下达任务指标。"不按照规定的品种"，是指生产枪支的企业没有按照国家规定的技术标准生产枪支，或者配售枪支的企业不按照国家规定的配售枪支的品种、型号去配售枪支。例如，枪支管理法第十六条规定，国家对制造、配售民用枪支的数量，实行限额管理；制造民用枪支的年度限额，由国务院林业、体育等有关主管部门、省级人民政府公安机关提出，由国务院公安部门确定并统一编制民用枪支序号，下达到民用枪支制造企业；配售民用枪支的年度限额，由国务院林业、体育等有关主管部门、省级人民政府公安机关提出，由国务院公安部门确定并下达到民用枪支配售企业。第十七条规定，制造民用枪支的企业不得超过限额制造民用枪支，所制造的民用枪支必须全部交由指定的民用枪支配售企业配售，不得自行销售；配售民用枪支的企业应当在配售限额内，配售指定的企业制造的民用枪支。第十八条规定，制造民用枪支的企业，必须严格按照国家规定的技术标准制造民用枪支，不得改变民用枪支的性能和结构。如果枪支制造企业、销售企业在制造、销售民用枪支时，违反枪支管理法上述规定的，就属于这里的"超过限额或者不按照规定的品种制造、配售枪支"。

二是以非法销售为目的，制造无号、重号、假号的枪支。所谓"制造无号、重号、假号的枪支"，是指生产枪支的企业，为了逃避检查，规避法律，在生产枪支过程中有意制造一批没有编号或者重复编号或者虚假编号的枪支，用以非法销售牟利的行为。根据枪支管理法第十八条的规定，公安部门对生产的民用枪支必须在生产前确定并统一编制枪支的序号，下达到制造民用枪支的企业。生产企业必须在民用枪支指定的部位铸印制造厂的厂名、枪种代码和公安部门统一编制的枪支序号。如果制造无号、重号或者假号的枪支，就可以逃避有关主管机关的检查，而达到非法牟利的目的。

三是非法销售枪支或者在境内销售为出口制造的枪支。这里所说的"非法销售枪支"，是指违反枪支管理的规定，销售枪支的行为。根据枪支管理法第十九条规定，配售民用枪支，必须核对配购证件，严格按照配购证件载明的品种、型号和数量配售；配售弹药，必须核对持枪证件。这里"非法销售枪支"既包括根本没有配售许可资格的销售行为，如私自销售等，也包括没有枪支制造资格的企业制造后销售枪支或者从该企业进货后销售枪支的行为。"在境内销售为出口制造的枪支"，是指生产、销售出口枪支的企业将为出口制造的枪支，在境内销售牟利，包括出口退货后转内销，以出口为名生产后内销以及在完成出口任务后，将剩余的枪支非法在境内销售牟利等。根据本条规定和2009年最高人民法院《关于审理非法制造、买卖、运输枪支、弹药、爆炸物等刑事案件具体应用法律若干问题的解释》第三条的规定，依法被指定、确定的枪支制造企业、销售企业违规制造枪支五支以上的，违规销售枪支两支以上的，或者虽未达到上述最低数量标准，但具有造成严重后果等其他恶劣情节的，对单位判处罚金，并对直接负责的主管人员和其他直接责任人员，处五年以下有期徒刑；情节严重的，即违规制造枪支二十支以上的，违规销售枪支十支以上的，或者违规制造枪支五支以上，违规销售枪支两支以上，并具有造成严重后果等其他恶劣情节的，处五年以上十年以下有期徒刑；情节特别严重的，即违规制造枪支五十支以上的，违规销售枪支三十支以上的，或者违规制造枪支二十支以上，违规销售枪支十支以上，并具有造成严重后果等其他恶劣情节的，处十年以上有期徒刑或者无期徒刑。该解释第七条同时规定，成套枪支散件，以相应数量的枪支计；非成套枪支散件以每三十件为一成套枪支散件计。

根据本条规定，构成本罪的，对单位判处罚金，并对其直接负责的主管人员和其他直接责任人员，处五年以下有期徒刑；情节严重的，处五年以上十年以下有期徒刑；情节特别严重的，处十年以上有期徒刑或者无期徒刑。

【实践中需要注意的问题】

本条规定的是违反枪支管理规定，违规制造、销售枪支的犯罪。枪支管理法第二条规定，中华人民共和国境内的枪支管理，适用该法；对中国人民解放军、中国人民武装警察部队和民兵装备枪支的管理，国务院、中央军事委员会另有规定的，适用有关规定。考虑到枪支管理法第十三条的规定，国家对枪支的制造、配售实行特别许可制度，未经许可，任何单位或者个人不得制造、买卖枪支，对于军用枪支的制造、配售也同样适用。因此，依法被指定、确定从事军用枪支的制造企业、销售企业，如果存在本条规定的违规制造、销售枪支的行为，也应依照本条规定定罪处罚。如果被依法指定、确定从事非军用枪支的制造、销售企业，违规制造、销售军用枪支的，同样依法适用本条规定定罪处罚。

第一百二十七条 【盗窃、抢夺枪支、弹药、爆炸物、危险物质罪】【抢劫枪支、弹药、爆炸物、危险物质罪】

盗窃、抢夺枪支、弹药、爆炸物的,或者盗窃、抢夺毒害性、放射性、传染病病原体等物质,危害公共安全的,处三年以上十年以下有期徒刑;情节严重的,处十年以上有期徒刑、无期徒刑或者死刑。

抢劫枪支、弹药、爆炸物的,或者抢劫毒害性、放射性、传染病病原体等物质,危害公共安全的,或者盗窃、抢夺国家机关、军警人员、民兵的枪支、弹药、爆炸物的,处十年以上有期徒刑、无期徒刑或者死刑。

【条文精解】

本条是关于盗窃、抢夺枪支、弹药、爆炸物、危险物质罪和抢劫枪支、弹药、爆炸物、危险物质罪及其处罚的规定。

本条共分两款。第一款是对盗窃、抢夺枪支、弹药、爆炸物或者盗窃、抢夺毒害性、放射性、传染病病原体等物质的犯罪及其处罚的规定。所谓"盗窃枪支、弹药、爆炸物、危险物质",是指秘密窃取枪支、弹药、爆炸物或者毒害性、放射性、传染病病原体等危险物质的犯罪行为;"抢夺枪支、弹药、爆炸物、危险物质",是指乘人不备,公开夺取枪支、弹药、爆炸物或者毒害性、放射性、传染病病原体等危险物质的行为。根据本款的规定,只要行为人实施了盗窃、抢夺枪支、弹药、爆炸物或者毒害性、放射性、传染病病原体等危险物质的行为,危害公共安全的,就构成犯罪,处三年以上十年以下有期徒刑;对情节严重的,即盗窃、抢夺枪支、弹药、爆炸物或者毒害性、放射性、传染病病原体等物质数量较大、手段恶劣或者造成严重后果的等,处十年以上有期徒刑、无期徒刑或者死刑。这里所说的"枪支、弹药、爆炸物""毒害性、放射性、传染病病原体等物质"的含义、范围与本法第一百二十五条的规定是一致的。2009年最高人民法院《关于审理非法制造、买卖、运输枪支、弹药、爆炸物等刑事案件具体应用法律若干问题的解释》第四条对本条的规定作了进一步细化,即盗窃、抢夺枪支、弹药、爆炸物,具有下列情形之一的,依照本款的规定,以盗窃、抢夺枪支、弹药、爆炸物罪定罪处罚:(1)盗窃、抢夺以火药为动力的发射枪弹非军用枪支一支以上或者以压缩气体等为动力的其他非军用枪支二支以上的;(2)盗窃、抢夺军用子弹十发以上、气枪铅弹五百发以上或者其他非军用子弹一百发以上的;(3)盗窃、抢夺爆炸装置的;(4)盗窃、抢夺炸药、发射药、黑火药一千克以上或者烟火药三千克以上、雷管三十枚以上或者导火索、导爆索三十米以上的;(5)虽未达到上述最低数量标准,但具有造成严重后果等其他恶劣情节的。具有下列情形之一的,属于本款规定的"情节严重":(1)盗窃、抢夺枪支、弹药、爆炸物的数量达到前述规定的最低数量标准五倍以上的;(2)盗窃、抢夺军用枪支的;(3)盗窃、抢夺手榴弹的;(4)盗窃、抢夺爆炸装置,危害严重的;(5)达到前述规定的最低数量标准,并具有造成严重后果等其他恶劣情节的。

第二款是对抢劫枪支、弹药、爆炸物或者抢劫毒害性、放射性、传染病病原体等物质,危害公共安全,或者盗窃、抢夺国家机关、军警人员、民兵的枪支、弹药、爆炸物的犯罪及其处罚的规定。盗窃、抢夺国家机关、军警人员、民兵的枪支、弹药、爆炸物的行为,具有更大的社会危害性,因此单独规定了更重的处罚。这里规定的"抢劫",是指以暴力或者以暴力相威胁劫取枪支、弹药、爆炸物或者毒害性、放射性、传染病病原体等物质的行为。这里的"国家机关",是指依法允许装备、使用枪支的国家机关,如公安机关、国家安全机关、人民检察院、人民法院、监狱、海关等;"军警人员",是指军队、武警部队及人民警察中的人员;"民兵",是指依照有关法律规定组成的不脱离生产的群众武装组织成员。本款规定,抢劫枪支、弹药、爆炸物或者抢劫毒害性、放射性、传染病病原体等物质,危害公共安全的,或者盗窃、抢夺国家机关、军警人员、民兵的枪支、弹药、爆炸物的,处十年以上有期徒刑、无期徒刑或者死刑。

【实践中需要注意的问题】

根据2018年中共中央《深化党和国家机构改革方案》的精神,军队、武装警察部队等进行了相应的改革,如消防部队经过改革已不再属于武装警察部队。实践中应根据从旧兼从轻的精神,准确把握本条规定的"军警人员"的范围。

第一百二十八条 【非法持有、私藏枪支、弹药罪】【非法出租、出借枪支罪】

违反枪支管理规定，非法持有、私藏枪支、弹药的，处三年以下有期徒刑、拘役或者管制；情节严重的，处三年以上七年以下有期徒刑。

依法配备公务用枪的人员，非法出租、出借枪支的，依照前款的规定处罚。

依法配置枪支的人员，非法出租、出借枪支，造成严重后果的，依照第一款的规定处罚。

单位犯第二款、第三款罪的，对单位判处罚金，并对其直接负责的主管人员和其他直接责任人员，依照第一款的规定处罚。

【条文精解】

本条是关于非法持有、私藏枪支、弹药罪和非法出租、出借枪支罪及其处罚的规定。

本条共分四款。第一款是关于非法持有、私藏枪支、弹药罪的处罚规定。本款规定的"违反枪支管理规定"，是指违反枪支管理法及国家有关主管部门对枪支、弹药管理等方面作的规定。如枪支管理法中对哪些部门、哪些单位、哪些人员可以配备、使用枪支，都作了明确规定。"非法持有"，是指不符合配备、配置枪支、弹药条件的人员，违反枪支管理法律、法规的规定，擅自持有枪支、弹药的行为。"私藏"，是指依法配备、配置枪支、弹药的人员，在配备、配置枪支、弹药的条件消失后，违反枪支管理法律、法规的规定，私自藏匿所配备、配置的枪支、弹药且拒不交出的行为。根据本款规定和2009年最高人民法院《关于审理非法制造、买卖、运输枪支、弹药、爆炸物等刑事案件具体应用法律若干问题的解释》第五条的规定，具有以下情形的，处三年以下有期徒刑、拘役或者管制，即违反枪支管理规定，非法持有、私藏军用枪支一支的；非法持有、私藏以火药为动力发射枪弹的非军用枪支一支或者以压缩气体等为动力的其他非军用枪支两支以上的；非法持有、私藏军用子弹二十发以上，气枪铅弹一千发以上或者其他非军用子弹二百发以上的；非法持有、私藏手榴弹一枚以上的；或者非法持有、私藏的弹药造成人员伤亡、财产损失的。情节严重的，处三年以上七年以下有期徒刑，即非法持有、私藏军用枪支两支以上的；非法持有、私藏以火药为动力发射枪弹的非军用枪支两支以上或者以压缩气体等为动力的其他非军用枪支五支以上的；非法持有、私藏军用子弹一百发以上，气枪铅弹五千发以上或者其他非军用子弹一千发以上的；非法持有、私藏手榴弹三枚以上的；非法持有、私藏枪支达到构成犯罪的最低数量标准，并具有造成严重后果等其他恶劣情节的。

第二款是关于配备公务用枪的人员非法出租、出借枪支罪的处罚规定。这里所说的"依法配备公务用枪的人员"，一般是指公安机关、国家安全机关、监狱的人民警察，人民法院、人民检察院的司法警察，以及海关的缉私人员，在依法履行职责时确有必要使用枪支的人员，还有国家重要的军工、金融、仓储、科研等单位的专职守护、押运人员在执行守护、押运任务时确有必要使用枪支的人员。这里所说的"依法配备"，主要是指根据枪支管理法规定的审批权配备。原枪支管理法第七条第一款规定，配备公务用枪，由国务院公安部门统一审批。考虑到国务院公安部门可以利用信息化手段，对公务用枪配备、领取、交还、使用等环节进行动态监管，对公务用枪购置实行统一渠道订购，依法查纠超范围、超标准配枪行为，因此，2015年4月24日第十二届全国人民代表大会常务委员会第十四次会议通过关于修改港口法等七部法律的决定，修改了枪支管理法第七条第一款的规定，将其修改为"配备公务用枪，由国务院公安部门或者省级人民政府公安机关审批"，将除公安部机关及所属部门外的配备公务用枪审批权下放到省级人民政府公安机关。这里所说的"公务用枪"，即指各种军用枪支，如手枪、冲锋枪、机枪等。"非法出租"，是指以牟利为目的，将配备给自己的枪支租给他人的行为；"非法出借"，是指擅自将配备给自己的枪支借给他人的行为。根据本款的规定，行为人在主观上对出租、出借的行为是明知的。有的是为牟利，有的是供给他人娱乐，但若明知他人使用枪支进行犯罪活动仍出租、出借的，则应定为共犯，不能适用本款定罪处刑。根据本款规定，构成犯罪的，处三年以下有期徒刑、拘役或者管制；情节严重的，处三年以上七年以下有期徒刑。

第三款是关于依法配置枪支的人员非法出租、出借枪支罪的处罚规定。本款与第二款在犯罪行为的表述和处刑上是一致的，但在犯罪构成上有两点不同：一是这里所说的"枪支"，是指民用枪支，如猎枪、麻醉注射枪、射击运动枪等。对于配置上述民用枪支的范围，枪支管理法已作了明确规定。二是构成本款之罪的，必须是造成严重后果的非法出租、出借行为，如使用人利用该枪支打伤、打死人等情况。也就是说，如果非法出租、出借民用枪支的行为没有造成严重后果的，则应按有关规定处理，不构成犯罪。根据本款规定，构成犯罪的，处三年以下有期徒刑、拘役或者管制；情节严重的，处三年以上七年以下有期徒刑。

第四款是关于单位非法出租、出借枪支罪的处罚规定。这里的单位为依法配备、配置公务用枪的单位和依法配备、配置民用枪支的单位。单位犯非法出租、出借枪支罪，是指单位作为犯罪主体实施的非法出租、出借枪支的犯罪行为。单位构成犯罪的，对单位判处罚金，相关责任人员根据情节轻重，处三年以下有期徒刑、拘役或者管制；情节严重的，处三年以上七年以下有期徒刑。

【实践中需要注意的问题】

我国枪支管理法第二十二条规定，禁止制造、销售仿真枪。随着我国枪支、弹药管理逐步严格，仿真枪成为行政执法的重点。然而，"天津大妈"非法持有枪支案等一些社会公众较为关切的刑事案件暴露出，一些涉及枪支案件的处理存在违背罪责刑相适应原则的问题。对此，有的全国人大代表提出，我国对枪支实行严格的管制制度是合适和必要的，也赞同对仿真枪从严管理，但是建议规范和提高仿真枪的入刑标准。

司法实践中产生上述问题的主要原因在于如何认定刑法上的"枪支"。关于枪支的定义，枪支管理法第四十六条有明确规定，即"以火药或者压缩气体等为动力，利用管状器具发射金属弹丸或者其他物质，足以致人伤亡或者丧失知觉的各种枪支"。有的仿真枪不仅与枪支外形相似，而且也具有一定杀伤力，符合枪支管理法规定的"足以致人伤亡或者丧失知觉"的条件。但是枪支管理法并未规定更明确的认定标准，特别是对于"足以致人伤亡或者丧失知觉"的条件，缺乏参考依据。实践中，公安机关颁布的规范性文件对"足以致人伤亡或者丧失知觉"的条件作了补充。2008年公安部《枪支致伤力的法庭科学鉴定判据》规定，"未造成人员伤亡的非制式枪支制伤力判据为枪口比动能 $1.8J/cm^2$"；2010年《公安机关涉案枪支弹药性能鉴定工作规定》进一步认定，"对不能发射制式弹药的非制式枪支，按照《枪支致伤力的法庭科学鉴定判据》（GA/T 718—2007）的规定，当所发射弹丸的枪口比动能大于等于1.8焦耳/平方厘米时，一律认定为枪支"。基于此，行政执法对枪支的认定标准简单化为：发射弹丸的枪口比动能大于等于1.8焦耳/平方厘米的就是枪支。而根据行政执法上对"枪支"的认定标准直接认定构成刑法上的"枪支"，则可能出现刑法关于"枪支"犯罪的适用范围扩大、打击面过大等问题。

考虑到涉枪案件的情况非常复杂，在追究法律责任特别是刑事责任方面需要非常慎重，以确保罪责刑相适应，避免出现与社会公众认识严重背离的情况，影响司法的公信力。针对实践中出现的问题，有的学者提出，公安部制定的 1.8 焦耳/平方厘米的标准，达不到枪支管理法第四十六条规定的"足以致人伤亡或者丧失知觉"的程度。建议公安机关修改关于"枪支"的认定标准，提高处罚门槛。也有的建议提出，可以通过最高人民法院、最高人民检察院颁布司法解释或者规范性文件的方式，对涉及"枪支"的刑事案件作出规范性指引。2018 年最高人民法院、最高人民检察院《关于涉以压缩气体为动力的枪支、气枪铅弹刑事案件定罪量刑问题的批复》规定了处理以压缩气体为动力的枪支、气枪铅弹刑事案件的具体要求：一是对于非法制造、买卖、运输、邮寄、储存、持有、私藏、走私以压缩气体为动力且枪口比动能较低的枪支的行为，在决定是否追究刑事责任以及如何裁量刑罚时，不仅应当考虑涉案枪支的数量，而且应当充分考虑涉案枪支的外观、材质、发射物、购买场所和渠道、价格、用途、致伤力大小、是否易于通过改制提升致伤力，以及行为人的主观认知、动机目的、一贯表现、违法所得、是否规避调查等情节，综合评估社会危害性，坚持主客观相统一，确保罪责刑相适应。二是对于非法制造、买卖、运输、邮寄、储存、持有、私藏、走私气枪铅弹的行为，在决定是否追究刑事责任以及如何裁量刑罚时，应当综合考虑气枪铅弹的数量、用途以及行为人的动机目的、一贯表现、违法所得、是否规避调查等情节，综合评估社会危害性，确保罪责刑相适应。

第一百二十九条【丢失枪支不报罪】

依法配备公务用枪的人员，丢失枪支不及时报告，造成严重后果的，处三年以下有期徒刑或者拘役。

【条文精解】

本条是关于丢失枪支不报罪及其处罚的规定。

根据本条的规定，构成本罪的主体是特殊主体，即"依法配备公务用枪的人员"。这里所说的"依法配备公务用枪的人员"的范围与本法第一百二十八条规定的依法配备公务用枪的人员的范围是一致的，即公安机关、国家安全机关、监狱的人民警察，人民法院、人民检察院的司法警察，以及海关的缉私人员，在依法履行职责时确有必要使用枪支的人员，以及国家重要的军工、金融、仓储、科研等单位的专职守护、押运人员在执行守护、押运任务时确有必要使用枪支的人员。构成本罪的行为人必须具有丢失枪支不及时报告的行为。这里所说的"枪支"，即指依法配备、配置的公务用枪，不包括民用枪支;"丢失枪支",主要是指依法配备公务用枪的人员的枪支被盗、被抢或者遗失等情况。现实中丢失枪支的情况很复杂,有的行为人有过错,有的行为人没有过错,但无论枪支如何丢失,都构成犯罪的前提条件。为了划清罪与非罪的界限,本条规定,构成本罪必须具备以下两个条件:一是丢枪后"不及时报告",即行为人丢失枪支后未及时向本单位或者有关部门报告。如果行为人及时、如实报告自己丢失枪支的情况,则不能适用本条的规定。二是丢枪的行为造成了严重后果。所谓"造成严重后果",是指枪支丢失后被实施犯罪的行为人用于犯罪活动等情况。如2002年最高人民法院《关于加强人民法院司法警察使用枪支管理工作的通知》第一条规定,人民法院在职司法警察是人民法院唯一具备公务用枪使用资格的人员;第五条规定,对违反规定使用枪支造成枪支丢失、被盗、被抢,滥用枪支致人重伤、死亡以及造成其他后果的,必须严格按照枪支管理法和其他有关使用枪支管理法律法规,追究主管负责人和直接责任人的责任。这里的法律责任就包括本条规定的刑事责任。

根据本条的规定,构成丢失枪支不报罪的,处三年以下有期徒刑或者拘役。

【实践中需要注意的问题】

关于本条规定的立案追诉标准,最高人民检察院、公安部《关于公安机关管辖的刑事案件立案追诉标准的规定(一)》第六条规定,依法配备公务用枪的人员,丢失枪支不及时报告,涉嫌下列情形之一的,应予立案追诉:(1)丢失的枪支被他人使用造成人员轻伤以上伤亡事故的;(2)丢失的枪支被他人利用进行违法犯罪活动的;(3)其他造成严重后果的情形。

第一百三十条 【非法携带枪支、弹药、管制刀具、危险物品危及公共安全罪】

非法携带枪支、弹药、管制刀具或者爆炸性、易燃性、放射性、毒害性、腐蚀性物品,进入公共场所或者公共交通工具,危及公共安全,情节严重的,处三年以下有期徒刑、拘役或者管制。

【条文精解】

本条是关于非法携带枪支、弹药、管制刀具、危险物品危及公共安全罪及其处罚的规定。

根据本条规定，构成本罪的，必须具备以下几个条件：

一是行为人具有非法携带枪支、弹药、管制刀具或者其他危险物品，进入公共场所或进入公共交通工具的行为。这里所说的"枪支、弹药"及"爆炸性、易燃性、放射性、毒害性、腐蚀性物品"的含义及范围与本章其他条文所规定的内容是一致的。本条规定的"管制刀具"，是指国家依法进行管制，只能由特定人员持有、使用，禁止私自生产、买卖、持有的刀具，如匕首、三棱刮刀、弹簧刀以及类似的单刃刀、双刃刀和三棱尖刀等。管制刀具的具体认定，由有关部门具体规定。2007年公安部制定了《管制刀具认定标准》，对匕首、三棱刮刀、弹簧刀等规定了认定标准，同时规定，少数民族使用的藏刀、腰刀、靴刀、马刀等刀具的管制范围认定标准，由少数民族自治区（自治州、自治县）人民政府公安机关参照该标准制定。2011年，公安部就海关缉私部门认定管制刀具问题的批复，同意海关缉私部门对海关监管区内查获的管制刀具进行认定，由隶属海关缉私分局以上缉私部门依据公安部制定的《管制刀具认定标准》（公通字〔2007〕2号）组织实施。对难以作出准确认定或有争议的，由上一级海关缉私部门会同当地公安机关治安管理部门认定；对送检认定和收缴的管制刀具，由隶属海关缉私分局以上缉私部门登记造册，妥善保管，适时集中销毁。本条规定的"公共场所"主要是指大众进行公开活动的场所，如商店、影剧院、体育场、街道等。"公共交通工具"，是指火车、轮船、长途客运汽车、公共电车、汽车、民用航空器、城市轨道交通等。

二是必须危及公共安全，且是情节严重的行为，才能构成本罪。一般而言，非法携带枪支、弹药、管制刀具或者其他危险物品进入公共场所或者公共交通工具，行为本身就危及公共安全，使广大公民及国家财产处于危险之中，但根据本条规定，只有上述行为达到情节严重的程度，才能构成本罪。根据有关司法解释的规定，非法携带枪支、弹药、爆炸物进入公共场所或者公共交通工具，危及公共安全，具有下列情形之一的，属于"情节严重"：（1）携带枪支或者手榴弹的；（2）携带爆炸装置的；（3）携带炸药、发射药、黑火药五百克以上或者烟火药一千克以上、雷管二十枚以上或者导火索、导爆索二十米以上的；（4）携带的弹药、爆炸物在公共场所或者公共交通工具上发生爆炸或者燃烧，尚未造成严重后果的；（5）具有其他严重情节的。此外，行为人非法携带上述第三项规定的爆炸物进入公共场所或者公共交通工具，虽未达到上述数量标准，但拒不交出的，依照本条的规定定罪处罚；携带的数量达到最低数量标准，能够主动、全部交出的，可不以犯罪论处。

根据本条的规定，构成非法携带枪支、弹药、管制刀具、危险物品危及公共安全犯罪的，处三年以下有期徒刑、拘役或者管制。

【实践中需要注意的问题】

实践中，对于本罪的适用需要特别注意罪与非罪的界限。对于虽具有非法携带枪支、弹药、管制刀具或者爆炸性、易燃性、放射性、毒害性、腐蚀性物品，进入公共场所或者公共交通工具的行为，但是尚未达到危及公共安全，情节严重的程度的，不宜定罪处罚，应适用行政管理和行政处罚的方式处理。此外，由于相关法律法规或者规范性文件尚不能对所有的管制刀具、危险物品作详尽列举，对于实践中出现的法规和规范性文件以外的刀具和物品，认为需要按照管制刀具、危险物品管控的，宜先适用行政管理和行政处罚的方式处理，不能一进入公共场所或者公共交通工具，就追究刑事责任。

第一百三十一条 【重大飞行事故罪】

航空人员违反规章制度，致使发生重大飞行事故，造成严重后果的，处三年以下有期徒刑或者拘役；造成飞机坠毁或者人员死亡的，处三年以上七年以下有期徒刑。

【条文精解】

本条是关于重大飞行事故罪及其处罚的规定。

根据本条规定，构成本罪必须符合以下条件：

第一，构成本罪的主体必须是"航空人员"。非航空人员不能构成本罪的犯罪主体。这里所说的"航空人员"，根据2018年民用航空法第三十九条的规定，是指从事民用航空活动的空勤人员和地面人员。其中，空勤人员包括驾驶员、飞行机械人员、乘务员；地面人员包括民用航空器维修人员、空中交通管制员、飞行签派员和航空电台通信员。

第二，行为人必须是实施了违反规章制度的行为，致使发生重大飞行事故。这里所说的"违反规章制度"，是指违反了对民用航空器的维修、操作管理、空域管理、运输管理及安全飞行管理等方面的规章制度，如民用航空器不按照空中交通管制单位指定的航路和飞行高度飞行；民用航空器机组人员的飞行时间、执勤时间大大超过国务院民用航空主管部门规定的时限；民用航空器维护人员不按照规定维修、检修航空器等。"重大飞行事故"，是指在航空器飞行过程中发生的航空器严重毁坏、破损，或者造成人身伤亡的事件等。

第三，必须是造成严重后果，这是构成本罪的必要条件。这里所说的"造成严重后果"，是指造成人员重伤或者航空器严重损坏以及承运的货物毁坏等重大损失的情形。

本条规定了两档刑：第一档，构成本罪的，处三年以下有期徒刑或者拘役；第二档，造成飞机坠毁或者人员死亡的，处三年以上七年以下有期徒刑。这里所说的"造成飞机坠毁或者人员死亡"，是指造成飞机坠落、机毁人亡，或者飞机虽未坠毁，但由于重大飞行事故造成人员死亡。

【实践中需要注意的问题】

实践中，飞行事故发生的原因很多，往往并非单一原因造成的，也就是说，飞行事故的发生不仅仅是航空人员违反规章制度的原因，还有其他诸如恶劣天气、机械故障、航空管理疏忽等原因，因此，本条规定的发生重大飞行事故必须是由航空人员违反规章制度的行为引起的，即违反规章制度与重大飞行事故之间存在因果关系，如果重大飞行事故不是由于行为人违反规章制度的行为引起的，而是由于暴雨、雷电等自然原因引起的，则不构成本罪。

本罪与重大责任事故罪，都是过失犯罪，且都是实施了违反有关安全管理规定的行为，并且都以发生重大事故，造成严重后果作为构成犯罪的必要条件。但两者也有区别：一是犯罪主体不同。本罪的犯罪主体是航空人员；而重大责任事故的犯罪主体是从事生产、作业的人员。二是发生的场所不同，本罪发生在航空器的飞行过程中；而重大责任事故罪则发生在生产、作业过程中。

第一百三十二条 【铁路运营安全事故罪】

铁路职工违反规章制度，致使发生铁路运营安全事故，造成严重后果的，处三年以下有期徒刑或者拘役；造成特别严重后果的，处三年以上七年以下有期徒刑。

【条文精解】

本条是关于铁路运营安全事故罪及其处罚的规定。

根据本条规定，构成本罪，必须符合以下条件：

第一，构成本罪的主体必须是"铁路职工"。非铁路职工不构成本罪。所谓"铁路职工",是指从事铁路管理、运输、维修等工作的人员,既包括工人,也包括管理人员。根据2015年铁路法第二条的规定,铁路,包括国家铁路、地方铁路、专用铁路和铁路专用线。其中,专用铁路是指由企业或者其他单位管理,专为本企业或者本单位内部提供运输服务的铁路;铁路专用线是指由企业或者其他单位管理的与国家铁路或者其他铁路线路接轨的岔线。实践中,有的大型工矿企业有自备的专用铁路和铁路专用线,既有自己的机车、自备车辆,又有自己的调度员、机车乘务员等。因此,铁路职工既包括铁路企业及其所属单位的工作人员,也包括使用专用铁路和铁路专用线的企业中从事铁路运营的相关工作人员。

第二,行为人实施了违反规章制度的行为,致使发生铁路运营安全事故。这里所说的"违反规章制度",是指违反法律、行政法规或者有关主管部门制定、颁布的保证铁路运输安全的各种规章和制度,包括交通法规、技术操作规程、运输管理工作制度等。如违反操作规程冒险作业,不按时发出火车进出站信号、发错信号、错扳道岔、不按规定放下道口栏杆、值班时睡觉等。"铁路运营安全事故",是指铁路在运输过程中发生的火车倾覆、出轨、撞车等造成人员伤亡、机车毁坏以及致使公私财产遭受重大损失的严重事件。这里规定的"铁路运营安全事故"不包括列车晚点、不能正点发车或者到达等非安全事故。

第三,由于行为人的行为,造成了严重后果。这是构成本罪的必要条件,即铁路职工不仅要实施违反规章制度的行为,而且还要发生铁路运营安全事故,造成严重后果的,才构成本罪。这里所说的"造成严重后果的",是指造成人员伤亡和公私财产遭受重大损失等结果。根据2015年最高人民法院、最高人民检察院《关于办理危害生产安全刑事案件适用法律若干问题的解释》第六条的规定,具有下列情形之一的,应当认定为"造成严重后果":(1)造成死亡一人以上,或者重伤三人以上的;(2)造成直接经济损失一百万元以上的;(3)其他造成严重后果或者重大安全事故的情形。

本条规定了两档刑:第一档,构成本罪的,处三年以下有期徒刑或者拘役;第二档,造成特别严重后果的,处三年以上七年以下有期徒刑。这里所说的"造成特别严重后果的",是指造成多人伤亡或者使公私财产遭受特别重大损失等情形。根据上述解释第七条的规定,具有下列情形之一,处三年以上七年以下有期徒刑:(1)造成死亡三人以上或者重伤十人以上,负事故主要责任的;(2)造成直接经济损失五百万元以上,负事故主要责任的;(3)其他造成特别严重后果、情节特别恶劣或者后果特别严重的情形。

【实践中需要注意的问题】

铁路运输涉及人员较多，既有直接参与铁路安全运营的人员，如行车指挥调度人员、车站作业人员、设备操作人员、列车乘务员等，也有与保障铁路运营安全直接相关的人员，如铁道线路工、桥梁工、隧道工、钢轨探伤工、道口工、路基工、供电安装维护工、铁路信号工、车辆维修工、乘务检车员、货车列检员等，还有为铁路提供后勤保障的人员，如从事环保生活、医疗卫生、餐饮服务等人员。铁路运输不仅人员多，而且线路长、运输车站多，铁路发生运营安全事故后，可能会涉及每个作业环节和人员，直接或者间接涉及的人员会很多，在追究刑事责任时，要全面、具体地分析情况，正确把握每个相关责任人员与铁路事故发生之间的因果关系，以及对发生事故所起的作用大小，分清主要责任和次要责任，重点追究直接相关责任人员，对于不相关人员或者关联度较小人员不应予以处罚。

第一百三十三条 【交通肇事罪】

违反交通运输管理法规，因而发生重大事故，致人重伤、死亡或者使公私财产遭受重大损失的，处三年以下有期徒刑或者拘役；交通运输肇事后逃逸或者有其他特别恶劣情节的，处三年以上七年以下有期徒刑；因逃逸致人死亡的，处七年以上有期徒刑。

【条文精解】

本条是关于交通肇事罪及其处罚的规定。

根据本条规定，构成本罪的，必须符合以下条件：

第一，本条规定的犯罪主体为一般主体，任何人只要从事机动车船驾驶的，均可成为本罪的主体。本罪的主体既包括车辆、船舶的驾驶员、车长、船长等，也包括对上述交通运输的正常、安全运行负有职责的其他有关人员。没有合法证件、手续而从事交通运输的人员，如无证驾驶车辆、船舶的人员，也属于本罪的犯罪主体。由于刑法第一百三十一条、第一百三十二条已对航空人员、铁路职工违反规章制度，致使发生重大飞行事故、铁路运营安全事故作了专门的规定，所以本条不再包括上述两种人员。

第二，行为人主观上是出于过失。如果行为人故意造成交通事故的发生，则应按其他有关条款定罪量刑，不能适用本条。如行为人利用交通工具故意杀人、故意伤害他人的，则应当适用刑法有关故意杀人罪、故意伤害罪的规定定罪处罚。

第三，行为人必须实施了违反交通运输法规的行为。这里所说的"违反交通运输法规"，是指违反国家有关交通运输管理方面的法律、法规。"交通运输法规"，包括道路交通安全法、海上交通安全法、《道路交通安全法实施条例》《内河交通安全管理条例》《渔港水域交通安全管理条例》《铁路道口管理暂行规定》以及其他有关道路、海运、船运等方面的法律法规。如道路交通安全法对机动车、非机动车的通行规则作了规定；海上交通安全法对在沿海水域航行、停泊和作业的船舶等的通行、安全保障作了规定；《内河交通安全管理条例》对在内河通航水域从事航行、停泊和作业以及与内河交通安全有关的活动作了规定；《渔港水域交通安全管理条例》对渔港和渔港水域航行、停泊、作业的船舶等作了规定；《铁路道口管理暂行规定》对道路与铁路相关的道口、人行过道、平过道的设置、安全通行、管理等作了规定。

第四，行为人的行为必须造成了重大事故，致人重伤、死亡或者使公私财产遭受重大损失的，才能构成本罪。这是区分交通肇事罪与一般交通事故的主要标准。如果行为人违反有关交通法规的过失行为未造成上述危害后果的，就不构成犯罪，而应按交通事故由有关主管部门处理。根据2000年最高人民法院《关于审理交通肇事刑事案件具体应用法律若干问题的解释》第二条的规定，交通肇事具有下列情形之一的，处三年以下有期徒刑或者拘役：（1）死亡一人或者重伤三人以上，负事故全部或者主要责任的；（2）死亡三人以上，负事故同等责任的；（3）造成公共财产或者他人财产直接损失，负事故全部或者主要责任，无能力赔偿数额在三十万元以上的。交通肇事致一人以上重伤，负事故全部或者主要责任，并具有下列情形之一的，以交通肇事罪定罪处罚：（1）酒后、吸食毒品后驾驶机动车辆的；（2）无驾驶资格驾驶机动车辆的；（3）明知是安全装置不全或者安全机件失灵的机动车辆而驾驶的；（4）明知是无牌证或者已报废的机动车辆而驾驶的；（5）严重超载驾驶的；（6）为逃避法律追究逃离事故现场的。

本条规定了三档刑罚：第一档，构成本罪的，处三年以下有期徒刑或者拘役。第二档，对交通运输肇事后逃逸或者有其他特别恶劣情节的，处三年以上七年以下有期徒刑。本条所规定的"交通运输肇事后逃逸"，是指行为人交通肇事构成犯罪，在发生交通事故后，为逃避法律追究而逃跑的行为。行为人交通肇事未造成严重后果而逃逸的，不属于本条所规定的情况，可作为行政处罚的从重情节考虑。这里所说的"有其他特别恶劣情节"，根据上述解释第四条的规定，是指：（1）死亡二人以上或者重伤五人以上，负事故全部或者主要责任的；（2）死亡六人以上，负事故同等责任的；（3）造成公共财产或者他人财产直接损失，负事故全部或者主要责任，无能力赔偿数额在六十万元以上的。第三档，对因逃逸致人死亡的，处七年以上有期徒刑。这里所说的"因逃逸致人死亡"，是指行为人在交通肇事后为逃避法律追究而逃跑，致使被害人因得不到救助而死亡的情形。

【实践中需要注意的问题】

第一，由于发生重大交通事故的原因是多方面的，实践中需要注意分清造成事故的原因以及各自的责任，正确定罪量刑。对于完全由于行为人违反交通运输管理法规造成重大交通事故，构成犯罪的，应当依照本条予以处罚；对于完全由被害人自己的故意如常见的"碰瓷"等造成重大交通事故的，则应由被害人负完全责任，不应当追究行为人的责任；对于行为人与被害人双方均有过错而引发的重大交通事故，则应查清双方的责任的主次以及责任大小，各自承担相应的责任。考虑到交通肇事犯罪的社会危害性主要体现在伤亡人数、财产损失等危害后果以及是否逃逸等方面，对需要追究行为人刑事责任的，量刑时应当注意交通事故被害人的伤亡人数、被害人受伤的程度，或者财产损失的数额等危害后果以及逃逸等情节确定适用的刑罚。

第二，驾驶非机动车发生交通事故是否构成本罪。非机动车，根据道路交通安全法第一百一十九条的规定，是指以人力或者畜力驱动，上道路行驶的交通工具，以及虽有动力装置驱动但设计最高时速、空车质量、外形尺寸符合有关国家标准的残疾人机动轮椅车、电动自行车等交通工具。实践中对于驾驶非机动车肇事是否构成交通肇事罪存在不同认识。有的认为，本罪的犯罪主体没有限制，驾驶非机动车从事交通运输，发生重大交通事故的，也应当构成本罪；而有的认为，交通肇事罪本质上是危害公共安全的犯罪，驾驶非机动车肇事的，不足以危及不特定多数人的生命、健康和财产安全，不构成本罪。我们认为，不能一概而论。如果驾驶非机动车不具有危害公共安全的性质，如在行人稀少、没有车辆来往的道路上违章骑自行车等，则不能以本罪论处；符合刑法第二百三十三条规定的过失致人死亡的，可以依照过失致人死亡罪定罪处罚。实践中由于非机动车的种类很多，包括自行车、马车、残疾人机动轮椅车、电动自行车等，有的非机动车的速度并不低于机动车，如果行为人驾驶非机动车具有危害公共安全的性质，如在人员密集的场所驾驶非机动车，或者驾驶速度较快的电动自行车等，构成犯罪的，应当依照本条的规定处罚。

第三，交通肇事后逃逸犯罪行为与故意杀人、故意伤害犯罪的界限。根据 2000 年最高人民法院《关于审理交通肇事刑事案件具体应用法律若干问题的解释》第六条的规定，关于交通肇事后逃逸的需要注意，行为人在交通肇事后为逃避法律追究，将被害人带离事故现场后隐藏或者遗弃，致使被害人无法得到救助而死亡或者严重残疾的，应当分别依照刑法第二百三十二条、第二百三十四条第二款的规定，以故意杀人罪或者故意伤害罪定罪处罚。

第一百三十三条之一 【危险驾驶罪】
在道路上驾驶机动车，有下列情形之一的，处拘役，并处罚金：
（一）追逐竞驶，情节恶劣的；
（二）醉酒驾驶机动车的；
（三）从事校车业务或者旅客运输，严重超过额定乘员载客，或者严重超过规定时速行驶的；
（四）违反危险化学品安全管理规定运输危险化学品，危及公共安全的。
机动车所有人、管理人对前款第三项、第四项行为负有直接责任的，依照前款的规定处罚。
有前两款行为，同时构成其他犯罪的，依照处罚较重的规定定罪处罚。

【条文精解】

本条是关于危险驾驶罪及其处罚的规定。

本条共分三款。第一款是对危险驾驶罪的规定。本款规定的犯罪主体为一般主体，即任何在道路上行驶的机动车的驾驶人。本罪侵害的是双重客体，主要是道路交通秩序，同时也威胁到不特定多数人的生命、财产安全。行为人在主观上应当为故意，尽管犯罪人在主观上并没有追求交通事故、人员伤亡等后果的发生，但是对于危险驾驶的行为是明知或者放任发生的。

构成危险驾驶罪的前提是在道路上驾驶机动车。本款规定的"道路"，根据道路交通安全法第一百一十九条的规定，是指公路、城市道路和虽在单位管辖范围但允许社会机动车通行的地方，包括广场、公共停车场等用于公众通行的场所。公路法第二条、第六条规定，公路按其在公路路网中的地位分为国道、省道、县道和乡道；公路包括公路桥梁、公路隧道和公路渡口。《城市道路管理条例》第二条规定，城市道路，是指城市供车辆、行人通行的，具备一定技术条件的道路、桥梁及其附属设施。本款规定的"机动车"，根据道路交通安全法第一百一十九条的规定，是指以动力装置驱动或者牵引，上道路行驶的供人员乘用或者用于运送物品以及进行工程专项作业的轮式车辆。包括汽车、挂车、无轨电车、摩托车、三轮摩托车、农用运输车、农用拖拉机以及轮式专用机械车等，不包括在轨道上运行的车辆，如有轨电车。

根据本款规定，构成危险驾驶罪的行为有以下四种：

（1）"追逐竞驶，情节恶劣的"。这里规定的"追逐竞驶"，就是平常所说的"飙车"，是指在道路上，以在较短的时间内通过某条道路为目标或者以同行的其他车辆为竞争目标，追逐行驶。具体情形包括在道路上进行汽车驾驶"计时赛"，或者若干车辆在同时行进中互相追赶等，既包括超过限定时速的追逐竞驶，也包括未超过限定时速的追逐竞驶。根据本款规定，在道路上追逐竞驶，情节恶劣的才构成犯罪。判断是否"情节恶劣"，应结合追逐竞驶所在的道路、时段、人员流量、追逐竞驶造成的危害程度以及危害后果等方面进行认定。

（2）"醉酒驾驶机动车的"。道路交通安全法第九十一条规定了饮酒和醉酒两种情形。根据国家质量监督检验检疫总局2011年1月27日发布的《车辆驾驶人员血液、呼气酒精含量阈值与检验》（GB 19522—2010）的规定，饮酒后驾车是指车辆驾驶人员血液中的酒精含量大于或者等于20mg/100mL，小于80mg/100mL的驾驶行为；醉酒后驾车是指车辆驾驶人员血液中的酒精含量大于或者等于80mg/100mL的驾驶行为。实践中，执法部门也是依据这一标准来判断酒后驾车和醉酒驾车两种行为。

醉酒驾驶机动车的行为不一定造成交通事故、人员伤亡的严重后果，只要行为人血液中的酒精含量大于或者等于80mg/100mL，即构成危险驾驶的行为。根据2013年最高人民法院、最高人民检察院、公安部《关于办理醉酒驾驶机动车刑事案件适用法律若干问题的意见》第二条的规定，有下列情形之一的应当从重处罚：醉酒驾驶机动车造成交通事故且负事故全部或者主要责任，或者造成交通事故后逃逸，尚未构成其他犯罪的；血液酒精含量达到200mg/100mL以上的；在高速公路、城市快速路上醉酒驾驶的；醉酒驾驶载有乘客的营运机动车的；醉酒驾驶机动车并有严重超员、超载或者超速驾驶，无驾驶资格驾驶机动车，使用伪造或者变造的机动车牌证等严重违反道路交通安全法的行为的；醉酒驾驶机动车，逃避公安机关依法检查，或者拒绝、阻碍公安机关依法检查尚未构成其他犯罪的；曾因酒后驾驶机动车受过行政处罚或者刑事追究后又醉酒驾驶机动车的；醉酒驾驶机动车有其他可以从重处罚的情形的。

（3）"从事校车业务或者旅客运输，严重超过额定乘员载客，或者严重超过规定时速行驶的"。这里所规定的"校车"，主要是指依照国家规定取得使用许可，用于接送接受义务教育的学生上下学的七座以上的载客汽车。依照国务院颁布的《校车安全管理条例》的有关规定，从事校车业务应当取得许可。学校或者校车服务提供者申请取得校车使用许可，应当向县级或者设区的市级人民政府教育行政部门提交书面申请和证明其符合该条例第十四条规定条件的材料。教育行政部门应当自收到申请材料之日起三个工作日内，分别送同级公安机关交通管理部门、交通运输部门征求意见，公安机关交通管理部门和交通运输部门应当在三个工作日内回复意见。教育行政部门应当自收到回复意见之日起五个工作日内提出审查意见，报本级人民政府。本级人民政府决定批准的，由公安机关交通管理部门发给校车标牌，并在机动车行驶证上签注校车类型和核载人数；不予批准的，书面说明理由。校车标牌应当载明本车的号牌号码、车辆的所有人、驾驶人、行驶线路、开行时间、停靠站点以及校车标牌发牌单位、有效期等事项。禁止使用未取得校车标牌的车辆提供校车服务。

关于这里规定的"从事旅客运输的车辆"，主要是指从事旅客运输的营运机动车。根据《道路交通管理机动车类型》（GA802—2019）的规定，机动车按结构可以分为载客汽车、载货汽车、专项作业车等类型；按使用性质分为营运、非营运和运送学生。营运机动车是指个人或者单位以获取利润为目的而使用的机动车，具体包括公路客运、旅游客运、公交客运、出租客运、租赁以及教练车等，实践中问题比较突出的是公路客运、旅游客运中的危险驾驶问题。根据国务院《道路运输条例》和有关规定，从事旅客运输的驾驶人员需要具备一定的资质，由有关部门颁发准驾证明；客运经营者应当持道路运输经营许可证依法向工商行政管理机关办理有关登记手续；客运车辆不得超过核定的载客人数，但按照规定免票的儿童除外，在载客人数已满的情况下，按照规定免票的儿童不得超过核定载客人数的百分之十等。

道路交通安全法第四十九条规定，机动车载人不得超过核定的人数；第四十二条规定，机动车上道路行驶，不得超过限速标志标明的最高时速。从事校车业务的机动车和旅客运输车辆严重超员、超速的危害性很大。超员会导致车辆超出其载质量，增加行车的不稳定性，引发爆胎、偏驶、制动失灵、转向失控等危险。超速行驶会降低驾驶人的判断能力，使反应距离和制动距离延长。这两种做法，都容易造成群死群伤的重特大交通事故，且会加大事故的伤亡后果。这里所规定的"严重"超员、超速的具体界限，需要由有关部门通过制定衔接性规定加以明确。只要从事校车业务的机动车和旅客运输车辆严重超员、超速的，无论是否造成严重后果，都应当追究危险驾驶罪的刑事责任。

（4）"违反危险化学品安全管理规定运输危险化学品，危及公共安全的"。根据国务院发布的《危险化学品安全管理条例》的规定，危险化学品是指具有毒害、腐蚀、爆炸、燃烧、助燃等性质，对人体、设施、环境具有危害的剧毒化学品和其他化学品。根据规定，从事危险化学品道路运输的，应当取得危险货物道路运输许可，并向工商行政管理部门办理登记手续。危险化学品道路运输企业应当配备专职安全管理人员。驾驶人员、装卸管理人员、押运人员应当经交通运输主管部门考核合格，取得从业资格。运输危险化学品，应当根据危险化学品的危险特性采取相应的安全防护措施，并配备必要的防护用品和应急救援器材。用于运输危险化学品的槽罐以及其他容器应当封口严密，能够防止危险化学品在运输过程中因温度、湿度或者压力的变化发生渗漏、洒漏；槽罐以及其他容器的溢流和泄压装置应当设置准确、起闭灵活。运输危险化学品的驾驶人员、装卸管理人员、押运人员应当了解所运输的危险化学品的危险特性及其包装物、容器的使用要求和出现危险情况时的应急处置方法。通过道路运输危险化学品的，托运人应当委托依法取得危险货物道路运输许可的企业承运，应当按照运输车辆的核定载质量装载危险化学品，不得超载。危险化学品运输车辆应当符合国家标准要求的安全技术条件，并按照国家有关规定定期进行安全技术检验，应当悬挂或者喷涂符合国家标准要求的警示标志。通过道路运输危险化学品的，应当配备押运人员，并保证所运输的危险化学品处于押运人员的监控之下。运输危险化学品途中因住宿或者发生影响正常运输的情况，需要较长时间停车的，驾驶人员、押运人员应当采取相应的安全防范措施；运输剧毒化学品或者易制爆危险化学品的，还应当向当地公安机关报告。未经公安机关批准，运输危险化学品的车辆不得进入危险化学品运输车辆限制通行的区域。危险化学品运输车辆限制通行的区域由县级人民政府公安机关划定，并设置明显的标志。根据本款规定，违反上述规定，危及公共安全的，应当依法追究刑事责任，尚未危及公共安全的，也应当依法予以行政处罚。这里所规定的"危及公共安全的"，是划分罪与非罪的重要界限。在实践中，对于是否危及公共安全，应当结合运输的危险化学品的性质、品种及数量，运输的时间、路线，违反安全管理规定的具体内容及严重程度，一旦发生事故可能造成的损害后果等综合作出判断。

根据本款规定，构成犯罪的，处拘役，并处罚金。

第二款是关于机动车所有人、管理人对危险驾驶行为承担刑事责任的规定。

一般情况下，危险驾驶罪的行为主体为机动车的驾驶人。但是，从实践情况看，对于从事校车业务或者旅客运输，严重超过额定乘员载客，或者严重超过规定时速行驶的，违反危险化学品安全管理规定运输危险化学品，危及公共安全的，有时机动车的所有人、管理人也会成为共同的犯罪主体。比如，学校、校车服务提供者或者从事旅客运输的企业、车辆所有人、实际管理人强令、指使或者放任车辆驾驶人超过额定乘员载客或者严重超过规定时速行驶的；危险化学品运输企业、车辆所有人、实际管理人要求或者放任车辆驾驶人违反危险化学品安全管理规定运输危险化学品，危及公共安全的。这种情况，实际上是很多危险驾驶行为发生的直接原因，性质是很恶劣的，应当依法予以惩治，从根子上防范危险驾驶行为的发生。根据本款规定，机动车所有人、管理人对从事校车业务或者旅客运输的车辆驾驶人严重超过额定乘员载客，或者严重超过规定时速行驶负有直接责任的，对运输危险化学品的车辆驾驶人违反危险化学品安全管理规定，危及公共安全负有直接责任的，依照本条第一款关于危险驾驶罪的规定追究刑事责任，即处拘役，并处罚金。

第三款是关于有危险驾驶行为，同时又构成其他犯罪如何适用法律的规定。根据本条规定，犯危险驾驶罪的，处拘役，并处罚金。本条是刑法中第一个最高刑为拘役的犯罪。根据本款规定，具有第一款、第二款规定的上述竞合情形的，应当依照处罚较重的规定定罪处罚。这里主要涉及如何处理好本条规定的犯罪与交通肇事罪等其他罪名的关系。如果行为人有第一款规定的危险驾驶行为，造成人员伤亡或者公私财产重大损失，符合本法第一百三十三条交通肇事罪构成要件或者构成其他犯罪的，根据本款规定的原则，应当依照本法第一百三十三条的规定以交通肇事罪定罪处罚，或者依照本法其他有关规定定罪处罚，而行为人危险驾驶的行为则作为处罚的量刑情节予以考虑。

【实践中需要注意的问题】

首先，危险驾驶罪与刑法总则相关规定的关系。刑法第十三条规定，情节显著轻微危害不大的，不认为是犯罪；第三十七条规定，对于犯罪情节轻微不需要判处刑罚的，可以免予刑事处罚。本条规定的危险驾驶罪总体上是可以适用刑法总则的规定予以相应的从宽处理的。但考虑到本条在修改时，配套修改了道路交通安全法，取消了后者对醉驾行为予以拘留处罚的精神，一定时期内，对上述从宽情形应当严格掌握。最高人民法院《关于常见犯罪的量刑指导意见（二）（试行）》规定，对于醉酒驾驶机动车的被告人，应当综合考虑被告人的醉酒程度、机动车类型、车辆行驶道路、行车速度、是否造成实际损害以及认罪悔罪等情况，准确定罪量刑。对于情节显著轻微危害不大的，不予定罪处罚；犯罪情节轻微不需要判处刑罚的，可以免予刑事处罚。

其次，实践中，有的从事校车业务的车辆并未取得许可，有的从事旅客运输的车辆不具备营运资格，还有一些未取得客运道路运输经营许可非法从事旅客运输的车辆，甚至还有货车违反规定载人、拖拉机载人的；有的从业人员并不具备相关资质，如有的校车驾驶员就是由幼儿园的管理人员担任的，有的客运车辆驾驶员并不具备相应的驾驶资格。但是，未取得许可或者不具备相关资质，不影响本罪刑事责任的认定，只要是从事了校车业务或者旅客运输，严重超过额定乘员载客，或者严重超过规定时速行驶的，都应当依照本条规定追究刑事责任。

最后，关于醉酒驾驶超标电动自行车是否构成危险驾驶罪。根据道路交通安全法第一百一十九条的规定，符合国家标准的电动自行车属于非机动车，醉酒驾驶符合标准的电动自行车不能构成危险驾驶罪，但醉酒驾驶超标电动自行车是否构成危险驾驶罪，实践中存在不同认识。一种意见认为，醉酒驾驶超标电动自行车应当按照危险驾驶罪处罚，主要理由：目前，电动自行车已成为人民群众重要的日常交通工具，有的超标电动自行车已经达到摩托车的速度，与摩托车没有什么区别，应当属于机动车，醉酒驾驶这类车辆上道路行驶带来的危险性与醉驾机动车没有区别，符合危险驾驶罪的立法精神。另一种意见认为，不宜将醉酒驾驶超标电动自行车按照危险驾驶罪处罚，主要理由是电动自行车的技术性规范是针对生产、经营活动而设定的标准，对于超标电动自行车是否属于机动车，并无明确规定，因此，不能认定超标电动自行车属于刑法意义上的机动车。2019年4月14日《电动自行车安全技术规范》强制性国家标准实施，进一步规范了电动车的生产经营活动。但由于对电动自行车长期缺乏有效规范，大量超标自行车仍然继续在上路行驶，有关方面在认定时应当慎重，综合考虑电动自行车对群众生活的影响，电动自行车发展不规范的深层次原因，道路的状况以及行为人醉驾电动自行车行为可能造成的危害程度等因素。

> **第一百三十三条之二 【妨害安全驾驶罪】**
> 对行驶中的公共交通工具的驾驶人员使用暴力或者抢控驾驶操纵装置，干扰公共交通工具正常行驶，危及公共安全的，处一年以下有期徒刑、拘役或者管制，并处或者单处罚金。
> 前款规定的驾驶人员在行驶的公共交通工具上擅离职守，与他人互殴或者殴打他人，危及公共安全的，依照前款的规定处罚。
> 有前两款行为，同时构成其他犯罪的，依照处罚较重的规定定罪处罚。

【条文精解】

本条是关于妨害安全驾驶罪及其处罚的规定。

《刑法修正案（十一）》增加了本条规定。近年来，全国各地发生了多起因乘客侵扰司机的驾驶行为而造成的危及公共安全的事件，有的甚至造成了严重的后果，引起了社会各界的高度关注。如2018年10月28日重庆市一辆公交车在行驶中因乘客与司机激烈争执互殴致使车辆失控，撞上一辆正常行驶的小轿车后坠江，导致数人死亡的严重后果。殴打司机、抢夺控制方向盘或者乘客与司机互殴等干扰安全驾驶的行为，具有相当的社会危险性，我国法律对这类行为的惩处，是有一些追究法律责任规定的。如道路交通安全法对行人、乘车人、非机动车驾驶人违反道路交通安全法律、法规关于道路通行规定的行为的处罚作了规定。治安管理处罚法第二十三条规定，扰乱公共汽车、电车、火车、船舶、航空器或者其他公共交通工具上的秩序的，处警告或者二百元以下罚款；情节较重的，处五日以上十日以下拘留，可以并处五百元以下罚款。对于妨害安全驾驶行为中引发严重后果，给人民群众生命、财产安全造成严重威胁，严重危害公共交通安全的行为，实践中主要以以危险方法危害公共安全罪、故意伤害罪、寻衅滋事罪、交通肇事罪等追究刑事责任。根据2018年11月司法大数据专题报告《关于公交车司乘冲突引发刑事案件分析》，2016年1月1日至2018年10月31日，全国各级人民法院一审审结的公交车司乘冲突刑事案件共二百二十三件，判处的罪名，以危险方法危害公共安全罪占比39.01%、故意伤害罪占比30.04%、寻衅滋事罪占比10.31%、交通肇事罪占比3.59%；判处的刑罚，90.57%为有期徒刑，其中一年以下有期徒刑占8.42%、一年至三年占38.95%、三年至五年占47.37%、五年至十年占 4.21%、十年以上占 1.05%。针对近年来实践中出现的新情况、新问题，为有效惩治妨害公共交通工具安全驾驶的违法犯罪行为，维护公共交通安全秩序，保护人民群众生命财产安全，2019 年 1 月，最高人民法院、最高人民检察院、公安部联合发布《关于依法惩治妨害公共交通工具安全驾驶违法犯罪行为的指导意见》，进一步明确法律的适用。该意见第一条规定，乘客在公共交通工具行驶过程中，抢夺方向盘、变速杆等操纵装置，殴打、拉拽驾驶人员，或者有其他妨害安全驾驶行为，危害公共安全，或者驾驶人员在公共交通工具行驶过程中，与乘客发生纷争后违规操作或者擅离职守，与乘客厮打、互殴，危害公共安全，尚未造成严重后果的，依照刑法第一百一十四条的规定，以以危险方法危害公共安全罪定罪处罚；致人重伤、死亡或者使公私财产遭受重大损失的，依照刑法第一百一十五条第一款的规定，以以危险方法危害公共安全罪定罪处罚。

《刑法修正案（十一）》在研究起草阶段，有关部门提出，实践中将在公交车上发生的纠纷，尚未造成严重后果的行为以以危险方法危害公共安全罪定罪处罚过于宽泛，无法精确反映此犯罪行为的特点，同时，实践中以以危险方法危害公共安全罪定罪处罚也存在一些问题：一是在公交车上发生的纷争与放火、决水、爆炸、投放危险物质等四类行为性质不同。刑法第一百一十四条规定的以其他危险方法应当是与放火、决水、爆炸、投放危险物质性质相当的危害公共安全的行为。司乘人员在公交车上发生的纷争，虽然存在危害公共安全的可能性，即危害不特定多数人的生命、健康或重大公私财产安全，但由于该罪规定的危害公共安全的表述过于抽象，标准也比较模糊，实践中需要进一步对危险性的程度进行判断，也就是必须是对公共安全具有现实的、紧迫的高度危险性。而在公交车上发生纷争的起因多是由于坐过站、车费缴纳等鸡毛蒜皮的琐事，导致乘客或者对司机拳脚相加或者强行拖拽方向盘，实际上乘客的目的大多是要求停车或解决车费问题，并没有直接想要危害公共安全，虽然由于车辆行驶在公共道路上，乘客的不当行为很有可能导致车辆失控，进而危害到不特定人的生命、健康，可能发生危害后果，但仅以可能发生的危害后果来判断公交车上发生的纷争构成以危险方法危害公共安全罪，实际上混淆了结果危险性与方法危险性的判断方法，该类行为也与放火、决水、爆炸、投放危险物质这四类行为性质相差较大。二是在公交车上发生的纷争较容易制止，不具有危害公共安全的高度危险性。在公交车上还有其他乘客、售票员、安保员，行为人实施一些不当的行为时，其他人员可以马上出手制止，从而能够有效阻止事态的进一步恶化。另外，司机也肩负着安全驾驶的职责，在遇到乘客的无理取闹甚至出手相向时，也会采取一些紧急措施，如采取紧急制动措施停车等，来避免损害结果的发生，公交车上乘客的一些危险举措可以及时得到其他人员和司机的有效控制，并不具有导致危害公共安全的高度危险性。三是以危险方法危害公共安全罪，法定刑过高。刑法第一百一十四条规定的以危险方法危害公共安全罪起刑点为三年有期徒刑，对于在公交车上发生的司乘人员之间的纠纷，有的只是发生车辆剐蹭，并未造成严重后果，判处三年以上有期徒刑，处刑过重，不符合宽严相济刑事政策的要求。考虑到在行驶的公交车上发生的妨害安全驾驶的行为一般情节较轻，不具有危害公共安全的现实危险性，为体现刑法罪刑相适应的原则，2020年6月提请全国人大常委会审议的《刑法修正案（十一）》草案增加规定："对行驶中的公共交通工具的驾驶人员使用暴力或者抢夺驾驶操纵装置，干扰公共交通工具正常行驶，危及公共安全的，处一年以下有期徒刑、拘役或者管制，并处或者单处罚金。前款规定的驾驶人员与他人互殴，危及公共安全的，依照前款的规定处罚。有前两款行为，致人伤亡或者造成其他严重后果，同时构成其他犯罪的，依照处罚较重的规定定罪处罚。"

《刑法修正案（十一）》草案在征求意见过程中，对本条规定有两个问题存在较大争议：

第一，是否有必要单设妨害安全驾驶罪。有意见提出，建议删去本条规定。主要理由：一是本条所规定的内容完全可以采用物理手段解决，如在公交车驾驶席旁边安装物理护栏，将驾驶员与乘客隔开，没有必要采用刑法手段。二是这类行为一般都不具有危及公共安全的现实危险性，可不增加新罪名，如果发生严重后果的，可以适用刑法第一百一十四条、第一百一十五条，以以危险方法危害公共安全罪定罪处罚。赞成增加本条规定的认为，这一规定既惩罚暴力侵害驾驶人员的行为，也惩治驾驶人员擅离职守，不采取有效安全措施，与他人发生肢体冲突等行为，能够准确评价这类违法犯罪行为，起到威慑作用；建议进一步予以完善，草案仅限定为两类行为，实践中，对驾驶员实施胁迫、辱骂以及捂眼睛、喷洒辣椒水，或用物品遮挡驾驶员视线等其他手段破坏、干扰安全驾驶行为，也会影响公共安全工具的正常行驶，应当增加相关情形。

第二，是否有必要增加驾驶人员的犯罪。有意见提出，建议删去第二款规定。主要理由：一是该规定妨碍驾驶人员行使正当防卫权。这一规定在实践中可能导致驾驶人员只能选择躲避，大大限缩了驾驶人员进行有效的正当防卫，影响驾驶人员履行职责的积极性。二是该规定容易引起歧义。驾驶人员在驾驶交通工具的过程中，如果遭受暴力袭击或者抢夺驾驶操纵装置时，驾驶人员是否能够反击，如果进行反击，是否属于互殴，如果驾驶员只能忍受而不能进行反击，可能使公共交通安全处于更加危险的境地。三是从已经发生的案例来看，驾驶人员与乘客互殴的情况极少发生，没有必要作出规定。

立法机关经与有关方面共同认真研究，进行相关数据分析。2018年11月司法大数据专题报告《关于公交车司乘冲突引发刑事案件分析》反映，2016年1月1日至2018年10月31日，全国各级人民法院一审审结的公交车司乘冲突二百二十三件刑事案件中，被告人身份为乘客的占69.96%，司机占22.87%。司机和乘客冲突纠纷起因多为车费、上下车地点等小事，占比近六成；近四成案件有人员伤亡的情况，其中死亡人数占伤亡人数的19.61%；行为人的违法犯罪行为主要有攻击司机（占54.72%）、抢夺车辆操纵装置（占27.36%）、持刀威胁司机（占2.83%）、盗窃司机财物（2.83%）、与司机口角（1.89%）等；约有88.79%的案件发生在车辆运营过程中，面对纠纷，有的司机选择避让或防御，有的司机采取主动还手或攻击乘客，有的乘客出面制止，有的报警等；纠纷结果导致有的公交车撞击道旁静物（占33.96%）、未造成重大不良后果（占19.81%）、司机受伤（占11.32%）、乘客受伤（占11.32%）、公交车撞击行驶车辆或行人（占8.49%）、车辆剧烈摇晃等危险运行状态（占7.55%）、财物损失（占2.83%）；司机在纠纷中的举动，表现为避让或防御（占27.36%）、仅停车（占19.81%）、与乘客口角（占15.09%）、主动或还手攻击乘客（占10.38%）、报警（占7.55%）等。由于没有明确的法律依据，司法实践中各地对此类行为处罚不同，有的只是对当事人进行批评教育，有的则是处以行政拘留，有的以以危险方法危害公共安全罪追究刑事责任，造成相同行为处罚轻重不统一。根据各方面的意见和实践情况，考虑到行驶中的公共交通工具安全关乎乘客的生命健康利益，对道路运输的安全性有着极大的影响，妨害公共交通工具安全驾驶的行为具有一定的危险性，极易诱发重大交通事故，造成重大人身伤亡和财产损失，威胁公共安全，为维护人民群众"出行安全"，惩治妨害公共交通工具安全驾驶的行为，积极回应社会关切，有必要将妨害安全驾驶的行为单独规定为犯罪，同时，考虑到司机在公交车上负有安全驾驶的职责，如果司机在驾驶公交车行驶过程中，不顾整车人的安全，擅离职守，与乘客进行互殴、厮打，极易导致车辆失控，发生交通事故，造成人员伤亡和财产损失，对这种行为也有必要予以惩处。增加本条规定，一方面警示规范乘客，乘坐公共交通工具应当自觉遵守有关规定，尊重驾驶人员，对驾驶人员使用暴力或者抢控驾驶操纵装置，将会受到法律惩处；另一方面也对驾驶人员的驾驶行为进行警示规范，要求驾驶人员以安全驾驶为先，不能擅离职守，让乘客和驾驶人员树立法律红线，营造安全有序、宽容和谐的空间，降低公共交通安全事故。同时，根据各方面的意见对草案作了以下修改：一是将"抢夺驾驶操纵装置"修改为"抢控驾驶操纵装置"。这样规定主要是考虑到，刑法第二百六十七条规定了抢夺罪，该条的"抢夺"行为，是指乘人不备，出其不意，将他人的财物占为己有。而本条规定的抢夺驾驶操纵装置行为，并不是要把这个操作装置变为自己的财产，其主观意图是要争抢或者控制方向盘，使用"抢夺"容易引起误解，修改为"抢控"，表述更准确。二是增加了"在行驶的公共交通工具上擅离职守"的规定。这样规定，主要是考虑到驾驶人员在对车辆采取安全措施后，有权行使正当防卫行为。三是根据实践情况，将"与他人互殴"修改为"与他人互殴或者殴打他人"。四是删去了"致人伤亡或者造成其他严重后果"。

本条共分三款。第一款是关于对行驶中的公共交通工具的驾驶人员使用暴力或者抢控驾驶操纵装置，危及安全驾驶的犯罪及其处罚的规定。构成本款规定的犯罪应当具备以下条件：

第一，犯罪的主体主要是公共交通工具上的乘客等人员。在公共交通工具行驶过程中，与驾驶员发生冲突的一般都是乘客，个别情况下，车辆上的售票员或者安保员也有可能会与驾驶员发生冲突。

第二，行为发生在行驶的公共交通工具上。这里所说的"公共交通工具"，主要是指公共汽车、公路客运车、大、中型出租车等车辆。司乘人员冲突事件大多发生在上述这几类公共交通工具上。此外，公共交通工具还有从事空中运输的飞机，铁路运输的火车、地铁、轻轨，水路运输的客运轮船、摆渡船、快艇等。

第三，行为人实施了对驾驶人员使用暴力或者抢控驾驶操纵装置的行为。这里所说的"对驾驶人员使用暴力或者抢控驾驶操纵装置"，主要是指行为人对公共交通工具的驾驶人员实施殴打、推搡拉拽等暴力行为，或者实施抢夺控制方向盘、变速杆等驾驶操纵装置的行为。"驾驶操纵装置"，主要是指供驾驶人员控制车辆行驶的装置，包括方向盘、离合器踏板、加速踏板、制动踏板、变速杆、驻车制动手柄等。本款所说的"抢控驾驶操作装置"并不需要行为人实际控制驾驶操作装置，只要实施了争抢行为即可。

第四，行为人的行为干扰公共交通工具的正常行驶，危及公共安全，这是划分罪与非罪的重要界限。这样规定主要是考虑到此类行为的危害性主要体现为危及公共交通工具上不特定多数人的人身和财产安全，以及道路和周边环境中不特定多数人的人身和财产安全。这里所说的"干扰公共交通工具的正常行驶,危及公共安全",主要是指行为人的行为足以导致公共交通工具不能安全行驶,车辆失控,随时可能发生乘客、道路上的行人伤亡或者财产损失的现实危险。如果行为人只是辱骂、轻微拉扯驾驶员或者轻微争抢方向盘,并没有影响车辆的正常行驶,不宜作为犯罪处理,但违反治安管理处罚法规定的,应当依法予以治安处罚。

根据本款规定,构成犯罪的,处一年以下有期徒刑、拘役或者管制,并处或者单处罚金。

第二款是关于驾驶人员擅离职守,与他人互殴或者殴打他人,危及安全驾驶的犯罪及其处罚的规定。构成本款规定的犯罪,应当符合以下特征:

第一,犯罪的主体是公共交通工具的驾驶人员。

第二,行为发生在行驶的公共交通工具上,这是构成本款犯罪的前提条件。关于公共交通工具在第一款已有叙述,这里不再赘述。

第三,行为人实施了擅离职守,与他人互殴或者殴打他人的行为。这里所说的"擅离职守",主要是指驾驶人员未采取任何安全措施控制车辆,擅自离开驾驶位置,或者双手离开方向盘等。"与他人互殴或者殴打他人",是指驾驶人员与乘客等进行互相殴打,或者驾驶人员殴打乘客等行为。

第四,行为人的行为危及公共安全,这是划分罪与非罪的重要界限。这里所说的"危及公共安全",主要是指行为人的行为足以导致公共交通工具不能安全行驶,车辆失控,随时可能发生乘客、道路上的行人伤亡或者财产损失的现实危险。如果行为人只是辱骂或者轻微拉扯乘客等,并没有影响车辆的正常行驶,不宜作为犯罪处理,但违反治安管理处罚法规定的,应当依法予以治安处罚。

构成本款规定的犯罪,依照前款的规定处罚,即处一年以下有期徒刑、拘役或者管制,并处或者单处罚金。

第三款是关于实施本条规定的犯罪同时构成其他犯罪如何处理的规定。

行为人实施本条第一款、第二款规定的犯罪行为,也可能同时触犯刑法的其他规定,构成刑法规定的其他犯罪,如果与本条规定的犯罪行为出现了竞合的情形,应当依照处罚较重的规定定罪处罚。这里主要涉及如何处理好本条规定的犯罪与故意伤害罪、故意杀人罪、以危险方法危害公共安全罪等其他罪名的关系。如果行为人有第一款、第二款规定的妨害安全驾驶的犯罪行为,造成人员伤亡、公私财产重大损失或者车辆倾覆等,符合本法第一百三十三条交通肇事罪、第二百三十四条故意伤害罪、第二百三十二条故意杀人罪、第一百一十五条以危险方法危害公共安全罪、第二百七十五条故意毁坏财物罪构成要件或者构成其他犯罪的，根据本款的规定，采取从一重罪处罚的原则，即依照处罚较重的规定定罪处罚。由于本条规定的刑罚较轻，一般情况下，应当依照交通肇事罪、故意伤害罪、故意杀人罪、以危险方法危害公共安全罪、故意毁坏财物罪等定罪处罚，而行为人妨害公共交通工具安全驾驶的行为，将会作为处罚的量刑情节予以考虑。这里需要注意的是，本条第三款规定的"同时构成其他犯罪"中的"其他犯罪"，应当是与妨害公共交通工具安全驾驶行为直接相关的罪名，如果行为人实施了本款的犯罪行为，在行驶中的公共交通工具上又实施其他与妨害公共交通工具安全驾驶行为不相关的犯罪行为，如行为人明显具有伤害、杀人的恶意殴打、杀害司机或乘客，或者盗窃、抢劫乘客财物、强制猥亵乘客等行为，应当根据情况适用故意伤害罪、故意杀人罪、盗窃罪、抢劫罪、强制猥亵罪与本罪实行数罪并罚。

【实践中需要注意的问题】

首先，把握好妨害安全驾驶罪与以危险方法危害公共安全罪的界限。两罪虽然都是危害公共安全的犯罪，但行为性质不同。刑法第一百一十四条规定的以其他危险方法应当是与放火、决水、爆炸、投放危险物质性质相同的危害公共安全行为，而妨害公共交通工具安全驾驶的行为虽然存在危害公共安全的可能性，但一般情况下不具有现实的危险性，实践中乘客与司机往往因琐事发生口角争执，进而动手，多数乘客主观恶性并不大，只是因一时冲动殴打司机，抢夺方向盘，并非故意要将公交车置于危险境地，且多数并未造成危害后果，有的虽然造成一定危害后果，但后果也不严重，如仅发生车辆剐蹭。为体现宽严相济刑事政策和刑法罪刑相适应原则，避免适用以危险方法危害公共安全罪而导致刑罚过重，《刑法修正案（十一）》增加了本罪。实践中对于在行驶中的公共交通工具上发生的因司乘纠纷而引发的互殴、厮打等妨害安全驾驶的行为一般不宜再适用刑法第一百一十四条规定的以危险方法危害公共安全罪。对于个别情况下，行为人妨害公共交通工具安全驾驶的行为，判处一年有期徒刑明显偏轻，符合刑法第一百一十四条规定的，可以按照以危险方法危害公共安全罪追究。

其次，把握好妨害安全驾驶罪与正当防卫、紧急避险的界限。根据最高人民法院、最高人民检察院、公安部《关于依法惩治妨害公共交通工具安全驾驶违法犯罪行为的指导意见》的规定，对正在进行的妨害安全驾驶的违法犯罪行为，乘客等人员有权采取措施予以制止，制止行为造成违法犯罪行为人损害，符合法定条件的，应当认定为正当防卫；正在驾驶公共交通工具的驾驶人员遭到妨害安全驾驶行为侵害时,为避免公共交通工具倾覆或者人员伤亡等危害后果发生,采取紧急制动或者躲避措施,造成公共交通工具、交通设施损坏或者人身损害,符合法定条件的,应当认定为紧急避险。实践中需要注意的是,驾驶人员有权采取措施对乘客妨害安全驾驶的行为予以制止,但首先必须保障车辆行驶的安全,也就是说驾驶人员必须首先采取制动措施,让车辆停止在安全地带,才可以采取措施制止乘客的违法行为,不能在车辆行驶的过程中与乘客进行殴打。

最后,在适用本条时要注意把握罪与非罪的界限。对于妨害安全驾驶罪,其行为不仅要干扰公共交通工具的正常行驶,而且要达到危及公共安全的后果,对于情节轻微、危害不大的行为,不宜按照犯罪处理。最高人民法院、最高人民检察院、公安部《关于依法惩治妨害公共交通工具安全驾驶违法犯罪行为的指导意见》对此也有规定,即在办理案件过程中,人民法院、人民检察院和公安机关要综合考虑公共交通工具行驶速度、通行路段情况、载客情况、妨害安全驾驶行为的严重程度及对公共交通安全的危害大小、行为人认罪悔罪表现等因素,全面准确评判,充分彰显强化保障公共交通安全的价值导向。

> **第一百三十四条** 【重大责任事故罪】【强令、组织他人违章冒险作业罪】
> 在生产、作业中违反有关安全管理的规定,因而发生重大伤亡事故或者造成其他严重后果的,处三年以下有期徒刑或者拘役;情节特别恶劣的,处三年以上七年以下有期徒刑。
> 强令他人违章冒险作业,或者明知存在重大事故隐患而不排除,仍冒险组织作业,因而发生重大伤亡事故或者造成其他严重后果的,处五年以下有期徒刑或者拘役;情节特别恶劣的,处五年以上有期徒刑。

【条文精解】

本条是关于重大责任事故罪及强令、组织他人违章冒险作业罪及其处罚的规定。

重大责任事故罪是刑法中比较常见的危害公共安全的犯罪,1979年刑法就有规定,1997年修订刑法时基本延续了原来的规定。随着经济和社会的发展,由于整个经济领域生产范围的扩大和生产规模的增长,重大责任事故罪出现了一些新的问题。一是刑法原来规定的犯罪主体范围较窄,不适应经营主体日益多元化的情况。除了1997年刑法规定的工厂、矿山、林场、建筑企业或者其他企业、事业单位的职工等特殊主体外，一些个体生产经营单位和个人，甚至违法生产经营的单位和个人，如包工头、无证矿主等在生产、作业中违反安全管理规定，不顾工人生命安全，违章生产、作业，导致重大责任事故的情况时有发生。二是一些生产、经营单位或者个人，为了追求经济利益，不顾法律的制约，采取各种手段强令生产、作业人员违章冒险作业，因而发生重大责任事故，给人民群众生命健康和国家、集体、个人财产造成重大损失，群众反映非常强烈。这种强令工人违章冒险作业的行为，比一般的违章生产、作业的性质更为恶劣、危害更为严重，刑法原来的有关规定已经不能满足打击犯罪、遏制犯罪的需要，有必要进行修改。为此，2006年《刑法修正案（六）》对原规定作了两个方面的修改：一是将犯罪主体从原来的企业、事业单位的职工扩大到从事生产、作业的所有人员；二是增加了强令他人违章冒险作业罪，将"强令他人违章冒险作业"与一般的违章生产、作业分开，作为第二款单独规定，并将其刑罚从最高七年有期徒刑提高到十五年有期徒刑。

近年来在安全生产形势取得好转的同时，一些重特大安全生产事故仍然时有发生，给国家和人民群众生命、财产安全带来难以挽回的特别重大损失，教训深刻，对安全生产综合治理提出了更高要求。2015年8月12日天津市滨海新区天津港瑞海公司危险品仓库发生火灾爆炸事故，造成一百六十五人遇难、八人失踪、七百九十八人受伤，三百零四栋建筑物、一万二千四百二十八辆汽车、七千五百三十三个集装箱受毁。2015年8月全国人大常委会对《刑法修正案（九）》进行三次审议期间，有的常委会组成人员提出，鉴于天津港爆炸事件的重大损害和惨痛教训，建议提高刑法第一百三十六条危险物品肇事罪等安全生产事故犯罪的刑罚，更为有效地预防和惩治重特大安全生产犯罪。当时，法律委员会对此问题进行了认真研究，认为："危险物品肇事罪是刑法危害公共安全罪一章规定的责任事故类犯罪之一，这类犯罪还涉及很多同类条款，其量刑幅度基本都是相同的，提高这一犯罪的刑罚需同时考虑其他条款，在具体刑罚的设置上也需要根据司法实践情况，在充分听取相关部门意见的基础上作出评估。对这一问题，需要进一步深入调查研究，可在今后修改刑法时统筹考虑。"近年来又发生了一些重特大事故，特别是2019年3月21日发生了江苏盐城响水天嘉宜化工企业特大爆炸事故，事故造成七十八人死亡、七十六人重伤。国务院调查组认定，江苏响水天嘉宜化工有限公司"3·21"特别重大爆炸事故是一起长期违法贮存硝化危险废物导致自燃引发的特别重大事故，企业明知存在重大隐患，甚至在原国家安全监管总局对企业检查中责令整改的十三项安全隐患问题未整改的情况下，在企业负责人因违法违规堆放处置危险废物被行政处罚、刑事处罚的情况下，对重大隐患仍不落实责任、有效整改，继续冒险组织作业，酿成惨剧。有关方面提出，目前刑法有关责任事故类的犯罪最高刑一般只有七年，不足以预防惩治安全生产事故犯罪，当前一些重大安全生产事故一旦发生都是群死群伤，后果特别严重，建议进一步提高安全生产犯罪的刑罚，加大预防惩治。根据各方面意见，《刑法修正案（十一）》在刑法第一百三十四条第二款中增加了"明知存在重大事故隐患而不排除，仍冒险组织作业"，造成严重后果的犯罪。这一规定的主要考虑有：一是传统安全生产事故犯罪为过失犯罪，过失犯罪的刑罚配置一般较之于故意犯罪要轻，普遍提高过失犯罪的刑罚还需要慎重。上述新增的规定区分情况，主要对那些特别轻率、鲁莽冒险作业，情节特别恶劣，发生的后果特别严重的情况加重刑罚，只针对主观上鲁莽、客观上又造成特大损害的责任事故类犯罪。二是如果各个提高分则第二章中安全生产事故类犯罪的刑罚，将涉及较多条文，包括第一百三十四条至第一百三十九条，共七条，修改七条在立法技术上需要进一步扩大《刑法修正案（十一）》的容量，因此仅修改第一百三十四条第二款。原第二款规定的是强令违章冒险作业罪，刑罚在《刑法修正案（六）》时已经修改为最高十五年有期徒刑。《刑法修正案（十一）》在其中增加组织冒险作业的情形。在第一百三十五条至第一百三十九条规定的犯罪领域中，如果出现明知有重大隐患而不排除，仍冒险组织作业的情况，也可适用这一新增加的规定。2021年2月，最高人民法院、最高人民检察院将第二款的罪名修改为强令、组织他人违章冒险作业罪。

　　本条共分两款。第一款是关于重大责任事故罪及其处罚的规定。根据本款的规定，认定重大责任事故罪应当注意以下几个方面的问题：

　　第一，该罪的主体是在各类生产经营活动中从事生产、作业及其指挥管理的人员，既包括1997年刑法规定的工厂、矿山、林场、建筑企业或者其他企业、事业单位的职工，也包括其他生产、经营单位的人员、个体经营户、群众合作经营组织的生产、管理人员，甚至违法经营单位、无照经营单位的生产、作业及其指挥管理人员等。只要在生产、作业中违反有关安全管理的规定，造成不特定人员伤亡或者公私财产重大损害的，无论其生产、作业性质，均可以构成该罪。

　　第二，本罪在客观方面表现为在生产、作业中违反有关安全管理的规定，因而发生重大伤亡事故或者造成严重后果。（1）行为人违反了有关安全管理的规定。这里所说的"有关安全管理的规定",既包括国家制定的关于安全管理的法律、法规,比如安全生产法等,也包括行业或者管理部门制定的关于安全生产、作业的规章制度、操作章程等。违反安全管理规定的行为往往具有不同的形式。普通职工主要表现为不服从管理、不听指挥、不遵守操作规程和工艺设计要求或者盲目蛮干、擅离岗位等。生产管理人员主要表现为违背客观规律在现场盲目指挥,或者作出不符合安全生产、作业要求的工作安排等。(2)行为人违反有关安全管理规定的行为引起了重大伤亡事故,造成严重后果。本条规定了"重大伤亡"和"其他严重后果"两个标准,只要具备其一便构成犯罪。其中,造成其他严重后果,是指除重大伤亡事故以外的其他后果,包括重大财产损失等。关于重大伤亡或者其他严重后果的认定标准,由于生产领域、地域、时间等情况的不同,一般由相关领域的管理规定作出规定。司法实践中,司法机关可以根据犯罪的具体情节、造成的后果、社会影响等综合认定。

第三,在主观方面本罪表现为过失。这种过失,是指对造成的重大人身伤亡或者其他严重后果由于疏忽大意没有预见,或者虽然预见但轻信可以避免而没有采取相应的措施。而对违反安全管理规定本身,则既可以是过失,也可以是故意,这对认定本罪没有影响,但在量刑时可以作为一个情节予以考虑。如果行为人对危害结果出于故意的心理状态,则不构成本罪,应当按照其他相应的犯罪定罪处罚。实践中,有些企业、事业单位或者群众合作经营组织、个体经营户招用从业人员,不经技术培训,也不进行必要的安全教育,直接安排其从事生产、作业,使职工在不了解安全管理规定的情况下进行生产、作业,因而发生重大责任事故,对于生产、作业人员不宜认定为犯罪,但对发生事故的单位和经营组织、经营户的直接责任人员,则应当按照本罪定罪处罚。

根据本款的规定,在生产、作业中违反有关安全管理的规定,因而发生重大伤亡事故或者造成其他严重后果的,处三年以下有期徒刑或者拘役。根据2015年最高人民法院、最高人民检察院《关于办理危害生产安全刑事案件适用法律若干问题的解释》第六条的规定,实施本款规定的行为,因而发生安全事故,具有下列情形之一的,应当认定为"发生重大伤亡事故或者造成其他严重后果",对相关责任人员,处三年以下有期徒刑或者拘役:(1)造成死亡一人以上,或者重伤三人以上的;(2)造成直接经济损失一百万元以上的;(3)其他造成严重后果或者重大安全事故的情形。根据本款规定,情节特别恶劣的,处三年以上七年以下有期徒刑。这里规定的"情节特别恶劣",是指造成伤亡人数特别多,造成直接经济损失特别大,或者其他违反安全管理规定非常恶劣的情况。比如，经常违反规章制度，屡教不改；明知没有安全保证，不听劝阻；发生过事故不引以为戒，继续蛮干；违章行为特别恶劣，如已因违反规章制度受到批评教育或行政处罚而不改正，再次违反安全管理规定，造成重大事故等。根据上述司法解释的规定，实施本款规定的行为，因而发生安全事故，具有下列情形之一的，对相关责任人员，处三年以上七年以下有期徒刑：(1) 造成死亡三人以上或者重伤十人以上，负事故主要责任的；(2) 造成直接经济损失五百万元以上，负事故主要责任的；(3) 其他造成特别严重后果、情节特别恶劣或者后果特别严重的情形。

第二款是关于强令、组织他人违章冒险作业罪及其处罚的规定。

一是强令他人违章冒险作业罪。强令他人违章冒险作业主要是指那些负有生产、作业指挥和管理职责的人员，为了获取高额利润，明知存在安全生产隐患，或者为了获得高额利润，采取违反安全管理规定的行为，在生产、作业人员拒绝的情况下，利用职权或者其他强制手段强令工人违章冒险作业，因而发生重大伤亡事故或者造成其他严重后果。这种情况，首先表现为工人不愿听从生产、作业指挥管理人员违章冒险作业的命令，其次是生产、作业指挥管理人员利用自己的职权或者其他手段强迫命令工人在违章的情况下冒险作业，即强迫工人服从其错误的指挥，而工人不得不违章作业。这种"强令"，不一定表现为恶劣的态度、强硬的语言或者行动，只要是利用组织、指挥、管理职权，能够对工人产生精神强制，使其不敢违抗命令，不得不违章冒险作业的，均构成"强令"。根据本款的规定，对于强令他人违章冒险作业，因而发生重大伤亡事故或者造成严重后果的，处五年以下有期徒刑或者拘役；情节特别恶劣的，处五年以上有期徒刑。这里所说的"情节特别恶劣"，比如，用恶劣手段强令工人违章冒险作业等。根据2015年最高人民法院、最高人民检察院《关于办理危害生产安全刑事案件适用法律若干问题的解释》第六条、第七条的规定，强令违章冒险作业，因而发生安全事故，具有下列情形的，应当认定为"发生重大伤亡事故或者造成其他严重后果"，对相关责任人员，处五年以下有期徒刑或者拘役：(1) 造成死亡一人以上，或者重伤三人以上的；(2) 造成直接经济损失一百万元以上的；(3) 其他造成严重后果或者重大安全事故的情形。有下列情形的，应当认定为"情节特别恶劣"，处五年以上有期徒刑：(1) 造成死亡三人以上或者重伤十人以上，负事故主要责任的；(2) 造成直接经济损失五百万元以上，负事故主要责任的；(3) 其他造成特别严重后果、情节特别恶劣或者后果特别严重的情形。

二是组织他人违章冒险作业罪。《刑法修正案（十一）》在本条第二款中增加规定了"明知存在重大事故隐患而不排除，仍冒险组织作业"的情形。理解该规定，需要注意以下问题：(1) 关于重大事故隐患。本款规定的"重大事故隐患"具有相应的标准，应当按照法律、行政法规或者安全生产监督管理部门发布的有关国家、行业标准确定。根据安全生产法和中央关于推进安全生产领域改革发展的意见，原国家安全生产监督管理总局于 2017 年发布了《煤矿重大生产安全事故隐患判定标准》，其后分别制定发布了金属、非金属矿山、化工和危险化学品生产经营单位、烟花爆竹生产经营单位、工贸行业重大生产安全事故隐患判定标准。此外，还有公安部制定的《重大火灾隐患判定方法》、水利部制定的《水利工程生产安全重大事故隐患判定标准（试行）》、交通运输部制定的《危险货物港口作业重大事故隐患判定指南》等。安全生产法第一百一十三条也规定，国务院安全生产监督管理部门和其他负有安全生产监督管理职责的部门应当根据各自的职责分工，制定相关行业、领域重大事故隐患的判定标准。需要注意的是，重大事故隐患判断标准中的内容情形也比较复杂，既包括可能直接导致、引发重大事故发生的直接重大隐患，也有属于管理培训制度、项目建设规范等方面的间接隐患，比如厂房安全距离设置不符合要求，主要负责人、安全生产管理人员未依法经考核合格，作业人数超过标准人数等，尚不足以直接导致事故的发生。因此，实践中在适用本款规定判处更重刑罚时也应当考虑重大隐患的不同情况。(2) 要求"明知"存在重大事故隐患而不排除。对事故隐患的存在主观上具有明知，虽然对危害结果的发生不是积极追求的故意，但在对重大隐患的认识上是明知的，主观上存在一种鲁莽、轻率心态，即意欲完全凭借侥幸或者为了生产作业而不管不问的心态。"不排除"是指对重大隐患不采取有效措施予以排除危险。根据安全生产法第三十八条、第四十三条、第六十七条等的规定，生产经营单位应当建立健全生产安全事故隐患排查治理制度，采取技术、管理措施，及时发现并消除事故隐患；生产经营单位的安全生产管理人员应当根据本单位的生产经营特点，对安全生产状况进行经常性检查，对检查中发现的安全问题，应当立即处理，不能处理的，应当及时报告本单位有关负责人，有关负责人应当及时处理；负有安全生产监督管理职责的部门依法对存在重大事故隐患的生产经营单位作出停产停业、停止施工、停止使用相关设施或者设备的决定，生产经营单位应当依法执行，及时消除事故隐患。立法过程中曾表述为"拒不排除"，有意见提出，这一表述可能暗含需经安全生产监督管理部门等检查指出后，拒不执行监管指令的"不排除"，会造成适用面太窄，因此删去了"拒"。(3) 仍然冒险组织作业。这是本罪的客观行为。即在明知具有重大事故隐患未排除的情况下,仍然冒险组织作业。如已发现事故苗头,仍然不听劝阻、一意孤行,拒不采纳工人和技术人员的意见,导致事故发生的;通过恶劣手段掩盖安全生产隐患,蒙骗工人作业,在出现险情的情况下仍然继续生产、作业或者指挥工人生产、作业的等。冒险组织作业的主体是冒险作业的组织者、指挥者,对一般从事、参与冒险作业的人员不适用本款规定。根据本款规定,组织他人违章冒险作业,发生重大伤亡事故或者造成其他严重后果的,处五年以下有期徒刑或者拘役;情节特别恶劣的,处五年以上有期徒刑。有关具体标准根据司法解释或者在司法实践中把握。

【实践中需要注意的问题】

首先,关于本条犯罪主体的问题。与刑法第一百三十五条、第一百三十五条之一、第一百三十七条、第一百三十八条、第一百三十九条等安全事故犯罪明确规定了犯罪主体,如直接负责的主管人员和其他直接责任人员、直接责任人员等不同,本条没有明确规定犯罪主体。本条的犯罪主体既可以是单位直接责任人员,也可以是个人、个体经营者等。单位实施重大责任事故罪及强令、组织他人违章冒险作业罪的,根据有关法律解释的规定,对企业负责人等直接责任人员可依法追究刑事责任。2014年全国人大常委会《关于〈中华人民共和国刑法〉第三十条的解释》规定,公司、企业、事业单位、机关、团体等单位实施刑法规定的危害社会的行为,刑法分则和其他法律未规定追究单位的刑事责任的,对组织、策划、实施该危害社会行为的人依法追究刑事责任。因此,由单位实施的有关安全生产事故犯罪,可以依法追究负有直接责任的企业负责人的刑事责任。另外,根据2015年最高人民法院、最高人民检察院《关于办理危害生产安全刑事案件适用法律若干问题的解释》,本条第一款规定的犯罪主体,包括对生产、作业负有组织、指挥或者管理职责的负责人、管理人员、实际控制人、投资人等人员,以及直接从事生产、作业的人员;第二款规定的犯罪主体,包括对生产、作业负有组织、指挥或者管理职责的负责人、管理人员、实际控制人、投资人等人员。根据安全生产法的规定,安全生产实行企业等生产经营单位主体责任制,生产经营单位的主要负责人对本单位的安全生产工作全面负责。实践中,企业负责人对安全生产事故发生负有直接责任的,适用本条规定处罚。

其次,在认定重大责任事故罪时,应当注意区分重大责任事故和自然事故的界限。所谓自然事故,是指不以人的意志为转移的自然原因造成的事故,如雷电、暴风雨造成电路故障而引起的人员伤亡或经济损失。如果无人违章,纯属自然事故,不构成犯罪。此外,也应当区分重大责任事故罪与技术事故的界限。所谓技术事故，是指由于技术手段或者设备条件所限而无法避免的人员伤亡或经济损失。比如在生产和科学实验中，总会因为科技水平和设备条件的限制，不可避免地出现一些事故，造成一些损失，这不是犯罪问题，但是，如果凭借现有的科技和设备条件，经过努力本来可以避免事故发生，由于疏忽大意或者过于自信未能避免的，则可能构成重大责任事故罪。

最后，注意处理好相关规定的适用情形。一是《刑法修正案（十一）》在本条中增加的组织他人违章冒险作业与强令他人违章冒险作业的关系。二者的区别主要在于是否具有"强令"行为。对于企业负责人、管理人员利用组织、指挥、管理职权，强制他人违章作业的，或者采取威逼、胁迫、恐吓等手段，强制他人违章作业的情形，应当认定为"强令"他人违章冒险作业。二是组织他人违章冒险作业罪与重大劳动安全事故罪、危险物品肇事罪、工程重大安全事故罪等其他安全生产犯罪的关系。《刑法修正案（十一）》增加组织他人违章冒险作业罪的一个主要考虑是加大对安全生产领域造成重大事故、情节特别严重的加重处罚，但是没有提高各个罪的刑罚，在这些罪涉及的具体领域，如工程建设领域、危险物品生产经营领域等，符合明知有重大隐患而不排除，仍冒险组织作业情况的，可适用组织他人违章冒险作业罪的规定，判处更重刑罚。

第一百三十四条之一 【危险作业罪】

在生产、作业中违反有关安全管理的规定，有下列情形之一，具有发生重大伤亡事故或者其他严重后果的现实危险的，处一年以下有期徒刑、拘役或者管制：

（一）关闭、破坏直接关系生产安全的监控、报警、防护、救生设备、设施，或者篡改、隐瞒、销毁其相关数据、信息的；

（二）因存在重大事故隐患被依法责令停产停业、停止施工、停止使用有关设备、设施、场所或者立即采取排除危险的整改措施，而拒不执行的；

（三）涉及安全生产的事项未经依法批准或者许可，擅自从事矿山开采、金属冶炼、建筑施工，以及危险物品生产、经营、储存等高度危险的生产作业活动的。

【条文精解】

本条是关于危险作业罪及其处罚的规定。

安全生产事关人民群众生命财产安全,事关改革开放、经济发展和社会稳定大局。近年来安全生产形势总体平稳,但重特大事故仍时有发生,还处于易发多发期,特别是重特大事故尚未得到有效遏制,给国家和人民生命财产造成特别重大损失。安全生产治理工作是一项系统性、综合性治理工作,法治在其中发挥着重要作用。2014年全国人大常委会修改了安全生产法,进一步加强了对安全生产各方面的监管和责任落实。我国刑法高度重视安全生产违法犯罪的惩治,全国人大常委会对安全生产犯罪规定多次作出修改完善。特别是《刑法修正案(六)》修改补充了重大责任事故罪、强令违章冒险作业罪、重大劳动安全事故罪、大型群众性活动重大安全事故罪及不报、谎报安全事故罪等。经过上述修改补充,我国刑法有关安全生产犯罪惩治的行为范围的规定已经较为完善了。既有一般性的重大责任事故罪等概括性罪名,也有危险物品肇事、工程建设罪等具体安全生产领域的专门罪名。由于安全生产事故类犯罪为过失犯罪,所以构成这些犯罪都要求造成重大伤亡事故或者其他严重后果。近年来,一些重特大事故如天津港瑞海公司危险品爆炸事故案、江苏响水"3·21"特大爆炸事故案等,使人们认识到等到发生事故后再治理为时已晚。有关方面提出,对一些虽尚未发生严重后果,但具有导致重大事故发生现实危险的重大隐患行为,刑法也应当提前介入,预防惩治这类犯罪。2016年中央发布的《关于推进安全生产领域改革发展的意见》提出"研究修改刑法有关条款,将生产经营过程中极易导致重大生产安全事故的违法行为列入刑法调整的范围"。根据各方面意见和实践情况,《刑法修正案(十一)》增加了本条规定。本罪在立法过程中总体上注意把握以下方面:一是入罪范围上严格限定条件,将那些只是由于救援及时或者其他完全侥幸、纯粹客观原因才避免重大伤亡事故或者其他严重后果发生,但甚至已经出现一些小事故、重大事故前兆而极易导致重大事故发生的情形纳入刑事制裁范围。因此,构成本罪,首先要求"具有发生重大伤亡事故或者其他严重后果的现实危险"。二是对重大危险作业行为明确列举。总结司法实践经验,将其中最为严重的情形分项列举,这样处理也是考虑到企业生产经营的实际情况,在强化企业安全生产主体责任、保障安全生产的同时,避免对企业的生产经营造成过度负担和正常生产经营的不当干扰。对一般违反安全生产管理的情况不作为犯罪处理。三是构成本罪不要求造成实际危害结果,属于较轻的犯罪,刑罚设置为一年以下有期徒刑、拘役或者管制。

本条为一款,下列三项,这三项行为是实践中多发易发的重大安全生产违法违规情形。

第一项，"关闭、破坏直接关系生产安全的监控、报警、防护、救生设备、设施，或者篡改、隐瞒、销毁其相关数据、信息的"。该项针对的是生产、作业中已经发现危险如瓦斯超标，但故意关闭、破坏报警、监控设备，或者修改设备阈值，破坏检测设备正常工作条件，使有关监控、监测设备不能正常工作，而继续冒险作业，逃避监管。如2009年河南平顶山新华四矿瓦斯爆炸事故中，相关责任人员故意将瓦斯监测仪探头放到窗户通风处，将报警仪电线剪断。关闭、破坏设备、设施或者篡改、隐瞒、销毁相关数据、信息的行为是"故意"的，但对结果不是希望或者追求结果，否则可能构成其他犯罪如以危险方法危害公共安全罪等。关闭、破坏的设备、设施属于"直接关系生产安全的"设备、设施，这是限定条件。直接关系生产安全是指设备、设施的功能直接检测安全环境数据，关闭、破坏后可能直接导致事故发生，具有重大危险。关闭、破坏与安全生产事故发生不具有直接性因果关系的设备、设施的，不能认定为本项犯罪。立法过程中有意见提出，将应当配置而没有配置直接关系生产安全的监控、报警、防护、救生设备、设施，或者配置不合格的上述设备、设施的情形也增加规定为犯罪，如故意不安装切断阀、防静电装置、防爆装置、通风系统和装置，未建立瓦斯抽采系统等，或者为了降低企业成本，在安全生产设备设施投入中偷工减料或者故意使用不合格产品等。考虑到实践中这类情况比较复杂，安全生产标准和要求较为全面、严格，有的不安装行为并非具有直接导致重大危害结果的危险性，且涉及企业安全生产的投入，因此未作专门规定。对这类情况是否构成危险作业罪，需要结合实践情况慎重把握。

第二项，"因存在重大事故隐患被依法责令停产停业、停止施工、停止使用有关设备、设施、场所或者立即采取排除危险的整改措施，而拒不执行的"。这是危险作业罪的核心条款。第一项和第三项规定的行为都是具体的、明确的，入罪情形是清晰和限定的，这两项情况在实践中发生，但还不是重大隐患入刑想要解决的主体性问题。立法过程中如果采取"其他违反有关安全管理规定行为，可能直接导致重大事故发生的"这种兜底项，不好判断，范围可能过大。但如果没有兜底条款，又可能无法适应安全生产各方面违法违规的复杂情况。因此，本项规定在违反安全生产管理规定的行为范围上是打开的，可以涵盖安全生产领域各类违反规定的行为，同时本项在标准条件上又是极为严格的：第一，存在重大事故隐患；第二，经监管部门责令整改；第三，拒不整改。这一构成犯罪的条件是递进的。本项规定实际上要求附加行政部门前置处罚的规定，给予监管部门强有力刑法手段的同时，促使监管部门履职到位。这样既控制了处罚范围,又适应了实践情况和加强安全生产监管的实际需要。

(1)存在重大事故隐患。重大事故隐患具有明确的国家标准、行业标准。安全生产法第一百一十三条规定:"国务院安全生产监督管理部门和其他负有安全生产监督管理职责的部门应当根据各自的职责分工,制定相关行业、领域重大事故隐患的判定标准。"目前,主要安全生产领域如煤矿、金属非金属矿山、化工和危险化学品、烟花爆竹、工贸行业、水利工程、危险货物港口作业等领域,制定了重大隐患判断标准。从具体规定看,重大隐患判断标准中的内容涵盖的范围和要求较多,有的是重大危险行为,可能直接导致危害后果发生,如瓦斯超标作业;也有一些内容属于管理培训制度、项目建设规范等方面的隐患,尚不足以直接导致事故的发生,因此,仅存在重大事故隐患还不足以纳入刑事处罚,本条规定还需经执法部门依法责令停产停业、停止施工、停止使用相关设施设备或者责令采取整改措施,拒不执行的,同时要求具备发生严重后果的现实危险的才纳入刑法。

(2)被依法责令整改,而拒不执行。本条规定强调因存在重大事故隐患被"依法"责令停产停业等措施。依法,是指监管部门必须依照安全生产法律法规等规定,依法责令,不能超越职权、随意责令停产停业等。停产停业等决定通常在企业安全生产出现高度危险时作出,对于没有执法依据的责令停产停业拒不执行的,不构成本条规定的犯罪。责令整改包括两种情况:一是被执法部门依法责令停产停业、停止施工、停止使用有关设备、设施、场所。安全生产法第六十七条规定,执法部门对存在重大事故隐患的,依法作出停产停业等决定,企业拒不执行,有发生生产安全事故的现实危险的,可以采取通知有关单位停止供电、停止供应民用爆炸物品等措施,强制生产经营单位履行决定。这种情况下冒险作业极易发生事故。例如2013年吉林八宝煤矿瓦斯爆炸事故,就是不执行停产停业、禁止人员下井决定,多次擅自违规安排人员施工,造成后续重大事故发生。二是不采取排除危险的整改措施。监管部门虽未责令停产停业,但对采取排除危险的整改措施、期限等作出明确规定,但拒不执行,有发生生产安全事故危险的情况。例如江苏响水天嘉宜"3·21"特别重大爆炸事故中,江苏响水天嘉宜化工企业对原国家安全生产监督管理总局检查中责令整改的十三项安全隐患问题,未整改,因违法违规堆放处置危险废物被行政处罚后,仍不落实责任有效整改。

第三项,"涉及安全生产的事项未经依法批准或者许可,擅自从事矿山开采、金属冶炼、建筑施工,以及危险物品生产、经营、储存等高度危险的生产作业活动的"。本项规定的是安全生产的事项未经批准擅自生产经营的,即通常所说的"黑矿山""黑加油站"等。安全生产法第六十条规定:"负有安全生产监督管理职责的部门依照有关法律、法规的规定,对涉及安全生产的事项需要审查批准(包括批准、核准、许可、注册、认证、颁发证照等)或者验收的,必须严格依照有关法律、法规和国家标准或者行业标准规定的安全生产条件和程序进行审查;不符合有关法律、法规和国家标准或者行业标准规定的安全生产条件的,不得批准或者验收通过。对未依法取得批准或者验收合格的单位擅自从事有关活动的,负责行政审批的部门发现或者接到举报后应当立即予以取缔,并依法予以处理。对已经依法取得批准的单位,负责行政审批的部门发现其不再具备安全生产条件的,应当撤销原批准。"同时,根据矿山安全法、《危险化学品管理条例》等法律法规的规定,从事矿山开采、金属冶炼、建筑施工、危险物品等行业生产经营,应当依法取得有关安全生产事项的批准。本项规定的行业是具有高度危险性的安全生产领域,在安全监管方面实行严格的批准或者许可制度。没有经过安全生产批准或者许可的,一般来说,安全生产条件不符合法定要求,极易导致重大事故发生。如矿山开采,需要建立一系列矿山安全规程和行业技术规范,未经审查的私自煤矿等开采行为,具有重大安全隐患,必须严加监管和追究法律责任。需要注意的是,本项规定的未经安全生产批准的领域要求是高度危险的生产作业活动,一般的安全生产行业、领域有关事项未经安全监管部门批准的,不构成本罪。第三项中列举的行业包括矿山开采、金属冶炼、建筑施工和危险物品等,需要注意的是建筑施工领域情况复杂,范围不能把握过宽,对于农村建房等施工领域,未取得有关安全生产事项批准的,不宜作为本罪处理。

此外,关于本条中"具有发生重大伤亡事故或者其他严重后果的现实危险"的理解。关于本罪门槛的规定及其准确表述是一个重要问题。在立法过程中曾反复研究,目的是控制好处罚范围,将那种特别危险、极易导致结果发生的重大隐患行为列入犯罪,而不能将一般的、数量众多的其他违反安全生产管理规定的行为纳入刑事制裁,毕竟本罪不要求发生现实危害结果。有的将之称为过失犯罪的危险犯,在立法中这种情况是极少的。本条没有使用"情节严重",而是使用了"现实危险"的概念,这在刑法其他条文中是没有的,采用这一概念的目的是准确表述行为的性质和危险性。安全生产法第六十七条中使用了这一概念:"生产经营单位拒不执行,有发生生产安全事故的现实危险的,在保证安全的前提下,经本部门主要负责人批准,负有安全生产监督管理职责的部门可以采取通知有关单位停止供电、停止供应民用爆炸物品等措施,强制生产经营单位履行决定。"在安全生产工作实践中对"现实危险"也有相应的判断标准。"现实危险",主要是指已经出现了重大险情,或者出现了"冒顶""渗漏"等"小事故",虽然最终没有发生重大严重后果,但这种没有发生的原因,有的是因为被及时制止了,有的是因为开展了有效救援,有的完全是偶然性的客观原因而未发生。具体判断标准将来还需要在进一步总结司法实践经验的基础上,在案件中把握或者出台有关司法解释等作出进一步明确。立法规定的这一要件为司法适用在总体上明确了指引和方向,防止将这类过失危险犯罪的范围过于扩大,防止对企业正常生产经营产生不当重大影响。

【实践中需要注意的问题】

一是妥善把握好犯罪界限和范围。认定本罪时应当严格按照本条规定的条件判断。注意把握好不能因为企业存在重大事故隐患就予以刑事处罚,还要看重大安全隐患的具体情况,是否经责令整改而拒不执行,是否属于具有"现实危险"的行为等进行综合判断。

二是在适用本条第一项、第三项的规定时,注意区分与其他犯罪的界限和罪数适用。特别是第三项的有关行为,可能同时构成非法采矿罪和非法运输、储存危险物质罪等其他犯罪,应当根据案件具体情况从一重罪处罚或者数罪并罚。

三是符合本条规定的行为,如果发生了安全事故,达到重大责任事故罪等的定罪量刑标准时,适用重大责任事故罪等相关犯罪处罚,不适用本条规定。如果发生的后果是小事故,尚不够重大责任事故罪等的定罪量刑标准,如重伤人数、经济损失数额没有达到标准,但同时具有造成更大事故的现实危险,符合本条规定的,仍应适用本条规定处罚。

第一百三十五条 【重大劳动安全事故罪】

安全生产设施或者安全生产条件不符合国家规定,因而发生重大伤亡事故或者造成其他严重后果的,对直接负责的主管人员和其他直接责任人员,处三年以下有期徒刑或者拘役;情节特别恶劣的,处三年以上七年以下有期徒刑。

【条文精解】

本条是关于重大劳动安全事故罪及其处罚的规定。

重大劳动事故罪侵犯劳动者的生命健康和重大公私财产安全。在社会主义现代化建设中，劳动者作为生产力中的决定因素，对经济、社会的发展起着非常重要的作用。我国政府部门历来坚持"安全第一"的生产方针，重视生产安全和安全生产。《刑法修正案（六）》对本条进行修改完善后，2014年通过的安全生产法、2018年第二次修正的劳动法、2019年第二次修正的建筑法等法律法规，从用人单位、主管部门等多个方面对劳动安全予以规范和保护。近年来，煤矿、高压、易燃易爆等事故频发，对侵犯劳动安全的行为要充分发挥刑法作用，切实保护劳动者生命、健康和公私财产安全。根据本条规定，构成重大劳动安全事故罪应当具备以下条件：

第一，本罪规定的刑罚适用对象是"直接负责的主管人员和其他直接责任人员"。根据最高人民法院、最高人民检察院《关于办理危害生产安全刑事案件适用法律若干问题的解释》第三条的规定，"直接负责的主管人员和其他直接责任人员"包括对安全生产设施或者安全生产条件不符合国家规定负有直接责任的生产经营单位负责人、实际控制人、投资人、主要技术负责人、安全生产管理人员，以及其他对安全生产设施或者安全生产条件负有管理、维护职责的人员等。需要说明的是，和大部分安全事故类犯罪一样，本条规定的适用对象限定在"直接负责"的主管人员和"其他直接责任"人员。所谓"直接负责"的主管人员，是指在单位实施的犯罪中起了决定、批准、授意、纵容、指挥等作用的主管人员；所谓"其他直接责任"人员，是指在直接负责的主管人员之外对其他具体实施犯罪的人员等责任人员。

第二，构成重大劳动安全事故罪需要"安全生产设施或者安全生产条件不符合国家规定"。"安全生产设施"，主要是指为了防止和消除在生产过程中的伤亡事故，防止生产设备遭到破坏，用以保障劳动者安全的技术设备、设施和各种用品。主要包括：一是防护装置，即用屏护方法使人体与生产中危险部分相隔离的装置；二是保险装置，即能自动消除生产中由于设备故障和部件损害而引起的人身事故危险的装置；三是信号装置，即应用信号警告、预防危险的装置；四是危险牌示和识别标志，即危险告示标志和借助醒目颜色或者图形判断是否安全的标志。本条规定的"安全生产条件"，主要是指劳动生产者在进行劳动生产时所处的环境条件及用于保护劳动者安全生产作业的安全防护措施、安全防护用品等。特别是从事某种特殊或者危险工作的劳动生产，如从事某种有毒、高空作业等，都必须配备相应的、符合国家有关生产安全标准的防毒设备和高空安全防护用具；又如用于防毒、绝缘、防火、避雷、防暴、通风等用品和措施，确保劳动者在一个安全的劳动条件或者具备安全防护措施的条件下进行劳动生产。另外，安全生产法第二十六条规定，生产经营单位采用新工艺、新技术、新材料或者使用新设备，必须了解、掌握其安全技术特性，采取有效的安全防护措施，并对从业人员进行专门的安全生产教育和培训。第二十八条规定，生产经营单位新建、改建、扩建工程项目的安全设施，必须与主体工程同时设计、同时施工、同时投入生产和使用。由此可见，生产经营过程中的安全防护设施、安全教育培训、安全措施保障等，尤其是这些组合形成的安全生产环境，在符合条件的情况下也可以纳入"安全生产条件"的范畴。

本条规定的"不符合国家规定"，主要是指用于劳动生产的安全生产设施或者安全生产条件，不符合国家的有关安全标准或者有关安全要求的规定。包括全国人大及其常委会在安全生产方面颁布实施的法律和决定，国务院在安全生产方面颁布实施的行政法规、行政措施以及发布的决定和命令等。实践中，有的生产经营单位新建、改建、扩建工程的安全设施未依法经有关部门审查批准，擅自投入生产或使用；有的生产经营单位不按照国家有关法律、法规的规定为工人提供必要的劳动保护用品；有的生产经营单位由于不具备安全生产条件或者存在重大事故隐患，被行政执法机关责令停产、停业或者取缔、关闭后，仍强行生产经营等；均属于"不符合国家规定"的情形。另外，为了确保劳动生产的安全，国家对劳动生产设施采取国家统一的安全技术标准认定，并对生产设施、设备的安全使用期限都有严格的规定。劳动生产部门应当使用具有国家有关部门经过技术标准认定的生产设施和设备，严禁使用不符合技术标准的或者超过使用期限而应当报废的生产设施和设备。实践中，有的生产经营单位擅自使用不符合国家规定的安全设施、设备或者使用超过安全使用期限的生产设施、设备，也属于"不符合国家规定"的情形。再者，对劳动生产条件的安全，有关法律、法规也都有明确的规定，特别是从事有毒有害或者危险作业的行业。如安全生产法第三十四条规定，生产经营单位使用的危险物品的容器、运输工具，以及涉及人身安全、危险性较大的海洋石油开采特种设备和矿山井下特种设备，必须按照国家有关规定，由专业生产单位生产，并经具有专业资质的检测、检验机构检测、检验合格，取得安全使用证或者安全标志，方可投入使用。第三十五条规定，国家对严重危及生产安全的工艺、设备实行淘汰制度，具体目录由国务院安全生产监督管理部门会同国务院有关部门制定并公布。生产经营单位不得使用应当淘汰的危及生产安全的工艺、设备。实践中，有些生产经营单位不按规定给工人配备必要的安全防护用品和设备都是不符合国家规定的。

第三，构成重大劳动安全事故罪要"发生重大伤亡事故或者造成其他严重后果"。根据前述司法解释的有关规定,"重大伤亡事故"是指造成死亡一人以上,或者重伤三人以上的情形;"造成其他严重后果的",是指造成直接经济损失一百万元以上或者其他严重后果的情况,如造成国家有关的重要工程、生产计划不能如期完工的严重后果等。

此外,根据前述司法解释的规定,本条规定的"情节特别恶劣",是指造成死亡三人以上或者重伤十人以上,负事故主要责任的;或者造成直接经济损失五百万元以上,负事故主要责任的;或者其他造成特别严重后果、情节特别恶劣或者后果特别严重的情形,如经有关部门多次要求整改而拒不执行、曾发生过劳动安全事故仍不重视劳动安全设施造成严重后果的,事故发生后未采取积极措施阻止危害结果扩大蔓延造成严重后果的,或者事故发生后为逃避责任而故意破坏现场、毁灭证据等行为的。

根据本条规定,构成犯罪的,对直接负责的主管人员和其他直接责任人员,处三年以下有期徒刑或者拘役;情节特别恶劣的,处三年以上七年以下有期徒刑。刑法第三十一条规定:"单位犯罪的,对单位判处罚金,并对其直接负责的主管人员和其他直接责任人员判处刑罚。本法分则和其他法律另有规定的,依照规定。"据此,对单位犯罪的处罚是以双罚制为原则,单罚制为例外。本条没有规定罚金刑,主要是考虑:首先,发生安全事故的单位应立即整改使安全生产设施、安全生产条件达到国家规定,以及对安全事故伤亡人员进行治疗、赔偿,因此在处罚上只追究"直接负责的主管人员和其他直接责任人员"的刑事责任。其次,此类犯罪主要是过失犯罪,不属于贪利性犯罪。包括安全生产法在内的大量法律法规,已经对安全生产事故类犯罪中的单位主体和直接责任人员规定了具体的罚款等经济处罚措施。

【实践中需要注意的问题】

实际执行中应当注意本罪和第一百三十四条重大责任事故罪的区别。刑法第一百三十四条、第一百三十五条都是涉及违反安全生产规定的犯罪,两者都有重大事故的发生,且行为人对重大事故的发生通常都是一种过失的心理状态。但两者有明显区别:(1)刑罚适用对象不同。本条规定的重大劳动安全事故罪适用的主体主要是对安全生产设施和安全生产条件不符合规定负有"直接责任"的主管和其他人员;而第一百三十四条重大责任事故罪适用的主体则主要是对生产、作业过程负有"领导或管理责任"的相关人员,以及直接违规生产、作业的人员。(2)客观方面的行为方式不同。本条规定的重大劳动安全事故罪具体表现为不提供安全生产设施、对劳动安全隐患不采取整改措施或者提供的安全生产条件不符合国家规定等;而第一百三十四条重大责任事故罪主要表现在主管领导指示或者工人自行违反安全管理规定生产、作业或强令、组织他人违章冒险作业等。需要注意的是，由于安全生产设施或者安全生产条件不符合国家规定本身就属于违反安全管理规定的内容，对于在生产、作业中安全生产设施或者安全生产条件不符合国家规定，因而发生重大事故，造成严重后果的，存在重大劳动安全事故罪与重大责任事故罪竞合的情形，对符合本条规定情形的行为人应当适用本罪定罪处罚。

第一百三十五条之一　【大型群众性活动重大安全事故罪】
举办大型群众性活动违反安全管理规定，因而发生重大伤亡事故或者造成其他严重后果的，对直接负责的主管人员和其他直接责任人员，处三年以下有期徒刑或者拘役；情节特别恶劣的，处三年以上七年以下有期徒刑。

【条文精解】

本条是关于大型群众性活动重大安全事故罪及其处罚的规定。根据本条的规定，构成这一犯罪需要符合以下几个条件：

第一，本罪的主体是特殊主体，包括大型群众性活动举办单位及相关人员。需要注意的是，我国大型群众性活动的安全管理实行承办者负责、政府监管的原则，县级以上人民政府公安机关负责大型群众性活动的安全管理工作，县级以上人民政府其他有关主管部门按照各自的职责，负责大型群众性活动的其他安全工作。实践中，我国许多大型集会、体育赛事、文艺演出等群众性活动是由地方政府主办或者政府部门协调举办的，但承办者才是大型群众性活动的实际组织者，根据国务院2007年颁布施行的《大型群众性活动安全管理条例》的有关规定，承办者对其承办活动的安全负责，承办者的主要负责人为大型群众性活动的安全责任人。对负有安全监管职责的有关主管部门的工作人员在履行大型群众性活动安全管理职责中，有滥用职权、玩忽职守、徇私舞弊行为，构成犯罪的，应当依据刑法第九章渎职罪的相关规定追究刑事责任。

第二，行为人主观上是过失。即行为人对自己违反有关安全管理规定举办大型群众性活动的行为，可能发生的危害社会的结果，因为疏忽大意而没有预见，或者已经预见而轻信能够避免，以致发生这种结果。

第三，行为人客观上实施了违反安全管理规定，举办大型群众性活动的行为。大型活动的举办，其特点是在一定时期和有限的空间内，人员众多，身份复杂，物资汇聚，极易发生重大伤亡事故。针对这一特点，为预防和减少事故的发生，确保人民群众的生命和财产安全，我国法律法规对举办大型群众性活动规定了明确的条件。《大型群众性活动安全管理条例》对大型群众性活动有关人员的安全责任和安全管理要求作了明确规定。根据该规定，大型群众性活动的预计参加人数在一千人以上五千人以下的，由活动所在地县级人民政府公安机关实施安全许可；预计参加人数在五千人以上的，由活动所在地设区的市级人民政府公安机关或者直辖市人民政府公安机关实施安全许可；跨省、自治区、直辖市举办大型群众性活动的，由国务院公安部门实施安全许可。举办大型群众性活动，承办者应当制定大型群众性活动安全工作方案。根据本条的规定，构成这一犯罪的客观行为要同时具备两个条件：一是"违反安全管理规定"。这里的"安全管理规定"是广义的，不仅包括举办大型群众性活动应当具备的各种安全防范设施，还包括举办大型群众性活动涉及的人员管理的各种安全规定。如参加者人数大大超出场地人员的核定容量，没有迅速疏散人员的应急预案等存在严重安全隐患，不符合举办大型群众性活动的安全要求，可能危及参加者人身财产安全等情况。二是举办的是"大型群众性活动"。所谓"大型群众性活动"，一般是指法人或者其他组织面向社会公众举办的每场次预计参加人数达到一千人以上的各种群众活动，如体育比赛活动，演唱会、音乐会等文艺演出活动，展览、展销活动等。

第四，举办大型群众性活动违反安全管理规定的行为导致了"重大伤亡事故或者造成其他严重后果"的危害结果的发生。这是区分罪与非罪的重要界限，且举办大型群众性活动违反安全管理规定的行为与发生重大伤亡事故或者造成其他严重后果之间要有直接因果关系。根据最高人民法院、最高人民检察院《关于办理危害生产安全刑事案件适用法律若干问题的解释》，举办大型群众性活动违反安全管理规定，涉嫌下列情形之一的，应当认定为"发生重大伤亡事故或者造成其他严重后果"：（1）造成死亡一人以上，或者重伤三人以上的；（2）造成直接经济损失一百万元以上的；（3）其他造成严重后果或者重大安全事故的情形。具有下列情形之一的，应当视为"情节特别恶劣"：（1）造成死亡三人以上或者重伤十人以上，负事故主要责任的；（2）造成直接经济损失五百万元以上，负事故主要责任的；（3）其他造成特别严重后果、情节特别恶劣或者后果特别严重的情形。

对构成本条规定之罪的，法律对直接负责的主管人员和其他直接人员，规定了两档刑罚：发生重大伤亡事故或者造成其他严重后果的，处三年以下有期徒刑或者拘役；情节特别恶劣的，处三年以上七年以下有期徒刑。这主要是考虑到刑法关于过失犯罪的量刑平衡问题。我国刑法对过失罪的处刑大多数条款规定的最高刑都为七年有期徒刑。

【实践中需要注意的问题】

实际执行中应当注意本罪的适用主体问题。本条规定的犯罪属于单位犯罪，这里的"单位"既包括法人组织，也包括非法人组织；既包括国家机关，也包括非国家机关性质的公司和企事业单位。因此，在适用本罪时要注意以下几种情形：一是承办者是国家机关尤其是政府部门，因违反安全管理规定举办大型群众性活动导致发生重大伤亡事故或其他严重后果的，对安全事故直接负责的主管人员及其他直接责任人员也应当适用本罪。二是承办者虽然是普通的公司、企事业单位，但是有国家工作人员违反规定投资入股甚至生产经营的，对依法应当承担本条规定法律责任的国家工作人员，可考虑从重处罚。三是承办者对其承办活动的安全负责，承办者的主要负责人为大型群众性活动的安全责任人。活动的其他参与者，如主办方、协办方、赞助商等不实际承担安全事务的，不适用本条规定。对负有安全监管职责的有关主管部门的工作人员在履行大型群众性活动安全管理职责中，有滥用职权、玩忽职守、徇私舞弊行为，构成犯罪的，应当依据刑法第九章的相关规定追究刑事责任。

第一百三十六条 【危险物品肇事罪】

违反爆炸性、易燃性、放射性、毒害性、腐蚀性物品的管理规定，在生产、储存、运输、使用中发生重大事故，造成严重后果的，处三年以下有期徒刑或者拘役；后果特别严重的，处三年以上七年以下有期徒刑。

【条文精解】

本条是关于危险物品肇事罪及其处罚的规定。

第一，构成本罪的主体为生产、储存、运输、使用危险物品的工作人员。由于他们在工作中负有遵守、执行危险物品管理规定的职责，如果违规并发生重大事故，造成严重后果的，当然要依法追究刑事责任。

第二，行为人在主观上是出于过失。若行为人是故意制造爆炸等事故，则不适用本条，而应适用其他有关条款定罪处罚，如本法第一百一十四条规定的危害公共安全犯罪等。

第三，本罪在客观方面实施了违反爆炸性、易燃性、放射性、毒害性、腐蚀性物品的管理规定的行为。根据安全生产法第一百一十二条的规定，该法规定的危险物品，是指易燃易爆物品、危险化学品、放射性物品等能够危及人身安全和财产安全的物品，与本条规定的爆炸性、易燃性、放射性、毒害性、腐蚀性物品在范围上大致相同。构成危险物品肇事罪首先是违反了上述危险物品的相关管理规定。这里的危险物品包括：(1)"爆炸性"物品，是指多种具有爆炸性能的物品，如各种炸药、雷管、非电导爆系统、起爆药和爆破剂以及黑火药、烟火剂、信号弹和烟花爆竹等；(2)"易燃性"物品，是指汽油、煤油、酒精、丙酮、橡胶水以及各种很容易燃烧的化学物品和液剂；(3)"放射性"物品，是指铀、镭以及其他各种具有放射性能，并对人体或牲畜能够造成严重损害的物品；(4)"毒害性"物品，是指如氰化钾等其他各种对人体或牲畜能够造成严重毒害的物品；(5)"腐蚀性"物品，是指硫酸、盐酸等能够严重毁坏其他物品以及人身的物品。这些物品本身具有很大的危险性，国家有关主管部门为保证这些物品的安全生产、储存、运输、使用，都有严格的管理规定，以确保人身和财产安全，防止危害公共安全。在正常情况下，只要严格遵守国家有关部门制定的各种规定，是可以避免发生危险事故的。

本条规定的违反危险物品"管理规定"，是指行为人必须有违反国家有关部门颁布实施的危险物品管理规定的行为。为了保障安全生产、储存、运输、使用本条规定的危险物品，不仅我国安全生产法作了规定，要求有关主管部门依照有关法律法规的规定和国家标准或者行业标准审批并实施监督管理；国家有关部门也陆续颁发了一系列危险物品管理规定，如《危险化学品安全管理条例》《道路危险货物运输管理规定》《民用爆炸物品管理条例》等，对危险物品的种类、范围以及生产、储存、运输、使用的具体管理办法都作了明确而具体的规定。在判定行为人是否构成本罪时，必要严格按照该行为是否明确违反了有关危险物品的管理规定来判断，这是构成本罪的前提条件。这些安全管理规定涵盖了危险物品生产、储存、运输、使用的各个环节。包括以下具体情形：在生产方面，通常表现为不按规定要求设置相应的通风、防火、防爆、防毒、监测、报警、防潮、避雷、防静电、隔离操作等安全设施；在储存方面，如不按规定设专人管理，不设置相应的防爆、泄压、防火、防雷、灭火、防晒、调温、消除静电、防护围堤等安全设施；在运输方面，如违反有关规定，将客货混装，不按规定分运、分卸，不限速行驶，货物的容器和包装不符合安全规定，押运员擅离职守等；在使用方面不按规定的剂量、范围、方法使用或者不采取必要的防护措施等。行为人只有在生产、储存、运输、使用危险物品的过程中,违反危险物品的管理规定,才能构成本罪。如果行为人在其他场合发生与危险物品有关的重大事故,如已经到达目的地的烟花爆竹货运司机,携带少量烟花爆竹回家途中发生意外导致爆炸发生重大事故的,可能构成过失致人死亡罪、过失致人重伤罪或者危害公共安全等犯罪,但一般不按照本罪处理。

第四,根据本条规定,行为人违反危险物品管理规定的行为必须"发生重大事故,造成严重后果",才构成犯罪,即必须因违反危险物品管理规定而发生重大事故,造成严重后果,这是构成本罪的结果条件。其中,根据最高人民法院、最高人民检察院《关于办理危害生产安全刑事案件适用法律若干问题的解释》,发生重大事故,"造成严重后果的",是指:(1)造成死亡一人以上,或者重伤三人以上的;(2)造成直接经济损失一百万元以上的;(3)其他造成严重后果或者重大安全事故的情形。对相关责任人员,处三年以下有期徒刑或者拘役。"后果特别严重的",是指:(1)造成死亡三人以上或者重伤十人以上,负事故主要责任的;(2)造成直接经济损失五百万元以上,负事故主要责任的;(3)其他造成特别严重后果、情节特别恶劣或者后果特别严重的情形。对相关责任人员,处三年以上七年以下有期徒刑。其中,未依法取得安全许可证件或者安全许可证件过期或被暂扣、吊销、注销后从事生产经营活动的,依法从重处罚。

【实践中需要注意的问题】

首先,罪与非罪的区别。危险物品肇事罪与自然事故、技术事故的区别。自然事故是指由于行为人不能预见或不能抗拒的自然条件的变化而导致的事故;技术事故是指由于技术条件和设备条件未达到应有水平和性能而造成的事故。如果在生产、储存、运输、使用危险物品过程中发生的重大事故不是由于行为人的违章违规行为所引起的,而是由于自然原因或者技术原因引起的,则属于自然事故或技术事故。如因暴雨或山洪导致库房倒塌,致使毒害性、腐蚀性物品扩散造成环境污染、财产损失等严重后果的,如果储存条件和设施等合法合规,事故是由因不可抗力的自然原因造成的,那么就属于自然事故,一般不构成犯罪。但是,在安全事故发生后,负有报告职责的人员不报或者谎报事故情况,贻误事故抢救,情节严重的,可能构成不报、谎报安全事故罪。

其次,危险物品肇事罪与本法第一百二十五条规定的非法制造、买卖、运输、邮寄、储存枪支、弹药、爆炸物罪和非法制造、买卖、运输、储存危险物质罪的区别。一是主观方面不同。前者是过失犯罪;后者是故意犯罪。

二是构成犯罪的要求不同。前者要求必须发生重大事故并造成严重后果，是结果犯；后者则不要求发生实际的危害结果。三是犯罪对象不完全相同。本条规定的是危险物品，具体包括爆炸性、易燃性、放射性、毒害性、腐蚀性物品等物品。第一百二十五条第一款规定的是枪支、弹药、爆炸物，第二款规定的是毒害性、放射性、传染病病原体等物质。

最后，本罪与重大责任事故罪的关系。根据刑法第一百三十四条第一款的规定，在生产、作业中违反有关安全管理的规定，因而发生重大伤亡事故或者造成其他严重后果的，构成重大责任事故罪。该条中的"违反有关安全管理的规定"可以包括违反危险物品管理规定在内的所有有关安全生产的规章制度。鉴于本条属于重大责任事故犯罪的特殊规定，在生产中违反危险物品管理规定，因而发生重大事故，造成严重后果的，应当适用本罪定罪处罚。

第一百三十七条 【工程重大安全事故罪】

> 建设单位、设计单位、施工单位、工程监理单位违反国家规定，降低工程质量标准，造成重大安全事故的，对直接责任人员，处五年以下有期徒刑或者拘役，并处罚金；后果特别严重的，处五年以上十年以下有期徒刑，并处罚金。

【条文精解】

本条是关于工程重大安全事故罪及其处罚的规定。根据本条规定，构成本罪必须具备以下条件：

第一，构成本罪的主体是单位，即建设单位、设计单位、施工单位及工程监理单位。工程建设是一项对质量要求相当严格的工作，要求设计科学、施工认真、建筑材料合格等，任何一个环节出差错都可能对国家、集体和个人带来严重后果。并且由于这类事故往往是人为原因导致，要求建设单位、设计单位、施工单位及工程监理单位遵守国家规定的质量标准，不仅是建筑行业的基本要求，也是维护社会公共安全的应有之义。根据建筑法及相关规定，"建设单位"，是具有开发、建设、经营工程项目的权利或资格的单位；"设计单位"，是指专门承担勘察设计任务的勘察设计单位以及其他承担勘察设计任务的勘察设计单位；"施工单位"，是指从事土木建筑、线路管道、设备安装和建筑装饰装修等工程新建、扩建、改建活动的建筑业企业，其中包括工程施工总承包企业、施工承包企业；"工程监理单位"，是指对建筑工程专门进行监督管理,以保证质量、安全的单位。所谓"直接责任人员",一般是指对建筑工程质量安全负有直接责任的人员,包括对是否降低工程质量标准有权作出决定的有关领导人员,建设单位的建设人员,设计单位的设计人员,施工单位的施工人员,监理单位的监理人员等。对直接责任人员范围的掌握,应本着直接因果关系的原则,合理确定。

第二,本罪在客观方面表现为违反国家规定、降低工程质量标准、造成重大安全事故的行为。"违反国家规定"是指违反国家有关建筑工程质量监督管理方面的法律法规,包括安全生产法、建筑法、《建设工程质量管理条例》、《建设工程安全生产管理条例》等。"降低工程质量标准",是指建设单位、设计单位、施工单位和工程监理单位违反国家规定,以低于国家规定的质量标准进行工程的建设、设计、施工、监理的行为。主要表现为:(1)建设单位违反规定,要求设计单位或施工单位压缩工程造价,增加建房层数,降低工程标准,提供不合规格质量的建筑材料、建筑构件、配件和设备强迫施工单位使用,造成工程质量下降的行为;(2)设计单位不按建筑工程质量标准、技术规范以及建设单位的特别质量要求对工程进行设计,造成工程质量下降的行为;(3)施工单位在施工中偷工减料,擅自使用不合规格的建筑材料、建筑构件、配件和设备,或者不按照设计图纸或者施工技术标准施工,造成工程质量下降的行为;(4)工程监理单位不认真履行监理职责,对有损工程质量的设计和施工行为不监督、不指出、不制止、不提出规范和整改措施的行为等。

第三,构成犯罪需要造成重大安全事故。"重大安全事故"是指该建筑工程在建设中以及交付使用后,由于达不到质量标准或者存在严重问题,导致建筑工程坍塌、机械设备损毁、安全设施失当,造成人员伤亡或重大经济损失的事故。根据最高人民法院、最高人民检察院《关于办理危害生产安全刑事案件适用法律若干问题的解释》的相关规定,具有下列情形之一的,应当认定为"重大安全事故":(1)造成死亡一人以上,或者重伤三人以上的;(2)造成直接经济损失一百万元以上的;(3)其他造成严重后果或者重大安全事故的情形。具有下列情形之一的,应当认定为"造成严重后果":(1)造成死亡三人以上或者重伤十人以上,负事故主要责任的;(2)造成直接经济损失五百万元以上,负事故主要责任的;(3)其他造成特别严重后果、情节特别恶劣或者后果特别严重的情形。

根据本条规定,建设单位、设计单位、施工单位、工程监理单位违反国家规定,降低工程质量标准,造成重大安全事故的,对直接责任人员,处五年以下有期徒刑或者拘役,并处罚金;后果特别严重的,处五年以上十年以下有期徒刑，并处罚金。

【实践中需要注意的问题】

实际执行中应当注意无法定工程资格、无相关工程资质、非法设立的单位能否成为本罪的犯罪主体问题。

根据建筑法和《建设工程质量管理条例》的规定，建设单位必须领取施工许可证与开工报告；设计单位应当依法取得相应等级的资质证书，并在其资质等级许可范围内承揽工程；施工单位应当依法取得相应等级的资质证书，并在其资质等级许可的范围内承揽工程；工程监理单位应当依法取得相应等级的资质证书，并在其资质等级许可的范围内承担工程监理业务。对未取得法定工程资格，而从事相关工程的建设、设计、施工、监理的单位能否认定为本罪犯罪主体的问题，本条仅从形式上规定了工程重大安全事故罪的单位主体，并未对此类单位的法定工程资格作出规定。有无法定工程资格，并不妨碍相关单位成为本罪的犯罪主体。虽然这些单位系非法成立，但是只要它们是以建设、设计、施工、监理的身份作用于工程建设，无论它们名义上是否具有相应称呼、法律上是否具有相应资质，都可以成为本罪的犯罪主体。在司法实践中，最高人民检察院曾在《关于无照施工经营者能否构成重大责任事故罪主体的批复》中明确，"无照施工经营者在施工过程中强令从业人员违章冒险作业，造成重大伤亡事故的，可以构成重大责任事故罪的犯罪主体"。当然，如果不具有单位属性的，纯粹是个人或多数人集体建设、设计、施工、监理工程，降低工程质量标准而造成重大安全事故的，不能构成本罪，可依其他相关罪名追究责任人的刑事责任。

第一百三十八条 【教育设施重大安全事故罪】

明知校舍或者教育教学设施有危险，而不采取措施或者不及时报告，致使发生重大伤亡事故的，对直接责任人员，处三年以下有期徒刑或者拘役；后果特别严重的，处三年以上七年以下有期徒刑。

【条文精解】

本条是关于教育设施重大安全事故罪及其处罚的规定，主要包括以下几个方面：

第一，构成本罪的主体主要是对学校校舍及其他教育教学设施的安全负有责任的学校领导和学校上级机关、有关房管部门的主管人员；特殊情况下，也可能包括未经允许擅自使用有危险性的校舍或者教育教学设施的一般教师。

第二，本罪在主观方面表现为过失。可以是疏忽大意的过失，也可以是过于自信的过失。这里所说的过失，是指行为人对其所造成的危害结果的心理状态而言，即行为人明知校舍或者教育教学设施有危险，但却未预料到会因此立即产生严重后果，或者轻信能够避免，以致发生了重大安全事故。

第三，本罪在客观方面表现为明知校舍或者教育教学设施具有危险而仍不采取措施或者不及时报告，致使发生重大事故的行为。教育是社会主义现代化建设的基础，而校舍和教育教学设施则是进行教育的最基本条件。本罪严重危害学校等教育教学机构的正常活动秩序和师生员工的人身安全。如果校舍、教育教学设施不符合安全标准，一旦发生教育教学设施重大安全事故，不仅会造成不特定师生员工的重伤、死亡和国家财产的重大损失，而且还会扰乱正常的教学秩序，造成恶劣的社会影响。因此，对校舍、教育教学设施负有安全责任的主管人员和直接责任人员必须正确履行职责，维护教学活动的正常进行和师生员工的人身安全。

所谓"校舍"，主要是指各类学校及其他教育机构的教室、教学楼、行政办公室、宿舍、图书阅览室等；"教育教学设施"，是指用于教育教学的各类设施、设备，如实验室及实验设备、体育活动场地及器械等。"明知校舍或者教育教学设施有危险"，一般是指知道校舍或者教育教学设施有倒塌或者发生人身伤害的危险。行为人负有保障校舍或者教育教学设施安全的责任，有义务排除校舍或者教育教学设施上存在的危险，却不履行职责，对既存危险不采取措施或者不及时报告，以致发生重大伤亡事故。

"明知校舍或者教育教学设施有危险，而不采取措施或者不及时报告"，是指明知道校舍或者教育教学设施有倒塌或者发生人身伤害事故的危险、隐患，不履行自己应当履行的职责，采取有效的措施或者向有关主管部门、上级领导报告，以防止事故发生的行为。在现实生活中，校舍及教育教学设施发生重大伤亡事故的原因很多，现有的校舍及教育教学设施，有的已十分陈旧，但由于资金有限，非主观愿望就可以改变现状，立法时充分考虑到这一实际情况，明确规定本罪打击的重点是那些负有领导责任的人员，对学校的危房及存在危险的教育教学设施，漠不关心，发现问题不及时采取防范措施，自己不能解决时，也不向上级领导及有关主管机关及时报告的行为。

这里的"不采取措施"，通常包括三种情形：一是行为人明知校舍或者教育教学设施有危险，却对危险视而不见，不采取任何措施排除危险；二是虽然对危险有能力采取行动也采取了一定行动，但是措施并没有落到实处，敷衍了事，不足以消除危险；三是措施并非有效措施，无法消除既存的危险，即对于行为人主观上误认为自己已采取了有效的措施足以防止重大伤亡事故发生，而客观上采取的措施不足以有效地防止重大伤亡事故发生的情况，仍属于"不采取措施"的行为，存在以教育设施重大安全事故罪论处的可能性。"不采取措施"的具体表现方式多种多样，如各级人民政府中分管教育的领导和教育行政部门的领导对学校的危房情况漠不关心，应当投入危房改造维修资金但不及时投入，或者虽然知道危房情况，不及时组织、协调各方面的力量进行维修、改造；学校校长和分管教育教学设施的副校长对校舍或教育教学设施的情况不过问，不进行检查，发现了问题也不及时采取防范措施，对已经确定为危房的校舍仍然使用，对有严重隐患的，不安排人员进行加固处理，对有危险的教学设备、仪器、器械不及时更换；有关维修人员不按职责对校舍等进行正常检查、维修或者对应该立即维修的校舍、教育教学设施故意拖延时间不立即采取维修措施等。

"不及时报告"，是指行为人在没有能力排除危险的情况下，不及时向当地人民政府、教育行政部门或学校领导报告校舍、教育教学设施存在的危险，以致延误了上级单位采取措施的时机，致使发生重大伤亡事故。行为人能够采取措施而不采取、不能采取措施而又不及时报告，是本罪在客观方面的两种行为表现，行为人只需具备其中之一，就可构成本罪。关于报告的及时性，要视实践中的具体情形而定。通常来讲，如果上级主管部门在接到行为人的报告之后，有能力立即采取措施却未及时排除危险，造成重大伤亡事故的，一般以本罪追究上级主管部门相关责任人员的刑事责任；如果行为人在不能排除危险的情况下，虽然向上级报告了危险情况，但不及时，以至于延误上级单位采取相关措施的时机，导致发生重大伤亡事故，则依然构成本罪。

构成本罪必须导致重大伤亡事故的发生。这里的"重大伤亡事故"，根据最高人民法院、最高人民检察院《关于办理危害生产安全刑事案件适用法律若干问题的解释》的相关规定，一般是指造成死亡一人以上，或者重伤三人以上的。"后果特别严重"，是指：（1）造成死亡三人以上或者重伤十人以上，负事故主要责任的；（2）具有造成死亡一人以上，或者重伤三人以上的情形，同时造成直接经济损失五百万元以上并负事故主要责任的，或者同时造成恶劣社会影响的。

根据本条规定，构成犯罪的，处三年以下有期徒刑或者拘役；后果特别严重的，即造成人员伤亡众多、国家财产遭受特别重大损失、社会影响极为恶劣的情形，处三年以上七年以下有期徒刑。

第一百三十九条 【消防责任事故罪】

违反消防管理法规，经消防监督机构通知采取改正措施而拒绝执行，造成严重后果的，对直接责任人员，处三年以下有期徒刑或者拘役；后果特别严重的，处三年以上七年以下有期徒刑。

【条文精解】

本条是关于消防责任事故罪及其处罚的规定，主要包括以下几个方面：

第一，本罪主体是一般主体，主要是负有防火安全职责的单位负责人员、主管人员或者其他直接责任人员。

第二，本罪在主观方面表现为过失。可以是疏忽大意的过失，也可以是过于自信的过失。这里所说的过失，是指行为人对其所造成的危害结果的心理状态而言。行为人主观上并不希望火灾事故发生，但就其违反消防管理法规，经消防监督机构通知采取改正措施而拒绝执行而言，则是存在主观故意的。行为人明知是违反了消防管理法规，但却未想到会因此立即产生严重后果，或者轻信能够避免，以致发生了严重后果。

第三，本罪在客观方面表现为违反消防管理法规，经消防监督机构通知采取改正措施而拒绝执行，造成严重后果的。

本罪严重侵犯国家的消防监督检查制度和公共安全。消防工作涉及各行各业，关系国计民生和社会安定。我国对消防工作实行严格的监督管理，专门制定了消防法及与之相配套的《建筑工程消防监督审核管理规定》《火灾事故调查规定》《消防监督检查规定》《机关、团体、企业、事业单位消防安全管理规定》等规章制度。

"违反消防管理法规"，是指违反国家有关消防方面的法律、法规以及有关主管部门为保障消防安全所作的规定。如消防法、烟草行业消防安全管理规定、高层建筑消防安全管理规定等。违反消防管理法规的行为包括：不执行国务院有关主管部门关于建筑设计防火规范的规定；不经允许在森林、草原野外用火；不按规定，在非安全地点新建生产、储存和装卸易燃易爆化学物品的工厂、仓库和专用车站、码头；人员集中的公共场所、安全出口、疏散通道无法保证畅通无阻；没有建立用火用电与易燃易爆物品的管理制度以及加强值班和巡逻的制度；应当配置消防器材、设备、设施而没有配置等。

"消防监督机构"，根据消防法有关规定，国务院应急管理部门对全国的消防工作实施监督管理。县级以上地方人民政府应急管理部门对本行政区域内的消防工作实施监督管理，并由本级人民政府消防救援机构负责实施。县级以上地方人民政府应急管理部门对本行政区域内的消防工作实施监督管理，并由本级人民政府消防救援机构负责实施。军事设施的消防工作，由其主管单位监督管理，消防救援机构协助；矿井地下部分、核电厂、海上石油天然气设施的消防工作，由其主管单位监督管理。县级以上人民政府其他有关部门在各自的职责范围内做好消防工作。法律、行政法规对森林、草原的消防工作另有规定的，从其规定。

我国综合性消防救援队伍由应急管理部管理，是由公安消防部队（武警消防部队）、武警森林部队退出现役，成建制划归应急管理部后组建成立的。省、市、县级分别设消防救援总队、支队、大队，城市和乡镇根据需要按标准设立消防救援站；森林消防总队以下单位保持原建制。

根据消防法第四条的规定，我国消防监督管理工作由国务院和县级以上地方人民政府应急管理部门负责，并由本级人民政府消防救援机构负责实施。消防救援机构应当对机关、团体、企业、事业等单位遵守消防法律、法规的情况依法进行监督检查，在消防监督检查中发现火灾隐患的，应及时向被检查的单位或居民以及上级主管部门发出火险隐患整改通知书，被通知单位的防火负责人或公民，应当采取有效措施，消除火灾隐患，并将整改的情况及时告诉消防监督机构。不及时消除隐患可能严重威胁公共安全的，消防救援机构应当依照规定对危险部位或者场所采取临时查封措施。行为人经消防监督机构通知采取改正措施而拒绝执行，既包括对火险隐患视而不见、不实施改正措施，也包括未按照要求采取改正措施或者其采取的改正措施不到位，不足以消除火险隐患。如果行为人有违反消防管理法规的行为，但是没有接到过消防监督机构关于采取改正措施的通知，即使造成严重后果，也不宜以本罪论处。

构成本罪必须造成严重后果。根据最高人民法院、最高人民检察院《关于办理危害生产安全刑事案件适用法律若干问题的解释》，这里所说的"造成严重后果"，包括以下几种情形：（1）造成死亡一人以上，或者重伤三人以上的；（2）造成直接经济损失一百万元以上的；（3）其他造成严重后果或者重大安全事故的情形。"后果特别严重"，包括以下几种情形：（1）造成死亡三人以上或者重伤十人以上，负事故主要责任的；（2）造成直接经济损失五百万元以上，负事故主要责任的；（3）其他造成特别严重后果、情节特别恶劣或者后果特别严重的情形。

根据本条规定，犯本罪，对直接责任人员，处三年以下有期徒刑或者拘役；后果特别严重的，处三年以上七年以下有期徒刑。

【实践中需要注意的问题】

实际执行中,应当注意本罪与玩忽职守罪的关系。一方面,由于本罪涉及消防监督管理职责,根据最高人民法院、最高人民检察院《关于办理危害生产安全刑事案件适用法律若干问题的解释》,国家机关工作人员在履行安全监督管理职责时滥用职权、玩忽职守,致使公共财产、国家和人民利益遭受重大损失的,依照刑法第三百九十七条的规定,以滥用职权罪、玩忽职守罪定罪处罚;公司、企业、事业单位的工作人员在依法或者受委托行使安全监督管理职责时滥用职权或者玩忽职守,构成犯罪的,适用刑法关于渎职罪的规定追究刑事责任。因此,本条对消防监督机构积极正确履职也提出了相应要求。另一方面,如果事故单位的负责人或直接责任人员是国家机关工作人员,违反消防管理法规,经消防监督机构通知采取改正措施而拒绝执行,致使发生火灾事故,造成严重后果的,则属于法条竞合,同时触犯本条和本法第三百九十七条的规定,一般应择一重处罚。

第一百三十九条之一 【不报、谎报安全事故罪】

在安全事故发生后,负有报告职责的人员不报或者谎报事故情况,贻误事故抢救,情节严重的,处三年以下有期徒刑或者拘役;情节特别严重的,处三年以上七年以下有期徒刑。

【条文精解】

本条是关于不报、谎报安全事故罪及其处罚的规定,包括以下几个方面:

第一,本条规定的犯罪主体是对安全事故的发生负有报告职责的人员。这里的"安全事故",是指环境污染、水灾、矿难、大型群众性活动中发生的重大伤亡事故等各种安全事故。"负有报告职责的人员",是指负有组织、指挥或者管理职责的负责人、管理人员、实际控制人、投资人,以及其他负有报告职责的人员,包括生产经营单位的主要负责人、负有安全生产监督管理职责部门的主要负责人员和有关地方人民政府的直接责任人员、直接造成安全事故的责任人员等。

第二,本罪在主观方面表现为故意,即明知安全事故的发生而不报、迟报、谎报事故情况的情形,对安全事故造成的人身伤亡和财产损失,则可能出于过失。

第三,本罪在客观方面表现为安全事故发生后,负有报告职责的人员不报或者谎报事故情况,贻误事故抢救,情节严重的情形。本罪严重破坏安全事故监管制度，危害公共安全。在客观方面应当注意以下几个方面：

其一，行为人实施了不报或者谎报的行为。"不报"，是指行为人不按照规定及时报告。实践中，有的行为人一开始隐瞒了事故真实情况，被发现后不得已再报告，这种情况应视为不报。"谎报"，是指行为人虽然将发生了安全事故这件事按照规定向有关部门作了报告，但对事故的真实情况如人员伤亡、财产损失、事故原因等作了虚假的描述或隐瞒了某些情况，做避重就轻的描述。

其二，行为人不报或者谎报事故情况的行为，导致贻误事故抢救，且情节严重才构成犯罪，这是罪与非罪的界限。"贻误事故抢救"包括贻误对受伤人员的救治，也包括贻误对财产的抢救。根据最高人民法院、最高人民检察院《关于办理危害生产安全刑事案件适用法律若干问题的解释》，具有下列情形之一的，应当认定为"情节严重"：（1）导致事故后果扩大，增加死亡一人以上，或者增加重伤三人以上，或者增加直接经济损失一百万元以上的。（2）实施下述四种行为之一，致使不能及时有效开展事故抢救的。一是决定不报、迟报、谎报事故情况或者指使、串通有关人员不报、迟报、谎报事故情况的；二是在事故抢救期间擅离职守或者逃匿的；三是伪造、破坏事故现场，或者转移、藏匿、毁灭遇难人员尸体，或者转移、藏匿受伤人员的；四是毁灭、伪造、隐匿与事故有关的图纸、记录、计算机数据等资料以及其他证据的。（3）其他情节严重的情形。具有下列情形之一的，应当认定为"情节特别严重"：（1）导致事故后果扩大，增加死亡三人以上，或者增加重伤十人以上，或者增加直接经济损失五百万元以上的。（2）采用暴力、胁迫、命令等方式阻止他人报告事故情况，导致事故后果扩大的。（3）其他情节特别严重的情形。需要注意的是，在安全事故发生后，与负有报告职责的人员串通，不报或者谎报事故情况，贻误事故抢救，情节严重的，依照本法的规定，以共犯论处。

本条作为重大责任事故类犯罪的最后一条，根据最高人民法院、最高人民检察院《关于办理危害生产安全刑事案件适用法律若干问题的解释》，第一百三十四条至第一百三十九条之一规定的犯罪行为，具有下列情形之一的，从重处罚：（1）未依法取得安全许可证件或者安全许可证件过期、被暂扣、吊销、注销后从事生产经营活动的；（2）关闭、破坏必要的安全监控和报警设备的；（3）已经发现事故隐患，经有关部门或者个人提出后，仍不采取措施的；（4）一年内曾因危害生产安全违法犯罪活动受过行政处罚或者刑事处罚的；（5）采取弄虚作假、行贿等手段，故意逃避、阻挠负有安全监督管理职责的部门实施监督检查的；（6）安全事故发生后转移财产意图逃避承担责任的；（7）其他从重处罚的情形。实施刑法第一百三十四条至第一百三十九条之一规定的犯罪行为，在安全事故发生后积极组织、参与事故抢救，或者积极配合调查、主动赔偿损失的，可以酌情从轻处罚。

根据本条规定，构成本罪的，处三年以下有期徒刑或者拘役；情节特别严重的，处三年以上七年以下有期徒刑。

【实践中需要注意的问题】

实践中应当注意把握不报、谎报行为与安全事故损失扩大的因果关系，本条主要是针对由于行为人不报或者谎报的行为致使贻误了事故抢救的最佳时机，造成事故进一步扩大的情况。

另外，要注意本罪与玩忽职守罪的区别。负有安全生产监督管理职责的部门的检查人员不报、谎报、迟报安全事故的，有可能同时构成本罪和玩忽职守罪，在实践中应当注意区分具体的犯罪情节。

第三章　破坏社会主义市场经济秩序罪

第一节　生产、销售伪劣商品罪

第一百四十条 【生产、销售伪劣产品罪】

生产者、销售者在产品中掺杂、掺假，以假充真，以次充好或者以不合格产品冒充合格产品，销售金额五万元以上不满二十万元的，处二年以下有期徒刑或者拘役，并处或者单处销售金额百分之五十以上二倍以下罚金；销售金额二十万元以上不满五十万元的，处二年以上七年以下有期徒刑，并处销售金额百分之五十以上二倍以下罚金；销售金额五十万元以上不满二百万元的，处七年以上有期徒刑，并处销售金额百分之五十以上二倍以下罚金；销售金额二百万元以上的，处十五年有期徒刑或者无期徒刑，并处销售金额百分之五十以上二倍以下罚金或者没收财产。

【条文精解】

本条是关于生产、销售伪劣产品罪及其处罚的一般性规定。根据本条的规定，生产、销售伪劣产品罪必须具备以下几个条件：

第一，生产者、销售者的主观方面是故意。如果行为人在主观上不是故意的，不知所售产品是次品，而当作正品出售了，应承担民事责任，不能作为犯罪处理。

第二，生产者、销售者在客观上实施了"在产品中掺杂、掺假，以假充真，以次充好或者以不合格产品冒充合格产品"等行为。所谓"生产者"，既包括产品的制造者，也包括产品的加工者；"销售者"，包括批量生产者、零散销售者以及生产后的直接销售者；"产品"，是指经过加工、制作、用于销售的产品，包括工业用品、农业用品以及生活用品。所谓"掺杂、掺假"，是指在产品中掺入杂质或者异物，致使产品质量不符合国家法律、法规或者产品明示质量标准规定的质量要求，降低、失去其应有使用性能的行为。"以假充真"，是指以不具有某种使用性能的产品冒充具有该种使用性能的产品的行为。"以次充好"，是指以低等级、低档次产品冒充高等级、高档次产品，或者以残次、废旧零配件组合、拼装后冒充正品或者新产品的行为。"不合格产品"，是指不符合产品质量法规定的质量要求的产品。

第三，生产者、销售者在产品中掺杂、掺假，以假充真，以次充好或者以不合格产品冒充合格产品，销售金额必须达到五万元以上，才构成犯罪，如果销售金额不足五万元的，不构成犯罪。

第四，生产、销售伪劣产品的犯罪主体是生产者、销售者，消费者不能构成本罪的主体。

本条对于生产、销售伪劣产品罪的处罚，根据其销售金额的不同，分为四个档次，并对犯罪者在适用自由刑的同时，也注重财产刑的适用。本条所说的"销售金额"，是指生产者、销售者出售伪劣产品后所得和应得的全部违法收入。多次实施生产、销售伪劣产品行为，未经处理的，伪劣产品的销售金额累计计算。根据本条规定，销售金额五万元以上不满二十万元的，处二年以下有期徒刑或者拘役，并处或者单处销售金额百分之五十以上二倍以下罚金；销售金额二十万元以上不满五十万元的，处二年以上七年以下有期徒刑，并处销售金额百分之五十以上二倍以下罚金；销售金额五十万元以上不满二百万元的，处七年以上有期徒刑，并处销售金额百分之五十以上二倍以下罚金；销售金额二百万元以上的，处十五年有期徒刑或者无期徒刑，并处销售金额百分之五十以上二倍以下罚金或者没收财产。

【实践中需要注意的问题】

第一，关于立案追诉标准问题。2008年6月25日最高人民检察院、公安部《关于公安机关管辖的刑事案件立案追诉标准的规定（一）》规定，生产者、销售者在产品中掺杂、掺假，以假充真，以次充好或者以不合格产品冒充合格产品，涉嫌下列情形之一的，应予立案追诉：（1）伪劣产品销售金额五万元以上的；（2）伪劣产品尚未销售，货值金额十五万元以上的；（3）伪劣产品销售金额不满五万元，但将已销售金额乘以三倍后，与尚未销售的伪劣产品货值金额合计十五万元以上的。其中，"销售金额"，包括生产者、销售者出售伪劣产品后所得和应得的全部违法收入。"货值金额"，以违法生产、销售的伪劣产品的标价计算；没有标价的，按照同类合格产品的市场中间价格计算。货值金额难以确定的，按照《扣押、追缴、没收物品估价管理办法》的规定，委托估价机构进行确定。但是，对于伪劣产品尚未销售的，货值金额达到销售金额三倍达到十五万以上的，以本罪未遂进行处罚。

第二，关于伪劣产品的认定问题。在生产、销售伪劣产品中，有的纯属伪劣产品，有的则只是侵犯知识产权的非伪劣产品。对"以假充真""以次充好""以不合格产品冒充合格产品"的认定，直接影响对被告人的定罪量刑，2001年5月21日最高人民法院《关于生产、销售伪劣商品刑事案件有关鉴定问题的通知》规定，上述情形难以确定的，应当委托法律、行政法规规定的产品质量检验机构进行鉴定。

第三，关于罪数问题。2001年最高人民法院、最高人民检察院《关于办理生产销售伪劣商品刑事案件具体应用法律若干问题的解释》对本罪的共犯、数罪并罚问题进行了规定，例如：知道或者应当知道他人实施生产、销售伪劣商品犯罪，而为其提供贷款、资金、帐号、发票、证明、许可证件，或者提供生产、经营场所或者运输、仓储、保管、邮寄等便利条件，或者提供制假生产技术的，以生产、销售伪劣商品犯罪的共犯论处；实施生产、销售伪劣商品犯罪，同时构成侵犯知识产权、非法经营等其他犯罪的，依照处罚较重的规定定罪处罚；实施刑法第一百四十条至第一百四十八条规定的犯罪，又以暴力、威胁方法抗拒查处，构成其他犯罪的，依照数罪并罚的规定处罚。此外，国家机关工作人员参与生产、销售伪劣商品犯罪的，从重处罚。

第四，关于本罪与本节其他罪名的关系问题。本罪是本节的一般性罪名，在生产、销售伪劣产品构成本罪，又构成本节其他罪名的情形下，一般应按照特殊罪名定罪处罚。如果生产、销售伪劣产品罪处罚较重，应依照生产、销售伪劣产品罪定罪处罚。

第一百四十一条　【生产、销售、提供假药罪】

生产、销售假药的，处三年以下有期徒刑或者拘役，并处罚金；对人体健康造成严重危害或者有其他严重情节的，处三年以上十年以下有期徒刑，并处罚金；致人死亡或者有其他特别严重情节的，处十年以上有期徒刑、无期徒刑或者死刑，并处罚金或者没收财产。

药品使用单位的人员明知是假药而提供给他人使用的，依照前款的规定处罚。

【条文精解】

本条是关于生产、销售、提供假药罪及其处罚的规定。

药品安全直接关系到人民群众生命安全和身体健康，国家历来重视对药品生产、销售的监督和管理。生产、销售假药犯罪危害严重，为加强民生保护，1979年刑法对其作出处罚规定，放在分则第六章妨害社会管理秩序罪中，以维护人民群众用药安全。1979年刑法第一百六十四条规定："以营利为目的，制造、贩卖假药危害人民健康的，处二年以下有期徒刑、拘役或者管制，可以并处或者单处罚金；造成严重后果的，处二年以上七年以下有期徒刑，可以并处罚金。"

随着我国市场经济的建设发展，一些犯罪分子受到生产、销售假药暴利的诱惑，将生产、销售假药视为发财的捷径。在一定时期内，此类犯罪数量日益增多，社会危害严重，损害人民群众身体健康和用药安全。立法机关通过决定和法律对实践中出现的生产、销售假药行为进行惩治。一是在总结司法实践经验基础上，1993年7月2日第八届全国人民代表大会常务委员会第二次会议通过的《关于惩治生产、销售伪劣商品犯罪的决定》对1979年刑法第一百六十四条作了修改，删除"以营利为目的"的入刑条件；完善刑罚结构，将"二年以下有期徒刑""二年以上七年以下有期徒刑"，提高为"三年以下有期徒刑""三年以上十年以下有期徒刑"，并增加"十年以上有期徒刑、无期徒刑或者死刑"这一档法定刑；增加对单位犯罪进行处罚的规定，完善生产、销售假药的犯罪规定，以加大对生产、销售假药犯罪行为的惩处力度。该决定第二条第一款规定，生产、销售假药，足以危害人体健康的，处三年以下有期徒刑或者拘役，并处罚金；对人体健康造成严重危害的，处三年以上十年以下有期徒刑，并处罚金；致人死亡或者对人体健康造成其他特别严重危害的，处十年以上有期徒刑、无期徒刑或者死刑，并处罚金或者没收财产。第三款规定假药是指依照药品管理法的规定属于假药和按假药处理的药品、非药品。二是1984年9月第六届全国人民代表大会第七次会议通过药品管理法，这是我国第一部比较完备、比较系统的有关药品管理方面的专门法律。该法第三十三条规定，禁止生产、销售假药。第五十条规定了生产、销售假药行为的行政处罚：对生产、销售假药的，没收假药和违法所得，处以罚款，并可以责令该单位停产、停业整顿或者吊销《药品生产企业许可证》《药品经营企业许可证》《制剂许可证》。对于构成犯罪的，依照刑法有关规定追究生产、销售假药行为的刑事责任。

1997年修订刑法时对决定中生产、销售假药犯罪的规定作了修改，将"足以危害人体健康"修改为"足以严重危害人体健康"，并增加了单处罚金的规定。

为加强对民生的保护，2011年《刑法修正案（八）》对生产、销售假药犯罪的处刑作了修改，加大了对这类犯罪的惩处力度。具体修改共有三处：一是降低了本罪的入罪门槛。根据原规定，生产、销售假药"足以严重危害人体健康"的才构成犯罪，在修改后的规定中，本罪为行为犯，只要实施生产、销售假药的行为就构成犯罪。这样修改是考虑到药品的主要功能是治疗疾病，保护人体健康，生产、销售假药的行为已经构成对人体健康的威胁。二是在加重处罚的情节中增加了关于有其他严重情节和特别严重情节的规定，主要是考虑到除对人体健康造成严重危害和致人死亡的情节外，司法实践中还存在其他严重情节和特别严重情节，如生产、销售假药数量巨大、对人体健康具有严重的潜在危害等，也需予以严惩。三是删除了罚金刑中关于数额的具体规定，既解决了在实践中假药销售金额难以认定的问题，也避免了与2001年药品管理法第七十四条关于生产、销售假药处违法生产、销售药品货值金额二倍以上五倍以下的罚款规定的不协调，有利于实践中根据案件具体情况决定需要判处的罚金数额。此外，考虑到生产、销售假药的行为危险性较大，一些全国人大常委会委员和相关部门提出，对这种犯罪单独判处罚金，不足以发挥刑法的惩戒作用，《刑法修正案（八）》采纳了上述意见，删除了原单处罚金的规定。

2020年《刑法修正案（十一）》对本条作了第二次修改。一是删除原第二款"本条所称假药，是指依照《中华人民共和国药品管理法》的规定属于假药和按假药处理的药品、非药品"的规定。2019年药品管理法对假药的范围进行了调整，缩小了假药的定义范围，删除按照假药论处情形。为与药品管理法做好衔接，同时考虑到行政法律修改频繁的具体情况，2020年修订刑法时删除该款规定。对于假药，还应依照药品管理法相关规定予以认定。二是增加了提供假药罪，即药品使用单位的人员明知是假药而提供给他人使用，依照生产、销售假药罪的规定处罚。对于药品使用单位使用假药的行为，2019年药品管理法第一百一十九条规定，按照销售假药的规定处罚。2014年最高人民法院、最高人民检察院《关于办理危害药品安全刑事案件适用法律若干问题的解释》第六条第二款规定，医疗机构、医疗机构工作人员明知是假药而有偿提供给他人使用，或者为出售而购买、储存的行为，应当认定为刑法第一百四十一条规定的"销售"。为明确对此类行为的惩治，《刑法修正案（十一）》规定了提供假药罪。有的意见反映，实践中也存在捐赠、义诊等活动中将假药无偿提供给他人使用的情形。对于此类情形，也应适用本条第二款的规定，并不限于药品使用单位的人员以有偿为目的提供给他人使用的情形。

本条共分两款。第一款是对生产、销售假药罪及其处罚的规定。根据本款的规定，生产、销售假药罪有以下构成要件：（1）本罪不仅侵害了正常的药品生产、销售监管秩序，而且危及不特定多数人的生命健康。（2）本罪的主体可以是自然人，也可以是单位。根据刑法第一百五十条的规定，单位犯本罪的，对单位判处罚金，并对其直接负责的主管人员和其他直接责任人员，依照该条的规定处罚。（3）行为人在主观上只能是故意。（4）行为人必须实施了生产、销售假药的行为。根据2019年药品管理法第二条的规定，药品，是指用于预防、治疗、诊断人的疾病，有目的地调节人的生理机能并规定有适应症或者功能主治、用法和用量的物质，包括中药、化学药和生物制品等。依照2019年药品管理法第九十八条的规定，有下列情形之一的，为假药：（1）药品所含成分与国家药品标准规定的成分不符；（2）以非药品冒充药品或者以他种药品冒充此种药品；（3）变质的药品；（4）药品所标明的适应症或者功能主治超出规定范围。在办理生产、销售假药案件中，应当依照药品管理法认定假药。根据2014年最高人民法院、最高人民检察院《关于办理危害药品安全刑事案件适用法律若干问题的解释》，以生产、销售假药为目的，实施下列行为之一的，应当认定为本款规定的"生产"：（1）合成、精制、提取、储存、加工炮制药品原料的行为；（2）将药品原料、辅料、包装材料制成成品过程中，进行配料、混合、制剂、储存、包装的行为；（3）印制包装材料、标签、说明书的行为。

根据本款规定，只要实施了生产、销售假药的行为，即构成犯罪，并不要求一定要有实际的危害结果发生。鉴于生产、销售假药罪的极大危害性，刑法把对人体健康已造成严重危害后果的，作为一个加重处罚的情节。本款规定中的"有其他严重情节"和"其他特别严重情节"应当主要根据行为人生产、销售假药的数量、被害人的人数以及其他严重危害人体健康的情节进行认定。

根据本款规定，对生产、销售假药的犯罪行为，分为三档刑。第一档刑，生产、销售假药的，处三年以下有期徒刑或者拘役，并处罚金。第二档刑，对人体健康造成严重危害或者有其他严重情节的，处三年以上十年以下有期徒刑，并处罚金。根据最高人民法院、最高人民检察院《关于办理危害药品安全刑事案件适用法律若干问题的解释》第二条的规定，生产、销售假药，具有下列情形之一的，应当认定为"对人体健康造成严重危害"：(1)造成轻伤或者重伤的；(2)造成轻度残疾或者中度残疾的；(3)造成器官组织损伤导致一般功能障碍或者严重功能障碍的；(4)其他对人体健康造成严重危害的情形。具有下列情形之一的，应当认定为"其他严重情节"：(1)造成较大突发公共卫生事件的；(2)生产、销售金额二十万元以上不满五十万元的；(3)生产、销售金额十万元以上不满二十万元，并具有"对人体健康造成严重危害"情形之一的；(4)根据生产、销售的时间、数量、假药种类等，应当认定为情节严重的。第三档刑，致人死亡或者有其他特别严重情节的，处十年以上有期徒刑、无期徒刑或者死刑，并处罚金或者没收财产。最高人民法院、最高人民检察院《关于办理危害药品安全刑事案件适用法律若干问题的解释》第四条规定，生产、销售假药，具有下列情形之一的，应当认定为"其他特别严重情节"：(1)致人重度残疾的；(2)造成三人以上重伤、中度残疾或者器官组织损伤导致严重功能障碍的；(3)造成五人以上轻度残疾或者器官组织损伤导致一般功能障碍的；(4)造成十人以上轻伤的；(5)造成重大、特别重大突发公共卫生事件的；(6)生产、销售金额五十万元以上的；(7)生产、销售金额二十万元以上不满五十万元，并具有"对人体健康造成严重危害"规定情形之一的；(8)根据生产、销售的时间、数量、假药种类等，应当认定为情节特别严重的。

关于本罪与其他相关罪名的关系等适用问题，最高人民法院、最高人民检察院《关于办理危害药品安全刑事案件适用法律若干问题的解释》作了专门规定。第一，明知他人生产、销售假药，而有下列情形之一的，以共同犯罪论处：(1)提供资金、贷款、帐号、发票、证明、许可证件的；(2)提供生产、经营场所、设备或者运输、储存、保管、邮寄、网络销售渠道等便利条件的；（3）提供生产技术或者原料、辅料、包装材料、标签、说明书的；（4）提供广告宣传等帮助行为的。第二，依照处罚较重的规定定罪处罚的情形：（1）实施生产、销售假药犯罪，同时又构成生产、销售伪劣产品，以危险方法危害公共安全等犯罪的；（2）实施生产、销售假药犯罪，同时构成生产、销售伪劣产品或侵犯知识产权、非法经营、非法行医、非法采供血等犯罪的。第三，广告主、广告经营者、广告发布者违反国家规定，利用广告对药品作虚假宣传，情节严重的，依照刑法第二百二十二条的规定以虚假广告罪定罪处罚。

第二款是关于提供假药罪及其处罚的规定。医院、疾病预防控制中心、防疫站、乡镇卫生院等药品使用单位人员具有药品专业知识，在日常工作中承担治疗疾患、疾病预防控制、卫生防疫等特殊职责，从事药品购进、储存、调配以及应用等活动，有的还直接面对人民群众，负有救死扶伤等特定义务。这些单位人员明知是假药而有偿销售、无偿提供给他人使用的行为，严重损害人民群众生命和身体健康，影响职业公信，社会危害严重。2019年药品管理法第一百一十九条规定，药品使用单位使用假药的，按照销售假药的规定处罚。为与药品管理法做好衔接，2020年《刑法修正案（十一）》增加了本款规定，医疗机构等药品使用单位将假药提供给他人使用的，依照第一款的规定处罚。

【实践中需要注意的问题】

第一，关于生产、销售假药行为的行政处罚与刑事责任衔接问题。2011年《刑法修正案（八）》修改入刑条件，删除"足以严重危害人体健康的"，有生产、销售假药的行为即构成犯罪。2015年《食品药品行政执法与刑事司法衔接工作办法》规定，在查办药品违法案件过程中，发现涉嫌犯罪，依法需要追究刑事责任的，及时将案件移送公安机关。

第二，关于销售少量根据民间传统配方私自加工的药品或者销售少量未经批准进口的国外、境外药品的行为。依照最高人民法院、最高人民检察院《关于办理危害药品安全刑事案件适用法律若干问题的解释》的规定，上述行为没有造成他人伤害后果或者延误诊治，情节显著轻微危害不大的，不认为是犯罪。

第一百四十二条 【生产、销售、提供劣药罪】

生产、销售劣药，对人体健康造成严重危害的，处三年以上十年以下有期徒刑，并处罚金；后果特别严重的，处十年以上有期徒刑或者无期徒刑，并处罚金或者没收财产。

药品使用单位的人员明知是劣药而提供给他人使用的，依照前款的规定处罚。

【条文精解】

本条是关于生产、销售、提供劣药罪及其处罚的规定。

药品直接关系到人民群众生命安全和身体健康，特别是与患者的生命紧密联系。1979年刑法一百六十四条规定了制造、贩卖假药罪，该条规定在实践中发挥了较大作用。对于生产、销售劣药行为，在实践中有的按制造、贩卖假药罪处理，有的则按一般违法行为处理。1989年药品管理法第五十一条第二款规定生产、销售劣药，危害人民健康，造成严重后果的行为，比照刑法第一百六十四条的规定追究刑事责任。1993年7月2日第八届全国人大常委会第二次会议通过的《关于惩治生产、销售伪劣商品犯罪的决定》补充规定了生产、销售劣药罪。

1997年修订刑法在吸收前述决定内容的基础上明确了生产、销售劣药罪，单独规定为一条，将决定中"违法所得"修改为"销售金额"，同时明确规定了罚金的具体幅度和量刑标准，以加强药品管理，惩处生产、销售劣药的行为，保护人民的生命健康安全。

2020年《刑法修正案（十一）》对本条作了修改。一是删除原第二款中"本条所称劣药，是指依照《中华人民共和国药品管理法》的规定属于劣药的药品"的规定。2019年药品管理法对劣药的范围进行了调整，删除按照劣药论处情形。为与药品管理法做好衔接，同时考虑到行政法律修改频繁的情况，2020年修订刑法时删除该款规定。对于劣药，应依照药品管理法的相关规定作出认定。二是增加了提供劣药罪，即药品使用单位的人员明知是劣药而提供给他人使用，依照生产、销售劣药罪的规定处罚。对于药品使用单位使用劣药的行为，2019年药品管理法第一百一十九条规定，按照销售劣药的规定处罚。2014年最高人民法院、最高人民检察院《关于办理危害药品安全刑事案件适用法律若干问题的解释》第六条第二款规定，医疗机构、医疗机构工作人员明知是劣药而有偿提供给他人使用，或者为出售而购买、储存的行为，应当认定为刑法第一百四十二条规定的"销售"。为明确对此类行为的惩治，《刑法修正案（十一）》规定了提供劣药罪。有的意见反映，实践中也存在捐赠、义诊等活动中将劣药无偿提供给他人使用的情形。对于此类情形，也适用本条第二款规定，并不限于药品使用单位的人员以有偿为目的提供给他人使用。

本条共分为两款。第一款是对生产、销售劣药罪的构成要件及其刑事处罚的规定。根据本款规定，生产、销售劣药罪的构成要件如下：（1）行为人在主观上只能是故意。（2）行为人必须有生产、销售劣药的行为。本条规定的药品，仅限于人用药品，不包括兽用药品。根据药品管理法第九十八条第三款的规定，有下列情形之一的，为劣药：（1）药品成分的含量不符合国家药品标准；（2）被污染的药品；（3）未标明或者更改有效期的药品；（4）未注明或者更改产品批号的药品；（5）超过有效期的药品；（6）擅自添加防腐剂和辅料的药品；（7）其他不符合药品标准规定的药品。

生产、销售劣药，必须要有对人体健康造成严重危害的后果，才构成犯罪，这也是生产、销售劣药罪与生产、销售假药罪在犯罪构成上最大的不同。生产、销售假药，只要实施了生产、销售假药的行为，不必有危害人体健康的结果发生，就构成犯罪；而生产、销售劣药，必须对人体造成严重危害的才能构成犯罪。

生产、销售劣药的犯罪行为，分为两档刑。第一档，生产、销售劣药，对人体健康造成严重危害的，处三年以上十年以下有期徒刑，并处罚金。根据司法实践，"对人体健康造成严重危害"，是指生产、销售的劣药被使用后，造成轻伤、重伤或者其他严重后果的。根据2014年最高人民法院、最高人民检察院《关于办理危害药品安全刑事案件适用法律若干问题的解释》第五条第一款的规定，生产、销售劣药，具有下列情形之一的，应当认定为"对人体健康造成严重危害"：（1）造成轻伤或者重伤的；（2）造成轻度残疾或者中度残疾的；（3）造成器官组织损伤导致一般功能障碍或者严重功能障碍的；（4）其他对人体健康造成严重危害的情形。第二档，后果特别严重的，处十年以上有期徒刑或者无期徒刑，并处罚金或者没收财产。"后果特别严重"，主要是指致人死亡或者对人体健康造成特别严重危害的情况。根据前述司法解释第五条第二款的规定，生产、销售劣药，致人死亡，或者具有下列情形之一的,应当认定为"后果特别严重":(1)致人重度残疾的;(2)造成三人以上重伤、中度残疾或者器官组织损伤导致严重功能障碍的;(3)造成五人以上轻度残疾或者器官组织损伤导致一般功能障碍的;(4)造成十人以上轻伤的;(5)造成重大、特别重大突发公共卫生事件的。

第二款是关于提供劣药罪及其处罚的规定。医院、疾病预防控制中心、防疫站、乡镇卫生院等药品使用单位的人员具有药品专业知识,在日常工作中承担治疗疾患、疾病预防控制、卫生防疫等特殊职责,从事药品购进、储存、调配以及应用等活动,有的还直接面对人民群众,负有救死扶伤等特定义务。这些单位的人员明知是劣药而有偿销售、无偿提供给他人使用的行为,严重损害人民群众生命和身体健康,影响职业公信,社会危害严重。2019年药品管理法第一百一十九条规定,药品使用单位使用劣药的,按照零售劣药的规定处罚。为与药品管理法做好衔接,2020年《刑法修正案(十一)》增加了本款规定,医疗机构等药品使用单位使用劣药,依照前款的规定处罚,即对人体健康造成严重危害的,处三年以上十年以下有期徒刑,并处罚金;后果特别严重的,处十年以上有期徒刑或者无期徒刑,并处罚金或者没收财产。

【实践中需要注意的问题】

首先,生产、销售劣药罪与其他罪的区别。(1)与利用迷信手段骗取财物的区别。二者除犯罪主体不同外,在客观方面,生产、销售劣药罪有生产、销售劣药的行为,而利用迷信手段,把根本不具备药品效能和外观、包装的物品当成药品诈骗钱财,其所利用的不是人们认为药品可以治病的科学心理,而是利用人们的愚昧、迷信心理,有可能构成诈骗罪。(2)与生产、销售伪劣产品罪的区别。如果生产、销售劣药的行为同时触犯了两个罪名,根据刑法第一百四十九条的规定,应按处刑较重的罪处罚;如果生产、销售劣药没有对人体造成严重危害的后果,而销售金额在五万元以上,则不构成生产、销售劣药罪,而应以生产、销售伪劣产品罪处罚。

第一百四十二条之一 【妨害药品管理罪】

违反药品管理法规，有下列情形之一，足以严重危害人体健康的，处三年以下有期徒刑或者拘役，并处或者单处罚金；对人体健康造成严重危害或者有其他严重情节的，处三年以上七年以下有期徒刑，并处罚金：

（一）生产、销售国务院药品监督管理部门禁止使用的药品的；

（二）未取得药品相关批准证明文件生产、进口药品或者明知是上述药品而销售的；

（三）药品申请注册中提供虚假的证明、数据、资料、样品或者采取其他欺骗手段的；

（四）编造生产、检验记录的。

有前款行为，同时又构成本法第一百四十一条、第一百四十二条规定之罪或者其他犯罪的，依照处罚较重的规定定罪处罚。

【条文精解】

本条是关于妨害药品管理罪及其处罚的规定。

药品关系人民群众生命健康，要加强药品安全监管，用最严谨的标准、最严格的监管、最严厉的处罚、最严肃的问责，保障人民群众用药安全。药品作为特殊物品，既要保障药品具有功效，同时要严格依照《药品生产质量管理规范》进行生产、按照《药品经营质量管理规范》进行经营，以确保药品生产质量。对于违反药品管理法律法规的行为，本条增加了违反药品管理法规，应当追究刑事责任的具体情形。2019年修订药品管理法时，主要按照药品功效，重新调整了假药、劣药的范围，不再保留按假药、劣药论处的概念。将原来的假药、劣药和按假药、劣药论处所列十五种情形，分三种情况处理：一是列为假药，共四种；二是列为劣药，共七种；三是将违反药品管理秩序的行为单独规定，相应规定法律责任。本条将按假药论处中"生产、销售国务院药品监督管理部门禁止使用的药品的""未取得药品相关批准证明文件生产、进口药品或者明知是上述药品而销售的"等严重违反药品监管秩序的行为纳入规制范围。药品申请注册中提供虚假的证明、数据、资料、样品或者采取其他欺骗手段，获得或者意图获得药品批准证明文件的行为，欺骗药品监督管理部门，损害药品监管秩序，影响其他申请单位权益，因此，本条将其作为违反药品监管秩序犯罪行为的一种情形。生产、检验记录是药品生产管理的基础性资料，建立完整准确的药品生产、检验记录，真实地反映企业生产全过程的实际情况,有利于药品生产单位加强对药品生产质量的控制,也有利于药品监督管理部门对药品生产质量实施监督。编造生产、检验记录的行为,不能反映药品真实生产过程,不利于对药品生产质量的监督管理,《刑法修正案(十一)》将此类行为作为违反药品监管秩序犯罪行为的一种情形加以规定。

本条共分两款。第一款是对妨害药品管理罪的规定。根据本款规定,妨害药品管理罪的构成要件包括:(1)行为人在主观上只能是故意。(2)本罪的犯罪主体包括单位和个人。依照本法第一百五十条的规定,单位犯本罪的,可以对单位判处罚金,并对其直接负责的主管人员和其他直接责任人员,依照本罪定罪处罚。(3)行为人有违反药品管理法规的行为。这里所说的"药品管理法规",是指违反国家有关药品监督管理方面的法律、法规,如药品管理法、中医药法、《药品管理法实施条例》以及其他有关药品监管方面的法律、法规。

根据本款规定,构成本罪的行为有以下四种:

(1)生产、销售国务院药品监督管理部门禁止使用的药品的。这里的"禁止使用的药品",包括按照2019年药品管理法第八十三条的规定,属于疗效不确切、不良反应大或者因其他原因危害人体健康的,被依法注销药品注册证书,禁止使用的药品。由于科学技术发展水平的局限和人类对自身认识的不足,人们对一些药品的疗效、作用机制等的认识可能是不全面的,有时甚至是错误的,一些经过严格审批投入临床使用的药品也可能会对人们的身体健康造成损害。对发现药品生产、使用中存在的问题并采取相应的改正措施,对于保证药品使用的安全有效、保证人体健康和生命安全,是非常有必要的。对国务院药品监督管理部门禁止使用的药品,药品生产企业、批发单位等应当严格遵守禁止规定,不得生产、销售和使用。如果继续生产、销售和这类药品,应按2019年药品管理法第一百二十四条的规定,给予行政处罚。符合本条规定的入刑条件的,依法追究刑事责任。

(2)未取得药品相关批准证明文件生产、进口药品或者明知是上述药品而销售的。按照2019年药品管理法第二十四条、第四十一条的规定,从事药品生产、经营活动,应当取得药品生产、经营许可证。在中国境内上市的药品,应当经国务院药品监管部门批准,取得药品注册证书;医疗机构配制制剂,按照2019年药品管理法第七十四条、2017年中医药法第三十二条的规定,应当取得医疗机构制剂许可证、制剂批准文号;进口药品,按照2019年《药品管理法实施条例》第三十五条、2012年《药品进口管理办法》第五条的规定，必须取得国务院药品监督管理部门核发的《进口药品注册证》《医药产品注册证》或者《进口药品批件》后，方可进口。未得到上述药品相关批准证明文件，生产、进口药品的行为及销售上述药品的行为，既不能保证所生产、进口的药品具有预防、治疗、诊断疾病的功能，有可能延误病情诊治，损害人民群众身体健康、生命安全，又严重违反了药品监督管理秩序，造成药品监管市场秩序混乱，可以按照 2019 年药品管理法第一百二十四条的规定，给予行政处罚。符合本条规定的入刑条件的，依法追究刑事责任。

对于本项行为，应当根据具体情况，区分不同情形依法处理。2019 年药品管理法第一百二十一条规定，对假药、劣药的处罚决定，应当依法载明药品检验机构的质量检验结论。依照药品管理法的规定属于假药、劣药的，可以适用生产、销售假药罪或生产、销售劣药罪。对"足以严重危害人体健康"的认定，可以通过相关司法解释作类型化处理，有的可以直接界定为"足以严重危害人体健康"。

（3）药品申请注册中提供虚假的证明、数据、资料、样品或者采取其他欺骗手段的。药品注册申请，是指药品注册申请人依照法定程序和相关要求提出药物临床试验、药品上市许可、再注册等申请以及补充申请的行为。依照 2019 年药品管理法第二十四条的规定，申请药品注册，应当提供真实、充分、可靠的数据、资料和样品。这里的数据、资料和样品，包括药物临床试验、药品上市许可、再注册等申请以及补充申请的数据、资料和样品。对于在药品申请注册中提供虚假的证明、数据、资料、样品或者采取其他欺骗手段的，可以按照 2019 年药品管理法第一百二十三条的规定，给予行政处罚。符合本条规定的入刑条件的，依法追究刑事责任。

（4）编造生产、检验记录的。生产、检验记录涉及药品生产管理、质量管理的实施过程的重要记载，有利于实现生产过程的可追溯，是实现药品按照国家药品标准和经药品监督管理部门核准的生产工艺进行生产，实现药品质量可控的重要手段。依照 2019 年药品管理法第四十四条的规定，生产、检验记录应当完整准确，不得编造。对于编造生产、检验记录的行为，可以按照 2019 年药品管理法第一百二十四条的规定，给予行政处罚。符合本条规定的入刑条件的，依法追究刑事责任。

根据本款规定，妨害药品管理罪有两档刑罚。第一档，违反药品管理法规，足以严重危害人体健康的，处三年以下有期徒刑或者拘役，并处或者单处罚金；第二档，对人体健康造成严重危害或者有其他严重情节的，处三年以上七年以下有期徒刑，并处罚金。"足以严重危害人体健康""对人体健康造成严重危害""其他严重情节"的认定,可由司法机关在总结经验的基础上,通过制定相关的司法解释作出具体的规定。

第二款是关于构成妨害药品管理罪,又构成刑法其他犯罪的,如何适用法律的规定。根据本款规定,具有上述竞合情形的,应当依照处罚较重的规定定罪处罚。这里主要涉及的是如何处理好本条规定的犯罪与刑法第一百四十一条生产、销售、提供假药罪和第一百四十二条生产、销售、提供劣药罪等罪名的关系。

第一百四十三条 【生产、销售不符合安全标准的食品罪】
生产、销售不符合食品安全标准的食品,足以造成严重食物中毒事故或者其他严重食源性疾病的,处三年以下有期徒刑或者拘役,并处罚金;对人体健康造成严重危害或者有其他严重情节的,处三年以上七年以下有期徒刑,并处罚金;后果特别严重的,处七年以上有期徒刑或者无期徒刑,并处罚金或者没收财产。

【条文精解】

本条是关于生产、销售不符合安全标准的食品罪及其处罚的规定。根据本条规定,生产、销售不符合安全标准的食品罪必须具备以下几个构成要件:

第一,行为人在主观上是故意,即故意生产、销售不符合食品安全标准的食品。

第二,行为人有生产、销售不符合食品安全标准的食品的行为。这里的"食品",是指各种供人食用或者饮用的成品和原料以及按照传统既是食品又是药品的物品,但是不包括以治疗为目的的物品。根据食品安全法的规定,食品安全标准是强制执行的标准,食品安全标准应当以保障公众身体健康为宗旨,做到科学合理、安全可靠。食品安全包括下列内容:(1)食品、食品添加剂、食品相关产品中的致病性微生物、农药残留、兽药残留、生物毒素、重金属等污染物质以及其他危害人体健康物质的限量规定;(2)食品添加剂的品种、使用范围、用量;(3)专供婴幼儿和其他特定人群的主辅食品的营养成分要求;(4)对与卫生、营养等食品安全要求有关的标签、标志、说明书的要求;(5)食品生产经营过程的卫生要求;(6)与食品安全有关的质量要求;(7)与食品安全有关的食品检验方法与规程;(8)其他需要制定为食品安全标准的内容。根据食品安全法的规定,食品安全标准有食品安全国家标准、食品安全地方标准和企业标准。关于食品安全国家标准，应当依据食品安全风险评估结果并充分考虑食用农产品安全风险评估结果，参照相关的国际标准和国际食品安全风险评估结果，并在将食品安全国家标准草案向社会公布，广泛听取食品生产经营者、消费者、有关部门等方面的意见的基础上确定。对地方特色食品，没有食品安全国家标准的，省、自治区、直辖市人民政府卫生行政部门可以制定并公布食品安全地方标准，报国务院卫生行政部门备案。食品安全国家标准制定后，该地方标准即行废止。国家鼓励食品生产企业制定严于食品安全国家标准或者地方标准的企业标准，在本企业适用，并报省、自治区、直辖市人民政府卫生行政部门备案。

"不符合食品安全标准的食品"，根据食品安全法的规定，主要是指：（1）用非食品原料生产的食品或者添加食品添加剂以外的化学物质和其他可能危害人体健康物质的食品，或者用回收食品作为原料生产的食品；（2）致病性微生物、农药残留、兽药残留、生物毒素、重金属等污染物质以及其他危害人体健康的物质含量超过食品安全标准限量的食品、食品添加剂、食品相关产品；（3）用超过保质期的食品原料、食品添加剂生产的食品、食品添加剂；（4）超范围、超限量使用食品添加剂的食品；（5）营养成分不符合食品安全标准的专供婴幼儿和其他特定人群的主辅食品；（6）腐败变质、油脂酸败、霉变生虫、污秽不洁、混有异物、掺假掺杂或者感官性状异常的食品、食品添加剂；（7）病死、毒死或者死因不明的禽、畜、兽、水产动物肉类及其制品；（8）未按规定进行检疫或者检疫不合格的肉类，或者未经检验或者检验不合格的肉类制品；（9）被包装材料、容器、运输工具等污染的食品、食品添加剂；（10）标注虚假生产日期、保质期或者超过保质期的食品、食品添加剂；（11）无标签的预包装食品、食品添加剂；（12）国家为防病等特殊需要明令禁止生产经营的食品；（13）其他不符合法律、法规或者食品安全标准的食品、食品添加剂、食品相关产品。

第三，生产、销售不符合安全标准的食品，足以造成严重食物中毒事故或者其他食源性疾病。根据食品安全法的规定，"食物中毒"，是指食用了被有毒、有害物质污染的食品或者食用了含有毒、有害物质的食品后出现的急性、亚急性疾病；"食源性疾病"，是指食品中致病因素进入人体引起的感染性、中毒性等疾病，包括食物中毒。2001年最高人民法院、最高人民检察院《关于办理生产、销售伪劣商品刑事案件具体应用法律若干问题的解释》规定，经省级以上卫生行政部门确定的机构鉴定，食品中含有可能导致严重食物中毒事故或者其他严重食源性疾患的超标准的有害细菌或者其他污染物的，应认定为"足以造成严重食物中毒事故或者其他严重食源性疾患"。

对生产、销售不符合食品安全标准的食品罪的处罚,根据其危害的不同,分为三个量刑档次。第一档刑,足以造成严重食物中毒事故或者其他严重食源性疾病的,处三年以下有期徒刑或者拘役,并处罚金。第二档刑,对人体健康造成严重危害或者有其他严重情节的,处三年以上七年以下有期徒刑,并处罚金。这里的"对人体健康造成严重危害",是指对人体器官造成严重损伤以及其他严重损害人体健康的情形。2013年最高人民法院、最高人民检察院《关于办理危害食品安全刑事案件适用法律若干问题的解释》第二条规定,"对人体健康造成严重危害"包括:(1)造成轻伤以上伤害的;(2)造成轻度残疾或者中度残疾的;(3)造成器官组织损伤导致一般功能障碍或者严重功能障碍的;(4)造成十人以上严重食物中毒或者其他严重食源性疾病的;(5)其他对人体健康造成严重危害的情形。"其他严重情节",是指具有大量生产、销售不符合食品安全标准的食品等情节。上述司法解释第三条规定,生产、销售不符合食品安全标准的食品,具有下列情形之一的,应当认定为"其他严重情节":(1)生产、销售金额二十万元以上的;(2)生产、销售金额十万元以上不满二十万元,不符合食品安全标准的食品数量较大或者生产、销售持续时间较长的;(3)生产、销售金额十万元以上不满二十万元,属于婴幼儿食品的;(4)生产、销售金额十万元以上不满二十万元,一年内曾因危害食品安全违法犯罪活动受过行政处罚或者刑事处罚的;(5)其他情节严重的情形。第三档刑,后果特别严重的,处七年以上有期徒刑或者无期徒刑,并处罚金或者没收财产。这里的"后果特别严重",一般是指生产、销售的不符合食品安全标准的食品被食用后,致人死亡、严重残疾、多人重伤或者造成其他特别严重后果。2013年最高人民法院、最高人民检察院《关于办理危害食品安全刑事案件适用法律若干问题的解释》第四条规定,生产、销售不符合食品安全标准的食品,具有下列情形之一的,应当认定为"后果特别严重":(1)致人死亡或者重度残疾的;(2)造成三人以上重伤、中度残疾或者器官组织损伤导致严重功能障碍的;(3)造成十人以上轻伤、五人以上轻度残疾或者器官组织损伤导致一般功能障碍的;(4)造成三十人以上严重食物中毒或者其他严重食源性疾病的;(5)其他特别严重的后果。

【实践中需要注意的问题】

第一,关于足以造成严重食物中毒事故或者其他严重食源性疾病的认定。根据前述司法解释的规定,生产、销售不符合食品安全标准的食品,具有下列情形之一的,应当认定为"足以造成严重食物中毒事故或者其他严重食源性疾病":(1)含有严重超出标准限量的致病性微生物、农药残留、兽药残留、重金属、污染物质以及其他危害人体健康的物质的;(2)属于病死、死因不明或者检验检疫不合格的畜、禽、兽、水产动物及其肉类、肉类制品的;(3)属于国家为防控疾病等特殊需要明令禁止生产、销售的;(4)婴幼儿食品中生长发育所需营养成分严重不符合食品安全标准的;(5)其他足以造成严重食物中毒事故或者严重食源性疾病的情形。实践中难以确定的,司法机关可以根据检验报告并结合专家意见等相关材料进行认定。必要时,人民法院可以依法通知有关专家出庭作出说明。

第二,关于滥用食品添加剂、农药、兽药问题。在食品加工、销售、运输、贮存等过程中,违反食品安全标准,超限量或超范围滥用食品添加剂,足以造成严重食物中毒事故或者其他严重食源性疾病的,依照本罪定罪处罚。在食用农产品种植、养殖、销售、运输、贮存等过程中,违反食品安全标准,超限量或者超范围滥用添加剂、农药、兽药等,足以造成严重食物中毒或者其他严重食源性疾病的,依照本罪定罪处罚。

第三,对于生产、销售不符合食品安全标准的食品,无证据证明足以造成严重食物中毒事故或者其他严重食源性疾病的,不构成本罪,但是销售金额在五万元以上的,依照生产、销售伪劣产品罪定罪处罚。

第一百四十四条 【生产、销售有毒、有害食品罪】
在生产、销售的食品中掺入有毒、有害的非食品原料的,或者销售明知掺有有毒、有害的非食品原料的食品的,处五年以下有期徒刑,并处罚金;对人体健康造成严重危害或者有其他严重情节的,处五年以上十年以下有期徒刑,并处罚金;致人死亡或者有其他特别严重情节的,依照本法第一百四十一条的规定处罚。

【条文精解】

本条是关于生产、销售有毒、有害食品罪及其处罚的规定。根据本条规定,生产、销售有毒、有害食品罪必须具备以下几个构成要件:

第一,行为人在主观方面是故意犯罪,即故意往食品中掺入有毒、有害非食品原料或者明知是有毒、有害食品而销售的行为。

第二,行为人在客观上实施了在生产、销售的食品中掺入有毒、有害的非食品原料或者明知是掺有有毒、有害的非食品原料的食品而销售的行为，至于销售后有无具体危害后果的发生并不影响本罪的成立。所谓"有毒、有害的非食品原料"，是指对人体具有生理毒性，食用后会引起不良反应，损害机体健康的不能食用的原料。如制酒时加入工业酒精，在饮料中加入国家严禁使用的非食用色素等。如果掺入的是食品原料，由于污染、腐败变质而具有了毒害性，不构成本罪。2013年最高人民法院、最高人民检察院《关于办理危害食品安全刑事案件适用法律若干问题的解释》第二十条规定，下列物质应当认定为"有毒、有害的非食品原料"：（1）法律、法规禁止在食品生产经营活动中添加、使用的物质；（2）国务院有关部门公布的《食品中可能违法添加的非食用物质名单》《保健食品中可能非法添加的物质名单》上的物质；（3）国务院有关部门公告禁止使用的农药、兽药以及其他有毒、有害物质；（4）其他危害人体健康的物质。

对生产、销售有毒、有害的食品罪的处罚，根据危害程度的不同，分为三个量刑档次：第一档刑，在生产、销售的食品中掺入有毒、有害的非食品原料的，或者销售明知掺有有毒、有害的非食品原料的食品的，处五年以下有期徒刑，并处罚金。第二档刑，对人体健康造成严重危害或者有其他严重情节的，处五年以上十年以下有期徒刑，并处罚金。"对人体健康造成严重危害"，是指对人体器官造成严重损伤以及其他严重损害人体健康的情节。2013年最高人民法院、最高人民检察院《关于办理危害食品安全刑事案件适用法律若干问题的解释》第五条规定，具有下列情形之一的，应当认定为"对人体健康造成严重危害"：（1）造成轻伤以上伤害的；（2）造成轻度残疾或者中度残疾的；（3）造成器官组织损伤导致一般功能障碍或者严重功能障碍的；（4）造成十人以上严重食物中毒或者其他严重食源性疾病的；（5）其他对人体健康造成严重危害的情形。"其他严重情节"，是指具有大量生产、销售有毒、有害食品等情节。上述司法解释第六条规定，具有下列情形之一的，应当认定为"其他严重情节"：（1）生产、销售金额二十万元以上不满五十万元的；（2）生产、销售金额十万元以上不满二十万元，有毒、有害食品的数量较大或者生产、销售持续时间较长的；（3）生产、销售金额十万元以上不满二十万元，属于婴幼儿食品的；（4）生产、销售金额十万元以上不满二十万元，一年内曾因危害食品安全违法犯罪活动受过行政处罚或者刑事处罚的；（5）有毒、有害的非食品原料毒害性强或者含量高的；（6）其他情节严重的情形。第三档刑，致人死亡或者有其他特别严重情节的，依照刑法第一百四十一条生产、销售假药罪的规定处罚，即处十年以上有期徒刑、无期徒刑或者死刑，并处罚金或者没收财产。"致人死亡或者有其他特别严重情节",是指生产、销售的有毒、有害食品被食用后,造成他人死亡或者致使多人严重残疾,以及具有生产、销售特别大量有毒、有害食品情节的。上述司法解释第七条规定,生产、销售金额五十万元以上,或者具有以下情形之一的,应当认定为"致人死亡或者有其他特别严重情节":(1)致人死亡或者重度残疾的;(2)造成三人以上重伤、中度残疾或者器官组织损伤导致严重功能障碍的;(3)造成十人以上轻伤、五人以上轻度残疾或者器官组织损伤导致一般功能障碍的;(4)造成三十人以上严重食物中毒或者其他严重食源性疾病的;(5)其他特别严重的后果。

【实践中需要注意的问题】

首先,应当注意生产、销售有毒、有害食品罪与其他罪的区别:一是与生产、销售不符合安全标准的食品罪的区别。生产、销售不符合安全标准的食品罪在食品中掺入的原料也可能有毒、有害,但其本身是食品原料,其毒害性是由于食品原料污染或者腐败变质所引起的;而生产、销售有毒、有害食品罪往食品中掺入的则是有毒、有害的非食品原料。二是与故意投放危险物质罪的区别。投放危险物质罪的目的是造成不特定多数人死亡或伤亡;而生产、销售有毒、有害食品罪的目的则是获取非法利润,行为人对在食品中掺入有毒、有害非食品原料虽然是明知的,但并不追求致人伤亡的危害结果的发生。三是与过失投放危险物质罪的区别,主要在于主观心理状态不同。过失投放危险物质罪不是故意在食品中掺入有毒害性的非食品原料,而是疏忽大意或者过于自信造成的;生产、销售有毒、有害食品罪则是故意在食品中掺入有毒害性的非食品原料。

其次,关于职业禁止。2015年《刑法修正案(九)》增加刑法第三十七条之一职业禁止规定。对于因利用职业便利实施犯罪,或者实施违背职业要求的特定义务的犯罪被判处刑罚的,人民法院可以根据犯罪情况和预防再犯罪的需要,禁止其自刑罚执行完毕之日或者假释之日起从事相关职业,期限为三年至五年。其他法律、行政法规对其从事相关职业另有禁止或者限制性规定的,从其规定。2018年食品安全法第一百三十五条第二款规定,因食品安全犯罪被判处有期徒刑以上刑罚的,终身不得从事食品生产经营管理工作,也不得担任食品生产经营企业食品安全管理人员。食品安全监督管理工作中应注意是否存在因食品安全犯罪被禁止从业的罪犯从事食品行业工作的情况。对于食品安全犯罪被判处其他刑罚的,可以依照刑法第三十七条之一的规定,禁止其自刑罚执行完毕之日或者假释之日起从事食品行业,期限为三年至五年。

第一百四十五条 【生产、销售不符合标准的医用器材罪】

生产不符合保障人体健康的国家标准、行业标准的医疗器械、医用卫生材料，或者销售明知是不符合保障人体健康的国家标准、行业标准的医疗器械、医用卫生材料，足以严重危害人体健康的，处三年以下有期徒刑或者拘役，并处销售金额百分之五十以上二倍以下罚金；对人体健康造成严重危害的，处三年以上十年以下有期徒刑，并处销售金额百分之五十以上二倍以下罚金；后果特别严重的，处十年以上有期徒刑或者无期徒刑，并处销售金额百分之五十以上二倍以下罚金或者没收财产。

【条文精解】

本条是关于生产、销售不符合标准的医用器材罪及其处罚的规定。根据本条的规定，生产、销售不符合标准的医用器材罪有以下构成要件：

第一，行为人在主观上是故意的。国家对于医疗器械、医用卫生材料的生产单位有严格的审批程序，还制定了严格的国家标准、行业标准，产品不符合标准的，不准出厂。作为生产者，对于所生产的医疗器械、医用卫生材料是否达到国家标准、行业标准是十分清楚的，如果生产不符合标准的医用器材，其主观故意是明显的。作为销售者，本条规定是在明知是不符合标准的医疗器械、医用卫生材料的情况下销售的，才构成本罪，这种情况下销售者当然在主观上是故意的。如果销售者不知道是不符合标准的医疗器械、医用卫生材料而销售的，不构成本罪。

第二，生产者在客观上具有生产不符合保障人体健康的国家标准、行业标准的医疗器械、医用卫生材料的行为，销售者在客观上具有明知是不符合保障人体健康的国家标准、行业标准的医疗器械、医用卫生材料而予以销售的行为。这里规定的"国家标准、行业标准"，主要是指国家卫生主管部门或者医疗器械、医用卫生材料生产行业制定的旨在保障人们使用安全的有关质量与卫生标准。根据2001年4月发布的最高人民法院、最高人民检察院《关于办理生产、销售伪劣商品刑事案件具体应用法律若干问题的解释》的规定，没有国家标准、行业标准的医疗器械，其注册产品标准可视为"保障人体健康的行业标准"。"医疗器械"，是指用于人体疾病诊断、治疗、预防，调节人体生理功能或者替代人体器官的仪器、设备、材料、植入物和相关物品，如注射器、心脏起搏器、超声波诊断仪等。"医用卫生材料"，是指用于诊断、治疗、预防人的疾病，调节人的生理功能的辅助材料，如医用纱布、药棉等。

第三，生产、销售不符合标准的医疗器械、医用卫生材料，只要足以严重危害人体健康，就构成犯罪。

对生产不符合保障人体健康的国家标准、行业标准的医疗器械、医用卫生材料，或者销售明知是不符合保障人体健康的国家标准、行业标准的医疗器械、医用卫生材料的处罚，根据危害程度的不同，分为三个量刑档次。第一档刑，足以严重危害人体健康的，处三年以下有期徒刑或者拘役，并处销售金额百分之五十以上二倍以下罚金。2008年最高人民检察院、公安部《关于公安机关管辖的刑事案件立案追诉标准的规定（一）》第二十一条规定，生产不符合保障人体健康的国家标准、行业标准的医疗器械、医用卫生材料，或者销售明知是不符合保障人体健康的国家标准、行业标准的医疗器械、医用卫生材料，涉嫌下列情形之一的，应予立案追诉：（1）进入人体的医疗器械的材料中含有超过标准的有毒有害物质的；（2）进入人体的医疗器械的有效性指标不符合标准要求，导致治疗、替代、调节、补偿功能部分或者全部丧失，可能造成贻误诊治或者人体严重损伤的；（3）用于诊断、监护、治疗的有源医疗器械的安全指标不符合强制性标准要求，可能对人体构成伤害或者潜在危害的；（4）用于诊断、监护、治疗的有源医疗器械的主要性能指标不合格，可能造成贻误诊治或者人体严重损伤的；（5）未经批准，擅自增加功能或者适用范围，可能造成贻误诊治或者人体严重损伤的；（6）其他足以严重危害人体健康或者对人体健康造成严重危害的情形。第二档刑，对人体健康造成严重危害的，处三年以上十年以下有期徒刑，并处销售金额百分之五十以上二倍以下罚金。2001年最高人民法院、最高人民检察院《关于办理生产、销售伪劣商品刑事案件具体应用法律若干问题的解释》第六条第一款规定，致人轻伤或者其他严重后果的，应认定为"对人体健康造成严重危害"。第三档刑，后果特别严重的，处十年以上有期徒刑或者无期徒刑，并处销售金额百分之五十以上二倍以下罚金或者没收财产。最高人民法院、最高人民检察院《关于办理生产、销售伪劣商品刑事案件具体应用法律若干问题的解释》第六条第二款规定，造成感染病毒性肝炎等难以治愈的疾病、一人以上重伤、三人以上轻伤或者其他严重后果的，应认定为"后果特别严重"。

【实践中需要注意的问题】

按照2008年最高人民检察院、公安部《关于公安机关管辖的刑事案件立案追诉标准的规定（一）》第二十一条和2003年最高人民法院、最高人民检察院《关于办理妨害预防、控制突发传染病疫情等灾害的刑事案件具体应用法律若干问题的解释》第三条的规定,将医疗机构或者个人知道或者应当知道是不符合保障人体健康的国家标准、行业标准的医疗器械、医用卫生材料而购买并有偿使用的认定为"销售",以本罪定罪处罚。

第一百四十六条 【生产、销售不符合安全标准的产品罪】

生产不符合保障人身、财产安全的国家标准、行业标准的电器、压力容器、易燃易爆产品或者其他不符合保障人身、财产安全的国家标准、行业标准的产品,或者销售明知是以上不符合保障人身、财产安全的国家标准、行业标准的产品,造成严重后果的,处五年以下有期徒刑,并处销售金额百分之五十以上二倍以下罚金;后果特别严重的,处五年以上有期徒刑,并处销售金额百分之五十以上二倍以下罚金。

【条文精解】

本条是关于生产、销售不符合安全标准的产品罪及其处罚的规定。根据本条规定,生产、销售不符合安全标准的产品罪有以下构成要件:

第一,行为人在主观方面是故意的。由于电器、压力容器、易燃易爆产品一旦发生爆炸、漏电、燃烧等,危险性大,破坏性强,会给人的生命、健康和财产造成很大损失,因此,国家对电器、压力容器、易燃易爆产品规定了严格的国家标准和行业标准,不符合标准的,不准出厂。作为生产者,对所生产的电器、压力容器、易燃易爆产品没有达到保障人身、财产安全的国家标准、行业标准是十分清楚的,但仍然生产,其行为故意显而易见。作为销售者,在明知是不符合安全标准的电器、压力容器、易燃易爆产品的情况下销售,也具备故意心理状态。如果销售者不知是不符合安全标准的产品而销售,不构成本罪。

第二,生产者在客观上有生产不符合保障人身、财产安全的国家标准、行业标准的电器、压力容器、易燃易爆产品或者其他不符合保障人身、财产安全的国家标准、行业标准的产品的行为;销售者有销售明知是以上不符合保障人身、财产安全的国家标准、行业标准的产品的行为。"电器",包括家用电器,如电视机、电冰箱、电热器、微波炉等各种电信、电力器材等;"压力容器",是指锅炉、氧气瓶、煤气罐、压力锅等高压容器;"易燃易爆产品",是指烟花爆竹、雷管、民用炸药等容易燃烧爆炸的产品。

第三，生产、销售不符合安全标准的电器、压力容器、易燃易爆产品或者其他不符合保障人身、财产安全的国家标准、行业标准的产品，造成严重后果的，才构成犯罪，这也是划分罪与非罪的重要界限。如果没有造成严重后果，不构成本罪。2008年最高人民检察院、公安部《关于公安机关管辖的刑事案件立案追诉标准的规定（一）》第二十二条规定，生产不符合保障人身、财产安全的国家标准、行业标准的电器、压力容器、易燃易爆或者其他不符合保障人身、财产安全的国家标准、行业标准的产品，或者销售明知是以上不符合保障人身、财产安全的国家标准、行业标准的产品，涉嫌下列情形之一的，应予立案追诉：(1)造成人员重伤或者死亡的；(2)造成直接经济损失十万元以上的；(3)其他造成严重后果的情形。

对生产不符合保障人身、财产安全的国家标准、行业标准的电器、压力容器、易燃易爆产品或者其他不符合保障人身、财产安全的国家标准、行业标准的产品，或者销售明知是以上不符合保障人身、财产安全的国家标准、行业标准的产品的处罚，规定了两档刑。第一档刑，造成严重后果的，处五年以下有期徒刑，并处销售金额百分之五十以上二倍以下罚金；第二档刑，后果特别严重的，处五年以上有期徒刑，并处销售金额百分之五十以上二倍以下罚金。

【实践中需要注意的问题】

在实际执行中，首先应当注意区分生产、销售不符合安全标准的产品罪与其他罪的不同。(1)本罪与爆炸罪、放火罪的区别：本罪的目的是非法牟利，没有致人伤亡或造成财产损失的犯罪目的，而爆炸罪、放火罪则是通过制造爆炸、放火等方式以求直接达到致人伤亡或造成财产损失的目的。(2)本罪与生产、销售伪劣产品罪的界限：生产、销售不符合安全标准的电器、压力容器、易燃易爆产品的行为，同时触犯两个罪名的，按处刑较重的罪处罚。如果生产、销售不符合安全标准的电器、压力容器、易燃易爆产品的行为没有造成严重后果，不构成本罪，但销售金额在五万元以上的，应按生产、销售伪劣产品罪处罚。

其次，本罪中的产品包括安全设备。2015年最高人民法院、最高人民检察院《关于办理危害生产安全刑事案件适用法律若干问题的解释》第十一条规定，生产不符合保障人身、财产安全的国家标准、行业标准的安全设备，或者明知安全设备不符合保障人身、财产安全的国家标准、行业标准而进行销售，致使发生安全事故，造成严重后果的，依照刑法第一百四十六条的规定，以生产、销售不符合安全标准的产品罪定罪处罚。

> **第一百四十七条　【生产、销售伪劣农药、兽药、化肥、种子罪】**
> 生产假农药、假兽药、假化肥，销售明知是假的或者失去使用效能的农药、兽药、化肥、种子，或者生产者、销售者以不合格的农药、兽药、化肥、种子冒充合格的农药、兽药、化肥、种子，使生产遭受较大损失的，处三年以下有期徒刑或者拘役，并处或者单处销售金额百分之五十以上二倍以下罚金；使生产遭受重大损失的，处三年以上七年以下有期徒刑，并处销售金额百分之五十以上二倍以下罚金；使生产遭受特别重大损失的，处七年以上有期徒刑或者无期徒刑，并处销售金额百分之五十以上二倍以下罚金或者没收财产。

【条文精解】

本条是关于生产、销售伪劣农药、兽药、化肥、种子罪及其处罚的规定。

根据本条规定，生产、销售伪劣农药、兽药、化肥、种子罪有以下几个构成要件：

第一，行为人在主观上是故意的。无论是生产假农药、假兽药、假化肥，还是销售明知是假的或者失去使用效能的农药、兽药、化肥、种子，或是生产者、销售者以不合格的农用生产资料冒充合格的农用生产资料生产、销售的，其行为的故意是十分清楚的，生产者、销售者对生产、销售对象的性质是明知的，目的都是非法牟利。

第二，行为人在客观上必须实施了下列行为之一：(1) 生产假农药、假兽药、假化肥。所谓"假农药、假兽药、假化肥"，是指所含的成分与国家标准、行业标准不相符合或者以非农药、非化肥、非兽药冒充农药、化肥、兽药。(2) 销售明知是假的或者失去使用效能的农药、兽药、化肥、种子。所谓"失去使用效能的农药、兽药、化肥、种子"，是指因为过期、受潮、腐烂、变质等原因失去了原有功效和使用效能，丧失了使用价值的农药、兽药、化肥、种子。(3) 生产者、销售者以不合格的农药、兽药、化肥、种子冒充合格的农药、兽药、化肥、种子。所谓"不合格"，是指不具备应当具备的使用性能或者没有达到应当达到的质量标准。

第三，生产、销售上述伪劣农用生产资料，使生产遭受较大损失的，才构成本罪，这也是区分罪与非罪的主要界限。由于上述各项生产资料的功效、作用不同，可能造成的损害也不一样，"使生产遭受较大损失"，在实践中一般是指造成比较严重的或者比较大范围的粮食减产、较多的牲畜的病患或死亡等。2008年最高人民检察院、公安部《关于公安机关管辖的刑事案件立案追诉标准的规定（一）》第二十三条规定，生产假农药、假兽药、假化肥，销售明知是假的或者失去使用效能的农药、兽药、化肥、种子，或者生产者、销售者以不合格的农药、兽药、化肥、种子冒充合格的农药、兽药、化肥、种子，涉嫌下列情形之一的，应予立案追诉：（1）使生产遭受损失二万元以上的；（2）其他使生产遭受较大损失的情形。

对生产、销售伪劣农药、兽药、化肥、种子行为的处罚，本条规定了三档刑：使生产遭受较大损失的，处三年以下有期徒刑或者拘役，并处或者单处销售金额百分之五十以上二倍以下罚金；使生产遭受重大损失的，处三年以上七年以下有期徒刑，并处销售金额百分之五十以上二倍以下罚金；使生产遭受特别重大损失的，处七年以上有期徒刑或者无期徒刑，并处销售金额百分之五十以上二倍以下罚金或者没收财产。2001年最高人民法院、最高人民检察院《关于办理生产、销售伪劣商品刑事案件具体应用法律若干问题的解释》第七条规定，刑法第一百四十七条规定的生产、销售伪劣农药、兽药、化肥、种子罪中"使生产遭受较大损失"，一般以二万元为起点；"重大损失"，一般以十万元为起点；"特别重大损失"，一般以五十万元为起点。

【实践中需要注意的问题】

在实际执行中，应当注意区分生产、销售伪劣农药、兽药、化肥、种子罪与其他罪的区别。（1）与破坏生产经营罪的区别。本罪行为人的目的是非法牟利，采取的方式是生产、销售伪劣农药、兽药、化肥、种子；而破坏生产经营罪则是出于泄愤报复或者其他个人目的，采取的方式是毁坏机器设备、残害耕畜或其他方法。（2）与生产、销售伪劣产品罪的区别。生产、销售伪劣农药、兽药、化肥、种子的行为，如果同时触犯两个罪名，按处刑较重的罪处罚。如果实施以上行为，未使生产遭受较大损失，但销售金额在五万元以上的，按生产、销售伪劣产品罪定罪处罚。

第一百四十八条 【生产、销售不符合卫生标准的化妆品罪】

生产不符合卫生标准的化妆品，或者销售明知是不符合卫生标准的化妆品，造成严重后果的，处三年以下有期徒刑或者拘役，并处或者单处销售金额百分之五十以上二倍以下罚金。

【条文精解】

本条是关于生产、销售不符合卫生标准的化妆品罪及其处罚的规定。

根据本条规定，生产、销售不符合卫生标准的化妆品罪有以下几个构成要件：

第一，行为人在主观上有犯罪的故意。鉴于化妆品在人们生活中的地位愈来愈重要，国家制定了《化妆品卫生标准》，详细规定了化妆品的各项卫生标准，不符合卫生标准的化妆品不准出厂。生产者对所生产的化妆品不符合卫生标准，应当是十分清楚的，在这种情况下，仍然进行生产，无疑是故意。销售者对明知是不符合卫生标准的化妆品仍然予以销售，其行为的故意也十分清楚。

第二，行为人在客观上具有生产不符合卫生标准的化妆品，或者销售明知是不符合卫生标准的化妆品的行为。这里的"化妆品"，是指以涂擦、喷洒或者其他类似的方法，散布于人体表面的任何部位（皮肤、毛发、指甲、口唇等），以达到清洁、消除不良气味、护肤、美容和装饰作用的日用化学工业品，如护发素、洗发水、护肤霜、美容霜等日用化妆品，也包括染发剂、祛斑霜、脱毛剂等特殊用途的化妆品。"不符合卫生标准"，是指不符合国家制定的各种化妆品的强制性标准。

第三，生产、销售不符合卫生标准的化妆品，必须造成严重后果，才构成本罪。如果生产、销售不符合卫生标准的化妆品，使用以后没有任何效果，根本不起作用，或者没有造成严重后果，不构成本罪。在司法实践中，"严重后果"一般是指：（1）致人毁容，或者严重皮肤损伤的；（2）生产、销售不符合卫生标准的化妆品，数量大的；（3）虽然没有致人毁容，但受害人数多、受害地域广，在社会上造成恶劣影响的；（4）导致其他严重后果，如受害人精神失常、自杀等。2008年最高人民检察院、公安部《关于公安机关管辖的刑事案件立案追诉标准的规定（一）》第二十四条规定，生产不符合卫生标准的化妆品，或者销售明知是不符合卫生标准的化妆品，涉嫌下列情形之一的，应予立案追诉：（1）造成他人容貌毁损或者皮肤严重损伤的；（2）造成他人器官组织损伤导致严重功能障碍的；（3）致使他人精神失常或者自杀、自残造成重伤、死亡的；（4）其他造成严重后果的情形。

【实践中需要注意的问题】

在实际执行中，应当注意区分本罪与生产、销售伪劣产品罪的区别，正确适用法律。生产、销售不符合卫生标准的化妆品，如果没有造成严重后果，但销售金额在五万元以上的，虽不构成本罪，但仍构成生产、销售伪劣产品罪。如果生产、销售不符合卫生标准的化妆品，同时触犯两种罪名，则应按处罚较重的罪处罚。

第一百四十九条 【对生产、销售伪劣商品行为的法条适用】

生产、销售本节第一百四十一条至第一百四十八条所列产品，不构成各该条规定的犯罪，但是销售金额在五万元以上的，依照本节第一百四十条的规定定罪处罚。

生产、销售本节第一百四十一条至第一百四十八条所列产品，构成各该条规定的犯罪，同时又构成本节第一百四十条规定之罪的，依照处罚较重的规定定罪处罚。

【条文精解】

本条是关于生产、销售伪劣商品犯罪的其他情形及其处罚的规定。

本条共分两款。第一款是关于对生产、销售特殊伪劣产品行为，不构成有特殊规定的各有关犯罪，而销售金额却在五万元以上，如何正确适用法律的规定。刑法除第一百四十条对生产、销售伪劣产品罪作了一般规定外，为了对群众反映强烈的一些生产、销售直接危害人民生命健康和严重影响生产安全的特定的假冒伪劣产品犯罪行为进行严厉打击，又对生产、销售一些特定伪劣产品专门规定了罪名，构成这些生产、销售特殊伪劣产品犯罪的要件又各有不同。有的要以"对人体健康造成严重危害"为犯罪构成要件，有的则要求"造成严重后果"，还有的以"使生产遭受较大损失"为必要条件。这样在有些情况下，如果生产、销售了某些特定伪劣产品，销售金额已在五万元以上,但由于构成这些犯罪所必需的"严重后果"还没有发生或者难以确定,则难以定罪。为了不影响对于这些犯罪行为的打击,根据本款规定,对于"生产、销售本法第一百四十一条至第一百四十八条所列产品,不构成各该条规定的犯罪,但是销售金额在五万元以上的,依照本法第一百四十条的规定定罪处罚",即可按生产、销售伪劣产品罪追究刑事责任。

第二款是对生产、销售特殊伪劣产品行为,如果同时触犯了两个罪名,如何正确适用法律的规定。生产、销售假药、劣药,不符合安全标准的食品,有毒、有害食品,不符合标准的医疗器械、医用卫生材料,不符合安全标准的电器、压力容器、易燃易爆产品,伪劣农药、兽药、化肥、种子,不符合卫生标准的化妆品等行为,有的时候不仅构成了刑法规定的生产、销售特定伪劣产品的犯罪,如果销售金额在五万元以上,也同时构成了一般的生产、销售伪劣产品罪,对于这种情况本款采取了从一重罪处罚的原则,即依照处罚较重的规定定罪处罚。

第一百五十条 【单位犯本节规定之罪的处罚】

单位犯本节第一百四十条至第一百四十八条规定之罪的,对单位判处罚金,并对其直接负责的主管人员和其他直接责任人员,依照各该条的规定处罚。

【条文精解】

本条是关于单位实施相关犯罪的处罚规定。根据本条规定,单位如果犯第一百四十条至第一百四十八条规定的生产、销售伪劣产品罪,生产、销售、提供假药罪,生产、销售、提供劣药罪,妨害药品管理罪,生产、销售不符合安全标准的食品罪,生产、销售有毒、有害食品罪,生产、销售不符合标准的医用器材罪,生产、销售不符合安全标准的产品罪,生产、销售伪劣农药、兽药、化肥、种子罪,生产、销售不符合卫生标准的化妆品罪的,对单位判处罚金,并对其直接负责的主管人员和其他直接责任人员,依照各该条对于自然人犯罪的规定处罚。

第二节　走私罪

第一百五十一条　【走私武器、弹药罪】【走私核材料罪】【走私假币罪】【走私文物罪】【走私贵重金属罪】【走私珍贵动物、珍贵动物制品罪】【走私国家禁止进出口的货物、物品罪】

走私武器、弹药、核材料或者伪造的货币的，处七年以上有期徒刑，并处罚金或者没收财产；情节特别严重的，处无期徒刑，并处没收财产；情节较轻的，处三年以上七年以下有期徒刑，并处罚金。

走私国家禁止出口的文物、黄金、白银和其他贵重金属或者国家禁止进出口的珍贵动物及其制品的，处五年以上十年以下有期徒刑，并处罚金；情节特别严重的，处十年以上有期徒刑或者无期徒刑，并处没收财产；情节较轻的，处五年以下有期徒刑，并处罚金。

走私珍稀植物及其制品等国家禁止进出口的其他货物、物品的，处五年以下有期徒刑或者拘役，并处或者单处罚金；情节严重的，处五年以上有期徒刑，并处罚金。

单位犯本条规定之罪的，对单位判处罚金，并对其直接负责的主管人员和其他直接责任人员，依照本条各款的规定处罚。

【条文精解】

本条是关于走私武器、弹药罪，走私核材料罪，走私假币罪，走私文物罪，走私贵重金属罪，走私珍贵动物、珍贵动物制品罪，走私国家禁止进出口的货物、物品罪及其处罚的规定。

本条共分四款。第一款是关于走私武器、弹药罪，走私核材料罪，走私假币罪及其处罚的规定。本款主要规定了两个方面的内容。

第一，明确了第一类走私物品的具体内容，即走私武器、弹药、核材料或者伪造的货币。其中"武器、弹药"，是指各种军用武器、弹药和爆炸物以及其他类似军用武器、弹药和爆炸物等。"武器、弹药"的种类，参照《海关进出口税则》及《禁止进出境物品表》的有关规定确定。"核材料"，是指铀、钚等可以发生原子核变或聚合反应的放射性材料。2017年9月1日公布的核安全法第二条作了具体规定，核材料，是指：（1）铀-235材料及其制品；

（2）铀-233材料及其制品；（3）钚-239材料及其制品；（4）法律、行政法规规定的其他需要管制的核材料。"伪造的货币"，是指伪造可在国内市场流通或者兑换的人民币、境外货币。根据2014年最高人民法院、最高人民检察院《关于办理走私刑事案件适用法律若干问题的解释》第七条的规定，刑法第一百五十一条第一款规定的"货币"，包括正在流通的人民币和境外货币。伪造的境外货币数额，折合成人民币计算。伪造不流通或者并不存在的人民币，如伪造三十元面值人民币的，不属于伪造的"货币"。

第二，规定了对走私上述物品的犯罪行为的处罚。对于走私武器、弹药、核材料或者伪造的货币的行为，本款根据情节轻重规定了三个量刑档次：

第一档刑，情节较轻的，处三年以上七年以下有期徒刑，并处罚金。最高人民法院、最高人民检察院《关于办理走私刑事案件适用法律若干问题的解释》第一条第一款规定，走私武器、弹药，具有下列情形之一的，可以认定为刑法第一百五十一条第一款规定的"情节较轻"：（1）走私以压缩气体等非火药为动力发射枪弹的枪支二支以上不满五支的；（2）走私气枪铅弹五百发以上不满二千五百发，或者其他子弹十发以上不满五十发的；（3）未达到上述数量标准，但属于犯罪集团的首要分子，使用特种车辆从事走私活动，或者走私的武器、弹药被用于实施犯罪等情形的；（4）走私各种口径在六十毫米以下常规炮弹、手榴弹或者枪榴弹等分别或者合计不满五枚的。第二条规定，走私枪支散件，构成犯罪的，依照刑法第一百五十一条第一款的规定，以走私武器罪定罪处罚；成套枪支散件以相应数量的枪支计，非成套枪支散件以每三十件为一套枪支散件计。第四条规定，走私各种弹药的弹头、弹壳，构成犯罪的，依照刑法第一百五十一条第一款的规定，以走私弹药罪定罪处罚；具体的定罪量刑标准，按照本解释第一条规定的数量标准的五倍执行；弹头、弹壳是否属于"报废或者无法组装并使用"或者"废物"，由国家有关技术部门进行鉴定。第六条第一款规定，走私伪造的货币，数额在二千元以上不满二万元，或者数量在二百张（枚）以上不满二千张（枚）的，可以认定为刑法第一百五十一条第一款规定的"情节较轻"。

第二档刑，走私武器、弹药、核材料或者伪造的货币的，处七年以上有期徒刑，并处罚金或者没收财产。最高人民法院、最高人民检察院《关于办理走私刑事案件适用法律若干问题的解释》第一条第二款规定，具有下列情形之一的，依照刑法第一百五十一条第一款的规定处七年以上有期徒刑，并处罚金或者没收财产：（1）走私以火药为动力发射枪弹的枪支一支，或者以压缩气体等非火药为动力发射枪弹的枪支五支以上不满十支的;(2)走私第一款第二项规定的弹药,数量在该项规定的最高数量以上不满最高数量五倍的;(3)走私各种口径在六十毫米以下常规炮弹、手榴弹或者枪榴弹等分别或者合计达到五枚以上不满十枚,或者各种口径超过六十毫米以上常规炮弹合计不满五枚的;(4)达到第一款第一、二、四项规定的数量标准,且属于犯罪集团的首要分子,使用特种车辆从事走私活动,或者走私的武器、弹药被用于实施犯罪等情形的。第六条第二款规定,走私伪造的货币具有下列情形之一的,依照刑法第一百五十一条第一款的规定处七年以上有期徒刑,并处罚金或者没收财产:(1)走私数额在二万元以上不满二十万元,或者数量在二千张(枚)以上不满二万张(枚)的;(2)走私数额或者数量达到第一款规定的标准,且具有走私的伪造货币流入市场等情节的。

第三档刑,情节特别严重的,处无期徒刑,并处没收财产。最高人民法院、最高人民检察院《关于办理走私刑事案件适用法律若干问题的解释》第一条第三款规定,具有下列情形之一的,应当认定为刑法第一百五十一条第一款规定的"情节特别严重":(1)走私第二款第一项规定的枪支,数量超过该项规定的数量标准的;(2)走私第一款第二项规定的弹药,数量在该项规定的最高数量标准五倍以上的;(3)走私第二款第三项规定的弹药,数量超过该项规定的数量标准,或者走私具有巨大杀伤力的非常规炮弹一枚以上的;(4)达到第二款第一项至第三项规定的数量标准,且属于犯罪集团的首要分子,使用特种车辆从事走私活动,或者走私的武器、弹药被用于实施犯罪等情形的。第六条第三款规定,走私伪造的货币具有下列情形之一的,应当认定为刑法第一百五十一条第一款规定的"情节特别严重":(1)走私数额在二十万元以上,或者数量在二万张(枚)以上的;(2)走私数额或者数量达到第二款第一项规定的标准,且属于犯罪集团的首要分子,使用特种车辆从事走私活动,或者走私的伪造货币流入市场等情形的。

本条第二款是关于走私文物罪,走私贵重金属罪,走私珍贵动物、珍贵动物制品罪及其处罚的规定。本款主要规定了两个方面的内容。

一是规定了第二类走私物品的具体内容,即走私国家禁止出口的文物、黄金、白银和其他贵重金属或者国家禁止进出口的珍贵动物及其制品。其中,"国家禁止出口的文物",是指国家馆藏一、二、三级文物及其他国家禁止出口的文物。文物保护法第六十条规定,国有文物、非国有文物中的珍贵文物和国家规定禁止出境的其他文物,不得出境;但是依照本法规定出境展览或者因特殊需要经国务院批准出境的除外。根据2005年全国人大常委会《关于〈中华人民共和国刑法〉有关文物的规定适用于具有科学价值的古脊椎动物化石、古人类化石的解释》规定，刑法有关文物的规定，适用于具有科学价值的古脊椎动物化石、古人类化石。因此，走私古脊椎动物化石、古人类化石的，依照走私文物处理。"珍贵动物"，是指列入《国家重点保护野生动物名录》中的国家一、二级保护野生动物和列入《濒危野生动植物种国际贸易公约》附录一、附录二中的野生动物以及驯养繁殖的上述物种，主要有大熊猫、金丝猴、白唇鹿、扬子鳄、丹顶鹤、白鹤、天鹅、野骆驼等。珍贵动物的"制品"，是指珍贵野生动物的皮、毛、骨等制成品。本条珍贵动物的范围与刑法第三百四十一条有关野生动物犯罪中的"国家重点保护的珍贵、濒危野生动物"的范围应当是一样的。"其他贵重金属"，是指铂、铱、铑、钛等金属以及国家规定禁止出口的其他贵重金属。

二是规定了对走私上述物品的犯罪行为的处罚。对于走私国家禁止出口的文物、黄金、白银和其他贵重金属或者国家禁止进出口的珍贵动物及其制品的行为，本款根据情节轻重规定了三个量刑档次：

第一档刑，情节较轻的，处五年以下有期徒刑，并处罚金。最高人民法院、最高人民检察院《关于办理走私刑事案件适用法律若干问题的解释》第九条第一款规定，走私国家一、二级保护动物未达到本解释附表中（一）规定的数量标准，或者走私珍贵动物制品数额不满二十万元的，可以认定为刑法第一百五十一条第二款规定的"情节较轻"。

第二档刑，对于走私国家禁止出口的文物、黄金、白银和其他贵重金属或者国家禁止进出口的珍贵动物及其制品的，处五年以上十年以下有期徒刑，并处罚金。最高人民法院、最高人民检察院《关于办理走私刑事案件适用法律若干问题的解释》第九条第二款规定，具有下列情形之一的，处本档刑：（1）走私国家一、二级保护动物达到本解释附表中（一）规定的数量标准的；（2）走私珍贵动物制品数额在二十万元以上不满一百万元的；（3）走私国家一、二级保护动物未达到本解释附表中（一）规定的数量标准，但具有造成该珍贵动物死亡或者无法追回等情节的。

第三档刑，情节特别严重的，处十年以上有期徒刑或者无期徒刑，并处没收财产。最高人民法院、最高人民检察院《关于办理走私刑事案件适用法律若干问题的解释》第九条第三款规定，具有下列情形之一的，应当认定为刑法第一百五十一条第二款规定的"情节特别严重"：（1）走私国家一、二级保护动物达到该解释附表中（二）规定的数量标准的；（2）走私珍贵动物制品数额在一百万元以上的;(3)走私国家一、二级保护动物达到该解释附表中（一）规定的数量标准,且属于犯罪集团的首要分子,使用特种车辆从事走私活动,或者造成该珍贵动物死亡、无法追回等情形的。第十条规定,刑法第一百五十一条第二款规定的"珍贵动物",包括列入《国家重点保护野生动物名录》中的国家一、二级保护野生动物,《濒危野生动植物种国际贸易公约》附录Ⅰ、附录Ⅱ中的野生动物,以及驯养繁殖的上述动物;走私该解释附表中未规定的珍贵动物的,参照附表中规定的同属或者同科动物的数量标准执行;走私该解释附表中未规定珍贵动物的制品的,按照最高人民法院、最高人民检察院、国家林业局、公安部、海关总署《关于破坏野生动物资源刑事案件中涉及的CITES附录Ⅰ和附录Ⅱ所列陆生野生动物制品价值核定问题的通知》(林濒发〔2012〕239号)的有关规定核定价值。

需要说明的是,有关走私文物犯罪定罪量刑的标准,最高人民法院、最高人民检察院《关于办理走私刑事案件适用法律若干问题的解释》第八条的规定,与2015年10月最高人民法院 最高人民检察院《关于办理妨害文物管理等刑事案件适用法律若干问题的解释》的规定不完全一致。根据后一司法解释的规定,走私国家禁止出口的二级文物的,应当依照刑法第一百五十一条第二款的规定,以走私文物罪处五年以上十年以下有期徒刑,并处罚金;走私国家禁止出口的一级文物的,应当认定为刑法第一百五十一条第二款规定的"情节特别严重";走私国家禁止出口的三级文物的,应当认定为刑法第一百五十一条第二款规定的"情节较轻"。走私国家禁止出口的文物,无法确定文物等级,或者按照文物等级定罪量刑明显过轻或者过重的,可以按照走私的文物价值定罪量刑。走私的文物价值在二十万元以上不满一百万元的,应当依照刑法第一百五十一条第二款的规定,以走私文物罪处五年以上十年以下有期徒刑,并处罚金;文物价值在一百万元以上的,应当认定为刑法第一百五十一条第二款规定的"情节特别严重";文物价值在五万元以上不满二十万元的,应当认定为刑法第一百五十一条第二款规定的"情节较轻"。

本条第三款是关于走私国家禁止进出口的货物、物品罪及其处罚的规定。本款规定了两个方面的内容。

第一,规定了第三类禁止走私的物品和范围,即珍稀植物及其制品等国家禁止进出口的其他货物、物品。根据最高人民法院、最高人民检察院《关于办理走私刑事案件适用法律若干问题的解释》第十二条的规定,本款规定的"珍稀植物",包括列入《国家重点保护野生植物名录》《国家重点保护野生药材物种名录》《国家珍贵树种名录》中的国家一、二级保护野生植物、国家重点保护的野生药材、珍贵树木,《濒危野生动植物种国际贸易公约》附录Ⅰ、附录Ⅱ中的野生植物,以及人工培育的上述植物。珍稀植物的"制品",是指用珍稀植物制成的药材、木材、标本、器具等制成品。"其他国家禁止进出口的货物、物品",是指本条所列货物、物品以外的,被列入国家禁止进出口物品目录或者法律规定禁止进出口的货物、物品,如来自疫区的动植物及其制品、古植物化石等。2019年11月最高人民法院发布《关于审理走私、非法经营、非法使用兴奋剂刑事案件适用法律若干问题的解释》,第一条规定:"运动员、运动员辅助人员走私兴奋剂目录所列物质,或者其他人员以在体育竞赛中非法使用为目的走私兴奋剂目录所列物质,涉案物质属于国家禁止进出口的货物、物品,具有下列情形之一的,应当依照刑法第一百五十一条第三款的规定,以走私国家禁止进出口的货物、物品罪定罪处罚:(一)一年内曾因走私被给予二次以上行政处罚后又走私的;(二)用于或者准备用于未成年人运动员、残疾人运动员的;(三)用于或者准备用于国内、国际重大体育竞赛的;(四)其他造成严重恶劣社会影响的情形。"

第二,规定了对走私上述物品的犯罪行为的处罚。本款规定了两个量刑档次:第一档刑,对走私珍稀植物及其制品等国家禁止进出口的其他货物、物品的,处五年以下有期徒刑或者拘役,并处或者单处罚金。根据最高人民法院、最高人民检察院《关于办理走私刑事案件适用法律若干问题的解释》第十一条的规定,适用于下列情形:(1)走私国家一级保护野生植物五株以上不满二十五株,国家二级保护野生植物十株以上不满五十株,或者珍稀植物、珍稀植物制品数额在二十万元以上不满一百万元的;(2)走私重点保护古生物化石或者未命名的古生物化石不满十件,或者一般保护古生物化石十件以上不满五十件的;(3)走私禁止进出口的有毒物质一吨以上不满五吨,或者数额在二万元以上不满十万元的;(4)走私来自境外疫区的动植物及其产品五吨以上不满二十五吨,或者数额在五万元以上不满二十五万元的;(5)走私木炭、硅砂等妨害环境、资源保护的货物、物品十吨以上不满五十吨,或者数额在十万元以上不满五十万元的;(6)走私旧机动车、切割车、旧机电产品或者其他禁止进出口的货物、物品二十吨以上不满一百吨,或者数额在二十万元以上不满一百万元的;(7)数量或者数额未达到第一项至第六项规定的标准,但属于犯罪集团的首要分子,使用特种车辆从事走私活动,造成环境严重污染,或者引起甲类传染病传播、重大动植物疫情等情形的。第二档刑,情节严重的,处五年以上有期徒刑,并处罚金。"情节严重"的情形包括:(1)走私数量或者数额超过前述第一项至第六项规定的标准的;(2)达到前述第一项至第六项规定的标准,且属于犯罪集团的首要分子,使用特种车辆从事走私活动,造成环境严重污染,或者引起甲类传染病传播、重大动植物疫情等情形的。

本条第四款是对单位走私国家禁止进出口物品犯罪的处罚规定。依照本款的规定,单位犯本条规定之罪的,对单位判处罚金,并对直接负责的主管人员和其他直接责任人员依照本条各款的规定处罚。

【实践中需要注意的问题】

一是构成本条所列走私国家禁止进出口物品犯罪,行为人主观上必须具有犯罪故意,客观上必须有逃避海关监管,非法运输、携带、邮寄国家禁止进出口的物品进出口的行为。由于本条所列物品有的是违禁品,有的是国家严禁出口的物品,对走私本条所列物品犯罪的条件,在数量上一般没有限制,凡是走私本条所列物品,原则上都构成犯罪。在实际执行中应当注意区分罪与非罪的界限,如行为人不知其所携带出境的文物是国家禁止出口的文物,且如实申报而没有逃避海关监管的,也不应作为犯罪处理。

二是关于走私限制进出口货物、物品的犯罪问题。根据最高人民法院、最高人民检察院《关于办理走私刑事案件适用法律若干问题的解释》第二十一条的规定,未经许可进出口国家限制进出口的货物、物品,构成犯罪的,应当依照刑法第一百五十一条、第一百五十二条的规定,以走私国家禁止进出口的货物、物品罪等罪名定罪处罚;偷逃应缴税额,同时又构成走私普通货物、物品罪的,依照处罚较重的规定定罪处罚。取得许可,但超过许可数量进出口国家限制进出口的货物、物品,构成犯罪的,依照刑法第一百五十三条的规定,以走私普通货物、物品罪定罪处罚。租用、借用或者使用购买的他人许可证,进出口国家限制进出口的货物、物品的,适用该解释第二十一条第一款的规定定罪处罚。

另外,对于违反2020年10月通过的出口管制法的规定,出口国家禁止出口的管制物项,包括出口禁止出口的相关货物、技术、服务或者相关技术资料等数据,构成犯罪的,依照本条各款相关规定处罚。

第一百五十二条 【走私淫秽物品罪】【走私废物罪】

以牟利或者传播为目的，走私淫秽的影片、录像带、录音带、图片、书刊或者其他淫秽物品的，处三年以上十年以下有期徒刑，并处罚金；情节严重的，处十年以上有期徒刑或者无期徒刑，并处罚金或者没收财产；情节较轻的，处三年以下有期徒刑、拘役或者管制，并处罚金。

逃避海关监管将境外固体废物、液态废物和气态废物运输进境，情节严重的，处五年以下有期徒刑，并处或者单处罚金；情节特别严重的，处五年以上有期徒刑，并处罚金。

单位犯前两款罪的，对单位判处罚金，并对其直接负责的主管人员和其他直接责任人员，依照前两款的规定处罚。

【条文精解】

本条是关于走私淫秽物品罪、走私废物罪及其处罚的规定。

本条共分三款。根据第一款的规定，走私淫秽物品罪有以下几个构成要件：

第一，行为人在主观上有犯罪故意，即以牟利或者传播为目的，这是构成本罪的一个必备条件。以牟利为目的，是指行为人走私淫秽物品是为了出卖、出租或者通过其他方式牟取非法利益；以传播为目的，是指行为人走私淫秽物品是为了在社会上传播、扩散。不具有上述目的的不应认定为本罪，如果行为人携带少量的淫秽物品入境，目的是自己使用，则不应按走私淫秽物品罪处。

第二，行为人在客观上有逃避海关监管，运输、携带、邮寄淫秽物品的行为。根据本法第三百六十七条的规定，本法所称淫秽物品，是指具体描绘性行为或者露骨宣扬色情的诲淫性的书刊、影片、录像带、录音带、图片及其他淫秽物品。有关人体生理、医学知识的科学著作不是淫秽物品。包含有色情内容的有艺术价值的文学、艺术作品不视为淫秽物品。

第三，本罪的犯罪主体为一般主体，单位或者自然人都可以成为本罪的犯罪主体。

对于走私淫秽物品罪的处罚，本款规定：以牟利或者传播为目的，走私淫秽物品的，处三年以上十年以下有期徒刑，并处罚金；情节严重的，处十年以上有期徒刑或者无期徒刑，并处罚金或者没收财产；情节较轻的，处三年以下有期徒刑、拘役或者管制，并处罚金。实践中办理走私淫秽物品的案件，涉及具体的数额标准，可以参照2014年最高人民法院、最高人民检察院

《关于办理走私刑事案件适用法律若干问题的解释》中关于"情节较轻""情节严重"等的解释内容办理。该解释第十三条规定:"以牟利或者传播为目的,走私淫秽物品,达到下列数量之一的,可以认定为刑法第一百五十二条第一款规定的'情节较轻':(一)走私淫秽录像带、影碟五十盘(张)以上不满一百盘(张)的;(二)走私淫秽录音带、音碟一百盘(张)以上不满二百盘(张)的;(三)走私淫秽扑克、书刊、画册一百副(册)以上不满二百副(册)的;(四)走私淫秽照片、画片五百张以上不满一千张的;(五)走私其他淫秽物品相当于上述数量的。走私淫秽物品在前款规定的最高数量以上不满最高数量五倍的,依照刑法第一百五十二条第一款的规定处三年以上十年以下有期徒刑,并处罚金。走私淫秽物品在第一款规定的最高数量五倍以上,或者在第一款规定的最高数量以上不满五倍,但属于犯罪集团的首要分子,使用特种车辆从事走私活动等情形的,应当认定为刑法第一百五十二条第一款规定的'情节严重'。"

第二款是2002年《刑法修正案(四)》增加和修改的内容,即将原刑法第一百五十五条第三项"逃避海关监管将境外固体废物运输进境的"内容移到本款,并根据海关法的规定和实践中的具体情况,增加了将液态废物和气态废物运输进境的规定。原第一百五十五条第三项没有单独规定刑罚,而是规定以走私罪论处,依照刑法关于走私罪的有关规定处罚。由于刑法"走私罪"一章,除第一百五十一条、第一百五十二条明确规定走私几类违禁品的处罚以外,对走私罪是按照行为人偷逃应缴税额的多少规定刑罚的,而在司法实践中,对有些走私固体废物的行为无法计算应缴税额,因此,司法机关对本罪在量刑上存在一定的困难。该次修改,对逃避海关监管将境外固体废物、液态废物和气态废物运输进境的行为规定为犯罪并单独规定了两档刑罚。本款所说的"固体废物",是指国家禁止进口的固体废物和国家限制进口的可用作原料的固体废物。2017年我国发布《禁止洋垃圾入境推进固体废物进口管理制度改革实施方案》,明确提出"分批分类调整进口固体废物管理目录",逐步有序减少固体废物进口种类和数量。国家限制进口的可用作原料的固体废物,按照《限制进口类可用作原料的固体废物目录》执行。2019年,国家调整公布了新的《限制进口类可用作原料的固体废物目录》,将废钢铁、铜废碎料、铝废碎料等调入。本款所说的"液态废物",是指区别于固体废物的液体形态的废物,是有一定的体积但没有一定的形状,可以流动的物质。"气态废物",是指放置在容器中的气体形态的废物。我国对于境外固体废物、液态废物和气态废物入境有严格的限制和批准程序,近年来,国内一些单位或者个人见利忘义，以各种方式逃避海关监管，向海关隐瞒、掩饰，擅自将境外固体废物、液态废物和气态废物偷运入境。对于这种危害国家和人民利益的走私行为，给予严厉打击是完全必要的。

根据第二款的规定，走私固体废物、液态废物、气态废物，情节严重的，处五年以下有期徒刑，并处或者单处罚金；情节特别严重的，处五年以上有期徒刑，并处罚金。根据上述走私犯罪司法解释的规定，走私国家禁止进口的废物或者国家限制进口的可用作原料的废物，具有下列情形之一的，应当认定为"情节严重"：（1）走私国家禁止进口的危险性固体废物、液态废物分别或者合计达到一吨以上不满五吨的；（2）走私国家禁止进口的非危险性固体废物、液态废物分别或者合计达到五吨以上不满二十五吨的；（3）走私国家限制进口的可用作原料的固体废物、液态废物分别或者合计达到二十吨以上不满一百吨的；（4）未达到上述数量标准，但属于犯罪集团的首要分子，使用特种车辆从事走私活动，或者造成环境严重污染等情形的。具有下列情形之一的，应当认定为本款规定的"情节特别严重"：（1）走私数量超过前述规定的标准的；（2）达到前述规定的标准，且属于犯罪集团的首要分子，使用特种车辆从事走私活动，或者造成环境严重污染等情形的；（3）未达到前述规定的标准，但造成环境严重污染且后果特别严重的。走私置于容器中的气态废物，构成犯罪的，参照前述规定的标准处罚。

第三款是对单位犯走私淫秽物品罪、走私废物罪的处罚规定。本款也由《刑法修正案（四）》作了修改，虽只是文字修改，但修改后的内容有了实质的变化。原来只规定了对单位犯走私淫秽物品罪的处罚，现在增加了对单位犯走私废物罪的处罚。对单位犯上述罪行的，采用双罚制原则。对单位判处罚金，并对其直接负责的主管人员和其他直接责任人员，依照前两款的规定处罚。

【实践中需要注意的问题】

本罪在实际执行中要注意正确把握罪与非罪的界限。是否"以牟利或者传播为目的"，是区分罪与非罪的界限。判断是否具有牟利或者传播的目的，不能只凭行为人的口供或者辩解，要具体情况具体分析，根据各种证据，加以分析判断。如果行为人走私大量淫秽物品，显然超出了自用的范围，就可以认定是以牟利或者传播为目的，至于"牟利"或者"传播"的目的是否实现，并不影响本罪的成立。

第一百五十三条【走私普通货物、物品罪】

走私本法第一百五十一条、第一百五十二条、第三百四十七条规定以外的货物、物品的，根据情节轻重，分别依照下列规定处罚：

（一）走私货物、物品偷逃应缴税额较大或者一年内曾因走私被给予二次行政处罚后又走私的，处三年以下有期徒刑或者拘役，并处偷逃应缴税额一倍以上五倍以下罚金。

（二）走私货物、物品偷逃应缴税额巨大或者有其他严重情节的，处三年以上十年以下有期徒刑，并处偷逃应缴税额一倍以上五倍以下罚金。

（三）走私货物、物品偷逃应缴税额特别巨大或者有其他特别严重情节的，处十年以上有期徒刑或者无期徒刑，并处偷逃应缴税额一倍以上五倍以下罚金或者没收财产。

单位犯前款罪的，对单位判处罚金，并对其直接负责的主管人员和其他直接责任人员，处三年以下有期徒刑或者拘役；情节严重的，处三年以上十年以下有期徒刑；情节特别严重的，处十年以上有期徒刑。

对多次走私未经处理的，按照累计走私货物、物品的偷逃应缴税额处罚。

【条文精解】

本条是关于走私普通货物、物品罪及其处罚的规定。

本条共分三款。本条第一款是对走私普通货物、物品罪的规定。构成本罪必须具备以下几个要件：

第一，行为人主观方面是故意犯罪，通常都具有逃避海关监管，偷逃关税的目的。

第二，行为人在客观上具有逃避海关监管，走私普通货物、物品，偷逃应缴税额，应当追究刑事责任的行为。刑法第一百五十一条规定了对走私武器、弹药、核材料、伪造的货币、国家禁止出口的文物、黄金、白银和其他贵重金属、国家禁止进出口的珍贵动物及其制品、国家禁止进出口的珍稀植物及其制品等国家禁止进出口的其他货物、物品的刑事处罚。第一百五十二条规定了对走私淫秽物品的刑事处罚。第三百四十七条规定了对走私、贩卖、运输、制造毒品的刑事处罚。本款规定的"本法第一百五十一条、第一百五十二条、第三百四十七条规定以外的货物、物品"，实践中主要包括两类：一类是国家对其进口或者出口实行配额或者许可证管理的货物、物品。例如，烟、酒、贵重中药材及其成药、汽车、摩托车等。另一类是应纳税货物、物品。例如，玻璃制品、造纸材料、塑料等进口货物和钨矿砂及精矿、淡水鱼、虾、海蜇等出口物品。本条之所以要把走私一般货物、物品同走私国家禁止进出口物品、走私淫秽物品以及走私毒品分开来规定，是因为走私物品的种类不同，其社会危害性也不同，在处罚上也应有所区别。第一百五十一条、第一百五十二条和第三百四十七条所列物品，都是国家禁止进出口的货物、物品，走私这类货物、物品，对社会的危害性大，往往难以用货物、物品的价额或者偷逃应缴税额来计算。因此，对于走私国家禁止进出口的货物、物品和淫秽物品的处刑，都没有规定价额或者数额标准。但走私普通货物、物品，其危害程度主要是根据偷逃应缴税额的大小来决定的，这里的"应缴税额"，是指进出口货物、物品应当缴纳的进出口关税和进口环节、海关代征代扣的其他税款。偷逃应缴税额越大，危害性也就越大。考虑到普通货物、物品的进出口税率是不一样的，走私相同价额不同种类的货物、物品，由于国家规定的税率不同，所以可能偷逃的关税和可能给国家造成的损失也不同。因此，本条将衡量定罪处罚的标准规定为"应缴税额"。

对于走私普通货物、物品罪的处罚，本款根据偷逃应缴税的大小规定了三个量刑档次。第一档刑：走私货物、物品偷逃应缴税额较大或者一年内曾因走私被给予两次行政处罚后又走私的，处三年以下有期徒刑或者拘役，并处偷逃应缴税额一倍以上五倍以下罚金。2014年最高人民法院、最高人民检察院《关于办理走私刑事案件适用法律若干问题的解释》第十八条规定，刑法第一百五十三条规定的"应缴税额"，包括进出口货物、物品应当缴纳的进出口关税和进口环节海关代征税的税额。根据上述司法解释，"偷逃应缴税额较大"是指偷逃应缴税额在十万元以上不满五十万元。第二档刑：走私货物、物品偷逃应缴税额巨大或者有其他严重情节的，处三年以上十年以下有期徒刑，并处偷逃应缴税额一倍以上五倍以下罚金。偷逃应缴税额在五十万元以上不满二百五十万元的，应当认定为"偷逃应缴税额巨大"。第三档刑：走私货物、物品偷逃应缴税额特别巨大或者有其他特别严重情节的，处十年以上有期徒刑或者无期徒刑，并处偷逃应缴税额一倍以上五倍以下罚金或者没收财产。偷逃应缴税额在二百五十万元以上的，应当认定为"偷逃应缴税额特别巨大"。根据上述司法解释，走私普通货物、物品，具有下列情形之一，偷逃应缴税额在三十万元以上不满五十万元的，应当认定为第二档刑中规定的"其他严重情节"；偷逃应缴税额在一百五十万元以上不满二百五十万元的，应当认定为第三档刑中规定的"其他特别严重情节"：（1）犯罪集团的首要分子；（2）使用特种车辆从事走私活动的；（3）为实施走私犯罪，向国家机关工作人员行贿的；（4）教唆、利用未成年人、孕妇等特殊人群走私的；（5）聚众阻挠缉私的。

　　本条第二款是对单位犯走私普通货物、物品罪的处罚规定。单位犯走私普通货物、物品罪的，根据本款规定对单位判处罚金，并对其直接负责的主管人员和直接责任人员，处三年以下有期徒刑或者拘役；情节严重的，处三年以上十年以下有期徒刑；情节特别严重的，处十年以上有期徒刑。上述司法解释对单位犯罪规定了不同于自然人的定罪量刑标准：单位犯走私普通货物、物品罪，偷逃应缴税额在二十万元以上不满一百万元的，应当依照刑法第一百五十三条第二款的规定，对单位判处罚金，并对其直接负责的主管人员和其他直接责任人员，处三年以下有期徒刑或者拘役；偷逃应缴税额在一百万元以上不满五百万元的，应当认定为"情节严重"；偷逃应缴税额在五百万元以上的，应当认定为"情节特别严重"。

　　本条第三款是对多次走私未经处理的如何处罚的规定。"多次走私未经处理"，是指走私未受到行政执法机关或者司法机关处理的，如果其走私行为受到某一机关处理过，不管行政处罚或者刑事处罚，就不属于未经处理之列。根据本款规定，对多次走私未经处理的，按照累计走私货物、物品的偷逃应缴税额处罚。

【实践中需要注意的问题】

　　一是应注意在走私本条规定的货物、物品的同时，走私刑法第一百五十一条、第一百五十二条、第三百四十七条、第三百五十条规定的物品的正确处理问题。根据最高人民法院、最高人民检察院《关于办理走私刑事案件适用法律若干问题的解释》第二十二条的规定，在走私的货物、物品中藏匿刑法第一百五十一条、第一百五十二条、第三百四十七条、第三百五十条规定的货物、物品，构成犯罪的，以实际走私的货物、物品定罪处罚，构成数罪的，实行数罪并罚。

　　二是关于定罪量刑标准计算时适用行为时税率还是审判时税率，即税率发生变化时如何适用的问题。这一问题实践中有不同认识。根据最高人民法院、最高人民检察院《关于办理走私刑事案件适用法律若干问题的解释》第十八条的规定，应缴税额以走私行为实施时的税则、税率、汇率和完税价格计算；多次走私的，以每次走私行为实施时的税则、税率、汇率和完税价格逐票计算；走私行为实施时间不能确定的，以案发时的税则、税率、汇率和完税价格计算。

第一百五十四条 【走私保税货物和特定减免税货物犯罪】

下列走私行为，根据本节规定构成犯罪的，依照本法第一百五十三条的规定定罪处罚：

（一）未经海关许可并且未补缴应缴税额，擅自将批准进口的来料加工、来件装配、补偿贸易的原材料、零件、制成品、设备等保税货物，在境内销售牟利的；

（二）未经海关许可并且未补缴应缴税额，擅自将特定减税、免税进口的货物、物品，在境内销售牟利的。

【条文精解】

本条是关于走私保税货物和特定减免税货物犯罪及其处罚的规定。

根据本条第一项的规定，"未经海关许可并且未补缴应缴税额，擅自将批准进口的来料加工、来件装配、补偿贸易的原材料、零件、制成品、设备等保税货物，在境内销售牟利"的行为，是走私行为，依照本法第一百五十三条走私普通货物、物品罪定罪处罚，定罪量刑标准也应当适用该罪标准。本条规定的"保税货物"，根据海关法第一百条的规定，是指经海关批准未办理纳税手续进境，在境内储存、加工、装配后复运出境的货物。保税货物包括通过加工贸易、补偿贸易等方式进口的货物，以及在保税仓库、保税工厂、保税区或者免税商店等储存、加工、寄售的货物。保税货物进境时未交纳关税，如从境外进口原料、部件，在境内加工制成成品后，复运出境，海关按实际加工出口的数量免征进口税。这部分料件，有的所有权属于境外，有的虽经我方买入，但不是为了消费，而是为了加工成成品在境外销售，以赚取外汇收入。如果对这部分料件入境时征收关税，出境时再退税，难免手续繁杂，不利于开展对外贸易。为了保证保税货物能复运出境，国家规定由海关对其储存、加工、装配过程进行监管。进口多少料件，出口多少成品，不允许采取隐瞒、欺骗的方法擅自在境内销售。如果情况发生变化，需要转入国内市场销售的，必须经过海关批准并补缴应缴税额。

本条第二项所列的走私行为是"未经海关许可并且未补缴应缴税额，擅自将特定减税、免税进口的货物、物品，在境内销售牟利的"。海关法第五十七条规定："特定地区、特定企业或者有特定用途的进出口货物，可以减征或者免征关税。特定减税或者免税的范围和办法由国务院规定。依照前款规定减征或者免征关税进口的货物，只能用于特定地区、特定企业或者特定用途，未经海关核准并补缴关税，不得移作他用。"因此，本项所说的"特定减税、免税进口的货物、物品"，主要是指：经济特区等特定地区进口的货物；三资企业进口的货物；为特定用途进口的货物，以及海关法第五十六条、第五十八条规定的其他减征、免征关税的其他货物、物品和临时减征或者免征关税货物、物品。根据本条规定，个人或者单位如果有上述行为，偷逃应缴税款在十万元以上，就构成犯罪，应依照本法第一百五十三条的规定定罪处罚。

【实践中需要注意的问题】

本条规定的"销售牟利"，是指行为人主观上为了牟取非法利益而擅自销售海关监管的保税货物、特定减免税货物。该种行为是否构成犯罪，应当根据偷逃的应缴税额是否达到刑法第一百五十三条及相关司法解释规定的数额标准予以认定。实际获利与否或者获利多少并不影响定罪。

第一百五十五条 【以走私罪论处的情形】

下列行为，以走私罪论处，依照本节的有关规定处罚：

（一）直接向走私人非法收购国家禁止进口物品的，或者直接向走私人非法收购走私进口的其他货物、物品，数额较大的；

（二）在内海、领海、界河、界湖运输、收购、贩卖国家禁止进出口物品的，或者运输、收购、贩卖国家限制进出口货物、物品，数额较大，没有合法证明的。

【条文精解】

本条是关于对直接向走私人非法收购走私进口的货物、物品以及在内海、领海、界河、界湖运输、收购、贩卖国家禁止进出口或者限制进出口货物、物品的行为以走私罪论处的规定。

本条第一项所列行为，要以走私罪论处必须符合以下两个条件：

第一，行为人在境内必须直接向走私人非法收购国家禁止进口或者走私进口的其他货物、物品，即所谓的"第一手交易"。如果不是直接向走私分子收购走私进境的货物、物品，而是经过第二手、第三手甚至更多的收购环节后收购的，即使收购人明知是走私货物、物品，也不能以走私罪论处。

第二，直接向走私人非法收购武器、弹药、核材料或者伪造的货币和淫秽物品等禁止进口物品的，没有规定数额的限制，定罪量刑标准依照2014年

《关于办理走私刑事案件适用法律若干问题的解释》对第一百五十一条、第一百五十二条的规定确定；但收购走私进口的其他货物、物品，必须达到数额较大，才能构成犯罪。根据刑法第一百五十三条和上述司法解释的规定，个人收购走私货物、物品偷逃应缴税额在十万元以上，即为"数额较大"。

本条第二项所列行为，要以走私罪论处必须符合以下两个条件：

首先，行为人必须在内海、领海、界河、界湖运输、收购、贩卖国家禁止进出口物品或者国家限制进出口的货物、物品。"内海"，是指我国领海基线以内包括海港、领海、海峡、直基线与海岸之间的海域，还包括内河的入海口水域，它属于我国内水的范围。"领海"，是指邻接我国陆地领土和内水的一带海域。我国的领海宽度从领海基线量起为十二海里。这里所说的"界河"，是指我国与另一国家之间的分界河流。"界湖"，是指我国与另一国家之间的分界湖泊。界河和界湖都是可航水域。如果行为人不是在内海、领海、界河、界湖，而是在内地运输、收购、贩卖国家禁止进出口的货物、物品或者国家限制进出口的货物、物品，不能以走私罪论处。

其次，在内海、领海、界河、界湖运输、收购、贩卖国家限制进出口的货物、物品，必须达到数额较大，没有合法证明，才能构成犯罪。本项所称"国家限制进出口的货物、物品"，是指国家对进口或者出口实行配额或者许可证管理的货物、物品，其他一般应纳税物品不包括在内。本条所说的"合法证明"，是指有关主管部门颁发的进出口货物、物品许可证、准运证等能证明其来源、用途合法的证明文件。只有数额达到较大，又无合法证明的，才能以走私罪论处。

根据本条规定，直接向走私人非法收购走私进口的货物、物品，在内海、领海、界河、界湖运输、收购、贩卖国家禁止进出口的物品，或者没有合法证明，在内海、领海、界河、界湖运输、收购、贩卖国家限制进出口的货物、物品，构成犯罪的，应当按照走私货物、物品的种类，分别依照刑法第一百五十一条、第一百五十二条、第一百五十三条、第三百四十七条、第三百五十条等走私罪相关条文的规定定罪处罚。

第一百五十六条 【走私罪的共犯】
与走私罪犯通谋,为其提供贷款、资金、帐号、发票、证明,或者为其提供运输、保管、邮寄或者其他方便的,以走私罪的共犯论处。

【条文精解】

本条是关于走私罪共犯的规定。

本条规定了以走私罪的共犯论处的几种情形。本条规定的以走私罪论处的行为应当具备以下几个条件:

第一,行为人在主观上有犯罪故意,"与走私罪犯通谋",是指行为人有犯罪故意的外在表现形式,主要是指事前、事中与走私罪犯共同商议,制定走私计划以及进行走私分工等活动。根据2002年最高人民法院、最高人民检察院、海关总署《办理走私刑事案件适用法律若干问题的意见》第十五条的规定,通谋是指犯罪行为人之间事先或者事中形成的共同的走私故意。下列情形可以认定为通谋:(1)对明知他人从事走私活动而同意为其提供贷款、资金、帐号、发票、证明、海关单证,提供运输、保管、邮寄或者其他方便的;(2)多次为同一走私犯罪分子的走私行为提供前项帮助的。

第二,行为人在客观上有为走私罪犯"提供贷款、资金、帐号、发票、证明,或者为其提供运输、保管、邮寄或者其他方便"等行为。"提供贷款、资金",是指金融机构或者其他单位的工作人员,提供贷款、资金给走私分子从事犯罪活动;提供"帐号",是指将本人或者单位在银行或者金融机构中设立的帐号提供给走私分子,供其在走私中使用;提供"发票",是指为走私分子提供可作为记帐、纳税、报销等凭据的写有售出商品名称、数量、价格、金额、日期等内容的发货票或者空白发票等;"提供证明",是指非法为走私分子提供运输、收购、贩卖走私货物、物品所需要的有关证明,如进出口许可证、商检证明等;"提供运输方便",是指为犯罪分子运输走私货物、物品提供各种运输工具;"提供保管方便",是指为犯罪分子存放走私货物、物品提供存放仓库、场所或者代为储存、保管等便利;"提供邮寄方便",是指海关、邮电工作人员明知他人邮寄的物品是国家禁止进出口的物品,或者是超过国家规定的进出境限额的物品而准予邮寄的行为;"其他方便",是指除上述所列情形以外的其他各种帮助,如为犯罪分子传递重要信息等。这些行为都是当时实践中帮助走私行为的有针对性规定。

根据本条规定,行为人如果与走私罪犯通谋,为其提供贷款、资金、帐号、发票、证明，或者为其提供运输、保管、邮寄或者其他方便的，以走私罪的共犯论处。量刑依照刑法总则有关共同犯罪的规定处理。

> **第一百五十七条**【武装掩护走私和以暴力、威胁方法抗拒缉私的处罚】
> 武装掩护走私的，依照本法第一百五十一条第一款的规定从重处罚。
> 以暴力、威胁方法抗拒缉私的，以走私罪和本法第二百七十七条规定的阻碍国家机关工作人员依法执行职务罪，依照数罪并罚的规定处罚。

【条文精解】

本条是对武装掩护走私和以暴力、威胁方法抗拒缉私刑事处罚的规定。

本条共分两款。第一款是关于武装掩护走私刑事处罚的规定。"武装掩护走私"，是指行为人携带武器用以保护走私活动的行为。在实践中，有的犯罪分子在遇到缉私检查时，公然持武器进行抵抗，有的没有用武器进行抵抗或者没有来得及用武器进行抵抗，便被捕获。只要犯罪分子携带武器武装掩护，无论是否使用武器，都不影响本条的适用。武装掩护走私，是最严重的走私行为之一，社会危害性极大，所以本款规定，对武装掩护走私的，依照本法第一百五十一条第一款的规定从重处罚。第一百五十一条第一款将量刑幅度分为三个档次：走私武器、弹药、核材料或者伪造的货币的，处七年以上有期徒刑，并处罚金或者没收财产；情节特别严重的，处无期徒刑，并处没收财产；情节较轻的，处三年以上七年以下有期徒刑，并处罚金。本款所说的从重处罚，是指根据情节轻重，在相应的量刑档次内从重，而不是在该档的量刑幅度以外从重。另外，应当注意的是，刑法对武装掩护走私有特别规定的，根据特别规定处罚。比如，对于武装掩护走私、贩卖、运输、制造毒品的，应当根据刑法第三百四十七条第二款的规定，处十五年有期徒刑、无期徒刑或者死刑，并处没收财产，而不是适用本条的规定进行处罚。武装掩护走私，同时构成故意杀人、伤害、非法持有枪支等其他犯罪的，根据案件情况应当数罪并罚或者从一种重罪处理。

第二款是对以暴力、威胁方法抗拒缉私行为刑事处罚的规定。"暴力"，一般是指使用有形的力量，如殴打、捆绑等。"威胁"，一般是指使用无形的力量，使对方在精神上形成压力，在心理上造成一种恐惧感。例如，扬言对他人使用暴力，或以杀害、毁坏财产、报复家人、破坏名誉等相威胁。如果走私分子使用暴力、威胁手段抗拒缉私，根据本款的规定，应当以走私罪和本法第二百七十七条规定的妨害公务罪数罪并罚。

【实践中需要注意的问题】

行为人必须是走私分子，而且其走私行为已经构成犯罪，又有以暴力、威胁方法抗拒缉私的行为，才能以数罪并罚的规定处罚。根据刑法第六十九条的规定，数罪并罚，是指对两个以上独立的犯罪实行并罚。如果行为人的走私行为尚不构成走私罪，但使用暴力、威胁方法抗拒缉私的，则只能按刑法第二百七十七条定罪处罚。

第三节　妨害对公司、企业的管理秩序罪

第一百五十八条【虚报注册资本罪】

申请公司登记使用虚假证明文件或者采取其他欺诈手段虚报注册资本，欺骗公司登记主管部门，取得公司登记，虚报注册资本数额巨大、后果严重或者有其他严重情节的，处三年以下有期徒刑或者拘役，并处或者单处虚报注册资本金额百分之一以上百分之五以下罚金。

单位犯前款罪的，对单位判处罚金，并对其直接负责的主管人员和其他直接责任人员，处三年以下有期徒刑或者拘役。

【条文精解】

本条是关于虚报注册资本罪及其处罚的规定。

本条共分两款。第一款是对申请公司登记的个人犯虚报注册资本罪的刑事处罚的规定。

根据本条规定，虚报注册资本罪有以下几个构成要件：

第一，犯罪主体是特殊主体，即必须是申请公司登记的个人或者单位。这里所说的"公司"，是指公司法规定的有限责任公司和股份有限公司。根据2014年全国人大常委会的解释，应当限定为法律、行政法规和国务院规定实行注册资本实缴登记制的公司。根据2014年《国务院关于印发注册资本登记制度改革方案的通知》，现行法律、行政法规以及国务院决定明确规定实行注册资本实缴登记制的公司包括银行业金融机构、证券公司、期货公司、基金管理公司、保险公司、保险专业代理机构和保险经纪人、直销企业、对外劳

务合作企业、融资性担保公司、募集设立的股份有限公司，以及劳务派遣企业、典当行、保险资产管理公司、小额贷款公司等。

第二，行为人在客观上必须实施了使用虚假证明文件或者采取其他欺诈手段虚报注册资本，欺骗公司登记主管部门的行为。这里所说的"证明文件"，主要是指依法设立的注册会计师事务所和审计师事务所等法定验资机构依法对申请公司登记的人的出资所出具的验资报告、资产评估报告、验资证明等材料。"其他欺诈手段"，主要是指采取贿赂等非法手段收买有关机关和部门的工作人员，恶意串通，虚报注册资本，或者采用其他隐瞒事实真相的方法欺骗公司登记主管部门的行为。"公司登记主管部门"，是指市场监督管理机关。这里需要指出的是，无论使用虚假证明文件还是采取其他欺诈手段，其目的是虚报注册资本，欺骗公司登记主管机关。如果使用虚假证明文件或者其他欺诈手段是为了夸大公司员工的人数或生产经营条件，虚构生产经营场所等，与虚报注册资本无关，不构成本罪。如果使用虚假的证明文件或者采取其他欺诈手段，没有到市场监督管理机关去申请公司设立登记，而是去欺骗另一方当事人，签订经济合同，诈骗钱财，也不构成本罪，对其行为应当依照刑法其他有关条款进行处罚。

第三，行为人必须取得了公司登记，而且虚报注册资本数额巨大、后果严重或者有其他严重情节的，才构成犯罪。"取得公司登记"，是指经市场监督管理部门核准并发给《企业法人营业执照》，还包括取得公司设立登记和变更登记的情况。如果在申请登记过程中，市场监督管理部门发现其使用的是虚假的证明文件或者采取了欺诈手段，没有予以登记，不构成本罪。因此"取得公司登记"是区分罪与非罪的一个重要界限。虚报注册资本必须有"数额巨大"、后果严重或者有其他严重情节的，才构成犯罪，这是本罪区分罪与非罪的另一界限。如果虚报注册资本，欺骗公司登记主管机关，数额不大，后果不严重，也没有其他严重情节，就不构成犯罪。至于什么是"数额巨大""后果严重""其他严重情节"，本条未作具体规定，这主要是考虑到，实际发生的公司注册资本虚报的情况比较复杂，要由司法解释作出具体规定。根据最高人民检察院、公安部《关于公安机关管辖的刑事案件立案追诉标准的规定（二）》第三条的规定，涉嫌下列情形之一的，应予立案追诉："（一）超过法定出资期限，实缴注册资本不足法定注册资本最低限额，有限责任公司虚报数额在三十万元以上并占其应缴出资数额百分之六十以上的，股份有限公司虚报数额在三百万元以上并占其应缴出资数额百分之三十以上的；（二）超过法定出资期限，实缴注册资本达到法定注册资本最低限额，但仍虚报注册资本，有限责任公司虚报数额在一百万元以上并占其应缴出资数额百分之六十以上的，股份有限公司虚报数额在一千万元以上并占其应缴出资数额百分之三十以上的；（三）造成投资者或者其他债权人直接经济损失累计数额在十万元以上的；（四）虽未达到上述数额标准，但具有下列情形之一的：1.两年内因虚报注册资本受过行政处罚二次以上，又虚报注册资本的；2.向公司登记主管人员行贿的；3.为进行违法活动而注册的。（五）其他后果严重或者有其他严重情节的情形。"对于个人犯虚报注册资本骗取公司登记罪的处罚，本条规定为处三年以下有期徒刑或者拘役，并处或者单处虚报注册资本金额百分之一以上百分之五以下罚金。

第二款是对单位犯虚报注册资本骗取公司登记罪的处罚规定。本款所说"单位"，是指不是以个人名义而是代表一个单位去申请登记的情况。根据公司法的规定，以发起设立方式设立股份有限公司的，发起人认足公司章程规定的出资后，应当选举董事会和监事会，由董事会向公司登记机关报送设立公司的批准文件、公司章程、验资证明等文件，申请设立登记。设立有限责任公司，则是由全体股东指定的代表或者共同委托的代理人申请公司登记。对单位犯虚报注册资本骗取公司登记罪的处罚，本款的规定体现了双罚原则，即对单位判处罚金，并对其直接负责的主管人员和其他直接责任人员，处三年以下有期徒刑或者拘役。

【实践中需要注意的问题】

第一，准确理解和适用法律解释，按照解释的精神把握好犯罪界限。实践中在适用本条虚报注册资本罪和第一百五十九条虚假出资、出逃出资罪时，应当根据公司法修改和全国人大常委会关于两个条文法律解释的精神，把握好犯罪范围。除依法实行注册资本实缴登记制的公司以外，对申请公司登记的单位和个人不得以虚报注册资本罪追究刑事责任；对公司股东、发起人不得以虚假出资、抽逃出资罪追究刑事责任。根据2014年5月最高人民检察院、公安部《关于严格依法办理虚报注册资本和虚假出资抽逃出资刑事案件的通知》规定，对依法实行注册资本实缴登记制的公司涉嫌虚报注册资本和虚假出资、抽逃出资的，在依照刑法和最高人民检察院、公安部《关于公安机关管辖的刑事案件立案追诉标准的规定（二）》的相关规定追究刑事责任时，应当认真研究行为性质和危害后果，确保执法办案的法律效果和社会效果。

第二，依法妥善处理以往案件。根据上述通知的规定，对发生在2014年公司法修改施行以前尚未处理或者正在处理的虚报注册资本和虚假出资、抽逃出资刑事案件，应当按照刑法第十二条规定从旧兼从轻的精神处理，对此前的虚报注册资本、虚假出资抽逃出资不再作为犯罪处理，而是根据公司法的规定，按照相关违约责任处理。

第一百五十九条 【虚假出资、抽逃出资罪】
公司发起人、股东违反公司法的规定未交付货币、实物或者未转移财产权，虚假出资，或者在公司成立后又抽逃其出资，数额巨大、后果严重或者有其他严重情节的，处五年以下有期徒刑或者拘役，并处或者单处虚假出资金额或者抽逃出资金额百分之二以上百分之十以下罚金。
单位犯前款罪的，对单位判处罚金，并对其直接负责的主管人员和其他直接责任人员，处五年以下有期徒刑或者拘役。

【条文精解】

本条是关于虚假出资、抽逃出资罪及其处罚的规定。

本条共分两款。第一款是对自然人犯虚假出资、抽逃出资罪及其刑事处罚的规定。

根据本条规定，虚假出资、抽逃出资罪的构成要件包括：

（1）此罪的犯罪主体是特殊主体，即公司的发起人或者股东。根据修改后的公司法和2014年全国人大常委会关于本条的法律解释，这里的"公司"，应当限定为公司法规定的仍然实行注册资本实缴登记制的有限责任公司和股份有限公司。"公司发起人"，是指依法创立筹办股份有限公司的人。"股东"，是指公司的出资人，包括有限责任公司的股东和股份有限公司的股东。

（2）行为人必须有违反公司法的规定，未交付货币、实物或者未转移财产权，虚假出资，或者在公司成立后又抽逃其出资的行为。这里的"违反公司法规定"，主要是指违反了公司法以及其他法律、行政法规或者国务院决定有关仍实行注册资本实缴登记制管理的规定。2014年国务院《注册资本登记制度改革方案》规定，现行法律、行政法规以及国务院决定明确规定实行注册资本实缴登记制的银行业金融机构、证券公司、期货公司、基金管理公司、保险公司、保险专业代理机构和保险经纪人、直销企业、对外劳务合作企业、融资性担保公司、募集设立的股份有限公司，以及劳务派遣企业、典当行、保险资产管理公司、小额贷款公司实行注册资本认缴登记制问题，另行研究决定。在法律、行政法规以及国务院决定未修改前，暂按现行规定执行。如商业银行法第十三条规定："设立全国性商业银行的注册资本最低限额为十亿元人民币。设立城市商业银行的注册资本最低限额为一亿元人民币，设立农村商业银行的注册资本最低限额为五千万元人民币。注册资本应当是实缴资本。"因此，设立这类公司应足额缴纳注册资本。第一，有限责任公司股东应当按期足额缴纳公司章程中规定的各自所认缴的出资额。股东以货币出资的，应当将货币出资足额存入有限责任公司在银行开设的帐户；以非货币财产出资的，应当依法办理其财产权的转移手续。第二，股份有限公司以发起设立方式设立股份有限公司的，发起人应当书面认足公司章程规定其认购的股份，并按照公司章程规定缴纳出资。以非货币财产出资的，应当依法办理其财产权的转移手续。以募集设立方式设立股份有限公司的，发起人认购的股份不得少于公司股份总数的百分之三十五，法律、行政法规另有规定的从其规定。"未交付货币"，是指没有按规定交付其所认缴的出资额或者根本就没有交付任何货币。"未交付实物或者未转移财产权"，是指以实物、工业产权、非专利技术或者土地使用权出资的，根本没有实物移交或者没有办理所有权、土地使用权转让手续。"虚假出资"，主要是指对以实物、工业产权、非专利技术或者土地使用权出资的，在评估作价时，故意高估或者低估作价，然后再作为出资等情况。在实践中发生最多的是对个人或非国有资产作为出资额时高估作价，而对国有资产故意低估作价。这样做，不仅损害了国家和人民的利益，同时，也是一种虚假出资的行为。"公司成立后又抽逃其出资"一般包括两种情况：一种是为达到设立公司的目的，通过向其他企业借款或者向银行贷款等手段取得资金，作为自己的出资，待公司登记成立后，又抽回这些资金；另一种是在公司设立时，依法缴纳了自己的出资，但当公司成立后，又将其出资撤回。

（3）虚假出资、抽逃出资的数额巨大、后果严重或者有其他严重情节的，才构成犯罪。这是划清罪与非罪的主要界限。如果股东、公司发起人虽有未交付货币、实物或未转移财产权，虚假出资，或者在公司设立后又抽逃其出资等行为，但数额不大，或者情节、后果不严重，不构成犯罪，可用其他方式处理。由于在实际经济生活中发生的公司发起人、股东虚假出资、抽逃出资的情况非常复杂，对于"数额巨大""后果严重"及"有其他严重情节"如何掌握，由最高人民法院、最高人民检察院作出具体司法解释。最高人民检察院、公安部《关于公安机关管辖的刑事案件立案追诉标准的规定（二）》第四条规定："公司发起人、股东违反公司法的规定未交付货币、实物或者未转移财产权,虚假出资,或者在公司成立后又抽逃其出资,涉嫌下列情形之一的,应予立案追诉:(一)超过法定出资期限,有限责任公司股东虚假出资数额在三十万元以上并占其应缴出资数额百分之六十以上的,股份有限公司发起人、股东虚假出资数额在三百万元以上并占其应缴出资数额百分之三十以上的;(二)有限责任公司股东抽逃出资数额在三十万元以上并占其实缴出资数额百分之六十以上的,股份有限公司发起人、股东抽逃出资数额在三百万元以上并占其实缴出资数额百分之三十以上的;(三)造成公司、股东、债权人的直接经济损失累计数额在十万元以上的;(四)虽未达到上述数额标准,但具有下列情形之一的:1.致使公司资不抵债或者无法正常经营的;2.公司发起人、股东合谋虚假出资、抽逃出资的;3.两年内因虚假出资、抽逃出资受过行政处罚二次以上,又虚假出资、抽逃出资的;4.利用虚假出资、抽逃出资所得资金进行违法活动的。(五)其他后果严重或者有其他严重情节的情形。"需要注意的是,这一解释是在公司法修改和全国人大常委会法律解释以前的规定,在适用于仍实行注册资本实缴登记制公司时,也应注意妥善把握好犯罪界限。对于个人犯虚假出资、抽逃出资罪的处罚,本条规定,处五年以下有期徒刑或者拘役,并处或者单处虚假出资金额或者抽逃出资金额百分之二以上百分之十以下罚金。

第二款是对单位犯虚假出资、抽逃出资罪的处罚规定。这里所说的"单位",是指有限责任公司、股份有限公司和其他企业。对单位犯本罪的,实行双罚原则,即对单位判处罚金,并对其直接负责的主管人员和其他直接责任人员,处五年以下有期徒刑或者拘役。

【实践中需要注意的问题】

在实际执行中应注意抽逃出资与转让出资的区别。公司发起人、股东在公司成立后如需收回或减少自己的资本,可以依照法律规定采取转让出资或适当减少注册资本的方式,这与抽逃出资的行为是根本不同的。

另外,关于本罪界限范围,以及跨时限案件的处理,需要注意的问题与第一百五十八条中应当注意的问题是相同的。

第一百六十条 【欺诈发行证券罪】

在招股说明书、认股书、公司、企业债券募集办法等发行文件中隐瞒重要事实或者编造重大虚假内容，发行股票或者公司、企业债券、存托凭证或者国务院依法认定的其他证券，数额巨大、后果严重或者有其他严重情节的，处五年以下有期徒刑或者拘役，并处或者单处罚金；数额特别巨大、后果特别严重或者有其他特别严重情节的，处五年以上有期徒刑，并处罚金。

控股股东、实际控制人组织、指使实施前款行为的，处五年以下有期徒刑或者拘役，并处或者单处非法募集资金金额百分之二十以上一倍以下罚金；数额特别巨大、后果特别严重或者有其他特别严重情节的，处五年以上有期徒刑，并处非法募集资金金额百分之二十以上一倍以下罚金。

单位犯前两款罪的，对单位判处非法募集资金金额百分之二十以上一倍以下罚金，并对其直接负责的主管人员和其他直接责任人员，依照第一款的规定处罚。

【条文精解】

本条是关于欺诈发行证券罪及其处罚的规定。

对制作虚假的招股说明书、认股书、公司、企业债券募集办法发行股票、公司企业债券的犯罪，1979年刑法没有规定。1995年2月28日第八届全国人民代表大会常务委员会第十二次会议通过的《关于惩治违反公司法的犯罪的决定》对本罪作了规定。该决定第三条规定："制作虚假的招股说明书、认股书、公司债券募集办法发行股票或者公司债券，数额巨大、后果严重或者有其他严重情节的，处五年以下有期徒刑或者拘役，可以并处非法募集资金金额百分之五以下罚金。单位犯前款罪的，对单位判处非法募集资金金额百分之五以下罚金，并对直接负责的主管人员和其他直接责任人员，依照前款的规定，处五年以下有期徒刑或者拘役。"

1997年修订刑法时将上述规定纳入，并修改、补充了以下五点主要内容：一是将原来规定的"制作虚假的招股说明书、认股书、公司债券募集办法发行股票或者公司债券"修改为"在招股说明书、认股书、公司、企业债券募集办法中隐瞒重要事实或者编造重大虚假内容，发行股票或者公司、企业债券"。1993年通过的公司法在实施过程中，实践部门反映，制作虚假的招股说明书、认股书等发行股票、债券的犯罪确实存在，但是，由于《关于惩治违反公司法的犯罪的决定》对此规定得较为笼统，尤其是"制作虚假"的内容不具体，对有些案件难以追究。由于招股说明书、认股书、公司、企业债券募集办法是公司、企业向社会筹集资金的重要书面文件，向公众公布的目的是使公众了解公司、企业的真实情况，保护投资者和社会公众的利益，维护正常的市场经济秩序，因此，其内容应当真实可靠，否则，就会使投资者不明真相，作出错误的选择，使投资者处于极大的风险之中，这不仅会给投资者带来重大的经济损失，还会扰乱正常的股票、证券市场。鉴于此，刑法将"制作虚假"更加具体化了，即"隐瞒重要事实"或"编造重大虚假内容"。这样规定既有利于打击犯罪，又有利于司法机关掌握。二是《关于惩治违反公司法的犯罪的决定》仅规定公司债券，没有规定企业债券。1997年刑法增加规定了"企业"债券。主要是考虑到1993年国务院颁布的《企业债券管理条例》对企业债券作了规定，并且企业在发行债券的过程中也确实存在类似的问题，应当将其规定为犯罪。三是增加了单处罚金的规定。四是将罚金由原来的"可以并处非法募集资金金额百分之五以下罚金"，修改为"并处或者单处非法募集资金金额百分之一以上百分之五以下罚金"。五是调整了对单位判处罚金的规定，将"对单位判处非法募集资金金额百分之五以下罚金"修改为"对单位判处罚金"。

2020年《刑法修正案（十一）》对本条作了修改。一是增加了"等发行文件"的规定。二是增加了"存托凭证或者国务院依法认定的其他证券"的规定。三是对控股股东、实际控制人组织、指使实施欺诈发行行为增加了一款专门规定。四是提高了本罪的刑罚，将法定最高刑提高至有期徒刑十五年。五是完善了罚金刑，将董事、监事、高级管理人员等一般主体实施欺诈发行行为与控股股东、实际控制人实施欺诈发行行为的罚金，予以区分。六是修改了单位犯罪的规定。作出上述修改的主要考虑有三：

首先，与以信息披露为核心的证券发行注册制改革相适应，与修订后的证券法相衔接。2020年3月1日起施行的证券法确立了证券发行注册制度。注册制以信息披露为核心，通过交易所审核和证券监督管理部门注册两个环节完成股票、债券等发行。交易所审核主要通过向发行人提出问题、发行人回答问题的方式来进行，督查发行人"讲清楚"、中介组织"核清楚"，使投资者"看清楚"，就企业是否符合发行上市条件和信息披露要求向证券监督管理部门报送审核意见。证券监督管理部门对交易所审核质量及发行条件、信息披露的重要方面进行把关并监督，以完成注册。基于此，通过发行人提出审核问询、发行人回答问题所披露的财务、业务资料及反馈意见回复等内容，不但构成了发行人申请发行的重要文件，而且是投资者判断公司价值的重要依据，将直接影响发行的结果。有的部门提出，刑法第一百六十条规定的"招股说明书、认股书、公司、企业债券募集办法"难以涵盖注册制施行后"问答"环节所形成的文件。除刑法规定的发行文件外，实践中还有一些发行文件也具有十分重要的作用。以《公开发行证券的公司信息披露内容与格式准则第37号——创业板上市公司发行证券申请文件（2020年修订）》的规定为例，发行人关于本次证券发行的申请报告，发行人关于本次发行方案的论证分析报告，监事会对募集说明书真实性、准确性、完整性的审核意见，本次募集资金使用的可行性报告等，都载有发行股票、债券等的关键内容和信息，与招股说明书、认股书等发行文件的重要性是一致的。此外，除首次公开发行外，其他发行行为的文件也具有重要性，如增发、发行可转换公司债券等涉及的相关文件。因此，建议对刑法本条发行文件的类型予以扩充。经研究，为与证券发行注册制改革相适应，有必要对发行文件的类型作进一步补充和完善，故在修改本条时增加了"等发行文件"的规定。

此外，2018年国务院办公厅转发证监会《关于开展创新企业境内发行股票或存托凭证试点若干意见的通知》，明确了存托凭证是一种新的证券品种。在证券法修订以前，存托凭证未被明确规定在证券法中，其性质属于"国务院依法认定的其他证券"，受证券法调整。2020年施行的证券法第二条第一款规定，在中华人民共和国境内，股票、公司债券、存托凭证和国务院依法认定的其他证券的发行和交易，适用证券法；证券法未规定的，适用公司法和其他法律、行政法规的规定。修订后的证券法将"存托凭证"作为法定证券品种，同时考虑到证券市场的发展和产品创新，依然保留了"国务院依法认定的其他证券"这一兜底性规定，授权国务院依法认定其他证券品种，为未来新的证券品种适用证券法留出空间。考虑到有必要与证券法做好衔接，在修改本条时也增加了"存托凭证""国务院依法认定的其他证券"的规定。

其次，保障注册制顺利实施，加大对欺诈发行行为的惩治力度，提高违法成本。欺诈发行行为是金融资本市场最为严重的违法行为，实践中较为常见的欺诈发行行为主要包括虚增收入、利润、资产规模等财务数据造假，虚构专利技术等核心生产资料造假等情形，给不明真相的投资者造成巨大损失，严重影响金融资本市场的信誉和稳定。在证券发行注册制施行后，行政化干预进一步弱化，股票发行制度更加市场化，欺诈发行行为的危害性也容易进一步放大。经研究，为提高对欺诈发行行为的惩治力度，保障注册制顺利实施,此次修正案对本罪的法定刑进行了修改,增加了一档刑,即"处五年以上有期徒刑",使本罪的法定最高刑提高到十五年有期徒刑;同时,调整了本罪的罚金刑,对原来本罪设置的"非法募集资金金额百分之一以上百分之五以下罚金"作了修改。据司法机关反映,原来本罪规定的罚金刑,虽然设置了比例罚金,但是因没有体现差异性,容易出现罚金刑畸轻畸重的情况。欺诈发行一般是单位作为发行人实施的,公司的控股股东、实际控制人是最终受益者,有的公司的董事、监事和高级管理人员是受控股股东、实际控制人操纵、指挥被动参与的。因非法募集资金的金额一般数额特别巨大,对明显受操纵、指挥的董事、监事、高级管理人员处以罚金金额的下限,即非法募集资金金额百分之一的罚金,也可能处罚较重;而对控股股东、实际控制人处以罚金金额的上限,即非法募集资金金额百分之五的罚金,仍属于处罚较轻。为此,此次修改针对不同主体,对其适用的罚金刑作了区分。对一般人员实施欺诈发行行为的规定处以不定额的罚金,可以根据其参与犯罪的程度和作用大小灵活掌握;对控股股东、实际控制人规定处"非法募集资金金额百分之二十以上一倍以下罚金",以提高对该类人员的惩处力度。对实施欺诈发行的单位以及以单位形式作为控股股东、实际控制人的,同样处"非法募集资金金额百分之二十以上一倍以下罚金",对单位犯罪中的直接责任人员根据案件的实际情况,处以不定额的罚金。

最后,精确惩处"幕后"的控股股东、实际控制人。有的部门反映,实践中控股股东、实际控制人是欺诈发行的主要策划者和受益者。其往往组织、指使、操纵公司的董事、监事、高级管理人员实施欺诈发行行为,并以发行人的名义启动募资发行行为。很多控股股东、实际控制人为规避法律责任,以隐名持股、交叉持股、他人代持等方式控制公司实质运行,但名义上与其没有关联。如果对实施欺诈发行的公司的董事、监事、高级管理人员予以处罚,而不能实质处罚到"始作俑者",不能真正发挥刑事问责的作用。经研究,为精准惩处欺诈发行的"首恶"和"幕后"人员,此次修改专门增加了一款规定,对控股股东、实际控制人组织、指使实施欺诈发行行为的,除最高可以处十五年有期徒刑以外,还配置了"非法募集资金金额百分之二十以上一倍以下罚金"。

本条共分三款。第一款是关于个人犯欺诈发行证券罪及其处罚的规定。根据本款规定,构成本罪必须具备以下几个构成要件:一是行为人在主观方面有欺诈发行的故意。二是行为人"在招股说明书、认股书、公司、企业债券募集办法等发行文件中隐瞒重要事实或者编造虚假内容"。这里的"招股说明书、认股书、公司、企业债券募集办法等发行文件"是公司、企业设立和公司、企业向社会筹集资金的重要书面文件。公司法、证券法以及国家有关规定对制作这些文件的内容和要求都有明确具体的规定，目的是使社会公众了解公司、企业真实情况，保护投资者和社会公众的利益、维护正常的市场经济秩序。如果内容虚假，其实质就是欺骗投资者，使投资者在不明真相的情况下作出错误的判断和选择，使投资处于高风险之中，不仅会给投资者带来重大的经济损失，还会扰乱证券市场管理秩序，影响社会稳定。这里的"等发行文件"包含了在发行过程中与"招股说明书、认股书、公司、企业债券募集办法"重要性一样的其他发行文件，包括公司的监事会对募集说明书真实性、准确性、完整性的审核意见，募集资金使用的可行性报告，以及增发、发行可转换公司债券等涉及的发行文件等。需要注意的是，注册制施行后，需要通过交易所审核和证券监督管理部门注册两个环节完成股票、债券等注册发行。交易所审核主要通过向发行人提出问题、发行人回答问题的方式来进行。这种"问答"环节所形成的文件也属于这里发行文件。本款所说的"隐瞒重要事实或者编造虚假内容"，是指违反公司法、证券法及其有关法律、法规的规定，制作的招股说明书、认股书、公司、企业债券募集办法等发行文件的内容全部都是虚构的，或者对其中重要的事项和部分内容作虚假的陈述或记载，或者对某些重要事实进行夸大或者隐瞒，或者故意遗漏有关的重要事项等。例如，虚构发起人认购股份数额；故意夸大公司、企业生产经营利润和公司、企业净资产额；对所筹资金的使用提出虚假的计划和虚假的经营生产项目；故意隐瞒公司、企业所负债务和正在进行的重大诉讼；故意遗漏公司、企业签订的重要合同等。三是行为人实施了"发行股票或者公司、企业债券、存托凭证或者国务院依法认定的其他证券"的行为。本款所说的"发行股票或者公司、企业债券、存托凭证或者国务院依法认定的其他证券"，是指实际已经发行了股票或者公司、企业债券、存托凭证或者国务院依法认定的其他证券，如果制作或形成了虚假的招股说明书、认股书、公司、企业债券募集办法等发行文件，但只锁在办公室抽屉里，或者还未来得及发行就被阻止、不予注册或者主动撤回注册申请，未实施向社会发行股票或公司、企业债券、存托凭证或者国务院依法认定的其他证券的行为，不构成犯罪。需要说明的是，这里的"国务院依法认定的其他证券"并不是广义的兜底性规定，其与2020年施行的证券法第二条第一款中规定的"国务院依法认定的其他证券"的含义是一致的，只有经国务院的法定程序确认的新型证券品种才符合这一规定。四是需要满足"数额巨大、后果严重或者有其他严重情节"的入罪门槛，才构成犯罪。这里所说的"数额巨大"，是指欺诈发行的股票或者公司、企业债券、存托凭证或者国务院依法认定的其他证券的数额巨大，如果数额不大，且又无其他严重后果或严重情节，虽然违法，但不构成犯罪。这里的"后果严重"，主要是指造成了投资者或者其他债权人的重大经济损失；严重影响了投资人、债权人的生产、经营活动；破坏了投资人、债权人的正常生活甚至激发了一些社会矛盾，影响了社会安定和正常的社会生活秩序等。"其他严重情节"，主要是指除数额巨大和后果严重外，严重违反法律规定，扰乱金融和社会管理秩序的其他情节。本款规定的"数额特别巨大、后果特别严重或者有其他特别严重情节的"，是指欺诈发行行为具有更为严重社会危害性的情况，应适用更重的刑罚。对于"数额巨大、后果严重或者有其他严重情节"以及"数额特别巨大、后果特别严重或者有其他特别严重情节"，可以由司法机关根据实际情况作出细化解释。本款对个人实施欺诈发行的行为，规定了两档刑罚：符合"数额巨大、后果严重或者有其他严重情节的"，处五年以下有期徒刑或者拘役，并处或者单处罚金；符合"数额特别巨大、后果特别严重或者有其他特别严重情节的"，处五年以上有期徒刑，并处罚金。

本条第二款是关于控股股东、实际控制人组织、指使实施欺诈发行行为构成犯罪及其处罚的规定。控股股东是指其持有的股份占公司股本总额百分之五十以上的股东，或者其持有股份虽不足百分之五十，但持有股份所享有的表决权已足以对股东大会的决议产生重大影响的股东。实际控制人，是指虽不是公司的股东，但通过投资关系、协议或者其他安排，能够实际支配公司的人。根据刑法总则有关共同犯罪的规定，控股股东、实际控制人组织、指使公司、企业的董事、监事、高级管理人员以发行人的名义实施欺诈发行行为的，应当按照共同犯罪处理，通常情况下还应当作为主犯追究其刑事责任。因此，本款即使未作规定，实际上也不应影响对相关人员刑事责任的追究。但是，考虑到实践中发行人实施欺诈发行行为不可能与控股股东、实际控制人的意志相违背，往往是董事、监事、高级管理人员等实际执行人员受控股股东、实际控制人的组织、指使。这些实际执行人员实际上只是控股股东、实际控制人利用以实施欺诈发行犯罪的工具。在幕后进行操纵的控股股东、实际控制人是欺诈发行行为的罪魁祸首和实际受益人。因此，有必要在法律中对这些人员的责任予以明确规定。对其中符合刑法总则关于共同犯罪中主犯、首要分子规定的人员，能够查证属实的，应当同时依照有关追究主犯、首要分子刑事责任的规定，予以处罚。根据本款规定，控股股东、实际控制人组织、指使实施欺诈发行行为的，处五年以下有期徒刑或者拘役，并处或者单处非法募集资金金额百分之二十以上一倍以下罚金；数额特别巨大、后果特别严重或者有其他特别严重情节的，处五年以上有期徒刑，并处非法募集资金金额百分之二十以上一倍以下罚金。

本条第三款是对单位犯欺诈发行证券罪的处罚规定。这里所说的"单位"包括有限责任公司、股份有限公司和其他企业法人。对单位犯罪，本款包含了两种情形。一是单位直接构成欺诈发行证券罪的。这里对单位采取了双罚制原则，即对单位判处非法募集资金金额百分之二十以上一倍以下罚金，并对其直接负责的主管人员和其他直接责任人员，按照本条第一款的规定处罚，即处五年以下有期徒刑或者拘役，并处或者单处罚金；数额特别巨大、后果特别严重或者有其他特别严重情节的，处五年以上有期徒刑，并处罚金。二是控股股东、实际控制人是单位，组织、指使实施欺诈发行行为，构成欺诈发行证券罪的。实践中，确实存在控股股东、实际控制人是单位的情况，特别是上市公司的控股股东、实际控制人多数为单位。因此，如果单位作为控股股东、实际控制人组织、指使实施欺诈发行，对该单位也应比照自然人是控股股东、实际控制人的情况予以处罚，即对单位处非法募集资金金额百分之二十以上一倍以下罚金，同时对单位里的直接责任人员也按照本条第一款的规定处罚。

【实践中需要注意的问题】

一是如果有限责任公司、股份有限公司和其他企业法人的直接负责的主管人员和其他有直接责任的人员将非法募集的资金中饱私囊，落入个人腰包，则属于贪污行为或侵占行为，构成犯罪的，应当分别依照刑法中规定的贪污罪、职务侵占罪定罪处罚。

二是关于本条第一款规定的不定额罚金的适用问题。本条对控股股东、实际控制人以及单位构成欺诈发行证券罪的，规定了倍比罚金，即处"非法募集资金金额百分之二十以上一倍以下罚金"。对自然人构成欺诈发行证券罪的，由原来规定的处"非法募集资金金额百分之一以上百分之五以下罚金"修改为处以不定额的罚金。主要是考虑，有的部门反映，控股股东、实际控制人以及作为发行人的单位是欺诈发行行为的实质获益方，应对欺诈发行行为负最主要的责任，承担较重的经济刑罚。但是，对于涉案的具体行为人来说，情况比较复杂。欺诈发行证券案件中非法募集资金金额一般特别巨大，按照刑法原本条的规定，明确设置罚金下限的罚金数额往往也很大。如果对所有涉案人员均设置一样的罚金刑起点，有时存在过于严苛的情况。特别是有些董事、监事、高级管理人员往往受控股股东、实际控制人指挥、操纵，对其判处高额罚金刑不能更好体现罪责刑相适应的原则，也容易出现罚金刑"空判"难以执行的问题。经过《刑法修正案（十一）》的修改后，将针对自然人的罚金刑调整为不定额的罚金，司法机关可以根据案件的实际情况，各行为人在案件中具体发挥的作用，灵活确定罚金刑的数额，做到罪责刑相适应。

第一百六十一条【违规披露、不披露重要信息罪】

依法负有信息披露义务的公司、企业向股东和社会公众提供虚假的或者隐瞒重要事实的财务会计报告，或者对依法应当披露的其他重要信息不按照规定披露，严重损害股东或者其他人利益，或者有其他严重情节的，对其直接负责的主管人员和其他直接责任人员，处五年以下有期徒刑或者拘役，并处或者单处罚金；情节特别严重的，处五年以上十年以下有期徒刑，并处罚金。

前款规定的公司、企业的控股股东、实际控制人实施或者组织、指使实施前款行为的，或者隐瞒相关事项导致前款规定的情形发生的，依照前款的规定处罚。

犯前款罪的控股股东、实际控制人是单位的，对单位判处罚金，并对其直接负责的主管人员和其他直接责任人员，依照第一款的规定处罚。

【条文精解】

本条是关于违规披露、不披露重要信息罪及其处罚的规定。

1995年2月28日第八届全国人大常委会第十二次会议通过的《关于惩治违反公司法的犯罪的决定》对刑法作了相应的补充。该决定第四条规定，公司向股东和社会公众提供虚假的或者隐瞒重要事实的财务会计报告，严重损害股东或者其他人利益的，对直接负责的主管人员和其他直接责任人员，处三年以下有期徒刑或者拘役，可以并处二十万元以下罚金。

1997年修订刑法时对前述规定作了修改完善后纳入，将"可以并处二十万元以下罚金"修改为"并处或者单处二万元以上二十万元以下罚金"。1997年刑法第一百六十一条规定，公司向股东和社会公众提供虚假的或者隐瞒重要事实的财务会计报告，严重损害股东或者其他人利益的，对其直接负责的主管人员和其他直接责任人员，处三年以下有期徒刑或者拘役，并处或者单处二万元以上二十万元以下罚金。

2006年《刑法修正案（六）》对本条作了第一次修改。随着我国金融市场的发展和完善，出现了一些新情况，使得本条在执行中出现了以下问题：一是犯罪主体范围偏窄，根据2006年施行的证券法的规定，除上市公司外，公司债券上市交易的公司等其他实体同样负有信息披露义务，对这些组织不按照规定披露信息的行为缺乏刑事责任的规定；二是披露的对象仅局限于财务会计报告，根据2006年施行的证券法等法律的规定，应予以披露的还有招股说明书、债券募集办法等信息，实践中这些信息的重要性不亚于财务会计报告，却没有列入刑法保护范围；三是在披露方式上除虚假披露外，误导性陈述、重大遗漏等行为具有同等危害性，法律也应当作出规定；四是1997年刑法将本罪规定为结果犯，"严重损害股东或者其他人利益的"才构成犯罪，实践中的损失很难认定，给侦查及定罪量刑带来了一定困难。针对这些问题，《刑法修正案（六）》对本条作了三处修改：其一，将主体扩大为"依法负有信息披露义务的公司、企业"；其二，增加了"对依法应当披露的其他重要信息不按照规定披露"的行为方式；其三，增设了"有其他严重情节"的定罪标准。

2020年《刑法修正案（十一）》再次对本条作了修改。一是针对控股股东、实际控制人实施或者组织、指使实施违规披露或者不披露重要信息的行为作了明确规定，增加了第二款和第三款的规定。二是提高了本罪的刑罚，将"三年以下有期徒刑或者拘役，并处或者单处二万元以上二十万元以下罚金"修改为两档刑。第一档刑规定处五年以下有期徒刑或者拘役，并处或者单处罚金；第二档刑规定处五年以上十年以下有期徒刑，并处罚金。对本条作出修改基于以下考虑：

一方面，保障以信息披露为核心的注册制改革顺利实施，加大对信息违规披露、不披露行为的惩治力度，提高违法成本。2020年3月1日起施行的证券法确立了证券发行注册制度。信息披露是注册制的核心，要求发行人充分披露投资者作出价值判断和投资决策所必需的信息，确保信息披露真实、准确、完整。对此，有的全国人大代表和有关部门提出，注册制施行后，信息披露的重要性进一步提升，违规披露或者不披露信息的危害性更大，需要加大刑法的保障力度。此外，一些社会关注的大案如康美药业、獐子岛等，均具有严重违反信息披露义务的行为，因违规披露、不披露信息造成了投资者的重大损失，严重动摇了资本市场的诚信基础和管理秩序，造成了极其恶劣的影响。但是根据刑法原第一百六十三条的规定，法定最高刑为三年有期徒刑，罚金为二万元以上二十万元以下，已不能更为准确地评价信息违规披露、不披露行为所造成的社会危害，有必要作出相应调整。经研究，对本条设置的刑罚作了调整，修改为两档刑，将法定最高刑提高至十年有期徒刑，同时将罚金修改为不定额罚金。

另一方面，精确惩处"幕后"的控股股东、实际控制人。控股股东、实际控制人本身具有信息披露义务，控股股东、实际控制人的有关情况很多时候就属于股东和社会公众需要了解的重要信息，应当真实、准确、完整披露。同时，依法负有信息披露义务的公司、企业违规披露、不披露重要信息，许多案例中也是受控股股东、实际控制人组织、指使的。对此，有的部门提出，修订后的证券法对控股股东、实际控制人的信息披露义务及法律责任作了明确规定，建议对本条也作相应的修改完善，进一步明确控股股东、实际控制人在信息披露方面的刑事责任，与证券法的规定相衔接。经研究，对本条增加了第二款和第三款规定。第二款规定，对于公司、企业的控股股东、实际控制人实施或者组织、指使实施信息违规披露或者不披露的，或者隐瞒相关事项导致他人利益受损或者具有其他严重情节的，根据本条第一款中单位责任人员的规定处罚。第三款规定，公司、企业的控股股东、实际控制人本身是单位的，在处罚上不同于第一款中单位的法律责任，需要处以罚金刑，其责任人员根据本条第一款中单位的责任人员的规定处罚。

本条共分三款。第一款是关于依法负有信息披露义务的公司、企业违规披露或者不披露重要信息构成犯罪及其处罚的规定。根据本款规定，需要满足以下几个方面才能构成犯罪：

一是犯罪主体为"依法负有信息披露义务的公司、企业"。依据公司法、证券法、银行业监督管理法、商业银行法、证券投资基金法、保险法等法律、法规的规定，负有信息披露义务的公司、企业包括：公开发行证券的申请人、上市公司、公司、企业债券上市交易的单位以及其他信息披露义务人、商业银行、基金管理人、基金托管人和其他基金信息披露义务人、保险公司等。另外，根据证券法第七十八条的规定，国务院证券监督管理机构可以对其他信息披露义务人的范围作出规定。比如，2020年中国证券监督管理委员会《上市公司收购管理办法》第三条规定，上市公司的收购及相关股份权益变动活动中的信息披露义务人，应当充分披露其在上市公司中的权益及变动情况，依法严格履行报告、公告和其他法定义务。

二是行为人实施了向股东和社会公众提供虚假的或者隐瞒重要事实的财

务会计报告或者对依法应当披露的其他重要信息不按照规定披露的行为。

根据公司法第六十二条、第一百六十四条、第一百六十五条的规定，公司应当在每一会计年度终了时，依照法律、行政法规和国务院财政部门的规定编制财务会计报告，并依法经会计师事务所审计。有限责任公司应当依照公司章程规定的期限将财务会计报告送交各股东。股份有限公司的财务会计报告应当在召开股东大会年会的二十日前置备于本公司，供股东查阅；公开发行股票的股份有限公司必须公告其财务会计报告。依照上述规定，制作并向股东和社会公众提供财务会计报告是公司的一项法定义务。客观地记录和反映公司经营情况，如实地制作财务会计报告，才能让股东准确地了解其出资或投资的收益情况。公司向股东和社会公众提供虚假的或者隐瞒重要事实的财务会计报告，对股东和社会公众的利益造成损害，应追究其相应的刑事责任。

关于"依法应当披露的其他重要信息不按照规定披露"的行为，是指违反法律、行政法规和国务院证券管理部门等对信息披露的规定，对除财务会计报告以外的其他重要信息不披露或者进行虚假披露，如作虚假记载、误导性陈述或者有重大遗漏等。根据公司法、证券法、银行业监督管理法、证券投资基金法等法律、法规的规定，"依法应当披露的其他重要信息"包括：招股说明书、债券募集办法、财务会计报告、上市报告等文件，上市公司年度报告、中期报告、临时报告及其他信息披露资料；金融机构的财务会计报告、风险管理状况、董事和高级管理人员变更以及其他重大事项等信息及基金信息、实际控制人、控股股东应当依法披露的重要信息等。如2020年施行的证券法第八十条规定，发生可能对上市公司、股票在国务院批准的其他全国性证券交易场所交易的公司的股票交易价格产生较大影响的重大事件，投资者尚未得知时，公司应当立即将有关该重大事件的情况向国务院证券监督管理机构和证券交易场所报送临时报告，并予公告，说明事件的起因、目前的状态和可能产生的法律后果。这里的重大事件包括：公司的经营方针和经营范围的重大变化；公司的重大投资行为，公司在一年内购买、出售重大资产超过公司资产总额百分之三十，或者公司营业用主要资产的抵押、质押、出售或者报废一次超过该资产的百分之三十；公司订立重要合同、提供重大担保或者从事关联交易，可能对公司的资产、负债、权益和经营成果产生重要影响；公司发生重大债务和未能清偿到期重大债务的违约情况；公司发生重大亏损或者重大损失；公司生产经营的外部条件发生的重大变化；公司的董事、三分之一以上的监事或者经理发生变动，董事长或者经理无法履行职责；持有公司百分之五以上股份的股东或者实际控制人持有股份或者控制公司的情况发生较大变化，公司的实际控制人及其控制的其他企业从事与公司相同或者相似业务的情况发生较大变化；公司分配股利、增资的计划，公司股权结构的重要变化，公司减资、合并、分立、解散及申请破产的决定，或者依法进入破产程序、被责令关闭；涉及公司的重大诉讼、仲裁，股东大会、董事会决议被依法撤销或者宣告无效；公司涉嫌犯罪被依法立案调查，公司的控股股东、实际控制人、董事、监事、高级管理人员涉嫌犯罪被依法采取强制措施；国务院证券监督管理机构规定的其他事项等。第八十一条规定，发生可能对上市交易公司债券的交易价格产生较大影响的重大事件，投资者尚未得知时，公司也应当立即将有关该重大事件的情况向国务院证券监督管理机构和证券交易场所报送临时报告，并予公告，说明事件的起因、目前的状态和可能产生的法律后果。这里的重大事件包括：公司股权结构或者生产经营状况发生重大变化；公司债券信用评级发生变化；公司重大资产抵押、质押、出售、转让、报废；公司发生未能清偿到期债务的情况；公司新增借款或者对外提供担保超过上年末净资产的百分之二十；公司放弃债权或者财产超过上年末净资产的百分之十；公司发生超过上年末净资产百分之十的重大损失；公司分配股利，作出减资、合并、分立、解散及申请破产的决定，或者依法进入破产程序、被责令关闭；涉及公司的重大诉讼、仲裁；公司涉嫌犯罪被依法立案调查，公司的控股股东、实际控制人、董事、监事、高级管理人员涉嫌犯罪被依法采取强制措施；国务院证券监督管理机构规定的其他事项等。这些都属于"依法应当披露的其他重要信息"。

　　本款规定对"严重损害股东或者其他人利益，或者有其他严重情节的"才追究刑事责任。关于损害标准可以参考最高人民检察院、公安部《关于公安机关管辖的刑事案件立案追诉标准的规定（二）》的相关规定，如造成股东、债权人或者其他人直接经济损失数额累计在五十万元以上的，致使公司发行的股票、公司债券或者国务院依法认定的其他证券被终止上市交易或者多次被暂停上市交易等。关于"其他严重情节"，主要包括隐瞒多项应当披露的重要信息、多次虚假披露或者不按照规定披露、因不按照规定披露受到处罚后又违反等情形。

　　根据本款的规定，"依法负有信息披露义务的公司、企业"是本罪的犯罪主体。本款规定的是单位犯罪，但采用单罚制，只对公司、企业的直接负责的主管人员和其他直接责任人员判处刑罚，对公司、企业不再判处罚金。这里的考虑是，公司、企业的违法行为已经损害了股东和投资者的利益，如果再对其判处罚金，将会加重股东和其他投资者的损失程度。根据本款规定，公司、企业不按照规定披露信息，严重损害股东或者其他人利益的，或者有其他严重情节的，对其直接负责的主管人员和其他直接责任人员处五年以下有期徒刑或者拘役，并处或者单处罚金；情节特别严重的，处五年以上十年以下有期徒刑，并处罚金。本款规定的"情节严重""情节特别严重"，可以由司法机关通过司法解释作进一步细化。

第二款是关于公司、企业的控股股东、实际控制人实施或者组织、指使实施违规披露、不披露重要信息构成犯罪及其处罚的规定。控股股东是指其持有的股份占公司股本总额百分之五十以上的股东，或者其持有股份虽不足百分之五十，但持有股份所享有的表决权已足以对股东大会的决议产生重大影响的股东。实际控制人，是指虽不是公司的股东，但通过投资关系、协议或者其他安排，能够实际支配公司的人。本款包含三层意思：

一是公司、企业的控股股东、实际控制人不按照规定披露重要信息构成犯罪的情况。公司、企业的控股股东、实际控制人能够对发行人、公司、企业的行为产生重大影响或者实际支配公司、企业行为。实践中，出现了控股股东、实际控制人控制公司印章和信息披露渠道，绕开股东大会、董事会等法定机构，直接以公司名义实施披露虚假信息的情形。因此，本款将控股股东、实际控制人直接实施不按照规定披露重要信息的行为规定为犯罪。

二是公司、企业的控股股东、实际控制人组织、指使实施不按照规定披露重要信息行为构成犯罪的情况。控股股东、实际控制人能够实际影响或者支配公司行为，其容易组织、指使其他信息披露义务人不按照规定披露重要信息，对股东等他人利益的危害极大。因此，本款将控股股东、实际控制人组织、指使实施不按照规定披露重要信息的行为规定为犯罪。

三是公司、企业的控股股东、实际控制人隐瞒相关事项导致公司、企业违规披露或者不披露重要信息构成犯罪的情况。公司、企业的控股股东、实际控制人对公司、企业具有较强的影响甚至是支配能力。这里的"隐瞒相关事项导致前款规定的情形发生"，包含了两种情形。第一种情形是，控股股东、实际控制人隐瞒自身应当披露的重要信息导致公司、企业违规披露或者不披露重要信息构成犯罪。控股股东、实际控制人本身就具有十分重要的信息披露义务，如对其拥有的公司股权进行大宗交易买卖、抵押等都属于足以影响公司、企业的重大活动。因此，证券法等法律法规对公司、企业的控股股东、实际控制人的信息披露义务作了明确的规定。如果因控股股东、实际控制人违规披露或者不披露自身重要信息，导致公司、企业违规披露或者不披露重要信息构成犯罪的,其危害程度更大,对股东等他人利益所造成的损害也更重。虽然在公司、企业违规披露或者不披露重要信息构成犯罪的情况下,对控股股东、实际控制人也能够作为单位犯罪的直接责任人员予以处罚。但是通过此款规定,强调控股股东、实际控制人的责任,特别是当控股股东、实际控制人是单位的情况下,能够对单位处以罚金,可以起到从重处罚的效果。因此,控股股东、实际控制人隐瞒自身应当披露的重要信息属于这里规定的"隐瞒相关事项"。第二种情形是,控股股东、实际控制人利用其控制公司、企业的权力,隐瞒一些其掌握的公司、企业的核心和关键性信息,如重大资产交易动向系虚构,进行关联交易实施损害公司、企业利益等。该行为导致公司、企业违规披露或者不披露重要信息构成犯罪的情况,也属于这里规定的"隐瞒相关事项"。基于此,本款将控股股东、实际控制人因隐瞒相关事项导致违规披露或者不披露重要信息的情形规定为犯罪。

根据本款规定,控股股东、实际控制人实施本款行为,严重损害股东或者其他人利益,或者有其他严重情节的,处五年以下有期徒刑或者拘役,并处或者单处罚金;情节特别严重的,处五年以上十年以下有期徒刑,并处罚金。

第三款是关于控股股东、实际控制人是单位并构成第二款规定的犯罪及其处罚的规定。控股股东、实际控制人很多也是公司、企业。本款规定,对于控股股东、实际控制人是单位并构成第二款规定的犯罪的,如提供虚假的或者隐瞒重要事实的财务会计报告,实施或者组织、指使实施第一款的行为以及隐瞒相关事项导致违规披露、不披露重要信息等情形发生的,严重损害股东或者其他人利益,或者有其他严重情节的,对单位判处罚金,并对其直接负责的主管人员和其他直接责任人员,处五年以下有期徒刑或者拘役,并处或者单处罚金;情节特别严重的,对单位判处罚金,并对其直接负责的主管人员和其他直接责任人员处五年以上十年以下有期徒刑,并处罚金。

【实践中需要注意的问题】

本条第一款的犯罪主体是单位,即"依法负有信息披露义务的公司、企业"。实践中,不能因为该款规定了单罚制,仅对单位中直接负责的主管人员和其他直接责任人员设置了刑罚,就否认单位构成犯罪的实质。在司法实践中,应首先依法明确是单位构成了犯罪,再对有关责任人员予以处罚。同时,对犯本条规定之罪的单位,必要时可以根据有关规定作退市处理。

第一百六十二条 【妨害清算罪】

公司、企业进行清算时，隐匿财产，对资产负债表或者财产清单作虚伪记载或者在未清偿债务前分配公司、企业财产，严重损害债权人或者其他人利益的，对其直接负责的主管人员和其他直接责任人员，处五年以下有期徒刑或者拘役，并处或者单处二万元以上二十万元以下罚金。

【条文精解】

本条是关于妨害清算罪及其处罚的规定。

公司、企业清算是公司、企业因解散、分立、合并或者破产，依照法律规定清理公司、企业的债权债务的活动。公司、企业决定停止对外经营活动，使其法人资格消失的行为，就是公司、企业的解散。根据公司法第一百八十条的规定，公司、企业因下列原因解散：公司章程规定的营业期限届满或者公司章程规定的其他解散事由出现；股东会或者股东大会决议解散；依法被吊销营业执照、责令关闭或者被撤销；公司经营管理发生严重困难，继续存续会使股东利益受到重大损失，通过其他途径不能解决的，持有公司全部股东表决权百分之十以上的股东，请求人民法院解散公司，人民法院据此予以解散的。因上述原因解散的，应当在解散事由出现之日起十五日内成立清算组，开始清算。有限责任公司的清算组由股东组成，股份有限公司的清算组由董事或者股东大会确定的人员组成。逾期不成立清算组进行清算的，债权人可以申请人民法院指定有关人员组成清算组进行清算。人民法院应当受理该申请，并及时组织清算组进行清算。此外，根据企业破产法的规定，公司、企业因不能清偿到期债务，被依法宣告破产，也需进行破产清算。由于清算活动与公司、企业、股东及其他债权人、债务人有直接的经济利益关系，因此，清算活动必须严格依照法律规定的程序和条件进行，以确保清算活动的公正性，维护公司、企业、股东、债权人、债务人等各方面的合法权益。

根据本条规定，构成本罪必须具备以下要件：

第一，本罪的主体在一般情况下，是进行清算的公司、企业法人。但如果清算组成员与公司、企业相勾结共同实施本条规定的行为，也应以共同犯罪依照本条规定追究刑事责任。根据破产法第十三条的规定，人民法院裁定受理破产申请的，应当同时指定管理人。破产管理人与公司、企业串通妨害清算的，应当依法追究刑事责任。

第二，本罪在客观方面表现为在公司、企业清算时，有隐匿财产、对资产负债表或者财产清单作虚伪记载，或者在公司、企业清偿债务前分配公司、企业财产的行为。本条所说的"隐匿财产",是指将公司、企业财产予以转移、隐藏。公司、企业的财产既包括资金,也包括工具、设备、产品、货物等各种财物。"对资产负债表或者财产清单作虚伪记载",是指公司、企业在制作资产负债表或者财产清单时,故意采取隐瞒或者欺骗等方法,对资产负债或者财产清单进行虚报,以达到逃避公司、企业债务的目的。虚报公司、企业的财产,有时可能采用少报、低报的手段,故意隐瞒或者缩小公司、企业的实际财产的数额;有时也可能采取夸大的手段,多报公司、企业的实际资产,如将公司、企业的厂房、设备、产品的实际价值高估高报,用以抵销或者偿还债务;也有的对公司、企业现有债务状况进行夸张或不实记载等。总之,隐匿财产、虚报财产的目的是逃避公司、企业的债务,或者使少数股东、债权人在分配公司、企业财产或者清偿公司、企业债务时优于其他股东或者债权人分得财产或者得到抵偿,其后果将损害债权人和其他人的利益。"在未清偿债务前分配财产",是指在清算过程中,违反法律规定,在清偿债务之前,就分配公司、企业的财产,这样的结果,会造成对公司、企业所欠债务不能履行,损害债权人的合法权益。

第三,行为人隐匿公司、企业的财产,在未清偿债务前分配公司、企业的财产,严重损害债权人或其他人利益的,才构成犯罪。"严重损害债权人的利益",是指由于公司、企业的上述行为,使本应得到偿还的债权人的巨额债务无法得到偿还,等等。这里所说的"严重损害其他人的利益",是指严重损害实际债权人以外的其他人的利益,主要是指由于公司、企业的上述行为造成公司、企业长期拖欠的职工工资和社会保险费用、国家巨额税款得不到清偿等情形。如果公司、企业虽有隐瞒财产或在未清偿债务之前分配公司、企业财产等行为,并没有影响向债权人履行还债义务,或者对债权人、其他人利益虽有损害,但尚未达到严重的程度,不能构成此罪。对于其违法行为可作其他处理。根据最高人民检察院、公安部《关于公安机关管辖的刑事案件立案追诉标准的规定(二)》第七条的规定,妨害清算涉嫌下列情形之一的,应予立案追诉:(1)隐匿财产价值在五十万元以上的;(2)对资产负债表或者财产清单作虚伪记载涉及金额在五十万元以上的;(3)在未清偿债务前分配公司、企业财产价值在五十万元以上的;(4)造成债权人或者其他人直接经济损失数额累计在十万元以上的;(5)虽未达到上述数额标准,但应清偿的职工的工资、社会保险费用和法定补偿金得不到及时清偿,造成恶劣社会影响的;(6)其他严重损害债权人或者其他人利益的情形。

根据本条规定,犯妨害清算罪的,对其直接负责的主管人员和其他直接责任人员，处五年以下有期徒刑或者拘役，并处或者单处二万元以上二十万元以下罚金。在这里，没有规定对公司、企业处以罚金，这是考虑到如果采用双罚制，既处罚直接负责的主管人员和其他直接责任人员，又对公司、企业判处罚金，就可能使该公司、企业所欠债务更加难以偿还，更不利于保护债权人和其他人的合法权益。

【实践中需要注意的问题】

在实际执行中应注意本罪与侵占罪、贪污罪的区别。尽管这几个罪名都可能有隐匿公司、企业财产的行为，但本罪的犯罪主体是公司和企业法人，其目的是逃避公司、企业债务；而侵占罪、贪污罪的主体是自然人，其目的是将公司、企业的财产非法占为己有。如果是清算组的成员利用职务上的便利，侵吞、窃取、骗取或者以其他手段非法将进行清算的公司、企业财物据为己有的，应当以侵占罪追究其刑事责任；国有公司、企业的工作人员有以上行为的，应当以贪污罪追究刑事责任。

第一百六十二条之一 【隐匿、故意销毁会计凭证、会计账簿、财务会计报告罪】

隐匿或者故意销毁依法应当保存的会计凭证、会计帐簿、财务会计报告，情节严重的，处五年以下有期徒刑或者拘役，并处或者单处二万元以上二十万元以下罚金。

单位犯前款罪的，对单位判处罚金，并对其直接负责的主管人员和其他直接责任人员，依照前款的规定处罚。

【条文精解】

本条是关于隐匿、故意销毁会计凭证、会计账簿、财务会计报告罪及其处罚的规定。

本条共分两款。第一款是关于个人犯罪的处罚规定。本款对犯罪主体未作特别规定。任何人只要实施了本款规定的隐匿或者故意销毁依法应当保存的会计凭证、会计帐簿、财务会计报告行为，情节严重的就构成犯罪。所谓隐匿，是指有关机关要求其提供会计凭证、会计帐簿、财务会计报告，以便监督检查其会计工作，查找犯罪证据时，故意转移、隐藏应当保存的会计凭证、会计帐簿、财务会计报告的行为。所谓故意销毁，是指故意将应当依法保存的会计凭证、会计帐簿、财务会计报告予以毁灭、损毁的行为。会计凭证，是指记录经济业务发生和完成情况，明确经济责任，作为记帐依据的书面证明。会计凭证包括原始凭证和记帐凭证。会计帐簿，是指由一定格式、相互联系的帐页组成，以会计凭证为依据，用以序时地、分类地、全面地、系统地记录、反映和监督一个单位经济业务活动情况的会计簿籍。会计帐簿按其不同用途和会计法的规定，可以分为总帐、明细帐、日记帐和其他辅助性帐簿。财务会计报告，是指根据会计帐簿记录和有关会计核算资料编制的反映单位财务状况和经营成果的报告文书。根据会计法第二十三条的规定："各单位对会计凭证、会计帐簿、财务会计报告和其他会计资料应当建立档案，妥善保管。会计档案的保管期限和销毁办法，由国务院财政部门会同有关部门制定。"各单位应当对本单位的会计凭证、会计帐簿、财务会计报告等会计资料，按照国家规定的期限、方法妥善保管，需要销毁时，应当按照规定的程序办理手续，由规定的人员进行销毁，不得违反国家规定予以隐匿或者故意销毁。如果行为人实施了上述行为，且达到情节严重的程度，无论其出于何种目的，均构成本罪，处五年以下有期徒刑或者拘役，并处或者单处二万元以上二十万元以下罚金。根据最高人民检察院、公安部《关于公安机关管辖的刑事案件立案追诉标准的规定（二）》第八条的规定，隐匿或者故意销毁依法应当保存的会计凭证、会计帐簿、财务会计报告，涉嫌下列情形之一的，应予立案追诉：（1）隐匿、故意销毁的会计凭证、会计帐簿、财务会计报告涉及金额在五十万元以上的；（2）依法应当向司法机关、行政机关、有关主管部门等提供而隐匿、故意销毁或者拒不交出会计凭证、会计帐簿、财务会计报告的；（3）其他情节严重的情形。

第二款是关于单位犯罪的规定。目前，有些单位经济管理混乱，会计工作秩序一团糟，其原因是多方面的，有的是会计人员个人所为，但主要是单位行为，为明确单位负责人员对本单位会计工作和保证会计资料真实性、完整性的责任，会计法第四条明确规定："单位负责人对本单位的会计工作和会计资料的真实性、完整性负责。"根据本款的规定，单位隐匿或者故意销毁依法应当保存的会计凭证、会计帐簿、财务会计报告构成犯罪的，除对单位判处罚金外，对单位直接负责的主管人员和其他直接责任人员还要依照第一款的规定处罚，即处五年以下有期徒刑或者拘役，并处或者单处二万元以上二十万元以下罚金。

【实践中需要注意的问题】

应当指出的是,《刑法修正案》将本条内容放在刑法第一百六十二条之后,作为第一百六十二条之一,主要是考虑到新增加的内容与刑法第一百六十二条的内容最为接近。本条虽然放在刑法分则第三章"妨害对公司、企业的管理秩序罪"一节中,并不意味着本条的犯罪主体仅限于公司、企业。对于本条的法律含义应从条文本身的内容去分析理解,而不要只从节名划定本条的犯罪主体。正如第一百六十六条、第一百六十七条和第一百六十八条虽然也在刑法分则第三章"妨害对公司、企业的管理秩序罪"一节中,但犯罪主体不仅包括国有公司、企业,也包括国有事业单位。按照第一百六十二条之一的规定,所有必须依照会计法的规定办理会计事务的国家机关、社会团体、公司、企业、事业单位等组织和个人,都可以成为该罪的犯罪主体。

第一百六十二条之二 【虚假破产罪】

公司、企业通过隐匿财产、承担虚构的债务或者以其他方法转移、处分财产,实施虚假破产,严重损害债权人或者其他人利益的,对其直接负责的主管人员和其他直接责任人员,处五年以下有期徒刑或者拘役,并处或者单处二万元以上二十万元以下罚金。

【条文精解】

本条是关于虚假破产罪及其处罚的规定。

根据本条规定,构成虚假破产罪必须具备以下几个要件:(1)本罪的主体是公司、企业。"公司"是指依照公司法设立的有限责任公司和股份有限公司;"企业"是指依法设立的从事生产经营的法人实体。(2)本罪的主观方面是故意犯罪,即具有通过虚假破产逃避债务的犯罪故意。(3)本罪的客观方面表现为实施了通过隐匿财产、承担虚构的债务或者以其他方法转移、处分财产,实施虚假破产的行为,严重损害了债权人或者其他人利益。本条规定的"隐匿财产",是指将公司、企业的财产予以转移、隐藏,或者对公司、企业的财产清单和资产负债表作虚假记载,或者采用少报、低报的手段,故意隐瞒、缩小公司、企业财产的实际数额。公司、企业的财产既包括资金,也包括工具、设备、产品、货物等各种财物。"承担虚构的债务",是指夸大公司、企业的负债状况,目的是造成公司资不抵债的假象。"以其他方法转移、处分财产",是指以隐匿财产、承担虚构的债务以外的方法转移、处分公司、企业的财产,如将公司、企业的财产无偿或者以明显不合理的低价转让,以明显高于市场的价格受让财产,放弃公司、企业的债权等。"实施虚假破产"是"隐匿财产、承担虚构的债务或者以其他方法转移、处分财产"的目的,是本罪行为的本质特征,是指通过上述转移、处分财产的行为,造成本不符合法律规定的破产条件的公司、企业不能清偿到期债务或者资不抵债的假象,从而向人民法院申请宣告破产或者被债权人申请宣告破产,致使公司、企业进入有关法律规定的破产程序,实际上公司、企业并不符合法定破产条件,制造假象,欺骗人民法院实施虚假破产。"严重损害债权人的利益",是指由于公司、企业的上述行为,使本应得到偿还的债权人的巨额债务无法得到偿还等。"严重损害其他人利益",主要是指由于公司、企业的上述行为造成公司、企业拖欠的职工工资、社会保险费用和国家税款得不到清偿,或者使公司、企业的其他股东的合法权益受到损害等情形。需要注意的是,如果公司、企业虽然实施了通过隐匿财产、承担虚构的债务或者以其他方法转移、处分财产,实施虚假破产的行为,但尚未对债权人或者其他人的利益造成严重损害的,不能构成本条规定的犯罪,应当由有关主管部门对其违法行为进行处理。"严重损害"的具体含义,即本罪的追诉标准,可以由司法机关根据案件的实际情况确定或者通过作出司法解释予以明确。根据2010年最高人民检察院、公安部《关于公安机关管辖的刑事案件立案追诉标准的规定(二)》第九条的规定,实施虚假破产,涉嫌下列情形之一的,应予立案追诉:(1)隐匿财产价值在五十万元以上的;(2)承担虚构的债务涉及金额在五十万元以上的;(3)以其他方法转移、处分财产价值在五十万元以上的;(4)造成债权人或者其他人直接经济损失数额累计在十万元以上的;(5)虽未达到上述数额标准,但应清偿的职工的工资、社会保险费用和法定补偿金得不到及时清偿,造成恶劣社会影响的;(6)其他严重损害债权人或者其他人利益的情形。

本条规定的犯罪是单位犯罪。对犯本条罪的公司、企业的直接负责的主管人员和其他直接责任人员,处五年以下有期徒刑或者拘役,并处或单处二万元以上二十万元以下罚金。在这里,没有规定对犯罪的公司、企业处以罚金。根据刑法第三十一条的规定,对于单位犯罪,一般情况下都实行既处罚犯罪单位,又处罚该单位直接负责的主管人员和其他直接责任人员的双罚制,只有在法律另有规定的例外情况下才实行只处罚直接负责的主管人员和其他直接责任人员,不处罚单位的单罚制。本条即属于此种例外情况,这里之所以没有规定对公司、企业判处罚金,是考虑到这可能使该公司、企业所欠债务更加难以得到偿还,更不利于保护债权人和其他人的合法权益。

【实践中需要注意的问题】

在实际执行中应注意本罪与刑法第一百六十二条规定的妨害清算罪的区别。这两个罪的主体都是公司、企业，犯罪目的可能都是逃避债务，行为上都可能有隐匿公司、企业财产的行为。但这两个罪有着明显的区别：妨害清算罪的犯罪行为发生在公司、企业进入清算程序以后，破坏的是对公司、企业进行清算的正确秩序，至于公司、企业进行清算的原因则是真实的；而本罪的犯罪行为主要发生在公司、企业进入破产程序之前，是制造不符合破产条件的公司、企业不能清偿到期债务或者资不抵债，需要进行破产清算的假象。是否进入清算程序是区分本罪和妨害清算罪的关键。"实施虚假破产"的时间界限是公司、企业提出破产申请并进入清算程序之前，或者因为公司、企业资不抵债，由债权人提出破产申请并进入清算程序之前。

第一百六十三条 【非国家工作人员受贿罪】

公司、企业或者其他单位的工作人员，利用职务上的便利，索取他人财物或者非法收受他人财物，为他人谋取利益，数额较大的，处三年以下有期徒刑或者拘役，并处罚金；数额巨大或者有其他严重情节的，处三年以上十年以下有期徒刑，并处罚金；数额特别巨大或者有其他特别严重情节的，处十年以上有期徒刑或者无期徒刑，并处罚金。

公司、企业或者其他单位的工作人员在经济往来中，利用职务上的便利，违反国家规定，收受各种名义的回扣、手续费，归个人所有的，依照前款的规定处罚。

国有公司、企业或者其他国有单位中从事公务的人员和国有公司、企业或者其他国有单位委派到非国有公司、企业以及其他单位从事公务的人员有前两款行为的，依照本法第三百八十五条、第三百八十六条的规定定罪处罚。

【条文精解】

本条是关于非国家工作人员受贿罪及其处罚的规定。

党的十八届三中、四中全会和十九大对加强产权平等保护、优化营商环境作了重要部署。习近平总书记多次就加强产权保护、保护非公有制经济和民营企业家作出重要讲话、重要指示。2016年11月，中共中央、国务院发布了《关于完善产权保护制度依法保护产权的意见》，强调平等保护非公有制经济的产权，加大对非公有财产的刑法保护力度。根据中央精神和宽严相济形势政策要求，《刑法修正案（十一）》对本条作了进一步修改：一是提高了本条规定的非国家工作人员受贿罪的法定刑，将法定最高刑提高到无期徒刑，增加罚金刑；二是调整了刑罚档次配置，与贪污罪、受贿罪的规定平衡，实现罪责刑相适应。

　　本条共分三款。第一款是关于公司、企业或者其他单位的工作人员受贿犯罪及其处罚的规定。本款有三层含义：第一，明确了犯罪的主体范围，即"公司、企业或者其他单位的工作人员"，包括非国有公司、企业、事业单位或者其他组织的工作人员。第二，明确了犯罪的行为特征，即行为人必须实施利用职务上的便利，索取他人财物或者非法收受他人财物，为他人谋取利益的行为。所谓"利用职务上的便利"，是指公司、企业或者其他单位的工作人员利用自己职务上组织、领导、监管、主管、经管、负责某项工作的便利条件。"索取他人财物"，主要是指公司、企业或者其他单位的工作人员以为他人谋取利益为条件，向他人索取财物。"非法收受他人财物"，主要是指公司、企业或者其他单位的工作人员利用其职务上的便利或权力，接受他人主动送予的财物。"为他人谋取利益"，从谋取利益的性质上看，既包括他人应当得到的合法的、正当的利益，也包括他人不应当得到的非法的、不正当的利益；从利益的实现方面看，包括已为他人谋取的利益，意图谋取或者正在谋取，但尚未谋取到的利益。根据2016年4月18日最高人民法院、最高人民检察院《关于办理贪污贿赂刑事案件适用法律若干问题的解释》第十三条第一款的规定，具有下列情形之一的，应当认定为"为他人谋取利益"，构成犯罪的，应当依照刑法关于受贿犯罪的规定定罪处罚：（1）实际或者承诺为他人谋取利益；（2）明知他人有具体请托事项；（3）履职时未被请托，但事后基于该履职事由收受他人财物。第三，索取或者非法收受他人财物，必须达到数额较大，才构成犯罪。对受贿数额不大的，可以依照反不正当竞争法的规定处理。本款在罪状表述上，只原则规定了"数额较大""数额巨大或者有其他严重情节""数额特别巨大或者有其他特别严重情节"，其具体数额和情节标准，可由司法机关根据实际情况制定司法解释确定。根据最高人民法院、最高人民检察院《关于办理贪污贿赂刑事案件适用法律若干问题的解释》第十一条第一款的规定，非国家工作人员受贿罪中的"数额较大""数额巨大"的数额起点，按照该解释关于受贿罪、贪污罪相对应的数额标准规定的二倍、五倍执行。《刑法修正案（十一）》在本条规定的犯罪的第二档、第三档量刑标准中，在数额之外增加情节，是考虑到实践中非国家工作人员受贿的情况比较复杂，情节差别很大，单纯考虑数额，难以全面反映具体个罪的社会危害性，并与《刑法修正案（九）》对贪污罪、受贿罪定罪量刑标准的修改相衔接。

根据本款规定，对公司、企业或者其他单位的工作人员受贿犯罪的处罚，分为三档刑：数额较大的，处三年以下有期徒刑或者拘役，并处罚金；数额巨大或者有其他严重情节的，处三年以上十年以下有期徒刑，并处罚金；数额特别巨大或者有其他特别严重情节的，处十年以上有期徒刑或者无期徒刑，并处罚金。《刑法修正案（十一）》出台后，除不能判处死刑以外，非国家工作人员受贿罪与国家工作人员受贿罪的刑罚已经基本接近，落实了平等保护的精神。

第二款是关于对公司、企业或者其他单位的工作人员收受回扣、手续费的处罚规定。根据本款规定，公司、企业或者其他单位的工作人员在经济往来中，利用职务上的便利，违反国家规定，收受各种名义的回扣、手续费，归个人所有的，即构成非国家工作人员受贿罪。这里所说的"回扣"，是指在商品或者劳务活动中，由卖方从所收到的价款中，按照一定的比例扣出一部分返还给买方或者其经办人的款项。"手续费"，是指在经济活动中，除回扣以外，其他违反国家规定支付给公司、企业或者其他单位的工作人员的各种名义的钱，如信息费、顾问费、劳务费、辛苦费、好处费等。违反国家规定，收取各种名义的回扣、手续费，是否归个人所有，是区分罪与非罪的主要界限，如果收取的回扣、手续费，都上交公司、企业或者本单位的，不构成犯罪；只有将收取的回扣、手续费归个人所有的，才构成犯罪。根据本款规定，对收受各种名义的回扣、手续费，归个人所有的，按照第一款的规定处罚。

第三款是关于国有公司、企业或者其他国有单位中从事公务的人员和国有公司、企业或者其他国有单位委托到非国有公司、企业或者其他单位从事公务的人员有第一款、第二款犯罪行为如何定罪处罚的规定。根据本款规定，国有公司、企业或者其他国有单位中从事公务的人员和国有公司、企业或者其他国有单位委派到非国有公司、企业以及其他单位从事公务的人员，利用职务上的便利，索取他人财物或者非法收受他人财物为他人谋取利益，数额较大的，或者在经济往来中，利用职务便利，违反国家规定收受各种名义的回扣、手续费，归个人所有的，依照刑法第三百八十五条、第三百八十六条，构成受贿罪。根据刑法第三百八十六条的规定，应当依照刑法第三百八十三条的规定处罚。《刑法修正案（九）》对刑法第三百八十三条进行了修改。主要是对原来规定的贪污、受贿罪的处罚规定作了调整。由过去将贪污、受贿具体数额作为定罪量刑根据，修改为综合考虑数额和情节的原则性规定。本款这样规定，主要体现了对国家工作人员犯罪要比一般的公司、企业或者其他单位的工作人员从重处罚的立法精神。

【实践中需要注意的问题】

实践中执行本条规定应当注意准确理解本条的立法精神，1997年修订刑法增加本条规定和《刑法修正案（十一）》调整本条规定的法定刑，都是为了以刑法手段平等保护非公有制经济产权。司法机关在办理非公有制企业等单位中的贿赂犯罪时，要根据本条规定的精神，区分不同情况，把握好法律和政策界限，当严则严、当宽则宽。如对于建立了规范的法人治理结构，由职业经理人经营的企业，与股东兼任经营者的小型企业或者家族企业，在刑事政策掌握上应当有所区别。

第一百六十四条 【对非国家工作人员行贿罪】【对外国公职人员、国际公共组织官员行贿罪】

为谋取不正当利益，给予公司、企业或者其他单位的工作人员以财物，数额较大的，处三年以下有期徒刑或者拘役，并处罚金；数额巨大的，处三年以上十年以下有期徒刑，并处罚金。

为谋取不正当商业利益，给予外国公职人员或者国际公共组织官员以财物的，依照前款的规定处罚。

单位犯前两款罪的，对单位判处罚金，并对其直接负责的主管人员和其他直接责任人员，依照第一款的规定处罚。

行贿人在被追诉前主动交待行贿行为的，可以减轻处罚或者免除处罚。

【条文精解】

本条是关于对非国家工作人员行贿罪，对外国公职人员、国际公共组织官员行贿罪及其处罚的规定。

本条共分四款。本条第一款是关于个人向公司、企业或者其他单位的工作人员行贿犯罪及其处罚的规定。本款包含三层含义：第一，行为人必须具有谋取不正当利益的目的。根据2008年最高人民法院、最高人民检察院《关于办理商业贿赂刑事案件适用法律若干问题的意见》的规定，在行贿犯罪中"谋取不正当利益"，是指行贿人谋取违反法律、法规、规章或者政策规定的利益，或者要求对方违反法律、法规、规章、政策、行业规范的规定提供帮助或者方便条件。另外，在招标投标、政府采购等商业活动中，违背公平原则，给予相关人员财物以谋取竞争优势的，也属于"谋取不正当利益"。第二，行为人必须实施了给予公司、企业或者其他单位的工作人员以财物的行为。这里的"给予"应当是实际给付行为，即作为贿赂物的财物已经从行贿人手中转移到受贿人控制之下。根据《关于办理商业贿赂刑事案件适用法律若干问题的意见》《关于办理贪污贿赂刑事案件适用法律若干问题的解释》的规定，贿赂犯罪中的"财物"，包括货币、物品和财产性利益。财产性利益包括可以折算为货币的物质利益如房屋装修、债务免除等，以及需要支付货币的其他利益如会员服务、旅游等。后者的犯罪数额，以实际支付或者应当支付的数额计算。第三，行贿的财物必须达到数额较大，才构成犯罪。本条在罪状表述上，只原则规定了"数额较大""数额巨大"，其具体数额标准，根据《关于办理贪污贿赂刑事案件适用法律若干问题的解释》第十一条第三款的规定，刑法第一百六十四条第一款规定的对非国家工作人员行贿罪中的"数额较大""数额巨大"的数额起点，按照该解释第七条、第八条第一款关于行贿罪的数额标准规定的两倍执行。需要注意的是，《刑法修正案（十一）》对有关非国家工作人员受贿罪、职务侵占罪、挪用资金罪作出修改后，进一步体现产权平等保护精神，现行司法解释规定的非国家工作人员和国家工作人员入罪标准按照两倍、五倍确定的办法，下一步可能将按照法律修改后的精神作出进一步调整，也可能涉及本条罪名定罪量刑标准的调整。对行贿数额不大，不够司法解释标准的，可以通过其他方式予以处理。根据本款规定，对公司、企业或者其他单位的工作人员行贿犯罪的处罚，分为两档刑：数额较大的，处三年以下有期徒刑或者拘役，并处罚金；数额巨大的，处三年以上十年以下有期徒刑，并处罚金。

本条第二款是关于为谋取不正当商业利益，给予外国公职人员或者国际公共组织官员以财物的犯罪的规定。其中"为谋取不正当商业利益"是指行为人谋取违反法律、法规、规章或者政策规定的利益，或者要求对方违反法律、法规等提供帮助或者各种便利条件，以获取私利的情况。另外，这里所称"外国公职人员"是指外国经任命或选举担任立法、行政、行政管理或者司法职务的人员，以及为外国国家及公共机构或者公营企业行使公共职能的人员；"国际公共组织官员"是指国际公务人员或者经国际组织授权代表该组织行事的人员；"财物"，是指不论是物质的还是非物质的、动产还是不动产、有形的还是无形的各种资产，以及证明对这种资产的产权或者权益的法律文件或者文书。根据本款规定，为谋取不正当商业利益，给予外国公职人员或者国际公共组织官员以财物的，依照第一款的规定处罚：数额较大的，处三年以下有期徒刑或者拘役；数额巨大的，处三年以上十年以下有期徒刑，并处罚金。需要说明的是，本款在构成要件上没有明确规定"数额较大"，属于立法技术上的处理，依照前款的规定，包括依照前款两档刑罚的规定。

本条第三款是关于单位向非国家工作人员、外国公职人员、国际公共组织官员行贿的犯罪及其处罚的规定。对单位犯本罪的，本条采取了双罚制原则，即对单位判处罚金，并对其直接负责的主管人员和其他直接责任人员，依照本条第一款关于个人向公司、企业人员行贿的规定处罚。

对于向公司、企业人员行贿的追诉标准，最高人民检察院、公安部《关于公安机关管辖的刑事案件立案追诉标准的规定（二）》规定，为谋取不正当利益，给予公司、企业或者其他单位的工作人员以财物，个人行贿数额在一万元以上的，单位行贿数额在二十万元以上的，应予立案追诉。

根据2011年最高人民检察院、公安部《关于公安机关管辖的刑事案件立案追诉标准的规定（二）的补充规定》，为谋取不正当商业利益，给予外国公职人员或者国际公共组织官员以财物，个人行贿数额在一万元以上的，单位行贿数额在二十万元以上的，应予立案追诉。

最高人民法院、最高人民检察院《关于办理贪污贿赂刑事案件适用法律若干问题的解释》规定，刑法第一百六十四条第一款规定的对非国家工作人员行贿罪中的"数额较大""数额巨大"的数额起点，按照该解释第七条、第八条第一款关于行贿罪的数额标准规定的两倍执行。因此，对个人行贿的应当为六万元以上，单位行贿的未作明确规定，仍可适用上述追诉标准的规定。

本条第四款是关于对行贿人可以减轻处罚或者免除处罚的条件的规定。根据本款规定，对行贿人减轻处罚或者免除处罚的，必须具备两个条件，二者缺一不可：一是必须主动交待行贿行为；二是交待的时间必须在被追诉之前。所谓"主动交待"，是指行贿人主动向司法机关或者其他有关部门如实交待其行贿事实。因司法机关调查或者其他有关部门查询而不得不交待的，或者为了避重就轻不如实交待的，均不属于本款中的"主动交待"。本款所称"在被追诉之前"，是指司法机关立案、开始追究刑事责任之前。如果司法机关已经发现了行贿事实，并认为应当追究刑事责任而立案后，行贿人交待行贿行为的，不适用本款规定。本款规定的目的，在于在刑事政策上给予行贿人从宽处理和出路，鼓励行贿人悔过，揭发检举受贿人，有利于节省司法资源，及时发现、惩罚贿赂犯罪。

【实践中需要注意的问题】

本罪规定的行贿对象是公司、企业或者其他单位的"工作人员",即个人,而不是单位自身,向非国有的公司、企业行贿的,不构成本条规定的犯罪。刑法第三百九十一条规定了对单位行贿罪,规定的是对国家机关、国有公司、企业、事业单位行贿。未规定对私有单位行贿的原因是考虑到市场经济中,私有单位经过集体研究决定"受贿",将商品、服务提供他人,这种情况与市场交易中市场主体决定选择交易对象、交易条件不好区分。但这种行为显然也是违反市场公平竞争规则的,构成反不正当竞争法规定的不正当竞争行为的,依法追究其他法律责任。

第一百六十五条 【非法经营同类营业罪】

国有公司、企业的董事、经理利用职务便利,自己经营或者为他人经营与其所任职公司、企业同类的营业,获取非法利益,数额巨大的,处三年以下有期徒刑或者拘役,并处或者单处罚金;数额特别巨大的,处三年以上七年以下有期徒刑,并处罚金。

【条文精解】

本条是关于非法经营同类营业罪及其处罚的规定。

根据本条规定,非法经营同类营业罪在犯罪构成上具有以下特征:(1)本罪的主体是特殊主体,即国有公司、企业的董事、经理。考虑到非法经营同类营业的危害性体现在董事、经理利用职权便利可能带来的损害,一般的工作人员实施的不作为本罪处理。(2)本罪在客观方面表现为行为人利用职务便利,自己经营或者为他人经营与所任职公司、企业同类的营业,获取非法利益的行为。公司法第一百四十七条规定,董事、监事、高级管理人员应当遵守法律、行政法规和公司章程,对公司负有忠实义务和勤勉义务。第一百四十八条规定,董事、高级管理人员不得未经股东会或者股东大会同意,利用职务便利为自己或者他人谋取属于公司的商业机会,自营或者为他人经营与所任职公司同类的业务。所谓"利用职务便利",是指利用自己在国有公司、企业任董事、经理掌管材料、物资、市场、计划、销售等便利条件。"自己经营"包括以私人名义另行注册公司,有的是以亲友的名义注册公司、企业,或者是在他人经办的公司、企业中入股进行经营。所谓"经营与其所任职公司、企业同类的营业",是指从事与其所任职国有公司、企业相同或者相近似的业务。这样，行为人利用其在国有公司任职所获得的在产、供、销、市场、物资、信息等方面的优势，利用其所任职公司、企业的人力、资金、物质、信息资源、客户渠道等，有可能在市场竞争中占据有利地位，排挤所任职的国有公司、企业，损害国有公司、企业的利益。(3) 国有公司、企业董事、经理非法经营同类营业行为，获取非法利益，数额巨大的，才构成犯罪。所谓"数额巨大"，是指通过上述手段，转移利润或者转嫁损失，获取了大量非法利润，国有公司、企业由此遭受重大损失。对于非法经营同类营业罪的追诉标准，最高人民检察院、公安部《关于公安机关管辖的刑事案件立案追诉标准的规定（二）》第十二条规定，国有公司、企业的董事、经理利用职务便利，自己经营或者为他人经营与其所任职公司、企业同类的营业，获取非法利益，数额在十万元以上的，应予立案追诉。

根据本条规定，犯非法经营同类营业罪，获取非法利益，数额巨大的，处三年以下有期徒刑或者拘役，并处或者单处罚金；获取非法利益，数额特别巨大的，处三年以上七年以下有期徒刑，并处罚金。

【实践中需要注意的问题】

构成本罪要求非法经营的为与所任职公司、企业同类的营业，经营同类营业容易造成通过各类手段转嫁损失、利益等侵害国有公司、企业的利益。经营不同种类营业的，不构成本罪。

第一百六十六条 【为亲友非法牟利罪】

国有公司、企业、事业单位的工作人员，利用职务便利，有下列情形之一，使国家利益遭受重大损失的，处三年以下有期徒刑或者拘役，并处或者单处罚金；致使国家利益遭受特别重大损失的，处三年以上七年以下有期徒刑，并处罚金：

（一）将本单位的盈利业务交由自己的亲友进行经营的；

（二）以明显高于市场的价格向自己的亲友经营管理的单位采购商品或者以明显低于市场的价格向自己的亲友经营管理的单位销售商品的；

（三）向自己的亲友经营管理的单位采购不合格商品的。

【条文精解】

本条是关于为亲友非法牟利罪及其处罚的规定。

根据本条规定，为亲友非法牟利罪具有以下特征：第一，本罪的主体是国有公司、企业、事业单位的工作人员。规定国有单位的经营主体是考虑到国有公司、企业、事业单位的财产属于国家，所有权与具体管理权分离，容易发生个别管理人员损公肥私，利用职权便利损害国有单位利益的情况；而非公有制企业的财产所有人与管理人员往往是同一的，具体管理权的行使处于财产所有人的监督之下，私有单位的股东在职权范围内有权决定与什么样的公司以什么样的条件进行交易。第二，行为人具有利用职务便利，为亲友非法牟利的行为。

公司法第一百四十八条规定，董事、高级管理人员不得未经股东会或者股东大会同意，利用职务便利为自己或者他人谋取属于公司的商业机会。本条列举了三项具体的行为：（1）将本单位的盈利业务交由自己的亲友经营的。这是指行为人利用自己决定、参与经贸项目、购销往来掌握经贸信息市场行情的职务便利，将明知是可以盈利的业务项目交给自己的亲友去经营。这里的"交由自己的亲友进行经营"包括交给由其亲友投资、管理、控股的单位经营。（2）以明显高于市场的价格向自己的亲友经营管理的单位采购商品或者以明显低于市场的价格向自己的亲友经营管理的单位销售商品的。如果行为人向其亲友采购或者销售的商品不是明显地背离市场价格不构成犯罪。（3）向自己的亲友经营管理的单位采购不合格商品的。这表现在国有公司、企业、事业单位购进原材料时，从自己的亲友经营管理的单位购入质次价高的商品。应当说这三类行为都是国有公司、企业、事业单位实际经营中较多发生的，具有很强针对性，列举明确，未作兜底性规定。第三，行为人为亲友非法牟利的行为，使国家利益遭受重大损失的，才构成犯罪。本条所称"使国家利益遭受重大损失的"，是指通过上述手段，转移国有公司、企业、事业单位的利润或者转嫁自己亲友经营的损失，数额巨大的。

对于为亲友非法牟利罪的追诉标准，最高人民检察院、公安部《关于公安机关管辖的刑事案件立案追诉标准的规定（二）》第十三条规定，国有公司、企业、事业单位的工作人员，利用职务便利，为亲友非法牟利，涉嫌下列情形之一的，应予立案追诉：（1）造成国家直接经济损失数额在十万元以上的；（2）使其亲友非法获利数额在二十万元以上的；（3）造成有关单位破产，停业、停产六个月以上，或者被吊销许可证和营业执照、责令关闭、撤销、解散的；（4）其他致使国家利益遭受重大损失的情形。

本条规定了两档刑：使国家利益遭受重大损失的，处三年以下有期徒刑或者拘役，并处或者单处罚金；致使国家利益遭受特别重大损失的，处三年以上七年以下有期徒刑，并处罚金。

> 第一百六十七条 【签订、履行合同失职被骗罪】
>
> 国有公司、企业、事业单位直接负责的主管人员，在签订、履行合同过程中，因严重不负责任被诈骗，致使国家利益遭受重大损失的，处三年以下有期徒刑或者拘役；致使国家利益遭受特别重大损失的，处三年以上七年以下有期徒刑。

【条文精解】

本条是关于签订、履行合同失职被骗罪及其处罚的规定。

根据本条规定，签订、履行合同失职被骗罪有如下特征：（1）犯罪主体是特殊主体，即国有公司、企业、事业单位直接负责的主管人员。（2）行为人在签订、履行合同过程中，因严重不负责任被诈骗。应当注意的是，本条规定的犯罪是以单位作为受害人的。这是因为订立合同、履行合同的行为都是以单位名义实施的，同时所产生的经济后果也是由单位来承担。但单位的上述行为又是由于直接负责的主管人员的严重不负责任造成的。因此，对这种犯罪行为，本条规定，只追究直接负责的主管人员的刑事责任。本条中的"严重不负责任"在实践中表现为各种各样的行为：有的盲目轻信，不认真审查对方当事人的合同主体资格、资信情况；有的不认真审查对方的履约能力和货源情况；有的贪图个人私利，关心的不是产品的质量和价格，而是个人能否得到回扣，从中捞取多少，在得到好处后，在质量上舍优求劣，在价格上舍低就高，在路途上舍近求远；有的销售商品时则对并非滞销甚至紧俏的商品，让价出售或赊销，以权谋私，导致被骗；有的无视规章制度和工作纪律，擅自越权，签订或者履行合同；有的急于推销产品，上当受骗；有的不辨真假，盲目吸收投资，同假外商签订引资合作协议等；有的违反规定为他人签订合同提供担保，导致发生纠纷时承担保证责任。（3）本罪须以致使国家利益遭受重大损失为条件。所谓"国家利益遭受重大损失"包括造成大量财物被诈骗；因为被骗，对方根本无法供货，造成停产、企业濒临破产倒闭等。

对于签订、履行合同失职被骗罪的追诉标准，最高人民检察院、公安部《关于公安机关管辖的刑事案件立案追诉标准的规定（二）》第十四条规定，国有公司、企业、事业单位直接负责的主管人员，在签订、履行合同过程中，因严重不负责任被诈骗，涉嫌下列情形之一的，应予立案追诉：（1）造成国家直接经济损失数额在五十万元以上的；（2）造成有关单位破产，停业、停产六个月以上，或者被吊销许可证和营业执照、责令关闭、撤销、解散的；（3）其他致使国家利益遭受重大损失的情形。金融机构、从事对外贸易经营活动的公司、企业的工作人员严重不负责任，造成一百万美元以上外汇被骗购或者逃汇一千万美元以上的，应予立案追诉。追诉标准里的"诈骗"，是指对方当事人的行为已经涉嫌诈骗犯罪，不以对方当事人已经被人民法院判决构成诈骗犯罪作为立案追诉的前提。

对于签订、履行合同失职被骗罪的处罚，本条根据后果规定了两档刑：致使国家利益遭受重大损失的，对其直接负责的主管人员，处三年以下有期徒刑或者拘役；致使国家利益遭受特别重大损失的，处三年以上七年以下有期徒刑。本罪将直接负责的主管人员作为处罚的对象，是因为他们对于本单位被诈骗负有不可推卸的责任。

应当指出的是，在外汇业务中，一些外汇交易中心、国家指定的商业银行工作人员，不认真审查、核定购汇公司、企业和单位提供的凭证或单据是否真实就售汇或者付汇；或一些从事对外贸易经营活动的公司、企业的工作人员，不认真审查要求其作为购汇单位是否实际进行了对外贸易经营活动，就拿着要求其代为购汇的单位提供的虚假的购汇凭证和单据到银行与外汇交易中心购汇，致使国家大量外汇被骗购或者逃汇，使国家利益遭受重大损失。为了更有力地打击骗汇、逃汇活动，惩治严重渎职行为，1998年12月29日第九届全国人大常委会第六次会议通过了《关于惩治骗购外汇、逃汇和非法买卖外汇犯罪的决定》，其中第七条明确规定："金融机构、从事对外贸易经营活动的公司、企业的工作人员严重不负责任，造成大量外汇被骗购或者逃汇，致使国家利益遭受重大损失的，依照刑法第一百六十七条的规定定罪处罚。"这一规定扩大了刑法第一百六十七条犯罪主体的范围。其中所称的"金融机构"，是指经外汇管理机关批准，有权经营外汇业务的商业银行和外汇交易中心。"从事对外贸易经营活动的公司、企业"，即对外贸易经营者，是指有权从事货物进出口与技术进出口的外贸单位以及国际服务贸易企业和组织。行为人在客观方面实施了严重不负责任，造成大量外汇被骗购或者逃汇的行为。所谓"严重不负责任"，是指违反国家有关外汇管理的法律、法规和规章制度，放弃职责，不履行、不正确履行应当履行的职责，或者在履行职责中马虎草率，敷衍塞责，不负责任，或者放弃职守，对自己应当负责的工作撒手不管等。行为人实施上述行为，还必须"致使国家利益遭受重大损失的"才能构成本罪。是否"致使国家利益遭受重大损失的"是区分罪与非罪的界限，如果未使国家利益遭受重大损失的，可以由有关部门给予批评教育或者行政处分。所谓"致使国家利益遭受重大损失的",主要是指使国家外汇造成大量流失。

根据上述决定的规定,金融机构、从事对外贸易经营活动的公司、企业的工作人员具有上述行为的,应当依照刑法第一百六十七条的规定定罪处罚,即处三年以下有期徒刑或者拘役;致使国家利益遭受特别重大损失的,处三年以上七年以下有期徒刑。

【实践中需要注意的问题】

在实践中适用本条,应正确区分罪与非罪的界限,其中十分重要的是看行为人是正确履行职责还是严重不负责任,主观上是否具有重大过失。这关键看行为人应尽的职责和义务,在有条件、有可能履行的情况下,是正确履行,还是放弃职守、不积极履行、放任自流;看行为人是否滥用职权、超越职权、擅自作出决定;看行为人是否违反国家法律、政策、企业管理规章制度和经商原则。

第一百六十八条 【国有公司、企业、事业单位人员失职罪】
【国有公司、企业、事业单位人员滥用职权罪】

国有公司、企业的工作人员,由于严重不负责任或者滥用职权,造成国有公司、企业破产或者严重损失,致使国家利益遭受重大损失的,处三年以下有期徒刑或者拘役;致使国家利益遭受特别重大损失的,处三年以上七年以下有期徒刑。

国有事业单位的工作人员有前款行为,致使国家利益遭受重大损失的,依照前款的规定处罚。

国有公司、企业、事业单位的工作人员,徇私舞弊,犯前两款罪的,依照第一款的规定从重处罚。

【条文精解】

本条是关于国有公司、企业、事业单位人员失职罪和国有公司、企业、事业单位人员滥用职权罪及其处罚的规定。

本条共分三款。第一款是关于对国有公司、企业的工作人员,由于严重不负责任或者滥用职权,造成国有公司、企业破产或者严重损失,致使国家利益遭受重大损失追究刑事责任的规定。本款规定的犯罪主体与1997年刑法

第一百六十八条相比，由原来的"国有公司、企业直接负责的主管人员"修改为"国有公司、企业的工作人员"，范围上有较大的扩大。根据2010年11月最高人民法院、最高人民检察院《关于办理国家出资企业中职务犯罪案件具体应用法律若干问题的意见》第四条的规定，国家出资企业中的国家工作人员在公司、企业改制或者国有资产处置过程中严重不负责任或者滥用职权，致使国家利益遭受重大损失的，依照本条规定处罚。在行为的构成要件上，由原来的"徇私舞弊，造成国有公司、企业破产或者严重亏损，致使国家利益遭受重大损失"修改为"由于严重不负责任或者滥用职权，造成国有公司、企业破产或者严重损失，致使国家利益遭受重大损失"。本款列举了国有公司、企业渎职犯罪两种常见的行为，即严重不负责任和滥用职权。有关司法解释确定的本条罪名包括两个：国有公司、企业、事业单位人员失职罪和国有公司、企业、事业单位人员滥用职权罪。"严重不负责任"客观上表现为不履行、不正确履行或者放弃履行自己的职责，通常表现为工作马马虎虎，草率行事，或公然违反职责规定，或放弃职守，对自己负责的工作撒手不管等。"滥用职权"，通常表现为行为人超越职责权限或违反行使职权所应遵守的程序。根据本款规定，如果行为人严重不负责任或者滥用职权的行为，造成国有公司、企业破产或严重损失，致使国家利益遭受重大损失的就构成犯罪。行为如果没有达到致使国家利益遭受重大损失的，则不构成犯罪。这是区分罪与非罪的重要界限。"破产"，是指国有公司、企业由于到期债务无法偿还而宣告倒闭。本款将原条文中的"严重亏损"改为"严重损失"，意思更加明确。"严重损失"既包括直接经济损失，也包括间接的或者其他方面的损失，如企业的名声、品牌的信誉等；既包括给国有公司、企业造成亏损，也包括造成赢利减少，即虽然总体上经营没有出现亏损，但使本应获得的利润大量减少，也属于造成严重损失。"致使国家利益遭受重大损失"，包括国家经济利益等造成严重损失。根据本款规定，构成国有公司、企业、事业单位人员失职罪、滥用职权罪的，处三年以下有期徒刑或者拘役；"致使国家利益遭受特别重大损失的"，处三年以上七年以下有期徒刑。

第二款是关于国有事业单位的工作人员有第一款行为的如何定罪处罚的规定。根据本款规定，国有事业单位的工作人员严重不负责任或者滥用职权，造成国有事业单位严重损失，致使国家利益遭受重大损失的，依照第一款的规定处罚，即处三年以下有期徒刑或者拘役；致使国家利益遭受特别重大损失的，处三年以上七年以下有期徒刑。

对于国有公司、企业、事业单位人员失职罪和国有公司、企业、事业单位人员滥用职权罪的追诉标准，最高人民检察院、公安部《关于公安机关管辖的刑事案件立案追诉标准的规定（二）》第十五条规定，国有公司、企业、事业单位的工作人员，严重不负责任，涉嫌下列情形之一的，应予立案追诉：（1）造成国家直接经济损失数额在五十万元以上的；（2）造成有关单位破产、停业、停产一年以上，或者被吊销许可证和营业执照、责令关闭、撤销、解散的；（3）其他致使国家利益遭受重大损失的情形。第十六条规定，国有公司、企业、事业单位的工作人员，滥用职权，涉嫌下列情形之一的，应予立案追诉：（1）造成国家直接经济损失数额在三十万元以上的；（2）造成有关单位破产、停业、停产六个月以上，或者被吊销许可证和营业执照、责令关闭、撤销、解散的；（3）其他致使国家利益遭受重大损失的情形。

第三款是关于国有公司、企业、事业单位的工作人员，徇私舞弊，犯前两款罪如何定罪处罚的规定。徇私舞弊，是指行为人徇个人私情、私利的行为。由于这种行为是从个人利益出发，置国家利益于不顾，主观恶性较大，因此本款规定依照第一款的规定从重处罚。

【实践中需要注意的问题】

本法第一百六十五条至第一百六十九条规定了国有公司、企业相关人员的失职渎职犯罪，即通常所说的公司、企业人员违背对公司忠实、勤勉义务的背信犯罪。第一百六十五条、第一百六十六条、第一百六十七条、第一百六十七条规定的是具体的失职渎职犯罪，本条规定的是除此以外的概括性的失职、渎职犯罪。这几条规定的犯罪主体都不包括非国有公司、企业，即非公有制企业相关人员的上述行为不属于这几条规定的犯罪。《刑法修正案（六）》增加的背信损害上市公司利益罪的犯罪主体是上市公司的董事、监事、高级管理人员，对非公有制企业中上市公司的背信犯罪作了规定。

近年来，随着市场主体的发展，民营企业内部人员背信损害民营企业的案件时有发生，有关方面提出将刑法中国有公司、企业、事业单位人员渎职犯罪扩大到各类公司、企业。这一问题在立法过程中也做过研究。1997年修订刑法时，针对当时有的国企负责人利用职务便利，化公为私、损公肥私，致使国家利益遭受重大损失的情况较为突出、社会反响强烈的情况，在刑法中有针对性地规定了国企人员失职渎职犯罪，如非法经营同类营业罪，为亲友非法牟利罪，签订、履行合同失职被骗罪等。当时对非公有制经济未作类似规定。一方面，非公有制企业的这类情况不突出；另一方面，非公有制企业所有人往往亲自参与经营，监督保护更到位，不像国有企业所有者与管理者分离，财产易受侵害。近年来，民营企业不断发展壮大，现代企业制度日趋完善，职业经理人制度广泛运用，较1997年修订刑法时的情况发生了变化，是否有条件区分不同情况作一些规定，如对国企人员失职渎职的行为增加到民营企业中，值得重视和研究。暂未作出规定，是考虑到有关方面提出：我国当前民营企业发展不平衡，规模、组织形式、管理水平等差异较大。有的已成长为对国计民生具有重要影响的公众性公司、跨国公司，但还有大量的仍是个人企业、家族企业，产权不清晰、经营不规范、资产处置随意等问题较为普遍。研究中有的意见提出，许多经营管理者本身就是企业所有人或者其亲属等，因其失职渎职造成企业损失主要也是自己承担，这与国有企业干部失职渎职造成公共利益损失是不一样的，是否还要追究刑事责任，需要慎重。有的意见担心"一刀切"地将民营企业内部发生的失职渎职都规定为犯罪，公权力特别是刑事司法力量深度介入民营经济经营管理活动，是否会对民营企业正常生产经营活动造成不当干涉。有的意见提出，民营企业在财务制度、收益分配等诸多方面与国家对国有企业的要求存在很大差异，对其失职渎职定为犯罪，能否划清罪与非罪的界限等，都还需要深入研究。以往查处企业案件中不能正确区分经济纠纷和刑事犯罪的情况多有发生，近来中央要求纠正的一批产权保护冤假错案，有的也与犯罪界限把握不准，公权力过度介入企业经营活动、滥用公权力有关。因此，刑法暂未修改。这个问题还需要随着我国市场经济和市场主体的发展，随着民营企业内部治理和执法规范化建设的不断增加，进一步加强研究。

第一百六十九条 【徇私舞弊低价折股、出售国有资产罪】

国有公司、企业或者其上级主管部门直接负责的主管人员，徇私舞弊，将国有资产低价折股或者低价出售，致使国家利益遭受重大损失的，处三年以下有期徒刑或者拘役；致使国家利益遭受特别重大损失的，处三年以上七年以下有期徒刑。

【条文精解】

本条是徇私舞弊低价折股、出售国有资产罪及其处罚的规定。

根据本条规定，本罪有以下特征：（1）本罪主体是特殊主体，即国有公司、企业或者其上级主管部门直接负责的主管人员。（2）行为人在客观上有徇私舞弊，将国有资产低价折股或者低价出售的行为。本条中的"国有资产"，是指国家以各种形式对国有公司、企业投资和投资收益形成的财产，以及依据法律、行政法规认定的公司、企业国有财产。所谓"将国有资产低价折股或者低价出售"，其表现形式是多种多样的：有的是在合资、合营、股份制改革过程，对国有财产不进行资产评估，或者虽进行资产评估，但背离所评估资产的价值低价折股；有的低估实物资产；有的国有资产未按重置价格折股，未计算其增值部分，只是按帐面原值折股；有的对公司、企业的商标、信誉等无形资产未计入国家股；有的不经主管部门批准，不经评估组织作价，擅自将属于企业的土地、厂房低价卖给私营业主等，从中收取回扣。（3）行为人有以上行为，致使国家利益遭受重大损失的，才构成犯罪。本条中"致使国家利益遭受重大损失"，一般是指造成国有公司、企业财产流失严重或造成国有公司、企业严重亏损，无法进行生产经营，濒临倒闭等。具体标准，需通过司法解释来加以规定。最高人民检察院、公安部《关于公安机关管辖的刑事案件立案追诉标准的规定（二）》第十七条规定，徇私舞弊，将国有资产低价折股或者低价出售，涉嫌下列情形之一的，应予立案追诉：（1）造成国家直接经济损失数额在三十万元以上的；（2）造成有关单位破产，停业、停产六个月以上，或者被吊销许可证和营业执照、责令关闭、撤销、解散的；（3）其他致使国家利益遭受重大损失的情形。

对于将国有资产低价折股、低价出售罪的处罚，本条根据致使国家利益遭受的损失不同规定了两档刑：对致使国家利益遭受重大损失的，处三年以下有期徒刑或者拘役；致使国家利益遭受特别重大损失的，处三年以上七年以下有期徒刑。

第一百六十九条之一 【背信损害上市公司利益罪】

上市公司的董事、监事、高级管理人员违背对公司的忠实义务,利用职务便利,操纵上市公司从事下列行为之一,致使上市公司利益遭受重大损失的,处三年以下有期徒刑或者拘役,并处或者单处罚金;致使上市公司利益遭受特别重大损失的,处三年以上七年以下有期徒刑,并处罚金:

(一)无偿向其他单位或者个人提供资金、商品、服务或者其他资产的;

(二)以明显不公平的条件,提供或者接受资金、商品、服务或者其他资产的;

(三)向明显不具有清偿能力的单位或者个人提供资金、商品、服务或者其他资产的;

(四)为明显不具有清偿能力的单位或者个人提供担保,或者无正当理由为其他单位或者个人提供担保的;

(五)无正当理由放弃债权、承担债务的;

(六)采用其他方式损害上市公司利益的。

上市公司的控股股东或者实际控制人,指使上市公司董事、监事、高级管理人员实施前款行为的,依照前款的规定处罚。

犯前款罪的上市公司的控股股东或者实际控制人是单位的,对单位判处罚金,并对其直接负责的主管人员和其他直接责任人员,依照第一款的规定处罚。

【条文精解】

本条是关于背信损害上市公司利益罪及其处罚的规定。

本条共分三款。第一款是对上市公司的董事、监事、高级管理人员违背对公司的忠实义务,损害上市公司利益的犯罪及其处罚的规定。根据本款规定,背信损害上市公司利益罪具有以下特征:

第一,犯罪主体是上市公司的董事、监事、高级管理人员。根据公司法的规定,上市公司的董事会由股东大会选举产生,对股东大会负责,代表股东大会行使对公司的管理权。上市公司的监事会则行使对公司财务活动,以及公司董事、高级管理人员执行公司职务的行为等情况进行监督的职权。上市公司的董事作为董事会的成员,具体承担着对公司各项重要经营管理事项的决策职责;而上市公司的监事,则具体承担监事会的监督职责。上市公司的高级管理人员，是指公司的经理、副经理、财务负责人、董事会秘书和公司章程规定的其他人员。

第二，本罪客观方面表现为行为人违背对公司的忠实义务，利用职务便利，操纵上市公司从事有损自身利益的活动，给公司造成重大损失。违背对公司的忠实义务，是指上市公司的董事、监事、高级管理人员，在代表上市公司从事经营活动或者履行相关职责时，违背其对公司负有的忠实于公司利益的义务，损害公司权益的行为，简单地说，就是"吃里扒外"。实践中，行为人之所以在公司经营活动中千方百计损害本公司利益，往往是因为其为交易对方所收买、控制，或者其本身就是交易对方利用大股东地位或者控制关系安排到上市公司中的，实际代表的正是上市公司的大股东或者实际控制人的利益。但认定本罪并不需要证明行为人的动机，只要行为人有利用职务便利，操纵上市公司损害自身利益的行为即可。

有操纵上市公司从事有损自身利益的行为，是本罪在形式上的重要特点。与公司、企业的经营管理人员个人利用职务之便，收受贿赂、侵占公司资产，以牟取私利不同，本罪中损害上市公司利益的行为总是以公司行为的形式出现，是上市公司"自己损害自身的利益"。而本罪的行为人，上市公司的董事、监事、高级管理人员，则是以履行相关经营管理职责的名义，从事决策、执行等"职务行为"，形式上并不存在牟取个人私利的表象。但是，从行为人代表上市公司所进行的经营活动的本质看，则是严重损害上市公司自身利益的，行为人是利用其代表上市公司从事经营管理活动的身份，故意为上市公司安排不公平交易，将上市公司的资金、利益向外输送给其他公司、企业或个人。

根据本款的规定，行为人利用职务便利，操纵上市公司损害自身利益，主要有以下几种表现形式：

其一，无偿向其他单位或者个人提供资金、商品、服务或者其他资产。这种行为对上市公司利益的损害是显而易见的，但实践中这种行为是比较常见的。例如，将上市公司募集来的资金直接划拨给其他单位或者个人使用，或者替其他单位、个人偿还债务；将公司的产品无偿提供给其他公司、个人等；进行没有实际交易的资金划拨；由上市公司代为支付费用；为其他公司、个人提供服务不收费用等。认定这种行为，要注意与一些企业正常的捐赠行为相区别。在现代社会中，企业在追求自身经济利益之外，积极地承担一定的社会责任也是越来越为企业和社会所认可的。适当的捐助行为，还可以改善企业形象，提高企业的美誉度，对企业开拓市场、提高品牌竞争力是有帮助的，因而在总体上是有利于企业利益的。捐赠行为在形式上也符合无偿提供资金、商品、服务的特征，但是，捐赠在性质上是一种慈善活动，捐助的对象一般是有特殊困难的弱势群体，或者是社会公益组织。而本罪中无偿提供资金、商品、服务的行为，是一种利益输送行为，是上市公司的董事、监事、高级管理人员利用职务便利，让上市公司从事损己利人的"自杀行为"，是"掏空"上市公司的一种手段，无论是其提供资产的对象、数额、目的、对上市公司的影响，都与正常的企业捐赠行为有明显区别。

其二，以明显不公平的条件，提供、接受资金、商品、服务或者其他资产。这种行为带有一定隐蔽性，行为人安排的利益输送是以交易的形式进行的，如表面上是在进行资金的有偿借贷、商品的买卖等，也约定有价款等交易条件，貌似正常交易。但是，分析实际交易条件，则是明显不公平的。实质是上市公司以明显不公平的高价收购他人的资产或者接受他人提供的商品、服务，或者使上市公司以明显不公平的低价转让资产，提供商品、服务给他人，从而"掏空"上市公司。这种利益输送在进、出两个环节都可以实现。在进的环节，有意高估交易对价，接受他人的资金、商品、服务，如在商品、服务采购过程中，以明显高于市场的价格采购商品，接受服务；在接受资产转让时，故意高估对方资产的实际价值，多支付对价。在出的环节，以明显低于市场的价格出售商品，或者将公司优良资产、预期良好的赢利项目，低价转让的等。明显不公平的条件，主要是指交易价格明显高于、低于市场价格或者资产的实际价值。此外，在付款时间、付款方式等其他交易条件方面，故意做不利于上市公司的安排，也可以达到利益输送的目的。例如，在借贷资金给他人的活动中，除了采用故意约定极低利息这种方式外，也可能约定的利息并不明显过低，但是对还款时间和支付利息的时间故意不做要求，由借款人随意使用。这种情况只要符合本条的规定，也可以依法追究刑事责任。

其三，向明显不具有清偿能力的单位或者个人提供资金、商品、服务或者其他资产。这种行为的特点是，行为人为上市公司安排的交易活动从表面上看，不存在"无偿"或者"明显不公平的条件"，如签订有买卖合同，合同的价款也是合乎市场价格的。但是，从交易对象的偿付能力看，对方明显不具有支付货款的可能性，向其提供商品、服务属于"肉包子打狗——有去无回"。任何一个公司，在了解交易对象属于无偿付能力的情况下，都不会与其从事这种交易活动。因此，行为人操纵上市公司向明显不具有清偿能力的单位或者个人提供资金、商品、服务或者其他资产，对上市公司利益的损害是显而易见的。

其四，为明显不具有清偿能力的单位或者个人提供担保，或者无正当理由为其他单位或者个人提供担保。故意让上市公司为他人提供担保，也是"掏空"上市公司的一种常见方式。一些上市公司的控股股东、实际控制人，利用这种方式，故意让上市公司为其他单位或者个人，甚至是明显不具有清偿能力的单位提供担保，取得贷款后迅速将贷款以各种方式转移，偿还责任则由上市公司承担。这样，上市公司成了骗取银行信用的工具，间接地成为其"取款机"。为他人的债务进行担保，担保人是要承担债务人不履行债务的法律责任的，因此，担保本身实际上是承担风险的活动。上市公司的董事、监事、高级管理人员，让上市公司为明显没有清偿能力的单位或者个人提供担保，或者在没有正当理由的情况下，让上市公司为他人提供担保，是不适当地让上市公司承担本不应承担的风险，承受本不应承受的损失，从而损害了上市公司和公众投资人的利益。从实践中的情况看，利用这种手段"掏空"的案件相当多，给上市公司造成的损失往往也是巨额的，很多上市公司因此而陷入绝境。

其五，无正当理由放弃债权、承担债务。上市公司的债权是公司资产的重要构成部分，其利益归于上市公司的全体股东；而上市公司的债务则需要以公司的资产偿还。没有正当理由而放弃债权，会导致公司资产的直接减少，从而损害上市公司和公众投资人的利益。同样，没有正当理由而随意承担债务，也会导致上市公司的负担加重，间接减少公司资产，从而损害上市公司和公众投资人的利益。上市公司董事、监事、高级管理人员的职责是通过勤勉的经营管理活动，使公司的资产保值、增值。这些人员随意放弃应收债权，增加公司不应有的债务，违背了对公司的忠实义务，严重损害了上市公司的利益，应当承担法律责任。

其六，采用其他方式损害上市公司利益的。这是一项兜底性规定。为了便于司法实践中准确认定本罪，本条第一款采用列举的方式，明确规定了比较常见的五种损害上市公司利益的行为方式。同时，考虑到实践中"掏空"上市公司的情况比较复杂，法律上难以列举穷尽，也不排除一些行为人为了逃避法律追究，采用其他更为隐蔽的手段，损害上市公司利益，本款又在明确列举的同时，规定了这一兜底性规定。这样，除上述五种明确列举的损害上市公司利益的行为外，其他符合本款规定的特征的行为，也可以依法追究刑事责任。

构成本罪，需致使上市公司利益遭受重大损失。最高人民检察院、公安部《关于公安机关管辖的刑事案件立案追诉标准的规定（二）》第十八条规定，有下列情形之一的，应予立案追诉：（1）无偿向其他单位或者个人提供资金、商品、服务或者其他资产,致使上市公司直接经济损失数额在一百五十万元以上的;(2)以明显不公平的条件,提供或者接受资金、商品、服务或者其他资产,致使上市公司直接经济损失数额在一百五十万元以上的;(3)向明显不具有清偿能力的单位或者个人提供资金、商品、服务或者其他资产,致使上市公司直接经济损失数额在一百五十万元以上的;(4)为明显不具有清偿能力的单位或者个人提供担保,或者无正当理由为其他单位或者个人提供担保,致使上市公司直接经济损失数额在一百五十万元以上的;(5)无正当理由放弃债权、承担债务,致使上市公司直接经济损失数额在一百五十万元以上的;(6)致使公司发行的股票、公司债券或者国务院依法认定的其他证券被终止上市交易或者多次被暂停上市交易的;(7)其他致使上市公司利益遭受重大损失的情形。

第二款是关于上市公司的控股股东或者实际控制人,指使上市公司董事、监事、高级管理人员实施损害上市公司利益行为的处罚的规定。上市公司的控股股东是指其持有的股份占上市公司股本总额百分之五十以上的股东,或者其持有股份虽不足百分之五十,但持有股份所享有的表决权已足以对股东大会的决议产生重大影响的股东。上市公司的实际控制人,是指虽不是公司的股东,但通过投资关系、协议或者其他安排,能够实际支配公司行为的人。根据刑法总则有关共同犯罪的规定,上市公司的控股股东、实际控制人指使上市公司的董事、监事、高级管理人员,利用职务便利,操纵上市公司从事损害自身利益行为的,应当按照共犯,通常情况下还应当作为主犯,追究其刑事责任。因此,本款即使未作规定,实际上也不应影响对相关人员刑事责任的追究。但是,考虑到实践中上市公司的董事、监事、高级管理人员,之所以实施这种"吃里扒外"的犯罪,往往是因为受上市公司控股股东、实际控制人的唆使、控制。这些人员实际上只是上市公司控股股东、实际控制人利用实施犯罪的工具,在幕后进行操纵的控股股东、实际控制人,在许多情况下就是"掏空"上市公司的罪魁祸首和实际受益人。因此,有必要在法律中对这些人员的责任予以明确规定。对其中符合刑法总则关于共同犯罪中主犯、首要分子规定的人员,应当依照有关追究主犯、首要分子刑事责任的规定,予以处罚。

第三款是关于单位指使上市公司的董事、监事、高级管理人员,实施损害上市公司利益行为的处罚规定。实践中"掏空"上市公司的行为,多为上市公司的控股股东或者实际控制人指使,而上市公司的控股股东、实际控制人又多为单位。因此,本款明确规定,上市公司的控股股东、实际控制人是单位的，对该单位判处罚金；对单位直接负责的主管人员和其他直接责任人员，依照第一款关于上市公司的董事、监事、高级管理人员的处罚规定处罚。

【实践中需要注意的问题】

本条规定了兜底项，在适用中应当严格把握。对于依照兜底项追究的行为在对上市公司的危害性上应当与前五项具有相当性，都属于通过关联交易等损害公司利益、违背对公司忠实义务的行为。

第四节　破坏金融管理秩序罪

第一百七十条　【伪造货币罪】

伪造货币的，处三年以上十年以下有期徒刑，并处罚金；有下列情形之一的，处十年以上有期徒刑或者无期徒刑，并处罚金或者没收财产：

（一）伪造货币集团的首要分子；

（二）伪造货币数额特别巨大的；

（三）有其他特别严重情节的。

【条文精解】

本条是关于伪造货币罪及其处罚的规定。

根据本条规定，构成本罪，应当具备以下条件：

一是行为人实施了伪造货币的行为。本条规定的"伪造货币"，是指仿照人民币或者外币的图案、色彩、形状等，使用印刷、复印、描绘、拓印等各种制作方法，将非货币的物质非法制造为假货币，冒充真货币的行为。同时，还包括实践中出现的制造货币版样的行为。制造货币版样的行为，是伪造货币活动中的一部分，这种行为为大量伪造货币提供了条件。至于行为人出于何种目的，是否牟利，使用何种方法，并不影响本罪的构成。只要行为人实施了制造货币版样或将非货币的物质非法制造为假货币，冒充真货币的行为，即构成本罪。此外，根据2010年最高人民法院《关于审理伪造货币等案件具体应用法律若干问题的解释（二）》第二条的规定，同时采用伪造和变造手段，制造真伪拼凑货币的行为，依照刑法第一百七十条的规定，以伪造货币罪定罪处罚。

二是本罪的犯罪对象是人民币和外币，这里所说的"货币"，是指可在国内市场流通或者兑换的人民币和外币。根据中国人民银行法第十六条的规定，中华人民共和国的法定货币是人民币。根据《人民币管理条例》第十八条的规定，中国人民银行可以根据需要发行纪念币。纪念币是具有特定主题的限量发行的人民币，包括普通纪念币和贵金属纪念币。因此，普通纪念币、贵金属纪念币也是本罪的犯罪对象。这里所说的"外币"，是广义的，是指正在流通使用的境外货币。就是说，既包括港、澳、台地区的货币，还包括美元、英镑等正在境外流通的货币。中国人民银行法第十八条规定，人民币由中国人民银行统一印制、发行；中国人民银行发行新版人民币，应当将发行时间、面额、图案、式样、规格予以公告。随着我国经济的发展，一些国内外不法分子把人民币作为犯罪的侵害对象。近年来，伪造人民币的犯罪也突出起来。犯罪分子出于各种非法目的，通过各种非法手段伪造人民币，而且这类犯罪呈现愈演愈烈的趋势。这些犯罪通过伪造人民币或者进行假币交易，或者向社会投放伪造的假币的犯罪活动，严重损害了人民币的信誉，扰乱了国家正常的金融秩序和人民群众的生活秩序。该种犯罪社会影响面大，社会危害性大，针对这种情况，刑法对伪造货币罪作了专门规定。在涉案货币金额计算方面，根据最高人民法院《关于审理伪造货币等案件具体应用法律若干问题的解释（二）》第三条的规定，假境外货币犯罪的数额，按照案发当日中国外汇交易中心或者中国人民银行授权机构公布的人民币对该货币的中间价折合成人民币计算；中国外汇交易中心或者中国人民银行授权机构未公布汇率中间价的境外货币，按照案发当日境内银行人民币对该货币的中间价折算成人民币，或者该货币在境内银行、国际外汇市场对美元汇率，与人民币对美元汇率中间价进行套算。第四条规定，假普通纪念币犯罪的数额，以面额计算；假贵金属纪念币犯罪的数额，以贵金属纪念币的初始发售价格计算。此外，如果是以使用为目的，伪造停止流通的货币的，根据该司法解释第五条的规定，依照刑法第二百六十六条的规定，以诈骗罪定罪处罚。

三是行为人在主观上是故意的。伪造货币是一种故意犯罪，在实际发生的案件中，犯罪分子的犯罪目的可能有所不同，如有的是为某种政治目的，有的是为牟取暴利，但在主观上具有犯罪的故意则是相同的。

本条列举了三种加重处罚的犯罪情形。第一种情形是"伪造货币集团的首要分子"。这里所说的"伪造货币集团的首要分子"，是指在伪造货币集团中起组织、领导、策划作用的犯罪分子。依照本条规定，伪造货币集团的首要分子应当处十年以上有期徒刑或者无期徒刑，并处罚金或者没收财产。如果该犯罪集团还同时触犯其他犯罪的，根据刑法总则第二十六条第三款的规定,对组织、领导犯罪集团的首要分子,按照集团所犯的全部罪行处罚。

第二种情形是"伪造货币数额特别巨大的"。关于伪造货币构成犯罪的具体数额,根据2000年最高人民法院《关于审理伪造货币等案件具体应用法律若干问题的解释》第一条的规定,伪造货币的总面额在二千元以上不满三万元或者币量在二百张(枚)以上不足三千张(枚)的,处三年以上十年以下有期徒刑,并处五万元以上五十万元以下罚金。伪造货币的总面额在三万元以上的,属于"伪造货币数额特别巨大",依照本条规定,应当处十年以上有期徒刑或者无期徒刑,并处罚金或者没收财产。

第三种情形是"有其他特别严重情节的"。"其他特别严重情节",主要是指以伪造货币为常业的,伪造货币技术特别先进、规模特别巨大等情况。实践中,从被捣毁的制造假币的犯罪窝点可以看出,有些犯罪活动呈现出专业化很强、技术化程度很高、分工很细致的情况,有些制造的假币几乎乱真,平日生活中很难加以辨别,危害性极大。依照本条规定,应处十年以上有期徒刑或者无期徒刑,并处罚金或者没收财产。对实践中出现的制造货币版样或者与他人事前通谋,为他人伪造货币提供版样的行为,规定依照本条规定定罪处罚。

【实践中需要注意的问题】

实践中对于伪造货币是否必须以伪造真货币为前提,存在一定的分歧。有的意见认为,对伪造货币行为如果限制在真货币,会缩小伪造货币的范围,放纵犯罪,不利于依法惩治伪造货币犯罪行为。如有的行为人伪造面额为300元人民币后谎称其为中国人民银行新发行的货币;有的行为人在伪造外币时,凭空想象设计假外币或者利用被害人不知情等情况欺诈对方出售、使用该货币。上述行为均没有以真币为样板来制作假币,同样应当认定构成本罪。也有的意见认为,"伪"相对于"真"才能存在,在真实货币都不存在的情况下,伪造不真实的所谓"货币"与本罪保护的对象相违背,容易将本罪与诈骗罪相混淆。总的来看,后一种意见更具有合理性,如果伪造的是不存在的货币,如"月球币"等,并未对真实货币的流通秩序产生影响,如果构成诈骗罪的,可以按照诈骗罪定罪处罚。

第一百七十一条 【出售、购买、运输假币罪】【金融工作人员购买假币、以假币换取货币罪】

出售、购买伪造的货币或者明知是伪造的货币而运输，数额较大的，处三年以下有期徒刑或者拘役，并处二万元以上二十万元以下罚金；数额巨大的，处三年以上十年以下有期徒刑，并处五万元以上五十万元以下罚金；数额特别巨大的，处十年以上有期徒刑或者无期徒刑，并处五万元以上五十万元以下罚金或者没收财产。

银行或者其他金融机构的工作人员购买伪造的货币或者利用职务上的便利，以伪造的货币换取货币的，处三年以上十年以下有期徒刑，并处二万元以上二十万元以下罚金；数额巨大或者有其他严重情节的，处十年以上有期徒刑或者无期徒刑，并处二万元以上二十万元以下罚金或者没收财产；情节较轻的，处三年以下有期徒刑或者拘役，并处或者单处一万元以上十万元以下罚金。

伪造货币并出售或者运输伪造的货币的，依照本法第一百七十条的规定定罪从重处罚。

【条文精解】

本条是关于出售、购买、运输假币罪和金融工作人员购买假币、以假币换取货币罪及其处罚的规定。

本条共分三款。第一款是关于出售、购买、运输假币罪及其处罚的规定。本条规定的"出售伪造的货币"，是指以营利为目的，以一定的价格卖出伪造的货币的行为。"购买伪造的货币"，是指行为人以一定的价格用货币换取伪造的货币的行为。"明知是伪造的货币而运输"，是指行为人主观上明明知道是伪造的货币，而使用汽车、飞机、火车、轮船等交通工具或者以其他方式将伪造的货币从甲地携带到乙地的行为。本款共规定了以下三个罪名：

一是出售假币罪。本罪具有三个特征。其一，行为人在主观上必须是故意的。人民币不是一般的商品，是不能出售的，在现实生活中更不可能存在用低于某种货币的面值出售该种货币的情况，只有在所持有的"货币"是伪造的，不具有其票面所标明价值的情况下，才可能出现某些不法分子为牟取不义之财进行出售的情况。在这种情况下，行为人主观上的故意是不言而喻的。其二，行为人必须实施了出售伪造货币的行为。其三，行为人出售伪造的货币要达到一定的数量。根据本款规定，出售伪造货币的数额较大，即构成本罪。根据2000年最高人民法院《关于审理伪造货币等案件具体应用法律若干问题的解释》第三条的规定，出售假币总面额在四千元以上不满五万元的，属于"数额较大"；总面额在五万元以上不满二十万元的，属于"数额巨大"；总面额在二十万元以上的，属于"数额特别巨大"，依照本条第一款的规定定罪处罚。对于出售了少量伪造的货币，没有达到数额较大的，应当按照有关规定，给予相应的行政处罚。

二是购买假币罪。构成本罪，应具备三个条件。其一，行为人在主观上是故意，一般都以牟取非法利益为目的，如购买后冒充货币使用或者行骗，或购买后再进行贩卖以牟取暴利等。其二，行为人必须实施了以一定的价格购买伪造货币的行为，在通常情况下，其买入的价格一般远远低于票面所印价格。其三，购买的伪造货币的数额较大。这里"数额较大"的标准与最高人民法院《关于审理伪造货币等案件具体应用法律若干问题的解释》第三条规定的出售假币罪的标准一致。

三是运输假币罪。根据本款规定，构成本罪应当具备三个条件。其一，行为人首先要具有运输伪造货币的行为。其二，行为人在主观上必须是明知的，即行为人清楚地知道其运输的货物是伪造的货币。从实际情况看，运输伪造货币的行为与出售伪造货币的行为、购买伪造的货币的行为不同。出售、购买伪造货币的，行为人具有主观上的故意是不言而喻的。运输伪造货币的案件，主观状态则比较复杂，在有些情况下，托运人并未向承运人如实告知所运货物的情况，承运人也无法了解所运货物的真实情况。在这种情况下，承运人是被蒙骗的，对这种因受蒙骗等原因在不知道运输的是伪造的货币的情况下而运输的，不能作为犯罪处理。因此本款明确将"明知"规定为构成犯罪的要件。其三，运输的伪造的货币的数额较大。这里"数额较大"的标准也与前述司法解释第三条规定的出售假币罪的标准一致。

根据本款和前述司法解释的规定，对出售、购买伪造的货币或者明知是伪造的货币而运输，数额较大的，即总面额在四千元以上不满五万元的，处三年以下有期徒刑或者拘役，并处二万元以上二十万元以下罚金；数额巨大的，即总面额在五万元以上不满二十万元的，处三年以上十年以下有期徒刑，并处五万元以上五十万元以下罚金；数额特别巨大的，即总面额在二十万元以上的，处十年以上有期徒刑或者无期徒刑，并处五万元以上五十万元以下罚金或者没收财产。对于行为人购买伪造的货币后使用，构成犯罪的，依照本条规定的购买假币罪定罪，并从重处罚。对于行为人出售、运输假币构成犯罪，同时有使用假币行为进行犯罪的，应当分别依照本条和本法第一百七十二条的规定，实行数罪并罚。

第二款是关于银行或者其他金融机构的工作人员购买伪造的货币，或者利用职务上的便利以伪造的货币换取货币的犯罪及处罚的规定。这里所说的"银行"，指开发性金融机构（国家开发银行）、住房储蓄银行、政策性银行、商业银行、农村合作银行、村镇银行、农村和城市的信用合作社、农村资金互助社等。"其他金融机构"，是指除银行以外的信托公司、证券公司、期货经纪公司、保险公司、金融资产管理公司、企业集团财务公司、金融租赁公司、汽车金融公司、货币经纪公司、消费金融公司、境外非银行金融机构驻华代表处等金融机构。"利用职务上的便利，以伪造的货币换取货币"，是指银行或者其他金融机构的工作人员，利用职务上管理金库、出纳现金、吸收付出存款等便利条件，以伪造的货币换取货币的行为。银行及其他金融机构从事货币流通及其相关的业务活动，其工作人员出于工作性质和工作的需要，有更多的机会和条件接触货币。一些银行或者其他金融机构的工作人员购买伪造货币或者以伪造货币换取货币的案件，往往涉及的犯罪金额巨大，不仅给国家造成了严重的经济损失，而且严重影响了银行及其他金融机构的声誉，严重扰乱了国家的金融秩序，也违背了他们维护货币的正常流通及金融秩序稳定的职责，他们的行为较一般公民购买伪造的货币或者以伪造的货币换取货币的行为具有更为严重的社会危害性。因此，本款对银行或者其他金融机构工作人员购买伪造的货币和银行或者其他金融机构的工作人员利用职务上的便利，以伪造的货币换取货币的行为，规定了比一般公民更为严厉的刑罚。

本款规定的金融工作人员购买假币罪，其犯罪构成在主观方面和行为特征上与普通人购买伪造的货币是一样的。所不同的是普通人购买伪造的货币数额较大的才构成犯罪，本款规定没有这一限制。也就是说，银行或者其他金融机构的工作人员，只要实施了购买伪造的货币的行为，不论数额大小都可构成犯罪。

本款规定的金融工作人员以假币换取货币罪，其犯罪构成具有以下特征：第一，犯罪主体必须是特定的，即必须是银行或者其他金融机构的工作人员。第二，行为人必须实施了用伪造的货币换取货币的行为，即以假币换真币的行为。第三，行为人必须利用了职务上的便利。如果行为人没有利用职务上的便利，而是在私下场合用自己所持有的假币向别人换取真币，不能构成本罪。第四，行为人在主观上必须是故意的。如果行为人在工作中误将假币支付给他人，不能视为利用职务便利以假币换真币。

根据本款和前述司法解释的规定，银行或者其他金融机构工作人员购买假币或者利用职务上的便利，以假币换取货币，总面额在四千元以上不满五万元或者币量在四百张（枚）以上不足五千张（枚）的，处三年以上十年以下有期徒刑，并处二万元以上二十万元以下罚金；数额巨大即总面额在五万元以上或者币量在五千张（枚）以上或者有其他严重情节的，处十年以上有期徒刑或者无期徒刑，并处二万元以上二十万元以下罚金或者没收财产；情节较轻即总面额不满四千元或者币量不足四百张（枚）或者具有其他较轻情节的，处三年以下有期徒刑或者拘役，并处或者单处一万元以上十万元以下罚金。

第三款是关于伪造货币并出售或者运输伪造的货币的，依照本法第一百七十条伪造货币罪的规定定罪从重处罚的规定。根据本款的规定，行为人伪造货币，并将伪造的货币出售的；或者伪造货币，并将伪造的货币运输到他处的，应当以伪造货币罪定罪，并根据行为人所犯罪行的具体情节，在本法第一百七十条规定的伪造货币罪的量刑幅度内从重处罚。

【实践中需要注意的问题】

关于本条规定的立案追诉标准，2010年最高人民检察院、公安部《关于公安机关管辖的刑事案件立案追诉标准的规定（二）》第二十条规定，出售、购买伪造的货币或者明知是伪造的货币而运输，总面额在四千元以上或者币量在四百张（枚）以上的，应予立案追诉。在出售假币时被抓获的，除现场查获的假币应认定为出售假币的数额外，现场之外在行为人住所或者其他藏匿地查获的假币，也应认定为出售假币的数额。该规定第二十一条规定，银行或者其他金融机构的工作人员购买伪造的货币或者利用职务上的便利，以伪造的货币换取货币，总面额在二千元以上或者币量在二百张（枚）以上的，应予立案追诉。

第一百七十二条 【持有、使用假币罪】

明知是伪造的货币而持有、使用，数额较大的，处三年以下有期徒刑或者拘役，并处或者单处一万元以上十万元以下罚金；数额巨大的，处三年以上十年以下有期徒刑，并处二万元以上二十万元以下罚金；数额特别巨大的，处十年以上有期徒刑，并处五万元以上五十万元以下罚金或者没收财产。

【条文精解】

本条是关于持有、使用假币罪及其处罚的规定。

本条规定的"明知是伪造的货币而持有",是指行为人在主观上明确地知道所持有的货币是伪造的人民币或者外币的情况下,违反国家的有关规定非法持有的行为。本条规定的"明知是伪造的货币而使用",是指行为人明确地知道是伪造的人民币或者外币而以真货币的名义进行支付、汇兑、储蓄等使用的行为。

本条规定了两个罪名:

一是持有假币罪。考虑到故意持有伪造的货币的行为不仅可能构成伪造货币及运输、出售、走私、购买伪造的货币等犯罪,而且这种行为本身对国家正常的金融秩序造成了一定的危害,具有社会危害性,因而本条将明知是伪造的货币而持有的行为规定为犯罪。构成本罪应当具备下列条件:其一,行为人具有持有伪造的货币的行为。这里所说的"持有"的概念是广义的,不仅是指行为人随身携带伪造的货币,而且包括行为人在自己家中、亲属朋友处保存伪造的货币,自己或者通过他人传递伪造的货币等行为。其二,行为人在主观上明知其所持有的是伪造的货币,如果行为人在主观上不知道其所持有的是伪造的货币,则不构成本罪。其三,行为人所持有的伪造货币的数额要达到较大的程度。这里所说的"数额较大",是指在客观方面行为人的行为构成伪造货币罪的条件。如果行为人持有的伪造货币的数额没有达到"数额较大"的条件,则不构成本罪。

根据本条和2000年最高人民法院《关于审理伪造货币等案件具体应用法律若干问题的解释》第五条的规定,明知是伪造的货币而持有,数额较大的,即总面额在四千元以上不满五万元的,处三年以下有期徒刑或者拘役,并处或者单处一万元以上十万元以下罚金;数额巨大的,即总面额在五万元以上不满二十万元的,处三年以上十年以下有期徒刑,并处二万元以上二十万元以下罚金;数额特别巨大的,即总面额在二十万元以上的,处十年以上有期徒刑,并处五万元以上五十万元以下罚金或者没收财产。

二是使用假币罪。使用伪造的货币的行为,为伪造的货币的继续流通、泛滥提供了条件,严重扰乱了国家的金融秩序,影响了人民群众的正常生活。同时,通过使用伪造的货币,也使伪造的货币及走私、运输、购买、出售伪造的货币等犯罪活动的有利可图成为可能。因此,应当予以刑事处罚。本条在将使用伪造的货币规定为犯罪的同时,对构成这种犯罪的条件也作了规定。根据本条规定,构成使用假币罪应当具备下列条件:其一,行为人实施了明知是伪造的货币而使用的行为。这里所说的"使用",包括行为人出于各种目的,以各种方式将伪造的货币作为货币流通的行为,如使用伪造的货币购买商品，将伪造的货币存入银行，用伪造的外币在境内进行兑换，以伪造的货币清偿债务等。其二，行为人在主观上明知其使用的是伪造的货币。行为人在主观上是否明知，是区分罪与非罪的标准之一，如果行为人不知是伪造的货币而使用的，不能构成本罪。其三，行为人所使用的伪造的货币的数额较大。行为人使用伪造的货币如果不是数额较大，不能构成犯罪。这里规定的"数额较大"，是区分行为人是否构成本罪的标准。另外，本条还规定行为人使用伪造的货币"数额巨大"或者"数额特别巨大"的，作为加重刑事处罚的情节。

根据本条和前述最高人民法院司法解释的规定，行为人明知是伪造的货币而使用，数额较大的，即总面额在四千元以上不满五万元的，处三年以下有期徒刑或者拘役，并处或单处一万元以上十万元以下罚金；数额巨大的，即总面额在五万元以上不满二十万元的，处三年以上十年以下有期徒刑，并处二万元以上二十万元以下罚金；数额特别巨大的，即总面额在二十万元以上的，处十年以上有期徒刑，并处五万元以上五十万元以下罚金或者没收财产。

【实践中需要注意的问题】

一是如果行为人出售、运输假币构成犯罪，同时有使用假币行为的，根据前述最高人民法院司法解释第二条的规定，依照刑法第一百七十一条出售、运输假币罪和本条的规定，实行数罪并罚。

二是如果行为人以使用为目的，使用伪造的停止流通的货币，根据2010年最高人民法院《关于审理伪造货币等案件具体应用法律若干问题的解释（二）》第五条的规定，依照刑法第二百六十六条的规定，以诈骗罪定罪处罚。

第一百七十三条 【变造货币罪】

变造货币，数额较大的，处三年以下有期徒刑或者拘役，并处或者单处一万元以上十万元以下罚金；数额巨大的，处三年以上十年以下有期徒刑，并处二万元以上二十万元以下罚金。

【条文精解】

本条是关于变造货币罪及其处罚的规定。

本条规定的"变造货币"，是指行为人在真人民币或外币的基础上或者以真货币为基本材料，通过挖补、剪接、涂改、揭层等加工处理，使原货币改变数量、形态和面值的行为。

根据本条规定，构成变造货币罪应当具备以下条件：

一是行为人必须具有变造货币的行为。变造货币的行为表现为剪贴、挖补、揭层、涂改、移位、重印等各种不同方式。不论行为人以其中何种方式变造货币，都可构成本罪。变造货币的行为与伪造货币的行为是不同的。变造货币是在真币的基础上进行的加工处理，以增加原货币的面值。伪造货币则不是对真币进行加工处理，而是将非货币的一些物质经过加工后伪造成为货币，有的伪造货币的行为要利用货币，如采用彩色复印机伪造货币的。变造的货币在某种程度上有原货币的成分，如原货币的纸张、金属防伪线、油墨等。伪造的货币则不具有原货币的成分。根据2010年最高人民法院《关于审理伪造货币等案件具体应用法律若干问题的解释（二）》第一条的规定，对真货币采用剪贴、挖补、揭层、涂改、移位、重印等方法加工处理，改变真币形态、价值的行为，应当认定为刑法第一百七十三条规定的"变造货币"。

二是行为人在主观上是故意的，主要是以非法牟利为目的。如果行为人不具有非法牟利的目的，如出于好奇等原因对货币进行了涂改，改变了货币的金额，但并未进行使用，且不具有使用的意图，不能构成本罪。

三是行为人变造货币的数额要达到一定的标准，即"数额较大"。这里所说的"数额较大"，是构成本罪的要件之一。变造货币的数额是衡量该行为社会危害性的主要标准。一般来说变造货币的数额小，其社会危害性也比较小；变造货币的数额大，社会危害性也大。本条以"数额较大"作为构成犯罪的条件。同时还对变造货币数额巨大的，规定了较重的处罚。行为人变造货币的数额不大的，如剪贴了几张小面额的货币等，不构成犯罪，可以由公安机关处罚。

根据本条和2000年最高人民法院《关于审理伪造货币等案件具体应用法律若干问题的解释》第六条的规定，行为人变造货币，数额较大的，即总面额在二千元以上不满三万元的，处三年以下有期徒刑或者拘役，并处或单处一万元以上十万元以下罚金；数额巨大的，即总面额在三万元以上的，处三年以上十年以下有期徒刑，并处二万元以上二十万元以下罚金。

本条对变造货币罪规定了比伪造货币罪较轻的刑罚，主要是考虑这类犯罪由于受到行为方式的限制，一般情况下变造的货币的数额要远远小于伪造的货币的数额，而且变造货币的犯罪是在货币的基础上进行加工处理，犯罪分子还需要先投入一部分真的货币才能进行这种犯罪活动，从这个角度上讲，这类犯罪所能牟取的非法利益也要相对小于伪造货币的犯罪。而伪造货币的犯罪有时则是成批、大量地生产"货币"，对国家的金融秩序的危害要比变造货币严重。为了体现区别对待、罪刑相适应的原则，本法对变造货币的犯罪和伪造货币的犯罪规定了不同的刑罚。

【实践中需要注意的问题】

实践中，对于货币面额的计算标准，特别是外币面额的计算标准，直接影响犯罪的量刑档次。根据最高人民法院《关于审理伪造货币等案件具体应用法律若干问题的解释》第七条和最高人民法院《关于审理伪造货币等案件具体应用法律若干问题的解释（二）》第三条的规定，司法部门在办理涉及第一百七十条至第一百七十三条的犯罪案件时，货币面额应当以人民币计算，计算人民币以外的其他币种的数额，按照案发当日中国外汇交易中心或者中国人民银行授权机构公布的人民币对该货币的中间价折合成人民币计算；中国外汇交易中心或者中国人民银行授权机构未公布汇率中间价的境外货币，按照案发当日境内银行人民币对该货币的中间价折算成人民币，或者该货币在境内银行、国际外汇市场对美元汇率，与人民币对美元汇率中间价进行套算。

第一百七十四条　【擅自设立金融机构罪】【伪造、变造、转让金融机构经营许可证、批准文件罪】

未经国家有关主管部门批准，擅自设立商业银行、证券交易所、期货交易所、证券公司、期货经纪公司、保险公司或者其他金融机构的，处三年以下有期徒刑或者拘役，并处或者单处二万元以上二十万元以下罚金；情节严重的，处三年以上十年以下有期徒刑，并处五万元以上五十万元以下罚金。

伪造、变造、转让商业银行、证券交易所、期货交易所、证券公司、期货经纪公司、保险公司或者其他金融机构的经营许可证或者批准文件的，依照前款的规定处罚。

单位犯前两款罪的，对单位判处罚金，并对其直接负责的主管人员和其他直接责任人员，依照第一款的规定处罚。

【条文精解】

本条是关于擅自设立金融机构罪和伪造、变造、转让金融机构经营许可证、批准文件罪及其处罚的规定。

本条共分三款。第一款是关于擅自设立商业银行、证券交易所、期货交易所、证券公司、期货经纪公司、保险公司或者其他金融机构的犯罪及其处罚的规定。擅自设立金融机构罪具有以下特征：

一是犯罪的主体包括自然人和单位。

二是犯罪的主观方面为具有非法设立商业银行、证券交易所、期货交易所、证券公司、期货经纪公司、保险公司或者其他金融机构的主观故意，即行为人主观上明知设立上述金融机构应当经过有关主管机关的审查和批准，但是为了达到获取非法利益的目的，而故意违反有关的法律、法规擅自设立从事金融业务的机构。

三是本罪所侵犯的客体，是国家对商业银行、证券交易所、期货交易所、证券公司、期货经纪公司、保险公司和其他金融机构的审批管理制度。国家相关部门根据各部门的职责和权限进行审批，并因部门职责的调整同步调整审批权限。在2018年国务院机构改革中，中国银行业监督管理委员会和中国保险监督管理委员会的职责又进一步整合，组建中国银行保险监督管理委员会。目前，设立商业银行、证券交易所、期货交易所、证券公司、期货经纪公司、保险公司和其他金融机构必须由中国人民银行、中国证券监督管理委员会（以下简称中国证监会）、中国银行保险监督管理委员会（以下简称中国银保监会）等国家指定的主管机关进行审批和监督管理。这是国家对金融业进行宏观调控的一个主要方面，特别是我国社会主义经济建设逐步进入社会主义市场经济的轨道后，在建立健全完善的金融运作体系和管理秩序的过程中，加强对金融业的监督和管理，显得尤为重要。而违反国家的法律、法规的规定，擅自设立这些金融机构的行为，则破坏了国家规定的审批管理制度，必然会严重损害国家的金融管理秩序，也会给整个国民经济建设造成严重的破坏。

四是本罪的客观方面表现为行为人实施了非法设立商业银行、证券交易所、期货交易所、证券公司、期货经纪公司、保险公司和其他金融机构的犯罪行为。这种行为具有两个方面的特点。其一，实施了相应的行为，即行为人必须有设立这些机构的具体行为。其二，事实上已经设立了这些机构。考虑到相关法律规定的修改，根据银行业监督管理法和商业银行法的有关规定，商业银行依法接受中国银保监会的监督管理，商业银行的设立及其经营范围都必须经过中国银保监会的审查和批准。未经批准，任何单位和个人如果擅自设立商业银行的，就是"擅自设立商业银行"的行为。其中，"商业银行"是指根据商业银行法和公司法成立的，经中国银保监会批准的，并以"银行"名义对外吸收公众存款、发放贷款、办理结算以及开展其他金融业务，具有法人资格、以实现利润为其经营目的的金融机构。根据相关法律法规和中国证监会的有关规定，证券交易所、期货交易所、证券公司、期货经纪公司等接受中国证监会的监督管理。这些交易所及其公司的设立和经营范围都必须经过中国证监会的审查、批准。这里所说的"证券交易所"是指经中国证监会审查批准设立的专门从事买卖股票、公债、公司债券等有价证券的交易场所；"期货交易所"是指经中国证监会审查批准设立的以期货为主要交易内容的交易场所；"证券公司"是指经中国证监会审查批准设立的经营股票、债券等上市证券业务的企业法人；"期货经纪公司"是指经中国证监会审查批准设立的，主要从事代理期货上市交易的经纪公司。此外，还有基金管理公司等，如根据证券投资基金法第十三条的规定，设立管理公开募集基金的基金管理公司，应当经国务院证券监督管理机构批准。根据中国银保监会的有关规定，保险公司接受中国银保监会的监督管理。保险公司的设立及其经营范围必须经中国银保监会审查和批准。这里所说的"保险公司"是指经中国银保监会审查批准设立的经营保险业务的具有法人资格的企业。另外，本款所说的"其他金融机构"是指除上述规定的商业银行、证券交易所、期货交易所、证券公司、期货经纪公司、保险公司以外的，经国家有关主管部门批准设立的其他依法参与金融活动、开展金融业务的，具有法人资格的组织。从我国目前的情况来看，"其他金融机构"主要有信托公司、金融租赁公司、企业集团财务公司等。

根据本款规定，擅自设立商业银行、证券交易所、期货交易所、证券公司、期货经纪公司、保险公司或者其他金融机构的，处三年以下有期徒刑或者拘役，并处或者单处二万元以上二十万元以下罚金；情节严重的，处三年以上十年以下有期徒刑，并处五万元以上五十万元以下罚金。

第二款是关于伪造、变造、转让金融机构经营许可证或者批准文件的犯罪及其处罚的规定。伪造、变造、转让金融机构经营许可证、批准文件罪具有以下特征：

一是犯罪主体是自然人和单位。由于伪造、变造、转让经营许可证或者批准文件这三种犯罪的行为有其各自的特征，所以实施相应犯罪的主体成分也会有所区别。就一般而言，伪造、变造经营许可证或者批准文件的行为一般是个人所为，当然，也不排除个别单位从事这类犯罪活动的可能性。而转让经营许可证或者批准文件的犯罪，则一般都是由该许可证的所有者，即单位所为。但在实践中也会有个人未经单位同意，或者通过窃取手段将许可证私下转让的行为发生。

二是犯罪行为侵犯的客体是国家对商业银行、证券交易所、期货交易所、证券公司、期货经纪公司、保险公司和其他金融机构的管理秩序。

三是行为人在主观方面都具有伪造、变造和转让经营许可证或者批准文件的主观故意。从这类犯罪行为的方法可以看出，行为人都是在明知其行为是法律严格禁止的情况下，为了达到使自己或他人非法经营金融业务的目的，而故意实施伪造、变造和转让经营许可证或者批准文件的危害社会的行为。

四是行为人必须实施了伪造、变造或转让经营许可证或者批准文件的行为。其中，商业银行的经营许可证或者批准文件，是指由中国银保监会审查批准的商业银行经营金融业务及其经营范围的具有法律意义的证明文件及批准文件，如金融许可证等。证券交易所、期货交易所、证券公司、期货经纪公司的经营许可证或者批准文件，是指由中国证监会审查批准的这些机构经营有关金融业务及其经营范围的证明文件，如经营证券期货业务许可证等。保险公司的经营许可证或者批准文件，是指由中国银保监会审查批准的经营保险业务及其经营范围的证明文件，如保险许可证等。其他金融机构的经营许可证或者批准文件，是指根据有关法律、法规的规定，由有关主管部门审查批准的经营金融业务及其经营范围的证明文件。

本款规定的"伪造"金融机构经营许可证或者批准文件，是指仿照经营许可证或者批准文件的形状、特征、色彩、样式，非法制造假的经营许可证或者批准文件的行为。"变造"金融机构经营许可证或者批准文件，是指通过涂改、拼改、挖补等手段，改变经营许可证或者批准文件内容的行为，如通过上述手段改变原许可证或者批准文件上的经营业务的范围、单位的名称、批准的日期、批准的单位等。"转让"金融机构经营许可证或者批准文件，是指行为人将自己的经营许可证或者批准文件通过出售、出租、出借、赠与等方式有偿或者无偿转与或者让与其他的机构或者个人使用的行为。在实际发生的案件中，伪造、变造、转让经营许可证或者批准文件的行为，从方式上讲是多种多样的，但无论行为人采取什么方式、方法，均不影响犯罪的成立。这里应当注意的是，本款在罪状的表述上没有将伪造、变造或者转让经营许可证的数量或者其他情节作为定罪的界限。根据本款的规定，行为人只要实施了伪造、变造或转让经营许可证或者批准文件的行为，就构成犯罪。当然，对于个别"情节显著轻微、危害不大"的，可以依照刑法总则的有关规定不予刑事处罚。

对构成伪造、变造、转让金融机构经营许可证、批准文件罪的，应当依照本条第一款规定的刑罚处罚，即对伪造、变造、转让商业银行、证券交易所、期货交易所、证券公司、期货经纪公司、保险公司和其他金融机构的经营许可证或者批准文件的犯罪,应当处以三年以下有期徒刑或者拘役,并处或者单处二万元以上二十万元以下罚金。对"情节严重"的,处以三年以上十年以下有期徒刑,并处五万元以上五十万元以下罚金。其中"情节严重"主要是指行为人实施本款规定的犯罪行为情节恶劣或者造成严重后果,如通过伪造、变造、转让经营许可证或者批准文件,使自己或者他人开始非法经营大量的金融业务,严重干扰了国家金融秩序,或者给客户、经营单位造成重大经济损失等严重后果的;或者多次从事这类犯罪行为,屡教不改又再次从事这类犯罪活动的;或者利用伪造、变造、转让的经营许可证或者批准文件,进行诈骗活动的;等等。

第三款是关于单位犯本条前两款罪的规定。根据本款规定,单位犯前两款罪的,对单位判处罚金,并对其直接负责的主管人员和其他直接责任人员,依照第一款的规定处罚。经济活动中存在有些单位从事擅自设立商业银行、证券交易所、期货交易所、证券公司、期货经纪公司、保险公司或者其他金融机构以及伪造、变造、转让商业银行、证券交易所、期货交易所、证券公司、期货经纪公司、保险公司或者其他金融机构的经营许可证或者批准文件的违法犯罪行为。由于单位从事这类违法犯罪活动,从某种意义上讲要比个人从事这类违法犯罪活动的社会危害程度更严重,特别是单位擅自设立商业银行、证券交易所、期货交易所、证券公司、期货经纪公司、保险公司的违法犯罪行为,给国家的金融管理秩序造成的危害后果更大,因此有必要对单位犯罪作出单独的规定。

根据第三款的规定,对单位犯罪采取双罚原则,即对单位直接负责的主管人员和其他直接责任人员依照第一款的规定判处三年以下有期徒刑或者拘役,并处或者单处二万元以上二十万元以下罚金;情节严重的,处三年以上十年以下有期徒刑,并处五万元以上五十万元以下罚金;同时对单位判处罚金。

【实践中需要注意的问题】

在实践中,有些商业银行、证券公司、期货经纪公司、保险公司或其他金融机构,为了扩展业务,不向主管机关申报而擅自扩建营业网点、增设分支机构,或者虽向主管机关申报,但在主管机关尚未批准前就擅自设立分支机构进行营业活动。虽然这些行为都是违法行为,但与那些未取得金融业务经营资格的单位或者个人违反法律、法规的规定擅自设立商业银行、证券交易所、期货交易所、证券公司、期货经纪公司、保险公司或者其他金融机构的行为在本质上是有区别的。前者应由有关主管部门查处后予以违纪或行政处理，如责令取消未经批准设立和扩建的营业网点和分支机构，给予行政处罚等，而不应当按照犯罪处理。

第一百七十五条　【高利转贷罪】

以转贷牟利为目的，套取金融机构信贷资金高利转贷他人，违法所得数额较大的，处三年以下有期徒刑或者拘役，并处违法所得一倍以上五倍以下罚金；数额巨大的，处三年以上七年以下有期徒刑，并处违法所得一倍以上五倍以下罚金。

单位犯前款罪的，对单位判处罚金，并对其直接负责的主管人员和其他直接责任人员，处三年以下有期徒刑或者拘役。

【条文精解】

本条是关于高利转贷罪及其处罚的规定。

本条共分两款。第一款是个人套取金融机构贷款转贷他人非法牟利的犯罪及其处罚的规定。根据本款的规定，本罪在构成要件上有以下特征：一是第一款的主体为自然人。二是行为人在客观上实施了套取金融机构信贷资金并高利转贷给他人以牟利的行为。本条所说"套取金融机构信贷资金高利转贷他人"是指编造虚假理由，从银行、信托公司、农村信用社、农村合作银行等金融机构获得信贷资金后又转贷给第三人。行为人转贷给他人的资金必须是金融机构的信贷资金。如果行为人只是将自己的剩余资金借贷给他人，不构成犯罪。本条所说的"高利转贷他人"，是指行为人以比金融机构贷款利率高的利率将套取的金融机构的信贷资金转贷他人，从中获取不法利益。三是行为人在主观上有转贷牟利的目的。如果行为人在主观上有非法占有信贷资金的目的，则可能构成他罪。四是行为人将金融机构信贷资金转贷他人，获取非法利益，数额较大的，才构成犯罪。这是区分罪与非罪的重要界限。

对于个人犯本罪，本款根据违法所得数额的大小，规定了两档处罚：违法所得数额较大的，处三年以下有期徒刑或者拘役，并处违法所得一倍以上五倍以下罚金；数额巨大的，处三年以上七年以下有期徒刑，并处违法所得一倍以上五倍以下罚金。

第二款是关于单位将金融机构的信贷转贷他人非法牟利的犯罪及其处罚的规定。这里的"单位"，不仅包括非金融系统的公司、企业或者其他单位，也包括金融系统本身办的一些所谓三产企业、单位。有些银行或者其他金融机构办的所谓三产单位，利用为金融机构下属单位的有利条件，低息从金融机构获取贷款后，高息转贷他人，获取非法利益，严重地破坏了金融秩序，必须给予坚决打击，根据本条规定，单位犯本条规定之罪的，对单位判处罚金，并对其直接负责的主管人员和其他直接责任人员，处三年以下有期徒刑或者拘役。

【实践中需要注意的问题】

实践中，需要注意我国利率的改革和发展对具体案件中"高利"的认定所产生的影响。对于本罪来说，只要高于为行为人提供信贷资金来源的金融机构的贷款利率，就符合这里的"高利"。考虑到我国金融改革的进程有所变化，不同时期、不同性质的金融机构贷款利率有时不同。因此，不能以不高于同期其他金融机构的贷款利率而否定构成"高利"，需要具体情况具体分析。

从我国利率改革和发展的过程上看，中国人民银行法第五条规定，中国人民银行就年度货币供应量、利率、汇率和国务院规定的其他重要事项作出的决定，报国务院备案。商业银行法第三十八条规定，商业银行应当按照中国人民银行规定的贷款利率的上下限，确定贷款利率。一段时期以来，金融领域的利率市场化改革稳步推进。原先中国人民银行施行金融机构贷款利率管制，对金融机构贷款利率设置浮动区间，同时根据金融改革和市场发展的需要，不断扩大浮动区间，如在1998年至1999年期间，中国人民银行三次扩大了金融机构贷款利率浮动区间。2004年1月，经国务院批准，中国人民银行进一步扩大了金融机构贷款利率浮动区间。金融机构不再根据规模和所有制性质，而是根据信誉、风险等因素确定合理的贷款利率。2004年10月，中国人民银行对金融机构存贷款利率进一步作出调整，不再对贷款利率设定上限，仅设定下限为贷款基准利率的0.9倍。此外，考虑到城乡信用社的金融竞争环境尚不完善，一段时期内，中国人民银行仍对其贷款利率实行上限管理，最高上浮系数为贷款基准利率的2.3倍。2013年7月20日，经国务院批准，中国人民银行全面开放金融机构贷款利率管制，包括取消已下调至贷款基准利率0.7倍的贷款利率下限、农村信用社贷款利率上限等。2013年10月，中国人民银行正式运行贷款基础利率（LPR）集中报价和发布机制。目前，各金融机构开展贷款基准利率转换贷款基础利率的改革工作仍在进行。由此，实践中需要根据案件的具体情况，如行为人向金融机构贷款的时间、金融机构的性质、金融机构确定的贷款利率等确定是否为"高利"。如根据政策要求，行为人按照农村信用社贷款利率上限贷出信贷资金，转贷他人的利率高于农村信用社的贷款利率但是仍低于同期其他金融机构的贷款利率的，仍构成"高利转贷"行为。

第一百七十五条之一 【骗取贷款、票据承兑、金融票证罪】

以欺骗手段取得银行或者其他金融机构贷款、票据承兑、信用证、保函等，给银行或者其他金融机构造成重大损失的，处三年以下有期徒刑或者拘役，并处或者单处罚金；给银行或者其他金融机构造成特别重大损失或者有其他特别严重情节的，处三年以上七年以下有期徒刑，并处罚金。

单位犯前款罪的，对单位判处罚金，并对其直接负责的主管人员和其他直接责任人员，依照前款的规定处罚。

【条文精解】

本条是关于骗取贷款、票据承兑、金融票证罪及其处罚的规定。

《刑法修正案（六）》对刑法的有关内容进行了修改、补充。本条所规定的行为是一种新的犯罪行为，是对1997年刑法条文的补充。当前，社会上以虚构事实、隐瞒真相等欺骗手段骗取银行等金融机构的贷款及其他信用的现象比较严重，严重危害了我国金融安全。加上我国诚信体系建设滞后，严重制约了对失信行为的惩戒，培育全社会的信用文化和加强诚信立法已成为打击金融欺诈的当务之急。《刑法修正案（六）》的这一规定，正是为了解决这一问题。

《刑法修正案（六）》增加的骗取贷款类犯罪对于保护银行等金融机构信贷资金的安全、保障银行等金融机构的信誉体系发挥了重要作用。同时，适用中也出现了一些不当适用、扩大适用的情况。有意见提出，本罪规定的"其他严重情节"的门槛低，按照有关司法解释的规定，融资数额超过一百万元或者多次骗贷的即构成犯罪，导致入罪范围过宽，涉及很多民营企业，不利于破解融资难等问题；也有意见提出，本罪并非诈骗银行资金，具有诈骗目的应当认定为刑法另外规定的贷款诈骗罪、票据诈骗罪、信用证诈骗罪、金融凭证诈骗罪等，本罪主要是从融资程序环节更好保护银行资金安全和信用作出的规定，对此应当通盘考虑融资环境的实际和当前信用体系制度建设的实际情况；还有意见提出，对由于"融资门槛高""融资难"等原因，民营企业因生产经营需要，在融资过程中虽然有一些违规行为，但并没有诈骗目的，最后未给银行造成重大损失的，一般可不作为犯罪处理。有意见反映，造成"骗贷"的原因和情况复杂，银行在融资中处于"强势"地位，适用格式条款，融资条件严格，借款人对资金需求大，有的很难完全符合贷款条件要求，有的在一些材料上存在虚假提供的情况，从实践情况看甚至有的提供了真实的担保，因存在欺骗手段和涉及数额较大，也面临刑事案件风险；有的"骗取"行为是在银行人员授意、指导、帮助下进行的；有的"骗贷"案件由于竞争对手打压、股东斗争等被举报，个别执法力量借此不当介入民营经济活动，成为民营企业家涉嫌较多的罪名，成为民营企业生产经营过程中的一个刑事风险点。根据各方面意见，《刑法修正案（十一）》对本罪入罪门槛作了适当调整，将给银行或者其他金融机构"造成重大损失或者有其他严重情节"修改为"造成重大损失"，删去了"其他严重情节"的规定。这一修改有利于正确区分违约与违法、违法与犯罪的关系，审慎处理涉民营企业融资案件，更好地落实党中央、国务院关于完善产权保护制度的要求。同时，也需要注意的是，修改后本罪原则上要求给银行等金融机构造成一定损失，以适当缩小打击面，但另外保留了第二档刑中情节犯的规定，主要是考虑到对特别重大的骗取融资行为，如有的案件中特别重大损失一时还不好认定，或者给国家金融安全、银行资金安全造成特别重大风险，或者骗取手段极其恶劣，或者骗开数额特别巨大信用证等，可依法适用本罪，目的是维护重大金融安全和信用安全。

　　本条第一款是关于个人骗取银行或者其他金融机构的贷款及其他信用的犯罪行为及处罚的规定。根据本条的规定，构成这一犯罪需要符合以下几个条件：(1)犯罪主体既包括个人，也包括单位。第一款是关于个人犯罪的规定。(2)犯罪人必须采取了欺骗的手段。所谓"欺骗手段"，是指行为人在取得银行或者其他金融机构的贷款、票据承兑、信用证、保函等信贷资金、信用时，采用的是虚构事实、隐瞒真相等手段，掩盖了客观事实，骗取了银行或者其他金融机构的信任。申请人在申请贷款的过程中有虚构事实、掩盖真相的情节，或者在申请贷款过程中，只要提供假证明、假材料，就符合这一条件。需要注意的是，对"欺骗手段"的理解不能过于宽泛，欺骗手段应当是严重影响银行对借款人资信状况、还款能力判断的实质性事项，这类事项应当属于银行等金融机构一旦知晓真实情况就会基于风险控制而不会为其融资的事项。如行为人编造虚假的资信证明、资金用途、抵押物价值等虚假材料，导致银行或者其他金融机构高估其资信现状的，可以认定为使用"欺骗手段"。(3)犯罪的对象是银行或者其他金融机构的贷款、票据承兑、信用证、保函等。这里所说的"银行",包括中国人民银行和各类商业银行。"其他金融机构",是指除银行以外的各种开展金融业务的机构,如证券、保险、期货、外汇、融资租赁、信托投资公司等。"贷款",是指贷款人向借款人提供的、按照借款合同的约定还本付息的货币资金。"信用证",是指开证银行根据客户(申请开证人)的请求或者自己主动向一方(受益人)所签发的一种书面约定,如果受益人满足了该书面约定的各项条款,开证银行即向受益人支付该书面约定的款项的凭证。实际上,信用证就是开证银行有条件地向受益人付款的书面凭证。"票据承兑",是指汇票付款人承诺在汇票到期日支付汇票金额的票据行为,其目的在于使承兑人依票据载明的义务承担支付票据金额的义务。"保函",是指银行以自身的信用为他人承担责任的担保文件,是重要的银行资信文件。(4)给银行或者其他金融机构造成重大损失,这是区分是否构成本罪的界限。《刑法修正案(十一)》对本罪的入罪门槛作了修改,删去了原规定的"其他严重情节",规定为"造成重大损失"的条件。因此,一般来说,对于并非出于诈骗银行资金目的,在向银行等金融机构融资过程中存在违规行为,使用了"欺骗手段"获得资金,但归还了银行资金,未给银行造成重大损失的,不作为犯罪处理。"给银行或者其他金融机构造成重大损失"是一个客观标准,指的是上述行为直接造成的经济损失,如贷款无法追回,银行由于出具的信用所承担的还款或者付款等实际经济损失。2010年最高人民检察院、公安部《关于公安机关管辖的刑事案件立案追诉标准的规定(二)》第二十七条对修改前本条的"造成重大损失"作了规定:以欺骗手段取得贷款、票据承兑、信用证、保函等,给银行或者其他金融机构造成直接经济损失数额在二十万元以上的,应予立案追诉。"直接经济损失"是指侦查机关立案时逾期未偿还银行或者其他金融机构的信贷资金。实践中对于偿还了银行贷款,或者提供了足额真实担保,未给银行造成直接损失的,一般不应追究骗取贷款、票据承兑、金融票证罪的刑事责任。需要注意的是,实践中对是否造成"重大损失"的判断时点和标准不能过于拘泥,不能要求穷尽一切法律手段后才确定是否造成损失,如行为采取欺骗手段骗取贷款,不能按期归还资金,也没有提供有效担保,就应认定给银行等金融机构造成重大损失,而不能要求银行等在采取诉讼等法律手段追偿行为人房产等财产不能清偿之后,才判定其遭到重大损失。对于后期在判决前通过法律手段获得清偿的,可酌定从宽处罚。

对于构成本罪的,本款规定了两档刑,即:给银行或者其他金融机构造成重大损失的,处三年以下有期徒刑或者拘役,并处或者单处罚金;给银行或者其他金融机构造成特别重大损失或者有其他特别严重情节的,处三年以上七年以下有期徒刑,并处罚金。需要注意的是,本条第二档刑罚中保留了"特别严重情节"的规定。这种立法体例在刑法其他条文规定中也是有的,如诈骗罪、贷款诈骗罪等。"其他特别严重情节"一般也应当以"造成重大损失"为条件,如果欺骗手段特别严重或者涉嫌数额极其巨大,给国家金融安全造成特别重大风险的,也可依法追究刑事责任。

第二款是对单位从事第一款的行为追究刑事责任的规定。根据本款的规定,单位犯前款罪的,对单位判处罚金,并对其直接负责的主管人员和其他直接责任人员,依照前款的规定处罚。

【实践中需要注意的问题】

本条的规定是立法机关针对实践中出现的新情况,为保障我国金融安全,维护社会稳定,而新增加的一种犯罪。同时根据有关方面的意见和实践情况,在定罪量刑上又作了进一步调整完善,以便更好把握犯罪界限,防止走偏。在适用本条惩治此类犯罪活动时,要注意以下几个问题:

第一,《刑法修正案(六)》增加了骗取贷款罪,《刑法修正案(十一)》对定罪标准作了适当调整,并非意味着放松对骗取银行贷款等行为的惩治。对在贷款等融资过程中采取欺骗手段,给银行等金融机构造成重大损失的,仍应当依法追究刑事责任。同时,在办理骗取贷款等犯罪案件时,涉及企业生产经营领域的,要充分考虑企业"融资难""融资贵"的实际情况,注意从借款人采取的欺骗手段是否属于明显虚构事实或者隐瞒真相,是否与银行工作人员合谋、受其指使,是否非法影响银行放贷决策、危及信贷资金安全,是否造成重大损失等方面,合理判断其行为危害性,不苛求企业等借款人。对于借款人因生产经营需要,在贷款过程中虽有违规行为,但未造成实际损失的,一般不作为犯罪处理。需要注意的是,对并非出于生产经营需要融资,而是出于非法占有资金的目的,采取诈骗手段骗取银行贷款等资金的,无论是否给银行造成损失,都应当按照贷款诈骗罪、票据诈骗罪、信用证诈骗罪等依法追究刑事责任。

第二,本条与刑法第一百九十三条贷款诈骗罪的关系。本条所规定的骗取贷款罪,在构成要件上与刑法第一百九十三条贷款诈骗罪有很大的区别。构成本罪不要求行为人以非法占有为目的,降低了打击这类犯罪的门槛。需要注意的是,不能因此忽视对以非法占有为目的诈骗银行或者其他金融机构贷款行为的打击。在司法实践中对能够认定的行为人以非法占有为目的的诈骗贷款行为，应依照刑法第一百九十三条贷款诈骗罪追究其刑事责任。而且这两个罪在法定最高刑上也是不同的，贷款诈骗罪最高可以判处无期徒刑，而骗取贷款罪最高法定刑仅为七年有期徒刑。

第三，准确认定和惩治有关共同犯罪。一是关于银行等金融机构人员明知他人实施骗取贷款等行为，仍为其提供帮助或者合谋、指导等，构成犯罪的，应依法追究刑事责任。曾有意见提出，在本罪中增加"银行或者其他金融机构人员明知行为人采取欺骗手段，仍为其贷款、票据承兑、开具信用证保函等，依照前款处罚"的规定。刑法第一百八十六规定了违法发放贷款罪，第一百八十八条规定了违规出具金融票证罪，第一百八十九条规定了对违法票据承兑、付款、保证罪等，银行等金融机构工作人员构成上述犯罪的，应依法追究刑事责任。二是担保人明知他人实施骗取贷款、票据承兑、金融票证的行为而为其提供虚假担保，不履行担保责任，给银行等金融机构造成损失的，可以按照共同犯罪处理。保证人明知他人有采取欺骗手段骗取贷款等行为，仍为其担保的，甚至担保人为免除其担保责任而故意举报行为人骗取贷款的，并不必然免除其担保责任，担保合同、担保责任是否有效依照民法的有关规定处理。

第一百七十六条 【非法吸收公众存款罪】

非法吸收公众存款或者变相吸收公众存款，扰乱金融秩序的，处三年以下有期徒刑或者拘役，并处或者单处罚金；数额巨大或者有其他严重情节的，处三年以上十年以下有期徒刑，并处罚金；数额特别巨大或者有其他特别严重情节的，处十年以上有期徒刑，并处罚金。

单位犯前款罪的，对单位判处罚金，并对其直接负责的主管人员和其他直接责任人员，依照前款的规定处罚。

有前两款行为，在提起公诉前积极退赃退赔，减少损害结果发生的，可以从轻或者减轻处罚。

【条文精解】

本条是关于非法吸收公众存款罪及其处罚的规定。

为了进一步防范化解金融风险，保障金融改革，维护金融秩序，保护人民群众切身利益，针对实践中不法分子借互联网金融名义从事网络非法集资，严重扰乱经济金融秩序和极大危害人民群众财产的情况，同时注重区别不同情形，贯彻宽严相济的刑事政策，减少对受害群众财产的损害，《刑法修正案（十一）》对本条作了修改：一是将非法吸收公众存款罪的法定最高刑由十年有期徒刑提高到十五年有期徒刑，删去罚金具体数额的规定，加大惩处力度；二是增加在提起公诉前积极退赃退赔，减少损害结果发生的，可以从轻或者减轻处罚的规定。

本条共分三款。第一款是关于非法吸收公众存款和变相吸收公众存款的犯罪及其处罚的规定。"非法吸收公众存款"，是指行为人违反国家法律、法规的规定，在社会上以存款的形式公开吸收公众资金的行为。广义的非法吸收公众存款，包含两种情况：一是行为人不具有吸收存款的主体资格而吸收公众存款，破坏金融秩序。二是行为人具有吸收存款的主体资格，但其吸收公众存款所采用的方法是违法的。例如，有的银行或其他金融机构为争揽储户，违反中国人民银行关于利率的规定，采用擅自提高利率的方式吸收存款，进行恶意竞争，破坏了国家的利率政策，扰乱了金融秩序。对后一种情况，商业银行法已具体规定了行政处罚，一般不宜作为犯罪处理。

通常所说的"存款"，是指存款人将资金存入银行或者其他金融机构，银行或者其他金融机构向存款人支付利息，使其得到收益的一种经济活动。"公众存款"，指的是存款人是不特定的群体的存款，如果存款人只是少数个人或者属于特定的范围，如仅限本单位的人员等，不能认为是公众存款。

本款所说的"变相吸收公众存款"，是指行为人不以存款的名义而是通过其他形式吸收公众资金，从而达到吸收公众存款的目的的行为。例如，有些单位和个人，未经批准成立各种基金会吸收公众的资金，或者以投资、集资入股等名义吸收公众资金，但并不按正常投资的形式分配利润、股息，而是以一定的利息进行支付的行为。变相吸收公众存款规避国家对吸收公众存款的监督管理，其危害和犯罪的性质与非法吸收公众存款是相同的。

构成非法吸收公众存款罪应符合以下条件：（1）非法吸收公众存款罪的主体可以是自然人，也可以是单位。（2）行为人在主观上具有非法吸收公众存款或者变相吸收公众存款的故意。行为人一般都要千方百计冒充银行或者其他金融机构，或者谎称金融机构授权，或者变换手法、巧立名目，变相地吸收公众存款，以逃避法律的追究。（3）在客观方面，行为人实施了非法向公众吸收存款或者变相吸收存款的行为。实践中，行为人吸收存款的手段可能是多种多样的，无论其采取什么方法，只要其行为具有非法吸收公众存款的特征，即符合本条规定的条件。至于采取什么样的手段、吸收的存款的人数，存款的数量，均不影响本罪的构成。随着互联网的发展，互联网金融成为新型的金融业务模式。互联网金融涉及 P2P 网络借贷、股权众筹、第三方支付、互联网保险以及通过互联网开展资产管理及跨界从事金融业务等多个金融领域，行为方式多样，所涉法律关系复杂。部分机构、业态偏离了正确方向，有些甚至打着"金融创新"的幌子进行非法集资等违法犯罪活动，严重扰乱了金融管理秩序，侵害了人民群众合法权益。根据 2017 年 6 月最高人民检察院《关于办理涉互联网金融犯罪案件有关问题座谈会纪要》，对于涉互联网金融活动在未经有关部门依法批准的情形下，公开宣传并向不特定公众吸收资金，承诺在一定期限内还本付息的，应当依法追究刑事责任。其中，应重点审查互联网金融活动相关主体是否存在归集资金、沉淀资金，致使投资人资金存在被挪用、侵占等重大风险等情形，以准确适用法律。（4）本罪侵犯了国家的金融管理秩序。非法吸收公众存款或者变相吸收公众存款的行为，一般都是通过采取提高利率的方式或手段，将大量的资金集中到自己手中，从而造成大量社会闲散资金失控。同时，行为人任意提高利率，形成在吸收存款上的不正当竞争，破坏了利率的统一，影响币值的稳定，严重扰乱国家金融秩序。

　　根据本款规定，对非法吸收公众存款或者变相吸收公众存款、扰乱金融秩序的，处三年以下有期徒刑或者拘役，并处或者单处罚金；数额巨大或者有其他严重情节的，处三年以上十年以下有期徒刑，并处罚金；数额特别巨大或者有其他特别严重情节的，处十年以上有期徒刑，并处罚金。这里所说的"数额巨大""数额特别巨大"的具体数额和"其他严重情节""其他特别严重情节"的具体情节，可由最高人民法院、最高人民检察院通过司法解释明确。"其他严重情节"一般是指：吸收公众存款或者变相吸收公众存款的犯罪手段恶劣的；屡教不改的；吸收的公众存款用于违法活动；给储户造成重大损失的；具有其他属于严重危害国家金融秩序的情况。

　　第二款是关于单位非法吸收公众存款和变相吸收公众存款的犯罪及其处罚的规定。本款规定对于单位犯前款罪的，采取双罚原则，即对单位判处罚金，对单位直接负责的主管人员和其他直接责任人员根据犯罪的不同情节，分别依照第一款规定的刑罚处罚。

　　第三款是关于在提起公诉前积极退赃退赔可以从轻处理的规定。本款是《刑法修正案（十一）》在加大对非法吸收公众存款罪惩治力度的同时，为贯彻宽严相济刑事政策，促使犯非法吸收公众存款罪的人员积极退赃退赔，减少和挽回社会公众损失而增加的规定。根据本款规定，对非法吸收公众存款犯罪从宽处理必须同时符合以下条件：一是在提起公诉前。"提起公诉"是人民检察院对公安机关移送起诉的非法吸收公众存款案件，经全面审查，对事实清楚,证据确实、充分,依法应当判处刑罚的,提交人民法院审判的诉讼活动。二是行为人必须积极退赃退赔。"退赃"是指将非法吸收的存款退回原所有人。"退赔"是指在非法吸收的存款无法直接退回的情况下,赔偿等值财产。三是减少损害结果的发生。行为人积极退赃退赔的表现,必须达到避免或者减少损害结果发生的实际效果。在同时具备以上前提的条件下,对犯非法吸收公众存款罪的行为人,可以根据不同情形,从轻或者减轻处罚。

【实践中需要注意的问题】

实践中执行本条规定应当注意,《刑法修正案(十一)》为依法惩治金融乱象,从严惩治非法集资犯罪,对本条规定的非法吸收公众存款罪和刑法第一百九十二条规定的集资诈骗罪都加大了惩处力度,特别是本条规定的非法吸收公众存款罪法定刑提高后,除不能判处无期徒刑外,与集资诈骗罪的最高刑差别不大了。实践中,司法机关对于非法集资类犯罪,还是应当根据犯罪事实和是否具有非法占有目的等情节准确定性,做到罚当其罪。

第一百七十七条 【伪造、变造金融票证罪】

有下列情形之一,伪造、变造金融票证的,处五年以下有期徒刑或者拘役,并处或者单处二万元以上二十万元以下罚金;情节严重的,处五年以上十年以下有期徒刑,并处五万元以上五十万元以下罚金;情节特别严重的,处十年以上有期徒刑或者无期徒刑,并处五万元以上五十万元以下罚金或者没收财产:

(一)伪造、变造汇票、本票、支票的;

(二)伪造、变造委托收款凭证、汇款凭证、银行存单等其他银行结算凭证的;

(三)伪造、变造信用证或者附随的单据、文件的;

(四)伪造信用卡的。

单位犯前款罪的,对单位判处罚金,并对其直接负责的主管人员和其他直接责任人员,依照前款的规定处罚。

【条文精解】

本条是关于伪造、变造金融票证罪及其处罚的规定。

本条共分两款。第一款是关于伪造、变造汇票、本票、支票、信用证等金融票证犯罪及其处罚的规定。本款规定中的"金融票证"，主要包括汇票、本票、支票、信用证或者附随的单据、文件、信用卡以及委托收款凭证、汇款凭证、银行存单等其他银行结算凭证等。对伪造、变造金融票证的行为，第一款具体规定了四项：

第一项规定了伪造、变造汇票、本票、支票的行为。这里的"汇票"，根据票据法第十九条的规定是指出票人签发的，委托付款人在见票时或者在指定日期无条件支付确定的金额给收款人或者持票人的票据。汇票分为银行汇票和商业汇票。"本票"，根据票据法第七十三条的规定是指出票人签发的，承诺自己在见票时无条件支付确定的金额给收款人或者持票人的票据。"支票"，根据票据法第八十一条的规定是指出票人签发的，委托办理支票存款业务的银行或者其他金融机构在见票时无条件支付确定的金额给收款人或者持票人的票据。这里所说的"伪造"，是指行为人仿照真实的汇票、本票或者支票的形式、图案、颜色、格式，通过印刷、复印、绘制等制作方法非法制造以上票据的行为。这里所说的"变造"，是指行为人在真实的汇票、本票或者支票的基础上或以真实的票据为基本材料，通过剪接、挖补、覆盖、涂改等方法，对票据的主要内容，非法加以改变的行为，如改变出票人名称、持票人名称、金额、有效期等。

第二项规定了伪造、变造银行结算凭证的行为。这里所说的"银行结算凭证"，是指银行办理支付结算过程中用以表明结算法律关系的各种凭据和证明，主要分为有价单证、重要空白凭证和一般结算凭证三种，包括汇票、本票、支票以及委托收款凭证、汇款凭证、进帐单等银行、单位和个人填写的各种结算凭证。其中，"委托收款凭证"，是指收款人在委托银行向付款人收取款项时，所填写提供的凭据和证明。委托收款凭证分为邮寄和电报划回两种，由收款人选择。这里所说的"汇款凭证"，是指汇款人委托银行将款项汇给收款人时，所填写的凭据和证明。这里所说的"银行存单"，既是一种信用凭证，也是一种银行结算凭证。这里的"其他银行结算凭证"为委托收款凭证、汇款凭证、银行存单凭证以外的其他结算凭证，主要有进帐单、联行报单、限额结算凭证、债券收款单证、内部往来凭证等。这里的"伪造"，主要是指行为人印刷、复印、绘制银行结算凭证的行为。实践中，较多的是未经国家有关主管部门的批准，非法印制银行结算凭证的行为。"变造"主要是指以真实的银行结算凭证为基础或基础性材料，通过剪接、挖补、覆盖、涂改等方法对其进行加工、修改的行为。

第三项规定了伪造、变造信用证或者附随的单据、文件的行为。信用证是国际贸易结算的一种方式，是银行有条件地保证付款的凭证。规范的信用证有标准的格式和内容。"伪造信用证"，是指行为人采用描绘、复制、印刷等方法仿照信用证的格式、内容制造假信用证的行为或以编造、冒用某银行的名义开出假信用证的行为。"变造信用证"，是指行为人在原信用证的基础上，采用涂改、剪贴、挖补等方法改变原信用证的内容和主要条款使其成为虚假的信用证的行为。作为国际贸易结算手段依据的绝大多数是跟单信用证。按照这种结算方式，开证银行根据买方的资信情况，要求其提供一定的抵押或缴纳一定的保证金，也可以要求其先将货款存入开证银行后，开证银行按照买方的要求开具信用证，通知卖方或卖方的开户银行，卖方按买卖合同和信用证规定的条款组织发运货物，同时备齐所有单据，议付银行对卖方所提交的单据进行审查后，如认为符合信用证的规定即代付款银行垫付款项，同时向开证银行或者其他特定的付款行索偿，开证银行核对单据无误后付款给议付银行，并通知买方备款赎单。从信用证的交易过程看，信用证交易实际上就是单据买卖，信用证各当事人所处理的是单据而不是货物。单据是卖方对买方履行了合同义务的证明文件，买方也只能通过单据了解货物的情况。单据是否真实，是否真正代表了符合要求的货物很重要。因此，信用证附随的单据在信用证交易中起着十分重要的作用。信用证附随的单据主要有运输单据、商业发票和保险单据三种。运输单据是表明运送人已将货物装船或发运或接受监管的单据，包括海运提单、不可转让的海运提单、租船合同提单、空运单据、公路或铁路或内陆水运单据、快递收据、邮政收据或投邮证明等；保险单据是关于货物运输保险的单据。商业发票是证明卖方已履行了合同的凭证，也是海关实行货物进出口管理的依据，是买方验收货物是否完全符合合同规定的数量、质量、品种等的依据。此外，有的信用证还需要附其他的单据，如领事发票、海关发票、出口许可证、产地证明书等。伪造、变造附随的单据、文件是指行为人在使用信用证时伪造、变造提单等必须附随信用证的单据的行为。

第四项规定了伪造信用卡的行为。伪造信用卡的犯罪主要分为两种情况：一是非法制造信用卡，即模仿信用卡的质地、模式、版块、图样以及磁条密码等制造信用卡；二是在真卡的基础上进行伪造，即信用卡本身是合法制造出来的，但是未经银行或者信用卡发卡机构发行给用户正式使用，即在信用卡面上未加打卡号或者姓名，在磁条上也未输入一定的密码等信息，但是通过复制他人信用卡，或者将他人信用卡的信息资料写入磁条介质、芯片等使这种空白的信用卡能够使用的，也属于伪造信用卡。这种信用卡的伪造，多发生在银行内部或者发行信用卡机构的内部，不少为这些机构内部的工作人员所为。根据最高人民法院、最高人民检察院《关于办理妨害信用卡管理刑事案件具体应用法律若干问题的解释》第一条的规定，复制他人信用卡、将他人信用卡信息资料写入磁条介质、芯片或者以其他方法伪造信用卡一张以上的，应当认定为刑法第一百七十七条第一款第四项规定的"伪造信用卡"，以伪造金融票证罪定罪处罚。伪造空白信用卡十张以上的，应当认定为刑法第一百七十七条第一款第四项规定的"伪造信用卡"，以伪造金融票证罪定罪处罚。伪造信用卡，有下列情形之一的，应当认定为刑法第一百七十七条规定的"情节严重"：（1）伪造信用卡五张以上不满二十五张的；（2）伪造的信用卡内存款余额、透支额度单独或者合计数额在二十万元以上不满一百万元的；（3）伪造空白信用卡五十张以上不满二百五十张的；（4）其他情节严重的情形。伪造信用卡，有下列情形之一的，应当认定为刑法第一百七十七条规定的"情节特别严重"：（1）伪造信用卡二十五张以上的；（2）伪造的信用卡内存款余额、透支额度单独或者合计数额在一百万元以上的；（3）伪造空白信用卡二百五十张以上的；（4）其他情节特别严重的情形。本条所称"信用卡内存款余额、透支额度"，以信用卡被伪造后发卡行记录的最高存款余额、可透支额度计算。根据本款规定，对伪造、变造金融票证的处五年以下有期徒刑或者拘役，并处或者单处二万元以上二十万元以下罚金；情节严重的，处五年以上十年以下有期徒刑，并处五万元以上五十万元以下罚金；情节特别严重的，处十年以上有期徒刑或者无期徒刑，并处五万元以上五十万元以下罚金或者没收财产。

第二款是对单位犯本条之罪予以处罚的规定。根据本款规定，单位犯伪造、变造金融票证罪的，对单位判处罚金，并对其直接负责的主管人员和其他直接责任人员，根据案件的具体情况依照前款个人犯此罪的三个量刑档次进行处罚。

【实践中需要注意的问题】

最高人民检察院、公安部《关于公安机关管辖的刑事案件立案追诉标准的规定（二）》第二十九条规定，伪造、变造金融票证，涉嫌下列情形之一的，应予立案追诉：（1）伪造、变造汇票、本票、支票，或者伪造、变造委托收款凭证、汇款凭证、银行存单等其他银行结算凭证，或者伪造、变造信用证或者附随的单据、文件，总面额在一万元以上或者数量在十张以上的；

（2）伪造信用卡一张以上，或者伪造空白信用卡十张以上的。

> **第一百七十七条之一** 【妨害信用卡管理罪】【窃取、收买、非法提供信用卡信息罪】
>
> 　　有下列情形之一，妨害信用卡管理的，处三年以下有期徒刑或者拘役，并处或者单处一万元以上十万元以下罚金；数量巨大或者有其他严重情节的，处三年以上十年以下有期徒刑，并处二万元以上二十万元以下罚金：
> 　　（一）明知是伪造的信用卡而持有、运输的，或者明知是伪造的空白信用卡而持有、运输，数量较大的；
> 　　（二）非法持有他人信用卡，数量较大的；
> 　　（三）使用虚假的身份证明骗领信用卡的；
> 　　（四）出售、购买、为他人提供伪造的信用卡或者以虚假的身份证明骗领的信用卡的。
> 　　窃取、收买或者非法提供他人信用卡信息资料的，依照前款规定处罚。
> 　　银行或者其他金融机构的工作人员利用职务上的便利，犯第二款罪的，从重处罚。

【条文精解】

　　本条是关于妨害信用卡管理罪和窃取、收买、非法提供信用卡信息罪及其处罚的规定。

　　本条共分三款。第一款是关于妨害信用卡管理罪及其处罚的规定。根据本条的规定，构成妨害信用卡管理罪，必须符合以下构成要件：一是行为人主观上为故意，即明知自己的行为会发生妨害信用卡管理的后果，并希望这种结果发生。二是行为人客观上实施了妨害信用卡管理的行为。根据本条的规定，行为人实施的妨害信用卡管理的行为主要有以下形式：第一，明知是伪造的信用卡而持有、运输的，或者明知是伪造的空白信用卡而持有、运输，数量较大的。近年来，为了逃避打击，许多犯罪组织之间形成了细致的分工。从空白银行卡的印制、运输、买卖，到写入磁条信息完成假卡制作，再到使用假卡取现或骗取财物的各个环节往往由不同犯罪组织的人员承担。除了在伪造和使用环节查获的案件以外，对其他环节查获的人员，如果要按照共同犯罪来追究，则行为人之间的共同犯罪故意很难查证。实践中查获的一些案件，行为人持有、运输大量伪造的银行卡或者伪造的空白银行卡，但如果不能查明该银行卡系其本人伪造，或者要用于实施诈骗，就很难追究刑事责任。因此，修改刑法时，在妨害信用卡管理的犯罪行为中，规定了非法持有、运输伪造的信用卡或者伪造的空白信用卡的行为。值得注意的是，持有、运输伪造的信用卡，无论数量多少，均可构成犯罪；而持有、运输伪造的空白信用卡，必须达到数量较大，才能构成犯罪。根据2018年最高人民法院、最高人民检察院《关于办理妨害信用卡管理刑事案件具体应用法律若干问题的解释》第二条第一款的规定，明知是伪造的空白信用卡而持有、运输十张以上不满一百张的，应当认定为刑法第一百七十七条之一第一款第一项规定的"数量较大"。第二，非法持有他人信用卡，数量较大的。根据2016年最高人民法院、最高人民检察院、公安部《关于办理电信网络诈骗等刑事案件适用法律若干问题的意见》，非法持有他人信用卡，没有证据证明从事电信网络诈骗犯罪活动，但符合非法持有他人信用卡数量较大的，以妨害信用卡管理罪追究刑事责任。根据《关于办理妨害信用卡管理刑事案件具体应用法律若干问题的解释》第二条第一款的规定，非法持有他人信用卡五张以上不满五十张的，应当认定为刑法第一百七十七条之一第一款第二项规定的"数量较大"。第三，使用虚假的身份证明骗领信用卡的。使用虚假的身份证明、资信证明等，骗领信用卡后大量透支诈骗银行贷款的犯罪，是当前多发的一种信用卡诈骗活动。有的行为人使用伪造的身份证明、任职证明、收入证明骗领信用卡；有的假借招聘，骗取求职者身份资料后，使用真实的身份证复印件，伪造在职证明、收入证明等一次骗领大量信用卡；有的公司冒用员工名义骗领信用卡后供公司使用。有的不法分子以信用卡代理公司的名义，专门帮助他人骗领信用卡牟利。这些人员利用熟悉银行内部发卡审核程序的便利，替申请人伪造各种资信证明文件和资料，向多个发卡银行骗领多张信用卡，有的为一个申请人一次申领十余张信用卡。这些申请人往往资信状况较差，骗取信用卡就是为了透支取现。有的代理公司还以各种手段骗取银行授权，成为特约商户，然后帮助申请人在其POS机上取现，并收取高额手续费。针对这种情况，有必要将使用虚假身份证明骗领信用卡的行为规定为犯罪，因为这种行为人主观上非法占有的目的是很明显的。至于一些申请人为了顺利取得信用卡，或者获得较高的授信额度，在申请信用卡时对自己的收入状况等作了不实陈述的行为，因为其主观上并无非法占有的目的，性质是不同于上述骗领信用卡的，应不属于本项规定的情形。此外，《关于办理妨害信用卡管理刑事案件具体应用法律若干问题的解释》第二条第三款对本项又作了进一步细化规定，即违背他人意愿，使用其居民身份证、军官证、士兵证、港澳居民往来内地通行证、台湾居民来往大陆通行证、护照等身份证明申领信用卡的，或者使用伪造、变造的身份证明申领信用卡的，应当认定为刑法第一百七十七条之一第一款第三项规定的"使用虚假的身份证明骗领信用卡"。第四，出售、购买、为他人提供伪造的信用卡或者以虚假的身份证明骗领的信用卡的。这些行为往往是洗钱、信用卡诈骗等犯罪的重要环节，属于该类犯罪的上游犯罪，其危害性不言而喻，必须运用刑罚的手段予以惩治，以维护我国的金融安全。

根据本款的规定，妨害信用卡管理的，处三年以下有期徒刑或者拘役，并处或者单处一万元以上十万元以下罚金；数量巨大或者有其他严重情节的，处三年以上十年以下有期徒刑，并处二万元以上二十万元以下罚金。根据《关于办理妨害信用卡管理刑事案件具体应用法律若干问题的解释》第二条第二款的规定，有下列情形之一的，应当认定为刑法第一百七十七条之一第一款规定的"数量巨大"：（1）明知是伪造的信用卡而持有、运输十张以上的；（2）明知是伪造的空白信用卡而持有、运输一百张以上的；（3）非法持有他人信用卡五十张以上的；（4）使用虚假的身份证明骗领信用卡十张以上的；（5）出售、购买、为他人提供伪造的信用卡或者以虚假的身份证明骗领的信用卡十张以上的。

第二款是关于窃取、收买或者非法提供他人信用卡信息资料的犯罪及其处罚的规定。伪造银行卡的最后也是最关键的环节，是在银行卡的磁条或者芯片上写入事先非法获取的他人银行卡的磁条或芯片信息。银行卡的磁条或者芯片信息，是一组有关发卡行代码及持卡人帐户、帐号、密码等内容的加密电子数据，由发卡行在发卡时使用专用设备写入银行卡的磁条或者芯片中。银行卡磁条或者芯片信息是POS机、ATM等终端机器识别合法用户的依据，没有这些信息，伪造的银行卡是无法使用的。银行卡犯罪集团非法获取他人银行卡磁条或者芯片信息的一种方式是自行窃取，主要是使用望远镜偷窥、在ATM上安装摄像头偷录，或者安装吞卡装置并张贴假的客服电话骗取持卡人信息等方式，获取有自设密码保护的借记卡的磁条或者芯片信息。另一种方式就是收买特约商户的收银员、金融机构的工作人员，利用受理银行卡业务之际盗录他人银行卡磁条或者芯片信息。这成为伪造信用卡集团获取信用卡磁条或者芯片信息的主要来源。磁条或者芯片信息本身只是一组加密数据，除了用于伪造他人银行卡外别无他用。但如果要将非法获取、向他人非法提供银行卡磁条或者芯片信息的行为人按照伪造银行卡的共犯处理，就需要查明行为人非法获取他人银行卡磁条或者芯片信息是否要用于伪造银行卡，或者非法提供他人银行卡磁条或者芯片信息的行为人与伪造银行卡者之间有无共同犯罪的故意。这一点很难查证。在刑法中明确规定非法获取、非法提供他人银行卡磁条或者芯片信息的行为为犯罪，有利于从源头上打击银行卡犯罪活动。

根据本款的规定，窃取、收买或者非法提供他人信用卡信息资料的，处三年以下有期徒刑或者拘役，并处或者单处一万元以上十万元以下罚金；数量巨大或者有其他严重情节的，处三年以上十年以下有期徒刑，并处二万元以上二十万元以下罚金。根据《关于办理妨害信用卡管理刑事案件具体应用法律若干问题的解释》第三条的规定，窃取、收买、非法提供他人信用卡信息资料，足以伪造可进行交易的信用卡，或者足以使他人以信用卡持卡人名义进行交易，涉及信用卡一张以上不满五张的，依照刑法第一百七十七条之一第二款的规定，以窃取、收买、非法提供信用卡信息罪定罪处罚；涉及信用卡五张以上的，应当认定为刑法第一百七十七条之一第一款规定的"数量巨大"。

第三款是关于银行或者其他金融机构的工作人员利用职务上的便利，犯窃取、收买或者非法提供他人信用卡信息资料罪，从重处罚的规定。在实际工作中，银行或者其他金融机构的工作人员接触他人信用卡的机会较多，也容易获取他人的信用卡资料。而这些信用卡资料属于信用卡管理系统中的核心环节，更是犯罪分子千方百计想要得到的东西。因为凭借这些信用卡资料，犯罪分子伪造信用卡或者利用伪造的信用卡诈骗将比较容易。而获取信用卡资料的最佳来源就是银行或者其他金融机构。这样，一些经常接触他人信用卡资料的银行或者其他金融机构工作人员就成为犯罪分子的目标，他们往往以财物的形式向这些工作人员提出收购要求。某些银行或者其他金融机构的工作人员为了牟取利益，利用接触他人信用卡资料的职务之便，窃取、收买或者非法提供他人信用卡信息资料罪。上述行为的存在严重影响了我国银行或者其他金融机构的信誉，危及我国的金融安全，必须予以严厉的惩处。因此，本条规定，对银行或者其他金融机构的工作人员利用职务上的便利，犯窃取、收买、非法提供信用卡信息罪的，从重处罚。

【实践中需要注意的问题】

实践中，不少犯罪团伙通过网络、邮递等方式，向他人购买银行卡及身份证复印件、网上银行数字证书、银行卡密码和绑定手机卡等信息资料，组成所谓的"几件套"，以控制相关银行帐户，进行赃款转移，从事电信网络诈骗、赌博、洗钱等犯罪。对于行为人非法收买、转卖他人真实信用卡的行为如何定性，在司法实践中还存在不同认识。第一种意见认为，收买、非法提供他人真实信用卡及含有信用卡信息的套件的行为，足以使他人以信用卡持卡人名义进行交易，应当以本条第二款规定的收买、非法提供信用卡信息罪定罪处罚。可参考《关于办理妨害信用卡管理刑事案件具体应用法律若干问题的解释》第三条的规定。第二种意见认为，该种行为等同于实质持有他人信用卡，根据本条第一款第二项的规定，非法持有他人信用卡，数量较大，妨害信用卡管理的，构成妨害信用卡管理罪。第三种意见认为，该种行为属于明知他人利用信息网络犯罪，为其犯罪提供技术服务、支付结算等帮助行为，构成刑法第二百八十七条之二"帮助信息网络犯罪活动罪"。总体来看，该类行为情况较为复杂，办理案件时需要结合证据情况认定与上下游犯罪之间的关系，准确定罪处罚。

第一百七十八条 【伪造、变造国家有价证券罪】【伪造、变造股票、公司、企业债券罪】

伪造、变造国库券或者国家发行的其他有价证券，数额较大的，处三年以下有期徒刑或者拘役，并处或者单处二万元以上二十万元以下罚金；数额巨大的，处三年以上十年以下有期徒刑，并处五万元以上五十万元以下罚金；数额特别巨大的，处十年以上有期徒刑或者无期徒刑，并处五万元以上五十万元以下罚金或者没收财产。

伪造、变造股票或者公司、企业债券，数额较大的，处三年以下有期徒刑或者拘役，并处或者单处一万元以上十万元以下罚金；数额巨大的，处三年以上十年以下有期徒刑，并处二万元以上二十万元以下罚金。

单位犯前两款罪的，对单位判处罚金，并对其直接负责的主管人员和其他直接责任人员，依照前两款的规定处罚。

【条文精解】

本条是关于伪造、变造国家有价证券罪和伪造、变造股票、公司、企业债券罪及其处罚的规定。

本条共分三款。第一款是关于伪造、变造国家有价证券罪及其刑事处罚的规定。主要规定了以下几个要件：一是行为人在主观上有犯罪故意，即有伪造、变造国家发行的有价证券的故意，通常有牟取非法利益的目的。二是行为人在客观上实施了伪造、变造国库券或者国家发行的有价证券的行为。

本条所称"伪造"，是指行为人仿照真实的有价证券的形式、图案、颜色、格式、面额，通过印刷、复印、绘制等制作方法非法制造有价证券的行为。本条所称"变造"，是指行为人在真实的有价证券的基础上或者以真实的有价证券为基本材料，通过剪接、挖补、覆盖、涂改等方法，对有价证券的主要内容，非法加以改变的行为，如改变有价证券的面额、发行期限等。本条所称"国家发行的其他有价证券"，是指国家发行的除国库券以外的其他国家有价证券以及国家银行金融债券，如财政债券、国家建设债券、保值公债、国家重点建设债券等。本罪犯罪行为所指向的对象是国库券和国家发行的其他有价证券。这是本罪与伪造、变造金融票证罪的主要区别。三是行为人伪造、变造国库券或者国家发行的有价证券的行为，数额较大的，才构成犯罪。这是罪与非罪的重要界限。对于什么是"数额较大"，本条没作具体规定，可由司法机关总结司法实践经验作出司法解释。

对于伪造、变造国家有价证券罪的处罚，本款根据数额规定了三档刑：数额较大的，处三年以下有期徒刑或者拘役，并处或者单处二万元以上二十万元以下罚金；数额巨大的，处三年以上十年以下有期徒刑，并处五万元以上五十万元以下罚金；数额特别巨大的，处十年以上有期徒刑或者无期徒刑，并处五万元以上五十万元以下罚金或者没收财产。

第二款是关于伪造、变造股票、公司、企业债券罪及其刑事处罚的规定。本罪在主观方面、行为特点上与伪造、变造国家有价证券罪没有什么区别，最大的不同在于本罪的行为对象是股票、公司债券、企业债券而不是国家债券。本条所称的"股票"是股份有限公司为筹集资金发给股东的入股凭证，是代表股份资本所有权的证书和股东借以取得股息及红利的一种有价证券。所谓"公司、企业债券"，是指公司、企业依照法定程序发行的、约定在一定期限还本付息的有价证券。随着资本市场的发展，公司、企业债券的类型还在不断丰富。

对伪造、变造股票、公司、企业债券罪的处罚，本款根据数额规定了两档刑：数额较大的，处三年以下有期徒刑或者拘役，并处或者单处一万元以上十万元以下罚金；数额巨大的，处三年以上十年以下有期徒刑，并处二万元以上二十万元以下罚金。

第三款是关于单位犯伪造、变造国家有价证券罪及伪造、变造股票、公司、企业债券罪及其刑事处罚的规定。根据本款规定，单位犯前两款罪的，对单位判处罚金，并对其直接负责的主管人员和其他直接责任人员，根据案件的具体情况，分别依照本条第一款、第二款的规定处罚。

【实践中需要注意的问题】

关于本条规定的立案追诉标准,最高人民检察院、公安部《关于公安机关管辖的刑事案件立案追诉标准的规定(二)》第三十二条、第三十三条分别作出了规定。对于本条第一款"伪造、变造国家有价证券罪",伪造、变造国库券或者国家发行的其他有价证券,总面额在二千元以上的,应予立案追诉;对于本条第二款"伪造、变造股票、公司、企业债券罪",伪造、变造股票或者公司、企业债券,总面额在五千元以上的,应予立案追诉。

第一百七十九条 【擅自发行股票、公司、企业债券罪】

未经国家有关主管部门批准,擅自发行股票或者公司、企业债券,数额巨大、后果严重或者有其他严重情节的,处五年以下有期徒刑或者拘役,并处或者单处非法募集资金金额百分之一以上百分之五以下罚金。

单位犯前款罪的,对单位判处罚金,并对其直接负责的主管人员和其他直接责任人员,处五年以下有期徒刑或者拘役。

【条文精解】

本条是关于擅自发行股票、公司、企业债券罪及其处罚的规定。

本条共分两款。第一款是对自然人擅自发行股票或者公司、企业债券的犯罪及其刑事处罚的规定。根据本条规定,擅自发行股票、公司、企业债券罪有以下几个构成要件:

一是本罪的犯罪主体是一般主体,即自然人或单位。既包括那些根本不具备发行股票或者公司、企业债券条件的个人和单位,也包括那些具备了发行股票或者公司、企业债券条件,但还没有得到国家有关主管部门批准,而擅自发行股票或者公司、企业债券的个人和单位。

二是实施了未经国家有关主管部门批准,擅自发行股票或者公司、企业债券的行为。发行股票或者公司、企业债券是市场经济条件下的一种有效的集资手段。但由于面向社会公众,这种大规模的集资方式并非只是一家公司、企业自己筹措资金的简单行为,而是事关广大股票、债券投资者的切身利益。因为发行股票或者公司、企业债券的单位要向投资者负责。发行股票要定期付给股东红利,发行公司、企业债券要按时归还本金及利息,这依赖于发行公司、企业的生产经营管理及其经济效益的好坏,具有一定风险性,同时由于这种活动涉及面广,事关大量资金的流向,与社会金融秩序的稳定甚至社会安定密切相关。因此,证券法、公司法、全民所有制工业企业法等法律法规和部门规章对发行股票或者公司、企业债券规定了明确的条件和准许程序。随着我国金融体制改革的不断深入,国家批准发行股票或者公司、企业债券的主管部门和程序也在发生变化。目前,"国家有关主管部门批准"主要指两种方式:核准制与注册制。

首先,核准制,是传统意义上国家金融主管部门对股票或者公司、企业债券发行实施的审查批准制度。需要注意的是,2019修订后的证券法已经明确了证券发行注册制,其中第九条规定,"证券发行注册制的具体范围、实施步骤,由国务院规定"。根据注册制改革过渡期的安排,核准制与注册制仍将在一段时期内同时存在。核准制的相关标准和要求,仍按照以前的法律法规执行。核准制主要有以下几种情况:其一,采用募集设立形式设立股份有限公司需向社会发行股票募集股份的,或者股份有限公司成立后公开发行或者非公开发行新股的,都必须根据公司法和证券法的规定,符合国务院证券管理部门规定的发行股票的条件,并报国务院证券管理部门核准。根据2014年证券法第二十三条的规定,国务院证券监督管理机构依照法定条件负责核准股票发行申请。核准程序应当公开,依法接受监督。此外,该法第三十六条规定,公开发行股票,代销、包销期限届满,发行人还应当在规定的期限内将股票发行情况报国务院证券监督管理机构备案。其二,公司发行公司债券的,根据2014年证券法第十七条的规定,应当向国务院证券监督管理机构报送相关文件,并由其核准;国有独资公司要发行公司债券的,根据公司法第六十六条的规定,必须由国有资产监督管理机构决定。此外,根据公司法第一百六十一条和2014年证券法第十六条的规定,上市公司发行可转换为股票的公司债券,应当报国务院证券监督管理机构核准。上述规定,体现了国家对发行股票、公司债券活动的严格监督和管理。其三,企业发行企业债券的。这里的企业绝大多数具有法人资格,也有一些企业不具有董事会、监事会、股东大会等法人制度,仍保留党委会、职工代表大会、工会的企业组织形式,如全民所有制企业,其发行企业债券时应符合全民所有制工业企业法的规定。负责监管企业发行企业债券的国家监管部门,在较长时间的金融改革中也有过变化。根据《国务院批准中国人民银行〈关于企业债券改由国家计委审批的请示〉(银发〔1999〕364号)》的规定,国家监管企业债券的部门由中国人民银行变更为国家发展计划委员会负责。2011年修订后的《企业债券管理条例》第十条规定，国家计划委员会会同中国人民银行、财政部、国务院证券委员会拟订全国企业债券发行的年度规模和规模内的各项指标，报国务院批准后，下达各省、自治区、直辖市、计划单列市人民政府和国务院有关部门执行。未经国务院同意，任何地方、部门不得擅自突破企业债券发行的年度规模，并不得擅自调整年度规模内的各项指标。第十一条规定，企业发行企业债券必须按照该条例的规定进行审批；未经批准的，不得擅自发行和变相发行企业债券。中央企业发行企业债券，由中国人民银行会同国家计划委员会审批；地方企业发行企业债券，由中国人民银行省、自治区、直辖市、计划单列市分行会同同级计划主管部门审批。需要注意的是，国家计划委员会的职能经多次国务院机构改革后现已由国家发展改革委承担。

其次，注册制是比核准制更加市场化的股票、债券发行制度。从国际上看，成熟市场普遍实行注册制，但没有统一的模式。注册制的核心是信息披露，发行人要充分披露供投资者作出价值判断和投资决策所需的信息，确保信息披露真实、准确、完整。主管机构负责审核注册，落实发行人信息披露责任，提高信息披露质量。2015年12月，十二届全国人大常委会第十八次会议通过了授权国务院在实施股票发行注册制改革中调整适用证券法有关规定的决定，为在证券法修订前推行注册制改革提供了法律依据。2018年2月，十二届全国人大常委会第三十三次会议决定将上述授权延期两年。2019年12月，十三届全国人大常委会第十五次会议通过了修订后的证券法，正式确立证券发行注册制度。修订后的证券法第九条规定，公开发行证券，必须符合法律、行政法规规定的条件，并依法报经国务院证券监督管理机构或者国务院授权的部门注册；未经依法注册，任何单位和个人不得公开发行证券；证券发行注册制的具体范围、实施步骤，由国务院规定。具体内容包括以下几种情况：其一，设立股份有限公司公开发行股票的。修订后的证券法第十一条规定，设立股份有限公司公开发行股票，应当符合公司法规定的条件和经国务院批准的国务院证券监督管理机构规定的其他条件，向国务院证券监督管理机构报送募股申请和发起人协议、招股说明书等文件。其二，上市公司发行新股的。修订后的证券法第十三条规定，公司公开发行新股，应当报送募股申请和招股说明书等相关文件。其三，公司公开发行公司债券的。修订后的证券法第十六条规定，申请公开发行公司债券，应当向国务院授权的部门或者国务院证券监督管理机构报送公司债券募集办法等文件。此外，修订后的证券法第二十一条进一步明确，国务院证券监督管理机构或者国务院授权的部门依照法定条件负责证券发行申请的注册；证券公开发行注册的具体办法由国务院规定；按照国务院的规定，证券交易所等可以审核公开发行证券申请，判断发行人是否符合发行条件、信息披露要求，督促发行人完善信息披露内容。其四，企业发行企业债券。2020年3月国家发展改革委《关于企业债券发行实施注册制有关事项的通知》（发改财金〔2020〕298号）第一条规定，企业债券发行由核准制改为注册制。国家发展改革委为企业债券的法定注册机关，发行企业债券应当依法经国家发展改革委注册。国家发展改革委指定相关机构负责企业债券的受理、审核。其中，中央国债登记结算有限责任公司为受理机构，中央国债登记结算有限责任公司、中国银行间市场交易商协会为审核机构。企业债券发行人直接向受理机构提出申请，国家发展改革委对企业债券受理、审核工作及两家指定机构进行监督指导，并在法定时限内履行发行注册程序。该通知第四点同时规定，债券募集资金用于固定资产投资项目的，省级发展改革部门应对募投项目出具符合国家宏观调控政策、固定资产投资管理法规制度和产业政策的专项意见，并承担相应责任。省级发展改革部门要发挥属地管理优势，通过项目筛查、风险排查、监督检查等方式，做好区域内企业债券监管工作，防范化解企业债券领域风险。

综上所述，1997年刑法修订后，股票、债券市场经过持续改革和完善，将全面完成核准制向注册制的转变。根据股票、债券的具体情况，核准制和注册制都属于"国家有关主管部门批准"的一种方式。未经国家有关主管部门核准和注册，是不允许擅自发行股票和公司、企业债券的。

此外，行为人是否实际上已经发行了股票或者公司、企业债券，是区分罪与非罪的主要界限之一。如果不是采取发行股票或者公司、企业债券的方式，而是采取其他方法非法筹集资金的，不构成本罪。

三是擅自发行股票或者公司、企业债券，必须达到数额巨大，或者造成严重后果或者有其他严重情节的，才构成犯罪，这是区分罪与非罪的另一主要界限。本条对什么是"数额巨大""后果严重"和"其他严重情节"，没有作具体规定，可由最高人民法院、最高人民检察院根据司法实践情况作出司法解释。

对于擅自发行股票、公司、企业债券罪的处罚，本款规定处五年以下有期徒刑或者拘役，并处或者单处非法募集资金金额百分之一以上百分之五以下罚金。

第二款是对单位犯擅自发行股票、公司、企业债券罪的处罚规定。单位犯本罪的，对单位判处罚金，并对其直接负责的主管人员和其他直接责任人员，处五年以下有期徒刑或者拘役。

【实践中需要注意的问题】

关于本条规定的立案追诉标准，根据最高人民检察院、公安部《关于公安机关管辖的刑事案件立案追诉标准的规定（二）》第三十四条的规定，未经国家有关主管部门批准，擅自发行股票或者公司、企业债券，涉嫌下列情形之一的，应予立案追诉：（1）发行数额在五十万元以上的；（2）虽未达到上述数额标准，但擅自发行致使三十人以上的投资者购买了股票或者公司、企业债券的；（3）不能及时清偿或者清退的；（4）其他后果严重或者有其他严重情节的情形。

第一百八十条 【内幕交易、泄露内幕信息罪】【利用未公开信息交易罪】

证券、期货交易内幕信息的知情人员或者非法获取证券、期货交易内幕信息的人员，在涉及证券的发行，证券、期货交易或者其他对证券、期货交易价格有重大影响的信息尚未公开前，买入或者卖出该证券，或者从事与该内幕信息有关的期货交易，或者泄露该信息，或者明示、暗示他人从事上述交易活动，情节严重的，处五年以下有期徒刑或者拘役，并处或者单处违法所得一倍以上五倍以下罚金；情节特别严重的，处五年以上十年以下有期徒刑，并处违法所得一倍以上五倍以下罚金。

单位犯前款罪的，对单位判处罚金，并对其直接负责的主管人员和其他直接责任人员，处五年以下有期徒刑或者拘役。

内幕信息、知情人员的范围，依照法律、行政法规的规定确定。

证券交易所、期货交易所、证券公司、期货经纪公司、基金管理公司、商业银行、保险公司等金融机构的从业人员以及有关监管部门或者行业协会的工作人员，利用因职务便利获取的内幕信息以外的其他未公开的信息，违反规定，从事与该信息相关的证券、期货交易活动，或者明示、暗示他人从事相关交易活动，情节严重的，依照第一款的规定处罚。

【条文精解】

本条是关于内幕交易、泄露内幕信息罪和利用未公开信息交易罪及其处罚的规定。

本条共分四款。第一款是关于个人犯内幕交易、泄露内幕信息罪的处罚规定。根据本款的规定，构成内幕交易、泄露内幕信息罪必须符合下列构成要件：

第一,该罪的主体是特殊主体,即证券、期货交易内幕信息的知情人员和非法获取证券、期货交易内幕信息的人员。根据本条第三款的规定,内幕信息、知情人员的范围,依照法律、行政法规的规定确定。由于证券、期货交易的差异,二者所指向的内幕信息和知情人员也有所不同。

根据2019年修订后的证券法第五十二条的规定,"内幕信息"具体指证券交易活动中,涉及发行人的经营、财务或者对该发行人证券的市场价格有重大影响的尚未公开的信息。证券法第八十条第二款和第八十一条第二款所列的重大事件也属于内幕信息。证券法第八十条规定,投资者尚未得知的,可能对上市公司、股票在国务院批准的其他全国性证券交易场所的公司的股票交易价格产生较大影响的重大事件,包括以下内容:(1)公司的经营方针和经营范围的重大变化;(2)公司的重大投资行为,公司在一年内购买、出售重大资产超过公司资产总额百分之三十,或者公司营业用主要资产的抵押、质押、出售或者报废一次超过该资产的百分之三十;(3)公司订立重要合同、提供重大担保或者从事关联交易,可能对公司的资产、负债、权益和经营成果产生重要影响;(4)公司发生重大债务和未能清偿到期重大债务的违约情况;(5)公司发生重大亏损或者重大损失;(6)公司生产经营的外部条件发生的重大变化;(7)公司的董事、三分之一以上监事或者经理发生变动,董事长或者经理无法履行职责;(8)持有公司百分之五以上股份的股东或者实际控制人持有股份或者控制公司的情况发生较大变化,公司的实际控制人及其控制的其他企业从事与公司相同或者相似业务的情况发生较大变化;(9)公司分配股利、增资的计划,公司股权结构的重要变化,公司减资、合并、分立、解散及申请破产的决定,或者依法进入破产程序、被责令关闭;(10)涉及公司的重大诉讼、仲裁,股东大会、董事会决议被依法撤销或宣告无效;(11)公司涉嫌犯罪被依法立案调查,公司的控股股东、实际控制人、董事、监事、高级管理人员涉嫌犯罪被依法采取强制措施;(12)国务院证券监督管理机构规定的其他事项。证券法第八十一条规定,投资者尚未得知的,可能对上市交易公司债券的交易价格产生较大影响的重大事件,包括以下内容:(1)公司股权结构或者生产经营状况发生重大变化;(2)公司债券信用评级发生变化;(3)公司重大资产抵押、质押、出售、转让、报废;(4)公司发生未能清偿到期债务的情况;(5)公司新增借款或者对外提供担保超过上年末净资产的百分之二十;(6)公司放弃债权或者财产超过上年末净资产的百分之十;(7)公司发生超过上年末净资产百分之十的重大损失;(8)公司分配股利,作出减资、合并、分立、解散及申请破产的决定,或者依法进入破产程序、被责令关闭;(9)涉及公司的重大诉讼、仲裁；（10）公司涉嫌犯罪被依法立案调查，公司的控股股东、实际控制人、董事、监事、高级管理人员涉嫌犯罪被依法采取强制措施；（11）国务院证券监督管理机构规定的其他事项。根据证券法第五十一条的规定，"知情人员"包括下列人员：（1）发行人及其董事、监事、高级管理人员；（2）持有公司百分之五以上股份的股东及其董事、监事、高级管理人员，公司的实际控制人及其董事、监事、高级管理人员；（3）发行人控股或者实际控制的公司及其董事、监事、高级管理人员；（4）由于所任公司职务或者因与公司业务往来可以获取公司有关内幕信息的人员；（5）上市公司收购人或者重大资产交易方及其控股股东、实际控制人、董事、监事和高级管理人员；（6）因职务、工作可以获取内幕信息的证券交易场所、证券公司、证券登记结算机构、证券服务机构的有关人员；（7）因职责、工作可以获取内幕信息的证券监督管理机构工作人员；（8）因法定职责对证券的发行、交易或者对上市公司及其收购、重大资产交易进行管理可以获取内幕信息的有关主管部门、监管机构的工作人员；（9）国务院证券监督管理机构规定的可以获取内幕信息的其他人员。

在期货交易中，根据《期货交易管理条例》的规定，"内幕信息"，是指可能对期货交易价格产生重大影响的尚未公开的信息，包括：国务院期货监督管理机构以及其他相关部门制定的对期货交易价格可能发生重大影响的政策，期货交易所作出的可能对期货交易价格发生重大影响的决定，期货交易所会员、客户的资金和交易动向以及国务院期货监督管理机构认定的对期货交易价格有显著影响的其他重要信息。"内幕信息的知情人员"，是指由于其管理地位、监督地位或者职业地位，或者作为雇员、专业顾问履行职务，能够接触或者获得内幕信息的人员，包括期货交易所的管理人员以及其他由于任职可获取内幕信息的从业人员，国务院期货监督管理机构和其他有关部门的工作人员以及国务院期货监督管理机构规定的其他人员。

本条所称的"非法获取证券、期货交易内幕信息的人员"，是指利用骗取、套取、偷听、监听或者私下交易等手段获取证券、期货交易内幕信息的人员。

第二，行为人在主观上有犯罪的故意，通常有让自己或者他人从中牟利的目的，过失不构成本罪。

第三，在客观上，行为人实施了在涉及证券的发行，证券、期货交易或者其他对证券、期货交易价格有重大影响的信息尚未公开前，买入或者卖出该证券，或者从事与该内幕信息有关的期货交易，或者泄露该信息，或者明示、暗示他人从事上述交易活动的行为。在证券、期货交易中，信息披露制度是公开、公平、公正原则的具体体现和要求，是确保证券、期货市场公平交易的一项重要制度。而且，在信息披露过程中，要求有关方面必须及时、准确地将证券、期货信息公布于众，才能保证投资者都能够平等地获取信息。而少数人利用获取内幕信息的有利地位或者非法获取的内幕信息进行内幕交易，不但违背了市场规则，更主要的是在这种情况下，证券、期货交易价格失去了客观公正性和真实性，从而破坏了证券、期货市场的正常运行程序。同时，这种行为侵犯了其他投资者的合法权益。因此，为维护证券、期货市场的公平、公正运行，对内幕交易及泄露内幕信息的行为必须予以严惩。本条所称的"泄露该信息"，主要是指将内幕信息透露、提供给不应知道该信息的人，让他人利用该信息买入、卖出股票或者进行期货交易，获取不正当利益。

第四，必须是情节严重的行为。内幕交易行为及泄露内幕信息行为是否构成犯罪，主要在于情节的轻重。根据2012年3月29日最高人民法院、最高人民检察院《关于办理内幕交易、泄露内幕信息刑事案件具体应用法律若干问题的解释》第六条的规定，在内幕信息敏感期内从事或者明示、暗示他人从事或者泄露内幕信息导致他人从事与该内幕信息有关的证券、期货交易，具有下列情形之一的，应当认定为刑法第一百八十条第一款规定的"情节严重"：(1)证券交易成交额在五十万元以上的；(2)期货交易占用保证金数额在三十万元以上的；(3)获利或者避免损失数额在十五万元以上的；(4)三次以上的；(5)具有其他严重情节的。该解释第七条规定，在内幕信息敏感期内从事或者明示、暗示他人从事或者泄露内幕信息导致他人从事与该内幕信息有关的证券、期货交易，具有下列情形之一的，应当认定为刑法第一百八十条第一款规定的"情节特别严重"：(1)证券交易成交额在二百五十万元以上的；(2)期货交易占用保证金数额在一百五十万元以上的；(3)获利或者避免损失数额在七十五万元以上的；(4)具有其他特别严重情节的。

本款根据情节轻重，对内幕交易、泄露内幕信息罪的处罚，规定了两档刑：对情节严重的，处五年以下有期徒刑或者拘役，并处或者单处违法所得一倍以上五倍以下罚金；情节特别严重的，处五年以上十年以下有期徒刑，并处违法所得一倍以上五倍以下罚金。

第二款是关于单位犯内幕交易、泄露内幕信息罪的处罚规定。知悉证券、期货交易内幕信息的单位或者非法获取证券、期货交易内幕信息的单位，在涉及证券的发行，证券、期货交易或者其他对证券、期货交易价格有重大影响的信息尚未公开前，买入或者卖出该证券，或者从事与该内幕信息有关的期货交易，或者泄露该信息，或者建议他人从事上述交易活动，情节严重的，根据本款的规定，对单位判处罚金，并对其直接负责的主管人员和其他直接责任人员，处五年以下有期徒刑或者拘役。

第三款是对内幕信息、知情人员的范围作出的原则规定，在本条第一款内容说明中已作了解释，在此不再赘述。

在实际执行中，内幕交易罪与侵犯商业秘密罪侵害的对象具有一定的相似性，都属于尚未公开的，可能给当事人带来经济利益的有关信息。但是在侵害对象、客体、行为主体等方面存在区别：一是从侵害对象而言，内幕信息是尚未公开的，涉及证券的发行，证券、期货交易或者其他对证券、期货交易价格有重大影响的信息；而商业秘密，是指不为公众所知悉，具有商业价值并经权利人采取相应保密措施的技术信息、经营信息等商业信息。二是内幕交易罪侵犯的客体是国家金融管理秩序的正常运行，而侵犯商业秘密罪侵犯的是企事业单位经营活动的正常进行，二者侵犯的客体属于不同的领域和范畴。三是内幕交易罪的主体为证券、期货交易内幕信息的知情人员或者非法获取证券、期货交易内幕信息的人员，具有相对的特殊性，而侵犯商业秘密罪的主体为一般主体。

泄露内幕信息罪与泄露国家秘密的犯罪也存在不同之处：一是行为人的主观心态不同。泄露内幕信息罪只能由主观故意构成，过失不构成本罪，而泄露国家秘密的犯罪的主观方面包括故意和过失。二是侵犯的对象不同。泄露内幕信息罪侵犯的是证券、期货交易中的内幕信息，而泄露国家秘密的犯罪侵犯的是国家秘密。三是侵害的客体不同。泄露内幕信息罪侵害的是证券、期货市场的管理秩序，泄露国家秘密的犯罪侵害的是国家的安全和重大利益。

第四款是关于利用未公开信息交易罪及其处罚的规定。构成本款规定的犯罪，须注意以下两方面：

一是本罪的主体属于特殊主体，即证券交易所、期货交易所、证券公司、期货经纪公司、基金管理公司、商业银行、保险公司等金融机构的从业人员以及有关监管部门或者行业协会的工作人员。这些金融机构大都开展代客理财的业务，手中握有大量的客户资金，可以投向证券、期货等市场。这部分人员在证券、期货交易中具有信息优势，其利用职务便利可以先行知悉一些内幕信息以外的其他未公开的信息。同时，这部分人员一旦违反规定利用这些信息从事证券、期货交易，对市场的危害性将是十分严重的，必须予以惩处。

二是犯罪分子所利用的信息不属于内幕信息的范畴，但属于未公开的信息，如基金投资公司即将建仓、出仓的信息等。

根据本款规定,上述人员违反规定,从事与该信息相关的证券、期货交易活动,或者明示、暗示他人从事相关交易活动,情节严重的,依照第一款的规定处罚。

【实践中需要注意的问题】

关于本条规定的理解,相关司法解释也具有一定的借鉴作用,可结合2019年修订的证券法、即将颁布的期货法的有关规定一并理解和掌握。例如最高人民法院、最高人民检察院《关于办理内幕交易、泄露内幕信息刑事案件具体应用法律若干问题的解释》第二条规定,具有下列行为的人员应当认定为刑法第一百八十条第一款规定的"非法获取证券、期货交易内幕信息的人员":(1)利用窃取、骗取、套取、窃听、利诱、刺探或者私下交易等手段获取内幕信息的;(2)内幕信息知情人员的近亲属或者其他与内幕信息知情人员关系密切的人员,在内幕信息敏感期内,从事或者明示、暗示他人从事,或者泄露内幕信息导致他人从事与该内幕信息有关的证券、期货交易,相关交易行为明显异常,且无正当理由或者正当信息来源的;(3)在内幕信息敏感期内,与内幕信息知情人员联络、接触,从事或者明示、暗示他人从事,或者泄露内幕信息导致他人从事与该内幕信息有关的证券、期货交易,相关交易行为明显异常,且无正当理由或者正当信息来源的。

2019年最高人民法院 最高人民检察院《关于办理利用未公开信息交易刑事案件适用法律若干问题的解释》对本条第四款规定的"内幕信息以外的其他未公开的信息""违反规定""明示、暗示他人从事相关交易活动"等作了进一步细化。特别是该解释第六条、第七条对本条第四款规定的"依照第一款的规定从重处罚"作了具体的说明。其中,第六条规定,利用未公开信息交易,违法所得数额在五十万元以上,或者证券交易成交额在五百万元以上,或者期货交易占用保证金数额在一百万元以上,具有下列情形之一的,应当认定为刑法第一百八十条第四款规定的"情节严重":(1)以出售或者变相出售未公开信息等方式,明示、暗示他人从事相关交易活动的;(2)因证券、期货犯罪行为受过刑事追究的;(3)二年内因证券、期货违法行为受过行政处罚的;(4)造成恶劣社会影响或者其他严重后果的。第七条规定,刑法第一百八十条第四款规定的"依照第一款的规定处罚",包括该条第一款关于"情节特别严重"的规定;利用未公开信息交易,违法所得数额在一千万元以上的,应当认定为"情节特别严重";违法所得数额在五百万元以上,或者证券交易成交额在五千万元以上,或者期货交易占用保证金数额在一千万元以上，具有本解释第六条规定的四种情形之一的，应当认定为"情节特别严重"。

第一百八十一条 【编造并传播证券、期货交易虚假信息罪】
【诱骗投资者买卖证券、期货合约罪】

编造并且传播影响证券、期货交易的虚假信息，扰乱证券、期货交易市场，造成严重后果的，处五年以下有期徒刑或者拘役，并处或者单处一万元以上十万元以下罚金。

证券交易所、期货交易所、证券公司、期货经纪公司的从业人员，证券业协会、期货业协会或者证券期货监督管理部门的工作人员，故意提供虚假信息或者伪造、变造、销毁交易记录，诱骗投资者买卖证券、期货合约，造成严重后果的，处五年以下有期徒刑或者拘役，并处或者单处一万元以上十万元以下罚金；情节特别恶劣的，处五年以上十年以下有期徒刑，并处二万元以上二十万元以下罚金。

单位犯前两款罪的，对单位判处罚金，并对其直接负责的主管人员和其他直接责任人员，处五年以下有期徒刑或者拘役。

【条文精解】

本条是关于编造并传播证券、期货交易虚假信息罪和诱骗投资者买卖证券、期货合约罪及其处罚的规定。

本条共分三款。第一款是关于编造并传播证券、期货交易虚假信息罪的规定。根据本款的规定，构成编造并传播证券、期货交易虚假信息罪必须符合下列条件：第一，犯罪主体为自然人。主要是证券交易所、期货交易所、证券公司、期货经纪公司、证券登记结算机构、期货登记结算机构、为公开或非公开募集资金设立的证券投资基金的从业人员，证券业协会、期货业协会或者证券期货监督管理部门的工作人员，证券、期货咨询服务机构及相关机构的人员，以及证券、期货交易的客户，从事证券市场信息报道的工作人员、行情分析人员等。第二，行为人主观上具有犯罪故意，即明知编造并且传播影响证券、期货交易的虚假信息，会扰乱证券、期货交易市场秩序，仍实施该行为，并希望危害结果出现。第三，行为人客观上实施了编造并且传播影响证券、期货交易的虚假信息，扰乱证券、期货交易市场的行为。本条所称的影响证券交易的虚假信息，主要是指可能对上市公司股票交易价格产生较大影响的虚假信息，如涉及公司分配股利或者增资的计划，公司债务担保的重大变更，公司发生重大亏损或者遭受重大损失，公司减资、合并、分立、解散等虚假信息。影响期货交易的虚假信息，主要是指可能对期货合约的交易产生较大影响的虚假信息，如金融银根政策、有关会议内容、市场整顿措施、新品种上市、税率调整、大户入市、保证金比例的提高、交易头寸变化、仓量调整、新法规新措施的出台等。值得注意的是，这里的"虚假信息"，是指凭空捏造的、歪曲事实的或者有误导性的，能引起市场行情变化的信息，如引起价格上涨或者下跌、大量抛售或者吸纳等。行为人必须既具有编造又具有传播影响证券、期货交易的虚假信息的行为。至于行为人是否从中牟利，不影响本罪的构成。如果行为人只编造而没有传播，或者道听途说又散布给他人，不能以犯罪论处。行为人编造并传播的必须是能够影响证券、期货交易的虚假信息，如该虚假信息对证券、期货交易无影响，也不构成本罪。第四，构成本罪的必须是扰乱证券、期货交易市场，造成严重后果的行为。所谓"扰乱证券、期货交易市场，造成严重后果"，是指虚假信息引起股票价格、期货交易价格重大波动，或者在股民、期货交易客户中引起了心理恐慌，大量抛售或者买进某种股票、期货交易品种，给股民、投资者造成重大经济损失，或者造成恶劣的社会影响，等等。

对于编造并传播影响证券、期货交易虚假信息罪的处罚，根据本款的规定，处五年以下有期徒刑或者拘役，并处或者单处一万元以上十万元以下罚金。

本条第二款是关于诱骗投资者买卖证券、期货合约罪的规定。根据本款的规定，构成本罪须符合以下条件：第一，本罪是特殊主体，即证券交易所、期货交易所、证券公司、期货经纪公司的从业人员，证券业协会、期货业协会或者证券期货监督管理部门的工作人员，其他人不能成为本罪的主体。第二，行为人主观上具有犯罪故意，即故意提供虚假信息，诱骗投资者买卖证券、期货合约。本条所称的"期货合约"，是指由期货交易所统一制定的、规定在将来某一特定的时间和地点交割一定数量和质量商品的标准化合约。第三，行为人客观上实施了提供虚假信息或者伪造、变造、销毁交易记录的行为。本条所称的"伪造交易记录"，是指制作假的交易记录，即原来未进行交易，在交易记录中谎报进行了交易，原来未进行大量交易，而在交易记录中谎报进行了大量交易。所谓"变造"，是指用涂改、擦消、拼接等方法，对真实的业务记录文件进行篡改，变更其内容的行为。所谓"销毁"，是指把真实的交易记录予以毁灭的行为。第四，构成本罪的必须是故意提供虚假信息或者伪造、变造、销毁交易记录，诱骗投资者买卖证券、期货合约，造成严重后果的行为。"造成严重后果"，主要是指使投资者造成重大经济损失，造成证券、期货市场秩序严重混乱等。

对于诱骗投资者买卖证券、期货合约罪的处罚，本款规定了两档刑：造成严重后果的，处五年以下有期徒刑或者拘役，并处或者单处一万元以上十万元以下罚金；情节特别恶劣的，处五年以上十年以下有期徒刑，并处二万元以上二十万元以下罚金。

本条第三款是关于单位犯编造并传播证券、期货交易虚假信息罪和诱骗投资者买卖证券、期货合约罪的处罚规定。本款对单位犯这两种罪的处罚采取了双罚制原则，即对单位判处罚金，并对其直接负责的主管人员和其他直接责任人员，处五年以下有期徒刑或者拘役。

【实践中需要注意的问题】

一是要正确划清市场行情分析失误与编造并传播虚假信息的界限。在证券、期货市场中，一些经纪人、咨询人员、行情分析人员等业内人士或者专家学者经常对证券、期货市场的行情发表评论。这种评论往往是依据个人的经验和知识，结合市场行情的走向、有关的数据资料、技术分析作出的判断或者预测。这只是个人之见，其目的是为投资者正确决策提供参考。因此，判断失误在所难免。而编造并传播虚假信息是通过虚构事实、隐瞒真相等欺诈手段散布信息，造成严重后果的行为。因此，二者的主要区别在于是否具有故意编造虚假信息的行为。

二是对于编造并传播"虚假的内幕信息"的行为如何定性，实践中存在争议。有观点认为，内幕信息必须是真实的，不真实的信息属于虚假信息。如果行为人编造、传播所谓的"内幕信息"是虚假信息的，应构成本条规定的编造并传播证券、期货交易虚假信息罪。也有观点认为，内幕信息不以最终真实性为要件。实践中，内幕信息仅代表一段时间内尚未公开的可能重大影响证券、期货市场价格的信息，这些信息最终可能具有临时性，也不完全准确、真实、完整。而且就算国务院证券监督管理机构等指定的报刊、媒体、平台披露的信息也未必都是真实的，事后有可能会被证明为虚假信息披露。因此真实性不影响对"内幕信息"的判断。只要信息一旦向社会公开，会对证券、期货交易价格或者交易量产生重大影响的，就应当认定为内幕信息。行为人泄露虚假的"内幕信息"的，可能构成刑法第一百八十条泄露内幕信息罪，而不是本条规定的编造并传播证券、期货交易虚假信息罪。整体来看，信息相对真实应属于"内幕信息"的认定标准。刑法惩治内幕交易和泄露内幕信息的行为，主要是为了惩治通过内幕信息"占得先机"的市场投机行为。

虽然事后看，相关信息可能不是完全准确、真实、完整，但是只要相关信息与指定报刊、媒体、平台首次公开的信息基本一致，就应当认定其具有真实性，属于"内幕信息"。泄露"内幕信息"的，应当构成泄露内幕信息罪。另外，对于虚假的"内幕信息"而言，获取了该类信息而实施的市场投机行为无法牟取非法利益，但是编造、传播该类信息仍然具有社会危害性。行为人故意编造并传播虚假"内幕信息"的，可能构成编造并传播证券、期货交易虚假信息罪或者操纵证券、期货市场罪。

第一百八十二条【操纵证券、期货市场罪】

有下列情形之一，操纵证券、期货市场，影响证券、期货交易价格或者证券、期货交易量，情节严重的，处五年以下有期徒刑或者拘役，并处或者单处罚金；情节特别严重的，处五年以上十年以下有期徒刑，并处罚金：

（一）单独或者合谋，集中资金优势、持股或者持仓优势或者利用信息优势联合或者连续买卖的；

（二）与他人串通，以事先约定的时间、价格和方式相互进行证券、期货交易的；

（三）在自己实际控制的帐户之间进行证券交易，或者以自己为交易对象，自买自卖期货合约的；

（四）不以成交为目的，频繁或者大量申报买入、卖出证券、期货合约并撤销申报的；

（五）利用虚假或者不确定的重大信息，诱导投资者进行证券、期货交易的；

（六）对证券、证券发行人、期货交易标的公开作出评价、预测或者投资建议，同时进行反向证券交易或者相关期货交易的；

（七）以其他方法操纵证券、期货市场的。

单位犯前款罪的，对单位判处罚金，并对其直接负责的主管人员和其他直接责任人员，依照前款的规定处罚。

【条文精解】

本条是关于操纵证券、期货市场罪及其处罚的规定。

1997年修订刑法时增加了本条规定。为了使证券交易市场健康有序地发展，一方面需要建立健全证券交易规则和各项证券交易规章制度，采取加强行政干预的手段管理和规范证券交易行为；另一方面，还需要采取刑事处罚手段。所以惩治各类发生在证券交易过程中的犯罪，保障证券交易秩序，就成为增加这方面内容规定的客观要求。操纵证券市场行为属于最为严重的破坏证券交易秩序的行为之一，需要刑法对此作出专门规定。

1999年《刑法修正案》对本条作了第一次修改，将操纵期货交易价格，情节严重的行为规定为犯罪。1997年修订刑法时，由于期货市场建立不久，情况比较复杂，而且各种规章制度不健全，期货业存在的违规违法现象也没有充分显露出来，所以1997年刑法原第一百八十二条只将操纵证券交易价格的行为规定为犯罪，对操纵期货交易价格的行为未作规定。1999年国务院颁布了《期货交易管理暂行条例》，为了使期货交易市场健康有序地发展，一方面需要建立健全期货交易规则和各项期货交易规章制度，采取加强行政干预手段管理和规范期货交易行为；另一方面还需要采取刑事处罚手段，惩治期货交易过程中的犯罪行为，保障期货交易正常秩序。为此，1999年12月25日第九届全国人民代表大会常务委员会第十三次会议通过的《刑法修正案》对本条作了修改完善，将操纵期货交易价格，情节严重的行为规定为犯罪。

《刑法修正案（六）》对本条作了第二次修改。一是将本罪罪状规定的"操纵证券、期货交易价格，获取不正当利益或者转嫁风险"修改为"操纵证券、期货交易市场"。二是提高了一档刑，即情节特别严重的，处五年以上十年以下有期徒刑，并处罚金。三是完善了罚金刑，将原本条第一款中规定的"一倍以上五倍以下罚金"修改为"罚金"。四是调整了相关罪状的表述，以与2005年修订后的证券法的有关规定作衔接，删去了原第二项中的"或者相互买卖并不持有的证券"的规定；在原第二项中增加了"在自己实际控制的帐户之间进行证券交易"，同时删去了"以自己为交易对象，进行不转移证券所有权的自买自卖"行为的规定。五是将第二款对单位犯罪的直接负责的主管人员和其他直接责任人员的处罚，由原来直接规定的处自由刑修改为依照自然人犯罪的规定处罚，既处自由刑也处财产刑。作出上述修改主要有以下考虑：

首先，有关部门提出，刑法原第一百八十二条罪状中规定，操纵证券、期货交易价格，获得不正当利益或者转嫁风险，情节严重的，才构成犯罪。但考虑到操纵者能否实际获利取决于市场等多方面因素。操纵行为对证券、期货市场秩序和其他投资者的危害，不在于操纵者本人是否能从操纵行为中获利，而在于人为操纵的、扭曲的证券、期货价格欺骗了公众投资者，扰乱了证券、期货市场秩序。因此,《刑法修正案(六)》将本罪原规定的"操纵证券、期货交易价格,获取不正当利益或者转嫁风险"修改为"操纵证券、期货交易市场"。

其次,进一步加大对操纵证券、期货市场行为的惩处力度。随着证券、期货交易市场的不断成熟,刑法的有些规定已不能适应市场的发展形势,有必要加大对操纵证券、期货市场行为的惩处力度。为此,《刑法修正案(六)》对本条的修改增加了一档刑,将法定最高刑提到至十年有期徒刑。同时,司法实践中对"违法所得一倍以上五倍以下罚金"的规定有一些误解,认为操纵证券、期货市场的行为必须要以获利为前提,如果没有获利,就不构成犯罪。司法机关和有关部门还提出,根据条文规定,按违法所得的倍数处罚金,而实际执行中违法所得的数额往往难以查处和计算,为了灵活地掌握和有力地打击操纵证券、期货市场的犯罪行为,规范证券、期货市场秩序,建议笼统规定为好,具体可由司法机关根据案件的不同情况作出司法解释。经研究,《刑法修正案(六)》将"一倍以上五倍以下罚金"修改为"罚金",并对单位犯罪中直接负责的主管人员和其他直接责任人员的处罚增加罚金刑。

最后,为了与修订后的证券法相衔接。2005年证券法作了全面的修订。为了更好地适应不断发展的证券、期货交易市场,《刑法修正案(六)》对本条修改时,在操纵行为的规定上与修订后的证券法中相关规定的表述相衔接。

《刑法修正案(十一)》对本条作了第三次修改。一是完善了本罪的罪状表述,对原来分散在各项中规定的"影响证券、期货交易价格或者证券、期货交易量"的入罪条件在本条罪状中作统一规定。二是将"虚假申报操纵""蛊惑交易操纵""抢帽子交易操纵"等三种操纵证券、期货市场的行为明确规定为犯罪。作出这些修改主要的考虑是,有的部门提出,操纵证券、期货市场犯罪行为具有专业性强、犯罪手段隐蔽、操纵方法多样等特点。刑法原第一百八十二条有关操纵证券、期货市场犯罪所列举的三类操纵情形是较为传统的犯罪形态。一些新型操纵证券、期货市场犯罪,在刑法上没有规定,一般需要适用"以其他方法操纵证券、期货市场的"兜底规定予以惩治,建议对一些新型操纵证券、期货市场的行为予以明确。经研究,证券、期货市场发展迅速,操纵证券、期货市场的行为也在发生变化,对一些新型操纵证券、期货市场行为在刑法上作出明确,有利于更好地惩治此类犯罪,维护证券、期货市场秩序。同时,考虑到证券、期货市场会进一步发展,对以后再出现的新型操纵证券、期货市场的行为仍然可以通过本条规定的"兜底"条款予以惩治,因此《刑法修正案(十一)》在对本条修改时,将"虚假申报操纵""蛊惑交易操纵""抢帽子交易操纵"等三种操纵证券、期货市场的行为明确规定为犯罪。

本条共分两款。第一款是关于个人操纵证券、期货市场的犯罪及其处罚的规定。惩治操纵证券、期货市场的犯罪行为，既是我国证券、期货市场规范化建设的一个重要内容，也是我国证券、期货市场健康发展的客观需要。"操纵证券、期货交易市场"的行为，是背离市场自由竞争和供求关系原则，人为地操纵证券、期货交易价格，或者制造证券、期货交易的虚假价格或者交易量，引诱他人参与证券、期货交易，为自己牟取不正当利益或者转嫁风险的市场欺诈行为。这种行为既损害投资者的利益，也对证券、期货市场的秩序造成极大的危害，所以，必须严厉打击。

根据本款规定，构成操纵证券、期货市场罪，必须同时具备以下条件。

一是具有操纵证券、期货市场的行为。本款具体列举了七种操纵证券、期货交易市场的行为，只要实施了七种行为之一，影响证券、期货交易价格或者证券、期货交易量，情节严重的，就构成操纵证券、期货市场的犯罪。七种行为分别是：

（1）单独或者合谋，集中资金优势、持股或者持仓优势或者利用信息优势联合或者连续买卖。所谓"单独或者合谋"，是指操纵证券、期货交易价格的行为人既可以是买方也可以是卖方，甚至既是买方又是卖方，可以是一个人所为也可以是多人联合所为。"集中资金优势、持股或者持仓优势或者利用信息优势"，是指证券、期货的投资大户、会员单位等利用手中持有的大量资金、股票、期货合约或者利用了解某些内幕信息等优势，进行证券、期货交易。"联合买卖"，是指行为人在一段时间内共同对某种股票或者期货合约进行买进或者卖出的行为。"连续买卖"即连续交易，是指行为人在短时间内对同一股票或者期货合约反复进行买进又卖出的行为。这种操纵方式一般是行为人先筹足一大笔资金，并锁定某种具有炒作潜力且易操作的股票或者期货合约，暗中利用不同帐户在市场上吸足筹码，然后配合各式炒作题材连续拉抬股价或期货价格，制造多头行情，以诱使投资人跟进追小涨，使股价或期货价格一路攀升，等股价或期货价格上涨到一定高度时，暗中释放出手中所持股票或期货合约，甚至融券卖空，此时交易量明显放大，价格出现剧烈震荡，行为人出清所持股票或期货合约后，交易量萎缩，股票或期货价格丧失支撑旋即暴跌，等价格回跌再乘低补进，以便为下次操作准备筹码，以此方式循环操作，操纵证券、期货交易价格，从上涨和下跌中两面获利。

（2）与他人串通，以事先约定的时间、价格和方式相互进行证券、期货交易。这种操纵证券价格的方式又称为"对敲",主要表现为行为人与他人通谋,在以事先约定的时间、约定的价格自己卖出或者买入股票或者期货合约时,另一约定人同时实施买入或者卖出股票或者期货合约,或者相互买卖证券或者期货合约,通过几家联手反复实施买卖行为,目的在于虚假造势,从而可能抬高或者打压某种股票或者期货的价格,最后,行为人乘机建仓或者平仓,以获取暴利或者转嫁风险。这种行为会使其他投资者对证券、期货市场产生极大误解,导致错误判断而受损,对证券、期货市场的破坏力很大。这种操纵行为方式主要表现为相互交易,即与他人串通,以事先约定的时间、价格和方式相互进行证券、期货交易。在现行集中交易市场电脑竞价撮合成交的交易状态下,串通者所买进与卖出的证券、期货要完全相同,几乎是不可能的。只要串通双方的委托在时间上和价格上具有相似性,数量上具有一致性,即可成立。也不要求必须以整个市场价格为对象,只要影响了某种股票或者期货品种的交易价格即可。

（3）在自己实际控制的帐户之间进行证券交易,或者以自己为交易对象,自买自卖期货合约。在自己实际控制的帐户之间进行证券交易,是指将预先配好的委托分别下达给两个证券公司,由一个证券公司买进,另一个证券公司卖出,实际上是自买自卖证券的行为,其所有权并没有发生转移。这种行为实际上也对证券的交易价格和交易量有很大的影响。"以自己为交易对象,自买自卖期货合约",主要是指以不转移期货合约形式进行虚假买卖。这种情况也称为虚假交易,主要包括两种情况:一种是自我买卖,即会员单位或者客户在期货交易中既作卖方又作买方,形式上买进卖出,实际上期货合约的所有人并没有发生变化,实践中这种人往往在开设帐户时一客多户,或假借他人帐户,或用假名虚设帐户,在买卖期货过程中,形式上是多个客户在交易,实质为同一客户;另一种是不同行为人之间进行的交易,他们事先合谋,相互买卖期货合约,但事后买进的一方再返还给另一方。这种不转移合约所有权形式的虚假交易行为,显然会影响期货行情,制造出虚假价格。例如,行为人通过反复的虚假买卖,引发期货价格的波动,蒙蔽其他投资者入市,当期货价格上涨或下跌到一定价位后,操纵者乘机建仓或平仓,牟取不法利益。所谓"期货合约",是指由期货交易所统一制定的、规定在将来某一特定的时间和地点交割一定数量和质量商品的标准化合约。行为人实施了以自己为交易对象,进行不转移证券所有权的自买自卖。

（4）不以成交为目的,频繁或者大量申报买入、卖出证券、期货合约并撤销申报。这种操纵方式通常称为"虚假申报操纵"或者"幌骗交易操纵",

具体包括分层挂单、反向交易等行为,其核心特征是通过不以成交为目的的挂单,诱骗其他投资者交易或者放弃交易,从而实现对证券、期货交易价格或者交易量的影响。随着计算机程序交易的普及,通过计算机程序快速下单和撤单已经具备了可能性。该种操纵方式多利用程序化交易等技术手段进行,以实现高频交易或者大量申报但最终不成交,进而影响证券交易的数据,从而抬高股价,谋取非法利益。

(5)利用虚假或者不确定的重大信息,诱导投资者进行证券、期货交易。这种操纵证券、期货市场的行为通常称为"蛊惑交易操纵"。实践中,该种行为通过公开传播虚假、重大误导性信息来影响投资者的判断和交易,并进而影响特定证券、期货交易的价格、交易量。实施该类操纵行为的犯罪行为人利用许多投资者存在迷信内部消息、追捧热点信息的心理,通过编故事、"画大饼"等方式,传播公司重组意图、投资意向、行业信息等所谓重大信息,引起证券、期货市场关注和反应,吸引大量投资者跟风交易,以达到行为人操纵证券、期货市场的目的。

(6)对证券、证券发行人、期货交易标的公开作出评价、预测或者投资建议,同时进行反向证券交易或者相关期货交易。这种操纵证券、期货市场的行为通常称为"抢帽子交易操纵"。这里作出公开评价、预测或者投资建议的主体是不特定主体,既有证券公司、证券咨询机构、专业中介机构及其工作人员等,也有各种所谓炒股专家、专业分析师等,其往往预先买入证券、期货合约,然后利用其身份在互联网、电视等平台对其买入的股票、证券发行人、期货标的进行公开评价、预测及推荐,影响股票、期货的价格以及交易量,并通过操作以获利。需要注意的是,这里行为人所进行的交易对于证券要求是"反向证券交易",即"言行不一致"从中获取不法利益;而对期货交易没有相关要求,这是因为期货为双向交易,既可以买入开仓以看涨,也可以卖出开仓以看跌,同时各种期货品种之间具有一定的关联性,行为人实施操纵行为后获利的方式多样,例如可能暗中开仓,公开作出对自己市场有利的评价,诱导他人对其进行相同方向的交易,影响期货价格或者交易量,最后通过实际交割或者行权了结获利,因此这里规定的是行为人进行"相关"期货交易。

(7)以其他方法操纵证券、期货市场,即除上述六种情形以外其他操纵证券、期货市场的方法。行为人不管采用什么手法,也不问其主观动机是什么,只要客观上造成了操纵证券、期货市场的结果,就属于操纵证券、期货市场的行为。这样规定主要是考虑在上述操纵证券、期货市场的形式以外,操纵者还会采用许多新的手法,法律难以一一列全,作出这一概括性的规定,可以适应复杂的实际情况，有利于严厉打击操纵证券、期货市场的行为。以其他方法操纵证券、期货市场的行为，目前有利用职务便利操纵证券、期货市场，主要是证券交易所、期货交易所、证券公司、期货经纪公司及其从业人员，利用手中掌握的证券、期货委托、报价交易等职务便利，人为地压低或者抬高证券、期货价格，从中牟取暴利，其表现形式包括：擅自篡改证券、期货行情记录，引起证券、期货价格波动；在委托交易中，利用时间差，进行强买强卖故意引起价格波动；串通客户共同操纵证券、期货价格；在证券、期货代理过程中，违反规定取得多个客户的全权委托，并实际操作客户帐户，实施操纵交易；会员单位或客户利用多个会员或客户的帐户与注册编码，规避交易所持股、持仓量或交易头寸的限制超量持股、持仓以及借股、借仓交易等操纵价格的行为；交易所会员或客户在现货市场上超越自身经营范围或实际需求，囤积居奇，企图或实际严重影响期货市场价格的；交易所会员或客户超越自身经营范围或实际要求，控制大量交易所指定仓库标准仓单，企图或实际严重影响期货市场价格的；交易所会员故意阻止、延误或改变客户某一方向的交易指令，或擅自下达交易指令或诱导、强制客户按照自己的意志进行交易，操纵证券、期货交易价格的等。

二是操纵行为要符合"影响证券、期货交易价格或者证券、期货交易量"的要求。操纵行为必然表现为影响了证券、期货交易价格或者证券、期货交易量。实践中，对认定构成操纵证券、期货市场犯罪的，一般都需要从"证券、期货交易价格或者证券、期货交易量"是否被影响的角度固定证据，如持有或者实际控制证券的流通股份数量、数个交易日总成交量等。

三是行为人有操纵证券、期货市场的行为，情节严重的才构成犯罪。"情节严重"，主要是指行为人获取不正当利益巨大的；多次操纵证券、期货市场的；造成恶劣社会影响的；造成股票、期货价格暴涨暴跌，严重影响证券、期货市场交易秩序的；给其他投资者造成巨大经济损失的等。

根据本款规定，构成操纵证券、期货市场罪的，处五年以下有期徒刑或者拘役，并处或者单处罚金；情节特别严重的，处五年以上十年以下有期徒刑，并处罚金。

第二款是关于单位操纵证券、期货市场的犯罪及其处罚的规定。根据本款规定，单位有前款行为的，对单位判处罚金，并对其直接负责的主管人员和其他直接责任人员，依照前款的规定处罚，即采取了双罚制原则。这样，单位操纵证券、期货市场，情节严重的，对单位判处罚金，并对单位直接负责的主管人员和其他直接责任人员，处五年以下有期徒刑或者拘役，并处或者单处罚金；情节特别严重的，处五年以上十年以下有期徒刑，并处罚金。

【实践中需要注意的问题】

2019年最高人民法院、最高人民检察院《关于办理操纵证券、期货市场刑事案件适用法律若干问题的解释》对本条规定中的一些内容作了进一步细化，具有一定的参考价值。如该解释第二条对本条第一款中"情节严重"作了列举，包括：（1）持有或者实际控制证券的流通股份数量达到该证券的实际流通股份总量百分之十以上，实施刑法第一百八十二条第一款第一项操纵证券市场行为，连续十个交易日的累计成交量达到同期该证券总成交量百分之二十以上的；（2）实施刑法第一百八十二条第一款第二项、第三项操纵证券市场行为，连续十个交易日的累计成交量达到同期该证券总成交量百分之二十以上的；（3）实施该解释第一条第一项至第四项操纵证券市场行为，证券交易成交额在一千万元以上的；（4）实施刑法第一百八十二条第一款第一项及该解释第一条第六项操纵期货市场行为，实际控制的帐户合并持仓连续十个交易日的最高值超过期货交易所限仓标准的二倍，累计成交量达到同期该期货合约总成交量百分之二十以上，且期货交易占用保证金数额在五百万元以上的；（5）实施刑法第一百八十二条第一款第二项、第三项及该解释第一条第一项、第二项操纵期货市场行为，实际控制的帐户连续十个交易日的累计成交量达到同期该期货合约总成交量百分之二十以上，且期货交易占用保证金数额在五百万元以上的；（6）实施该解释第一条第五项操纵证券、期货市场行为，当日累计撤回申报量达到同期该证券、期货合约总申报量百分之五十以上，且证券撤回申报额在一千万元以上、撤回申报的期货合约占用保证金数额在五百万元以上的；（7）实施操纵证券、期货市场行为，违法所得数额在一百万元以上的。该解释第三条对本条第一款规定的"情节严重"作了进一步列举，包括：（1）发行人、上市公司及其董事、监事、高级管理人员、控股股东或者实际控制人实施操纵证券、期货市场行为的；（2）收购人、重大资产重组的交易对方及其董事、监事、高级管理人员、控股股东或者实际控制人实施操纵证券、期货市场行为的；（3）行为人明知操纵证券、期货市场行为被有关部门调查，仍继续实施的；（4）因操纵证券、期货市场行为受过刑事追究的；（5）两年内因操纵证券、期货市场行为受过行政处罚的；（6）在市场出现重大异常波动等特定时段操纵证券、期货市场的；（7）造成恶劣社会影响或者其他严重后果的。该解释第四条对本条第一款规定的"情节特别严重"作了具体列举，包括：（1）持有或者实际控制证券的流通股份数量达到该证券的实际流通股份总量百分之十以上，实施刑法第一百八十二条第一款第一项操纵证券市场行为，连续十个交易日的累计成交量达到同期该证券总成交量百分之五十以上的；（2）实施刑法第一百八十二条第一款第二项、第三项操纵证券市场行为，连续十个交易日的累计成交量达到同期该证券总成交量百分之五十以上的；（3）实施该解释第一条第一项至第四项操纵证券市场行为，证券交易成交额在五千万元以上的；（4）实施刑法第一百八十二条第一款第一项及该解释第一条第六项操纵期货市场行为，实际控制的帐户合并持仓连续十个交易日的最高值超过期货交易所限仓标准的五倍，累计成交量达到同期该期货合约总成交量百分之五十以上，且期货交易占用保证金数额在二千五百万元以上的；（5）实施刑法第一百八十二条第一款第二项、第三项及该解释第一条第一项、第二项操纵期货市场行为，实际控制的帐户连续十个交易日的累计成交量达到同期该期货合约总成交量百分之五十以上，且期货交易占用保证金数额在二千五百万元以上的；（6）实施操纵证券、期货市场行为，违法所得数额在一千万元以上的。实施操纵证券、期货市场行为，违法所得数额在五百万元以上，并具有该解释第三条规定的七种情形之一的，应当认定为"情节特别严重"。此外，该解释还注意到了市场间的差别，其第十条规定，对于在全国中小企业股份转让系统中实施操纵证券市场行为，社会危害性大，严重破坏公平公正的市场秩序的，比照该解释的规定执行，但该解释第二条第一项、第二项和第四条第一项、第二项除外。因此，在具体适用中，需要注意不同市场间的差异性，以准确认定操纵证券、期货市场的犯罪行为。

> **第一百八十三条** 【保险公司工作人员虚假理赔的犯罪及其处罚】
> 保险公司的工作人员利用职务上的便利，故意编造未曾发生的保险事故进行虚假理赔，骗取保险金归自己所有的，依照本法第二百七十一条的规定定罪处罚。
> 国有保险公司工作人员和国有保险公司委派到非国有保险公司从事公务的人员有前款行为的，依照本法第三百八十二条、第三百八十三条的规定定罪处罚。

【条文精解】

本条是关于保险公司工作人员虚假理赔的犯罪及其处罚的规定。

本条共分两款。第一款是关于保险公司的工作人员实施虚假理赔犯罪及其刑事处罚的规定。根据本款规定，保险公司的工作人员利用职务上的便利，进行虚假理赔，骗取保险金归自己所有的，依照职务侵占罪定罪处罚。保险公司的工作人员构成职务侵占罪有以下几个要件：一是犯罪主体是特殊主体，即保险公司的工作人员。如果是非保险公司的工作人员故意编造未曾发生的保险事故，进行虚假理赔，不构成此罪，而构成保险诈骗罪。二是行为人在主观上有犯罪故意。行为人有故意编造未曾发生的保险事故进行虚假理赔，骗取保险金的目的。三是行为人实施了利用职务上的便利，故意编造未曾发生的保险事故进行虚假理赔，并将骗取的保险金归自己所有的行为。本款所说的"保险"，根据保险法第二条的规定，是指投保人根据合同约定，向保险人支付保险费，保险人对于合同约定的可能发生的事故因其发生所造成的财产损失承担赔偿保险金责任，或者当被保险人死亡、伤残、疾病或者达到合同约定的年龄、期限等条件时承担给付保险金责任的商业保险行为。"保险公司"，是指与投保人订立保险合同，并承担赔偿或者给付保险金责任的保险人。"保险公司的工作人员利用职务上的便利，故意编造未曾发生的保险事故进行虚假理赔"，是指保险公司的工作人员利用直接负责保险事故的理赔工作的便利条件，利用投保人与保险公司签订的保险合同关系，谎称发生保险事故，利用职务进行"理赔"，并将理赔款据为己有，从而骗取保险金的犯罪活动。本条所说的"保险事故"，是指保险合同约定的保险责任范围内的事故。是否骗取了保险金是构成犯罪的重要条件。如果行为人虽然有利用职务上的便利，故意编造未曾发生的保险事故进行虚假理赔，但其虚假理赔的行为被及时揭穿，骗取保险金的阴谋未能得逞，属于犯罪未遂，可以比照既遂犯从轻或者减轻处罚。如果行为人将骗取的保险金归自己所有，依照本款规定，应当依照本法第二百七十一条职务侵占罪的规定定罪处罚。

第二款是关于国有保险公司工作人员和国有保险公司委派到非国有保险公司从事公务的人员实施虚假理赔犯罪的处罚规定。本条规定，对于国有保险公司工作人员和国有保险公司委派到非国有保险公司从事公务的人员实施前款行为，依照刑法第三百八十二条、第三百八十三条贪污罪的规定定罪处罚。法律作这样的规定，体现了对国家工作人员犯罪从重处罚的立法精神。需要注意的是，《刑法修正案（九）》对刑法第三百八十三条作了修改完善。一是修改了贪污犯罪的定罪量刑标准，取消了刑法第三百八十三条对贪污犯罪定罪量刑的具体数额标准，采用数额加情节的标准，同时增加了罚金刑。二是进一步明确、严格了对贪污犯罪从轻、减轻、免除处罚的条件。三是增加一款规定，对犯贪污罪，被判处死刑缓期执行的，人民法院根据犯罪情节等情况可以同时决定在其死刑缓期执行二年期满依法减为无期徒刑后，终身监禁，不得减刑、假释。2016年4月18日施行的最高人民法院、最高人民检察院《关于办理贪污贿赂刑事案件适用法律若干问题的解释》，对刑法第三百八十三条的具体数额、情节标准予以明确规定，指导司法实践。

【实践中需要注意的问题】

需要注意的是，《刑法修正案（十一）》对刑法第二百七十一条作了修改完善，调整了刑罚配置，将原来的"数额较大，处五年以下有期徒刑或者拘役；数额巨大，处五年以上有期徒刑，可以并处没收财产"，修改为"数额较大的，处三年以下有期徒刑或者拘役，并处罚金；数额巨大的，处三年以上十年以下有期徒刑，并处罚金；数额特别巨大的，处十年以上有期徒刑或者无期徒刑，并处罚金"。

第一百八十四条 【金融机构工作人员受贿的犯罪及其处罚】

银行或者其他金融机构的工作人员在金融业务活动中索取他人财物或者非法收受他人财物，为他人谋取利益的，或者违反国家规定，收受各种名义的回扣、手续费，归个人所有的，依照本法第一百六十三条的规定定罪处罚。

国有金融机构工作人员和国有金融机构委派到非国有金融机构从事公务的人员有前款行为的，依照本法第三百八十五条、第三百八十六条的规定定罪处罚。

【条文精解】

本条是关于金融机构工作人员受贿及其处罚的规定。

本条共分两款。第一款是关于银行或者其他金融机构工作人员受贿依照刑法第一百六十三条"非国家工作人员受贿罪"定罪处罚的规定。本条所称"银行"，包括政策性银行、各商业银行以及其他在我国境内设立的合资、外资银行等。本条所称"其他金融机构"，是指除银行以外的其他经营保险、信托、证券、外汇、期货、金融租赁等金融业务的机构。金融机构工作人员构成非国家工作人员受贿罪有以下特征：一是主体是银行或者其他金融机构的工作人员。二是行为人在办理金融业务的活动中有索取、收受贿赂的行为。本条所称"金融业务活动"，是指银行办理的吸收公众存款，发放短期、中期和长期贷款，办理国内外结算，办理票据贴现，发行金融债券，代理发行、代理兑付、承销政府债券，买卖政府债券，从事同业拆借，买卖、代理外汇，提供信用证服务及担保，代理收付款项及代理保险业务，提供保管箱服务等业务，以及其他金融机构办理的保险、信托、证券、外汇、期货、金融租赁等业务。本条所称"索取他人财物"，是指行为人向他人索要财物及财产性利益，或者以各种方式提示对方行贿。所谓"非法收受他人财物"，是指行为人接受对方给予的财物及财产性利益。本条所称"违反国家规定，收受各种名义的回扣、手续费"，是指银行或者其他金融机构的工作人员违反国家规定，以收取回扣或者其他各种名义的手续费的形式变相收取贿赂的行为。实践中，一些银行、金融机构工作人员将自己手中的贷款权、结算权视为特权，公然向贷款申请人索取、收受贿赂；也有的在发放贷款时，不按应付的贷款金额发放，而是予以克扣；还有的在贷款利率之外，或者在国家规定收取的手续费之外，又额外地收取费用归个人所有；有的公然向贷款人、客户要房子、车子等归个人使用。这些行为严重破坏了正常金融秩序，败坏了金融机构的声誉，损害了国家和人民的利益，应当予以严厉打击。需要注意的是，行为人收受各种回扣、手续费要"归个人所有"。

本条规定，对银行或者其他金融机构的工作人员索取、收受贿赂，或者收受各种名义的回扣、手续费的，依照刑法第一百六十三条的规定定罪处罚。

第二款是对国有金融机构工作人员和国有金融机构委派到非国有金融机构从事公务的人员受贿的，依照本法第三百八十五条、第三百八十六条定罪处罚的规定。本条所说的"国有金融机构工作人员和国有金融机构委派到非国有金融机构从事公务的人员"，主要是指中国人民银行、国家政策性银行、国有商业银行或者其他国有金融机构的工作人员以及受国有银行委派到非国有商业银行和金融机构从事公务的人员。如果他们在金融业务活动中索取、收受贿赂，或者违反国家规定收受各种名义的回扣、手续费的，定受贿罪，并根据受贿所得数额及情节轻重处罚。法律作这样的规定，体现了对国家工作人员犯罪从严惩处的立法精神。

【实践中需要注意的问题】

需要注意的是，《刑法修正案（十一）》对刑法第一百六十三条作了修改完善，将原来第一款规定的"公司、企业或者其他单位的工作人员利用职务上的便利，索取他人财物或者非法收受他人财物，为他人谋取利益，数额较大的，处五年以下有期徒刑或者拘役；数额巨大的，处五年以上有期徒刑，可以并处没收财产",修改为"公司、企业或者其他单位的工作人员,利用职务上的便利,索取他人财物或者非法收受他人财物,为他人谋取利益,数额较大的,处三年以下有期徒刑或者拘役,并处罚金;数额巨大或者有其他严重情节的,处三年以上十年以下有期徒刑,并处罚金;数额特别巨大或者有其他特别严重情节的,处十年以上有期徒刑或者无期徒刑,并处罚金"。

> **第一百八十五条** 【金融机构工作人员挪用资金、公款的犯罪及其处罚】
> 商业银行、证券交易所、期货交易所、证券公司、期货经纪公司、保险公司或者其他金融机构的工作人员利用职务上的便利,挪用本单位或者客户资金的,依照本法第二百七十二条的规定定罪处罚。
> 国有商业银行、证券交易所、期货交易所、证券公司、期货经纪公司、保险公司或者其他国有金融机构的工作人员和国有商业银行、证券交易所、期货交易所、证券公司、期货经纪公司、保险公司或者其他国有金融机构委派到前款规定中的非国有机构从事公务的人员有前款行为的,依照本法第三百八十四条的规定定罪处罚。

【条文精解】

本条是关于金融机构的工作人员挪用本单位、客户资金和国有金融机构的工作人员挪用公款以及国有金融机构委派到非国有金融机构中从事公务的人员挪用公款的犯罪及其处罚的规定。

本条共分两款。第一款是关于金融机构的工作人员挪用本单位或者客户资金依照挪用资金罪定罪处罚的规定。根据本款规定,金融机构的工作人员构成挪用资金罪必须同时具备以下四个条件:第一,犯罪主体必须是商业银行、证券交易所、期货交易所、证券公司、期货经纪公司、保险公司或者其他金融机构的工作人员。这里的"其他金融机构的工作人员",是指除本款明确规定的商业银行、证券交易所、期货交易所、证券公司、期货经纪公司、保险公司之外从事信托、金融租赁等金融业务的机构,如信托公司、金融租赁公司、财务公司等机构的工作人员。第二,行为人在主观方面必须具有故意,而不是由于工作的过失或者因业务不熟而造成的失误。其挪用资金是为个人使用或者借贷给他人。第三,行为人挪用本单位或者客户资金的行为利用了职务上的便利。"利用职务上的便利",是指本款所列主体利用分管、负责或者办理某项业务的权力或者职权所形成的便利条件。"挪用本单位或者客户资金",是指个人利用职务之便,擅自挪用本单位所有或者有权支配的资金以及本单位客户存入本单位或者委托本单位办理结算、转汇、保管等业务的资金。第四,行为人擅自挪用本单位或者客户资金,必须达到法定的条件,才能构成犯罪。本款中的"依照本法第二百七十二条的规定定罪处罚",就是指构成犯罪的条件、定罪量刑的情节和具体的处罚幅度按第二百七十二条的规定执行。

第二款是关于国有金融机构的工作人员以及国有金融机构委派到非国有金融机构中从事公务的人员挪用公款的犯罪及其处罚的规定。

本款规定的犯罪主体与第一款规定的犯罪主体是不同的,有两种:一种是国有商业银行、证券交易所、期货交易所、证券公司、期货经纪公司、保险公司或者其他国有金融机构的工作人员;另一种是国有商业银行、证券交易所、期货交易所、证券公司、期货经纪公司、保险公司或者其他国有金融机构委派到非国有的商业银行、证券交易所、期货交易所、证券公司、期货经纪公司、保险公司或者其他金融机构中从事公务的人员。根据本款规定,对有挪用本单位或者客户资金行为的犯罪分子,应当依照刑法第三百八十四条挪用公款罪的规定定罪处罚。也就是说,国有商业银行、证券交易所、期货交易所、证券公司、期货经纪公司、保险公司或者其他国有金融机构的工作人员和上述机构委派到非国有的商业银行、证券交易所、期货交易所、证券公司、期货经纪公司、保险公司或者其他金融机构中从事公务的人员,如果利用职务上的便利挪用本单位或者客户资金的,将以国家工作人员论处,按照刑法第三百八十四条的规定追究刑事责任。这里所说的"依照本法第三百八十四条的规定定罪处罚",是指构成犯罪的条件,定罪量刑的情节和具体的处罚幅度按第三百八十四条的规定执行。

【实践中需要注意的问题】

一是需要将用帐外客户资金非法拆借、发放贷款的行为与挪用公款罪和挪用资金罪予以区分。对此,可以参考2001年最高人民法院《全国法院审理金融犯罪案件工作座谈会纪要》的相关规定。该纪要规定,银行或者其他金融机构及其工作人员用帐外客户资金非法拆借、发放贷款,对于利用职务上的便利,挪用已经记入金融机构法定存款帐户的客户资金归个人使用的,或者吸收客户资金不入帐,却给客户开具银行存单,客户也认为该款已存入银行,该款却被行为人以个人名义借贷给他人的,均应认定为挪用公款罪或者挪用资金罪。

二是《刑法修正案（十一）》对刑法第二百七十二条作了修改完善，将该条修改为："公司、企业或者其他单位的工作人员，利用职务上的便利，挪用本单位资金归个人使用或者借贷给他人，数额较大、超过三个月未还的，或者虽未超过三个月，但数额较大、进行营利活动的，或者进行非法活动的，处三年以下有期徒刑或者拘役；挪用本单位资金数额巨大的，处三年以上七年以下有期徒刑；数额特别巨大的，处七年以上有期徒刑。国有公司、企业或者其他国有单位中从事公务的人员和国有公司、企业或者其他国有单位委派到非国有公司、企业以及其他单位从事公务的人员有前款行为的，依照本法第三百八十四条的规定定罪处罚。有第一款行为，在提起公诉前将挪用的资金退还的，可以从轻或者减轻处罚。其中，犯罪较轻的，可以减轻或者免除处罚。"其中，第三款旨在鼓励犯罪行为人将挪用的资金主动退还，减少单位或者客户的损失。

第一百八十五条之一　【背信运用受托财产罪】【违法运用资金罪】

商业银行、证券交易所、期货交易所、证券公司、期货经纪公司、保险公司或者其他金融机构，违背受托义务，擅自运用客户资金或者其他委托、信托的财产，情节严重的，对单位判处罚金，并对其直接负责的主管人员和其他直接责任人员，处三年以下有期徒刑或者拘役，并处三万元以上三十万元以下罚金；情节特别严重的，处三年以上十年以下有期徒刑，并处五万元以上五十万元以下罚金。

社会保障基金管理机构、住房公积金管理机构等公众资金管理机构，以及保险公司、保险资产管理公司、证券投资基金管理公司，违反国家规定运用资金的，对其直接负责的主管人员和其他直接责任人员，依照前款的规定处罚。

【条文精解】

本条是关于背信运用受托财产罪、违法运用资金罪及其处罚的规定。

本条共分两款。第一款是关于背信运用受托财产罪及其处罚的规定。构成该罪应当具备如下条件：第一，犯罪主体是单位，即商业银行、证券交易所、期货交易所、证券公司、期货经纪公司、保险公司或者其他金融机构。所谓"其他金融机构"，是指除上述规定的商业银行、证券交易所、期货交易所、证券公司、期货经纪公司、保险公司以外的，经国家有关主管部门批准有资格从事委托理财等金融业务的金融机构,如信托公司、金融资产管理公司等。第二,行为人在主观方面必须是故意,过失实施本款规定行为的不构成本罪。第三,必须实施了违背受托义务,擅自运用客户资金或者其他委托、信托的财产的行为。所谓违背受托义务,不仅限于违背委托人与受托人之间具体约定的义务,还包括违背法律、行政法规、部门规章规定的法定义务。这是因为,法律、行政法规、部门规章规定的法定义务一般就受托人在受托理财实践中出现的损害委托人利益的突出问题,对受托人必须履行的职责和禁止行为作了明确规定。有些情况下,普通委托人对受托人应当遵守的这些法定义务,难以了解得十分清楚,也难以在合同中约定得十分具体,但受托人必须受相关法律法规规定的调整。例如,2013年《证券公司客户资产管理业务管理办法》规定,证券公司从事客户资产管理业务不得挪用客户资产;不得以转移资产管理帐户收益或者亏损为目的,在自营帐户与资产管理帐户之间或者不同的资产管理帐户之间进行买卖,损害客户的利益;不得以获取佣金或者其他利益为目的,用客户资产进行不必要的证券交易等。这里所说的"客户资金",是指客户存入上述金融机构的资金。所谓委托、信托的财产,主要是指在当前的委托理财业务中,存放在各类金融机构中的以下财产:(1)证券投资业务中的客户交易结算资金;(2)委托理财业务中的客户资产;(3)信托业务中的信托财产;(4)证券投资基金。第四,构成本款规定的犯罪,必须达到情节严重的程度。2010年最高人民检察院、公安部《关于公安机关管辖的刑事案件立案追诉标准的规定(二)》第四十条规定,商业银行、证券交易所、期货交易所、证券公司、期货公司、保险公司或者其他金融机构,违背受托义务,擅自运用客户资金或者其他委托、信托的财产,涉嫌下列情形之一的,应予立案追诉:(1)擅自运用客户资金或者其他委托、信托的财产数额在三十万元以上的;(2)虽未达到上述数额标准,但多次擅自运用客户资金或者其他委托、信托的财产,或者擅自运用多个客户资金或者其他委托、信托的财产的;(3)其他情节严重的情形。

第二款是关于违法运用资金罪及其处罚的规定。构成该罪应当具备如下条件:第一,犯罪主体是单位,包括社会保障基金管理机构、住房公积金管理机构等公众资金经营、管理机构,以及保险公司、保险资产管理公司、证券投资基金管理公司。第二,主观方面是故意的。第三,必须实施了违反国家规定运用资金的行为。根据刑法第九十六条的规定,所谓违反国家规定,是指违反全国人民代表大会及其常务委员会制定的法律和决定,国务院制定的行政法规、规定的行政措施、发布的决定和命令。本款与前款不同,本款对于公众资金等的运用违背的并不是受托义务，而是违反了国家对资金运用的条件、程序等的规定。例如，《住房公积金管理条例》第五条规定，住房公积金应当用于职工购买、建造、翻建、大修自住住房，任何单位和个人不得挪作他用。如果相关住房公积金管理机构违反上述规定，挪用住房公积金从事其他用途的活动的，属于这里规定的违法运用资金的行为。第四，必须达到情节严重的程度，如擅自动用的资金的数额比较大，社会影响比较恶劣，影响了社会的稳定等，具体如何认定情节严重，需要最高人民法院和最高人民检察院在总结司法实践经验的基础上，就这一问题作出司法解释。最高人民检察院、公安部《关于公安机关管辖的刑事案件立案追诉标准的规定（二）》第四十一条规定，社会保障基金管理机构、住房公积金管理机构等公众资金管理机构，以及保险公司、保险资产管理公司、证券投资基金管理公司，违反国家规定运用资金数额在三十万元以上的；或者虽未达到上述数额标准，但多次违反国家规定运用资金的；或者有其他情节严重情形的，予以立案追诉。实践中在定罪量刑时，可以参照上述规定的数额，根据具体案件的性质、情节和危害后果，裁量刑罚。

本条根据情节轻重，对两罪规定了两档刑：对情节严重的，对单位判处罚金，并对其直接负责的主管人员和其他直接责任人员，处三年以下有期徒刑或者拘役，并处三万元以上三十万元以下罚金；情节特别严重的，处三年以上十年以下有期徒刑，并处五万元以上五十万元以下罚金。

【实践中需要注意的问题】

随着经济社会的不断发展，实践中有一些单位实质不具备接受委托资金的资质，也未按规定接受金融监管而违规从事金融业务。这些单位通过各种变相公开宣传、承诺保本保收益、向社会不特定对象集资等形式与委托人订立合同，募集资金，同时实施相关违法行为，完全违背与委托人订立合同中规定的权利义务。包括以虚构事实，隐瞒真相的方式伪造、编造投资行为；或者违规挪用、侵占甚至挥霍受委托资金；或者将受委托资金直接进行非法活动等，造成委托人、投资人的极大损失。这些行为，表面上是该类单位的责任人员违背受托义务，擅自运用客户资金和受托财产的行为，实质上属于非法集资类犯罪，应根据案件的具体情况，依照刑法第一百七十六条非法吸收公众存款罪、第一百九十二条集资诈骗罪等，依法定罪处罚。

第一百八十六条 【违法发放贷款罪】

银行或者其他金融机构的工作人员违反国家规定发放贷款，数额巨大或者造成重大损失的，处五年以下有期徒刑或者拘役，并处一万元以上十万元以下罚金；数额特别巨大或者造成特别重大损失的，处五年以上有期徒刑，并处二万元以上二十万元以下罚金。

银行或者其他金融机构的工作人员违反国家规定，向关系人发放贷款的，依照前款的规定从重处罚。

单位犯前两款罪的，对单位判处罚金，并对其直接负责的主管人员和其他直接责任人员，依照前两款的规定处罚。

关系人的范围，依照《中华人民共和国商业银行法》和有关金融法规确定。

【条文精解】

本条是关于违法发放贷款罪及其处罚的规定。

本条共分四款。第一款是关于个人犯违法发放贷款罪的规定。贷款是银行或者其他金融机构通过一定的程序将资金附条件地借给单位和个人使用的一种金融活动。根据贷款用途，贷款可分为经营性贷款、消费性贷款等；根据贷款的偿还期限，贷款可分为活期贷款、定期贷款、透支等；根据贷款的保障程度，贷款可分为抵押贷款、信用贷款等。加强信贷管理，对搞活经济、发展宏观调控十分重要。一些银行和其他金融机构的工作人员，违反国家规定，发放人情贷款、关系贷款，给国家和金融机构造成重大经济损失，严重扰乱了国家的正常金融秩序，为严厉打击这类犯罪，刑法规定了非法发放贷款罪。《刑法修正案（六）》作出了相应的修改。根据本条规定，本罪有以下几个构成要件：一是本罪的犯罪主体是特殊主体，即银行或者其他金融机构的工作人员，非上述人员，不能构成本罪。这里的"银行"，是广义的，包括政策性银行、各商业银行以及其他在我国境内设立的合资、外资银行等。这里的"其他金融机构"，是指除银行以外的其他经营保险、信托、证券、外汇、期货、金融租赁等金融业务的机构。二是行为人必须实施了违反国家规定发放贷款的行为。这里所说的"违反国家规定"，主要是指违反有关贷款的法律、行政法规，例如商业银行法等。商业银行法规定，商业银行贷款，应当对借款人的借款用途、偿还能力、还款方式等情况进行严格审查。商业银行贷款，应当实行审贷分离、分级审批的制度。商业银行贷款，借款人应当提供担保。商业银行应当对保证人的偿还能力，抵押物、质权的权属和价值以及实现抵押权、质权的可行性进行严格审查。经商业银行审查、评估，确认借款人资信良好，确能偿还贷款的，可以不提供担保。商业银行贷款，应当与借款人订立书面合同。合同应当约定贷款种类、借款用途、金额、利率、还款期限、还款方式、违约责任和双方认为需要约定的其他事项。如果行为人违反国家规定发放贷款，如不严格审查借款人的借款目的、是否存在真实交易，是否具有偿还能力、保证人的偿还能力、抵押物的权属以及实现抵押权、质权的可行性等，就属于违反国家规定发放贷款。三是行为人违法发放贷款行为，必须数额巨大或者造成了重大损失的，才构成犯罪。这是违法发放贷款罪修改后的犯罪构成的重要变化。相对于原条文的犯罪构成，又增加了"数额巨大"的规定。也就是说，违法发放贷款罪的犯罪构成条件有两个结果性条款，任何一项结果成就，都可能构成本罪。这主要是考虑到实践中认定因违法发放贷款所造成的损失特别困难，单一以造成重大损失来认定犯罪，难以定性。所谓"重大损失"，是指银行或者其他金融机构由于行为人非法发放贷款的行为，致使贷款全部或者部分不能收回的情况。根据本款的规定，银行或者其他金融机构的工作人员违反国家规定发放贷款，数额巨大或者造成重大损失的，处五年以下有期徒刑或者拘役，并处一万元以上十万元以下罚金；数额特别巨大或者造成特别重大损失的，处五年以上有期徒刑，并处二万元以上二十万元以下罚金。

  本条第二款是对违法向关系人发放贷款从重处罚的规定。根据商业银行法的规定，关系人是指：（1）商业银行的董事、监事、管理人员、信贷业务人员及其近亲属。（2）前项所列人员投资或者担任高级管理职务的公司、企业和其他经济组织。商业银行法规定，商业银行不得向关系人发放信用贷款；向关系人发放担保贷款的条件不得优于其他借款人同类贷款的条件。行为人违反国家规定向关系人发放贷款，即指违反上述规定，向关系人发放信用贷款，或者向关系人发放担保贷款的条件优于其他借款人同类贷款的条件。这里所说的"信用贷款"，是指银行不要求借款人提供任何的经济担保，只凭借款人可靠的信用发放的贷款。这里所说的"借款人可靠的信用"，主要是指：借款人有雄厚的物质基础；具有健全的管理制度，能合理地、高效益地使用资金；有能力及时、足额地归还以往贷款，并能保证按期还本付息。这里所说的"担保贷款"，是指借款人向银行提供具有相应经济实力的单位或者个人的经济担保，或者向银行提供物资，以银行票据、股票等实物抵押，以取得银行贷款。总体上，只要是向关系人提供信用贷款，或者在向关系人提供担保贷款时采用了比普通贷款人更为优惠的条件，如要求关系人提供担保的数额低于对其他人要求的数额，或者对关系人发放的担保贷款所收取的利率比其他借款人低，贷款期限比其他借款人长等，都属于"违反国家规定，向关系人发放贷款"。根据本款的规定，银行或者其他金融机构的工作人员违反国家规定，向关系人发放贷款的，依照第一款的规定从重处罚，即根据具体犯罪情节，在第一款规定的两个量刑幅度内处以更重的刑罚。

本条第三款是关于单位犯违法发放贷款罪的处罚规定。本款对单位违法发放贷款罪的处罚采用双罚制原则，即对单位判处罚金，并对其直接负责的主管人员和其他直接责任人员，依照前两款的规定判处刑罚。本条所说的"单位"，是指银行或者其他金融机构等有信贷业务的单位。"直接负责的主管人员"，一般是指对本单位违反法律、行政法规非法发放贷款的犯罪负有直接责任的单位领导人员，如银行的行长、信托公司的经理等。"其他直接责任人员"，一般是指具体实施非法发放贷款犯罪活动的主要执行人，如信贷员等。

本条第四款是关于关系人的范围的规定。根据本款的规定，关系人的范围，依照商业银行法和有关金融法规确定。如前所述，商业银行法对商业银行的关系人作了规定，至于其他金融机构的关系人的情况比较复杂，还需要由有关金融法规予以明确。这里所说的法规是指法律和行政法规。

【实践中需要注意的问题】

实践中，存在银行或者其他金融机构的工作人员教唆、主动帮助不符合放贷条件的主体获取贷款的情况。为了在形式上满足发放贷款的相关规定，规避金融监管，有的银行或者其他金融机构的工作人员教唆、帮助贷款申请主体伪造资质、合同、贸易背景等材料，以便通过银行或者其他金融机构的内控合规审核。因贷款申请主体实质上不符合放贷条件，在贷款发放后，常造成贷款无法收回等重大损失。贷款申请主体还可能涉嫌骗取贷款、票据承兑、金融票证罪。对于这种教唆、帮助不符合放贷条件的主体骗取贷款的情况，司法机关应严格依照本条的规定，追究银行或者其他金融机构的工作人员的刑事责任。

第一百八十七条 【吸收客户资金不入账罪】

银行或者其他金融机构的工作人员吸收客户资金不入帐，数额巨大或者造成重大损失的，处五年以下有期徒刑或者拘役，并处二万元以上二十万元以下罚金；数额特别巨大或者造成特别重大损失的，处五年以上有期徒刑，并处五万元以上五十万元以下罚金。

单位犯前款罪的，对单位判处罚金，并对其直接负责的主管人员和其他直接责任人员，依照前款的规定处罚。

【条文精解】

本条是关于吸收客户资金不入账罪及其处罚的规定。

本条共分两款。本条第一款是关于个人犯吸收客户资金不入账罪的规定。

本罪具有以下特征：一是犯罪主体是特殊主体，即银行或者其他金融机构的工作人员。这里所称"银行"，主要是指商业银行等；"其他金融机构"，是指除银行以外的保险、外汇、证券、金融租赁等具有货币资金融通职能的机构。二是行为人客观上实施了吸收客户资金不入帐的行为。"吸收客户资金不入帐"，是指违反金融法律、法规，对收受客户的存款资金不如实记入银行或者其他金融机构存款帐目，帐目上反映不出这笔新增款项业务，或者帐目上的记载与出具给储户的存单、存折上的记载不相符。三是行为人吸收客户资金不入帐，数额巨大或者造成重大损失的才构成犯罪。这是罪与非罪的界限。至于什么是"数额巨大"，什么是"重大损失"，需要在总结实践经验的基础上，由司法解释加以规定。对金融机构工作人员犯本款规定之罪的，根据其行为造成的损失和数额规定了两档刑罚：数额巨大或者造成重大损失的，处五年以下有期徒刑或者拘役，并处二万元以上二十万元以下罚金；数额特别巨大或者造成特别重大损失的，处五年以上有期徒刑，并处五万元以上五十万元以下罚金。

本条第二款是对单位犯本罪的规定。实践中存在一些银行或者其他非银行金融机构为本单位的小集体利益而违反规定以单位名义吸收客户资金不入帐的情况。根据本款的规定，对单位犯本罪的，对单位判处罚金，并对其直接负责的主管人员或者其他直接责任人员根据其犯罪情节依照第一款的规定处罚。

【实践中需要注意的问题】

最高人民检察院、公安部《关于公安机关管辖的刑事案件立案追诉标准的规定（二）》第四十三条规定，银行或者其他金融机构及其工作人员吸收客户资金不入帐，涉嫌下列情形之一的，应予立案追诉：（1）吸收客户资金不入帐，数额在一百万元以上的；（2）吸收客户资金不入帐，造成直接经济损失数额在二十万元以上的。

第一百八十八条 【违规出具金融票证罪】

银行或者其他金融机构的工作人员违反规定，为他人出具信用证或者其他保函、票据、存单、资信证明，情节严重的，处五年以下有期徒刑或者拘役；情节特别严重的，处五年以上有期徒刑。

单位犯前款罪的，对单位判处罚金，并对其直接负责的主管人员和其他直接责任人员，依照前款的规定处罚。

【条文精解】

本条是关于违规出具金融票证罪及其处罚的规定。

本条共分两款。第一款是对个人犯违规出具金融票证罪及其刑事处罚的规定。根据本款规定，构成该罪必须具备以下几个条件：

一是行为人必须是银行或者其他金融机构的工作人员。这里所说的"银行"主要是指政策性银行、各类商业银行等；"其他金融机构"包括除银行以外的各种开展金融业务的机构，比如信托、保险、企业集团财务公司、金融租赁公司等。

二是行为人必须有违反规定，为他人出具信用证或者其他保函、票据、存单、资信证明的行为。本条所说的"违反规定"，是指违反了有关金融法律、行政法规、规章以及银行金融机构内部规定的一些重要业务规则和规章制度。"他人"不仅包括自然人，也包括单位。"信用证"是指开证银行根据客户（申请开证人）的请求或者自己主动向一方（受益人）所签发的一种书面约定，如果受益人满足了该书面约定的各项条款，开证银行即向受益人支付该书面约定的款项的凭证。简单地说，信用证就是开证银行有条件地向受益人付款的书面凭证。"保函"是指银行以其自身的信用为他人承担责任的担保文件，是重要的银行资信文件。根据商业银行法的规定，商业银行可以提供担保服务，但是商业银行的工作人员不得违反规定徇私向亲属朋友提供担保。中国人民银行法规定，中国人民银行不得向任何单位和个人提供担保。如果人民银行或者商业银行的工作人员违反规定擅自为他人出具保函，都属于本条所说的违反规定为他人出具保函。违反规定出具"票据"，是指违反票据法、行政法规和其他各项业务管理的规定，为他人非法出具汇票、本票、支票的行为。"资信证明"是指证明个人或者单位经济实力的文件，广义的资信证明包括票据、银行存单、房契、地契以及其他各种产权证明等，以及由银行出具的有关财产方面的委托书、协议书等。

三是行为人违规为他人出具金融票据，情节严重的，才构成犯罪。"情节严重"不仅包括给金融机构造成了较大损失，还包括虽然还没有造成较大损失，但非法出具金融票证涉及金额巨大，或者有多次非法出具金融票证等情形。如果行为人有以上违反规定的行为，但被及时发现并制止，情节不严重的，可作为违法行为处理，不宜以犯罪论处。至于具体什么是"情节严重"，由于各案情况不同，实践情况比较复杂，本条没有作出具体规定，可以由司法机关根据案件的具体情况确定，也可以在总结司法实践经验的基础上作出司法解释。此外，关于本罪的追诉条件，最高人民检察院、公安部《关于公安机关管辖的刑事案件立案追诉标准的规定（二）》第四十四条规定，银行或者其他金融机构及其工作人员违反规定，为他人出具信用证或者其他保函、票据、存单、资信证明，涉嫌下列情形之一的，应予立案追诉：（1）违反规定为他人出具信用证或者其他保函、票据、存单、资信证明，数额在一百万元以上的；（2）违反规定为他人出具信用证或者其他保函、票据、存单、资信证明，造成直接经济损失数额在二十万元以上的；（3）多次违规出具信用证或者其他保函、票据、存单、资信证明的；（4）接受贿赂违规出具信用证或者其他保函、票据、存单、资信证明的；（5）其他情节严重的情形。

对本罪的处罚，本款根据情节严重程度规定了两档刑罚：情节严重的，处五年以下有期徒刑或者拘役；情节特别严重的，处五年以上有期徒刑。

本条第二款是关于单位犯违规出具金融票据罪的处罚规定。本条采用了双罚制原则，即单位犯本罪，对单位判处罚金，并对其直接负责的主管人员和其他直接责任人员，根据其犯罪情节，依照本条第一款的规定判处刑罚。

【实践中需要注意的问题】

实践中，对于本条规定的违规"出具"是否包含"付款、承兑、保证"的含义，认识上存在分歧。一种意见提出，1998年国务院办公厅转发的中国人民银行《整顿银行账外账及违规经营工作实施方案的通知》中指出，"违规开具银行承兑汇票，是指违反银行承兑汇票有关管理规定的行为，包括违规承兑和违规贴现""违规开具信用证，是指违反信用证管理有关规定，无贸易背景开证、越权开证、保证金不足开证和未落实担保开证等行为"等。该通知对违规"开具"的适用，也可以用于理解刑法第一百八十八条中规定的"出具"，即"出具"除了具有开具的文意外，包含对票据的"付款、承兑、保证"等行为。另一种意见提出，刑法第一百八十八条规定的"出具"的对象，包含了信用证、保函、票据、存单、资信证明。就"出具"票据来说，不宜将"出具"作扩大解释包含"付款、承兑、保证"行为。如作扩大解释，不仅无法将该条与刑法第一百八十九条"对违法票据承兑、付款、保证罪"作出区分，而且会将一般的提供、交付行为也理解为签发、开立法律文书的行为，与实际不符。将刑法第一百八十八条规定的"开具"扩大解释到"付款、承兑、保证"，其实质是在司法适用中，因较难满足刑法第一百八十九条"对违法票据承兑、付款、保证罪"规定的"造成重大损失"的入罪条件，进而转向适用第一百八十八条"违规出具金融票证罪"，似乎不符合法律适用原理，有违罪刑法定原则。

票据法第二十条规定，出票是指出票人签发票据并将其交付给收款人的票据行为。第六十二条规定，持票人行使追索权时，应当提供被拒绝承兑或者被拒绝付款的有关证明。持票人提示承兑或者提示付款被拒绝的，承兑人或者付款人必须出具拒绝证明，或者出具退票理由书；未出具拒绝证明或者退票理由书的，应当承担由此产生的民事责任。由此可见，票据法中同时使用了"出票"和"出具"两种表述。票据法中的"出具"的对象不是法定票据，而是与票据有关的证明文书，如退票理由书等。刑法第一百八十八条规定的"出具"票据的含义应与票据法中"出票"的含义一致，与背书、承兑、保证、付款等同属票据行为。对于违法进行票据承兑、付款、保证等行为，可通过刑法第一百八十九条"对违法票据承兑、付款、保证罪"惩治。因此，根据刑法第一百八十八条和第一百八十九条的规定，刑法第一百八十八条规定的"出具"票据应理解为票据法上规定的出票行为。对于非法承兑等其他票据行为，可以结合具体案件情况，分别适用刑法第一百八十九条"对违法票据承兑、付款、保证罪"、第一百七十五条"高利转贷罪"、第一百七十五条之一"骗取贷款、票据承兑、金融票证罪"等规定处罚。

第一百八十九条 【对违法票据承兑、付款、保证罪】

银行或者其他金融机构的工作人员在票据业务中，对违反票据法规定的票据予以承兑、付款或者保证，造成重大损失的，处五年以下有期徒刑或者拘役；造成特别重大损失的，处五年以上有期徒刑。

单位犯前款罪的，对单位判处罚金，并对其直接负责的主管人员和其他直接责任人员，依照前款的规定处罚。

【条文精解】

本条是关于对违法票据承兑、付款、保证罪及其刑事处罚的规定。

本条共分两款。第一款是关于个人犯对违法票据承兑、付款、保证罪及其刑事处罚的规定。对于个人犯对违法票据承兑、付款、保证罪的构成要件，本款作了以下规定：一是本罪的犯罪主体是特殊主体，即只能是银行或者其他金融机构的工作人员，其他人不能成为本罪的主体。所谓"其他金融机构"，主要指可以经营金融业务的信托公司、保险公司、企业集团财务公司、金融租赁公司等金融机构。二是行为人在主观上主要表现为过失，即由于工作不负责，审查不严所致。三是行为人在客观上实施了对违反票据法规定的票据予以承兑、付款或者保证的行为。票据法明确规定：汇票的出票人必须与付款人具有真实的委托付款关系，并且具有支付汇票金额的可靠资金来源。付款人及其代理付款人付款时，应当审查汇票背书的连续，并审查提示付款人的合法身份证明和有效证件。如果行为人不认真审查，对违反票据法规定的票据予以承兑、付款或者保证，即构成本罪的犯罪行为。本条所称票据"承兑"，是指汇票付款人承诺在汇票到期日支付汇票金额的票据行为，承兑系汇票所特有的一种法律制度，仅适用于汇票，其目的在于使承兑人依票据载明的义务承担支付票据金额的义务。本条所称"付款"，是指汇票的付款人或者代理付款人支付汇票金额以消灭票据关系的附属票据行为。四是行为人对违反票据法规定的票据予以承兑、付款或者保证，造成重大损失的，才构成犯罪，这是划分罪与非罪的重要界限。票据法第一百零四条规定，金融机构工作人员在票据业务中玩忽职守，对违反该法规定的票据予以承兑、付款或者保证的，给予处分；造成重大损失，构成犯罪的，依法追究刑事责任。由于金融机构工作人员因前述行为给当事人造成损失的，由该金融机构和直接责任人员依法承担赔偿责任。本条规定的"重大损失"，是指由于行为人的违法承兑、付款、保证，使银行或者其他金融机构被骗，造成重大经济损失。

对于个人犯对违法票据承兑、付款、保证罪的处罚,本款根据造成的损失,规定了两档刑罚:造成重大损失的,处五年以下有期徒刑或者拘役;造成特别重大损失的,处五年以上有期徒刑。

本条第二款是关于单位犯对违法票据承兑、付款、保证罪的刑事处罚的规定。对单位犯本罪,本款采取了双罚制原则,即对单位判处罚金,并对其直接负责的主管人员和其他直接责任人员,依照本条第一款的规定处罚。

【实践中需要注意的问题】

关于本条规定的立案追诉标准,最高人民检察院、公安部《关于公安机关管辖的刑事案件立案追诉标准的规定(二)》第四十五条规定,银行或者其他金融机构及其工作人员在票据业务中,对违反票据法规定的票据予以承兑、付款或者保证,造成直接经济损失数额在二十万元以上的,应予立案追诉。

第一百九十条 【逃汇罪】

公司、企业或者其他单位,违反国家规定,擅自将外汇存放境外,或者将境内的外汇非法转移到境外,数额较大的,对单位判处逃汇数额百分之五以上百分之三十以下罚金,并对其直接负责的主管人员和其他直接责任人员处五年以下有期徒刑或者拘役;数额巨大或者有其他严重情节的,对单位判处逃汇数额百分之五以上百分之三十以下罚金,并对其直接负责的主管人员和其他直接责任人员处五年以上有期徒刑。

【条文精解】

本条是关于逃汇罪及其处罚的规定。

根据本条规定,逃汇罪包含两种情况:

一是公司、企业或者其他单位,违反国家规定,擅自将外汇存放境外,数额较大的。本条所称的"违反国家规定,擅自将外汇存放境外",是指违反了国家有关外汇管理的规定,将应调回国内的外汇不调回国内,而存放境外的行为。根据《外汇管理条例》第九条的规定,境内机构、境内个人的外汇收入可以调回境内或者存放境外;调回境内或者存放境外的条件、期限等,由国务院外汇管理部门根据国际收支状况和外汇管理的需要作出规定。此外,我国对境内机构资本项目外汇收入的管理,目前主要是《外汇管理条例》第二十一条的规定:"资本项目外汇收入保留或者卖给经营结汇、售汇业务的金融机构，应当经外汇管理机关批准，但国家规定无需批准的除外。"

二是公司、企业或者其他单位，违反国家规定，将境内的外汇非法转移到境外，数额较大的。本条所称的"违反国家规定，将境内的外汇非法转移到境外"，是指违反国家有关规定，未经批准将境内外汇非法转移到境外的行为。

根据本条规定，对于犯逃汇罪的，对单位判处逃汇数额百分之五以上百分之三十以下罚金，并对其直接负责的主管人员和其他直接责任人员处五年以下有期徒刑或者拘役；数额巨大或者有其他严重情节的，对单位判处逃汇数额百分之五以上百分之三十以下罚金，并对其直接负责的主管人员和其他直接责任人员处五年以上有期徒刑。此外，根据《关于惩治骗购外汇、逃汇和非法买卖外汇的决定》第五条的规定，海关、外汇管理部门以及金融机构、从事对外贸易经营活动的公司、企业或者其他单位的工作人员与逃汇的行为人通谋，为其提供购买外汇的有关凭证或者其他便利的，或者明知是伪造、变造的凭证和单据而售汇、付汇的，以共犯论，依照该决定从重处罚。这里所说的"从重处罚"，是指在该条规定的罚金幅度内和量刑幅度内从重处罚。对于刑罚的从重，既可以选择较重的刑期，也可以选择较重的刑种。

【实践中需要注意的问题】

一是本条规定的构成犯罪的条件是，擅自将外汇存放境外，或者将境内的外汇非法转移到境外，数额较大的行为。未达到数额较大的逃汇行为不能作为犯罪处理，应当依照《外汇管理条例》的规定由外汇管理机关责令限期调回外汇，处逃汇金额百分之三十以下的罚款；情节严重的，处逃汇金额百分之三十以上等值以下的罚款。对于什么是"数额较大"，本条没作具体规定，可由最高人民法院在总结司法实践经验的基础上作出司法解释。最高人民检察院、公安部《关于公安机关管辖的刑事案件立案追诉标准的规定（二）》第四十六条规定，公司、企业或者其他单位，违反国家规定，擅自将外汇存放境外，或者将境内的外汇非法转移到境外，单笔在二百万美元以上或者累计数额在五百万美元以上的，应予立案追诉。

二是本条规定的犯罪是单位犯罪，犯罪主体限于公司、企业或者其他单位，个人不能成为逃汇罪的犯罪主体，不能构成逃汇罪。对于个人携带大量外汇或外币支付凭证、有价证券等出境，逃避海关监管，构成走私等行为的，应当按照有关规定处理。

第一百九十一条 【洗钱罪】
　　为掩饰、隐瞒毒品犯罪、黑社会性质的组织犯罪、恐怖活动犯罪、走私犯罪、贪污贿赂犯罪、破坏金融管理秩序犯罪、金融诈骗犯罪的所得及其产生的收益的来源和性质，有下列行为之一的，没收实施以上犯罪的所得及其产生的收益，处五年以下有期徒刑或者拘役，并处或者单处罚金；情节严重的，处五年以上十年以下有期徒刑，并处罚金：
　　（一）提供资金帐户的；
　　（二）将财产转换为现金、金融票据、有价证券的；
　　（三）通过转帐或者其他支付结算方式转移资金的；
　　（四）跨境转移资产的；
　　（五）以其他方法掩饰、隐瞒犯罪所得及其收益的来源和性质的。
　　单位犯前款罪的，对单位判处罚金，并对其直接负责的主管人员和其他直接责任人员，依照前款的规定处罚。

【条文精解】

　　本条是关于洗钱罪及其处罚的规定。
　　1990年全国人大常委会《关于禁毒的决定》第四条规定：包庇走私、贩卖、运输、制造毒品的犯罪分子的，为犯罪分子窝藏、转移、隐瞒毒品或者犯罪所得的财物的，掩饰、隐瞒出售毒品获得财物的非法性质和来源的，处七年以下有期徒刑、拘役或者管制，可以并处罚金。犯前款罪事先通谋的，以走私、贩卖、运输、制造毒品罪的共犯论处。这是我国首次在刑事法律中规定洗钱罪。
　　《关于禁毒的决定》对洗钱行为作出规定后，从司法实践看，洗钱已不限于毒品犯罪。为了遏制洗钱行为，防止罪犯逃避法律制裁，维护金融管理秩序，有必要对此予以专门规定。1997年修订刑法时，将洗钱犯罪单独规定为犯罪，洗钱犯罪的上游犯罪规定为毒品犯罪、黑社会性质的组织犯罪和走私罪。1997年刑法第一百九十一条规定："明知是毒品犯罪、黑社会性质的组织犯罪、走私犯罪的违法所得及其产生的收益，为掩饰、隐瞒其来源和性质，有下列行为之一的，没收实施以上犯罪的违法所得及其产生的收益，处五年以下有期徒刑或者拘役，并处或者单处洗钱数额百分之五以上百分之二十以下罚金；情节严重的，处五年以上十年以下有期徒刑，并处洗钱数额百分之五以上百分之二十以下罚金：（一）提供资金帐户的；（二）协助将财产转换为现金或者金融票据的;(三)通过转帐或者其他结算方式协助资金转移的;(四)协助将资金汇往境外的;(五)以其他方法掩饰、隐瞒犯罪的违法所得及其收益的性质和来源的。单位犯前款罪的,对单位判处罚金,并对其直接负责的主管人员和其他直接责任人员,处五年以下有期徒刑或者拘役。"

2001年《刑法修正案(三)》对本条作了修改:一是将恐怖活动犯罪纳入该罪的"上游犯罪";二是加重了单位犯罪中直接责任人员的法定刑,即增加规定"情节严重的,处五年以上十年以下有期徒刑"。这样修改主要是为了适应打击恐怖活动犯罪的需要。事实表明,国际恐怖组织与洗钱有着密切联系,为加大对恐怖活动组织的打击力度,《刑法修正案(三)》将恐怖活动犯罪增加为洗钱罪的上游犯罪,同时考虑到洗钱行为很多是单位实施的,因此提升了单位犯罪中直接责任人员的法定刑。修改后的刑法第一百九十一条规定:"明知是毒品犯罪、黑社会性质的组织犯罪、恐怖活动犯罪、走私犯罪的违法所得及其产生的收益,为掩饰、隐瞒其来源和性质,有下列行为之一的,没收实施以上犯罪的违法所得及其产生的收益,处五年以下有期徒刑或者拘役,并处或者单处洗钱数额百分之五以上百分之二十以下罚金;情节严重的,处五年以上十年以下有期徒刑,并处洗钱数额百分之五以上百分之二十以下罚金:(一)提供资金帐户的;(二)协助将财产转换为现金或者金融票据的;(三)通过转帐或者其他结算方式协助资金转移的;(四)协助将资金汇往境外的;(五)以其他方法掩饰、隐瞒犯罪的违法所得及其收益的来源和性质的。单位犯前款罪的,对单位判处罚金,并对其直接负责的主管人员和其他直接责任人员,处五年以下有期徒刑或者拘役;情节严重的,处五年以上十年以下有期徒刑。"

2006年《刑法修正案(六)》对本条作了第二次修改。一段时期以来,对贪污贿赂犯罪、破坏金融管理秩序犯罪和金融诈骗犯罪的所得及其收益进行洗钱的犯罪活动日益频繁,不仅破坏了我国金融秩序,而且危害到经济安全和社会稳定。同时,在经济全球化和资本流动国际化的背景下,洗钱活动具有跨国(境)性,国际社会也加强了反洗钱的国际合作。我国已经批准加入的《联合国禁止非法贩运麻醉药品和精神药物公约》《联合国打击跨国有组织犯罪公约》《联合国反腐败公约》等,均明确要求各成员国将对毒品犯罪、腐败犯罪以及一些严重犯罪的所得及收益进行掩饰、隐瞒的行为在国内法中列为犯罪予以惩处。为了适应打击洗钱犯罪的需要,更好地承担国际义务,《刑法修正案(六)》将贪污贿赂犯罪、破坏金融管理秩序犯罪、金融诈骗犯罪规定为洗钱罪的上游犯罪,加大了对这些洗钱犯罪的打击力度。同时,在本条第一款第二项中明确地将"协助将财产转换为现金、金融票据、有价证券"的行为列为洗钱方式之一。原第一百九十一条只是将"协助将财产转换为现金或者金融票据"列为洗钱的行为之一，而刑法中规定的金融票据一般特指汇票、本票、支票这三种银行票据，在司法实践中对于协助将财产转换为股票、债券等有价证券的行为是否属于洗钱行为的认识不一致，《刑法修正案（六）》进一步予以明确。修改后的刑法第一百九十一条第一款规定："明知是毒品犯罪、黑社会性质的组织犯罪、恐怖活动犯罪、走私犯罪、贪污贿赂犯罪、破坏金融管理秩序犯罪、金融诈骗犯罪的所得及其产生的收益，为掩饰、隐瞒其来源和性质，有下列行为之一的，没收实施以上犯罪的所得及其产生的收益，处五年以下有期徒刑或者拘役，并处或者单处洗钱数额百分之五以上百分之二十以下罚金；情节严重的，处五年以上十年以下有期徒刑，并处洗钱数额百分之五以上百分之二十以下罚金：（一）提供资金帐户的；（二）协助将财产转换为现金、金融票据、有价证券的；（三）通过转帐或者其他结算方式协助资金转移的；（四）协助将资金汇往境外的；（五）以其他方法掩饰、隐瞒犯罪所得及其收益的来源和性质的。"

2020年《刑法修正案（十一）》对本条作了第三次修改。一是将行为人"明知"上游犯罪的规定和"为掩饰、隐瞒犯罪所得及其产生的收益的来源和性质"的行为目的在表述上一并作了修改完善。将"明知是……犯罪的所得及其产生的收益，为掩饰、隐瞒其来源和性质"修改为"为掩饰、隐瞒……犯罪的所得及其产生的收益的来源和性质"。二是删去了原第一款第二项、第三项、第四项中规定的"协助"，通过修改，将行为人自己实施特定上游犯罪并掩饰、隐瞒其犯罪所得及产生的收益的来源和性质的行为规定为犯罪，即将"自洗钱"行为规定为犯罪。三是在第一款第三项规定中增加以"支付"方式转移资金的犯罪行为，以加大对"地下钱庄"的惩处。四是将第一款第四项"将资金汇往境外"修改为"跨境转移资产"。五是将比例罚金刑"洗钱数额百分之五以上百分之二十以下罚金"修改为不定额罚金刑。六是对单位犯罪中直接责任人员的处罚增加了罚金刑。

《刑法修正案（十一）》对本条作出修改，主要有以下考虑：

一是有关部门反映，行为人对特定上游犯罪"明知"是认定洗钱罪的一个重要要件。然而，证明行为人对某一具体上游犯罪"明知"，在司法实践中有难度。从事洗钱的犯罪行为人常抗辩其不深究经手资金的来源，以此否认对某一种具体上游犯罪"明知"。司法机关在能够认定犯罪嫌疑人具有掩饰、隐瞒犯罪所得及其收益的行为，但是难以认定行为人"明知"某一具体上游犯罪的时候，常以刑法第三百一十二条"掩饰、隐瞒犯罪所得、犯罪所得收益罪"定罪处罚。如果犯罪所得及其收益确实来源于恐怖活动犯罪、走私犯罪、贪污贿赂犯罪等特定上游犯罪，最终不能以洗钱罪定罪处罚，不能充分体现罚当其罪，与罪责刑相适应原则也不一致。此外，"掩饰、隐瞒"行为本身就带有故意实施相关行为的意思，在具体认定上，与"明知"要件存在一定程度的重复。经研究，采纳了有关意见。此次修改将原规定"明知是……犯罪的所得及其产生的收益，为掩饰、隐瞒其来源和性质"修改为"为掩饰、隐瞒……犯罪的所得及其产生的收益的来源和性质"。

二是有的全国人大代表和有关部门提出，司法实践反映，洗钱案件不仅有为他人进行洗钱，而且有为自己的犯罪行为进行洗钱的情况。在行为性质上，为自己的上游犯罪进行洗钱，属于实施上游犯罪后的额外行为，不仅放大了上游犯罪的危害后果，而且对国家的金融稳定等产生了额外伤害。对于这种行为应当单独认定，即将行为人自己实施上游犯罪并掩饰、隐瞒其犯罪所得及产生的收益的来源和性质的行为单独规定为犯罪，也就是对"自洗钱"行为追究刑事责任。还有的意见提出，我国是反洗钱金融行动特别工作组（FATF）的成员，该组织的《四十项建议》中规定，"除非有悖于该国的基本法律原则，洗钱罪应适用于实施上游犯罪的人"，这里涵盖了将"自洗钱"行为认定构成洗钱犯罪的建议。一些FATF成员国（如德国），近些年也通过修改法律将"自洗钱"行为规定为犯罪。我国若将"自洗钱"行为规定为犯罪，与世界上其他国家在惩治洗钱犯罪上的立场一致，将更有利于我国依法惩治洗钱违法犯罪，开展国际刑事司法协助，推动境外追逃追赃工作。经研究，此次修改删去了原第一款第二项、第三项、第四项中规定的"协助"，在行为方式上将为他人从事洗钱行为修改为既可以为他人，也可以为行为人自己进行洗钱。从而将实施一些严重犯罪后的"自洗钱"行为规定为洗钱罪。

三是有的部门和地方提出，实践中一些地方从事"地下钱庄"的非法活动较为猖獗，且经常涉及洗钱行为。"地下钱庄"如果通过转帐、汇兑、委托收款等方式进行资金结算，协助资金转移的，可以依法按照洗钱罪惩处。但是当"地下钱庄"提供支付工具协助资金转移的，则较难予以惩处。有的部门反映，涉嫌洗钱犯罪的支付工具和方式既有传统模式，如搬运现金货币、运输现金货币出入境等，也有通过信息网络进行的网络支付。经研究，此次修改在原第三项中增加以其他"支付"方式协助资金转移的规定，将该种行为认定构成洗钱罪。

四是有的部门反映，实践中不仅有将资金汇往境外的洗钱行为，也有将资金从境外汇往境内进行洗钱的情况。在洗钱的对象上，不仅限于资金，也出现有价证券、珠宝、艺术品、不动产等资产。经研究，此次修改将原第四项规定的"协助将资金汇往境外"修改为"跨境转移资产"。

五是有的部门提出，洗钱罪原来规定了比例罚金刑，即"洗钱数额百分之五以上百分之二十以下罚金"。实践中，当上游犯罪的所得及其收益是资金时，可以根据比例直接确定罚金；当属于非资金形式的其他资产时，需要估算后再按照比例确定罚金。在诉讼过程中，相关资产的估算价格随着时间变化也会产生变化，往往不利于罚金的最终确定。经研究，此次修改将本罪原来规定的比例罚金修改为不定额罚金。司法机关可以根据案件的实际情况，自主确定罚金数额，做到罪责刑相适应。

六是有的部门和地方提出，原来本条规定的单位犯罪，对单位判处罚金，并对其直接负责的主管人员和其他直接责任人员判处自由刑，没有规定罚金刑。实践中，单位犯洗钱罪的情况越来越多，洗钱罪属于破坏金融管理秩序的犯罪，有必要对单位的相关责任人员也处以罚金刑。经研究，此次对单位犯罪的直接负责的主管人员和其他直接责任人员增加了罚金刑，以加大对洗钱犯罪的惩处力度。

本条共分两款。第一款是关于个人犯洗钱罪的处罚规定。根据第一款的规定，个人构成洗钱罪必须具备以下条件：

一是主观上是为掩饰、隐瞒上游犯罪的所得及其产生的收益的来源和性质。这里的"掩饰、隐瞒"是指行为人以窝藏、转移、转换、收购等方法将自己或者他人实施上游犯罪的所得及其产生的收益予以掩盖或洗白。本条对"掩饰、隐瞒"的方法作了具体列举。行为人的主观方面，可以通过行为人的认知能力，接触和掌握上游犯罪及其犯罪所得和收益的情况，犯罪所得及其收益的种类、数额，掩饰、隐瞒犯罪所得及其收益的方式等，结合客观实际情况与犯罪意图综合判断。本条规定的上游犯罪，为"毒品犯罪、黑社会性质的组织犯罪、恐怖活动犯罪、走私犯罪、贪污贿赂犯罪、破坏金融管理秩序犯罪、金融诈骗犯罪"。这里规定的是某一类犯罪，例如"贪污贿赂犯罪"是指刑法分则第八章"贪污贿赂罪"一章中的所有犯罪；"破坏金融管理秩序犯罪"和"金融诈骗犯罪"包括刑法分则第三章第四节"破坏金融管理秩序罪"和第五节"金融诈骗罪"中规定的所有犯罪。这里的类罪也应包括基于实施"毒品犯罪"等七类犯罪的目的而实施其他犯罪的情况，具体确定的罪名不一定是这七类罪。如为参加恐怖活动组织、接受恐怖活动培训或者实施恐怖活动，偷越国（边）境的，当行为人因涉恐怖活动而触犯刑法第三百三十二条"偷越国（边）境罪"时，该罪也应属于本罪规定的"恐怖活动犯罪"。这里的犯罪"所得及其产生的收益的来源和性质"，是指上游犯罪行为人犯罪所获得的非法利益以及利用犯罪所得的非法利益所生产的孳息或者进行经营活动所产生的经济利益的来源和性质。

二是行为人实施了掩饰、隐瞒毒品犯罪、黑社会性质的组织犯罪、恐怖活动犯罪、走私犯罪、贪污贿赂犯罪、破坏金融管理秩序犯罪、金融诈骗犯罪的所得及其产生收益的来源和性质的行为。洗钱罪的本质在于为特定上游犯罪的犯罪所得披上合法外衣，消灭犯罪线索和证据，逃避法律追究和制裁，实现犯罪所得的安全循环使用。本条列举了五种洗钱行为：（1）提供资金帐户，是指为犯罪行为人提供金融机构帐户等的行为，包括提供各种真名帐户、匿名帐户、假名帐户等，为其转移犯罪所得及其收益提供方便。（2）将财产转换为现金、金融票据或者有价证券，是指犯罪行为人本人或者协助他人将犯罪所得及其收益的财产通过交易等方式转换为现金或者汇票、本票、支票等金融票据或者股票、债券等有价证券，以掩饰、隐瞒犯罪所得财产的真实所有权关系。（3）通过转帐或者其他支付结算方式转移资金。这种行为的目的是犯罪行为人为自己或者为他人掩盖犯罪所得资金的来源、去向。这里的支付结算方式包括转帐、票据承兑和贴现等资金支付结算业务。（4）跨境转移资产，是指以各种方式将犯罪所得的资产转移到境外的国家或地区，兑换成外币、动产、不动产等；或者将犯罪所得的资产从境外转移到境内，兑换成人民币、动产、不动产等。实践中，跨境转移资产有直接跨境实施的，如通过运输、邮寄、携带等方式跨越国（边）境实现资产转移，以投资等方式购买境外资产等；也有间接跨境实施的，如犯罪集团控制境内、境外分别设立的两个资金池，当境内完成收款后，通知境外资金向外放款，实现跨境转移资产。（5）以其他方法掩饰、隐瞒犯罪所得及其收益的来源和性质，是一个兜底性规定，包括将犯罪所得投资于各种行业进行合法经营，将非法获得的收入注入合法收入中，或者用犯罪所得购买不动产等各种手段，掩饰、隐瞒犯罪所得及其收益的来源和性质的行为。2009年最高人民法院《关于审理洗钱等刑事案件具体应用法律若干问题的解释》第二条对本项又作了进一步细化，包括：（1）通过典当、租赁、买卖、投资等方式，协助转移、转换犯罪所得及其收益的；（2）通过与商场、饭店、娱乐场所等现金密集型场所的经营收入相混合的方式，协助转移、转换犯罪所得及其收益的；（3）通过虚构交易、虚设债权债务、虚假担保、虚报收入等方式，协助将犯罪所得及其收益转换为"合法"财物的；（4）通过买卖彩票、奖券等方式，协助转换犯罪所得及其收益的;(5)通过赌博方式,协助将犯罪所得及其收益转换为赌博收益的;(6)协助将犯罪所得及其收益携带、运输或者邮寄出入境的;(7)通过前述规定以外的方式协助转移、转换犯罪所得及其收益的。

对于个人犯洗钱罪的处罚,本款根据情节轻重规定了两档刑罚:构成洗钱犯罪的,没收犯罪的所得及其产生的收益,处五年以下有期徒刑或者拘役,并处或者单处罚金;情节严重的,没收犯罪的所得及其产生的收益,处五年以上十年以下有期徒刑,并处罚金。

本条第二款是关于单位犯洗钱罪的处罚规定。对单位犯洗钱罪,本条规定实行双罚制原则,既处罚单位又处罚有关的责任人员。本条根据犯罪情节规定了两档刑罚:对于单位实施洗钱行为构成犯罪的,对单位判处罚金,并对其直接负责的主管人员和其他直接责任人员,没收犯罪的所得及其产生的收益,处五年以下有期徒刑或者拘役,并处或者单处罚金。情节严重的,除对单位判处罚金外,对其直接负责的主管人员和其他直接责任人员,没收犯罪的所得及其产生的收益,处五年以上十年以下有期徒刑,并处罚金。

【实践中需要注意的问题】

一是关于洗钱罪是否需要在上游犯罪判决之后才能认定的问题。对此,最高人民法院《关于审理洗钱等刑事案件具体应用法律若干问题的解释》第四条规定了下述三种情形不影响洗钱犯罪的审判和认定:(1)上游犯罪尚未依法裁判,但查证属实的;(2)上游犯罪事实可以确认,因行为人死亡等原因依法不予追究刑事责任的;(3)上游犯罪事实可以确认,依法以其他罪名定罪处罚的。

二是关于修改刑法第一百九十一条后,"自洗钱"可以独立定罪,刑法第三百一十二条"掩饰、隐瞒犯罪所得、犯罪所得收益罪"是否也适用"自洗钱"独立定罪的问题。根据《刑法修正案(十一)》对洗钱罪的修改,"自洗钱"行为可以按照刑法第一百九十一条洗钱罪定罪处罚。同样,作为广义的洗钱犯罪,刑法第三百一十二条"掩饰、隐瞒犯罪所得、犯罪所得收益罪"也适用于"自洗钱"行为。从文意表述看,刑法第三百一十二条"掩饰、隐瞒犯罪所得、犯罪所得收益罪"的规定与"自洗钱"单独定罪并不存在矛盾。因此,《刑法修正案(十一)》没有对其进行修改。对此,十三届全国人大常委会第二十二次会议《全国人民代表大会宪法和法律委员会关于〈中华人民共和国刑法修正案(十一)(草案)〉修改情况的汇报》作了明确:"宪法和法律委员会经同有关方面研究,建议对草案作以下修改补充……修改洗钱罪,将实施一些严重犯罪后的'自洗钱'明确为犯罪,同时完善有关洗钱行为方式,增加地下钱庄通过'支付'结算方式洗钱等。作上述修改以后,我国刑法第一百九十一条、第三百一十二条等规定的洗钱犯罪的上游犯罪包含所有犯罪,'自洗钱'也可单独定罪,为有关部门有效预防、惩治洗钱违法犯罪以及境外追逃追赃提供充足的法律保障。"

> 全国人民代表大会常务委员会《关于惩治骗购外汇、逃汇和非法买卖外汇犯罪的决定》
>
> 一、【骗购外汇罪】有下列情形之一,骗购外汇,数额较大的,处五年以下有期徒刑或者拘役,并处骗购外汇数额百分之五以上百分之三十以下罚金;数额巨大或者有其他严重情节的,处五年以上十年以下有期徒刑,并处骗购外汇数额百分之五以上百分之三十以下罚金;数额特别巨大或者有其他特别严重情节的,处十年以上有期徒刑或者无期徒刑,并处骗购外汇数额百分之五以上百分之三十以下罚金或者没收财产:
>
> (一)使用伪造、变造的海关签发的报关单、进口证明、外汇管理部门核准件等凭证和单据的;
>
> (二)重复使用海关签发的报关单、进口证明、外汇管理部门核准件等凭证和单据的;
>
> (三)以其他方式骗购外汇的。
>
> 伪造、变造海关签发的报关单、进口证明、外汇管理部门核准件等凭证和单据,并用于骗购外汇的,依照前款的规定从重处罚。
>
> 明知用于骗购外汇而提供人民币资金的,以共犯论处。
>
> 单位犯前三款罪的,对单位依照第一款的规定判处罚金,并对其直接负责的主管人员和其他直接责任人员,处五年以下有期徒刑或者拘役;数额巨大或者有其他严重情节的,处五年以上十年以下有期徒刑;数额特别巨大或者有其他特别严重情节的,处十年以上有期徒刑或者无期徒刑。

【条文精解】

本条是关于骗购外汇罪的规定。

本条共分四款。根据第一款的规定,构成骗购外汇罪,需要符合以下几个条件:一是行为人主观上具有犯罪的故意。二是行为人客观上实施了骗购外汇的行为。

骗购外汇，主要是行为人通过使用伪造或者变造相关的凭证和单据等方法，虚构进口业务、夸大进口数量等方式，利用人民币资金，购买国家外汇资金的行为。根据本款的规定，主要采用以下几种方式：

其一，使用伪造、变造的海关签发的报关单、进口证明、外汇管理部门核准件等凭证和单据的。

这是骗购外汇犯罪的最主要的一种表现方式。行为人的目的是想通过我国外汇管理制度中不严密的售付汇程序，蒙骗过关，骗购外汇。

本条所说的"报关单"，是指进出口货物的收发货人或者其代理人向海关递交的申报货物情况，以及海关依法监管货物进出口的重要凭证。报关单位必须认真如实填写，并对所填写的报关单的真实性、合法性负责，承担相应的法律和经济责任。根据海关的有关规定，报关单位依进出口货物的不同，填写不同颜色的报关单，同时，又按贸易方式的不同填制不同份数的报关单。而只有经过海关签发，才具有国家机关公文的性质，并且才能成为申请付汇、购汇的有效凭证。

"伪造"海关签发的报关单，是指行为人依照海关签发的报关单的颜色、式样、形状等，通过印刷、复印、描绘等方法，制作假的报关单，以冒充真的报关单的行为。"变造"海关签发的报关单，主要是指行为人在真的海关签发的报关单的基础上，通过涂改、添加数额等方式进行加工处理，使海关签发的报关单的数量、金额、单价、税率等改变的行为。如在报关单上涂改、添加数额等。"海关签发的报关单"，是指海关接受报关单位的报关申请后，依照有关法律、行政法规的规定，对报关单及其随附有关单证进行检查，经检查确定该项进出口业务符合海关法和国家的有关政策、法令的规定而签发的报关单，如签盖"放行"章或者"验讫"章等。经过海关签发的报关单，即为具有相应的国家公文性质的文书。

本条所说的"进口证明"，是指报关单位在申请进口付汇时，按照有关法律、法规和政策的规定，所提交的除进口货物报关单以外的相关单据和凭证。在一般情况下，根据对外结算方式及费用的不同，除进口付汇核销单外，申请购汇单位还须持有的证明，如：用跟单信用证、保函方式结算的贸易进口，持进口合同、开证申请书；用跟单托收方式结算的贸易进口，持进口合同、进口付汇通知书；用汇款方式结算的贸易进口，持进口合同、发票、正本报关单、正本运输单据等。"伪造、变造的进口证明"，是指伪造、变造国家规定的，进口货物所应当具备的有关证明材料。

本条所说的"外汇管理部门"，根据《外汇管理条例》的规定，主要是指国务院外汇管理部门及其分支机构。"外汇管理部门的核准件"，主要是指在出口收汇和进口付汇过程中，由外汇管理部门制发的，进出口单位及受委托单位所填写的，海关凭以受理报关，外汇管理部门凭以核销收汇或者付汇的凭证。这是当前外汇管理制度中最重要的一份单证，也是国家为了保障充足的外汇来源，满足用汇需要的一项重要手段。这里所说的伪造、变造的外汇管理部门核准件，主要指伪造、变造的进口收汇核销单等。

其二，重复使用海关签发的报关单、进口证明、外汇管理部门核准件等凭证和单据的。

这也是骗购外汇的犯罪行为的一种主要形式。重复使用，主要是使用已经使用完毕，并已用于进口付汇的海关签发的报关单、进口证明、外汇管理部门核准件等凭证和单据。

其三，其他方式骗购外汇的。

考虑到发生的骗购外汇的犯罪案件中，骗购外汇的方式很多，犯罪分子为了逃避追究，也在不断地变换犯罪方式，犯罪手段层出不穷，为了有利于及时根据犯罪情况的变化，对犯罪进行打击，本款在具体列举了前两项犯罪方式的同时，还规定了"其他方式骗购外汇"，例如，行为人以对外宣传费、对外援助费、对外捐赠用汇、国际组织会费、参加国际会议的注册费、报名费，在境外举办展览、招商、培训及拍摄影视片等用汇，在境外设立代表处或者办事机构的开办费和经费为名进行骗购国家外汇等行为。

行为人骗购外汇"数额较大"，这是区别罪与非罪的重要界限。如果行为人所骗购的外汇未达到数额较大标准，则不构成犯罪，应当按照相关的法律、法规予以行政处罚。至于"数额较大""数额巨大""数额特别巨大"的具体数额为多少，应当根据与实际犯罪作斗争的需要，结合经济发展形势，通过司法解释作出具体的规定。根据本条第一款的规定，对犯骗购外汇罪的，处五年以下有期徒刑或者拘役，并处骗购外汇数额百分之五以上百分之三十以下罚金；数额巨大或者有其他严重情节的，处五年以上十年以下有期徒刑，并处骗购外汇数额百分之五以上百分之三十以下罚金；数额特别巨大或者有其他特别严重情节的，处十年以上有期徒刑或者无期徒刑，并处骗购外汇数额百分之五以上百分之三十以下罚金或者没收财产。

本条第二款是关于行为人伪造、变造海关签发的报关单、进口证明、外汇管理部门核准件等凭证和单据并用于骗购外汇如何处罚的规定。

这是骗购外汇犯罪中经常出现的一种形式。在这种情况下，犯罪行为侵犯的客体，既包括国家外汇管理秩序，也包括国家机关公文、证件、印章的管理秩序，对于这种竞合的情况，根据刑法理论和司法实践的惯例，对行为人应当从一重罪进行处罚。九届全国人大常委会第六次会议在审议《关于惩治骗购外汇、逃汇和非法买卖外汇犯罪的决定（草案）》时，有意见提出，伪造、变造有关凭证和单据骗购外汇比单纯使用这些凭证、单据骗购外汇危害更大，在刑罚上应分别规定。考虑到这类犯罪的危害性和犯罪情节确实比单纯实施伪造、变造有关凭证和单据或者骗购外汇的行为要严重，因此，本款规定依照骗购外汇罪处罚的同时，还必须从重处罚。这里所说的从重处罚，是指根据行为人所犯罪行的数额、情节，在本条第一款规定的量刑幅度内从重处罚。

本条第三款是关于明知是骗购外汇而提供人民币资金的，以共犯论处的规定。

骗购外汇与其他诈骗犯罪不同之处在于，其必须用人民币资金购买国家外汇，所需的人民币资金往往也是数额巨大的。为了取得一定数额的人民币资金，行为人除了自筹资金外，还往往需要通过其他方式筹集资金，如向他人借贷，向银行等其他金融机构申请贷款等。考虑到在经济生活中，向他人提供资金的情况是十分复杂的，为了划清罪与非罪的界限，本款规定"明知是骗购外汇而提供人民币资金的，以共犯论处"。这里所说的"明知"，是指提供资金人明知其所提供的资金将被用于骗购外汇。根据本款规定，如果他人或者有关单位明知行为人筹集资金是用于骗购外汇，而仍然向其提供的，应当构成骗购外汇犯罪的共犯。如果行为人不知道自己所提供的资金被用于骗购外汇，主观上没有犯罪的故意，则不构成犯罪。

本条第四款是关于单位犯骗购外汇罪的处罚规定。从实际查处的骗购外汇的案件来看，骗购外汇的犯罪往往与单位联系在一起，因为骗购外汇所需要的一些凭证和单据必须是有关单位才能拥有的。特别是单位犯罪的形式复杂多样，有的是为本单位骗购外汇，也有的是代理他人骗购外汇。为了有效惩处骗购外汇的行为，对单位犯罪行为必须予以惩处。这里所说的单位范围既包括国有公司、企业，私营公司、企业，也包括外商投资企业、股份制企业、集体企业，以及其他单位，如科研院所等。

根据本条第四款的规定，对单位骗购外汇，数额较大的，对单位依照本条第一款的规定，判处罚金，即处骗购外汇数额百分之五以上百分之三十以下罚金，并对其直接负责的主管人员和其他直接责任人员，处五年以下有期徒刑或者拘役；单位骗购外汇数额巨大或者有其他严重情节的，处骗购外汇数额百分之五以上百分之三十以下罚金，并对其直接负责的主管人员和其他直接责任人员处五年以上十年以下有期徒刑；数额特别巨大或者有其他特别严重情节的，处骗购外汇数额百分之五以上百分之三十以下罚金或者没收财产，并对其直接负责的主管人员和其他直接责任人员，处十年以上有期徒刑或者无期徒刑。

此外，根据《关于惩治骗购外汇、逃汇和非法买卖外汇的决定》第五条的规定，海关、外汇管理部门以及金融机构、从事对外贸易经营活动的公司、企业或者其他单位的工作人员与骗购外汇的行为人通谋，为其提供购买外汇的有关凭证或者其他便利的，或者明知是伪造、变造的凭证和单据而售汇、付汇的，以共犯论，依照本决定从重处罚。

【实践中需要注意的问题】

关于本条的立案追诉标准，根据最高人民检察院、公安部《关于公安机关管辖的刑事案件立案追诉标准的规定（二）》第四十七条的规定，骗购外汇，数额在五十万美元以上的，应予立案追诉。

第五节　金融诈骗罪

第一百九十二条　【集资诈骗罪】

以非法占有为目的，使用诈骗方法非法集资，数额较大的，处三年以上七年以下有期徒刑，并处罚金；数额巨大或者有其他严重情节的，处七年以上有期徒刑或者无期徒刑，并处罚金或者没收财产。

单位犯前款罪的，对单位判处罚金，并对其直接负责的主管人员和其他直接责任人员，依照前款的规定处罚。

【条文精解】

本条是关于集资诈骗罪及其处罚的规定。

我国关于打击金融诈骗犯罪活动的立法，大致可以分为四个阶段。第一个阶段：囿于当时的立法条件和经济发展水平，特别是当时实践中此类犯罪的实际情况，1979年刑法没有就金融诈骗犯罪问题作出专门规定。对于金融诈骗犯罪行为，是依照诈骗罪定罪处罚的。第二个阶段：1995年6月30日八届全国人大常委会第十四次会议通过的《关于惩治破坏金融秩序犯罪的决定》，明确列举出六种金融诈骗犯罪形式，即集资诈骗、贷款诈骗、票据诈骗、信用证诈骗、信用卡诈骗和保险诈骗，并且将集资诈骗罪、票据诈骗罪、信用证诈骗罪的法定最高刑规定为死刑。这主要是针对当时金融领域违法犯罪活动严重的实际情况,为依法治理金融"三乱",严厉惩治金融领域内的诈骗犯罪活动提供有力法律武器。第三个阶段:1997年刑法在分则第三章第五节专门规定了金融诈骗罪,在基本保留1995年决定有关内容的基础上,又增加规定了金融凭证诈骗罪、有价证券诈骗罪两种新型诈骗犯罪。第四个阶段:根据适当减少死刑罪名的要求,通过《刑法修正案(八)》《刑法修正案(九)》逐步废除了金融诈骗罪这一节所有罪名的死刑,我国刑法总体上对于经济犯罪不再保留死刑。

总体上来看,我国惩治金融诈骗犯罪的刑事立法不断适应经济社会发展和建设社会主义法治国家的需要,在保障金融安全,防范和化解金融风险中发挥了重要作用。近年来,我国经济持续快速发展、改革不断深化、对外开放进一步扩大,但是,包括集资诈骗在内的各种金融诈骗犯罪情况依然严峻:案件数量居高不下;涉案金额越来越大;金融机构工作人员作案和内外勾结共同作案的现象突出;单位犯罪和跨国(境)、跨区域作案增多;犯罪手段趋向专业化、智能化,其利用金融监管漏洞和各种新型金融工具进行犯罪活动,极具隐蔽性和欺骗性;犯罪分子作案后大肆挥霍、转移赃款或携款外逃的情况时有发生,危害后果越来越严重等。因此,依法严厉惩处各种金融犯罪依然是我国一项长期重要任务,对金融诈骗犯罪活动必须保持高度警惕。

1979年刑法只规定了诈骗罪,对于金融领域的诈骗犯罪,是按照诈骗罪处理的。为了适应社会主义市场经济的发展和在新的形势下进一步保障国家金融秩序的实际需要,立法机关对破坏金融秩序的犯罪进行了修改和补充。1995年6月30日通过的《关于惩治破坏金融秩序犯罪的决定》第八条规定:"以非法占有为目的,使用诈骗方法非法集资的,处三年以下有期徒刑或者拘役,并处二万元以上二十万元以下罚金;数额巨大或者有其他严重情节的,处三年以上十年以下有期徒刑,并处五万元以上五十万元以下罚金;数额特别巨大或者有其他特别严重情节的,处十年以上有期徒刑、无期徒刑或者死刑,并处没收财产。单位犯前款罪的,对单位判处罚金,并对直接负责的主管人员和其他直接责任人员,依照前款的规定处罚。"该决定的颁布施行,对从严打击金融犯罪,维护金融秩序,保障金融体制改革和社会主义现代化建设的顺利进行,具有十分重要的意义。

1997修订刑法时,在吸收了1995年《关于惩治破坏金融秩序犯罪的决定》第八条规定的基础上,对本条作了进一步的修改:一是修改了入罪门槛,由"以非法占有为目的,使用诈骗方法非法集资的"修改为"以非法占有为目的，使用诈骗方法非法集资，数额较大的"，明确集资诈骗达到数额较大的标准才作为犯罪处理，以解决实践中入刑标准不统一的问题；二是将三档法定刑分别调整为"五年以下有期徒刑或者拘役""五年以上十年以下有期徒刑""十年以上有期徒刑或者无期徒刑"；三是将第三档财产刑由"并处没收财产"修改为"并处五万元以上五十万元以下罚金或者没收财产"；四是关于本罪的死刑不再直接在本条中规定，而是与金融诈骗犯罪一节中其他几种金融诈骗犯罪的死刑统一规定在第一百九十九条中，这样，有利于减少死刑条文的数量。此外，对本罪的单位犯罪也不再直接在本条中规定，而是与金融诈骗犯罪一节中其他几种金融诈骗犯罪的单位犯罪一起，统一规定在第二百条中。

2015年《刑法修正案（九）》对本罪死刑的修改。《刑法修正案（九）》根据适当减少死刑罪名的要求，删去了刑法第一百九十九条，这样，也就废止了本罪的死刑，将本罪的最高刑调整为了无期徒刑。

近年来，实践中集资诈骗犯罪出现了一些新的情况，犯罪多发，且数额特别巨大，涉及人数特别众多，严重影响金融安全和社会稳定。为了严厉惩处集资诈骗犯罪，根据各方面提出的加大集资诈骗惩处力度的意见，《刑法修正案（十一）》对本条作了进一步的修改：一是为体现对集资诈骗犯罪从严惩处，将本罪的法定刑由原来的三档调整为两档，对于数额较大的，由原来的五年以下有期徒刑或者拘役，调整为"三年以上七年以下有期徒刑"；对于数额巨大或者有其他情节严重的，调整为"七年以上有期徒刑或者无期徒刑"。这样就提高了本罪刑罚的严厉程度。二是由于不同案件间涉案金额差距较大，可供执行的财产状况不同，在实践中根据不同案情确定具体罚金数额更为合理和具可操作性，故删除了罚金刑的罚金数额标准，改为原则规定并处罚金。三是增加一款作为第二款，对本条单位犯罪的内容专门作出规定，不再与金融诈骗罪一节中其他几种金融诈骗罪的单位犯罪共同在第二百条中作规定。

本条共分两款。对于本条的含义，主要可以从以下几个方面加以理解和把握：

首先，本罪行为人在主观上具有"非法占有"目的。非法占有目的是成立集资诈骗罪的法定要件，是区分集资诈骗罪与其他非法集资类犯罪的关键所在，同时又是集资诈骗罪司法认定当中的难点。这里的"非法占有"是广义的，通常是指将非法募集的资金的所有权转归为自己所有，或任意挥霍，或占有资金后携款潜逃等。在司法实践中，认定是否具有非法占有的目的，应当坚持主客观相一致的原则，既要避免单纯根据损失结果客观归罪，也不能仅凭被告人自己的供述,而应当根据案件具体情况具体分析。根据2010年最高人民法院《关于审理非法集资刑事案件具体应用法律若干问题的解释》第四条,具有下列情形之一的,可以认定为具有非法占有的目的:(1)集资后不用于生产经营活动或者用于生产经营活动与筹集资金规模明显不成比例,致使集资款不能返还的;(2)肆意挥霍集资款,致使集资款不能返还的;(3)携带集资款逃匿的;(4)将集资款用于违法犯罪活动的;(5)抽逃、转移资金、隐匿财产,逃避返还资金的;(6)隐匿、销毁帐目,或者搞假破产、假倒闭,逃避返还资金的;(7)拒不交代资金去向,逃避返还资金的;(8)其他可以认定非法占有目的的情形。此外,考虑到非法集资犯罪活动往往持续时间较长,有的行为人在非法集资之初,不一定具有非法占有的目的;非法集资犯罪活动参与实施人员众多,实践中部分参与非法集资活动的人员,主观上不一定具有非法占有目的;因此,对集资诈骗罪中的非法占有目的,需要区分情形进行具体认定。行为人部分非法集资行为具有非法占有目的的,对该部分非法集资行为所涉集资款以集资诈骗罪定罪处罚;非法集资共同犯罪中部分行为人具有非法占有目的,其他行为人没有非法占有集资款的共同故意和行为的,对具有非法占有目的的行为人以集资诈骗罪定罪处罚。

其次,行为人实施了"使用诈骗方法非法集资"的行为。本条所规定的"使用诈骗方法"是指行为人以非法占有为目的,通过编造谎言、捏造或者隐瞒事实真相等欺骗的方法,骗取他人资金的行为。不论其采取什么欺骗手段,实质都是为了隐瞒事实真相,诱使公众信以为真,错误地相信非法集资者的谎言,以达到其进行非法集资进而非法占有集资款的目的。"非法集资",是指违反国家金融管理法规,向社会公众(包括单位和个人)吸收资金的行为。一般来说,应同时具备下列四个条件:(1)未经有关部门依法批准,或者以合法经营的形式掩盖非法吸收资金的实质;(2)通过媒体、推介会、传单、手机短信等途径向社会公开宣传;(3)承诺在一定期限内以货币、实物、股权等方式还本付息或者给付回报;(4)向社会公众即社会不特定对象吸收资金。本条关于非法集资的"非法性"认定,即违反国家金融管理法规,包括未经有关部门依法批准和以合法经营的形式掩盖非法吸收资金的实质两种。对于实践中形式复杂且国家金融管理法规仅作原则性规定的,可以根据金融管理法规的精神,并结合中国人民银行、中国银行保险监督管理委员会、中国证券监督管理委员会等金融监管部门依照国家金融管理法律法规制定的部门规章或者国家有关金融管理的规定、办法、实施细则等规范性文件的规定予以认定。根据本条的规定,行为人在客观方面缺少上述任何一个条件,都不符合该罪行为的特征。至于行为人是否已实际将他人的资金占为己有，并不影响本罪的成立。

最后，本罪的犯罪主体既包括自然人，也包括公司、企业等单位。从司法实践的情况看，集资诈骗行为多是以单位的名义实施的，即使是自然人作为犯罪主体时，很多也都以公司、企业或其他组织的名义进行。究其原因，主要是以单位名义实施，更具有可信性、资金筹措规模更大、更容易使人受骗上当。司法实践中正确认定案件的主体，关键在于准确认定犯罪行为所体现出的是个人的意志，还是单位的意志。对于受个人意志支配而实施的集资诈骗行为，应当按照刑法中有关自然人犯罪的规定处理；对于受单位意志支配而实施的集资诈骗行为，则应当按照刑法关于单位犯罪的规定处理。在2019年1月30日最高人民法院、最高人民检察院、公安部联合印发的《关于办理非法集资刑事案件若干问题的意见》中，司法机关认为，单位实施非法集资犯罪活动，全部或者大部分违法所得归单位所有的，应当认定为单位犯罪；个人为进行非法集资犯罪活动而设立的单位实施犯罪的，或者单位设立后，以实施非法集资犯罪活动为主要活动的，不以单位犯罪论处，对单位中组织、策划、实施非法集资犯罪活动的人员应当以自然人犯罪依法追究刑事责任；判断单位是否以实施非法集资犯罪活动为主要活动，应当根据单位实施非法集资的次数、频度、持续时间、资金规模、资金流向、投入人力物力情况、单位进行正当经营的状况以及犯罪活动的影响、后果等因素综合考虑认定。综上所述，认定非法集资的行为是否构成本条规定的犯罪，应当从行为人的主观目的、行为方式、后果等方面的具体情节综合研究确定。

本条第一款对集资诈骗罪规定了两个档次的处刑：数额较大的，处三年以上七年以下有期徒刑，并处罚金；对诈骗数额巨大或者有其他严重情节的，处七年以上有期徒刑或者无期徒刑，并处罚金或者没收财产。根据最高人民检察院、公安部《关于公安机关管辖的刑事案件立案追诉标准的规定（二）》第四十九条的规定，个人集资诈骗数额在十万元以上的，应予立案追诉。另外，由于这类犯罪案件情况较为复杂，从实际发生的案件来看，涉案数额一般都很大，有的数额在数千万、数亿元，有的甚至达到数十亿、数百亿元。实践中对集资诈骗数额的认定，在新司法解释出台前，可参考最高人民法院《关于审理非法集资刑事案件具体应用法律若干问题的解释》第五条的规定，集资诈骗的数额以行为人实际骗取的数额计算，案发前已归还的数额应予扣除；行为人为实施集资诈骗活动而支付的广告费、中介费、手续费、回扣，或者用于行贿、赠与等费用，不予扣除；行为人为实施集资诈骗活动而支付的利息，除本金未归还可予折抵本金以外，应当计入诈骗数额。

本条第二款是关于单位犯罪的规定。根据本款规定，单位犯第一款罪的，对单位判处罚金，并对其直接负责的主管人员和其他直接责任人员，依照第一款的规定处罚。根据最高人民检察院、公安部《关于公安机关管辖的刑事案件立案追诉标准的规定（二）》第四十九条的规定，单位集资诈骗数额在五十万元以上的，应予立案追诉。

【实践中需要注意的问题】

第一，本罪与非法吸收公众存款罪的区别。

二者均属于非法集资类犯罪，根本区别在于对筹集的资金是否具有"非法占有"的目的。前文对"非法占有"目的的认定作了说明，司法解释也对具体情形作出了列举，实践中需要结合行为人非法集资时的主观目的和集资后资金使用情况等加以确定。

在客观行为方面，非法吸收公众存款罪，通常表现为违反法律法规，以存款的形式吸收公众资金；未经过中国人民银行或者国务院批准，擅自以"基金"或"基金会"等名义吸收公众资金；以投资、集资入股名义吸收公众资金，但并不按正常投资的形式分配利润、股息，而是支付一定利息的行为。非法吸收公众存款罪，不以使用欺骗方法作为犯罪的构成要件，欺骗手段一般仅是行为人为了保证非法吸收公众资金能够顺利进行，伪造的一些资质、证明文件或者虚假陈述等。而集资诈骗罪是以使用诈骗方法为犯罪构成要件的，包括使用虚假的身份信息、虚假合同、虚假宣传、虚构资金用途等，是骗取集资额的一种非法手段。

刑法第一百七十六条规定了非法吸收公众存款罪，对于非法吸收或者变相吸收公众存款，扰乱金融秩序的，处三年以下有期徒刑或者拘役，并处或者单处罚金；数额巨大或者有其他严重情节的，处三年以上十年以下有期徒刑，并处罚金；数额特别巨大或者有其他特别严重情节的，处十年以上有期徒刑，并处罚金。单位犯非法吸收公众存款罪的，对单位判处罚金，并对其直接负责的主管人员和其他直接责任人员，依照自然人犯罪的规定处罚。可以看到，经《刑法修正案（十一）》修改后的集资诈骗罪与非法吸收公众存款罪在法定刑上形成了较为明显的差异，集资诈骗罪的第一档刑罚为三年以上七年以下有期徒刑，而非法吸收公众存款罪的第一档刑罚为三年以下有期徒刑或者拘役。比较而言，非法吸收公众存款罪的量刑较轻。准确区分和认定二者具有重要的现实意义。

第二，刑事诉讼中集资参与人的权利保护。

根据 2019 年最高人民法院、最高人民检察院、公安部《关于办理非法集资刑事案件若干问题的意见》的规定，集资参与人，是指向非法集资活动投入资金的单位和个人。不包括为非法集资活动提供帮助并获取经济利益的单位和个人。从实践中的情况看，集资参与人往往人数众多，有的集资参与人为了追回损失，不惜采取各种极端方式，造成社会不稳定。因此，对这种涉众型犯罪，在惩治罪犯的同时，如何妥善处理与集资参与人有关的追缴和责令退赔工作，也是较为重要并具有一定复杂性的实务性问题。

一是在程序选择上，根据最高人民法院《关于适用〈中华人民共和国刑事诉讼法〉的解释》和 2014 年最高人民法院、最高人民检察院、公安部《关于办理非法集资刑事案件适用法律若干问题的意见》第七条等的规定，集资参与人的损害赔偿应当通过刑事追赃、退赔的方式解决。对于提起附带民事诉讼，或者另行提起民事诉讼请求返还被非法占有、处置的财产的，人民法院不予受理。上述规定有利于含集资参与人在内的涉众型经济犯罪案件受害人统一受偿，避免个别清偿导致的与刑事诉讼法关于财产保全和执行规定的冲突和结果上的不公正。

二是在追缴范围上，根据 2014 年最高人民法院《关于刑事裁判涉财产部分执行的若干规定》第十条、第十一条，判处追缴或者责令退赔的，人民法院应当明确追缴或者退赔的金额或财物的名称、数量等相关情况；对赃款赃物及其收益，赃款赃物投资或者置业后形成的财产及其收益，人民法院应当予以追缴；第三人明知是涉案财物、无偿或者以不合理低价取得涉案财物、通过非法手段等恶意方式取得涉案财物的，人民法院也应当予以追缴。

三是在诉讼过程中，人民法院、人民检察院、公安机关应当通过及时公布案件进展、涉案资产处置情况等方式，依法保障集资参与人的知情权。集资参与人可以推选代表人向人民法院提出相关意见和建议；推选不出代表人的，人民法院可以指定代表人。人民法院可以视案件情况决定集资参与人代表人参加或者旁听庭审，以有利于集资参与人原则保障其参与权。对审判时尚未追缴到案或者尚未足额退赔的违法所得，人民法院应当判决继续追缴或者责令退赔，并由人民法院负责执行，人民检察院、公安机关、国家安全机关、司法行政机关等应当予以配合，退赔集资参与人的损失一般优先于其他民事债务以及罚金、没收财产的执行，从程序机制上保障集资参与人的求偿权。

四是在权利救济上，集资参与人对判决中涉案财物处理决定不服的，可以请求人民检察院抗诉。在执行中认为有关财物应当认定为赃款赃物而实际未予认定的，可以向执行法院提出书面异议；可以通过裁定补正的，执行机构应当将异议材料移送刑事审判部门处理；无法通过裁定补正的，应当告知异议人通过审判监督程序处理。人民法院、人民检察院、公安机关、国家安全机关应当建立有效的权利救济机制，对集资参与人提出异议、复议、申诉、投诉或者举报的，应当依法及时受理并反馈处理结果。

> **第一百九十三条** 【贷款诈骗罪】
> 　　有下列情形之一，以非法占有为目的，诈骗银行或者其他金融机构的贷款，数额较大的，处五年以下有期徒刑或者拘役，并处二万元以上二十万元以下罚金；数额巨大或者有其他严重情节的，处五年以上十年以下有期徒刑，并处五万元以上五十万元以下罚金；数额特别巨大或者有其他特别严重情节的，处十年以上有期徒刑或者无期徒刑，并处五万元以上五十万元以下罚金或者没收财产：
> 　　（一）编造引进资金、项目等虚假理由的；
> 　　（二）使用虚假的经济合同的；
> 　　（三）使用虚假的证明文件的；
> 　　（四）使用虚假的产权证明作担保或者超出抵押物价值重复担保的；
> 　　（五）以其他方法诈骗贷款的。

【条文精解】

　　本条是关于贷款诈骗罪及其处罚的规定。贷款诈骗的对象是依法取得贷款资质的银行或者其他金融机构。在我国，贷款业务是上述金融机构的基本业务，是其重要的收入来源。同时，由于信贷业务是国家用有偿方式动员和分配资金的重要形式，贷款诈骗行为的存在，妨碍了贷款的正常职能和作用，不利于我国维护金融市场秩序和正常的市场经济活动。因此，贷款诈骗罪不仅侵犯了财产所有权，还侵犯了国家的金融管理秩序。具体而言，本罪主要从以下几个方面加以理解：

　　首先，本罪在主观方面表现为"以非法占有为目的"。"非法占有目的"是成立贷款诈骗罪的法定要件，是区分贷款诈骗罪与骗取贷款罪的关键所在，也是司法实践中认定的难点。至于行为人非法占有贷款是为了挥霍享受，还是为了转移隐匿，都不影响本罪的构成。在认定诈骗贷款罪时，不能简单地认为，只要贷款到期不能偿还，就以诈骗贷款罪论处。实际生活中，贷款不能按期偿还的情况时有发生，其原因也很复杂，如有的因为经营不善或者市场行情的变动，使营利计划无法实现不能按时偿还贷款。这种情况中，行为人虽然主观有过错，但其没有非法占有贷款的目的，故不能以本罪认定。如果行为人虽然在向银行或者其他金融机构申请贷款的过程中使用了规避贷款审核的一些欺骗手段，但其目的不是非法占有贷款，而是因为要解决生产经营的一时急需等，以后还要想方设法归还贷款，也不能构成本罪。

2001年《全国法院审理金融犯罪案件工作座谈会纪要》中曾经提到，金融诈骗犯罪都是以非法占有为目的的犯罪。在司法实践中，认定是否具有非法占有的目的，应当坚持主客观相一致的原则，既要避免单纯根据损失结果客观归罪，也不能仅凭被告人自己的供述，而应当根据案件具体情况具体分析。根据司法实践，对于行为人通过诈骗的方法非法获取资金，造成数额较大资金不能归还，并具有下列情形之一的，可以认定为具有非法占有的目的：（1）明知没有归还能力而大量骗取资金的；（2）非法获取资金后逃跑的；（3）肆意挥霍骗取资金的；（4）使用骗取的资金进行违法犯罪活动的；（5）抽逃、转移资金、隐匿财产，以逃避返还资金的；（6）隐匿、销毁帐目，或者搞假破产、假倒闭，以逃避返还资金的；（7）其他非法占有资金、拒不返还的行为。上述纪要精神在最高人民法院《关于审理非法集资刑事案件具体应用法律若干问题的解释》关于集资诈骗罪"非法占有为目的"的认定规定中有所体现。司法实践中，可以借鉴上述纪要精神和非法集资司法解释的相关规定，坚持主客观相统一的原则，严格以事实为依据，综合行为人事前的经济状况、为犯罪实施的准备活动和取得贷款后资金的使用、去向与事后是否有偿还贷款的意愿等因素予以认定。

其次，行为人实施了"诈骗银行或者其他金融机构贷款"的行为。这里所说的"银行"，主要是指政策性银行和各类商业银行。商业银行又分为国有独资商业银行、股份制商业银行、外资银行、中外合资银行等。"其他金融机构"，是指除银行以外的保险公司、信托投资公司、城市信用社、农村信用社等具有信贷业务的非银行金融机构。

本条明确列举了四种具体诈骗手段：（1）编造引进资金、项目等虚假理由骗取银行或者其他金融机构贷款。（2）使用虚假的经济合同诈骗银行或者其他金融机构的贷款。这里所说的"虚假的经济合同"，是指伪造的合同、变造的合同（如篡改原合同的标的、价款等）、无效的合同（如采取欺诈手段签订的合同），以及伪造印章虚制的合同等。（3）使用虚假的证明文件诈骗银行或者其他金融机构的贷款。这里所说的"证明文件"，包括银行的存款证明、公司和金融机构的担保函、划款证明等向银行或者其他金融机构申请贷款时所需要的文件。(4)使用虚假的产权证明作担保,骗取银行或者其他金融机构贷款。这里所说的"产权证明",是指能够证明行为人对房屋等不动产或者汽车、货币、可即时兑付的票据等动产具有所有权的一切文件。由于犯罪行为方式复杂多样,在法律中难以将所有的诈骗银行或者其他金融机构贷款的行为都具体列举并予以规定,因而本条规定了"以其他方法诈骗贷款的"作为兜底条款,包括伪造单位公章、印鉴骗取贷款,以非法占有为目的,贷款到期后采用欺诈手段拒不还贷等情况。

最后,行为人诈骗银行或者其他金融机构的贷款数额较大。本条规定了三档法定刑,分别是:数额较大的,处五年以下有期徒刑或者拘役,并处二万元以上二十万元以下罚金;数额巨大或者有其他严重情节的,处五年以上十年以下有期徒刑,并处五万元以上五十万元以下罚金;数额特别巨大或者有其他特别严重情节的,处十年以上有期徒刑或者无期徒刑,并处五万元以上五十万元以下罚金或者没收财产。根据最高人民检察院、公安部《关于公安机关管辖的刑事案件立案追诉标准的规定(二)》第五十条的规定,诈骗银行或者其他金融机构的贷款数额在二万元以上的,应当立案追诉。对于"其他严重情节"和"其他特别严重情节",在实践中主要是考虑行为人的诈骗手段或诈骗行为给银行或其他金融机构造成的损失等情况。

综上所述,本条规定的贷款诈骗罪,应当结合行为人的主观目的、行为方式、损害后果等方面综合认定。同时,处理贷款诈骗案件应当贯彻宽严相济刑事政策,从犯罪行为对金融秩序的破坏程度和金融机构的实际损失两个方面综合考虑,综合运用刑事手段和行政手段处置和化解风险,综合判断行为人的责任轻重和刑事追究的必要性,做到罪责刑相适应。对于涉案人员积极配合调查、主动退赃退赔、真诚认罪悔罪的,可以依法从轻处罚;其中情节轻微的,可以免除处罚;情节显著轻微、危害不大的,不作为犯罪处理。

【实践中需要注意的问题】

第一,注意把握贷款诈骗罪与骗取贷款罪的区别。

本法第一百七十五条之一规定了骗取贷款罪,即以欺骗手段取得银行或者其他金融机构贷款,给银行或者其他金融机构造成重大损失的,处三年以下有期徒刑或者拘役,并处或者单处罚金;给银行或者其他金融机构造成特别重大损失或者有其他特别严重情节的,处三年以上七年以下有期徒刑,并处罚金。单位犯前款罪的,对单位判处罚金,并对其直接负责的主管人员和其他直接责任人员,依照前款的规定处罚。

从上述规定可以看出,贷款诈骗罪和骗取贷款罪在客观行为上均表现为以虚构事实或者隐瞒真相等欺骗手段取得银行或者其他金融机构的贷款。二者区别的关键在于行为人是否具有非法占有的目的。骗取贷款罪不是以非法占有为目的,只因在不符合贷款条件的情况下为取得贷款而采用了欺骗手段。而贷款诈骗罪的主观意图就是通过非法手段骗取贷款并非法占有。在办理具体案件时要注意以下两点:一是不能仅凭较大数额的贷款不能返还的客观结果,推定行为人具有非法占有的目的。在2001年《全国法院审理金融犯罪案件工作座谈会纪要》中曾提到,要严格区分贷款诈骗与贷款纠纷,对于合法取得贷款后,没有按规定的用途使用贷款,到期没有归还贷款的,不能以贷款诈骗罪定罪处罚;对于确有证据证明行为人不具有非法占有的目的,因不具备贷款的条件采取了欺骗手段获取贷款,案发后有能力履行还贷义务,或者案发时不能归还是因为意志以外的原因,如因经营不善、被骗、市场风险等,不宜以贷款诈骗罪定罪处罚。二是行为人虽然以欺骗手段取得贷款资金,但将大部分资金用于投资或生产经营活动等正常贷款用途,而将少量资金用于个人消费或挥霍的,不应仅以此便认定具有非法占有的目的。

第二,贷款诈骗的单位犯罪问题。

根据本条规定,贷款诈骗罪主体为自然人,刑法条文并未将单位规定为贷款诈骗罪的主体。实践中,单位已成为银行以及其他金融机构主要的贷款对象,从贷款资金上来看,单位贷款额度要远高于自然人。与此相对应的则是单位涉贷款诈骗案件的增加,且涉案金额巨大、诈骗手段多样化。这给银行等金融机构造成了严重的损失,无论是实践中还是法律上均应对单位涉贷款诈骗案件的情形予以明确。

在《全国法院审理金融犯罪案件工作座谈会纪要》中,司法机关认为单位不能构成贷款诈骗罪。纪要提到,根据刑法第三十条和第一百九十三条的规定,单位不能成为贷款诈骗罪的主体。对于单位实施的贷款诈骗行为,不能以贷款诈骗罪定罪处罚,也不能以贷款诈骗罪追究直接负责的主管人员和其他直接责任人员的刑事责任;但是,在司法实践中,对于单位十分明显地以非法占有为目的,利用签订、履行借款合同诈骗银行或其他金融机构贷款,符合刑法第二百二十四条规定的合同诈骗罪构成要件的,应当以合同诈骗罪定罪处罚。2014年全国人大常委会《关于〈中华人民共和国刑法〉第三十条的解释》,对公司、企业、事业单位、机关、团体等单位实施刑法规定的危害社会的行为,法律未规定追究单位的刑事责任的,如何适用刑法有关规定的问题,作出了如下解释:公司、企业、事业单位、机关、团体等单位实施刑法规定的危害社会的行为,刑法分则和其他法律未规定追究单位的刑事责任的,对组织、策划、实施该危害社会行为的人依法追究刑事责任。根据该立法解释,单位依然不能成为贷款诈骗罪的主体,但以单位作为行为主体进行贷款诈骗的,可以对组织、策划、实施贷款诈骗的行为人以贷款诈骗罪追究刑事责任。上述行为人一般是指公司的法定代表人、实际控制人、股东高管和财务主管人员等能够对外代表公司的相关人员。

此外,单位涉贷款诈骗的案件,符合合同诈骗构成要件的,也可以以合同诈骗罪追究单位的刑事责任,对其直接负责的主管人员和其他直接责任人员判处自由刑并对单位判处罚金。

第一百九十四条 【票据诈骗罪】【金融凭证诈骗罪】

有下列情形之一,进行金融票据诈骗活动,数额较大的,处五年以下有期徒刑或者拘役,并处二万元以上二十万元以下罚金;数额巨大或者有其他严重情节的,处五年以上十年以下有期徒刑,并处五万元以上五十万元以下罚金;数额特别巨大或者有其他特别严重情节的,处十年以上有期徒刑或者无期徒刑,并处五万元以上五十万元以下罚金或者没收财产:

(一)明知是伪造、变造的汇票、本票、支票而使用的;
(二)明知是作废的汇票、本票、支票而使用的;
(三)冒用他人的汇票、本票、支票的;
(四)签发空头支票或者与其预留印鉴不符的支票,骗取财物的;
(五)汇票、本票的出票人签发无资金保证的汇票、本票或者在出票时作虚假记载,骗取财物的。

使用伪造、变造的委托收款凭证、汇款凭证、银行存单等其他银行结算凭证的,依照前款的规定处罚。

【条文精解】

本条是关于票据诈骗罪、金融凭证诈骗罪及其处罚的规定。

本条共分两款。第一款是关于票据诈骗罪及其处罚的规定。这里所说的"金融票据诈骗",是指使用虚构事实或者隐瞒真相的方法,利用汇票、本票、支票进行诈骗的行为。本款具体列举了五项金融票据诈骗的行为。

本款第一项规定了使用伪造、变造的汇票、本票或者支票进行诈骗的行为。根据本项规定，使用伪造、变造的汇票、本票或者支票进行诈骗，应当具备以下两个条件：（1）行为人在主观上对其所使用的汇票、本票或者支票，必须"明知"是伪造、变造的。在主观上是否"明知"，是判断是否构成此项犯罪的重要界限。如果行为人在使用汇票、本票或者支票时，在主观上确实不知道该票据是伪造、变造的，则不构成此项犯罪。（2）行为人必须使用了明知是伪造、变造的汇票、本票或者支票。这里所说的"使用"，是指行为人以伪造、变造的金融票据冒充真票据，以非法占有他人财物为目的，进行诈骗活动的行为。是否实际实施了使用伪造、变造的金融票据的行为，是区分此罪与彼罪的界限。如果行为人仅是伪造、变造了汇票、本票或者支票，而没有使用，则构成了刑法第一百七十七条规定的伪造、变造金融票证罪，不构成此项犯罪。

本款第二项规定了明知是作废的汇票、本票、支票而使用的诈骗行为。根据本项规定，使用作废的汇票、本票、支票进行诈骗犯罪应当符合以下两个条件：第一，行为人主观上必须"明知"。在主观上是否明知其使用的汇票、本票或者支票是作废的，是构成本项犯罪的罪与非罪的主要界限之一。如果行为人在使用汇票、本票或者支票时，在主观上确实不知道该票据已作废的，则不构成此项犯罪。第二，行为人实施了使用作废的汇票、本票或者支票的行为。这里所说的"作废"的票据，是指根据法律和有关规定不能使用的汇票、本票或者支票。这里的"作废"应当从广义上理解，它既包括票据法中所说的"过期"的票据，也包括无效的以及被依法宣布作废的票据。具体而言，"过期"的票据主要是指根据票据法第十七条，在法定期限内不行使票据权利而使得权利消灭的下列票据，包括：（1）持票人自票据到期日起二年不行使对票据的出票人和承兑人权利的；（2）见票即付的汇票、本票，持票人自出票日起二年不行使票据权利的；（3）支票自出票日起六个月，持票人不行使对出票人权利的。票据的出票日、到期日由票据当事人依法确定。无效的票据是指根据票据法相关规定，因不符合法定形式而绝对无效的票据，主要包括以下几类：（1）票据金额以中文大写和数码同时记载，二者不一致的。（2）更改票据金额、日期、收款人名称。（3）汇票未记载下列事项：①表明"汇票"的字样；②无条件支付的委托；③确定的金额；④付款人名称；⑤收款人名称；⑥出票日期；⑦出票人签章。（4）本票未记载下列事项：①表明"本票"的字样；②无条件支付的承诺；③确定的金额；④收款人名称；⑤出票日期；⑥出票人签章。（5）支票未记载下列事项：①表明

"支票"的字样;②无条件支付的委托;③确定的金额;④付款人名称;⑤出票日期;⑥出票人签章。作废的票据主要是指根据票据法第十五条的规定,票据丧失后,失票人向人民法院申请公示催告或者提起诉讼,人民法院依法作出宣告票据无效的判决的情形。另外,也包括银行根据国家有关规定予以作废的票据,如国家规定更换票据版本,而旧的不得再行使用的票据版本就是作废的票据。

本款第三项规定了冒用他人汇票、本票、支票进行诈骗的行为。根据本项规定,构成冒用他人金融票据进行诈骗的行为应当具备以下特征:第一,行为人实施了冒用他人票据的行为。这里所说的"冒用",是指行为人擅自以合法持票人的名义,支配、使用、转让自己不具备支配权利的他人的票据的行为。这里所说的"冒用"通常表现为以下几种情况:(1)行为人以非法手段获取的票据,如以欺诈、偷盗或者胁迫等手段取得的票据,或者明知是以上述手段取得的票据而使用,进行欺诈活动。(2)没有代理权而以代理人名义或者代理人超越代理权限使用的行为。(3)用他人委托代为保管的或者捡拾他人遗失的票据进行使用,骗取财物的行为。第二,行为人冒用他人票据的行为必须是故意的。对于冒用他人票据骗取财物的行为人来说,其主观上具有进行诈骗的故意是不言而喻的。但是在有些情况下,可能会出现有些行为人冒用他人的票据是在不知情的情况下所为的,如持票人所持票据是其前手诈骗或者窃取的;有的行为人是受他人委托并使用委托人提供的票据,进行购物、支付、结算等活动,而该票据本身是冒用的;委托人为了逃避追查,隐瞒了该票据持有人的真实情况;请他人代为使用。在这些行为人不知票据是冒用的情况下,主观上当然也就不具有诈骗的故意。因此,就不应承担本项规定的法律责任。

本款第四项规定了签发空头支票或者与其预留印鉴不符的支票,骗取财物的行为。根据本项规定,构成签发空头支票或者与预留印鉴不符的支票进行诈骗行为,应当符合以下几个条件:(1)行为人主观上是故意的。在实践中出现签发空头支票或者与其预留印鉴不符的支票的情况比较复杂,造成这种情况的原因很多。有些是由于企业内部缺乏管理,有些则是由于资金转让、结算等方法,如有的银行、金融机构在办理结算、汇款等业务中"压单""压票"情况比较严重,使原本按正常期限应当到帐的款项被拖延,单位在这种情况下,可能会误认为钱已到帐而开出空头支票。在这种情况下,行为人主观方面不具有犯罪的故意,不可能构成本款所说的票据诈骗罪。(2)行为人必须实施了签发空头支票或者与其预留的本人签名式样或者印鉴不符的支票的行为。这里所说的"空头支票",是指出票人所签发的支票金额超过其付款时在付款人处实有的存款金额的支票。所谓付款人就是指签发空头支票人开立帐户的银行或者其他金融机构。简单地说,出票人签发的支票金额超过其在银行现有的存款金额,这样的支票就是空头支票。本项所说的签发与其预留印鉴不符的支票,就是指票据签发人在其签发的支票上加盖与其预留存在银行或者其他金融机构处印鉴不一致的财务公章或者支票签发人的名章。这里所说的"与其预留印鉴"不符,可以是与其预留的某一个印鉴不符,也可以是与所有的预留印鉴都不符。(3)行为人的目的是骗取财物。这是区分罪与非罪的界限。也就是说,要求行为人故意签发空头支票或者与其预留印鉴不符的支票。行为人的目的如果不是骗取财物,不构成犯罪。例如,有的企业因一时资金周转不过来签发了空头支票,事后及时在帐上补充资金。在这种情况下行为人主观上没有骗取财物的目的,只是违反了票据法及有关行政法规,应受到行政处罚,但不构成犯罪。

本款第五项规定了签发无资金保证的汇票、本票或者在出票时作虚假记载、骗取财物的行为,构成此项犯罪行为,应当符合以下几个条件:

(1)行为主体必须是汇票、本票的出票人。汇票、本票的出票人是票据的当事人。这里所说的"出票人",是指依法定方式制作汇票、本票并在这些票据上签章,将汇票、本票交付给收款人的人。对于出票人承担的责任,票据法第四条第一款作了规定:"票据出票人制作票据,应当按照法定条件在票据上签章,并按照所记载的事项承担票据责任。"根据票据法的规定,所谓票据责任,就是指票据债务人向持票人支付票据金额的义务。

(2)行为人必须实施了签发无资金保证的汇票、本票或者在出票时作虚假记载的行为。出票人签发汇票、本票时,必须具有可靠的资金保证。这是其承担票据责任的基础和保证。这里所说的"资金保证",是指票据的出票人在承兑票据时具有按票据支付的能力。由于汇票许多不是即时支付的,有的是远期汇票。因此,汇票的出票人在出票时并不要求其当时即具有支付能力,而是要求其保证在汇票到期日具有支付能力即可。"虚假记载",指的是出票人对票据上除签章以外的其他事项,如付款人、收款人、票据金额、付款地,所作的不真实记载。

(3)行为人签发的无资金保证的对象必须是汇票和本票。这里所说的汇票,包括银行汇票和商业汇票两种。"银行汇票",是指汇款人将款项交存银行,由银行签发给汇款人持往异地办理转帐结算或者支取现金的票据。"商业汇票",是指由企业、事业、机关、团体等单位签发的汇票。商业汇票按其承兑人的不同，又可分为商业承兑汇票和银行承兑汇票两种。其中，由收款人签发，经付款人承兑或者由付款人签发并承兑的票据是商业承兑汇票；而银行承兑汇票，是指以银行为付款人并由付款银行承兑的远期汇票。这里所说的"本票"，就是指银行本票。所谓"银行本票"，是指由申请人将款项交存银行，由银行签发给其凭以办理转帐结算和支取现金的票据。

（4）行为人具有骗取财物的目的。是否以非法占有他人财物为目的，是构成此项犯罪的罪与非罪的重要界限之一。如果汇票、本票的出票人签发无资金保证的汇票、本票或者在出票时作虚假记载，是出于过失或者其他原因，而不具有骗取财物的目的，则不构成此项犯罪。

根据本款规定，有上述五类行为之一，数额较大的，处五年以下有期徒刑或者拘役，并处二万元以上二十万元以下罚金；数额巨大或者有其他严重情节的，处五年以上十年以下有期徒刑，并处五万元以上五十万元以下罚金；数额特别巨大或者有其他特别严重情节的，处十年以上有期徒刑或者无期徒刑，并处五万元以上五十万元以下罚金或者没收财产。

本条第二款是关于金融凭证诈骗罪及其处罚的规定。根据本款规定，构成金融凭证诈骗罪，应符合以下条件：

（1）行为人使用的银行结算凭证，必须是伪造、变造的。这里所说的"伪造"，是指行为人未经国家有关主管部门批准，非法印制银行结算凭证的行为；所谓"变造"，是指行为人在真实、合法的银行结算凭证的基础上或者以真实的银行结算凭证为基本材料，通过剪接、挖补、涂改等手段，对银行结算凭证的主要内容，非法加以改变的行为。

（2）行为人必须实施了"使用"伪造、变造的委托收款凭证、汇款凭证、银行存单等其他银行结算凭证的行为。这里所说的"使用"，是指以非法占有他人财物为目的，进行诈骗活动。如果行为人仅是伪造、变造了委托收款凭证、汇款凭证、银行存单等其他银行结算凭证，而没有使用的，则不构成此款犯罪行为。这里所说的"银行结算凭证"，是指办理银行结算的凭据和证明。"委托收款凭证"，是指收款人在委托银行向付款人收取款项时，所填写提供的凭据和证明。"汇款凭证"，是指汇款人委托银行将款项汇给外地收款人时，所填写的凭据和证明。"银行存单"，既是一种信用凭证，也是一种银行结算凭证，银行凭以办理收付次数比较少、具有固定性的储蓄业务，如一次存取的整存整取和定活两便储蓄存款等。它是由储户向银行交存款项，办理开户，银行签发载有户名、帐号、存款金额、存期、存入日、到期日、利率等内容的存单，凭以办理存款的取存。存款到期后，银行有到期绝对付款的责任。银行存单可以挂失。

根据本款规定，对本款规定的犯罪行为依照票据诈骗罪的量刑规定处罚。

单位犯上述两款规定之罪的，根据本法第二百条的规定，对单位判处罚金，并对其直接负责的主管人员和其他直接责任人员，处五年以下有期徒刑或者拘役，可以并处罚金；数额巨大或者有其他严重情节的，处五年以上十年以下有期徒刑，并处罚金；数额特别巨大或者有其他特别严重情节的，处十年以上有期徒刑或者无期徒刑，并处罚金。

【实践中需要注意的问题】

第一，罪与非罪的界限。

在司法实践中，行为人主观上是否明知、是否以骗取他人财物为目的是区别罪与非罪的重要标准。本条为避免混淆罪与非罪的界限，对行为人主观方面作出了明确规定。一是对伪造、变造或者作废的汇票、本票、支票，行为人在主观上必须是"明知"而使用的，隐含了骗取财物的目的。应当注意的是，在司法实践中判断行为人主观上是否明知，不能仅依据行为人自己的供述，而是要在全面了解整个案件的基础上进行综合分析后得出结论。二是冒用他人票据的，即故意冒充并使用，本身也隐含了骗取财物的目的。三是对于签发空头支票或者与其预留印鉴不符的支票，签发无资金保证的汇票、本票或者在出票时作虚伪记载，以及使用伪造、变造的其他银行结算凭证的，这些行为本身就是弄虚作假，故要求行为人必须具有诈骗他人财物的故意和目的。从本条规定可以看出，行为人必须被动接受（明知）或者主动采取弄虚作假行为，并有骗取财物故意的，方能构成本条规定的犯罪。

在司法实践中，要注意审查行为人是否存在不知是伪造、变造、作废的金融票据而使用的，不知存款已不足而误签空头支票或者误签与其预留印鉴不符的支票的，签发汇票、本票时因过失而作错误记载的等情形。根据票据法第一百零三条的规定，有票据欺诈行为，情节轻微，不构成犯罪的，依照国家有关规定给予行政处罚。

第二，本条规定的犯罪与伪造、变造金融票证罪的区别和处罚。

刑法第一百七十七条规定了伪造、变造金融票证罪。伪造、变造金融票证罪惩治的是伪造、变造行为本身，而本条规定惩治的是使用这些金融票据进行诈骗的行为。如果行为人仅仅伪造、变造金融票证，而没有使用的，则仅构成伪造、变造金融票证罪。但司法实践中，这些犯罪往往又是联系在一起的，通常表现为行为人先伪造、变造汇票、本票、支票或者其他银行结算凭证，然后使用该伪造、变造的票证进行诈骗活动，既构成本条规定的犯罪又构成伪造、变造金融票证罪的，应当从一重罪处罚，而不实行数罪并罚。

第一百九十五条 【信用证诈骗罪】

有下列情形之一，进行信用证诈骗活动的，处五年以下有期徒刑或者拘役，并处二万元以上二十万元以下罚金；数额巨大或者有其他严重情节的，处五年以上十年以下有期徒刑，并处五万元以上五十万元以下罚金；数额特别巨大或者有其他特别严重情节的，处十年以上有期徒刑或者无期徒刑，并处五万元以上五十万元以下罚金或者没收财产：

（一）使用伪造、变造的信用证或者附随的单据、文件的；
（二）使用作废的信用证的；
（三）骗取信用证的；
（四）以其他方法进行信用证诈骗活动的。

【条文精解】

本条是关于信用证诈骗罪及其处罚的规定。

信用证是指开证银行根据作为进口商的开证申请人的请求，开给受益人（通常情况下为出口商）的一种在其具备了约定的条件以后，即可得到由开证银行或支付银行支付的约定金额的保证付款的凭证。信用证支付的一般程序是：进口商向所在地银行（即开证行）提出开立信用证申请；开证行开立以出口商为受益人的信用证；开证行请求出口商所在地的银行通知卖方；该出口商所在地的银行，对信用证提供承兑、议付或者付款；出口商根据符合信用证要求的单据，向出口商所在地的该承兑、议付或者付款银行请求付款；该承兑、议付或者付款银行对单据审核后，向出口商付款，并持单据向开证行申请偿付；开证行审核单据无误后对该付款行偿付；开证行在进口商付款后交单，进口商凭单提货。信用证是以买卖合同的确立为基础和前提，同时又不依附于买卖合同而独立于其之外的一种凭证，信用证一经开出就成为信用证中规定的各当事人之间达成一致的承诺和约定。针对信用证诈骗活动的不同情况，本条具体列举了以下四项信用证诈骗犯罪行为：

（1）使用伪造、变造的信用证或者附随的单据、文件的。所谓"伪造的信用证"，是指行为人采用描绘、复制、印刷等方法仿照信用证的格式、内容制造假信用证的行为或以其编造、冒用的某银行的名义开出假信用证的行为。

所谓"变造的信用证",是指行为人在原信用证的基础上,采用涂改、剪贴、挖补等方法改变原信用证的内容和主要条款使其成为虚假的信用证的行为。

"伪造、变造附随的单据、文件",是指伪造、变造开立信用证时约定受益人必须提交方能取得货款的单据,如装船提单、出口证、产地证、质量证书、装货单、仓库收据等,从而骗取信用证项下货款。由于信用证是独立于买卖合同之外的银行信用,银行在付款时,只凭单据,不看货物,即银行在审查单据时强调的是信用证与基础贸易相分离的书面形式的认证。犯罪分子利用信用证支付方式的这一特点,在货物根本不存在的情况下,伪造各种单据,使开证银行因全部单据与信用证在形式上相符合而无条件付款,从而达到诈骗货款的目的。这种犯罪有的是伪造提单;有的是伪造签字;有的是采用空头提单;有的则是对提单上所载明的货物作假,如提单所载明的货物与实际货物不相符或者伪造根本不存在的货物。

使用伪造、变造的信用证或者附随的单据、文件,既包括行为人自己伪造、变造后自己使用,又包括明知他人提供的信用证或附随的单据、文件是伪造、变造的而使用。

(2)使用作废的信用证的。"作废的信用证",一般是指失去效用的、银行不再负有承兑义务的信用证。在这里应当作广义理解,包括如已过到期日或交单日的信用证,不具备有效条件的信用证,已经撤销或注销的信用证等。"使用作废的信用证",主要是指使用过期的信用证,或使用无效的信用证,或使用已撤销、注销的信用证等,从而骗取信用证项下的货款。

根据本条和本法关于伪造、变造金融票证罪的有关解释,"变造"是指行为人在原金融票证的基础上,采用涂改、剪贴、挖补等方法改变其主要内容的行为。"经他人涂改的信用证",一般是未经开证行修改程序而由行为人自行修改的,既属于作废的信用证,又可能构成变造的信用证。在司法实践中,要准确界定"使用明知是经他人涂改的信用证"的行为性质,对于经涂改后,改变信用证主要内容,从而使得受害人因为相信涂改后的内容而作出相应行为的,以及对于仅仅因涂改票面或者其他信息导致信用证作废的,要区分不同情况处理。

(3)骗取信用证的。所谓骗取信用证是指行为人编造虚假的事实或隐瞒事实真相,欺骗银行为其开具信用证的行为。包括行为人编造虚假的不存在的交易事实,欺骗开证银行为其开立信用证,或者行为人根本无货或没有符合要求的货物、隐瞒企业经营不佳状况或者以投资为名等,诱使他人向银行开立以其本人为受益人的信用证的情形。

（4）以其他方法进行信用证诈骗活动的。考虑到利用信用证诈骗的情况较为复杂，表现形式多样，在法律上难以具体一一列举，因此，本条在列举了几种常见的诈骗行为的同时还规定了"以其他方法进行信用证诈骗"。以其他方法进行信用证诈骗的手段很多，如有的利用"软条款"信用证进行诈骗活动。所谓"软条款"信用证，是指在开立信用证时，故意制造一些隐蔽性的条款，这些条款实际上赋予了开证人或开证行单方面的主动权，从而使信用证随时因开证行或开证申请人单方面的行为而解除，以达到骗取财物的目的。例如，有些不法分子利用远期信用证诈骗。由于采用远期信用证支付时，进口商是先取货后付款，在信用证到期付款前存有一段时间，犯罪分子就利用这段时间，制造付款障碍，以达到骗取货物的目的。有的是取得货物后，将财产转移，宣布企业破产；有的则是与银行勾结，在信用证到期付款前，将银行资金转移，宣布银行破产；甚至有的国外小银行，其本身的资金就少于信用证所开出的金额，仍以开证行名义为进口商开具信用证，待进口商取得货物后，宣告资不抵债。

根据本条规定，有上述四项行为之一构成犯罪的，处五年以下有期徒刑或者拘役，并处二万元以上二十万元以下罚金；数额巨大或者有其他严重情节的，处五年以上十年以下有期徒刑，并处五万元以上五十万元以下罚金；数额特别巨大或者有其他特别严重情节的，处十年以上有期徒刑或者无期徒刑，并处五万元以上五十万元以下罚金或者没收财产。这里的情节严重、情节特别严重主要应从犯罪行为所使用的手段、造成的后果和影响等多种因素来考虑。

单位犯本条规定之罪的，根据本法第二百条的规定，对单位判处罚金，并对其直接负责的主管人员和其他直接责任人员，处五年以下有期徒刑或者拘役，可以并处罚金；数额巨大或者有其他严重情节的，处五年以上十年以下有期徒刑，并处罚金；数额特别巨大或者有其他特别严重情节的，处十年以上有期徒刑或者无期徒刑，并处罚金。

【实践中需要注意的问题】

第一，罪与非罪的界限。

按照本条规定，实施本条规定的信用证诈骗活动的，即构成信用证诈骗罪，无须达到"数额较大"等诈骗金额上的标准。该规定包含两层含义：一是行为人在行为上实施了信用证诈骗活动，二是其主观上具有非法占有信用证项下财物的目的。二者缺一不可，这是区分罪与非罪的关键。由于信用证结算与审单规则较为专业，国际贸易下权利义务的取得、实施受当地法律政策、仓储运输风险等事件影响较大，贸易纠纷时有发生，对于行为人因疏忽大意或者业务不熟悉等原因导致在使用信用证过程中存在违法违规行为的，以及因贸易纠纷导致出现违法违规使用信用证的，即使因此实际取得了财物也不能轻易认定为犯罪，要看行为人主观上是否具有非法占有公私财物的目的，是否符合构成犯罪的其他要件。

第二，本罪与伪造、变造金融票证罪的区别。

刑法第一百七十七条规定了伪造、变造金融票证罪。对于单纯伪造、变造信用证或者附随的单据、文件，而并未使用的行为，应当按照伪造、变造金融票证罪定罪处罚。同时，伪造、变造信用证或者附随的单据、文件的行为，是构成信用证诈骗犯罪的法定行为要件之一，在实践中，一些犯罪分子为了进行信用证诈骗活动，而先自行伪造、变造信用证或者附随的单据、文件的，触犯了两个罪名，应当择一重罪定罪处罚。

第一百九十六条【信用卡诈骗罪】

有下列情形之一，进行信用卡诈骗活动，数额较大的，处五年以下有期徒刑或者拘役，并处二万元以上二十万元以下罚金；数额巨大或者有其他严重情节的，处五年以上十年以下有期徒刑，并处五万元以上五十万元以下罚金；数额特别巨大或者有其他特别严重情节的，处十年以上有期徒刑或者无期徒刑，并处五万元以上五十万元以下罚金或者没收财产：

（一）使用伪造的信用卡，或者使用以虚假的身份证明骗领的信用卡的；

（二）使用作废的信用卡的；

（三）冒用他人信用卡的；

（四）恶意透支的。

前款所称恶意透支，是指持卡人以非法占有为目的，超过规定限额或者规定期限透支，并且经发卡银行催收后仍不归还的行为。

盗窃信用卡并使用的，依照本法第二百六十四条的规定定罪处罚。

【条文精解】

本条是关于信用卡诈骗罪及其处罚的规定和关于盗窃信用卡并使用的如何定罪处罚的规定。2004年全国人大常委会《关于〈中华人民共和国刑法〉有关信用卡规定的解释》规定，刑法规定的"信用卡"，是指由商业银行或者其他金融机构发行的具有消费支付、信用贷款、转帐结算、存取现金等全部功能或者部分功能的电子支付卡。利用信用卡进行诈骗的行为，不仅侵害了公私财物的财产权，还妨碍了信用卡管理制度，扰乱了我国市场经济管理秩序。

本条共分三款。第一款是关于信用卡诈骗的犯罪行为及其刑事处罚的规定。本款列举了以下四种信用卡诈骗的犯罪行为：

第一，使用伪造的信用卡，或者使用以虚假的身份证明骗领的信用卡的。"伪造的信用卡"，是指仿照信用卡的材料、图案、磁性等，使用各种方法制造的假信用卡。根据2018年12月1日起实施的最高人民法院、最高人民检察院《关于办理妨害信用卡管理刑事案件具体应用法律若干问题的解释》第一条的规定，复制他人信用卡、将他人信用卡信息资料写入磁条介质、芯片或者以其他方法伪造信用卡、伪造空白信用卡的，应当认定为"伪造信用卡"。"虚假的身份证明"，是指不能反映信用卡申领人真实身份信息的居民身份证、护照、军官证等身份证件，既包括伪造的假身份证明，也包括与信用卡申领人真实身份不符的其他人的身份证明。根据上述司法解释第二条的规定，违背他人意愿，使用其居民身份证、军官证、士兵证、港澳居民往来内地通行证、台湾居民来往大陆通行证、护照等身份证明申领信用卡的，或者使用伪造、变造的身份证明申领信用卡的，应当认定为刑法第一百七十七条之一第一款第三项规定的"使用虚假的身份证明骗领信用卡"。该以虚假的身份证明骗领信用卡的情形是《刑法修正案（五）》新增的规定。

这里规定的"使用伪造的信用卡，或者使用以虚假的身份证明骗领的信用卡"中的"使用"行为，包括用伪造的信用卡或者以虚假的身份证明骗领的信用卡购买商品、在银行或者自动柜员机上支取现金以及接受用信用卡进行支付结算的各种服务等。使用伪造的信用卡或者以虚假的身份证明骗领的信用卡，既包括自己伪造或者骗领后供自己使用，也包括明知是他人伪造或者骗领后自己使用。使用伪造的信用卡或者以虚假的身份证明骗领的信用卡，无论是进行购物或者接受各种有偿性的服务，在性质上都属于诈骗行为。

第二，使用作废的信用卡的。这里规定的"使用作废的信用卡"，包括用作废的信用卡购买商品、在银行或者自动柜员机上支取现金以及接受用信用卡进行支付结算的各种服务等。"作废的信用卡"，是指因法定的原因失去效用的信用卡。根据规定，信用卡作废主要有以下几种情况：（1）信用卡超过有效使用期而自动失效。（2）信用卡持卡人在信用卡有效期限内中途停止使用信用卡，并将信用卡交回发卡机构。由于种种原因，有的持卡人决定不再使用某种信用卡，而该信用卡还在有效使用期限内，持卡人可将该信用卡退回发卡机构办理退卡手续。此时该信用卡有效期虽未到，但在办理退卡手续后即属于作废的信用卡。（3）因挂失而使信用卡失效。现实生活中，信用卡丢失的情况经常发生，有的是因为被盗，有的是不慎遗失，或者因其他种种原因使持卡人失去信用卡。所以，任何一个发卡机构对于信用卡的丢失都规定有挂失的制度，以防止在信用卡丢失的情况下被他人冒用而使持卡人受到经济损失。

第三，冒用他人信用卡的。"冒用他人信用卡"，是指非持卡人以持卡人名义使用持卡人的信用卡骗取财物的行为，如使用捡得的信用卡的；未经持卡人同意，使用为持卡人代为保管的信用卡的。构成本项规定的冒用他人信用卡的犯罪，行为人主观上必须具备骗取他人财物的目的。只有主观上具备诈骗的故意，客观上有冒用他人信用卡的行为，才构成本项规定的犯罪。实践中有的信用卡持有人将自己的信用卡借给他人使用，如借给自己的亲属、朋友等，虽然这种行为是违反信用卡使用规定的，但是使用人在主观上不是以非法占有持卡人财物为目的，因此不具备诈骗罪的本质特征。在这种情况下可以对其进行纠正或者按照有关规定处理，不能适用本项规定作为犯罪处理。根据最高人民法院、最高人民检察院《关于办理妨害信用卡管理刑事案件具体应用法律若干问题的解释》第五条第二款的规定，具有下列情形的，属于"冒用他人信用卡"：（1）拾得他人信用卡并使用的；（2）骗取他人信用卡并使用的；（3）窃取、收买、骗取或者以其他非法方式获取他人信用卡信息资料，并通过互联网、通讯终端等使用的；（4）其他冒用他人信用卡的情形。

第四，恶意透支的。这里规定的"透支"是指在银行设立帐户的客户在帐户上已无资金或者资金不足的情况下，经过银行批准，以超过其帐上资金的额度支用款项的行为。信用卡基本上都有透支功能，只有持卡人恶意透支，数额较大的，才构成本项规定的犯罪。本条第二款对恶意透支的含义进行了解释。根据上述司法解释第六条的规定，持卡人以非法占有为目的，超过规定限额或者规定期限透支，并且经发卡银行两次催收后超过三个月仍不归还的，应当认定为"恶意透支"。

根据本款规定，行为人有上述行为之一，数额较大的，处五年以下有期徒刑或者拘役，并处二万元以上二十万元以下罚金；数额巨大或者有其他严重情节的，处五年以上十年以下有期徒刑，并处五万元以上五十万元以下罚金；数额特别巨大或者有其他特别严重情节的，处十年以上有期徒刑或者无期徒刑，并处五万元以上五十万元以下罚金或者没收财产。上述司法解释第五条规定："使用伪造的信用卡、以虚假的身份证明骗领的信用卡、作废的信用卡或者冒用他人信用卡，进行信用卡诈骗活动，数额在五千元以上不满五万元的，应当认定为刑法第一百九十六条规定的'数额较大'；数额在五万元以上不满五十万元的,应当认定为刑法第一百九十六条规定的'数额巨大';数额在五十万元以上的,应当认定为刑法第一百九十六条规定的'数额特别巨大'。"需要注意的是,该司法解释第八条对"恶意透支"的量刑情节规定为,恶意透支数额在五万元以上不满五十万元的,应当认定为刑法第一百九十六条规定的"数额较大";数额在五十万元以上不满五百万元的,应当认定为刑法第一百九十六条规定的"数额巨大";数额在五百万元以上的,应当认定为刑法第一百九十六条规定的"数额特别巨大"。该司法解释第九条规定,恶意透支的数额,是指公安机关刑事立案时尚未归还的实际透支的本金数额,不包括利息、复利、滞纳金、手续费等发卡银行收取的费用。归还或者支付的数额,应当认定为归还实际透支的本金。

本条第二款是对第一款第四项"恶意透支"含义的解释。按照本款的规定,利用信用卡进行恶意透支的诈骗犯罪活动,行为人在主观上应当具有非法占有的目的,这是恶意透支与善意透支的本质区别。根据上述司法解释第六条的规定,对于是否以非法占有为目的,应当综合持卡人信用记录、还款能力和意愿、申领和透支信用卡的状况、透支资金的用途、透支后的表现、未按规定还款的原因等情节作出判断。不得单纯依据持卡人未按规定还款的事实认定非法占有目的。具有以下情形之一的,应当认定为刑法第一百九十六条第二款规定的"以非法占有为目的",但有证据证明持卡人确实不具有非法占有目的的除外:(1)明知没有还款能力而大量透支,无法归还的;(2)使用虚假资信证明申领信用卡后透支,无法归还的;(3)透支后通过逃匿、改变联系方式等手段,逃避银行催收的;(4)抽逃、转移资金,隐匿财产,逃避还款的;(5)使用透支的资金进行犯罪活动的;(6)其他非法占有资金,拒不归还的情形。恶意透支在客观上表现为超过规定限额或者规定期限透支,并且经发卡银行催收后仍不归还。"规定限额或者规定期限",是指有关主管部门规章和发卡银行规定中规定的透支限额或者透支期限。"催收",是指发卡银行以函件、电话、电子邮件等各种方式催促持卡人归还透支款项的行为。上述司法解释第七条规定,催收同时符合下列条件的,应当认定为"有效催收":(1)在透支超过规定限额或者规定期限后进行;(2)催收应当采用能够确认持卡人收悉的方式,但持卡人故意逃避催收的除外;(3)两次催收至少间隔三十日;(4)符合催收的有关规定或者约定。对于是否属于有效催收,应当根据发卡银行提供的电话录音、信息送达记录、信函送达回执、电子邮件送达记录、持卡人或者其家属签字以及其他催收原始证据材料作出判断。发卡银行提供的相关证据材料,应当有银行工作人员签名和银行公章。

本条第三款是关于盗窃信用卡并使用的犯罪如何处理的规定。"盗窃信用卡并使用",是指盗窃他人信用卡后使用该信用卡购买商品、在银行或者自动柜员机上支取现金以及接受用信用卡进行支付结算的各种服务的行为。根据本款规定,对这种犯罪行为,应当依照刑法第二百六十四条的规定以盗窃罪定罪处罚。

【实践中需要注意的问题】

近年来,信用卡诈骗罪呈现恶意透支型诈骗案件数量增多、恶意透支刑事案件量刑整体偏重的特点。恶意透支型信用卡诈骗罪,根据法律规定,非法占有目的的有无,是判断罪与非罪的关键。

2018年最高人民法院、最高人民检察院《关于办理妨害信用卡管理刑事案件具体应用法律若干问题的解释》对信用卡恶意透支的"非法占有目"进行了明确阐释,为实践上判断非法占有目的提供了相对明确的司法规则:(1)明知没有还款能力而大量透支,无法归还的;(2)使用虚假资信证明申领信用卡后透支,无法归还的;(3)透支后通过逃匿、改变联系方式等手段,逃避银行催收的;(4)抽逃、转移资金,隐匿财产,逃避还款的;(5)使用透支的资金进行犯罪活动的;(6)其他非法占有资金,拒不归还的情形。另外,该解释对恶意透支数额的计算方法、定罪量刑标准、银行催收的认定等内容也作出了更加规范和详细的规定。

需要注意的是,在实践中,"非法占有目的"的认定较为复杂,需要对信用卡使用的事前、事中、事后等不同阶段作出区分,且信用卡透支行为的发生原因是复杂和多元的,一方面行为人因经营不善、资金周转困难、重大灾害、意外事件等原因,导致不能及时归还信用卡透支金额的情形并不罕见,另一方面发卡银行等金融机构也存在信用卡违规办理、未能充分履行监管义务等诱发信用卡透支的情形。

在处理这类案件时,一定要注意避免客观归罪和事后倾向性评价。所谓客观归罪,一般指仅因行为人透支消费数额较大、经银行多次催收拒不还款的结果,就认定行为人构成信用卡诈骗罪,而未能证明行为人的透支行为是否出于"恶意"。所谓事后倾向性评价,一般是指仅仅依据事后产生的后果,去评价行为发生时的主观意图。以上述司法解释第六条关于"以非法占有目的"的情形中第一项"明知没有还款能力而大量透支,无法归还的"为例,若行为人在使用信用卡透支消费时,将透支的钱款用于存在一定风险的投资经营,即使其事后投资失败,无法归还钱款,也不能仅仅因此认定其对于没有还款能力属于"明知",而应该结合其他因素,如犯罪嫌疑人申领信用卡时是否有伪造手段、投资经营项目是否正当等予以确定。

之所以要在恶意透支行为入罪上采取相对谨慎的态度,主要是考虑到恶意透支信用卡行为本身的民事违约与行政违法性,立法机关在条文设计上也作了充分的政策考虑,比如,明确要求"经发卡银行催收后仍不归还的",这既是对银行等金融机构义务的规范性要求,也是对信用卡透支行为人的善意提醒。在司法实践中,应当充分运用好民事、行政手段解决信用卡纠纷,对于恶意透支型信用卡诈骗罪,则要准确认定行为人主观意图,对透支数额较大的行为人,根据最高人民法院、最高人民检察院《关于办理妨害信用卡管理刑事案件具体应用法律若干问题的解释》第十条的规定,在提起公诉前全部归还或者具有其他情节轻微情形的,可以不起诉;在一审判决前全部归还或者具有其他情节轻微情形的,可以免予刑事处罚。但是,曾因信用卡诈骗受过两次以上处罚的除外。

第一百九十七条 【有价证券诈骗罪】

使用伪造、变造的国库券或者国家发行的其他有价证券,进行诈骗活动,数额较大的,处五年以下有期徒刑或者拘役,并处二万元以上二十万元以下罚金;数额巨大或者有其他严重情节的,处五年以上十年以下有期徒刑,并处五万元以上五十万元以下罚金;数额特别巨大或者有其他特别严重情节的,处十年以上有期徒刑或者无期徒刑,并处五万元以上五十万元以下罚金或者没收财产。

【条文精解】

本条是对有价证券诈骗罪及其处罚的规定。

飞速发展的社会主义现代化建设需要大量的资金,在当前国家财政收入还不富裕,资金比较短缺的情况下,为了给国家的经济建设筹集资金,政府每年都要发行大量的国库券和其他有价证券。国库券不仅可以向银行贴现和抵押,而且可以在指定机构进行买卖,是当前债券市场上的重要债券形式。因此,使用伪造、变造的国库券或国家发行的其他有价证券,是对包括债券市场在内的金融市场和金融秩序的破坏。同时,由于国库券和国家发行的其他有价证券具有很强的变现能力和一定资本性质,使用伪造、变造的国库券或国家发行的其他有价证券,就意味着使用人能够以非法的形式取得物质利益，同时侵犯了他人财产的所有权。

对于本罪，可以从以下几个方面加以理解：

（1）行为人必须明知是伪造、变造的国库券或者国家发行的其他有价证券而使用，这是区分罪与非罪的关键。明知而使用的，即在主观上有犯罪故意，通常存在获取不法利益的目的。

（2）行为人在客观上实施了使用伪造、变造的国库券或者国家发行的其他有价证券，进行诈骗活动的行为。本条所称"伪造、变造"行为，已在本法第一百七十八条作了解释，不再赘述。本条所称"国家发行的其他有价证券"，是指国家发行的除国库券以外的其他国家有价证券以及国家银行金融债券，如财政债券、国家建设债券、保值公债、国家重点建设债券等。本罪犯罪行为所指向的对象是国库券和国家发行的其他有价证券，这是本罪与票据诈骗罪、金融凭证诈骗罪的主要区别。本条所称"使用"，是指行为人将伪造、变造的国库券或者国家发行的其他有价证券用于兑换现金、抵销债务等获取财物或者财产性利益的活动。需要注意的是，如果行为人仅仅使用作废、无效的有价证券进行诈骗活动，不构成本条规定的伪造、变造有价证券的，数额较大的，应当认定为诈骗罪，而不能以本罪定罪处罚。

（3）行为人骗取财物数额较大的才构成犯罪。这是区分罪与非罪的重要界限。本条所称"数额较大"，是指行为人因使用伪造、变造的有价证券而实际骗取的金额。根据最高人民检察院、公安部《关于公安机关管辖的刑事案件立案追诉标准的规定（二）》第五十五条的规定，使用伪造、变造的国库券或者国家发行的其他有价证券进行诈骗活动，数额在一万元以上的，应予立案追诉。

对于使用伪造、变造的国家有价证券进行诈骗犯罪的处罚，本条根据数额规定了三档刑罚：数额较大的，处五年以下有期徒刑或者拘役，并处二万元以上二十万元以下罚金；数额巨大或者有其他严重情节的，处五年以上十年以下有期徒刑，并处五万元以上五十万元以下罚金；数额特别巨大或者有其他特别严重情节的，处十年以上有期徒刑或者无期徒刑，并处五万元以上五十万元以下罚金或者没收财产。

【实践中需要注意的问题】

实际执行中应当注意本罪与伪造、变造国家有价证券罪的区别。刑法第一百七十八条第一款规定了伪造、变造国家有价证券罪。二者的区别主要在于本罪是以非法占有为目的，使用伪造、变造的国库券或者国家发行的其他有价证券，骗取公私财物；而伪造、变造国家有价证券罪强调伪造、变造有价证券行为本身侵害的是国家金融管理秩序。如果行为人自行伪造、变造了有价证券，而后又使用这些伪造、变造的有价证券实施诈骗行为的，应当依照刑法择一重罪定罪处罚；如果行为人伪造、变造了数额较大的有价证券，但自己并未使用，而是将这些有价证券以出售、转让等形式提供给别人使用的，对其伪造、变造有价证券的行为，则应当依伪造、变造有价证券罪定罪处罚。

第一百九十八条 【保险诈骗罪】

有下列情形之一，进行保险诈骗活动，数额较大的，处五年以下有期徒刑或者拘役，并处一万元以上十万元以下罚金；数额巨大或者有其他严重情节的，处五年以上十年以下有期徒刑，并处二万元以上二十万元以下罚金；数额特别巨大或者有其他特别严重情节的，处十年以上有期徒刑，并处二万元以上二十万元以下罚金或者没收财产：

（一）投保人故意虚构保险标的，骗取保险金的；

（二）投保人、被保险人或者受益人对发生的保险事故编造虚假的原因或者夸大损失的程度，骗取保险金的；

（三）投保人、被保险人或者受益人编造未曾发生的保险事故，骗取保险金的；

（四）投保人、被保险人故意造成财产损失的保险事故，骗取保险金的；

（五）投保人、受益人故意造成被保险人死亡、伤残或者疾病，骗取保险金的。

有前款第四项、第五项所列行为，同时构成其他犯罪的，依照数罪并罚的规定处罚。

单位犯第一款罪的，对单位判处罚金，并对其直接负责的主管人员和其他直接责任人员，处五年以下有期徒刑或者拘役；数额巨大或者有其他严重情节的，处五年以上十年以下有期徒刑；数额特别巨大或者有其他特别严重情节的，处十年以上有期徒刑。

保险事故的鉴定人、证明人、财产评估人故意提供虚假的证明文件，为他人诈骗提供条件的，以保险诈骗的共犯论处。

【条文精解】

本条是关于保险诈骗罪及其处罚的规定。保险在稳定企业经营、维护个人生活安定，尤其是社会保障方面，发挥着十分重要的作用。同时，我国保险业务由经国务院保险监督管理机构批准设立的保险公司以及法律、行政法规规定的其他保险组织经营，投保人与保险公司签订保险合同并缴纳保险费，只有在约定的条件下发生保险事故时，才有权向保险公司索取保险金。行为人实施保险诈骗的行为，侵犯了我国的保险制度和公私财产所有权。

本条共分四款。第一款具体规定了保险诈骗的犯罪行为及其处罚。根据近些年来发生在保险业中诈骗犯罪案的情况，针对保险活动各个环节可能发生的问题，本条具体规定了保险诈骗罪的五种表现形式：

（1）投保人故意虚构保险标的，骗取保险金的。这里所说的"投保人"，是指与保险人订立保险合同，并根据保险合同负支付保险费义务的人；"保险人"，是指与投保人订立保险合同，并根据保险合同收取保险费，在保险事故发生或者约定的保险期间届满时，承担赔偿或者给付保险金责任的保险公司。一般情况下，保险合同还涉及另外两种人，即被保险人和受益人。"被保险人"，是指在保险事故发生或者约定的保险期间届满时，依据保险合同，有权向他人请求补偿损失或者领取保险金的人。"受益人"，则是指由保险合同明确指定的或者依照法律规定有权取得保险金的人。"保险标的"，是指作为保险对象的物质财富及有关利益、人的生命或健康。保险标的，从某种意义上讲是订立保险合同的核心内容。可以说，保险活动的当事人所进行的保险活动都是围绕保险标的而开展的，或者与保险标的有着直接或间接的关系。本款所称"投保人故意虚构保险标的"，是指投保人违背法律关于诚实信用的原则，在与他人订立保险合同时，故意虚构保险标的的行为。从行为特征看，投保人是出于故意，即明知这样做是违法的而故意为之。虚构保险标的，是指投保人为骗取保险金，虚构了一个根本不存在的保险对象与保险人订立保险合同的行为。

（2）投保人、被保险人或者受益人对发生的保险事故编造虚假的原因或者夸大损失的程度，骗取保险金的。本项所说的"对发生的保险事故编造虚假的原因"，主要是指投保人、被投保人或者受益人，为了骗取保险金，在发生保险事故后，对造成保险事故的原因作虚假的陈述或者隐瞒真实情况的行为。一般来说，保险合同中关于保险事故发生后的赔偿约定都是有条件的，不是对任何原因引起的保险事故保险人都负赔偿责任。在我国有关保险方面的法律、法规一般都明确规定了某种保险赔偿的责任范围以及除外条款，以明确保险人在什么情况下才负有保险赔偿的责任，在什么情况下则不予赔偿。在许多情况下，发生保险事故后，引起保险事故发生的原因，是确定保险合同双方当事人的责任，以及是否予以理赔的一个重要依据。"编造虚假的原因"，主要是指编造使保险人承担保险赔偿责任的虚假原因。所谓"夸大损失的程度,骗取保险金的",是指投保人、被保险人或者受益人对发生的保险事故,故意夸大由于保险事故造成保险标的的损失程度,从而更多地取得保险赔偿金的行为。应当明确的是,本项规定的"对发生的保险事故编造虚假的原因或者夸大损失的程度"是两种行为,行为人只要实施了其中的一种行为,就构成犯罪,就应当依本条的规定追究其刑事责任。

(3)投保人、被保险人或者受益人编造未曾发生的保险事故,骗取保险金的。所谓编造未曾发生的保险事故,是指投保人、被保险人或者受益人在未发生保险事故的情况下,虚构事实,谎称发生保险事故,骗取保险金的行为。

(4)投保人、被保险人故意造成财产损失的保险事故,骗取保险金的。所谓故意造成财产损失的保险事故,是指投保财产险的投保人、被保险人,在保险合同的有效期内,故意人为地制造保险标的出险的保险事故,造成财产损失,从而骗取保险金的行为。根据保险法的规定,对投保人、被保险人或者受益人故意制造保险事故的,他人不负赔偿责任。保险人对投保人、被保险人或者受益人的赔偿以在保险合同有效期间,发生了保险事故为前提条件的。因此,在没有发生保险事故的情况下,故意制造财产损失的保险事故,骗取保险金,就成为一些不法的投保人、被保险人或者受益人骗取保险金的一种手段。

(5)投保人、受益人故意造成被保险人死亡、伤残或者疾病,骗取保险金的。这种情况发生于人身保险,因为人身保险是以人的生命以及健康为保险内容的保险。这类保险除个别的具有"两全"储蓄性质的险种外,一般都是以被保险人的死亡、伤残或者发生疾病为赔偿条件的。在这种情况下,有些投保人、受益人为了取得保险金,就会千方百计地促成赔偿条件的实现。这里所说的"故意造成被保险人死亡、伤残或者疾病,骗取保险金的",是指投保人、受益人采取杀害、伤害、虐待、遗弃、投毒、传播传染病以及利用其他方法故意造成人身事故,致使被保险人死亡、伤残或者生病,以取得保险金的行为。

需要指出的是,本款所列五项情形,从主体上看是有区别的。这里主要是根据保险活动的各个阶段的特点和保险当事人参与保险活动的情况来确定的。如第一项规定的情形只列举了投保人,这是因为这类犯罪行为发生在保险活动的开始,一般只能由投保人所为。第二项和第三项所规定的情形则列举了投保人、被保险人和受益人,因为对发生的保险事故编造虚假的原因或者夸大损失的程度和编造未曾发生的保险事故,这三种人都可能有条件实施。第四项规定的情形列举了投保人、被保险人,因为在一般情况下,对财产的投保,被保险人就是受益人。第五项规定的情形比较复杂,虽然也涉及投保人、受益人和被保险人，但故意造成被保险人死亡、伤残或者疾病的，通常情况下，多是投保人和受益人所为。当然，也不排除实践中会发生被保险人为使受益人取得保险金而自杀、自残的情况。这类情况按照保险法的规定是不予赔偿的，可不作为犯罪处理。因此，本项只列举了投保人和受益人为犯罪主体。掌握本条所列五项情形中有关主体的规定，对有效地防止和查清这类诈骗犯罪活动，有重要意义。

根据本款规定，有上述所列五项行为之一，数额较大的，处五年以下有期徒刑或者拘役，并处一万元以上十万元以下罚金；数额巨大或者有其他严重情节的，处五年以上十年以下有期徒刑，并处二万元以上二十万元以下罚金；数额特别巨大或者有其他特别严重情节的，处十年以上有期徒刑，并处二万元以上二十万元以下罚金或者没收财产。根据最高人民检察院、公安部《关于公安机关管辖的刑事案件立案追诉标准的规定（二）》第五十六条的规定，个人进行保险诈骗，数额在一万元以上的，应予立案追诉。

根据本条第二款规定，行为人为骗取保险金而故意造成财产损失的保险事故，或者故意造成被保险人死亡、伤残或者疾病，同时构成其他犯罪的，依照数罪并罚的规定处罚。保险诈骗犯罪的突出特点就是其犯罪手段可能会触犯其他罪名，构成另一独立犯罪，如第四项规定的"造成财产损失的保险事故，骗取保险金的"，如果行为人采取纵火、爆炸等方法制造保险事故的，无论其保险诈骗行为是否继续实施，是否得逞，其所实施的纵火、爆炸行为已触犯了刑法关于危害公共安全罪的规定。又如第五项规定的"投保人、受益人故意造成被保险人死亡、伤残或者疾病"，如果行为人采取伤害或谋杀等手段，就同时构成保险诈骗罪和故意杀人罪、故意伤害罪，对这种情况，根据本款的规定，应当数罪并罚。需要注意的是，在有些情况下，行为人为达到保险诈骗的目的，其采取的方法已构成独立的犯罪，如杀人、纵火等。其所要进行的保险诈骗行为由于各种原因没有或者未能继续实施下去，或者未能得逞，在这种情况下，其保险诈骗罪未完成，但并不因此而影响对其实施的杀人、纵火等行为追究刑事责任。

本条第三款是关于单位犯罪的规定。根据本款规定，单位犯第一款罪的，对单位判处罚金，并对其直接负责的主管人员和其他直接责任人员，依照本款的规定处罚。具体分为三档刑：对于数额较大的，处五年以下有期徒刑或者拘役；数额巨大或者有其他严重情节的，处五年以上十年以下有期徒刑；数额特别巨大或者有其他特别严重情节的，处十年以上有期徒刑。根据最高人民检察院、公安部《关于公安机关管辖的刑事案件立案追诉标准的规定（二）》第五十六条的规定，单位进行保险诈骗，数额在五万元以上的，应予立案追诉。

本条第四款是关于保险事故的鉴定人、证明人、财产评估人故意提供虚假的证明文件，为他人诈骗提供条件的，以保险诈骗的共犯论处的规定。其中，保险事故的鉴定人、证明人、财产评估人，是指在保险事故发生后，参与保险事故调查工作的人员。根据保险法第一百二十九条的规定，保险活动当事人可以委托保险公估机构等依法设立的独立评估机构或者具有相关专业知识的人员，对保险事故进行评估和鉴定。根据本款规定，保险事故的鉴定人、证明人、财产评估人构成保险诈骗共犯要符合以下两个条件：一是必须明知是虚假文件而提供；二是其所提供的虚假证明文件在客观上起到了影响保险事故调查结果的作用，也就是说，在客观上为他人实施保险诈骗行为提供了便利条件。

【实践中需要注意的问题】

在实践中，需要注意以下两点：一是不能仅凭其出具的鉴定报告等意见有错误，就认定保险事故的鉴定人、证明人、财产评估人具有主观故意；二是本款规定的"以共犯论"不需要保险事故的鉴定人、证明人、财产评估人与保险诈骗者"通谋"，即保险事故的鉴定人、证明人、财产评估人在明知保险诈骗者诈骗故意和诈骗行为的情况下，单方面为其提供虚假的证明文件，为其诈骗提供条件的，也以保险诈骗罪的共犯论处。对于他人实施的保险诈骗行为尚不构成犯罪的，对保险事故的鉴定人、证明人、财产评估人也就无所谓以共犯处罚之说，但其提供虚假证明文件的行为仍有可能构成本法规定的提供虚假证明文件罪等其他犯罪。

第一百九十九条 【删去本节规定的死刑】
（根据《刑法修正案（九）》删去本条内容。）

【条文精解】

1997年刑法第一百九十九条规定："犯本节第一百九十二条、第一百九十四条、第一百九十五条规定之罪，数额特别巨大并且给国家和人民利益造成特别重大损失的，处无期徒刑或者死刑，并处没收财产。"

我国刑法对金融诈骗犯罪的死刑规定，经历了从有选择地适用死刑到保留但严格限制死刑到取消死刑的过程，是随着社会经济的发展而不断演变的。为惩治破坏金融秩序的犯罪活动，1995年全国人大常委会《关于惩治破坏金融秩序犯罪的决定》第八条、第十二条、第十三条将使用诈骗方法非法集资的、进行金融票证诈骗的、进行信用证诈骗的犯罪，作为一种特殊的诈骗犯罪加以规定，同时规定对这些犯罪最高可以判处死刑。1997年修订刑法时吸收了上述决定规定，并单独设立一条予以统一规范。1997年刑法第一百九十九条规定，犯刑法第一百九十二条、第一百九十四条、第一百九十五条规定之罪，即集资诈骗罪、票据诈骗罪、金融凭证诈骗罪和信用证诈骗罪，数额特别巨大并且给国家和人民利益造成特别重大损失的，处无期徒刑或者死刑，并处没收财产。在当时的社会经济发展形势下，对于这几种严重破坏国家金融秩序，危害国家和人民利益的金融诈骗犯罪，规定在犯罪数额特别巨大并且给国家和人民利益造成特别重大损失的情况下，判处无期徒刑或者死刑，对于严厉打击和震慑金融诈骗犯罪活动，维护社会主义市场经济秩序，有十分重要的意义。在十几年来的司法实践中，司法机关对于这些金融诈骗犯罪适用死刑，是十分慎重的。

2011年《刑法修正案（八）》对本条作了第一次修改。删除了对第一百九十四条、第一百九十五条，即票据诈骗罪、金融凭证诈骗罪和信用证诈骗罪适用死刑的规定，仅保留集资诈骗罪适用死刑的规定。

随着我国社会主义市场经济体制建设不断推进，金融监管、风险防范的制度日臻完善，金融诈骗犯罪的势头得到了有效的遏制。有关部门、一些全国人大代表和专家多次提出，我国刑法规定的死刑罪名较多，对于一些社会危害性没有达到极其严重，判处"生刑"足以起到惩罚和震慑作用的犯罪，可以考虑不再规定死刑。中央深化司法体制和工作机制改革的意见要求，适当减少死刑罪名。立法机关经研究认为，刑法第一百九十四条、第一百九十五条规定的票据诈骗罪、金融凭证诈骗罪和信用证诈骗罪，属于非暴力的经济性犯罪，社会危害性不是最严重的，取消其死刑，符合宪法尊重和保障人权的要求，不会给社会稳定大局和治安形势带来负面影响。对于犯这些罪，数额特别巨大或者有其他特别严重情节的，依照刑法第一百九十四条、第一百九十五条规定判处无期徒刑，足以起到惩罚和震慑的作用。为此，《刑法修正案（八）》对本条进行了修改，删去了这三个罪名可以判处死刑的规定。在《刑法修正案（八）》草案的起草和审议过程中，有些部门和专家学者建议，一并取消刑法第一百九十二条规定的集资诈骗罪的死刑。当时考虑到《刑法修正案（八）》是1997年刑法制定以来第一次较多地取消部分罪名的死刑，其社会效果和法律效果尚需评估、总结，同时考虑到，集资诈骗罪虽然与票据诈骗罪、金融凭证诈骗罪和信用证诈骗罪同属金融诈骗犯罪，但该罪的被害人往往是不特定的人民群众，受害者人数众多，涉案金额惊人，不仅侵犯人民群众的财产权益，扰乱金融秩序，还严重影响社会稳定。这类犯罪在当时尚未得到有效遏制，在一些地方仍然时有发生。因此，在这种情况下，对于集资诈骗数额特别巨大并且给国家和人民利益造成特别重大损失的犯罪，是否取消死刑采取了审慎的态度，《刑法修正案（八）》保留了对集资诈骗犯罪可以判处死刑的规定。

根据我国慎用死刑的一贯政策，对犯集资诈骗罪可以判处死刑的条件作了非常严格的限制，即犯集资诈骗罪，数额特别巨大并且给国家和人民利益造成特别重大损失的，处无期徒刑或者死刑，并处没收财产。根据这一规定，犯集资诈骗罪判处死刑，不仅要看数额是否达到特别巨大，还要看是否给国家和人民利益造成特别重大损失。而且即使以上两个条件都符合，也不一定都必须判处死刑，还可以判处无期徒刑。

2015年《刑法修正案（九）》对本条作了第二次修改，删除了本条规定。党的十八届三中全会提出，逐步减少适用死刑罪名。中央关于深化司法体制和社会体制改革的任务中也要求，完善死刑法律规定，逐步减少适用死刑的罪名。为了落实上述要求，同时考虑到近年来国家对民间集资进行了有效的清理，通过政府加强监管，拓宽民间资本投资渠道，加强对中小企业的资金支持，加大对非法集资的打击力度，已有效遏止了非法集资诈骗犯罪，并且集资诈骗也是非暴力的经济性犯罪，最高处以无期徒刑也可以做到罪刑相适应。因此，在总结《刑法修正案（八）》取消部分死刑罪名的效果和经验的基础上，经与各方面研究一致，《刑法修正案（九）》取消了集资诈骗罪的死刑。

第二百条　【单位犯罪的规定】

单位犯本节第一百九十四条、第一百九十五条规定之罪的，对单位判处罚金，并对其直接负责的主管人员和其他直接责任人员，处五年以下有期徒刑或者拘役，可以并处罚金；数额巨大或者有其他严重情节的，处五年以上十年以下有期徒刑，并处罚金；数额特别巨大或者有其他特别严重情节的，处十年以上有期徒刑或者无期徒刑，并处罚金。

【条文精解】

本条是关于单位犯票据诈骗罪、金融凭证诈骗罪和信用证诈骗罪的刑事处罚的规定。

　　本条是 1997 年修订刑法时作的规定。1979 年刑法只规定了诈骗罪。1995 年 6 月 30 日，针对金融领域诈骗犯罪活动的情况，第八届全国人大常委会第十四次会议通过了《关于惩治破坏金融秩序犯罪的决定》，规定了集资诈骗罪、票据诈骗罪、金融凭证诈骗罪和信用证诈骗罪等金融诈骗犯罪。当时，考虑到实践中集资诈骗、票据诈骗、金融凭证诈骗和信用证诈骗的犯罪行为，除了个人实施的情形外，单位实施该类犯罪的现象也较为突出，为稳定金融市场秩序，对上述四种犯罪行为也规定了单位犯罪。1997 年修订刑法时，将上述四种犯罪行为规定在金融诈骗罪一节中，从立法技术考虑，将单位犯这四种罪的处罚在本节最后一条专门作出规定，这样，有利于做到四种犯罪在适用刑罚上的均衡，体现罪刑相适应原则。为此，1997 年刑法专门增加了一条作为第二百条，在 1995 年决定的基础上，将单位犯第一百九十二条、第一百九十四条、第一百九十五条规定之罪的处罚，统一在第二百条予以规定，即对单位判处罚金，对其直接负责的主管人员和其他直接责任人员，规定了五年以下有期徒刑或者拘役、五年以上十年以下有期徒刑、十年以上有期徒刑或者无期徒刑三个量刑幅度。

　　2011 年《刑法修正案（八）》对本条作了修改。对于单位犯罪，我国刑法规定了双罚制原则。刑法第三十一条规定，单位犯罪的，对单位判处罚金，并对其直接负责的主管人员和其他直接责任人员判处刑罚。在《刑法修正案（八）》草案的研究起草过程中，考虑到在单位实施经济犯罪的情况下，直接负责的主管人员或者直接责任人员不仅是单位犯罪的实施者，在为单位获取非法利益的同时，往往本人也获得非法利益。因此，对这种单位犯罪中直接负责的主管人员和其他直接责任人员除了规定处以自由刑以外，也有必要规定处以罚金刑，这样一方面是罪刑相适应原则的要求，有利于这几条在刑罚适用上的均衡，另一方面也使犯罪分子在经济上占不到便宜，并且剥夺其再次实施犯罪的能力，符合双罚制原则的要求。另外，对于个人犯刑法第一百九十二条、第一百九十四条、第一百九十五条规定之罪的，各条都有并处罚金刑的规定。单位犯这几条规定之罪情况下，对其直接负责的主管人员和其他直接责任人员，根据双罚制的要求并处罚金，对于统一量刑标准也是必要的。因此，2011 年《刑法修正案（八）》增加了单位犯第一百九十二条、第一百九十四条、第一百九十五条规定之罪的情况下，对直接负责的主管人员和其他直接责任人员"并处罚金"的规定。

　　根据实践中集资诈骗犯罪的实际情况和各方面提出的加大对集资诈骗犯

罪惩处力度的意见,《刑法修正案（十一）》对第一百九十二条作出了修改,调整了法定刑,对于单位犯集资诈骗罪的,其直接负责的主管人员和直接责任人员也调整为与自然人犯该罪适用同样的刑罚。这样,单位犯集资诈骗罪时相关责任人的刑罚,与第一百九十四条、第一百九十五条的规定不完全一致,立法技术上不宜再统一规定。《刑法修正案（十一）》删除了本条关于单位犯第一百九十二条犯罪的规定,而是将该内容单独规定在第一百九十二条之中。

"直接负责的主管人员",是在单位实施的犯罪中起决定、批准、授意、指挥等作用的人员,一般是单位的主管负责人,包括法定代表人。"其他直接责任人员",是在单位犯罪中具体实施犯罪并起较大作用的人员。

根据本条的规定,对于单位犯票据诈骗罪、金融凭证诈骗罪和信用证诈骗罪的,采用双罚制原则,即对单位判处罚金,并对其直接负责的主管人员和其他直接责任人员,处五年以下有期徒刑或者拘役,可以并处罚金;数额巨大或者有其他严重情节的,处五年以上十年以下有期徒刑,并处罚金;数额特别巨大或者有其他特别严重情节的,处十年以上有期徒刑或者无期徒刑,并处罚金。

对个人犯票据诈骗罪、金融凭证诈骗罪和信用证诈骗罪的,根据刑法第一百九十四条和第一百九十五条的规定,罚金刑有明确的数额限制。起刑点为二万元以上二十万元以下罚金;数额巨大或者有其他严重情节的,为五万元以上五十万元以下罚金;数额特别巨大或者有其他特别严重情节的,为五万元以上五十万元以下罚金或者没收财产。而本条规定的单位犯罪的罚金刑,无论是对单位还是对其直接负责的主管人员和其他直接责任人员判处罚金,都没有具体数额限制,需要在实践中根据犯罪情节依法裁量决定。

【实践中需要注意的问题】

实践中要注意正确认定单位犯罪。我国刑法第三十条规定:"公司、企业、事业单位、机关、团体实施的危害社会的行为,法律规定为单位犯罪的,应当负刑事责任。"2019年最高人民法院、最高人民检察院、公安部《关于办理非法集资刑事案件若干问题的意见》"关于单位犯罪的认定问题"中指出,单位实施非法集资犯罪活动,全部或者大部分违法所得归单位所有的,应当认定为单位犯罪。个人为进行非法集资犯罪活动而设立的单位实施犯罪的,或者单位设立后,以实施非法集资犯罪活动为主要活动的,不以单位犯罪论处,对单位中组织、策划、实施非法集资犯罪活动的人员应当以自然人犯罪依法追究刑事责任。判断单位是否以实施非法集资犯罪活动为主要活动,应当根据单位实施非法集资的次数、频度、持续时间、资金规模、资金流向、投入人力物力情况、单位进行正当经营的状况以及犯罪活动的影响、后果等因素综合考虑认定。

第六节　危害税收征管罪

第二百零一条【逃税罪】

纳税人采取欺骗、隐瞒手段进行虚假纳税申报或者不申报，逃避缴纳税款数额较大并且占应纳税额百分之十以上的，处三年以下有期徒刑或者拘役，并处罚金；数额巨大并且占应纳税额百分之三十以上的，处三年以上七年以下有期徒刑，并处罚金。

扣缴义务人采取前款所列手段，不缴或者少缴已扣、已收税款，数额较大的，依照前款的规定处罚。

对多次实施前两款行为，未经处理的，按照累计数额计算。

有第一款行为，经税务机关依法下达追缴通知后，补缴应纳税款，缴纳滞纳金，已受行政处罚的，不予追究刑事责任；但是，五年内因逃避缴纳税款受过刑事处罚或者被税务机关给予二次以上行政处罚的除外。

【条文精解】

本条是关于逃税罪及其处罚，以及不予追究刑事责任的情形及其例外的规定。

本条共分四款。根据第一款的规定，逃税罪具有以下特征：

第一，犯罪主体必须是纳税人。这里规定的"纳税人"，是指根据法律和行政法规的规定负有纳税义务的单位和个人，包括未按照规定办理税务登记的从事生产、经营的纳税人以及临时从事经营的纳税人。第二，行为人实施了逃税行为，主要通过虚假纳税申报，或者不申报手段进行。其中，"虚假纳税申报"，是指纳税人在进行纳税申报过程中，制造虚假情况，如不如实填写或者提供纳税申报表、财务会计报表及其他的纳税资料等。实践中，虚假纳税申报主要有以下手段：（1）伪造、变造、隐匿和擅自销毁帐簿、记帐凭证，如设立虚假的帐簿、记帐凭证，对帐簿、记帐凭证进行挖补、涂改等，未经税务主管机关批准而擅自将正在使用中或尚未过期的帐簿、记帐凭证销毁处理等行为。（2）在帐簿上多列支出或者不列、少列收入，如在帐簿上大量填写超出实际支出的数额以冲抵或减少实际收入的数额。这里的"不申报"，是指应依法办理纳税申报的纳税人，不按照法律、行政法规的规定办理纳税申报的行为。第三，逃避缴纳税额达到一定数额并达到本款规定的所占应纳税额的比例。

根据本款规定，逃税数额较大并且占应纳税额的百分之十以上的，处三年以下有期徒刑或者拘役，并处罚金；数额巨大并且占应纳税额的百分之三十以上的，处三年以上七年以下有期徒刑，并处罚金。应当注意的是，逃税数额占应纳税额的比例和实际逃税的数额这两种数额必须都达到本条规定的标准，才构成逃税罪。这是根据逃税罪本身的特点来制定的。因为，逃税数额所占应纳税额的比例大小，从一定程度上反映了行为人的主观恶性程度的大小，逃税数额多少实际上反映了客观的社会危害程度。规定一个百分比，同时规定一个数额作为基数，这样从这两方面来确定是否构成犯罪及处罚比较科学和严谨。这里的"逃税数额"，是指行为人在一个纳税期间所逃的各种税的总额。本法所称"应纳税额"，是指某一法定纳税期限或者税务机关依法核定的纳税期间内应纳税额的总和。逃避缴纳税款行为涉及两个以上税种的，只要其中一个税种的逃税数额、比例达到法定标准的，即可构成逃税罪。

值得注意的是，无论是构成逃税罪的数额还是判处罚金的数额，本条只是作出原则规定，具体数额可由司法机关根据社会经济发展状况等因素通过司法解释规定。根据最高人民检察院、公安部《关于公安机关管辖的刑事案件立案追诉标准的规定（二）》第五十七条的规定，纳税人采取欺骗、隐瞒手段进行虚假纳税申报或者不申报，逃避缴纳税款，数额在五万元以上并且占各税种应纳税总额百分之十以上，经税务机关依法下达追缴通知后，不补缴应纳税款、不缴纳滞纳金或者不接受行政处罚的，应予立案追诉。

本条第二款是关于扣缴义务人采取第一款所列手段，不缴或者少缴已扣、已收税款的行为及处罚的规定。本款规定的"扣缴义务人"，是指根据不同的税种，由有关的法律、行政法规规定的，负有代扣代缴、代收代缴税收义务的单位和个人。他们所代扣代缴和代收代缴的税款，应依法上缴税务机关。如果扣缴义务人采取第一款规定的"虚假纳税申报或者不申报"手段，不缴或者少缴已扣、已收税款，实际上是一种截留国家税款的行为。对这类行为，数额较大的，应当依照前款的规定处罚。根据最高人民检察院、公安部《关于公安机关管辖的刑事案件立案追诉标准的规定（二）》第五十七条的规定，扣缴义务人采取欺骗、隐瞒手段，不缴或者少缴已扣、已收税款，数额在五万元以上的，应予立案追诉。

本条第三款是对多次犯有前两款规定的违法行为未经处理的，按照累计数额计算的规定。这里规定的"未经处理"，是指未经税务机关或者司法机关处理的，既包括行政处罚，也包括刑事处罚。"按照累计数额计算"，是指按照行为人历次逃税的数额累计相加。只要多次犯有逃税行为，不管每次的数额多少，只要累计达到了法定起刑数额标准，即应按本条的规定追究刑事责任。

本条第四款是对逃税行为不予追究刑事责任的特殊规定。根据本款规定，当发现纳税人具有虚假纳税申报或者不申报行为后，税务机关应当根据纳税人的逃税事实依法下达追缴通知，要求其补缴应纳税款，缴纳滞纳金，并且接受行政处罚。如果当事人按照税务机关下发的追缴通知和行政处罚决定书的规定，积极采取措施，补缴税款，缴纳滞纳金，接受行政处罚的，则不作为犯罪处理；如果当事人拒不配合税务机关的上述要求，或者仍逃避自己的纳税义务的，则税务机关有权将此案件转交公安机关立案侦查进入刑事司法程序。应当指出的是，本条宽大处理的规定仅针对初犯者，五年内曾因逃避缴纳税款受过刑事处罚或者被税务机关给予二次以上行政处罚的除外，如果达到第一款规定的逃税数额和比例，即作为涉嫌犯罪移交公安机关立案处理。

【实践中需要注意的问题】

考虑到打击逃税犯罪的主要目的是维护税收征管秩序，保证国家税收收入，《刑法修正案（七）》规定了逃税罪对初犯不予追究刑事责任的例外情形。对属于初犯，经税务机关指出后积极补缴税款和滞纳金，履行了纳税义务，已受行政处罚的，可不再作为犯罪追究刑事责任，这样处理也体现了宽严相济的刑事政策。具体适用中应当注意如下问题：

一是不予追究刑事责任的适用条件是经税务机关依法下达追缴通知后，补缴应纳税款，缴纳滞纳金，已受行政处罚的。这里的"依法下达追缴通知"，是对税务机关征税行为的合法性说明，该规定不影响行为人在法定期限内对税务机关的相关追缴行为依法提起复议和诉讼，但是要注意根据税收征收管理法第八十八条的规定，纳税人、扣缴义务人、纳税担保人同税务机关在纳税上发生争议时，必须先依照税务机关的纳税决定缴纳或者解缴税款及滞纳金或者提供相应的担保，然后可以依法申请救济。这里的"已受行政处罚"，不仅指行政机关已经作出了行政处罚，还要求行为人已经履行了行政处罚的内容。需要说明的是，根据税收征收管理法第八十六条的规定，违反税收法律、行政法规应当给予行政处罚的行为，在五年内未被发现的，不再给予行政处罚。对于行政机关因该逃避缴纳税款行为超过五年而依法不再给予行政处罚，但行为人根据追缴通知已经补缴应纳税款和滞纳金的，也可以适用本条第四款的规定。

二是税务机关的行政处罚程序是对纳税人有利的保护程序，是对逃避缴纳税款处理的一般程序原则。涉嫌逃税罪的纳税人应由税务机关先行行政处罚。对于税务机关税务人员徇私舞弊或者玩忽职守，不依法履职的，构成犯罪的，依法追究刑事责任，尚不构成犯罪的，依法给予行政处分。

三是关于不予追究刑事责任的例外情形。本款规定了两个限制性条件：（1）五年内曾因逃避缴纳税款受过刑事处罚的，实践中这里的"受过刑事处罚"通常不包括"免予刑事处罚"的情形。（2）被税务机关给予二次以上行政处罚的，是指因纳税人的逃避缴纳税款行为被给予二次以上行政处罚的，包含二次，且该行政处罚必须是针对逃避缴纳税款行为作出的。

第二百零二条　【抗税罪】

以暴力、威胁方法拒不缴纳税款的，处三年以下有期徒刑或者拘役，并处拒缴税款一倍以上五倍以下罚金；情节严重的，处三年以上七年以下有期徒刑，并处拒缴税款一倍以上五倍以下罚金。

【条文精解】

本条是关于抗税罪及其处罚的规定。抗税罪是危害税收征管罪中唯一的暴力犯罪，特别是那些以暴力方法对税务人员进行人身伤害的抗税行为，不仅侵害了国家的税收管理制度，而且还侵害了正在执行征税职务的税务人员的人身权利。本罪可以从以下几个方面加以理解：

本条规定的抗税罪，是指负有缴纳税款义务的纳税义务人，以暴力、威胁方法拒不缴纳税款的犯罪。"以暴力方法拒不缴纳税款"，是指行为人对税务人员采用暴力方法，包括殴打、推搡、伤害等直接侵害人身安全的暴力方法拒不缴纳税款的行为；"以威胁方法拒不缴纳税款"，是指纳税人采用威胁的方法拒不缴纳税款，如扬言以拼命的威胁方法拒缴税款，或扬言对税务人员及亲属的人身、财产的安全采取伤害、破坏手段，威胁税务人员，达到拒不缴税的目的。其中，威胁方法包括当面直接威胁，也包括采取其他间接的威胁方法，如打恐吓电话、寄恐吓信件等。

虽然根据本条的规定，只要行为人实施了以暴力、威胁方法抗拒纳税的行为，就构成犯罪，但是在司法实践中，并不意味着对所有的抗税行为不分具体情节，一律定罪处罚，同样也需要区分罪与非罪的界限问题。在税收征管中，有的纳税人或扣缴义务人出于一时冲动，或者出于对事实或法律的误解，在与税务人员争辩、口角中实施了阻拦、推搡、拉扯行为，甚至到税务机关吵闹，或者一气之下说了一些威胁的言辞等，或者动作虽较大，但经批评教育后及时改正等。这些行为不足以阻碍税务机关的正常征管活动，从结果上看没有造成明显的危害后果，就可以认为是情节显著轻微危害不大的行为，一般不宜以抗税罪追究刑事责任，可以按税收征收管理法第四十五条的规定予以处罚。据此，区分罪与非罪的界限，可从以下两方面考虑：一是暴力程度、后果及威胁的内容，如只是一般的争执、推搡，或只是一般的威胁、情节较轻的，不按犯罪处理较妥。二是抗拒的税款数额，如数额较小，也不宜以抗税罪论处。

　　本条对抗税罪，规定处三年以下有期徒刑或者拘役，并处拒缴税款一倍以上五倍以下罚金，这是对一般的抗税罪的处罚规定。对情节严重的，规定处三年以上七年以下有期徒刑，并处拒缴税款一倍以上五倍以下罚金。这里所说的"情节严重"，主要是指暴力抗税的方法特别恶劣、造成严重后果或者抗税数额巨大等。根据最高人民法院《关于审理偷税抗税刑事案件具体应用法律若干问题的解释》第五条的规定，具有下列情形的属于刑法第二百零二条规定的"情节严重"：（1）聚众抗税的首要分子；（2）抗税数额在十万元以上的；（3）多次抗税的；（4）故意伤害致人轻伤的；（5）具有其他严重情节。对于实施抗税行为致人重伤、死亡的，构成故意伤害罪、故意杀人罪的，分别依照刑法第二百三十四条第二款、第二百三十二条的规定定罪处罚。

【实践中需要注意的问题】

　　在实践中，要注意对抗税罪与妨害公务罪进行区分。

　　刑法第二百七十七条规定的妨害公务罪，是指以暴力、威胁方法阻碍国家机关工作人员依法执行职务的行为。妨害公务罪与抗税罪在行为表现上具有相似之处，且二者主观上都出于故意，容易在司法实践中混淆。二者的犯罪行为均表现为采取暴力、威胁等方式阻碍对方依法执行公务，包括采取殴打、推搡、伤害等直接侵害人身安全的暴力方法和扬言对工作人员及亲属的人身、财产的安全采取伤害、破坏手段的威胁。只不过抗税罪一般仅针对税务工作人员使用上述行为，以拒不缴纳税款。抗税罪是一种特殊的妨害公务犯罪，刑法对抗税罪规定了独立且重于妨害公务罪一般情形的法定刑。在通常情况下，符合抗税罪构成要件的，应当依照抗税罪定罪处罚。

特别需要注意的是，抗税罪的主体是特殊主体，即必须是负有缴纳税款义务的纳税义务人才能构成抗税罪。妨害公务罪的主体是一般主体，即任何有刑事责任能力的自然人，只要以暴力、威胁方法阻碍国家工作人员依法执行职务的，均可以构成妨害公务罪，这是抗税罪区别于妨害公务罪的最显著特征。在司法实践中，常出现纳税义务人与非纳税义务人共同暴力抗税的情形，如纳税义务人纠集家人、村人等暴力抗税的，根据最高人民法院《关于审理偷税抗税刑事案件具体应用法律若干问题的解释》第六条的规定，按照抗税罪的共犯依法处罚；如纳税义务人与他人无共谋或通谋，他人出于打击报复、私人利益等原因加入暴力抗税行为的，构成犯罪的，应当以妨害公务罪定罪处罚。

> **第二百零三条 【逃避追缴欠税罪】**
>
> 纳税人欠缴应纳税款，采取转移或者隐匿财产的手段，致使税务机关无法追缴欠缴的税款，数额在一万元以上不满十万元的，处三年以下有期徒刑或者拘役，并处或者单处欠缴税款一倍以上五倍以下罚金；数额在十万元以上的，处三年以上七年以下有期徒刑，并处欠缴税款一倍以上五倍以下罚金。

【条文精解】

本条是关于逃避追缴欠税罪及其处罚的规定。

本条规定的逃避追缴欠税罪，是指负有纳税义务的单位或个人，欠缴应纳税款，并采取转移或者隐匿财产的手段，逃避税务机关追缴，数额较大的犯罪。逃避追缴欠税罪是故意犯罪，根据本条规定，行为人必须具有以下行为，才构成本罪：

第一，行为人有欠缴税款的事实。"欠缴应纳税款"是指纳税单位或个人超过税务机关核定的纳税期限，没有按时缴纳、拖欠税款的行为。欠缴应纳税款是行为人明知未纳税或未纳足税款而故意拖欠的行为。拖欠的原因可能是其确实暂时无力缴纳，也可能是不愿缴纳。认定是否存在欠缴应纳税款这一事实，关键是看行为人未缴纳应纳税款的事实是否已过纳税期限。

至于具体的法定期限，各个税种规定不尽一致，应依据具体的税收法规来确定。另外，法律也对确有困难的纳税人作了延期缴纳税款的规定，税收征收管理法第三十一条第二款规定，纳税人因有特殊困难，不能按期缴纳税款的，经省、自治区、直辖市国家税务局、地方税务局批准，可以延期缴纳税款，但是最长不得超过三个月。本罪规定的逃避追缴欠税，主要是指行为人有能力缴纳而故意拖欠的情形。

第二，行为人采取了转移或者隐匿财产的手段。这里所说的"采取转移或者隐匿财产的手段"，是指负有纳税义务的单位或个人在欠缴应纳税款的情况下将其财产转移或隐藏起来，使税务机关无法根据法律、行政法规的有关规定，对其采取相应的行政强制措施而追缴其欠缴的税款。行为人采取转移或者隐匿财产的手段包括转移开户行、提走存款、运走商品、隐匿存货等。如果行为人只是公开拖欠、消极地不予缴纳欠税款，或者采取自身逃匿，或者实施暴力、威胁等方式抵制追缴的，均不能构成本罪，但可能构成本法规定的逃税罪、抗税罪等。

需要注意的是，本条规定的行为人欠缴应纳税款和转移或者隐匿财产二者之间并无绝对的先后顺序。如果行为人在纳税期限届满前即欠缴税款前就转移或隐匿财产，意图以后逃避纳税的，税务机关可以先行采取措施。根据税收征收管理法第三十八条的规定，税务机关有根据认为从事生产、经营的纳税人有逃避纳税义务行为的，可以责令其限期缴纳税款；在限期内发现纳税人有明显的转移、隐匿其应纳税的商品、货物以及其他财产或者应纳税的收入的迹象的，可以责令纳税人提供纳税担保；如其拒绝，可对其采取税收保全措施。若纳税期届满后，行为人仍欠缴税款，且因其之前的转移隐匿财产行为致使税务机关无法追缴欠税款的，依法可以适用本罪。

第三，行为人转移或者隐匿财产致使税务机关无法追缴的。这是逃避追缴欠税罪所要求的客观结果。在实践中，纳税人拖欠税款致使税务机关无法追缴的，一般有两种情形：一是纳税人财力不支、资金短缺，其商品、货物或者其他财产不足以支付欠缴的应纳税款，也不能提供纳税担保，即使对其执行强制措施也无法追缴所欠缴的税款；二是纳税人既不提供纳税担保，又以采取转移或者隐匿财产的手段，使税务机关强制执行等追缴措施难以奏效。上述第一种情形属于单纯拖欠税款，当然不构成本罪；而第二种情形是行为人有能力缴纳欠税，但却不愿缴纳，并采取转移或者隐匿财产手段，致使税务机关无法追缴，实质上妨碍了税务机关的职能活动，可以构成本罪。

第四，无法追缴的欠税数额需达法定的数额标准。根据本条规定，无法追缴的欠税数额应该在一万元以上。该罪是结果犯，如果不足一万元，即便具备前述要素，也不构成犯罪，这里的数额指税务机关无法追回的欠税数额，亦即国家税款的损失数额，而非行为人转移或隐匿的财产数额，也不是行为人的实际欠税数额。无法追缴的欠税达不到法定数额的，由税务部门依法作行政处罚。

根据本条规定，数额在一万元以上不满十万元的，处三年以下有期徒刑或者拘役，并处或者单处欠缴税款一倍以上五倍以下罚金；数额在十万元以上的，处三年以上七年以下有期徒刑，并处欠缴税款一倍以上五倍以下罚金。

【实践中需要注意的问题】

在实践中，应当注意区分本罪和逃税罪，虽然二者在本质上都属于不履行纳税义务，但仍存在以下区别：

首先，在主观方面，两种犯罪故意产生的阶段和内容不同。逃税罪的犯意，通常是在纳税人的应税行为发生之后，税务机关确定其纳税义务之前产生，其目的是不缴或少缴应纳税款；逃避追缴欠税罪的犯意通常是纳税人在税务机关已经确定其应税数额和缴税期限之后产生，目的是拖欠应纳税款，使得税务机关无法追缴。其次，在犯罪主体上，逃避追缴欠税罪的主体只能由纳税人构成，该纳税人还必须是欠税人；而逃税罪的主体除纳税人以外还可由扣缴义务人构成。最后，在客观方面，两种犯罪行为的表现形式不同。逃避追缴欠税罪采取的是转移、隐匿财产的手段，在此之前行为人一般没有使用偷税的手段（可能是正常欠税款或漏税款）。而逃税罪往往采取利用帐簿、记帐凭证作假等隐瞒、欺骗手段进行虚假纳税申报或者不申报从而达到偷税目的，其行为具有隐蔽性。

值得注意的是，有的纳税人在实施逃税犯罪行为之后，受到税务、司法机关查处，为了继续逃避纳税义务，往往采取转移或者隐匿财产的方法，致使税务、司法机关无法追缴其所应纳的税款。在这种情况下，行为人的转移、隐匿财产行为已经成为逃税行为下的一个继续手段，不再单独评价，以逃税罪论处。

第二百零四条 【骗取出口退税罪】

以假报出口或者其他欺骗手段,骗取国家出口退税款,数额较大的,处五年以下有期徒刑或者拘役,并处骗取税款一倍以上五倍以下罚金;数额巨大或者有其他严重情节的,处五年以上十年以下有期徒刑,并处骗取税款一倍以上五倍以下罚金;数额特别巨大或者有其他特别严重情节的,处十年以上有期徒刑或者无期徒刑,并处骗取税款一倍以上五倍以下罚金或者没收财产。

纳税人缴纳税款后,采取前款规定的欺骗方法,骗取所缴纳的税款的,依照本法第二百零一条的规定定罪处罚;骗取税款超过所缴纳的税款部分,依照前款的规定处罚。

【条文精解】

本条是关于骗取出口退税罪及其处罚,以及纳税人缴纳税款后骗取出口退税的定罪处罚的规定。

本条共分两款。第一款是关于以假报出口或者其他欺骗手段骗取国家出口退税的犯罪及处罚的规定。骗取出口退税罪同其他诈骗罪一样是故意犯罪,行为人具有非法牟利的目的,行为人实施了假报出口或者其他欺骗手段。根据有关规定,申请退税,必须提供海关盖有"验讫章"的产品出口报关单、出口销售发票、出口产品购进发票和银行的出口结汇单。税务机关正是根据上述有关凭证、单据,依法对出口企业办理退税。而"假报出口",则是行为人根本没有出口产品,但为了骗取国家的出口退税款而采取伪造合同、有关单据、凭证等手段,假报出口的行为。根据2002年最高人民法院《关于审理骗取出口退税刑事案件具体应用法律若干问题的解释》第一条的规定,以虚构已税货物出口事实为目的,具有下列情形之一的行为,可认定为"假报出口":(1)伪造或者签订虚假的买卖合同;(2)以伪造、变造或者其他非法手段取得出口货物报关单、出口收汇核销单、出口货物专用缴款书等有关出口退税单据、凭证;(3)虚开、伪造、非法购买增值税专用发票或者其他可以用于出口退税的发票;(4)其他虚构已税货物出口事实的行为。"其他欺骗手段",是指除了"假报出口"以外的所有为骗取国家出口退税而采取的欺骗手段。根据前述司法解释第二条的规定,"其他欺骗手段"包括:(1)骗取出口货物退税资格的;(2)将未纳税或者免税货物作为已税货物出口的;(3)虽有货物出口,但虚构该出口货物的品名、数量、单价等要素,骗取未实际纳税部分出口退税款的;(4)以其他手段骗取出口退税款的。

本款规定了三档刑:第一档刑,数额较大的,处五年以下有期徒刑或者拘役,并处骗取税款一倍以上五倍以下罚金;第二档刑,数额巨大或者有其他严重情节的,处五年以上十年以下有期徒刑,并处骗取税款一倍以上五倍以下罚金;第三档刑,数额特别巨大或者有其他特别严重情节的,处十年以上有期徒刑或者无期徒刑,并处骗取税款一倍以上五倍以下罚金或者没收财产。根据前述司法解释,第一档刑的"数额较大"为骗取国家出口退税款五万元以上的。第二档刑的"数额巨大"为骗取国家出口退税款五十万元以上的。"有其他严重情节的"包括:(1)造成国家税款损失三十万元以上并且在第一审判决宣告前无法追回的;(2)因骗取国家出口退税行为受过行政处罚,两年内又骗取国家出口退税款数额在三十万元以上的;(3)情节严重的其他情形。第三档刑的"数额特别巨大"为骗取国家出口退税款二百五十万元以上的。"有其他特别严重情节的"包括:(1)造成国家税款损失一百五十万元以上并且在第一审判决宣告前无法追回的;(2)因骗取国家出口退税行为受过行政处罚,两年内又骗取国家出口退税款数额在一百五十万元以上的;(3)情节特别严重的其他情形。

本条第二款是关于纳税人缴纳税款后,采取前款规定的欺骗方法,骗取所缴纳的税款及处罚的规定。本款与前款规定的不同之处在于本款所规定的犯罪主体仅限于纳税人;"纳税人缴纳税款后",是指纳税人骗取税款的行为是发生在缴纳税款后;"采取前款规定的欺骗方法",是指采取本条第一款规定的"以假报出口或者其他欺骗手段";"骗取所缴纳的税款的",是指纳税人将已缴纳的税款骗回的行为。

在实际发生的案件中,这类情况的骗税人往往超过其所缴纳的税额骗取退税。为了区别情况,真正做到罪刑相当,本款规定,骗取所缴纳的税款的,依照本法第二百零一条的规定定罪处罚,即按照逃税罪的规定处罚。骗取税款超过所缴纳的税款的部分,依照前款关于骗税罪的规定处罚。这是考虑到骗取自己所缴纳的税款,实际上等于没有缴纳,性质与逃税差不多;而超过所缴纳的税款骗取税款,其所骗取的超过所缴纳的税款部分,实际是国家金库中的财产,将这部分财产占为己有的,与第一款规定的骗取国家出口退税罪的性质是一样的。所以对"超过所缴纳的税款部分",本款规定依照前款规定处罚。

【实践中需要注意的问题】

在实际执行中应当注意分辨本罪与以下罪名的区别和联系：

其一，与诈骗罪的界限。根据本法第二百六十六条的规定，诈骗罪是指以非法占有为目的，用虚构事实或者隐瞒真相的方法，骗取数额较大的公私财物的行为。欺骗性是本罪的本质特征。骗取出口退税罪是指单位或个人以骗取国家出口退税款为目的，采用虚开增值税专用发票、搞假货物报关出口骗取货物出口报关单、内外勾结提供出口收汇单证等欺骗手段，非法组织虚假的出口退税凭证，在根本未缴纳税款的情况下，从税务机关或出口企业骗取出口退税款的行为。因此，骗取出口退税行为实质上是一种诈骗的行为。近些年来，诈骗犯罪的手段越来越多，诈骗的对象也越来越广，如信用证诈骗、金融票据诈骗、保险诈骗、合同诈骗、骗取出口退税等，为了有效地惩治这些犯罪行为，刑法规定了专门的犯罪，凡符合骗取出口退税犯罪构成要件的，直接以骗取出口退税定罪处罚，不再以一般诈骗罪定罪处罚。

其二，与虚开增值税专用发票罪的界限。根据本法第二百零五条的规定，虚开增值税专用发票罪是指单位和个人违反国家税收征管和发票管理程度，为他人虚开，为自己虚开，让他人为自己虚开，介绍他人虚开增值税专用发票的行为。骗取出口退税罪与虚开增值税专用发票罪同属危害税收征管类犯罪，虚开增值税专用发票罪本身是行为人实施骗取出口退税罪的重要手段之一，骗取出口退税罪的实施以行为人实施虚开增值税专用发票罪为必要环节。当行为人将虚开的增值税专用发票用于向税务机关申请出口退税，数额较大时，该行为人就同时触犯了骗取出口退税和虚开增值税专用发票两个罪名，但应从一重处罚，不适用数罪并罚。

第二百零五条 【虚开增值税专用发票、用于骗取出口退税、抵扣税款发票罪】

虚开增值税专用发票或者虚开用于骗取出口退税、抵扣税款的其他发票的，处三年以下有期徒刑或者拘役，并处二万元以上二十万元以下罚金；虚开的税款数额较大或者有其他严重情节的，处三年以上十年以下有期徒刑，并处五万元以上五十万元以下罚金；虚开的税款数额巨大或者有其他特别严重情节的，处十年以上有期徒刑或者无期徒刑，并处五万元以上五十万元以下罚金或者没收财产。

单位犯本条规定之罪的，对单位判处罚金，并对其直接负责的主管人员和其他直接责任人员，处三年以下有期徒刑或者拘役；虚开的税款数额较大或者有其他严重情节的，处三年以上十年以下有期徒刑；虚开的税款数额巨大或者有其他特别严重情节的，处十年以上有期徒刑或者无期徒刑。

虚开增值税专用发票或者虚开用于骗取出口退税、抵扣税款的其他发票，是指有为他人虚开、为自己虚开、让他人为自己虚开、介绍他人虚开行为之一的。

【条文精解】

本条是关于虚开增值税专用发票、用于骗取出口退税、抵扣税款发票罪及其处罚的规定。虚开增值税专用发票或用于骗取出口退税、抵扣税款的其他发票的行为违反了发票管理制度，同时虚开增值税专用发票或用于骗取出口退税、抵扣税款的其他发票，可以抵扣大量税款，造成国家税款的大量流失，这种行为也严重地破坏了社会主义经济秩序，应当予以严惩。

本条共分三款。第一款是关于虚开增值税专用发票、用于骗取出口退税、抵扣税款发票犯罪及其处罚的规定。本条规定的"增值税专用发票"，是指国家税务部门根据增值税征收管理需要，兼记货物或劳务所负担的增值税税额而设定的一种专用发票。根据 2005 年全国人大常委会《关于〈中华人民共和国刑法〉有关出口退税、抵扣税款的其他发票规定的解释》，"出口退税、抵扣税款的其他发票"，是指除增值税专用发票以外的，具有出口退税、抵扣税款功能的收付款凭证或者完税凭证。目前，在我国的税收征管制度中，除增值税专用发票以外，还有几种其他发票也具有抵扣税款的功能，主要是农林牧水产品收购发票、废旧物品收购发票、运输发票以及海关出具的代征增值税专用缴款书等，还有征课消费税的产品出口所开具的发票也可以作为出口退税的凭证。随着税收征管工作的进一步加强，今后还可能会出现一些具有抵扣税款或者退税功能的专用发票。另外，从是否有商品交易来看，本款规定的"虚开"主要有两种情况：一种是根本不存在商品交易，无中生有，虚构商品交易内容和税额开具发票，然后利用虚开的发票抵扣税款；另一种是虽然存在真实的商品交易，但是以少开多，达到偷税的目的。

根据本款规定，凡有本款所规定行为的，即构成犯罪，处三年以下有期徒刑或者拘役，并处二万元以上二十万元以下罚金；虚开的税款数额较大或者有其他严重情节的，处三年以上十年以下有期徒刑，并处五万元以上五十万元以下罚金；虚开的税款数额巨大或者有其他特别严重情节的，处十年以上有期徒刑或者无期徒刑，并处五万元以上五十万元以下罚金或者没收财产。

第二款是关于单位犯本条规定之罪及刑罚的规定。本款中"单位犯本条规定之罪的"是指单位触犯本条关于虚开发票罪的规定而构成犯罪的情况。在司法实践中，单位触犯本条罪名的情形更为普遍，案涉金额也更大。"直接负责的主管人员和其他直接责任人员"主要是指法定代表人、控股股东、实际控制人、财务主管人员等。本款对单位犯本条规定之罪的刑罚规定采取了双罚制，即对单位判处罚金，同时规定对单位直接负责的主管人员和其他直接责任人员，处三年以下有期徒刑或者拘役；虚开的税款数额较大或者有其他严重情节的，处三年以上十年以下有期徒刑；虚开的税款数额巨大或者有其他特别严重情节的，处十年以上有期徒刑或者无期徒刑。

第三款是关于"虚开"行为的定义。本款规定，虚开增值税专用发票或者虚开用于骗取出口退税、抵扣税款的其他发票，是指有为他人虚开、为自己虚开、让他人为自己虚开、介绍他人虚开行为之一的行为。"为他人虚开"，是指开票人与他人无商品交易活动，但利用所持有的上述发票，采用无中生有或者以少开多的手段，为他人虚开发票的行为。其中也包括以往所说的"代开"发票的行为。这里规定的"他人"既包括企业、事业单位、机关团体，也包括个人。"为自己虚开"，是指利用自己所持有的上述发票，虚开以后自己使用，如进行抵扣税款或者骗取出口退税。"让他人为自己虚开"，是指要求或者诱骗收买他人为自己虚开上述发票的行为。"介绍他人虚开"，是指在虚开上述发票的犯罪过程中起牵线搭桥、组织策划作用的犯罪行为。

根据本条的规定，虚开增值税专用发票、用于骗取出口退税、抵扣税款发票罪属于行为犯，即只要具有上述虚开行为之一，便可构罪，没有"数额""情节"的限定。同时实践中，构成虚开增值税专用发票、用于骗取出口退税、抵扣税款发票罪，也存在定罪的标准。1996年最高人民法院《关于适用〈全国人民代表大会常务委员会关于惩治虚开、伪造和非法出售增值税专用发票犯罪的决定〉的若干问题的解释》就曾对此作出过规定，在没有新的司法解释颁布前仍可参考适用，同时也要考虑到我国现有经济发展水平和司法实践中对其他危害税收征管犯罪的量刑标准。根据该解释的规定，虚开税款数额一万元以上的或者虚开上述发票致使国家税款被骗取五千元以上的，构成本罪。其中，虚开税款数额十万元以上的，属于"数额较大"。有下列情形之一的，属于"有其他严重情节"：（1）因虚开上述发票致使国家税款被骗五万元以上的；（2）具有其他严重情节的。虚开税款数额五十万元以上的，属于"数额巨大"。具有下列情形之一的，属于"有其他特别严重情节"：（1）因虚开增值税专用发票致使国家税款被骗取三十万元以上的；（2）虚开的税款数额接近巨大并有其他严重情节的；（3）具有其他特别严重情节的。

【实践中需要注意的问题】

第一，实施虚开行为后，进而利用该行为骗取国家税款的应如何认定。

在实践中，"虚开"行为往往伴随着逃避缴纳税款、骗取出口退税、出售营利等不法目的，虚开的增值税专用发票或者可用于出口退税、抵扣税款的发票往往成为虚假申报、逃避缴纳税款或者骗取出口退税的一种手段工具。由于我国实行税收法定原则，根据本条规定，虚开行为本身就可能构成犯罪。对于虚开本条规定的发票又利用该虚开发票减免应纳税额以逃避缴纳税款的，或者直接骗取国家出口退税的，或者虚开并出售等情形，应在实践中结合行为人目的、情节具体分析。如对于以虚开增值税专用发票为业务并售卖的情形，一般不以本罪论处；对于以逃税目的虚开增值税专用发票的情形，可考虑按照逃税罪处理等。

第二，关于挂靠开票和代开发票行为的认定。

一是挂靠方以挂靠形式向受票方实际销售货物，被挂靠方向受票方开具增值税专用发票的行为，应如何认定。挂靠，一般指由挂靠方适用被挂靠方的经营资格进行经营活动，并向挂靠方支付挂靠费的一种经营方式，主要存在于建筑施工领域。建筑法第二十六条已经明确禁止以挂靠形式从事经营活动，但对于挂靠方以被挂靠方名义开具发票的行为，根据2014年国家税务总局《关于纳税人对外开具增值税专用发票有关问题的公告》，主管机关认为挂靠方以挂靠形式向受票方实际销售货物，被挂靠方向受票方开具增值税专用发票的，不属于虚开。最高人民法院在2015年《〈关于如何认定以"挂靠"有关公司名义实施经营活动并让有关公司为自己虚开增值税专用发票行为的性质〉征求意见的复函》（法研〔2015〕58号）中认为，该行为不宜认定为虚开增值税专用发票罪。二是行为人利用他人的名义从事经营活动，并以他人名义开具增值税专用发票的直接代开发票行为，如行为人进行了实际的经营活动，主观上并无骗取抵扣税款的故意，客观上也未造成国家增值税款损失的，一般也不宜直接认定为虚开增值税专用发票罪，符合逃税罪等其他犯罪构成条件的，可以其他犯罪论处。

虚开增值税专用发票罪的法定最高刑为无期徒刑，系严重侵犯增值税专用发票管理秩序的犯罪。前述两种情形，行为人不以骗取国家税款为目的，且依据真实的商品交易，仅是名义发票主体与实际发票主体不一致，实际上未造成国家税款损失的，应当遵循刑法关于罪刑责相适应原则，根据行为情节的轻重，认定行为是否具有行政违法性或者刑事违法性。

第二百零五条之一【虚开发票罪】
虚开本法第二百零五条规定以外的其他发票，情节严重的，处二年以下有期徒刑、拘役或者管制，并处罚金；情节特别严重的，处二年以上七年以下有期徒刑，并处罚金。

单位犯前款罪的，对单位判处罚金，并对其直接负责的主管人员和其他直接责任人员，依照前款的规定处罚。

【条文精解】

本条是关于虚开发票罪及其处罚的规定。

本条共分两款。第一款是关于虚开发票罪的规定。"虚开发票"是指为他人虚开、为自己虚开、让他人为自己虚开、介绍他人虚开等行为。虚开的手段则多种多样，比如"大头小尾"、开"阴阳票"、改变品目、使用地税营业税发票开国税业务发票，甚至使用假发票等。虚开的目的，可以是为了赚取手续费，也可以是通过虚开发票少报收入、偷税、骗税，甚至是用于非法经营、贪污贿赂、侵占等违法犯罪活动。"第二百零五条规定以外的其他发票"是指除增值税专用发票或者其他具有退税、抵扣税款功能的发票以外的普通发票，既包括真的，也包括伪造、变造的普通发票。根据本款规定，对于虚开本法第二百零五条规定以外的其他发票，情节严重的，处二年以下有期徒刑、拘役或者管制，并处罚金；情节特别严重的，处二年以上七年以下有期徒刑，并处罚金。对于情节认定的具体标准，可以由最高人民法院、最高人民检察院根据司法实践情况通过制定司法解释确定。对于尚不属于"情节严重"或者"情节特别严重"的一般虚开其他发票的行为，尚不够刑罚处罚的，可以根据《发票管理办法》的规定，由税务机关没收违法所得；虚开金额在一万元以下的，可以并处五万元以下的罚款；虚开金额超过一万元的，并处五万元以上五十万元以下的罚款。税务机关在处理这些行为的过程中，如果发现其虚开发票的行为已经构成犯罪的，应当依法移送司法机关追究刑事责任。

第二款是关于单位犯罪的规定。对于单位犯本条规定之罪的，实行双罚制，即对单位判处罚金，同时对其直接负责的主管人员和其他直接责任人员，依照第一款的规定处罚：情节严重的，处二年以下有期徒刑、拘役或者管制，并处罚金；情节特别严重的，处二年以上七年以下有期徒刑，并处罚金。

【实践中需要注意的问题】

第一，要注意区分罪与非罪的界限。依照刑法第二百零五条之一的规定，虚开普通发票必须达到情节严重的程度才构成本罪。因为这类行为首先违反的是国家发票管理法规，是一种行政违法行为，应当主要通过行政制裁的方式处理。只有情节严重的虚开普通发票行为，才构成犯罪。司法实践中，"情节严重"可以从以下几个方面来分析认定：虚开普通发票数额或者数量；虚开普通发票的次数；虚开普通发票造成的后果；是否因虚开普通发票的行为受到过行政处罚或者刑事处罚；有无其他恶劣情节；等等。

第二，区分本罪与虚开增值税专用发票罪、逃税罪的界限。虚开普通发票罪与虚开增值税专用发票罪的主要区别是犯罪对象不同，前者是普通发票，后者是增值税专用发票。与逃税罪的主要区别是犯罪的客观方面不同，前者是虚开普通发票的行为，后者是逃税的行为。如果行为人利用虚开普通发票的手段进行逃税，同时触犯了两个罪名的，应当从一重罪处罚。

第二百零六条 【伪造、出售伪造的增值税专用发票罪】

伪造或者出售伪造的增值税专用发票的,处三年以下有期徒刑、拘役或者管制,并处二万元以上二十万元以下罚金;数量较大或者有其他严重情节的,处三年以上十年以下有期徒刑,并处五万元以上五十万元以下罚金;数量巨大或者有其他特别严重情节的,处十年以上有期徒刑或者无期徒刑,并处五万元以上五十万元以下罚金或者没收财产。

单位犯本条规定之罪的,对单位判处罚金,并对其直接负责的主管人员和其他直接责任人员,处三年以下有期徒刑、拘役或者管制;数量较大或者有其他严重情节的,处三年以上十年以下有期徒刑;数量巨大或者有其他特别严重情节的,处十年以上有期徒刑或者无期徒刑。

【条文精解】

本条是关于伪造、出售伪造的增值税专用发票罪及其处罚的规定。我国建立以增值税为主体的流转税制度,是深化改革、促进竞争、公平税负和保障国家税收的需要,国家对增值税专用发票实行严格管理。根据我国《发票管理办法》第七条的规定,增值税专用发票由国务院税务主管部门确定的企业印制;禁止私自印制、伪造、变造发票。伪造、出售伪造的增值税专用发票的行为侵犯了我国增值税专用发票管理制度,扰乱了市场经济秩序。

本条共分两款。第一款是关于伪造、出售伪造的增值税专用发票的犯罪及其处罚的规定。其中,"伪造增值税专用发票",是指仿照增值税专用发票的形状、样式、色彩、图案等,使用各种仿制方法制造假增值税专用发票的行为。"出售伪造的增值税专用发票",是指个人或单位通过各种方法将伪造的增值税专用发票出售、进行牟利的行为,既包括以票换取金钱的典型出卖行为,也包括以票换取其他财物或者其他财产性利益与报酬的非典型出卖行为。至于出售的是自己伪造的,还是他人伪造的,是通过购买而从他人手上得到的,还是他人伪造后送与的,都不影响行为的性质,只要行为人出于明知,即可构成出售伪造的增值税专用发票罪。

本款规定了三档刑,人民法院可在审理这类案件时,根据本条的规定和案件的情况,适用相应的刑罚规定。第一档刑为"处三年以下有期徒刑、拘役或者管制,并处二万元以上二十万元以下罚金",这是对一般的伪造或者出售伪造的增值税专用发票行为的处罚规定;第二档刑为"数量较大或者有其他严重情节的,处三年以上十年以下有期徒刑,并处五万元以上五十万元以下罚金";第三档刑为"数量巨大或者有其他特别严重情节的,处十年以上有期徒刑或者无期徒刑,并处五万元以上五十万元以下罚金或者没收财产"。其中,"数量较大""有其他严重情节""数量巨大""有其他特别严重情节",一般是指伪造或者出售增值税专用发票的本数、份数较大、巨大的或者屡教不改、以伪造或者出售伪造的增值税专用发票为常业等情形。

根据本款的规定,伪造或者出售伪造的增值税专用发票属于行为犯,只要具有伪造或者出售伪造的行为之一,便可构成本条犯罪,没有"数额""情节"的限定。但是,伪造或者出售伪造的行为情节显著轻微危害不大,根据刑法第十三条的规定,不应认为是犯罪。从这个意义上讲,构成本罪也存在入罪门槛或标准。1996年最高人民法院《关于适用〈全国人民代表大会常务委员会关于惩治虚开、伪造和非法出售增值税专用发票犯罪的决定〉的若干问题的解释》曾对上述刑罚的适用条件作出过规定,在没有新的司法解释颁布前可参考适用,同时也要考虑到我国现有经济发展水平和司法实践中对其他伪造类经济犯罪的量刑标准。根据1996年司法解释第二条和2010年最高人民检察院、公安部《关于公安机关管辖的刑事案件立案追诉标准的规定(二)》第六十二条的规定,伪造或者出售伪造的增值税专用发票二十五份以上或者票面额累计在十万元以上的,应予立案追诉。其中,伪造或者出售伪造的增值税专用发票一百份以上或者票面额累计五十万元以上的,属于"数量较大"。具有下列情形之一的,属于"有其他严重情节":(1)违法所得数额在一万元以上的;(2)伪造并出售伪造的增值税专用发票六十份以上或者票面额累计三十万元以上的;(3)造成严重后果或者具有其他严重情节的。伪造或者出售伪造的增值税专用发票五百份以上或者票面额累计二百五十万元以上的,属于"数量巨大"。具有下列情形之一的,属于"有其他特别严重情节":(1)违法所得数额在五万元以上的;(2)伪造并出售伪造的增值税专用发票三百份以上或者票面额累计二百万元以上的;(3)伪造或者出售伪造的增值税专用发票接近"数量巨大"并有其他严重情节的;(4)造成特别严重后果或者具有其他特别严重情节的。

本条第二款是对单位犯本条规定之罪及处罚的规定。其中,"单位犯本条规定之罪的",是指单位触犯本条规定的伪造或者出售伪造和伪造并出售伪造的增值税专用发票构成犯罪的情况。对单位犯本条规定之罪的处罚采取双罚制的原则,即"对单位判处罚金",同时规定,对单位直接负责的主管人员和其他责任人员,处三年以下有期徒刑、拘役或者管制;数量较大或者有其他严重情节的,处三年以上十年以下有期徒刑;数量巨大或者有其他特别严重情节的，处十年以上有期徒刑或者无期徒刑。

根据本条的规定，构成本罪，只要具有伪造或者出售伪造的增值税专用发票的其中一种行为即可，不要求同时具备两种行为。如果同一主体同时具有伪造和出售伪造的增值税专用发票的行为，则应以伪造、出售伪造的增值税专用发票罪定罪处刑，而不数罪并罚，但出售行为应作为量刑情节在量刑时予以考虑。

【实践中需要注意的问题】

实践中，行为人伪造增值税专用发票后，又利用伪造的增值税专用发票实施逃避缴纳税款、虚开增值税专用发票、骗取国家出口退税等其他犯罪的情况比较普遍。对于这种情况，司法实践中一般按照处理牵连犯的原则，从一重罪处罚。变造增值税专用发票的，按照伪造增值税专用发票行为处理。

第二百零七条 【非法出售增值税专用发票罪】

非法出售增值税专用发票的，处三年以下有期徒刑、拘役或者管制，并处二万元以上二十万元以下罚金；数量较大的，处三年以上十年以下有期徒刑，并处五万元以上五十万元以下罚金；数量巨大的，处十年以上有期徒刑或者无期徒刑，并处五万元以上五十万元以下罚金或者没收财产。

【条文精解】

本条是关于非法出售增值税专用发票罪及其处罚的规定。

本条规定的"非法出售增值税专用发票"，是指除税务机关依照规定发售增值税专用发票外，增值税专用发票持有人违反国家有关法律法规规定出售发票的行为。增值税专用发票由国家税务机关依照规定发售，只限于增值税的一般纳税人领购使用。除此之外，任何人和单位不得出售，对增值税专用发票必须进行非常严格的管理。所谓违反国家有关法律法规，主要是指违反税收征收管理法、《发票管理办法》及其实施细则和《增值税暂行条例》等法律法规。所谓"非法出售"，是指行为人非法将增值税专用发票提供给他人，并收取一定价款的行为。本条规定的"非法出售"是广义的，既包括税务机关及其工作人员故意违反法律、法规的规定出售的行为，也包括其他任何人非法出售增值税专用发票的行为。另外，非法出售增值税专用发票，首先是以持有这种发票为条件的，行为人取得这种发票的方式多样，有的是从合法渠道领取的，即符合一般纳税人条件的单位和个人依法从税务部门领取的增值税专用发票，有的是与税务人员相勾结，非法取得的增值税专用发票。但无论非法出售的增值税专用发票的来源是否合法，并不影响本罪的成立。应当注意的是，本条规定的非法出售的增值税专用发票，必须是国家统一印制的增值税专用发票，而不是伪造的，否则构成出售伪造的增值税专用发票罪。

关于非法出售增值税专用发票罪，本条根据犯罪情节，规定了三档刑。第一档刑是处三年以下有期徒刑、拘役或者管制，并处二万元以上二十万元以下罚金。第二档刑是对"数量较大"的，处三年以上十年以下有期徒刑，并处五万元以上五十万元以下罚金。第三档刑是对"数量巨大"的，处十年以上有期徒刑或者无期徒刑，并处五万元以上五十万元以下罚金或者没收财产。

根据本款的规定，非法出售增值税专用发票属于行为犯，没有"数额""情节"的限定。但是，非法出售的行为情节显著轻微危害不大，根据刑法第十三条的规定，不应认为是犯罪。从这个意义上讲，构成本罪也存在入罪门槛或标准。1996年最高人民法院《关于适用〈全国人民代表大会常务委员会关于惩治虚开、伪造和非法出售增值税专用发票犯罪的决定〉的若干问题的解释》曾对上述刑罚的适用条件作出过规定，在没有新的司法解释颁布前可参考适用，同时也要考虑到我国现有经济发展水平和司法实践中对其他危害税收征管犯罪的量刑标准。根据1996年司法解释第三条和2010年最高人民检察院、公安部《关于公安机关管辖的刑事案件立案追诉标准的规定（二）》第六十三条的规定，非法出售增值税专用发票二十五份以上或者票面额累计在十万元以上的，应予立案追诉。其中，非法出售的增值税专用发票一百份以上或者票面额累计五十万元以上的，属于"数量较大"。具有下列情形之一的，属于"有其他严重情节"：（1）违法所得数额在一万元以上的；（2）非法出售的增值税专用发票六十份以上或者票面额累计三十万元以上的；（3）造成严重后果或者具有其他严重情节的。非法出售的增值税专用发票五百份以上或者票面额累计二百五十万元以上的，属于"数量巨大"。具有下列情形之一的，属于"有其他特别严重情节"：（1）违法所得数额在五万元以上的；（2）非法出售的增值税专用发票三百份以上或者票面额累计二百万元以上的；（3）非法出售的增值税专用发票接近"数量巨大"并有其他严重情节的；（4）造成特别严重后果或者具有其他特别严重情节的。

第二百零八条 【非法购买增值税专用发票、购买伪造的增值税专用发票罪】

非法购买增值税专用发票或者购买伪造的增值税专用发票的，处五年以下有期徒刑或者拘役，并处或者单处二万元以上二十万元以下罚金。

非法购买增值税专用发票或者购买伪造的增值税专用发票又虚开或者出售的，分别依照本法第二百零五条、第二百零六条、第二百零七条的规定定罪处罚。

【条文精解】

本条是关于非法购买增值税专用发票、购买伪造的增值税专用发票罪及其处罚的规定。

本条共分两款。第一款是关于对非法购买增值税专用发票、购买伪造的增值税专用发票罪的处罚规定。其中，"非法购买增值税专用发票"，是相对于依法领购而言的。根据国家有关规定，购买增值税专用发票，必须符合一般纳税人的条件，而且须经税务机关认定并经过一定的程序到税务机关领购，除此之外，禁止任何组织和个人私自购买增值税专用发票，凡是私自购买的，都是非法购买。"购买伪造的增值税专用发票"，是指所购买的增值税专用发票，不是国家税务机关发售的真的增值税专用发票，而是伪造的。根据本款规定，非法购买增值税专用发票或者购买伪造的增值税专用发票，是犯罪行为。根据最高人民检察院、公安部《关于公安机关管辖的刑事案件立案追诉标准的规定（二）》第六十四条的规定，非法购买增值税专用发票或者购买伪造的增值税专用发票二十五份以上或者票面额累计在十万元以上的，应予立案追诉。本条是选择性罪名，若行为人同时实施了非法购买增值税专用发票和购买伪造的增值税专用发票的，应当按照本条规定的非法购买增值税专用发票、购买伪造的增值税专用发票罪定罪处罚，数量累计计算，不实行数罪并罚。对非法购买增值税专用发票或者购买伪造的增值税专用发票构成犯罪的，处五年以下有期徒刑或者拘役，并处或者单处二万元以上二十万元以下罚金。

第二款是关于非法购买增值税专用发票或者购买伪造的增值税专用发票又虚开或者出售的犯罪及其处罚的规定。其中，"又虚开或者出售"，是指在非法购买增值税专用发票或者购买伪造的增值税专用发票后，又从事虚开或者出售的犯罪活动的情况。如果购买后又进行上述其他犯罪活动，应当从一重罪判处刑罚。而虚开和出售增值税专用发票的刑罚规定要比购买的犯罪行为重，因此，要按虚开或者出售的刑罚处罚。本法第二百零五条、第二百零六条、第二百零七条中将虚开、出售增值税专用发票或者出售伪造的增值税专用发票作为发票犯罪中十分严重的罪行加以规定，并规定了更为严厉的刑罚。本款明确了对这种牵连形式的犯罪从一重罪判处的处刑原则。也就是说，对于非法购买增值税专用发票或者购买伪造的增值税专用发票又虚开或者出售的，应根据不同的犯罪情节，分别依照本法第二百零五条、第二百零六条和第二百零七条的规定定罪处罚。

第二百零九条　【非法制造、出售非法制造的用于骗取出口退税、抵扣税款发票罪】【非法制造、出售非法制造的发票罪】【非法出售用于骗取出口退税、抵扣税款发票罪】【非法出售发票罪】

伪造、擅自制造或者出售伪造、擅自制造的可以用于骗取出口退税、抵扣税款的其他发票的，处三年以下有期徒刑、拘役或者管制，并处二万元以上二十万元以下罚金；数量巨大的，处三年以上七年以下有期徒刑，并处五万元以上五十万元以下罚金；数量特别巨大的，处七年以上有期徒刑，并处五万元以上五十万元以下罚金或者没收财产。

伪造、擅自制造或者出售伪造、擅自制造的前款规定以外的其他发票的，处二年以下有期徒刑、拘役或者管制，并处或者单处一万元以上五万元以下罚金；情节严重的，处二年以上七年以下有期徒刑，并处五万元以上五十万元以下罚金。

非法出售可以用于骗取出口退税、抵扣税款的其他发票的，依照第一款的规定处罚。

非法出售第三款规定以外的其他发票的，依照第二款的规定处罚。

【条文精解】

本条是关于非法制造、出售非法制造的用于骗取出口退税、抵扣税款发票罪，非法制造、出售非法制造的发票罪，非法出售用于骗取出口退税、抵扣税款发票罪，非法出售发票罪及其处罚的规定。发票与国家的工商税收联系紧密。为了维护经济秩序，国家颁布了一系列法律、法规，对发票进行规范管理。本条规定的犯罪，既侵犯了国家的发票管理秩序，又侵犯了我国税收秩序。在客观上上述行为都体现为违反了国家有关发票管理的法律法规。

本条共分四款。第一款是关于非法制造、出售非法制造的用于骗取出口退税、抵扣税款发票罪及其处罚的规定。其中,"伪造",是指仿照本款规定的发票的样式、图案、色彩以及面额等,私自制造假发票的行为。"擅自制造",是指被税务机关指定印制发票的企业,未按照税务机关规定的数量和规模,擅自超额印制的行为。"出售",是指进行出售,从中牟利的行为。关于"可以用于骗取出口退税、抵扣税款的其他发票",2005年全国人大常委会《关于〈中华人民共和国刑法〉有关出口退税、抵扣税款的其他发票规定的解释》对此作了解释:"是指除增值税专用发票以外的,具有出口退税、抵扣税款功能的收付款凭证或者完税凭证。"国家税务总局在一定时期内根据国家税收和经济发展的需要,除增值税专用发票以外又规定了一些可以直接抵扣税款或者办理出口退税的其他发票,目前主要有:农林牧水产品收购发票;废旧物品收购发票;运输发票;海关代征增值税专用缴款书等。

本款关于刑罚的规定是:处三年以下有期徒刑、拘役或者管制,并处二万元以上二十万元以下罚金;数量巨大的,处三年以上七年以下有期徒刑,并处五万元以上五十万元以下罚金;数量特别巨大的,处七年以上有期徒刑,并处五万元以上五十万元以下罚金或者没收财产。这里所说的"数量巨大""数量特别巨大",是对犯罪分子量刑的标准,具体界定可由最高人民法院、最高人民检察院总结司法实践经验,作出司法解释确定。最高人民检察院、公安部《关于公安机关管辖的刑事案件立案追诉标准的规定(二)》第六十五条规定,伪造、擅自制造或者出售伪造、擅自制造的可以用于骗取出口退税、抵扣税款的非增值税专用发票五十份以上或者票面额累计在二十万元以上的,应予立案追诉。

第二款是关于非法制造、出售非法制造的发票罪及其处罚的规定。本款规定的"伪造""擅自制造""出售"等含义在上款释义中已经作了详细的阐述。这里所说的"前款规定以外的其他发票",是指不具有可以抵扣税款、用于出口退税功能的普通发票,如餐饮业、零售业、旅馆业发票等。本款关于刑罚的规定是:处二年以下有期徒刑、拘役或者管制,并处或者单处一万元以上五万元以下罚金;情节严重的,处二年以上七年以下有期徒刑,并处五万元以上五十万元以下罚金。这里规定的"情节严重",一般是指多次伪造、擅自制造或者多次出售伪造、擅自制造的前款规定以外的其他发票,或者数量较大等情况。最高人民检察院、公安部《关于公安机关管辖的刑事案件立案追诉标准的规定(二)》第六十六条规定,伪造、擅自制造或者出售伪造、擅自制造的不具有骗取出口退税、抵扣税款功能的普通发票一百份以上或者票面额累计在四十万元以上的，应予立案追诉。应当注意的是，前款规定的犯罪对象是可以用于骗取出口退税、抵扣税款的其他发票，而本款规定的犯罪对象则是普通发票，由于犯罪对象不同，在犯罪的危害方面也不一样，刑事处罚也有所不同。

第三款是关于非法出售用于骗取出口退税、抵扣税款发票罪及其处罚的规定。本款规定的出售行为，是指非法出售从各种途径得到的可以用于骗取出口退税、抵扣税款的增值税专用发票以外的其他发票的行为。行为人出售的发票可能是非法取得的，也可能是合法取得发票后出售，无论其来源如何，都不影响犯罪的构成。本款关于刑罚的规定是，依照本条第一款的规定处罚，即处三年以下有期徒刑、拘役或者管制，并处二万元以上二十万元以下罚金；数量巨大的，处三年以上七年以下有期徒刑，并处五万元以上五十万元以下罚金；数量特别巨大的，处七年以上有期徒刑，并处五万元以上五十万元以下罚金或者没收财产。根据最高人民检察院、公安部《关于公安机关管辖的刑事案件立案追诉标准的规定（二）》第六十七条的规定，非法出售可以用于骗取出口退税、抵扣税款的非增值税专用发票五十份以上或者票面额累计在二十万元以上的，应予立案追诉。

第四款是关于非法出售发票罪及其处罚的规定。根据本款规定，非法出售第三款规定以外的其他发票的，依照第二款的规定处罚。其中，"非法出售第三款规定以外的其他发票"，是指非法出售不能用于骗取出口退税、抵扣税款的其他发票的行为。本款关于刑罚的规定是，"依照第二款的规定处罚"，即处二年以下有期徒刑、拘役或者管制，并处或者单处一万元以上五万元以下罚金；情节严重的，处二年以上七年以下有期徒刑，并处五万元以上五十万元以下罚金。根据最高人民检察院、公安部《关于公安机关管辖的刑事案件立案追诉标准的规定（二）》第六十八条的规定，非法出售普通发票一百份以上或者票面额累计在四十万元以上的，应予立案追诉。

【实践中需要注意的问题】

在司法实践中，一定要注意准确界定和区分增值税专用发票、可出口退税可抵扣发票和普通发票。依照不同的行为对象适用不同的罪名和刑罚。若行为人同时伪造、出售伪造的增值税专用发票，用于骗取出口退税、抵扣税款的其他发票或其他普通发票的，分别触犯了伪造、出售伪造的增值税专用发票罪，非法制造、出售非法制造的用于骗取出口退税、抵扣税款发票罪或非法制造、出售非法制造的发票罪，均构成犯罪的，应实行数罪并罚。

第二百一十条　【盗窃、诈骗增值税专用发票、用于骗取出口退税、抵扣税款发票的处罚】

盗窃增值税专用发票或者可以用于骗取出口退税、抵扣税款的其他发票的，依照本法第二百六十四条的规定定罪处罚。

使用欺骗手段骗取增值税专用发票或者可以用于骗取出口退税、抵扣税款的其他发票的，依照本法第二百六十六条的规定定罪处罚。

【条文精解】

本条是关于盗窃或者骗取增值税专用发票或者可以用于骗取出口退税、抵扣税款的其他发票的犯罪及其处罚的规定。

本条共分两款。第一款是关于盗窃增值税专用发票或者可以用于骗取出口退税、抵扣税款的其他发票的犯罪及其处罚的规定。

"增值税专用发票"，是指国家税务部门根据增值税征收管理需要，兼记货物或劳务所负担的增值税税额而设定的一种专用发票。"可以用于出口退税、抵扣税款的其他发票"，根据2005年全国人大常委会《关于〈中华人民共和国刑法〉有关出口退税、抵扣税款的其他发票规定的解释》，是指除增值税专用发票以外的，具有出口退税、抵扣税款功能的收付款凭证或者完税凭证，主要包括农林牧水产品收购发票、废旧物品收购发票、运输发票等。

本款关于刑罚的规定是，"依照本法第二百六十四条的规定定罪处罚"，即按照刑法第二百六十四条关于盗窃罪的规定定罪处罚。根据刑法第二百六十四条的规定，盗窃公私财物，数额较大的，或者多次盗窃、入户盗窃、携带凶器盗窃、扒窃的，处三年以下有期徒刑、拘役或者管制，并处或者单处罚金；数额巨大或者有其他严重情节的，处三年以上十年以下有期徒刑，并处罚金；数额特别巨大或者有其他特别严重情节的，处十年以上有期徒刑或者无期徒刑，并处罚金或者没收财产。关于"数额"和"情节"的判断标准，1998年最高人民法院《关于审理盗窃案件具体应用法律若干问题的解释》第十一条曾作出过规定：盗窃增值税专用发票或者可以用于骗取出口退税、抵扣税款的其他发票，数量在二十五份以上的，为"数额较大"；数量在二百五十份以上的，为"数额巨大"；数量在二千五百份以上的，为"数额特别巨大"。但是1998年的该解释已被2013年4月4日起实施的最高人民法院、最高人民检察院《关于办理盗窃刑事案件适用法律若干问题的解释》废止。现行有效的2013年司法解释并未再对盗窃增值税专用发票和其他具有出口退税、抵扣税款功能发票的定罪量刑标准作出规定。

由于我国目前税务系统已经全面实施"金税"工程，即对增值税专用发票和其他具有出口退税、抵扣税款功能发票的使用，除要求纸质发票外，还需与税务系统内部核发的电子发票配合使用，两者相一致，发票的功能才能实现。因此，在现行税收管理系统下，单纯盗窃纸质发票的行为已无实际意义。对于实践中需要确定定罪量刑的个别案件，可以参考上述1998年司法解释第十一条的规定，结合案件实际情况确定。

第二款是关于使用欺骗手段骗取增值税专用发票或者可以用于骗取出口退税、抵扣税款的其他发票的犯罪及其处罚的规定。其中，"使用欺骗手段"，是指采取编造谎言或虚假理由，或者采取其他欺骗方法。本款关于刑罚的规定是，"依照本法第二百六十六条的规定定罪处罚"，即按照刑法第二百六十六条关于诈骗罪的规定定罪处罚。根据刑法第二百六十六条的规定，诈骗公私财物，数额较大的，处三年以下有期徒刑、拘役或者管制，并处或者单处罚金；数额巨大或者有其他严重情节的，处三年以上十年以下有期徒刑，并处罚金；数额特别巨大或者有其他特别严重情节的，处十年以上有期徒刑或者无期徒刑，并处罚金或者没收财产；本法另有规定的，依照规定。

【实践中需要注意的问题】

在司法实践中，极易出现行为人在盗窃和使用欺骗手段骗取增值税专用发票或者可以用于骗取出口退税、抵扣税款的其他发票后，继续利用该发票实施虚开、出售、逃避缴纳税款、骗取出口退税等行为的情形，构成犯罪的，应当在盗窃罪或者诈骗罪与行为人触犯的其他罪名中择一重罪处罚。

第二百一十条之一 【持有伪造的发票罪】

明知是伪造的发票而持有，数量较大的，处二年以下有期徒刑、拘役或者管制，并处罚金；数量巨大的，处二年以上七年以下有期徒刑，并处罚金。

单位犯前款罪的，对单位判处罚金，并对其直接负责的主管人员和其他直接责任人员，依照前款的规定处罚。

【条文精解】

本条是关于持有伪造的发票罪及其处罚的规定。

本条共分两款。第一款是关于自然人犯持有伪造的发票罪的规定。办理本罪案件应当注意把握三点：一是行为人对持有伪造的发票必须以明知为前提，不明知的不能认定为犯罪。当然，是否明知不能只听犯罪嫌疑人本人的辩解，应当结合案件的有关证据材料全面分析，综合判断。并且在认定"持有"之前，应当尽量查证清楚伪造的发票的真正来源，只有当有关证据确实无法获取的情况下，才能以本罪认定并处罚行为人。二是本条所说的"持有"是指行为人对伪造的发票处于占有、支配、控制的一种状态。不仅随身携带伪造的发票的可以认定为持有，而且在其住所、驾驶的运输工具上发现伪造的发票的也同样可以认定为持有。这里规定的持有的"伪造的发票"，不仅包括伪造的普通发票，而且还包括伪造的增值税专用发票和其他具有出口退税、抵扣税款功能的收付款凭证或者完税凭证。三是持有伪造的发票必须达到"数量较大"，才构成犯罪。根据最高人民检察院、公安部《关于公安机关管辖的刑事案件立案追诉标准的规定（二）的补充规定》的规定，明知是伪造的发票而持有，具有下列情形之一的，应予立案追诉：（1）持有伪造的增值税专用发票五十份以上或者票面额累计在二十万元以上的；（2）持有伪造的可以用于骗取出口退税、抵扣税款的其他发票一百份以上或者票面额累计在四十万元以上的；（3）持有伪造的第一项、第二项规定以外的其他发票二百份以上或者票面额累计在八十万元以上的。本款规定了两档刑，考虑到这类犯罪是牟利性的，除自由刑外，还规定了罚金刑：持有伪造的发票，数量较大的，处二年以下有期徒刑、拘役或者管制，并处罚金；数量巨大的，处二年以上七年以下有期徒刑，并处罚金。

第二款是关于单位犯持有伪造的发票罪的规定。鉴于目前查获的假发票犯罪涉及单位的也不少，所以本条对单位持有伪造的发票犯罪也作了规定。单位持有伪造的发票构成犯罪的，要对单位判处罚金，并对单位直接负责的主管人员和其他直接责任人员依照第一款的规定判处相应的刑罚。

【实践中需要注意的问题】

持有伪造的发票罪是因司法实践需要应运而生的。在出售型、虚开型发票犯罪中，如果被告人始终不承认查获的发票将要用于出售或者虚开，且发票来源无法明确，在认定虚开发票罪或其他发票类犯罪证据不准确、充分的情况下，持有伪造的发票罪就成为一条可供选择较为稳妥的路径。在行为人的身上、住所或者交通工具上查获大量假发票时，应当查明行为人持有伪造的发票的目的和原因。如果能够查明行为人持有这些假发票的目的，就可以按照出售非法制造的发票罪等相关的罪名来进行查处。如果缺乏以出售非法制造的发票等罪名追责的证据，无法查清行为人持有此类假发票的目的，但认定行为人持有伪造发票的证据是确实、充分的，可以以持有伪造的发票罪定罪量刑。需要说明的是，并非所有持有伪造发票的行为都一律入刑，在司法机关办案过程中，应首先查清伪造发票的来源和目的，无法查清只能适用本条规定的，也应满足法律规定的证据标准，达到"数额较大"的入罪门槛。

第二百一十一条 【本节单位犯罪的规定】

单位犯本节第二百零一条、第二百零三条、第二百零四条、第二百零七条、第二百零八条、第二百零九条规定之罪的，对单位判处罚金，并对其直接负责的主管人员和其他直接责任人员，依照各该条的规定处罚。

【条文精解】

本条是关于单位犯危害税收征管罪有关条文规定之罪及其处罚的规定。

本条规定的"单位犯本节第二百零一条、第二百零三条、第二百零四条、第二百零七条、第二百零八条、第二百零九条规定之罪"，是指单位触犯本节有关条文的规定构成犯罪的情况。

本条关于单位犯罪的处罚规定，采取了"双罚制"的原则，即对单位判处罚金，并同时对单位的直接负责的主管人员和其他直接责任人员，依照各条的规定处罚。

根据本条的规定，本节除了抗税罪和以盗窃罪、诈骗罪论处的犯罪，其他犯罪均适用单位犯罪的刑罚。

第二百一十二条 【税收征缴优先原则】

犯本节第二百零一条至第二百零五条规定之罪，被判处罚金、没收财产的，在执行前，应当先由税务机关追缴税款和所骗取的出口退税款。

【条文精解】

本条是关于犯本节有关条文规定之罪，被判处罚金、没收财产的，在执行前，应当先由税务机关追缴税款和所骗取的出口退税款的规定。

根据本条规定，人民法院对构成本节第二百零一条至第二百零五条的犯罪案件审理后，作出的判处罚金刑或没收财产刑的判决，在执行前，应由税务机关先行追缴税款。"本节第二百零一条至第二百零五条规定之罪"分别是逃税罪、抗税罪、逃避缴纳欠税罪、骗取出口退税罪及虚开增值税专用发票、用于骗取出口退税、抵扣税款发票罪，均属于直接偷逃和骗取国家税款的犯罪，应当由税务机关及时追缴税款。尤其是在涉嫌逃税罪的案件中，税务机关的追缴情况和行政处罚执行情况是是否追究行为人刑事责任的重要条件。

危害税收征管犯罪的行为都具有双重违法性，既违反了行政法律又触犯了刑法，当然存在行政责任和刑事处罚如何适用的问题。税收是国家财政收入的主要来源，是国家从事国民经济建设的重要经济支柱，税收的流失势必造成国家整体利益的受损。更何况刑法规定危害税收征管犯罪的本意也是要保障我国税收收入、维护税收征管秩序。因此，本条规定税收征缴优先原则，既符合刑事立法本意，也与税收行政法律相衔接，符合实际工作需要，是合理的。需要注意的是，本条规定的税收征缴优先，仅指税务机关追缴税款的行为，至于税务机关依法作出的罚款、没收财产等行政处罚并不在本条规定的范围内。

第七节　侵犯知识产权罪

第二百一十三条【假冒注册商标罪】

未经注册商标所有人许可，在同一种商品、服务上使用与其注册商标相同的商标，情节严重的，处三年以下有期徒刑，并处或者单处罚金；情节特别严重的，处三年以上十年以下有期徒刑，并处罚金。

【条文精解】

本条是关于假冒注册商标罪及其处罚的规定。

1979年刑法对工商企业假冒其他企业已经注册的商标的犯罪作了规定。1979年刑法第一百二十七条规定："违反商标管理法规，工商企业假冒其他企业已经注册的商标的，对直接责任人员，处三年以下有期徒刑、拘役或者罚金。"

1993年2月全国人大常委会通过了《关于惩治假冒注册商标犯罪的补充规定》，其中第一条第一款对假冒他人注册商标的犯罪作了规定："未经注册商标所有人许可,在同一种商品上使用与其注册商标相同的商标,违法所得数额较大或者有其他严重情节的,处三年以下有期徒刑或者拘役,可以并处或者单处罚金;违法所得数额巨大的,处三年以上七年以下有期徒刑,并处罚金。"商标是商品或者服务的标记,企业为了区分自己的商品或者服务,维护自己商品或者服务声誉,依法使用文字、图形等形成商标,并向国家商标管理机关申请注册,取得商标专用权。凡经国家商标管理机关注册登记的商标,享有商标专用权,受法律保护。假冒他人注册商标的行为,一方面侵害了注册商标权利人的商标专用权,损害了他人商品或者服务声誉,另一方面也侵害了消费者的合法权益,破坏了社会主义市场经济条件下正常的竞争秩序,应当依法予以惩处。同时,考虑到当时经济社会发展的实际情况,对于与服务商标相关的商标侵权行为,主要是依照民事和行政程序处理的。

1997年修订刑法时将1993年补充规定的相关内容修改后纳入刑法,主要修改是,将入罪和量刑的条件由原来的"违法所得数额较大或者有其他严重情节"和"违法所得数额巨大",分别修改为"情节严重"和"情节特别严重"。这主要是考虑到商标侵权案件情况差别很大,有的案件侵权行为比较严重,但是违法所得有时难以计算,而有些情况下,侵权者实际获得的违法所得虽然不多,但给商标权利人造成的损失却可能很大,有的甚至可能因为假冒商品质量低劣造成消费者人身财产损失等,严重影响权利人的商品信誉,导致著名商标信誉受到无法挽回的损害,企业亏损、倒闭等。对这些情节严重的情况,需要在立法上予以考虑。同时,商标侵权行为也侵害消费者的合法权益,破坏社会主义市场经济条件下正常的竞争秩序,修改后,有利于更全面地体现该行为的社会危害性。

2020年《刑法修正案(十一)》对本条作了修改。1997年刑法关于本条的规定实施二十多年以来,我国经济社会取得了很大的发展,知识产权保护和侵犯知识产权犯罪方面也出现了一些新情况和新问题。一方面,随着经济转型升级和创新驱动战略深入实施,我国在从知识产权引进大国向知识产权创造大国转变,知识产权工作正在由追求数量向提高质量转变。与之相适应,我国知识产权保护需要适应新时代的新情况新要求。另一方面,全社会尊重创新劳动,保护知识产权的意识不断增强,各方面对于加大知识产权保护力度的需求也越来越强烈。为适应实践中的新情况,与近年来商标法的修改相衔接,根据各方面的意见,《刑法修正案(十一)》对本条作了修改。一是将假冒注册服务商标的行为规定为假冒注册商标罪的行为类型,以加大对服务商标的保护力度。据统计,2019年我国服务业占国内生产总值的比重已经为

53.9%，随着快递、旅游、交通运输、教育文化、通信、金融等服务业的快速发展，也产生了很多具有较高价值的品牌，服务商标作为这些品牌的标志，与商品商标同样重要。从商标法的规定看，也是将服务商标和商品商标进行同等保护的，服务商标关系服务品牌的信誉和服务商的商誉。服务商标侵权行为一方面会给商标权利人带来经济损失，另一方面会扰乱市场经济秩序。对于其中社会危害性大，情节严重的，有必要与侵犯商品商标的侵权行为一样，通过刑法予以惩治。二是为进一步加大知识产权刑事保护力度，提高侵权行为的违法犯罪成本，发挥法律的威慑作用，保护合法企业公平有序竞争和守法经营，营造良好的创新法治环境和营商环境，根据各方面的意见，提高了本罪的刑罚，将第一档刑罚由"三年以下有期徒刑或者拘役，并处或者单处罚金"修改为"三年以下有期徒刑，并处或者单处罚金"，最高刑罚由七年有期徒刑修改为十年有期徒刑。

根据本条规定，构成本罪应具备以下条件：

第一，行为人使用他人注册商标未经注册商标所有人许可。"注册商标所有人"，即商标注册人。在我国，凡依法提出商标注册申请，并经商标局核准的商标注册申请人即成为注册商标所有人。本条规定的"未经注册商标所有人许可"，是指行为人使用他人注册商标时，未经注册商标所有人同意。这是构成本罪的前提条件，根据商标法第四十三条的规定，商标注册人可以通过签订商标使用许可合同的方式，许可他人使用其注册商标。如果行为人已得到注册商标所有人的许可，而只是未按法定程序办理有关手续，不能认为构成犯罪。

第二，行为人在客观上实施了在同一种商品、服务上使用与他人注册商标相同的商标的行为，即商标相同，使用该商标的商品、服务为同一种类，这两个条件必须同时具备。这里所称的"同一种商品、服务"是指与注册商标核定使用的商标、服务相同的商品、服务，"相同的商标"是指违法行为人使用的商标与权利人注册商标高度一致。当然，毕竟是假冒商标行为，很多情况下二者之间不可能完全一样、没有任何差别。有些假冒者会有意通过细微改变注册商标的字体、字母大小写或者文字横竖排列、间距等，以图规避法律追究。对此，应当结合假冒商标和注册商标的具体情况，从二者在视觉上的差别大小、社会公众看到假冒商标是不是足以被误导等综合判断。同时，需要注意的是，虽有细微差别但不失为"相同"程度的商标，与"类似"程度的商标，应当是有明显区别的，对二者不能混淆。如果行为人在同一种商品、服务上使用与他人注册商标近似的商标，或者在类似商品、服务上使用与他人注册商标相同的商标，或者在类似商品、服务上使用与他人注册商标近似的商标，也属于商标侵权行为，但不构成本罪。

根据2011年最高人民法院、最高人民检察院、公安部《关于办理侵犯知识产权刑事案件适用法律若干问题的意见》第五条的规定，名称相同的商品以及名称不同但指同一事物的商品，可以认定为"同一种商品"。"名称"是指国家注册商标主管部门在商标注册工作中对商品使用的名称，通常即《商标注册用商品和服务国际分类》中规定的商品名称。"名称不同但指同一事物的商品"是指在功能、用途、主要原料、消费对象、销售渠道等方面相同或者基本相同，相关公众一般认为是同一种事物的商品。认定"同一种商品"，应当在权利人注册商标核定使用的商品和行为人实际生产、销售的商品之间进行比较。关于"与其注册商标相同的商标"的认定问题，根据2020年最高人民法院、最高人民检察院《关于办理侵犯知识产权刑事案件具体应用法律若干问题的解释（三）》第一条的规定，具有下列情形之一，可以认定为"与其注册商标相同的商标"：（1）改变注册商标的字体、字母大小写或者文字横竖排列，与注册商标之间基本无差别的；（2）改变注册商标的文字、字母、数字等之间的间距，与注册商标之间基本无差别的；（3）改变注册商标颜色，不影响体现注册商标显著特征的；（4）在注册商标上仅增加商品通用名称、型号等缺乏显著特征要素，不影响体现注册商标显著特征的；（5）与立体注册商标的三维标志及平面要素基本无差别的；（6）其他与注册商标基本无差别、足以对公众产生误导的商标。

第三，根据本条规定，行为人的上述行为，情节严重的才构成犯罪，这是区分罪与非罪的界限。根据2004年最高人民法院、最高人民检察院《关于办理侵犯知识产权刑事案件具体应用法律若干问题的解释》第一条的规定，未经注册商标所有人许可，在同一种商品上使用与其注册商标相同的商标，具有下列情形之一的，属于本条规定的"情节严重"：（1）非法经营数额在五万元以上或者违法所得数额在三万元以上的；（2）假冒两种以上注册商标，非法经营数额在三万元以上或者违法所得数额在二万元以上的；（3）其他情节严重的情形。这里规定的"情节严重"的情形与最高人民检察院、公安部《关于公安机关管辖的刑事案件立案追诉标准的规定（二）》第六十九条的立案追诉标准是一致的。本条对假冒他人注册商标犯罪的处罚分为两个档次：情节严重的，处三年以下有期徒刑，并处或者单处罚金；情节特别严重的，处三年以上十年以下有期徒刑，并处罚金。根据最高人民法院、最高人民检察院《关于办理侵犯知识产权刑事案件具体应用法律若干问题的解释》

第一条的规定，这里的"情节特别严重"包括下列情形：（1）非法经营数额在二十五万元以上或者违法所得数额在十五万元以上的；（2）假冒两种以上注册商标，非法经营数额在十五万元以上或者违法所得数额在十万元以上的；（3）其他情节特别严重的情形。

【实践中需要注意的问题】

其一，关于假冒服务商标行为构成犯罪的定罪量刑标准。目前，有关司法解释规定的定罪量刑标准都是针对假冒商品商标的行为，对于假冒他人服务商标的行为的定罪量刑标准问题，可以参照假冒商品商标的规定，并根据服务商标侵权行为的特点，进一步总结实践经验予以确定。在确定具体量刑时应当综合考虑侵权行为持续时间的长短、侵权范围和规模的大小、非法经营数额或违法所得数额的大小、对权利人造成的损害程度等因素予以确定。

其二，关于未经处理的假冒注册商标行为的处理。对于多次实施假冒注册商标的行为，未经行政处理或者刑事处罚的，非法经营的数额应当累计计算。根据最高人民法院、最高人民检察院、公安部《关于办理侵犯知识产权刑事案件适用法律若干问题的意见》第十四条的规定，数额进行累计计算限定在两年内。对于尚不构成犯罪的假冒注册商标行为，可以依法追究其民事和行政责任，对此，商标法第五十七条和第六十条也作了规定。

其三，对于尚不构成犯罪的假冒注册商标的违法行为，根据商标法第五十七条和第六十条的规定，市场监督管理部门可以责令停止侵权行为，没收、销毁侵权商品，违法经营额五万元以上的，可以处违法经营额五倍以下的罚款，没有违法经营额或者违法经营额不足五万元的，可以处二十五万元以下的罚款。此外，根据海关法和《知识产权海关保护条例》等法律法规的规定，海关在执法过程中发现侵犯知识产权货物的，可以依法予以没收并作出处理。

其四，关于缓刑的适用。为进一步明确缓刑适用条件，《刑法修正案（八）》对缓刑条件作了进一步细化，规定为："（一）犯罪情节较轻；（二）有悔罪表现；（三）没有再犯罪的危险；（四）宣告缓刑对所居住社区没有重大不良影响。"同时规定，宣告缓刑，可以根据犯罪情况，同时禁止犯罪分子在缓刑考验期限内从事特定活动，进入特定区域、场所，接触特定的人。在办理假冒注册商标刑事案件中，对于犯罪人是否适用缓刑，应当根据刑法上述规定作出判断。同时，关于侵犯知识产权犯罪案件的缓刑适用，最高人民法院、最高人民检察院相关的司法解释中也作了规定。如最高人民法院、最高人民检察院《关于办理侵犯知识产权刑事案件具体应用法律若干问题的解释（三）》第八条规定："具有下列情形之一的，可以酌情从重处罚，一般不适用缓刑：（一）主要以侵犯知识产权为业的；（二）因侵犯知识产权被行政处罚后再次侵犯知识产权构成犯罪的；（三）在重大自然灾害、事故灾难、公共卫生事件期间，假冒抢险救灾、防疫物资等商品的注册商标的；（四）拒不交出违法所得的。"因此，司法机关在具体适用缓刑时，应当严格执行现有法律、司法解释的规定，切实加强对知识产权的保护力度。

其五，关于判处罚金的数额。本条只是原则规定并处或者单处罚金，没有对罚金数额的具体标准作明确规定。因此，在具体案件中判处罚金时，需要根据案件的具体情况量定适当的罚金。为了指导此类案件的罚金适用，提高罚金刑量刑规范化程度，最高人民法院、最高人民检察院《关于办理侵犯知识产权刑事案件具体应用法律若干问题的解释（三）》第十条对确定罚金数额的原则和具体要求作了规定，即应当综合考虑犯罪违法所得数额、非法经营数额、给权利人造成的损失数额、侵权假冒物品数量及社会危害性等情节，依法判处罚金。罚金数额一般在违法所得数额的一倍以上五倍以下确定。违法所得数额无法查清的，罚金数额一般按照非法经营数额的百分之五十以上一倍以下确定。违法所得数额和非法经营数额均无法查清，判处三年以下有期徒刑、拘役、管制或者单处罚金的，一般在三万元以上一百万元以下确定罚金数额；判处三年以上有期徒刑的，一般在十五万元以上五百万元以下确定罚金数额。

其六，关于单位构成本罪的入刑标准。构成本条规定的假冒注册商标罪的主体包括个人，也包括单位。根据刑法第二百二十条的规定，单位犯本条规定之罪的，对单位判处罚金，并对其直接负责的主管人员和其他责任人员，依照本条的规定处罚。根据2007年最高人民法院、最高人民检察院《关于办理侵犯知识产权刑事案件具体应用法律若干问题的解释（二）》第六条的规定，单位实施本节规定的侵犯知识产权犯罪的，按照个人犯罪的定罪量刑标准定罪处罚。

其七，关于本罪与相关罪名的适用。一般来说，行为人既实施本条规定的假冒注册商标罪，又进而销售该假冒注册商标的商品，构成犯罪的，属于一个犯罪行为，应当依照本条的规定，以假冒注册商标罪定罪处罚。如果行为人既有实施本条规定的犯罪的行为，又有明知而销售他人所假冒的注册商标商品的行为，构成犯罪的，属于分别实施了两个不同的犯罪，应当以本罪和销售假冒注册商标的商品罪数罪并罚。实践中，如果行为人假冒他人注册商标所生产、销售的商品属于伪劣商品，构成生产、销售伪劣商品类相关犯罪的，则属于同时触犯数个罪名，应按照刑法规定的处罚较重的规定处罚，即按照择一重罪处理的原则定罪量刑。

其八，关于帮助行为的处理。假冒注册商标犯罪和其他侵犯知识产权犯罪类似，往往形成一个从伪造、提供商标标识，生产假冒商品，到销售、转移非法所得等完整的犯罪利益链条，因此，对于此类犯罪的惩处，要结合案件的实际情况，对整个犯罪相互联系、相互配套支持的各个环节实施全链条打击，才能够收到成效。同时，与传统犯罪中帮助犯等共同犯罪的情形不同，这类同一犯罪利益链条中的各个犯罪人之间，可能不像传统犯罪中主犯与帮助犯之间那样往往有很密切的人身关系、行为协调配合关系等，而只是类似于产业链上下游之间的"生意"来往，行为人之间甚至可能从未谋面、互不相识。因此，在具体认定是否属于共同犯罪时，往往存在一些困难或者不同认识。为此，有关司法解释针对这些情况，明确了一些适用的情形。根据最高人民法院、最高人民检察院、公安部《关于办理侵犯知识产权刑事案件适用法律若干问题的意见》第十五条的规定，明知他人实施侵犯知识产权犯罪，而为其提供生产、制造侵权产品的主要原材料、辅助材料、半成品、包装材料、机械设备、标签标识、生产技术、配方等帮助，或者提供互联网连入、服务器托管、网络存储空间、通讯传输通道、代收费、费用结算等服务的，以侵犯知识产权犯罪的共犯论处。根据最高人民法院、最高人民检察院《关于办理侵犯知识产权刑事案件具体应用法律若干问题的解释》第十六条的规定，明知他人实施侵犯知识产权犯罪，而为其提供贷款、资金、帐号、发票、证明、许可证件，或者提供生产、经营场所或者运输、储存、代理进出口等便利条件、帮助的，可以以侵犯知识产权犯罪的共犯论处。值得注意的是，在具体适用时，若帮助行为同时构成刑法第三百一十二条规定的掩饰、隐瞒犯罪所得、犯罪所得收益罪的，应当依照处罚较重的规定处罚。

其九，关于行政处罚与刑事处罚的衔接程序。根据我国商标法、著作权法、反不正当竞争法等法律的规定，对尚不构成犯罪的侵犯知识产权的违法行为，依法给予行政处罚，构成犯罪的，依法追究刑事责任。为了做好行政处罚与刑事处罚的衔接，2020年修订的国务院《行政执法机关移送涉嫌犯罪案件的规定》对有关程序问题作了规定，其中明确知识产权领域的违法案件，行政执法机关根据调查收集的证据和查明的案件事实，认为存在犯罪的合理嫌疑，需要公安机关采取措施以进一步获取证据以判断是否达到刑事立案追诉标准的，应当向公安机关移送。

第二百一十四条 【销售假冒注册商标的商品罪】

销售明知是假冒注册商标的商品,违法所得数额较大或者有其他严重情节的,处三年以下有期徒刑,并处或者单处罚金;违法所得数额巨大或者有其他特别严重情节的,处三年以上十年以下有期徒刑,并处罚金。

【条文精解】

本条是关于销售假冒注册商标的商品罪及其处罚的规定。

1979年刑法对销售假冒注册商标的商品罪未作专门规定。随着我国商品经济的不断发展,销售假冒注册商标的商品的情况日益突出,严重损害了注册商标权利人的权利,大量伪、劣产品进入市场,对合法经营者的正当竞争造成冲击,也严重损害了消费者的合法权益。为了更加准确、及时、有效地打击这种犯罪,1993年全国人大常委会通过了《关于惩治假冒注册商标犯罪的补充规定》,其中第一条第二款对销售假冒注册商标的商品罪作了专门规定:"销售明知是假冒注册商标的商品,违法所得数额较大的,处三年以下有期徒刑或者拘役,可以并处或者单处罚金;违法所得数额巨大的,处三年以上七年以下有期徒刑,并处罚金。"

1997年修改刑法时将该规定的上述内容修改后纳入刑法,主要是将作为定罪量刑标准的"违法所得"修改为"销售金额",以进一步明确犯罪构成的数额界限,便于司法机关查处和认定犯罪事实。

为加大知识产权保护力度,提高违法犯罪成本,进一步对知识产权违法犯罪行为形成威慑,根据各方面意见,2020年《刑法修正案(十一)》对本条作了以下修改:

一是将定罪量刑标准由"销售金额数额较大""销售金额数额巨大",分别修改为"违法所得数额较大或者有其他严重情节""违法所得数额巨大或者有其他特别严重情节"。将"销售金额"修改为"违法所得",主要是为了与本节第二百一十七条侵犯著作权罪和第二百一十八条销售侵权复制品罪的有关规定相一致。增加"有其他严重情节",主要是考虑到司法实践中此类犯罪往往持续一定时间,商品销售去向涉及的地方和人员可能比较广,要一一查清其所有的违法所得,在有的案件中往往比较困难。另外,有的销售假冒注册商标的商品案件,行为人违法所得金额可能并不大,但可能具有长期从事非法经营活动、销售金额很大、给权利人造成的损失很大、严重扰乱市场秩序等情节,也需要给予刑事处罚。因此,通过对违法所得金额之外的,其他有助于准确衡量和揭示犯罪行为危害性的情节的认定，能够更准确地做到罪责刑相适应。

二是加大了刑事打击力度，提高了本罪的刑罚，将第一档刑罚由"三年以下有期徒刑或者拘役，并处或者单处罚金"修改为"三年以下有期徒刑，并处或者单处罚金"，将最高刑罚由七年有期徒刑修改为十年有期徒刑。

构成本条规定的犯罪，应具备以下条件：

第一，行为人主观上必须是明知，即明知是假冒他人注册商标的商品仍然销售，从中牟取非法利益。行为人是否明知，是罪与非罪的重要界限。适用本条规定时，必须有证据证明行为人明知其销售的商品是假冒他人注册商标的商品，如果行为人不知是假冒注册商标的商品而销售，不构成本罪。我国商标法第六十四条规定，销售不知道是侵犯注册商标专有权的商品，能证明该商品是自己合法取得并说明提供者的，不承担赔偿责任。实践中，主要从以下几个方面判断行为人是否明知：（1）根据行为人所销售商品的来源、渠道、本人的经验和知识，能够知道自己销售的是假冒注册商标的商品；（2）销售商品进货价格和质量明显低于市场上被假冒的注册商标商品的进货价格和质量；（3）行为人是否曾被告知所销售的商品是假冒注册商标的商品。根据2004年最高人民法院、最高人民检察院《关于办理侵犯知识产权刑事案件具体应用法律若干问题的解释》第九条的规定，具有下列情形之一的，应当认定为属于刑法第二百一十四条规定的"明知"：（1）知道自己销售的商品上的注册商标被涂改、调换或者覆盖的；（2）因销售假冒注册商标的商品受到过行政处罚或者承担过民事责任、又销售同一种假冒注册商标的商品的；（3）伪造、涂改商标注册人授权文件或者知道该文件被伪造、涂改的；（4）其他知道或者应当知道是假冒注册商标的商品的情形。

第二，行为人在客观上实施了销售明知是假冒注册商标的商品的行为。这里的"销售"应是广义的，包括批发、零售、代售、贩卖等各个销售环节。"假冒注册商标"是指假冒他人已经注册了的商标。如果将还未有人注册过的商标冒充已经注册的商标在商品上使用，不构成本条规定的犯罪，而是属于违反注册商标管理的行为。

第三，违法所得必须达到数额较大或者有其他严重情节的，才构成犯罪，这也是罪与非罪的重要界限。这里规定的"其他严重情节"，主要是指违法所得金额较大之外的情形，其他如销售金额较大、销售侵权商品持续时间长、数量大、给权利人造成的损失大、给消费者造成了人身、财产等方面较大的损失等。具体认定时，可以根据侵权行为持续的时间长短、销售能力和销售规模的大小、犯罪的组织化程度等因素综合进行判断。

需要注意的是，虽然《刑法修正案（十一）》将入罪标准由"销售金额数额较大"修改为"违法所得数额较大或者有其他严重情节"，但由于新的入罪标准增加了"其他严重情节"作为兜底性规定，因此，销售金额本身的大小仍然应当属于衡量行为人所实施的犯罪行为的情节是否达到了严重程度的重要参照。所以，此前司法解释关于"销售金额数额较大"的规定，依然可以作为认定行为人犯罪行为情节严重程度的参考标准。根据2004年最高人民法院、最高人民检察院《关于办理侵犯知识产权刑事案件具体应用法律若干问题的解释》第二条的规定，销售金额在五万元以上的，可以构成本罪。根据2011年最高人民法院、最高人民检察院、公安部《关于办理侵犯知识产权刑事案件适用法律若干问题的意见》第八条的规定，假冒注册商标的商品尚未销售，货值金额在十五万元以上的；或者已销售金额不满五万元，但已销售金额与尚未销售的货值金额合计在十五万元以上的，应当以销售假冒注册商标的商品罪（未遂）定罪处罚。这与最高人民检察院、公安部《关于公安机关管辖的刑事案件立案追诉标准的规定（二）》第七十条规定的立案追诉标准是一致的。

本条对销售明知是假冒注册商标商品的犯罪，规定了两档刑：即违法所得数额较大或者有其他严重情节的，处三年以下有期徒刑，并处或者单处罚金；违法所得数额巨大或者有其他特别严重情节的，处三年以上十年以下有期徒刑，并处罚金。这里的"其他特别严重情节"也需根据侵权行为持续的时间长短、销售能力和销售规模的大小、犯罪的组织化程度、违法所得的多少等因素综合判断。根据最高人民法院、最高人民检察院《关于办理侵犯知识产权刑事案件具体应用法律若干问题的解释》第二条的规定，销售金额在二十五万元以上的，属于"有其他特别严重情节"。

【实践中需要注意的问题】

其一，关于销售假冒注册商标的商品犯罪案件中尚未销售或者部分销售情形的定罪量刑问题。2011年最高人民法院、最高人民检察院、公安部《关于办理侵犯知识产权刑事案件适用法律若干问题的意见》第八条规定：（1）销售明知是假冒注册商标的商品，具有规定情形的，依照刑法第二百一十四条的规定，以销售假冒注册商标的商品罪（未遂）定罪处罚。（2）假冒注册商标的商品尚未销售，货值金额分别达到十五万元以上不满二十五万元、二十五万元以上的，分别依照本条规定的各法定刑幅度定罪处罚。（3）销售金额和未销售货值金额分别达到不同的法定刑幅度或者均达到同一法定刑幅度的，在处罚较重的法定刑或者同一法定刑幅度内酌情从重处罚。

其二，关于本罪与相关罪名的适用。如果行为人销售的假冒注册商标的商品，是其本人实施假冒注册商标行为而来的商品，构成犯罪的，以假冒注册商标罪定罪处罚。如果行为人既有销售本人假冒注册商标的商品的行为，又有销售他人假冒注册商标的商品的行为，分别构成犯罪的，应当以假冒注册商标罪和本罪数罪并罚。另外，如果行为人销售的商品假冒了他人的注册商标，同时商品本身是伪劣产品，构成生产、销售伪劣商品罪的，应依照刑法规定的处罚较重的规定处罚。

其三，对于尚不构成犯罪的销售假冒注册商标的商品的违法行为，根据商标法第五十七条和第六十条的规定，市场监督管理部门可以责令停止侵权行为，没收、销毁侵权商品，违法经营额五万元以上的，可以处违法经营额五倍以下的罚款，没有违法经营额或者违法经营额不足五万元的，可以处二十五万元以下的罚款。此外，《知识产权海关保护条例》第二十七条对海关扣留的侵犯知识产权货物的处理也作了规定。

关于未经处理的销售假冒注册商标的商品行为的处理、缓刑的适用、判处罚金的数额、单位构成犯罪的入罪标准、帮助行为的处理、行政处罚与刑事处罚的衔接程序等问题，第二百一十三条"实践中需要注意的问题"部分已有阐述，这里不再重复。

> **第二百一十五条　【非法制造、销售非法制造的注册商标标识罪】**
> 伪造、擅自制造他人注册商标标识或者销售伪造、擅自制造的注册商标标识，情节严重的，处三年以下有期徒刑，并处或者单处罚金；情节特别严重的，处三年以上十年以下有期徒刑，并处罚金。

【条文精解】

本条是关于非法制造、销售非法制造的注册商标标识罪及其处罚的规定。

1979年刑法对伪造、擅自制造他人注册商标标识或者销售伪造、擅自制造的注册商标标识的行为没有专门规定。1993年全国人大常委会通过了《关于惩治假冒注册商标犯罪的补充规定》，其中第二条对伪造、擅自制造他人注册商标标识或者销售伪造、擅自制造的注册商标标识的行为作了规定："伪造、擅自制造他人注册商标标识或者销售伪造、擅自制造的注册商标标识，违法所得数额较大或者有其他严重情节的，依照第一条第一款的规定处罚。"即依照第一条第一款关于假冒注册商标罪的规定处罚。

1997年修订刑法时将补充规定的上述内容修改后纳入,并主要作了两处修改。一是单独作为一条作了规定,这主要是考虑到,实践中假冒注册商标的行为逐渐出现链条化的情况,有的造假人员专门进行注册商标标识的假冒、仿制、销售活动,有必要进一步将其作为独立的罪名加以惩处。二是并将本罪的构罪要件由"违法所得数额较大或者有其他严重情节"修改为"情节严重"。这是统筹第二百一十三条假冒注册商标罪的规定一并作出的修改。主要是考虑到伪造、擅自制造或销售伪造、擅自制造的注册商标标识的侵权案件,情况比较复杂,有的案件侵权行为持续很长时间,危害严重但违法所得不好计算,有的违法所得虽然不多,但给商标权利人造成的损失可能很大,有的可能还会给消费者带来较大的人身财产损失等,对于这些情节严重的情况,需要在立法上予以考虑。

为了进一步加大知识产权的刑事保护力度,提高违法犯罪成本,发挥法律的威慑作用,保护合法企业公平有序竞争和守法经营,营造良好的创新法治环境和营商环境,根据各方面的意见,《刑法修正案(十一)》对本条作了进一步修改,主要是提高了本罪的刑罚,将第一档刑罚由"三年以下有期徒刑、拘役或者管制,并处或者单处罚金"修改为"三年以下有期徒刑,并处或者单处罚金",将最高刑罚由七年有期徒刑修改为十年有期徒刑。

本条规定了两种行为。第一种行为是伪造、擅自制造他人注册商标标识的行为。构成这一犯罪,行为人必须实施了伪造、擅自制造他人注册商标标识的行为。商标作为区别商品、服务来源的标识,它的有形载体是商标标识,"商标标识",是指在商品、商品的包装上,或者在服务场所、招牌、广告及其他宣传用品中使用的附有商标图案的物质实体,具体包括带有商标的包装物、标签、封签、说明书、合格证等物品。"伪造",是指未经商标注册人许可而仿照他人注册商标的图样及物质实体制造出的与该注册商标标识相同的商标标识,商标标识本身就是假的。"擅自制造",是指未经商标注册人许可在商标印制合同规定的印数之外,又私自加印商标标识的行为,商标标识本身是真的。第二种行为是销售伪造、擅自制造的注册商标标识的行为。这里的"销售"包括批发、零售、代售、贩卖等各个销售环节,既包括在内部销售,也包括在市场上销售。

伪造他人注册商标标识、销售伪造的他人注册商标标识,这些行为都是进一步实施假冒他人注册商标商品的前提条件。近年来,随着经济社会发展和情况的变化,假冒他人注册商标商品的犯罪活动也出现了新的情况。针对注册商标权利人越来越注意对商标权益的保护,不断提高商标印制防伪措施的情况，一些不法分子专门从事假冒商标标识的印制、销售等活动，形成制假贩假一条龙。由于这种"专业化分工"的出现，假冒注册商标标识"以假乱真"的程度越来越高，制假者制假成本降低，逃避打击能力增强，给权利人维权、消费者辨识假冒伪劣产品、执法机关依法查处带来更大困难。针对这种情况，有必要采取更为有力和更具针对性的措施给予惩处。

上述行为，必须达到"情节严重"的程度才构成犯罪，这是罪与非罪的重要界限。根据2004年最高人民法院、最高人民检察院《关于办理侵犯知识产权刑事案件具体应用法律若干问题的解释》第三条的规定，伪造、擅自制造他人注册商标标识或者销售伪造、擅自制造的注册商标标识，具有下列情形之一的，属于本条规定的"情节严重"：（1）伪造、擅自制造或者销售伪造、擅自制造的注册商标标识数量在二万件以上，或者非法经营数额在五万元以上，或者违法所得数额在三万元以上的；（2）伪造、擅自制造或者销售伪造、擅自制造两种以上注册商标标识数量在一万件以上，或者非法经营数额在三万元以上，或者违法所得数额在二万元以上的；（3）其他情节严重的情形。这里规定的"情节严重"的情形与最高人民检察院、公安部《关于公安机关管辖的刑事案件立案追诉标准的规定（二）》第七十一条规定的立案追诉情形是一致的。

对非法制造、销售非法制造的注册商标标识的犯罪，本条规定了两个处罚档次：对情节严重的，处三年以下有期徒刑，并处或者单处罚金；情节特别严重的，处三年以上十年以下有期徒刑，并处罚金。根据最高人民法院、最高人民检察院《关于办理侵犯知识产权刑事案件具体应用法律若干问题的解释》第三条的规定，这里的"情节特别严重"包括下列情形：（1）伪造、擅自制造或者销售伪造、擅自制造的注册商标标识数量在十万件以上，或者非法经营数额在二十五万元以上，或者违法所得数额在十五万元以上的；（2）伪造、擅自制造或者销售伪造、擅自制造两种以上注册商标标识数量在五万件以上，或者非法经营数额在十五万元以上，或者违法所得数额在十万元以上的；（3）其他情节特别严重的情形。

【实践中需要注意的问题】

第一，关于销售他人非法制造的注册商标标识犯罪案件中尚未销售或者部分销售情形的定罪问题。根据2011年最高人民法院、最高人民检察院、公安部《关于办理侵犯知识产权刑事案件适用法律若干问题的意见》第九条的规定，销售他人伪造、擅自制造的注册商标标识，具有下列情形之一的，以销售非法制造的注册商标标识罪（未遂）定罪处罚：（1）尚未销售他人伪造、擅自制造的注册商标标识数量在六万件以上的;(2)尚未销售他人伪造、擅自制造的两种以上注册商标标识数量在三万件以上的;(3)部分销售他人伪造、擅自制造的注册商标标识,已销售标识数量不满两万件,但与尚未销售标识数量合计在六万件以上的;(4)部分销售他人伪造、擅自制造的两种以上注册商标标识,已销售标识数量不满一万件,但与尚未销售标识数量合计在三万件以上的。

第二,对于尚不构成犯罪的非法制造、销售非法制造的注册商标标识的违法行为,根据商标法第五十七条和第六十条的规定,市场监督管理部门可以责令停止侵权行为,没收、销毁主要用于制造侵权商品、伪造注册商标标识的工具,违法经营额五万元以上的,可以处违法经营额五倍以下的罚款,没有违法经营额或者违法经营额不足五万元的,可以处二十五万元以下的罚款。此外,我国《知识产权海关保护条例》第二十七条对海关扣留的侵犯知识产权货物的处理也作了规定。

第三,关于未经处理的非法制造、销售非法制造的注册商标标识行为的处理、缓刑的适用、判处罚金的数额、单位构成犯罪的入罪标准、帮助行为的处理、行政处罚与刑事处罚的衔接程序等问题,在第二百一十三条"实践中需要注意的问题"部分已有阐述,这里不再重复。

第二百一十六条 【假冒专利罪】

假冒他人专利,情节严重的,处三年以下有期徒刑或者拘役,并处或者单处罚金。

【条文精解】

本条是关于假冒专利罪及其处罚的规定。

专利权是国家专利机关依据专利法授予专利申请人或其他权利继承人,在法定期限内对其发明创造享有的制造、使用或销售的专有权利。专利权一经授予,任何单位、个人都不得未经许可实施其专利。专利作为一项工业产权,是技术、经济和法律相结合的整体。具有以下特点:第一,它是一种具备创造性并能够解决生产实际问题的新技术方案。第二,它是发明创造者的一种无形财产。专利权人依法保护其专利不受侵占,并有义务在法定有效期内对其专利技术加以推广应用。第三,它是专利权人在法定有效期内对发明创造享有的专有权。专利必须向社会公开,并记载于将专利公开、公告的专利证书和专利文献上。

本条规定的"假冒他人专利",是指侵权人在自己产品上加上他人的专利标记和专利号,或使其与专利产品相类似,使公众认为该产品是他人的专利产品,以假乱真,侵害他人合法权利的行为。专利侵权,主要是指未经专利权人许可,使用其专利的行为。"专利权人"包括单位和个人,也包括在我国申请专利的国外的单位和个人。"使用其专利",是指行为人为生产经营目的,将他人专利用于生产、制造产品的行为。根据专利法的规定,任何单位或者个人实施他人专利,必须与专利权人订立书面实施许可合同,向专利权人支付专利使用费。被许可人无权允许合同规定以外的任何单位或个人实施该专利。这里规定的"许可"不是一般的口头同意,而是要签订专利许可合同。专利许可意味着专利权人允许被许可人有权在专利权期限内,在其效力所及的范围内对该发明创造加以利用。如果行为人已经得到专利权人同意,只是还未签订书面许可合同,或者还未向专利权人支付使用费,不构成犯罪。

根据2004年最高人民法院、最高人民检察院《关于办理侵犯知识产权刑事案件具体应用法律若干问题的解释》第十条的规定,实施下列行为之一的,属于刑法第二百一十六条规定的"假冒他人专利"的行为:(1)未经许可,在其制造或者销售的产品、产品的包装上标注他人专利号的;(2)未经许可,在广告或者其他宣传材料中使用他人的专利号,使人将所涉及的技术误认为是他人专利技术的;(3)未经许可,在合同中使用他人的专利号,使人将合同涉及的技术误认为是他人专利技术的;(4)伪造或者变造他人的专利证书、专利文件或者专利申请文件的。

根据本条规定,对假冒他人专利,情节严重的,处三年以下有期徒刑或者拘役,并处或者单处罚金。行为人的假冒专利行为必须达到"情节严重"的程度,才构成犯罪,这是罪与非罪的界限。根据最高人民法院、最高人民检察院《关于办理侵犯知识产权刑事案件具体应用法律若干问题的解释》第四条的规定,这里的"情节严重"包括如下情形:(1)非法经营数额在二十万元以上或者违法所得数额在十万元以上的;(2)给专利权人造成直接经济损失五十万元以上的;(3)假冒两项以上他人专利,非法经营数额在十万元以上或者违法所得数额在五万元以上的;(4)其他情节严重的情形。这里规定的"情节严重"的情形与最高人民检察院、公安部《关于公安机关管辖的刑事案件立案追诉标准的规定(二)》第七十二条规定的立案追诉情形是一致的。

【实践中需要注意的问题】

其一,关于对冒充专利行为的处理。对于冒充专利行为,编造不存在的专利，不是专利产品而冒充专利产品的，我国刑法没有规定为犯罪，但行为符合诈骗罪、合同诈骗罪、虚假广告罪等犯罪的构成要件的，可以依照相关规定定罪处罚。此外，对于假冒专利的行为，可以依法追究行为人的行政和民事责任。根据我国专利法第六十八条的规定，假冒专利的，除依法承担民事责任外，由负责专利执法的部门责令改正并予公告，没收违法所得，可以处违法所得五倍以下的罚款，没有违法所得或者违法所得在五万元以下的，可以处二十五万元以下的罚款。

其二，关于未经处理的假冒他人专利行为的处理、缓刑的适用、判处罚金的数额、单位构成犯罪的入刑标准、帮助行为的处理、行政处罚与刑事处罚的衔接程序等问题，在第二百一十三条"实践中需要注意的问题"部分已有阐述，这里不再重复。

第二百一十七条【侵犯著作权罪】

以营利为目的，有下列侵犯著作权或者与著作权有关的权利的情形之一，违法所得数额较大或者有其他严重情节的，处三年以下有期徒刑，并处或者单处罚金；违法所得数额巨大或者有其他特别严重情节的，处三年以上十年以下有期徒刑，并处罚金：

（一）未经著作权人许可，复制发行、通过信息网络向公众传播其文字作品、音乐、美术、视听作品、计算机软件及法律、行政法规规定的其他作品的；

（二）出版他人享有专有出版权的图书的；

（三）未经录音录像制作者许可，复制发行、通过信息网络向公众传播其制作的录音录像的；

（四）未经表演者许可，复制发行录有其表演的录音录像制品，或者通过信息网络向公众传播其表演的；

（五）制作、出售假冒他人署名的美术作品的；

（六）未经著作权人或者与著作权有关的权利人许可，故意避开或者破坏权利人为其作品、录音录像制品等采取的保护著作权或者与著作权有关的权利的技术措施的。

【条文精解】

本条是关于侵犯著作权罪及其处罚的规定。

1979年刑法没有将侵犯他人著作权的行为规定为犯罪。1994年7月全国人大常委会通过了《关于惩治侵犯著作权的犯罪的决定》，第一条规定了侵犯著作权罪："以营利为目的，有下列侵犯著作权情形之一，违法所得数额较大或者有其他严重情节的，处三年以下有期徒刑、拘役，单处或者并处罚金；违法所得数额巨大或者有其他特别严重情节的，处三年以上七年以下有期徒刑，并处罚金：（一）未经著作权人许可，复制发行其文字作品、音乐、电影、电视、录像作品、计算机软件及其他作品的；（二）出版他人享有专有出版权的图书的；（三）未经录音录像制作者许可，复制发行其制作的录音录像的；（四）制作、出售假冒他人署名的美术作品的。"

1997年修订刑法时，将上述规定的内容纳入。著作权是法律赋予作者因创作文学、艺术和科学作品而享有的专有权利。这项权利既包括人身权，也包括财产权。20世纪90年代初，我国的文化事业发展很快，图书音像市场不断繁荣，出版活动十分活跃。与此同时，一些犯罪分子为牟取非法利益，侵犯他人著作权的行为也越来越严重，这些行为不仅侵犯了著作权人的合法权益，同时也破坏了国家对文化市场的管理秩序。一般来说，民事主体因著作权问题产生的纠纷，主要是通过民事法律调整，有一些侵犯著作权的行为，需依法追究行政法律责任，对其中一些情节严重、社会危害性大的行为，也有必要依法追究刑事责任。

1997年刑法关于本条的规定实施二十多年以来，我国经济社会持续快速发展，知识产权的重要性和全社会对于知识产权保护的意识和需求大为提升，需要进一步强化知识产权保护。随着以网络化、数字化为代表的新技术的高速发展和应用，知识产权保护和侵犯知识产权犯罪方面出现了一些新情况和新问题，为营造良好创新法治环境和营商环境，并适应实践中的新情况，与著作权法的修改相衔接，根据各方面的意见，2020年《刑法修正案（十一）》对本条作了修改：一是与著作权法相衔接，增加了与著作权有关的权利的表述，完善了作品的类型，在犯罪情形中增加了侵犯表演者权利，以及避开或者破坏技术保护措施的两种侵权行为方式，并增加了通过信息网络向公众传播作品、录音录像制品、表演的规定。从实践中的情况看，随着信息技术的发展和普及，越来越多的作品、录音录像、表演等通过信息网络传播，与之相伴生的是，通过信息网络传播这种方式侵权的行为也越来越多，需要予以重视。另外，很多权利人为了保护著作权及相关权利，对作品采取了技术加密等保护措施，实践中通过避开、破坏技术保护措施，侵犯著作权或者与之有关的权利的行为，也越来越多，需要予以重视。为此，刑法修改对上述情况专门作出规定，明确可以依照本条的规定予以惩治。二是知识产权是公司企业发展的重要资源和竞争力的核心要素，为了激励创新，加大知识产权保护力度，提高侵权代价和违法犯罪成本，对知识产权犯罪形成威慑，根据各方面的意见，加大了刑事打击力度，提高了本罪的刑罚，将第一档刑罚由"三年以下有期徒刑或者拘役，并处或者单处罚金"修改为"三年以下有期徒刑，并处或者单处罚金"，将最高刑罚由七年有期徒刑修改为十年有期徒刑。

根据本条规定，构成侵犯著作权罪必须具备以下条件：

第一，行为人在主观上是故意的，并且以营利为目的。这是罪与非罪的界限。"以营利为目的"，是指行为人侵犯他人权利的行为是为了获取非法利益。本条规定的以营利为目的，主要区别于其他目的。如我国著作权法第二十四条规定了合理使用作品的十三种情形，包括有些教学科研单位未经权利人许可少量复制他人作品供教学、科研之用；图书馆、档案馆、纪念馆等为了陈列或保存版本的需要，复制本馆收藏的作品；为个人学习、研究或者欣赏，使用他人已经发表的作品等。这些情形都是作品的合理使用，属于非以营利为目的，不构成犯罪。判断行为人是否以营利为目的，需要根据行为人的具体行为表现、实际意图等因素进行综合判断。需要注意的是，是否以营利为目的，是就行为人相关行为的目的和性质而言的，并不意味着行为人的行为一定要有即期获利或者直接从中取得经济收入。如有的行为人虽然出于商业目的实施侵权行为，但开始阶段可能因为吸引"流量""促销"等原因，并没有实现盈利，甚至"赔本赚吆喝"，但就其行为的实质来看，属于为了远期营利，而以营利为目的实施侵犯他人著作权的行为，这不影响其行为被认定为"以营利为目的"。还有的行为人虽然表面上并没有直接从被侵权作品获得经济利益，但是，通过广告等其他方式间接获得收益，这也是以营利为目的侵犯他人著作权的一种情况。

根据2011年最高人民法院、最高人民检察院、公安部《关于办理侵犯知识产权刑事案件适用法律若干问题的意见》第十条的规定，除销售外，具有下列情形之一的，可以认定为"以营利为目的"：(1)以在他人作品中刊登收费广告、捆绑第三方作品等方式直接或者间接收取费用的；(2)通过信息网络传播他人作品，或者利用他人上传的侵权作品，在网站或者网页上提供刊登收费广告服务，直接或者间接收取费用的；(3)以会员制方式通过信息网络传播他人作品，收取会员注册费或者其他费用的；(4)其他利用他人作品牟利的情形。

第二，行为人在客观上实施了本条规定的侵犯他人著作权的行为。本条对侵犯他人著作权的行为具体规定为以下六种情形：

（1）未经著作权人许可，复制发行、通过信息网络向公众传播其文字作品、音乐、美术、视听作品、计算机软件及法律、行政法规规定的其他作品。"著作权人"，是指著作权的主体，即著作权权利义务的承受者。根据著作权法的规定，著作权人可以是作者本人，也可以是其他依照著作权法享有著作权的公民、法人或者其他组织。"未经著作权人许可"，是指没有得到著作权人授权，或者伪造、涂改著作权人授权许可文件或者超出授权许可范围的情形。一般来说，只有经过著作权人的许可，才能以复制发行等方式使用其作品，著作权法第二十四条规定的合理使用情形除外。"复制"，是指以印刷、复印、拓印、录音、录像、翻录、翻拍等方式将作品制作一份或多份的行为。"发行"是指以出售或者赠与方式向公众提供作品的原件或者复制件的行为。"复制发行"，包括复制、发行或者既复制又发行的行为。随着侵权行为网络化，通过信息网络向公众传播作品也成为侵犯著作权的重要途径和方式。复制发行、通过信息网络向公众传播行为未得到著作权人的许可，是构成犯罪的必备条件。这里规定的"作品"包括法律、行政法规规定的所有作品类型，包括著作权法第三条规定的文字作品，口述作品，音乐、戏剧、曲艺、舞蹈、杂技艺术作品，美术、建筑作品，摄影作品，视听作品，工程设计图、产品设计图、地图、示意图等图形作品和模型作品，计算机软件等作品类型。本条选择性地明确规定了文字作品、音乐、美术、视听作品、计算机软件等几种常见的作品类型，并作了"法律、行政法规规定的其他作品"的兜底规定。

（2）出版他人享有专有出版权的图书。"出版"，是指将作品编辑加工后，通过复制向公众发行。"专有出版权"，是指图书出版者依据其与著作权人之间订立的出版合同而享有独家出版权，著作权法第三十三条对此作了规定。擅自出版他人享有专有出版权的图书的行为，既损害了享有专有出版权的图书出版者和著作权人的合法权益，也会给文化市场造成混乱，情节严重的，需要给予刑事处罚。

（3）未经录音录像制作者许可，复制发行、通过信息网络向公众传播其制作的录音录像。录音录像制作者，通过对原著作品编辑加工，以声音图像直观感性的形式把抽象的原著作品再现出来，对再现出来的作品形式享有专有出版权。未经录音录像制作者许可，复制发行、通过信息网络向公众传播其制作的录音录像，是一种侵犯他人著作权的行为，需要予以处罚。一般来说，只有经过录音录像制作者许可，才能以复制发行等方式使用其制作的录音录像，但著作权法第四十二条作了除外规定，即录音制作者使用他人已经合法录制为录音制品的音乐作品制作录音制品，可以不经著作权人许可，但应当按照规定支付报酬。

（4）未经表演者许可，复制发行录有其表演的录音录像制品，或者通过信息网络向公众传播其表演。根据著作权法第三十九条第五项和第六项的规定，表演者有许可他人复制发行录有其表演的录音录像制品，通过信息网络向公众传播其表演，并获得报酬的权利，这是表演者的一项重要权利。行为人未经表演者许可，擅自复制发行录有其表演的录音录像制品，或者通过信息网络向公众传播其表演的，是一种严重的侵权行为，以营利为目的，违法所得数额较大或者有其他严重情节的，应当依照本条规定追究刑事责任。

（5）制作、出售假冒他人署名的美术作品。"美术作品"，是指以线条、色彩或其他方式构成的有审美意义的平面或立体的造型艺术作品，包括绘画、书法、雕塑、工艺美术等。制作出售假冒他人署名的美术作品，包括以下两种方式：一是把自己制作的美术作品署上他人的姓名，假冒他人的作品出售；二是将第三人的美术作品署上他人的姓名，假冒他人的作品出售，从中牟利。实践中，被假冒署名的人一般文学艺术水平较高，在社会上有一定的声望和影响，这种侵权行为，会损害被假冒署名的人的声誉，也会扰乱文化市场秩序，情节严重的，需要予以刑事处罚。

（6）未经著作权人或者与著作权有关的权利人许可，故意避开或者破坏权利人为其作品、录音录像制品等采取的保护著作权或者与著作权有关的权利的技术措施。这里的"技术措施"是指用于防止、限制未经权利人许可浏览、欣赏作品、表演、录音录像制品或者通过信息网络向公众提供作品、表演、录音录像制品的有效技术、装置或者部件。当前，通过信息网络向公众传播作品、录音录像已经成为普遍现象，行为人采取加密保护等技术措施，是为了防止、限制他人不经其许可的使用和传播。行为人为了实施侵犯他人著作权的行为，对于他人采取的加密保护技术措施，通过解密等方式加以避开或者破坏的行为，实际上为侵权行为清除了障碍，同样是损害权利人利益，扰乱市场秩序的违法行为。比如，实践中一些行为人开发聚合链接类盗版视频平台，就是典型的避开或者破坏权利人的技术保护措施，侵犯权利人的著作权，同时也占用权利人视频网站的带宽资源的违法行为。对于该类行为，以营利为目的，违法所得数额较大或者有其他严重情节的，明确规定可以依照本条规定追究刑事责任。值得一提的是，著作权法第五十条对可以避开技术措施的五种情形作了规定，包括为学校课堂教学或科学研究，无法通过正常途径获取，国家机关执行公务，进行加密研究或者计算机软件反向工程研究等。上述情形属于合理避开，不属于违法行为。

第三，行为人的上述行为，必须是违法所得数额较大或者有其他严重情节的，才构成犯罪。对侵犯著作权罪，本条规定了两档处罚：违法所得数额较大或者有其他严重情节的，处三年以下有期徒刑，并处或者单处罚金；违法所得数额巨大或者有其他特别严重情节的，处三年以上十年以下有期徒刑，并处罚金。根据2004年最高人民法院、最高人民检察院《关于办理侵犯知识产权刑事案件具体应用法律若干问题的解释》第五条的规定，违法所得数额在三万元以上的，属于"违法所得数额较大"。具有下列情形之一的，属于"有其他严重情节"：(1)非法经营数额在五万元以上的；(2)未经著作权人许可，复制发行其文字作品、音乐、电影、电视、录像作品、计算机软件及其他作品，复制品数量合计在一千张（份）以上的；(3)其他严重情节的情形。根据上述司法解释的规定，违法所得数额在十五万元以上的，属于"违法所得数额巨大"。具有下列情形之一的，属于"有其他特别严重情节"：(1)非法经营数额在二十五万元以上的；(2)未经著作权人许可，复制发行其文字作品、音乐、电影、电视、录像作品、计算机软件及其他作品，复制品数量合计在五千张（份）以上的；(3)其他特别严重情节的情形。最高人民法院、最高人民检察院《关于办理侵犯知识产权刑事案件具体应用法律若干问题的解释（二）》第一条降低了复制发行侵权产品的数量标准，规定：以营利为目的，未经著作权人许可，复制发行其文字作品、音乐、电影、电视、录像作品、计算机软件及其他作品，复制品数量合计在五百张（份）以上的，属于刑法第二百一十七条规定的"有其他严重情节"；复制品数量在二千五百张（份）以上的，属于刑法第二百一十七条规定的"有其他特别严重情节"。该解释自2007年4月5日实施以后，复制发行侵权复制品构成刑法第二百一十七条规定之罪的，应适用该解释规定的数量标准。上述入罪标准与2008年最高人民检察院、公安部《关于公安机关管辖的刑事案件立案追诉标准的规定（一）》第二十六条规定的立案追诉标准是一致的。2011年最高人民法院、最高人民检察院、公安部《关于办理侵犯知识产权刑事案件适用法律若干问题的意见》对通过信息网络传播侵权作品行为的定罪处罚作了进一步明确，以营利为目的，未经著作权人许可，通过信息网络向公众传播他人文字作品、音乐、电影、电视、美术、摄影、录像作品、录音录像制品、计算机软件及其他作品，具有下列情形之一的，属于刑法第二百一十七条规定的"其他严重情节"：(1)非法经营数额在五万元以上的；(2)传播他人作品的数量合计在五百件（部）以上的；（3）传播他人作品的实际被点击数达到五万次以上的；（4）以会员制方式传播他人作品，注册会员达到一千人以上的；（5）数额或者数量虽未达到第一项至第四项规定标准，但分别达到其中两项以上标准一半以上的；（6）其他严重情节的情形。实施上述行为，数额或者数量达到第一项至第五项规定标准五倍以上的，属于刑法第二百一十七条规定的"其他特别严重情节"。

【实践中需要注意的问题】

其一，关于本条第一项规定的"法律、行政法规规定的其他作品"的认定。这一规定属于兜底性规定，主要是考虑到随着文化和科学事业的发展，实践中可能还会出现一些新的思想表达形式，如果这些新的形式的作品属于著作权法规定的符合作品特征的智力成果，且有关法律、行政法规明确予以规定并加以保护的，就可以依法认定为属于本条规定的作品。著作权属于一种法定权利，如果一种所谓新的作品形式并不被著作权法、《著作权法实施条例》等法律、行政法规作为一种作品类型予以保护的，则不在本条规定的作品的保护范围。这样规定是为了依法明确作品的范围，从而准确界定罪与非罪的界限，以防止刑事打击范围过于宽泛。

其二，关于本条第五项规定的"美术作品"的认定。刑法关于美术作品的范围，与著作权法的规定是一致的。根据著作权法等的有关规定，美术作品主要包括绘画、书法、雕塑、工艺美术等。值得一提的是，这里的工艺美术通常分为两类，一类是陈设工艺，即专供陈设欣赏用的工艺美术品，如象牙雕刻、泥塑等；另一类是日用工艺，即经过装饰加工可供人们日常生活用的实用艺术品，如家居工艺、陶瓷工艺中的碗、杯等。需要指出的是，著作权法所保护的工艺美术，只保护工艺美术品中具有创造性的造型或美术图案，不保护生产过程中的工艺，只保护具有创造性的造型艺术，不保护日常生活中使用的实用功能，首创的具有实用功能的实用品，可以受到其他有关法律的保护。

其三，关于"以营利为目的"的认定。当前，网络侵犯著作权行为的营利方式呈现出多样化的特点，营利可能仅体现在犯罪的某一阶段。如有的为了提高网站的知名度、吸引更多网民或者提高点击率，许可他人免费使用自己侵犯第三人著作权而得到的作品，有的以免费的形式将盗版作品通过网络进行分发，积累到一定的用户流量和会员数量后，便将网站或者App打包出售以获取利益。此类行为在前期，不投放广告、不收取会员费，都完全是以免费、非营利的表象出现的，只有在打包出售时才能体现出其主观营利的目的。对于前期的侵犯著作权的行为，是否能认定为"以营利为目的"，应当结合行为人的行为表现、意图、远期目标等进行综合判断，行为人是为了远期获利的，即使当前尚未实际获利甚至亏损，但符合"以营利为目的"的条件的，可以依照本条规定的犯罪予以处罚。

其四，关于本罪与相关罪名的适用。实施本条规定的侵犯著作权的行为，又销售该侵权复制品，构成犯罪的，以侵犯著作权罪定罪处罚。实施本条规定的侵犯著作权的行为，又明知是他人的侵权复制品而予以销售，分别构成数个犯罪，依照刑法规定应当予以数罪并罚的，以销售侵权复制品罪和本罪数罪并罚。

其五，对于本条规定的侵权行为，尚不构成犯罪的，可以依法追究侵权人的民事和行政责任。著作权法第五十三条规定，有本条规定的侵权行为的，侵权人应当根据情况，承担停止侵害、消除影响、赔礼道歉、赔偿损失等民事责任；侵权行为同时损害公共利益的，由主管著作权的部门责令停止侵权行为，予以警告，没收违法所得，没收、无害化销毁处理侵权复制品以及主要用于制作侵权复制品的材料、工具、设备等，违法经营额五万元以上的，可以并处违法经营额一倍以上五倍以下的罚款；没有违法经营额、违法经营额难以计算或者不足五万元的，可以并处二十五万元以下的罚款。根据该规定，侵权行为损害公共利益的，才需要追究侵权人的行政责任。同理，只有损害公共利益，达到一定严重程度，构成犯罪的，才能追究刑事责任。

其六，关于未经处理的侵犯著作权的行为的处理、缓刑的适用、判处罚金的数额、单位构成犯罪的入罪标准、帮助行为的处理、行政处罚与刑事处罚的衔接程序等问题，第二百一十三条"实践中需要注意的问题"部分已有阐述，这里不再重复。

第二百一十八条 【销售侵权复制品罪】

以营利为目的，销售明知是本法第二百一十七条规定的侵权复制品，违法所得数额巨大或者有其他严重情节的，处五年以下有期徒刑，并处或者单处罚金。

【条文精解】

本条是关于销售侵权复制品罪及其处罚的规定。

1979年刑法没有将销售侵权复制品的行为规定为犯罪。为更有力地打击侵犯知识产权犯罪，1994年7月全国人大常委会通过了《关于惩治侵犯著作权的犯罪的决定》，其中第二条规定了销售侵权复制品罪："以营利为目的，销售明知是第一条规定的侵权复制品，违法所得数额较大的，处二年以下有期徒刑、拘役，单处或者并处罚金；违法所得数额巨大的，处二年以上五年以下有期徒刑，并处罚金。"

1997年修订刑法时，将上述内容修改完善后纳入，主要是对刑罚幅度进行了调整，将"违法所得数额较大的，处二年以下有期徒刑、拘役，单处或者并处罚金"和"违法所得数额巨大的，处二年以上五年以下有期徒刑，并处罚金"修改为"违法所得数额巨大的，处三年以下有期徒刑或者拘役，并处或者单处罚金"。这样，本罪的刑罚由原来的两档调整为一档，最高刑罚由五年有期徒刑调整为三年有期徒刑。

为加大知识产权保护力度，提高违法犯罪成本，进一步对知识产权违法犯罪行为形成威慑，根据各方面意见，2020年《刑法修正案（十一）》对本条作了以下修改：一是将入罪门槛由"违法所得数额巨大"修改为"违法所得数额巨大或者有其他严重情节"；这主要是考虑在某些情况下，销售侵权复制品案件的侵权者获得的违法所得并不多，但可能具有非法经营数额、销售量、给权利人造成的损失很大，严重扰乱市场秩序等严重情节，需要给予刑事处罚。二是加大了刑事打击力度，提高了销售侵权复制品罪的刑罚，将本罪的刑罚由"三年以下有期徒刑或者拘役，并处或者单处罚金"修改为"五年以下有期徒刑，并处或者单处罚金"。

构成本条规定的犯罪，必须具备以下条件：

第一，行为人主观上，一是以营利为目的，二是明知是侵权复制品而销售，这是罪与非罪的重要界限。如果行为人不知其销售的是侵权复制品，不构成犯罪。

第二，行为人实施了销售侵权复制品的行为，并且其所销售的复制品必须是第二百一十七条规定的侵权复制品，即未经著作权人许可，复制发行、通过信息网络向公众传播其作品，出版他人享有专有出版权的图书，未经录音录像作者许可，复制发行、通过信息网络向公众传播其制作的录音录像等六种情形产生的侵权复制品。这里的"销售"应当是广义的，包括批发、零售、代售、贩卖等各个销售环节。

第三，销售本条规定的侵权复制品必须是违法所得数额巨大或者有其他严重情节的，才构成犯罪。根据 2004 年最高人民法院、最高人民检察院《关于办理侵犯知识产权刑事案件具体应用法律若干问题的解释》第六条的规定，违法所得数额在十万元以上的，属于"违法所得数额巨大"。如果销售量很小，违法所得数额不大，不构成犯罪。此外，根据 2008 年最高人民检察院、公安部《关于公安机关管辖的刑事案件立案追诉标准的规定（一）》第二十七条的规定，违法所得数额未达到十万元，但尚未销售的侵权复制品货值金额达到三十万元的，也应予立案追诉。

这里的"其他严重情节"，可以包括非法经营数额巨大，销售金额巨大，销售的侵权复制品的数量多，给权利人造成很大的损失等情形，具体认定时，可以根据侵权行为持续的时间长短、销售能力和销售规模的大小、犯罪的组织化程度等综合进行判断。

根据本条规定，对销售侵权复制品违法所得数额巨大或者有其他严重情节，构成犯罪的，依法应当判处五年以下有期徒刑，并处或者单处罚金。

【实践中需要注意的问题】

其一，关于本罪与相关罪名的适用。实施本法第二百一十七条规定的侵犯著作权的行为，又销售该侵权复制品，构成犯罪的，以侵犯著作权罪定罪处罚。实施第二百一十七条规定的侵犯著作权的行为，又明知是他人的侵权复制品而予以销售，分别构成数个犯罪，依照刑法规定应当予以数罪并罚的，以侵犯著作权罪和本罪数罪并罚。

其二，对于本条规定的侵权行为，尚不构成犯罪的，可以依法追究侵权人的民事和行政责任。根据著作权法第五十三条的规定，侵权行为同时损害公共利益的，由主管著作权的部门责令停止侵权行为，予以警告，没收违法所得，没收、无害化销毁处理侵权复制品以及主要用于制作侵权复制品的材料、工具、设备等，违法经营额五万元以上的，可以并处违法经营额一倍以上五倍以下的罚款；没有违法经营额、违法经营额难以计算或者不足五万元的，可以并处二十五万元以下的罚款。

其三，关于未经处理的销售侵权复制品行为的处理、缓刑的适用、判处罚金的数额、单位构成犯罪的入罪标准、帮助行为的处理等、行政处罚与刑事处罚的衔接程序等问题，第二百一十三条"实践中需要注意的问题"对此已有阐述，这里不再重复。

第二百一十九条 【侵犯商业秘密罪】

有下列侵犯商业秘密行为之一，情节严重的，处三年以下有期徒刑，并处或者单处罚金；情节特别严重的，处三年以上十年以下有期徒刑，并处罚金：

（一）以盗窃、贿赂、欺诈、胁迫、电子侵入或者其他不正当手段获取权利人的商业秘密的；

（二）披露、使用或者允许他人使用以前项手段获取的权利人的商业秘密的；

（三）违反保密义务或者违反权利人有关保守商业秘密的要求，披露、使用或者允许他人使用其所掌握的商业秘密的。

明知前款所列行为，获取、披露、使用或者允许他人使用该商业秘密的，以侵犯商业秘密论。

本条所称权利人，是指商业秘密的所有人和经商业秘密所有人许可的商业秘密使用人。

【条文精解】

本条是关于侵犯商业秘密罪及其处罚的规定。

1979年刑法没有将侵犯商业秘密的行为规定为犯罪。随着经济发展，有些企业采取盗窃、利诱、胁迫等不正当手段，非法获取竞争企业的商业秘密，以取得竞争优势的不正当竞争行为时有发生，有的给相关企业造成重大损失，同时，这种行为也严重违反公平竞争原则，扰乱市场秩序。针对这种情况，1993年9月全国人大常委会通过了反不正当竞争法，对侵犯商业秘密的行为规定了行政处罚。该法第十条对侵犯商业秘密的具体行为作了规定："经营者不得采用下列手段侵犯商业秘密：（一）以盗窃、利诱、胁迫或者其他不正当手段获取权利人的商业秘密；（二）披露、使用或者允许他人使用以前项手段获取的权利人的商业秘密；（三）违反约定或者违反权利人有关保守商业秘密的要求，披露、使用或者允许他人使用其所掌握的商业秘密。第三人明知或者应知前款所列违法行为，获取、使用或者披露他人的商业秘密，视为侵犯商业秘密。本条所称的商业秘密，是指不为公众所知悉、能为权利人带来经济利益、具有实用性并经权利人采取保密措施的技术信息和经营信息。"该法第二十五条规定了对上述行为的行政处罚："违反本法第十条规定侵犯商业秘密的，监督检查部门应当责令停止违法行为，可以根据情节处以一万元以上二十万元以下的罚款。"

1997年修订刑法时，为鼓励创新，维护社会主义市场经济条件下公平竞争的经济秩序，将反不正当竞争法的上述内容纳入，对侵犯商业秘密的行为作出刑法上的规定，并对"权利人"的范围予以了明确。

1997年刑法关于本条的规定实施二十多年以来，我国经济社会取得了很大发展，随着我国市场经济的发展和各类市场主体的壮大，知识产权的重要性和全社会对于知识产权保护的意识和需求大为提升，需要进一步强化知识产权保护。其中，商业秘密是经营者知识和智慧的结晶，是企业无形资产的重要组成部分，商业秘密作为具有商业价值并经权利人采取相应保密措施的技术信息、经营信息等商业信息，对企业的生存和发展，在市场竞争中取得一定的优势地位和竞争力，是相当重要的，有的商业秘密甚至会影响到一个企业的生死存亡，需要在法律上给予严格的保护。为营造良好的创新法治环境和营商环境，并适应实践中的新情况，与近年来反不正当竞争法关于商业秘密条文的修改相衔接，进一步总结司法实践中的经验，根据各方面的意见，2020年《刑法修正案（十一）》对本条作了修改。一是与反不正当竞争法关于商业秘密条文的修改相衔接，对有关侵权行为方式进行了完善，将第一款第一项中的"利诱"修改为"贿赂"，增加规定了"欺诈、电子侵入"的不正当手段，并将第三项中的"违反约定"修改为"违反保密义务"；在第二款中增加了允许他人使用商业秘密的情形。二是将第二款中的"明知或者应知前款所列行为"修改为"明知"，这主要是考虑到根据刑法规定，故意犯罪，行为人主观上都是出于明知，而所谓"应知"，实际上是指在认定行为人主观上是否处于"明知"状态时的一种推理依据和方法。这样修改后也与其他罪名的表述统一起来。三是删去了第三款关于商业秘密定义的表述，依照反不正当竞争法关于商业秘密的定义进行认定即可，这也是为了保持刑法条文稳定性的需要。四是根据进一步加大知识产权保护力度，提高侵权代价和违法犯罪成本，对知识产权犯罪形成威慑的需要以及各方面的意见，加大了刑事打击力度，修改了入罪门槛和判处第二档刑罚的情形，并提高了本罪的刑罚。具体包括：将入罪门槛由"给商业秘密的权利人造成重大损失的"修改为"情节严重的"，并将判处第二档刑罚的情形由"造成特别严重后果的"修改为"情节特别严重的"；将第一档刑罚由"三年以下有期徒刑或者拘役，并处或者单处罚金"修改为"三年以下有期徒刑，并处或者单处罚金"，将最高刑罚由七年有期徒刑修改为十年有期徒刑。

本条共分三款。第一款是关于侵犯他人商业秘密的行为的规定。具体列举了三种侵犯商业秘密的行为：（1）以盗窃、贿赂、欺诈、胁迫、电子侵入或者其他不正当手段获取权利人的商业秘密。实施这一行为的人，一般是享有商业秘密的权利人的竞争对手。"贿赂"是指通过给予因工作关系等实际知悉商业秘密的人以财物，以获取权利人的商业秘密；"胁迫"是指通过声称对他人本人或者亲友等实施人身伤害、披露隐私等方式，迫使他人向其提供商业秘密；"电子侵入"，是指通过技术手段侵入计算机网络等信息系统，非法获取他人的商业秘密；"其他不正当手段"，是兜底性规定，是指行为人采取以上明确列举的行为之外的，其他属于不正当竞争行为的方式，非法获取他人的秘密的各种行为。"权利人"，是指商业秘密的所有人和经商业秘密所有人许可的商业秘密使用人。（2）披露、使用或者允许他人使用以前项手段获取的权利人的商业秘密。"披露"，是指向他人透露行为人以盗窃、贿赂、欺诈、胁迫、电子侵入或者其他不正当手段获取的他人商业秘密的行为，将权利人的商业秘密披露公开，会破坏权利人的竞争优势；"使用"，是指自己使用；"允许他人使用"，是指将非法手段获取的商业秘密，提供给其他人使用的行为。无论是行为人自己使用或者允许他人使用上述商业秘密，都是侵犯权利人商业秘密的非法行为。（3）违反保密义务或者违反权利人有关保守商业秘密的要求，披露、使用或者允许他人使用其所掌握的商业秘密。主要是指行为人所掌握的商业秘密虽然是先前合法获取的，但是违反了保密义务或者违反了权利人有关保守商业秘密的要求，向第三人披露、使用或者允许第三人使用其所获取的商业秘密。例如，经营者通过与权利人签署合作协议取得商业秘密，之后违反与权利人关于保守商业秘密的约定或者权利人对保守商业秘密的要求，擅自向第三人披露该商业秘密，或者自己以权利人的身份又与他人签订技术转让合同等，允许他人使用其所掌握的商业秘密的行为。

第二款是关于以侵犯商业秘密论的行为的规定。根据这一规定，第三人自己虽未直接实施上述侵权行为，但如果明知他人具有上述三种侵犯商业秘密的行为，仍然从他那里获取、披露、使用或者允许他人使用该商业秘密的，以侵犯商业秘密论。由于第三人不是非法获取商业秘密的直接责任人，因此，第三人主观上必须是明知，才构成犯罪。如果第三人不知道该信息是他人非法获取、披露、使用的商业秘密，则不是本条规定的侵犯商业秘密的行为。

第三款是关于权利人范围的规定。根据这一规定，权利人包括商业秘密所有人和经商业秘密所有人许可的商业秘密使用人。商业秘密使用人，是与商业秘密所有人订立商业秘密使用许可合同的人。

根据本条规定，对侵犯他人商业秘密，情节严重的，处三年以下有期徒刑，并处或者单处罚金；情节特别严重的，处三年以上十年以下有期徒刑，并处罚金。这里的"情节严重"可以综合给商业秘密的权利人造成的损失、权利人公司因而发生经营困难、行为人是否多次实施上述侵犯商业秘密的行为、行为人侵权所得数额等情形，加以判断。"情节特别严重"包括给商业秘密的权利人造成的损失数额巨大，或者侵权人违法所得数额巨大等情形。2020年最高人民法院、最高人民检察院《关于办理侵犯知识产权刑事案件具体应用法律若干问题的解释（三）》第四条对"给商业秘密的权利人造成重大损失"的认定作出了规定，具体情形包括：（1）给商业秘密的权利人造成损失数额或者因侵犯商业秘密违法所得数额在三十万元以上的；（2）直接导致商业秘密的权利人因重大经营困难而破产、倒闭的；（3）造成商业秘密的权利人其他重大损失的。此外，还规定，给商业秘密的权利人造成损失数额或者因侵犯商业秘密违法所得数额在二百五十万元以上的，应当认定为"造成特别严重后果"。

【实践中需要注意的问题】

其一，关于"明知"的理解。刑法条文中有很多关于明知的规定，如第一百二十条之六非法持有宣扬恐怖主义、极端主义物品罪要求明知是宣扬恐怖主义、极端主义的图书、音频视频资料或者其他物品而非法持有，第一百四十四条销售有毒、有害食品罪要求销售的是明知掺有有毒、有害的非食品原料的食品，第一百四十八条销售不符合卫生标准的化妆品罪要求销售的是明知不符合卫生标准的化妆品，第二百一十八条销售侵权复制品罪要求销售的是明知是第二百一十七条规定的侵权复制品，第三百一十二条掩饰、隐瞒犯罪所得、犯罪所得收益罪要求明知是犯罪所得及其产生的收益。本条规定的"明知"和上述条文中的明知一样，是指行为人主观上知道或者根据各方面情况足以认定行为人主观上应当是知道的。具体在认定行为人是否明知时，不能仅凭其口供，还需要根据行为人的客观行为、主观状态、平时表现等因素综合作出判断。

其二，关于"贿赂"手段的理解。本条的"贿赂"是指通过给予因工作关系等知悉商业秘密的人以财物，以获取权利人的商业秘密。关于用于贿赂的财物的范围，可以参考2016年最高人民法院、最高人民检察院《关于办理贪污贿赂刑事案件适用法律若干问题的解释》的规定。按照该解释第十二条的规定，财物的范围包括货币、物品和财产性利益，其中，财产性利益包括可以折算为货币的物质利益如房屋装修、债务免除等，以及需要支付货币的其他利益如会员服务、旅游等；后者的犯罪数额，以实际支付或者应当支付的数额计算。

其三，关于"盗窃"手段的认定。根据最高人民法院、最高人民检察院《关于办理侵犯知识产权刑事案件具体应用法律若干问题的解释（三）》第三条的规定，采取非法复制、未经授权或者超越授权使用计算机信息系统等方式窃取商业秘密的，应当认定为本条第一款第一项规定的"盗窃"。

其四，关于"商业秘密"的概念。《刑法修正案（十一）》删去了原条文关于商业秘密概念的规定，这主要是为了与其他相关法律中商业秘密的规定保持一致。反不正当竞争法对于商业秘密的概念作了规定，本条中的商业秘密的认定，可以依照反不正当竞争法关于商业秘密的定义进行。实际上反不正当竞争法关于商业秘密的规定，也根据我国经济社会发展和实践中通过侵犯商业秘密实施不正当竞争等行为的情况的变化，分别于2017年、2019年作出了两次修改。因此，通过《刑法修正案（十一）》的修改，在刑法中不再具体规定商业秘密的定义，具体认定商业秘密时，由司法机关根据反不正当竞争法等法律规定进行，这样更有利于维护刑法条文的稳定性。根据反不正当竞争法第九条的规定，商业秘密是指不为公众所知悉、具有商业价值并经权利人采取相应保密措施的技术信息、经营信息等商业信息。据此，商业秘密有以下特点：(1)商业秘密不为公众所知悉，具有秘密性，只限于一部分人知道。如果通过公开的或者其他类似渠道可以获得的信息，不能认为是商业秘密。(2)商业秘密应当具有商业价值。该秘密信息能够给经营者带来经济利益或者竞争优势，可以是能够带来直接的、现实的经济利益或者竞争优势的信息，如产品配方、技术改良方案，也可以是能够带来间接的、潜在的经济利益或者竞争优势的信息，如客户资料信息等。甚至包括一些有关技术开发或者生产经营过程中经验教训的总结和积累的资料，如企业技术改造过程中一些能够证明某些工艺等不可行的科研资料。因为这些资料可以帮助经营者调整研发思路、缩短研发周期、降低研发成本。(3)权利人对商业秘密采取了相应的保密措施，以防止他人未经授权获取。具体的保密措施是可以是多种多样的，如制定保密规则，向员工提出保密要求，签订保密协议，对涉密信息采取加密、加锁、限定知悉范围、控制接触人群等措施。一般来说，企业对商业秘密采取的保密措施与该商业秘密的商业价值具有相称性，商业秘密的价值越大，经营者可能采取的保密措施越严格。(4)商业秘密是指技术信息、经营信息等商业信息。"技术信息"包括产品配方、设计方案、技术诀窍、工艺流程等信息；"经营信息"包括有关经营的重要决策、产销策略、客户信息、货源情报、招投标中的标底等信息。

其五，关于本条规定的行为造成的损失数额或者违法所得数额的认定。最高人民法院、最高人民检察院《关于办理侵犯知识产权刑事案件具体应用法律若干问题的解释（三）》第五条对侵权行为造成的损失数额或者违法所得数额如何认定作出了详细规定。如尚未披露、使用或者允许他人使用的，可以根据该项商业秘密的合理许可使用费确定损失数额；披露、使用或者允许他人使用的，可以根据权利人因被侵权造成销售利润的损失确定损失数额，但该损失数额低于商业秘密合理使用许可费的，根据合理许可使用费确定；因侵犯商业秘密行为导致商业秘密已为公众所知悉或者灭失的，损失数额可以根据该项商业秘密的商业价值确定，商业秘密的价值，可以根据该项商业秘密的研究开发成本、实施该项商业秘密的收益综合确定；因披露或者允许他人使用商业秘密而获得的财物或者其他财产性利益，应当认定为违法所得等。

其六，关于侵犯商业秘密一般违法行为的处理。对于尚不构成犯罪的侵犯商业秘密的行为，根据反不正当竞争法第九条和第二十一条的规定，应当由监督检查部门责令停止违法行为，没收违法所得，处十万元以上一百万元以下的罚款；情节严重的，处五十万元以上五百万元以下的罚款。

其七，关于涉及商业秘密的证据的保密和案件审理。我国刑事诉讼法第五十四条规定，对涉及国家秘密、商业秘密、个人隐私的证据，应当保密。第一百五十二条规定，侦查人员对采取技术侦查措施过程中知悉的商业秘密，应当保密。第一百八十八条规定，涉及商业秘密的案件，当事人申请不公开审理的，可以不公开审理。此外，根据最高人民法院、最高人民检察院《关于办理侵犯知识产权刑事案件具体应用法律若干问题的解释（三）》第六条的规定，在刑事诉讼程序中，当事人、辩护人、诉讼代理人或者案外人书面申请对有关商业秘密的证据、材料采取保密措施的，应当根据案件情况组织诉讼参与人签署保密承诺书等必要的保密措施。

其八，关于未经处理的侵犯商业秘密行为的处理、缓刑的适用、判处罚金的数额、单位构成犯罪的入罪标准、帮助行为的处理、行政处罚与刑事处罚的衔接程序等问题，第二百一十三条"实践中需要注意的问题"部分已有阐述，这里不再重复。

第二百一十九条之一 【为境外窃取、刺探、收买、非法提供商业秘密罪】

为境外的机构、组织、人员窃取、刺探、收买、非法提供商业秘密的，处五年以下有期徒刑，并处或者单处罚金；情节严重的，处五年以上有期徒刑，并处罚金。

【条文精解】

本条是关于为境外窃取、刺探、收买、非法提供商业秘密罪及其处罚的规定。

为进一步加强企业产权保护和优化营商环境，《刑法修正案（十一）》对涉及商业秘密的犯罪作了修改。一是修改了侵犯商业秘密罪，调整了入罪门槛，并对侵犯商业秘密的行为方式作了调整；二是增加了本条关于为境外窃取、刺探、收买、非法提供商业秘密罪的规定。随着我国改革开放的不断扩大深入，国内外交流越来越频繁，境外机构、组织、个人在我国境内开展投资活动越来越多，并购、合资等各种投资活动成为外资在中国市场开展业务、获取收益的重要途径。境外投资对于我国引进资金、技术、先进管理经验，促进经济社会发展，实现经济转型升级发挥了重要作用。因此，我们必须坚持对外开放政策不动摇，推动形成全面开放新格局，在更深层次、更高水平的对外开放的过程中，促进社会主义市场经济健康发展。

需要强调的是，国家坚持对外开放的基本国策，致力于建立和完善外商投资促进机制，营造稳定、透明、可预期和公平竞争的市场环境，依法保护外国投资者在中国境内的投资、收益和其他合法权益。同时，在中国境内进行投资活动的外国投资者、外商投资企业，应当遵守中国法律法规，不得危害中国国家安全、损害社会公共利益。从实践中的情况看，外国机构、组织、个人在我国的投资经营活动总体上能够依法进行，但是以各种不正当手段包括非法获取竞争对手商业秘密，严重损害相关权利人利益的案件也是时有发生。如矿业公司力拓员工胡某等人窃取我国钢铁企业商业秘密案等。对此，必须予以足够重视，并依法予以惩处。为打击境外针对我企业的商业间谍行为，《刑法修正案（十一）》借鉴有关国家刑事立法，根据各方面意见，增加规定了为境外窃取、刺探、收买、非法提供商业秘密罪，以维护正常的市场竞争秩序，保护我国企业的合法权益。

构成本条规定的犯罪，需具备以下条件：

其一，行为人必须实施了窃取、刺探、收买、非法提供商业秘密的行为。其中，"窃取"是指行为人采用各种秘密手段非法获取，如通过盗窃、偷拍、偷录等行为而取得商业秘密的行为；"刺探"是指行为人通过各种途径和手段非法探知商业秘密的行为；"收买"是指行为人以给予财物或者其他财产性利益等好处，或者通过提供工作机会、拉拢人心等手段非法得到商业秘密的行为；"非法提供"是指知悉、保管、持有商业秘密的人，将自己知悉、管理、持有的商业秘密非法出售、交付、披露给其他不应知悉该秘密的境外机构、组织、人员的行为。这几种行为方式是针对商业间谍行为的特点规定的。

其二，行为人为境外的机构、组织和人员实施了本条规定的窃取、刺探、收买、非法提供商业秘密的行为。这里的"境外的机构、组织"包括境外机构、组织及其在中华人民共和国境内设立的分支（代表）机构和分支组织；"境外的个人"包括该个人身处境外，也包括虽然身处境内但身份属于外国人或者其他境外个人的情况。如果是为境内的公司、企业等实施窃取、刺探、收买、非法提供商业秘密的行为，与境外的机构、组织和人员没有关联的，不构成本条规定的为境外窃取、刺探、收买、非法提供商业秘密罪，若其行为构成第二百一十九条规定的侵犯商业秘密罪的，依照该条定罪处罚。

此外，构成本罪的主体是一般主体，包括自然人和单位，中国公民和非中国公民，只要实施了本条规定的行为的，都可能构成本罪。

根据本条规定，构成为境外窃取、刺探、收买、非法提供商业秘密罪的，应当处以五年以下有期徒刑，并处或者单处罚金；情节严重的，处五年以上有期徒刑，并处罚金。这里的"情节严重"是指给商业秘密的权利人造成的损失数额很大，侵权人违法所得数额很大，多次实施犯罪行为，导致权利人公司失去核心竞争力或者因经营困难而破产、倒闭等情形。为境外窃取、刺探、收买、非法提供商业秘密的行为，一方面，侵犯了企业的商业秘密，破坏了公平竞争的市场环境；另一方面，损害了我国企业的国际竞争力。因此，刑法对这类犯罪规定了比侵犯商业秘密罪更重的刑罚。

【实践中需要注意的问题】

其一，关于本条规定的"窃取、刺探、收买、非法提供"商业秘密的行为方式与第二百一十九条规定的侵犯商业秘密罪的行为方式之间的关系。"窃取、刺探、收买、非法提供"这几种行为方式是针对商业间谍行为的特点而专门规定的，这与第二百一十九条规定的侵犯商业秘密罪的具体行为方式并不矛盾。行为人窃取、刺探商业秘密的，可能采用盗窃、欺诈、胁迫、电子侵入等不正当手段；行为人通过收买获得商业秘密的，可能采用贿赂的不正当手段；行为人为境外的机构、组织、人员非法提供商业秘密的，也可能通过不正当手段获得商业秘密，再披露给他人。

其二，关于本条规定的"商业秘密"的概念。本条规定中的商业秘密与第二百一十九条中的规定相同，都应当根据反不正当竞争法第九条关于商业秘密的定义进行认定，即商业秘密是指不为公众所知悉、具有商业价值并经权利人采取相应保密措施的技术信息、经营信息等商业信息。商业秘密具有秘密性，只限于一部分人知道，可以直接或者间接给权利人带来经济利益或者竞争优势，权利人对商业秘密也采取了相应的保密措施。这里的权利人也是指第二百一十九条规定的商业秘密的所有人和经商业秘密所有人许可的商业秘密使用人。

其三，关于单位能否构成本罪。根据刑法第二百二十条的规定，单位犯本条规定之罪的，对单位判处罚金，并对其直接负责的主管人员和其他责任人员，依照本条的规定处罚。据此，单位也能构成本罪的犯罪主体，单位实施本条规定的行为，构成犯罪的，应当依法追究刑事责任。

其四，关于缓刑的适用、判处罚金的数额、单位构成犯罪的入罪标准、帮助行为的处理等问题，第二百一十三条"实践中需要注意的问题"部分已有阐述，这里不再重复。

第二百二十条 【本节单位犯罪的规定】

单位犯本节第二百一十三条至第二百一十九条之一规定之罪的，对单位判处罚金，并对其直接负责的主管人员和其他直接责任人员，依照本节各该条的规定处罚。

【条文精解】

本条是关于单位侵犯他人知识产权的犯罪及其处罚的规定。

1979年刑法对侵犯知识产权罪的单位犯罪没有规定。1993年全国人大常委会《关于惩治假冒注册商标犯罪的补充规定》第三条规定了单位假冒注册商标，销售假冒注册商标的商品，以及伪造、擅自制造他人注册商标标识或者销售伪造、擅自制造的注册商标标识等行为的刑事责任。具体规定为："企业事业单位犯前两条罪的，对单位判处罚金，并对直接负责的主管人员和其他直接责任人员依照前两条的规定追究刑事责任。"1994年全国人大常委会

《关于惩治侵犯著作权的犯罪的决定》第三条规定了单位侵犯著作权，以及以营利为目的，销售侵权复制品的刑事责任。具体规定为："单位有本决定规定的犯罪行为的，对单位判处罚金，并对其直接负责的主管人员和其他直接责任人员，依照本决定的规定处罚。"

1997年修订刑法时，对上述规定修改完善后纳入，规定单位实施本节规定的侵犯知识产权的犯罪行为的，应当依法追究单位、直接负责的主管人员和其他直接责任人员的刑事责任。实践中一些单位参与侵犯他人知识产权的犯罪活动，牟取非法利益较为突出。为加大对侵犯知识产权犯罪的打击力度，进一步维护权利人的合法权利，有必要对单位犯罪作专门的规定。

为打击境外针对我境内的商业间谍活动，《刑法修正案（十一）》借鉴有关国家刑事立法，根据各方面意见，增加规定了为境外窃取、刺探、收买、非法提供商业秘密罪，作为刑法第二百一十九条之一。该罪和其他侵犯知识产权犯罪一样，犯罪主体同样可以为单位，因此，《刑法修正案（十一）》对本条作了修改，将"单位犯本节第二百一十三条至第二百一十九条规定之罪"修改为"单位犯本节第二百一十三条至第二百一十九条之一规定之罪"，并明确了对单位及其直接负责的主管人员和其他直接责任人员的刑事处罚。

根据本条规定，本节规定的犯罪，犯罪主体除自然人外，还包括单位。"单位犯本节第二百一十三条至第二百一十九条之一规定之罪"是指单位犯本法分则第三章第七节侵犯知识产权罪中规定的任何一罪的情形，包括第二百一十三条规定的假冒注册商标罪，第二百一十四条规定的销售假冒注册商标的商品罪，第二百一十五条规定的非法制造、销售非法制造的注册商标标识罪，第二百一十六条规定的假冒专利罪，第二百一十七条规定的侵犯著作权罪，第二百一十八条规定的销售侵权复制品罪，第二百一十九条规定的侵犯商业秘密罪，第二百一十九条之一规定的为境外窃取、刺探、收买、非法提供商业秘密罪。

依照本条规定，对单位犯本节规定的上述之罪的，实行双罚制，对犯罪的单位判处罚金，同时对直接负责的主管人员和其他直接责任人员，依照本节各该罪规定的处刑标准处罚。

【实践中需要注意的问题】

关于单位犯本节规定的侵犯知识产权罪的入罪标准问题。2007年最高人民法院、最高人民检察院《关于办理侵犯知识产权刑事案件具体应用法律若干问题的解释（二）》第六条规定："单位实施刑法第二百一十三条至第二百一十九条规定的行为,按照《最高人民法院、最高人民检察院关于办理侵犯知识产权刑事案件具体应用法律若干问题的解释》和本解释规定的相应个人犯罪的定罪量刑标准定罪处罚。"据此,单位实施本节规定的侵犯知识产权犯罪的,按照个人犯罪的定罪量刑标准定罪处罚,即单位与个人构成各犯罪的入罪门槛和定罪量刑标准是一致的。

第八节　扰乱市场秩序罪

第二百二十一条【损害商业信誉、商品声誉罪】

捏造并散布虚伪事实,损害他人的商业信誉、商品声誉,给他人造成重大损失或者有其他严重情节的,处二年以下有期徒刑或者拘役,并处或者单处罚金。

【条文精解】

本条是关于损害商业信誉、商品声誉罪及其处罚的规定。

本条具体规定了"捏造并散布虚伪事实,损害他人的商业信誉、商品声誉"的行为。这里所称的"捏造",既包括无中生有、完全虚构、凭空编造虚假事实,也包括在真实情况的基础上的部分虚构、恶意歪曲、夸大部分事实真相。"散布",既包括口头散布,也包括以书面方式散布,如宣传媒介、信函等。在信息时代,还包括通过信息网络等进行散布。行为人只有同时具备"捏造"和"散布"虚伪事实的行为,才构成本罪。这里规定的"他人的商业信誉",主要是指他人在从事商业活动中的信用程度和名誉等,如他人在信守合约或履行合同中的信誉度,他人在金融机构的信贷信誉是否较高,他人的生产能力和资金状况是否良好等;"他人的商品声誉",主要是指他人商品在质量等方面的可信赖程度、提供商品服务及售后服务的质量和经过长期良好地生产、经营所形成的知名度等。造成损害他人的商业信誉、商品声誉的后果是多方面的,既可以是直接的,也可以是潜在的,如使他人的商业信用降低,无法签订合同,无法获得贷款以保障资金链,或无法开展正常的商业活动等;或者使他人的商品声誉遭到破坏,产品大量积压,无法销售,被集中取消订单、退货等。这些损害要满足"给他人造成重大损失或者有其他严重情节的"条件,才能定罪处罚。这里的"给他人造成重大损失"一般认为是因商业信誉、商品声誉受损而产生的直接经济损失，如商品严重滞销、产品被大量退回、合同被停止履行、企业商誉显著降低、驰名产品声誉受到严重侵损，销售额和利润严重减少、应得收入大量减少、上市公司股票价格大幅度下跌、商誉以及其他无形资产的价值显著降低等产生的损失。需要注意的是，直接经济损失既包括有形的、可直接计算的财产损失，也包括无形的、需加以评估的财产损失。在具体认定损害行为所造成的经济损失时，应特别注意损害行为与经济损失之间的因果关系。不能将与捏造并散布虚伪事实的行为无因果关系和不是行为必然造成的损失计算在内。这里的"其他严重情节"，一般是指行为人在捏造并散布虚假事实、损害他人的商业信誉和商品声誉的过程中除"重大损失"以外的严重情节。例如，多次损害他人商业信誉和商品声誉；因损害他人商业信誉和商品声誉被有关主管部门处罚后又损害他人商业信誉和商品声誉；虚构并散布的虚伪事实传播面较广，在消费者中产生严重的不良影响；使用恶劣的手段、捏造恶毒事实等。

鉴于这类犯罪往往具有贪利性质，本条在规定对行为人判处自由刑的同时，还规定"并处或者单处罚金"。此外，根据本法第二百三十一条的规定，单位犯本条规定之罪的，对单位判处罚金，并对其直接负责的主管人员和其他直接责任人员，依照本条的规定，定罪处罚。根据最高人民检察院、公安部《关于公安机关管辖的刑事案件立案追诉标准的规定（二）》的规定，捏造并散布虚伪事实，损害他人的商业信誉、商品声誉，涉嫌下列情形之一的，应予立案追诉：（1）给他人造成直接经济损失数额在五十万元以上的。（2）虽未达到上述数额标准，但利用互联网或者其他媒体公开损害他人商业信誉、商品声誉的；或者造成公司、企业等单位停业、停产六个月以上，或者破产的。（3）其他给他人造成重大损失或者有其他严重情节的情形。

【实践中需要注意的问题】

一是司法实践中，在处理损害他人商业信誉、商品声誉的案件时，对他人的"间接损失"能否计入"给他人造成重大损失"，存在一定的分歧。一般对于被害人为了恢复受到损害的商业信誉和商品声誉所投入的资金（如广告费用等）或者为制止不法侵害事件而扩大的开支（如律师费用、诉讼费用等）等间接经济损失，不认定为损害商业信誉、商品声誉所造成的损失。间接损失一般在量刑或者附带民事诉讼赔偿时酌情加以考虑。

二是司法实践中，在处理损害他人商业信誉、商品声誉的案件时，对

"他人"的理解也存在分歧。一般认为，这里的"他人"需要明确、特定，要有具体的被损害个体。同时，这里的"他人"也可能包括某一类的行业、领域，包含数个被损害个体。对于行为人在捏造并散布虚伪事实，虽然没有明确指出所损害的对象，没有提及某个生产者、经营者的名称或者其商品的名称，但是相关生产经营者和消费者从其捏造并散布的事实的内容上完全能够推测出是指向某一个或数个生产者、经营者的，也应认定为损害了特定的"他人"的商业信誉和商品声誉。反之，如果社会公众无法确认行为人的行为所指向的具体行业、领域或者个体，则不符合本罪中特定他人的构成要件。

第二百二十二条 【虚假广告罪】
广告主、广告经营者、广告发布者违反国家规定，利用广告对商品或者服务作虚假宣传，情节严重的，处二年以下有期徒刑或者拘役，并处或者单处罚金。

【条文精解】

本条是关于虚假广告罪及其处罚的规定。

本条规定的犯罪主体是特殊主体，即"广告主、广告经营者和广告发布者"。根据广告法的规定，"广告主"，是指为推销商品或者服务，自行或者委托他人设计、制作、发布广告的自然人、法人或者其他组织；"广告经营者"，是指接受委托提供广告设计、制作、代理服务的自然人、法人或者其他组织；"广告发布者"，是指为广告主或者广告主委托的广告经营者发布广告的自然人、法人或者其他组织。

行为人实施了违反国家规定，利用广告对商品或者服务进行虚假宣传的行为。这里的"广告"，是指商品经营者或者服务提供者承担费用，通过一定媒介和形式直接或者间接地介绍自己所推销的商品或者所提供的服务的商业广告。"违反国家规定"，根据本法第九十六条的规定，是指违反全国人民代表大会及其常务委员会制定的法律和决定，国务院制定的行政法规、规定的行政措施、发布的决定和命令。在这里主要是指违反了国家制定发布的有关广告管理的法律、行政法规。广告法规定，广告不得含有虚假或者引人误解的内容，不得欺骗和误导消费者。反不正当竞争法规定，经营者不得对其商品的性能、功能、质量、销售状况、用户评价、曾获荣誉等作虚假或者引人误解的商业宣传，欺骗、误导消费者；经营者不得通过组织虚假交易等方式，帮助其他经营者进行虚假或者引人误解的商业宣传。广告法对规范广告活动作了更为具体明确的规定，主要有：广告内容必须真实，广告不得含有虚假或者引人误解的内容，不得欺骗和误导社会公众；广告必须合法，不得损害国家、民族利益和尊严，不得损害社会公众利益、妨碍社会公共秩序和有悖社会善良习俗；广告内容必须准确、清晰等。例如，规定"广告中对商品的性能、功能、产地、用途、质量、成分、价格、生产者、有效期限、允诺等或者对服务的内容、提供者、形式、质量、价格、允诺等有表示的，应当准确、清楚、明白"。"广告使用数据、统计资料、调查结果、文摘、引用语等引证内容的，应当真实、准确，并表明出处。引证内容有适用范围和有效期限的，应当明确表示"。本条规定的"利用广告对商品或者服务作虚假宣传"，就是指违反上述法律及有关法律、行政法规规定，利用广告这种特殊的传播媒介，对所生产的产品或者提供的服务作夸张、虚伪和不实的宣扬或传播，足以使消费者受到欺骗或误导消费者的消费行为的行为。

有本条规定的行为，"情节严重的"，才构成犯罪。根据最高人民检察院、公安部《关于公安机关管辖的刑事案件立案追诉标准的规定（二）》的规定，广告主、广告经营者、广告发布者违反国家规定，利用广告对商品或者服务作虚假宣传，涉嫌下列情形之一的，应予立案追诉：（1）违法所得数额在十万元以上的；（2）给单个消费者造成直接经济损失数额在五万元以上的，或者给多个消费者造成直接经济损失数额累计在二十万元以上的；（3）假借预防、控制突发事件的名义，利用广告作虚假宣传，致使多人上当受骗，违法所得数额在三万元以上的；（4）虽未达到上述数额标准，但两年内因利用广告作虚假宣传，受过行政处罚二次以上，又利用广告作虚假宣传的；（5）造成人身伤残的；（6）其他情节严重的情形。对行为人实施的一般虚假广告宣传行为，可以根据广告法或其他有关法律、法规的规定给予相应的行政处罚或者通过民事索赔的方法解决。

根据本条规定，对虚假广告罪，处二年以下有期徒刑或者拘役，并处或者单处罚金。此外，根据本法第二百三十一条的规定，单位犯本条规定之罪的，对单位判处罚金，并对其直接负责的主管人员和其他直接责任人员，依照本条的规定定罪处罚。

【实践中需要注意的问题】

虚假广告行为有时会放大其他犯罪的社会危害性，需要引起重视。在一些司法解释中，已经对相关犯罪中涉及的虚假广告犯罪作了进一步明确和细化，强化各种广告主、广告经营者、广告发布者的责任。例如，最高人民法院、最高人民检察院《关于办理危害食品安全刑事案件适用法律若干问题的解释》第十五条规定："广告主、广告经营者、广告发布者违反国家规定，利用广告对保健食品或者其他食品作虚假宣传，情节严重的，依照刑法第二百二十二条的规定以虚假广告罪定罪处罚。"最高人民法院《关于审理非法集资刑事案件具体应用法律若干问题的解释》第八条规定："广告经营者、广告发布者违反国家规定，利用广告为非法集资活动相关的商品或者服务作虚假宣传，具有下列情形之一的，依照刑法第二百二十二条的规定，以虚假广告罪定罪处罚：（一）违法所得数额在10万元以上的；（二）造成严重危害后果或者恶劣社会影响的；（三）二年内利用广告作虚假宣传，受过行政处罚二次以上的；（四）其他情节严重的情形。明知他人从事欺诈发行股票、债券，非法吸收公众存款，擅自发行股票、债券，集资诈骗或者组织、领导传销活动等集资犯罪活动，为其提供广告等宣传的，以相关犯罪的共犯论处。"

> **第二百二十三条【串通投标罪】**
> 投标人相互串通投标报价，损害招标人或者其他投标人利益，情节严重的，处三年以下有期徒刑或者拘役，并处或者单处罚金。
> 投标人与招标人串通投标，损害国家、集体、公民的合法利益的，依照前款的规定处罚。

【条文精解】

本条是关于串通投标罪及其处罚的规定。

本条共分两款。第一款是关于投标人相互串通投标报价，损害招标人或者其他投标人利益的犯罪及其处罚的规定。其中，"投标人"根据招标投标法的规定，是指响应招标、参加投标竞争的法人或者其他组织。"相互串通投标报价"，是指投标人在投标中，包括投标前和投标过程中，串通一气，商量好采取抬高标价或者压低标价等行为。"招标人"，根据招标投标法的规定，是指提出招标项目、进行招标的法人或者其他组织。招标投标法规定，招标投标活动应当遵循公开、公平、公正和诚实信用的原则。投标人不得相互串通投标报价，不得排挤其他投标人，损害招标人或者其他投标人的合法权益。"损害招标人或者其他投标人利益"，是指由于投标人相互串通投标报价而使招标人无法达到最佳的竞标结果或者其他投标人无法在公平竞争的条件下参与投标竞争而受到损害的情况，包括已经造成损害和造成潜在的损害两种情况。根据本款规定，投标人相互串通投标报价，损害招标人或者其他投标人利益，"情节严重的"才构成犯罪。本款还规定了"并处或者单处罚金"，即人民法院除对罪犯依法科以自由刑外，还应当根据案件的情况和本条的规定，对罪犯并处或者单处罚金刑。

第二款是关于投标人与招标人串通投标，损害国家、集体、公民的合法利益的犯罪及其处罚的规定。招标投标法规定，投标人不得与招标人串通投标，损害国家利益、社会公共利益或者他人的合法权益。这里的"串通投标"是指投标人与招标人私下串通，事先根据招标底价确定投标报价、中标价格，而不是在公平竞争的条件下确定中标价格，从而破坏招标公正的行为。

根据本条规定，对投标人相互串通投标报价，损害招标人或者其他投标人利益，或者投标人与招标人串通投标，损害国家、集体、公民的合法利益的行为，处三年以下有期徒刑或者拘役，并处或者单处罚金。此外，根据本法第二百三十一条的规定，单位犯本条规定之罪的，对单位判处罚金，并对其直接负责的主管人员和其他直接责任人员，依照本条的规定，定罪处罚。在具体立案标准上，根据最高人民检察院、公安部《关于公安机关管辖的刑事案件立案追诉标准的规定（二）》的规定，投标人相互串通投标报价，或者投标人与招标人串通投标，涉嫌下列情形之一的，应予立案追诉：（1）损害招标人、投标人或者国家、集体、公民的合法利益，造成直接经济损失数额在五十万元以上的；（2）违法所得数额在十万元以上的；（3）中标项目金额在二百万元以上的；（4）采取威胁、欺骗或者贿赂等非法手段的；（5）虽未达到上述数额标准，但两年内因串通投标，受过行政处罚两次以上，又串通投标的；（6）其他情节严重的情形。

【实践中需要注意的问题】

实践中，除串通投标以外，还存在串通拍卖、串通挂牌等行为。对于串通拍卖、串通挂牌的行为能否按照本罪规定惩处，认识上存在一定的分歧。实质上，招投标、拍卖和挂牌是不同的交易方式和法律行为。招标投标法第五十条、第五十二条、第五十三条、第五十四条、第五十六条等都对追究刑事责任作了衔接性规定，而拍卖法和有关挂牌活动的规定（如《招标拍卖挂牌出让国有土地使用权规定》）则没有追究刑事责任的规定。从社会危害性来看，招投标主要适用于工程建设、购买设备等项目，串通投标的社会危害性一般大于串通拍卖、串通挂牌。对于在拍卖、挂牌过程中参与人相互串通竞买报价，违背公平竞争原则，给他人造成损害或者损失的，应依照拍卖法等有关法律法规予以处罚，不宜依照刑法第二百二十三条规定的串通投标罪定罪处罚。此外，在拍卖、挂牌过程中有贿赂等其他犯罪行为的，依照刑法的有关规定追究刑事责任。相关监管人员，如土地行政主管工作人员在拍卖、挂牌过程中有玩忽职守、滥用职权、徇私舞弊犯罪行为的，依照刑法的相关规定追究刑事责任。

第二百二十四条 【合同诈骗罪】

有下列情形之一，以非法占有为目的，在签订、履行合同过程中，骗取对方当事人财物，数额较大的，处三年以下有期徒刑或者拘役，并处或者单处罚金；数额巨大或者有其他严重情节的，处三年以上十年以下有期徒刑，并处罚金；数额特别巨大或者有其他特别严重情节的，处十年以上有期徒刑或者无期徒刑，并处罚金或者没收财产：

（一）以虚构的单位或者冒用他人名义签订合同的；

（二）以伪造、变造、作废的票据或者其他虚假的产权证明作担保的；

（三）没有实际履行能力，以先履行小额合同或者部分履行合同的方法，诱骗对方当事人继续签订和履行合同的；

（四）收受对方当事人给付的货物、货款、预付款或者担保财产后逃匿的；

（五）以其他方法骗取对方当事人财物的。

【条文精解】

本条是关于合同诈骗罪及其处罚的规定。

本条规定的犯罪是在签订合同或者履行合同过程中实施的。这里所讲的"合同"，主要是指受法律保护的各类经济合同，如供销合同、借贷合同等，只要行为人在签订、履行合同中，其行为特征符合本条规定，即构成合同诈骗罪。

根据本条规定，构成合同诈骗罪具有以下特征：一是行为人在主观上具有"非法占有"的目的，这是构成本条规定之罪的主观要件。非法占有的目的，一般来说，可以从行为人的行为判断出来，如行为人自始就根本没有履行合同的条件，也没有去创造履行合同的条件或者无意履行或者携款潜逃等。二是行为人实施了本条规定的诈骗行为。本条共列举了五项犯罪行为：

（1）以虚构的单位或者冒用他人名义签订合同的，即虚构合同主体的情形。其中"虚构的单位"，是指采用根本不存在的单位的名义订立合同；"冒用他人名义"，是指未经他人允许或委托而采取他人的名义，即冒名订立合同的行为。（2）以伪造、变造、作废的票据或者其他虚假的产权证明作担保的，即虚构担保。在签订合同时，根据法律、法规的规定或者对方当事人的要求，出具合同担保，是减少合同风险和保障合同履行的常规做法。这里所说的"票据"，主要指的是汇票、本票、支票等金融票据。"产权证明"包括土地使用证、房屋所有权证、股权、期权证明以及其他能证明动产、不动产权属的各种有效证明文件。采用虚构的担保文件的方式欺骗对方当事人而与其签订、履行合同，是合同诈骗中一种常见的方式。（3）没有实际履行能力，以先履行小额合同或者部分履行合同的方法，诱骗对方当事人继续签订和履行合同的。这是通常讲的"钓鱼式合同"，即行为人以履行小额合同或者部分履行合同为诱饵，骗取对方当事人的信任后，继续与其签订合同，以骗取更多的财物的情况。（4）收受对方当事人给付的货物、货款、预付款或者担保财产后逃匿的。这是指行为人一旦收受了对方当事人按合同约定给付的上述财产后，一逃了之的行为。这里的"逃匿"即指行为人采取使对方当事人无法寻找到的任何逃跑、隐藏、躲避的方式。（5）以其他方法骗取对方当事人财物的。这一项规定是指采取上述四项规定以外的其他方法骗取对方当事人财物的行为，也是为了适应这类犯罪的多样性、复杂性而规定的。三是行为人骗取对方当事人财物达到数额较大的才构成犯罪，数额不大的不构成犯罪。根据最高人民检察院、公安部《关于公安机关管辖的刑事案件立案追诉标准的规定（二）》的规定，以非法占有为目的，在签订、履行合同过程中，骗取对方当事人财物，数额在两万元以上的，应予立案追诉。

本条对合同诈骗罪规定了三档刑。第一档刑为数额较大的，处三年以下有期徒刑或者拘役，并处或者单处罚金；第二档刑为数额巨大或者有其他严重情节的，处三年以上十年以下有期徒刑，并处罚金；第三档刑为数额特别巨大或者有其他特别严重情节的，处十年以上有期徒刑或者无期徒刑，并处罚金或者没收财产。此外，根据本法第二百三十一条的规定，单位犯本条规定之罪的，对单位判处罚金，并对其直接负责的主管人员和其他直接责任人员，依照本条的规定定罪处罚。

【实践中需要注意的问题】

第一，实践中，关于本条规定的"合同"的范围和订立形式存在一定的分歧。一般认为,构成合同诈骗罪的"合同"必须能够体现一定的市场经济属性,体现财产转移或者交易功能,为行为人带来财产及财产性利益。对于一些非经济属性的合同,诸如监护、收养、抚养等有关身份关系的合同或协议,应当排除在外。同时,随着社会的发展,特别是在信息时代,订立合同的方式不断翻新。例如《民法典》第四百六十九条第三款规定,以电子数据交换、电子邮件等方式能够有形地表现所载内容,并可以随时调取查用的数据电文,视为书面形式。因此,对于"合同"的订立方式,不管是以口头形式、书面形式还是其他形式签订,只要能够具备合同的本质特征,即属于本罪中的"合同"。

第二,实践中,对于行为人是否具有"非法占有的目的",是认定合同诈骗罪的重点和难点。一般可以考虑从以下几个方面进行判断:其一,行为人是否具有签订、履行合同的条件,是否创造虚假条件;其二,行为人在签订合同时有无履约能力;其三,行为人在签订和履行合同过程中有无诈骗行为;其四,行为人在签订合同后有无履行合同的实际行为;其五,行为人对取得财物的处置情况,是否有挥霍、挪用及携款潜逃等行为等。实践中,对于符合本罪所列的具体情形的,在判断上比较容易。但是对于本条规定的第五种情况,即"以其他方法骗取对方当事人财物的",就需要根据案件的具体情况,综合判断行为人的非法占有目的,以确定诈骗行为。

第二百二十四条之一 【组织、领导传销活动罪】

组织、领导以推销商品、提供服务等经营活动为名,要求参加者以缴纳费用或者购买商品、服务等方式获得加入资格,并按照一定顺序组成层级,直接或者间接以发展人员的数量作为计酬或者返利依据,引诱、胁迫参加者继续发展他人参加,骗取财物,扰乱经济社会秩序的传销活动的,处五年以下有期徒刑或者拘役,并处罚金;情节严重的,处五年以上有期徒刑,并处罚金。

【条文精解】

本条是关于组织、领导传销活动罪及其处罚的规定。

根据本条的规定,组织、领导传销活动犯罪中的传销活动具有以下特征:

第一,往往以从事商品、服务推销等经营活动为名,诱骗他人参加。传销活动一直为国家所禁止。一些不法分子为了逃避打击,诱骗不明真相的群众参加，往往利用一些群众急于"发财致富"的心理，编造各种名目的"经营项目"，如"种植""养殖""共销入股""网络倍增""消费联盟"等，有的甚至打广告，拉名人做宣传。不论行为人编造何种名目，其承诺或者宣传的高额回报是虚假的，至于其经营的商品，只是象征性的"道具"，有的甚至没有任何商品或者服务，而纯粹欺骗参加者去"拉人头"。

第二，要求参加者以缴纳费用或者购买商品、服务等方式获得加入资格。传销活动的目的就是诱骗尽可能多的参加者加入传销组织，骗取参加者缴纳的钱财。参加传销组织的条件，就是按照传销组织的要求，购买传销组织"经营"的"商品"或者"服务"，又称"入门费"。需要注意的是，这里的所谓"商品"和"服务"，有的具有真实内容，但物非所值，有的仅仅是名义上的，是虚拟的。无论以何种形式存在，其本质是只有在"购买"了一定数量或者金额的"商品"或者"服务"后，才能取得进一步发展其他成员加入传销组织并按照一定比例抽取报酬的资格。

第三，按照一定顺序组成层级，直接或者间接以发展人员的数量作为计酬或者返利的依据。这是关于传销组织在结构特征上的层级性的规定。各种传销活动不论名目如何，在组织结构上都是按照加入的顺序、发展人员的多少、"业绩"大小等因素组成"金字塔"型层级结构。尽管每一个传销组织具体确定层级所采用的计算方式和称谓可能各不相同，如有的实行"五级三阶制"等，但所有传销组织的共同特征是，参加传销者的回报取决于其在传销组织中的层级位置，而参加传销者的层级位置则取决于其直接或者间接发展的人员的数量。所谓"直接或者间接"以发展人员的数量作为计酬或者返利的依据，是指有的传销组织直接以参加者所发展的人员的数量作为计算其回报的依据；有的传销组织的"计酬规则"虽然没有明确规定直接以参加者发展人员的数量多少计算回报，但是以参加者的"业绩"，或者参加者所发展的人员（下线）的"业绩"作为计算回报的依据，这实际上也是"间接"地以发展人员的数量计算回报。这样一种机制就诱使传销的参加者不断挖空心思，欺朋骗友地"发展"他人参加，使传销组织像滚雪球一样越滚越大。因此，也有人将传销组织形象地称为"老鼠会"。这里的"计酬"与"返利"，并无本质不同，是针对传销组织所采用的不同名目的回报计算方式所作的规定。

第四，传销活动最本质的特征在于其诈骗性。传销活动尽管名目繁多，组织内部的结构也不尽相同，但其共同点在于以高额回报为诱饵，对参加者进行精神乃至人身控制，诱骗甚至迫使其成员不断发展新成员（下线），以敛取成员缴纳的"入门费"。传销组织所虚假宣传的"经营"活动，根本不可能保持传销组织的运转。有的传销组织甚至没有任何实际经营活动。传销组织许诺或者支付给成员的回报，来自成员缴纳的"入门费"，要保持传销组织的运转，必须使新成员以一定的倍数不断增加。由于其人员不可能无限增加，资金链必然断裂。由此可见，传销活动实际上是一种特殊的诈骗活动，传销组织是一种诈骗组织。这种诈骗的特殊性在于，传销组织实际上建立了一种诈骗机制。参与传销的人员不论对传销组织的诈骗本质是否有所认识，一旦加入传销组织，就成为这种诈骗组织的一部分，其不断发展下线的活动本身又导致更多的人卷入传销诈骗组织，骗取大量参加者的财物。因此，传销活动的参加者既是这种诈骗活动的受害者，又是使这种诈骗机制发挥作用的违法者。

第五，传销活动具有多方面的社会危害性。一方面，传销活动的组织者、领导者利用传销活动骗取参与传销者的大量财产，给传销参与者造成重大财产损失。另一方面，从实际情况看，受蒙蔽参与传销的多是农民、下岗工人等低收入、不具有抗风险能力的群体，这些人受传销组织蛊惑，有的变卖家产，有的将失地补偿金、买断工龄补偿金等投入传销。传销活动使这些梦想暴富的传销痴迷者倾家荡产、生活无着，影响社会稳定。同时，传销活动往往打着从事各种"经营"活动的旗号，有的还借机销售假冒伪劣商品，严重干扰其他市场主体的正常经营活动，扰乱市场经济秩序。

关于组织、领导传销活动罪的犯罪主体，根据本条规定，只有传销活动的组织者、领导者才能构成本罪。其他参与传销活动的人员，如上所述，既是受害者，也是害人的违法者。本着教育、挽救大多数的原则，对其应当依法予以行政处罚或者批评教育。根据最高人民检察院、公安部《关于公安机关管辖的刑事案件立案追诉标准的规定（二）》的规定，传销活动的组织者、领导者，是指在传销活动中起组织、领导作用的发起人、决策人、操纵人，以及在传销活动中担负策划、指挥、布置、协调等重要职责，或者在传销活动实施中起到关键作用的人员。根据2013年最高人民法院、最高人民检察院、公安部《关于办理组织领导传销活动刑事案件适用法律若干问题的意见》的规定，下列人员可以认定为传销活动的组织者、领导者：（1）在传销活动中起发起、策划、操纵作用的人员；（2）在传销活动中承担管理、协调等职责的人员；（3）在传销活动中承担宣传、培训等职责的人员；（4）曾因组织、领导传销活动受过刑事处罚，或者一年以内因组织、领导传销活动受过行政处罚，又直接或者间接发展参与传销活动人员在十五人以上且层级在三级以上的人员；（5）其他对传销活动的实施、传销组织的建立、扩大等起关键作用的人员。以单位名义实施组织、领导传销活动犯罪的，对于受单位指派，仅从事劳务性工作的人员，一般不予追究刑事责任。

关于组织、领导传销活动罪的处罚，本条规定了两档刑罚：对构成犯罪的，处五年以下有期徒刑或者拘役；情节严重的，处五年以上有期徒刑。同时，根据本法第二百三十一条的规定，单位犯本条规定之罪的，对单位判处罚金，并对其直接负责的主管人员和其他直接责任人员，依照本条的规定定罪处罚。根据最高人民法院、最高人民检察院、公安部《关于办理组织领导传销活动刑事案件适用法律若干问题的意见》的规定，以推销商品、提供服务等经营活动为名，要求参加者以缴纳费用或者购买商品、服务等方式获得加入资格，并按照一定顺序组成层级，直接或者间接以发展人员的数量作为计酬或者返利依据，引诱、胁迫参加者继续发展他人参加，骗取财物，扰乱经济社会秩序的传销组织，其组织内部参与传销活动人员在三十人以上且层级在三级以上的，应当对组织者、领导者追究刑事责任。组织、领导多个传销组织，单个或者多个组织中的层级已达三级以上的，可将在各个组织中发展的人数合并计算。组织者、领导者形式上脱离原传销组织后，继续从原传销组织获取报酬或者返利的，原传销组织在其脱离后发展人员的层级数和人数，应当计算为其发展的层级数和人数。具有下列情形之一的，应当认定为"情节严重"：（1）组织、领导的参与传销活动人员累计达一百二十人以上的；（2）直接或者间接收取参与传销活动人员缴纳的传销资金数额累计达二百五十万元以上的；（3）曾因组织、领导传销活动受过刑事处罚，或者一年以内因组织、领导传销活动受过行政处罚，又直接或者间接发展参与传销活动人员累计达六十人以上的；（4）造成参与传销活动人员精神失常、自杀等严重后果的；（5）造成其他严重后果或者恶劣社会影响的。

此外，针对传销组织属于以骗取财物为目的的贪利性犯罪的特点，本条对组织、领导传销活动犯罪作了"并处罚金"的规定，即对于构成本罪的，均应当处以罚金。司法实践中应当注意对此类犯罪财产刑的适用，以剥夺犯罪行为人的犯罪收益，消除其再犯的经济基础。

【实践中需要注意的问题】

实践中，出现了一些借助信息网络的新型传销犯罪。组织者或者经营者利用信息网络发展会员，通过实物推销、广告点击、引荐网站加盟等方式，要求被发展人员缴纳或者变相缴纳"入门费"，并通过做任务、办活动，以获得提成和发展下线的资格。其实际计酬或者返利的标准，仍依靠发展更多的人员数量，引诱被发展人员继续发展他人参加，骗取财物，扰乱经济秩序。

对于该类行为，符合传销犯罪的，应以组织、领导传销活动罪追究刑事责任。

第二百二十五条 【非法经营罪】

违反国家规定，有下列非法经营行为之一，扰乱市场秩序，情节严重的，处五年以下有期徒刑或者拘役，并处或者单处违法所得一倍以上五倍以下罚金；情节特别严重的，处五年以上有期徒刑，并处违法所得一倍以上五倍以下罚金或者没收财产：

（一）未经许可经营法律、行政法规规定的专营、专卖物品或者其他限制买卖的物品的；

（二）买卖进出口许可证、进出口原产地证明以及其他法律、行政法规规定的经营许可证或者批准文件的；

（三）未经国家有关主管部门批准非法经营证券、期货、保险业务的，或者非法从事资金支付结算业务的；

（四）其他严重扰乱市场秩序的非法经营行为。

【条文精解】

本条是关于非法经营罪及其处罚的规定。

本条规定的非法经营罪，是指违反国家规定，有所列非法经营行为之一，扰乱市场秩序的犯罪。其中，"违反国家规定"，根据本法规定，是指违反全国人民代表大会及其常务委员会制定的法律和决定，国务院制定的行政法规、规定的行政措施、发布的决定和命令。本条所列举的四项行为是：

一是未经许可经营法律、行政法规规定的专营、专卖物品或者其他限制买卖的物品。其中，"未经许可"，是指未经国家有关主管部门批准；"法律、行政法规规定的专营、专卖的物品"，是指由法律、行政法规明确规定的由专门的机构经营的专营、专卖的物品，如烟草等。"其他限制买卖的物品"，是指国家根据经济发展和维护国家、社会和人民群众利益的需要，规定在一定时期实行限制性经营的物品，如农药等。专营、专卖物品和限制买卖的物品的范围，不是固定不变的，随着社会主义市场经济的发展，法律、行政法规的规定，可以出现变化。

二是买卖进出口许可证、进出口原产地证明以及其他法律、行政法规规定的经营许可证或者批准文件。其中，"进出口许可证"是国家外贸主管部门对企业颁发的可以从事进出口业务的确认资格的文件。"进出口原产地证明"

是从事进出口经营活动中，由法律规定的，进出口产品时必须附带的由原产地有关主管机关出具的证明文件，例如，进出口货物原产地证书。为维护市场经济有序和规范发展，国家对某些生产经营活动实行许可证管理制度或审批管理制度，这里"其他法律、行政法规规定的经营许可证或者批准文件"，指的是法律、行政法规规定的所有的经营许可证或者批准文件，如林木采伐、矿产开采、野生动物狩猎许可证等。

三是未经国家有关主管部门批准非法经营证券、期货、保险业务的，或者非法从事资金支付结算业务。其中，"非法经营证券、期货业务"，主要是指以下几种行为：未经有关主管部门批准，擅自开展证券或者期货经纪业务；从事证券、期货咨询性业务的证券、期货咨询公司、投资服务公司擅自超越经营范围从事证券、期货业务等。"非法经营保险业务"，主要是指以下几种行为：未经授权进行保险代理业务；保险经纪人超越经营范围从事保险业务等。"非法从事资金支付结算业务"是针对非法为他人办理大额资金转移、非法套现等资金支付结算业务情节严重的行为所作的规定。支付结算是商业银行的一项最基本的业务。根据中国人民银行印发的《支付结算办法》第六条的规定，银行是支付结算和资金清算的中介机构。未经中国人民银行批准的非银行金融机构和其他单位不得作为中介机构经营支付结算业务。这里的"非法从事资金支付结算业务"，主要是指不具有法定的从事资金支付结算业务的资格，非法为他人办理资金支付结算业务和外币兑换的行为，如为他人非法提供境内资金转移、分散提取现金服务等。2017年最高人民检察院《关于办理涉互联网金融犯罪案件有关问题座谈会纪要》第十八条规定，未取得支付业务许可从事该业务的行为，违反《非法金融机构和非法金融业务活动取缔办法》第四条第一款第三项、第四项的规定，破坏了支付结算业务许可制度，危害支付市场秩序和安全，情节严重的，适用刑法第二百二十五条第三项，以非法经营罪追究刑事责任。具体情形包括：（1）未取得支付业务许可经营基于客户支付帐户的网络支付业务。无证网络支付机构为客户非法开立支付帐户，客户先把资金支付到该支付帐户，再由无证机构根据订单信息从支付帐户平台将资金结算到收款人银行帐户。（2）未取得支付业务许可经营多用途预付卡业务。无证发卡机构非法发行可跨地区、跨行业、跨法人使用的多用途预付卡，聚集大量的预付卡销售资金，并根据客户订单信息向商户划转结算资金。2019年2月1日施行的最高人民法院、最高人民检察院《关于办理非法从事资金支付结算业务、非法买卖外汇刑事案件适用法律若干问题的解释》第一条规定，违反国家规定，具有下列情形之一的，属于刑法第二百二十五条第三项规定的"非法从事资金支付结算业务"：（1）使用受理终端或者网络支付接口等方法，以虚构交易、虚开价格、交易退款等非法方式向指定付款方支付货币资金的；（2）非法为他人提供单位银行结算帐户套现或者单位银行结算帐户转个人帐户服务的；（3）非法为他人提供支票套现服务的；（4）其他非法从事资金支付结算业务的情形。

四是其他严重扰乱市场秩序的非法经营行为。这是针对现实生活中非法经营犯罪活动的复杂性和多样性所作的概括性规定，这里所说的其他非法经营行为应当具备以下条件：其一，这种行为发生在经营活动中，主要是生产、流通领域。其二，这种行为违反法律、法规的规定。其三，具有社会危害性，严重扰乱市场经济秩序。如最高人民法院、最高人民检察院《关于办理妨害预防、控制突发传染病疫情等灾害的刑事案件具体应用法律若干问题的解释》第六条规定，违反国家在预防、控制突发传染病疫情等灾害期间有关市场经营、价格管理等规定，哄抬物价、牟取暴利，严重扰乱市场秩序，违法所得数额较大或者有其他严重情节的，依照刑法第二百二十五条第四项的规定，以非法经营罪定罪，依法从重处罚。最高人民法院、最高人民检察院《关于办理非法生产、销售、使用禁止在饲料和动物饮用水中使用的药品等刑事案件具体应用法律若干问题的解释》第二条规定，在生产、销售的饲料中添加盐酸克仑特罗等禁止在饲料和动物饮用水中使用的药品，或者销售明知是添加有该类药品的饲料，情节严重的，依照刑法第二百二十五条第四项的规定，以非法经营罪追究刑事责任。最高人民法院《关于审理扰乱电信市场管理秩序案件具体应用法律若干问题的解释》第一条规定，违反国家规定，采取租用国际专线、私设转接设备或者其他方法，擅自经营国际电信业务或者涉港澳台电信业务进行营利活动，扰乱电信市场管理秩序，情节严重的，依照刑法第二百二十五条第四项的规定，以非法经营罪定罪处罚。

此外，对于非法买卖外汇的行为，1998年12月29日第九届全国人民代表大会常务委员会第六次会议通过了《关于惩治骗购外汇、逃汇和非法买卖外汇犯罪的决定》（以下简称《决定》）。该《决定》第四条规定："在国家规定的交易场所以外非法买卖外汇，扰乱市场秩序，情节严重的，依照刑法第二百二十五条的规定定罪处罚。"这里的"国家规定的交易场所"，是指根据国家有关法律、法规规定设立的外汇交易中心、外汇指定银行以及由国家外汇管理机构批准的具有外汇买卖业务资格的非银行金融机构。根据最高人民法院、最高人民检察院《关于办理非法从事资金支付结算业务、非法买卖外汇刑事案件适用法律若干问题的解释》第三条的规定，非法买卖外汇，具有下列情形之一的,应认定为"情节严重":(1)非法经营数额在五百万元以上的;(2)违法所得数额在十万元以上的。同时,非法经营数额在二百五十万元以上,或者违法所得数额在五万元以上,且具有下列情形之一的,也可以认定为非法经营行为"情节严重":(1)曾因非法买卖外汇犯罪行为受过刑事追究的;(2)两年内因非法买卖外汇违法行为受过行政处罚的;(3)拒不交代涉案资金去向或者拒不配合追缴工作,致使赃款无法追缴的;(4)造成其他严重后果。根据《决定》规定,单位犯前款罪的,对单位判处罚金,并对其直接负责的主管人员和其他直接责任人员,依照刑法第二百三十一条规定处罚。

本条对非法经营罪的处刑分为两档刑,第一档刑为情节严重的,处五年以下有期徒刑或者拘役,并处或者单处违法所得一倍以上五倍以下罚金;第二档刑为情节特别严重的,处五年以上有期徒刑,并处违法所得一倍以上五倍以下罚金或者没收财产。此外,根据本法第二百三十一条的规定,单位犯本条规定之罪的,对单位判处罚金,并对其直接负责的主管人员和其他直接责任人员,依照本条的规定,定罪处罚。对于什么是"情节严重""情节特别严重",可由司法解释根据司法实践作出规定。例如,根据2013年最高人民法院、最高人民检察院《关于办理利用信息网络实施诽谤等刑事案件适用法律若干问题的解释》第七条规定,违反国家规定,以营利为目的,通过信息网络有偿提供删除信息服务,或者明知是虚假信息,通过信息网络有偿提供发布信息等服务,扰乱市场秩序,具有下列情形之一的,属于非法经营行为"情节严重",依照刑法第二百二十五条第四项的规定,以非法经营罪定罪处罚:(1)个人非法经营数额在五万元以上,或者违法所得数额在二万元以上的;(2)单位非法经营数额在十五万元以上,或者违法所得数额在五万元以上的。实施前述规定的行为,数额达到前述规定的数额五倍以上的,应当认定为刑法第二百二十五条规定的"情节特别严重"。

根据2014年最高人民法院、最高人民检察院《关于办理危害药品安全刑事案件适用法律若干问题的解释》第七条第一款至第三款规定,违反国家药品管理法律法规,未取得或者使用伪造、变造的药品经营许可证,非法经营药品,情节严重的,依照刑法第二百二十五条的规定以非法经营罪定罪处罚。以提供给他人生产、销售药品为目的,违反国家规定,生产、销售不符合药用要求的非药品原料、辅料,情节严重的,依照刑法第二百二十五条的规定以非法经营罪定罪处罚。实施前两种行为,非法经营数额在十万元以上,或者违法所得数额在五万元以上的,应当认定为刑法第二百二十五条规定的"情节严重";非法经营数额在五十万元以上,或者违法所得数额在二十五万元以上的,应当认定为刑法第二百二十五条规定的"情节特别严重"。

根据2014年最高人民法院、最高人民检察院、公安部《关于办理利用赌博机开设赌场案件适用法律若干问题的意见》第四条规定,以提供给他人开设赌场为目的,违反国家规定,非法生产、销售具有退币、退分、退钢珠等赌博功能的电子游戏设施设备或者其专用软件,情节严重的,依照刑法第二百二十五条的规定,以非法经营罪定罪处罚。实施前述规定的行为,具有下列情形之一的,属于非法经营行为"情节严重":(1)个人非法经营数额在五万元以上,或者违法所得数额在一万元以上的;(2)单位非法经营数额在五十万元以上,或者违法所得数额在十万元以上的;(3)虽未达到上述数额标准,但两年内因非法生产、销售赌博机行为受过二次以上行政处罚,又进行同种非法经营行为的;(4)其他情节严重的情形。具有下列情形之一的,属于非法经营行为"情节特别严重":(1)个人非法经营数额在二十五万元以上,或者违法所得数额在五万元以上的;(2)单位非法经营数额在二百五十万元以上,或者违法所得数额在五十万元以上的。

根据最高人民法院、最高人民检察院《关于办理非法生产、销售烟草专卖品等刑事案件具体应用法律若干问题的解释》第三条规定,非法经营烟草专卖品,具有下列情形之一的,应当认定为刑法第二百二十五条规定的"情节严重":(1)非法经营数额在五万元以上的,或者违法所得数额在二万元以上的;(2)非法经营卷烟二十万支以上的;(3)曾因非法经营烟草专卖品三年内受过二次以上行政处罚,又非法经营烟草专卖品且数额在三万元以上的。具有下列情形之一的,应当认定为刑法第二百二十五条规定的"情节特别严重":(1)非法经营数额在二十五万元以上,或者违法所得数额在十万元以上的;(2)非法经营卷烟一百万支以上的。

根据2017年最高人民法院、最高人民检察院《关于办理扰乱无线电通讯管理秩序等刑事案件适用法律若干问题的解释》第四条规定,非法生产、销售"黑广播""伪基站"、无线电干扰器等无线电设备,具有下列情形之一的,应当认定为刑法第二百二十五条规定的"情节严重":(1)非法生产、销售无线电设备三套以上的;(2)非法经营数额五万元以上的;(3)其他情节严重的情形。实施前述规定的行为,数量或者数额达到前述第一项、第二项规定标准五倍以上,或者具有其他情节特别严重的情形的,应当认定为刑法第二百二十五条规定的"情节特别严重"。在非法生产、销售无线电设备窝点查扣的零件,以组装完成的套数以及能够组装的套数认定;无法组装为成套设备的,每三套广播信号调制器(激励器)认定为一套"黑广播"设备,每三块主板认定为一套"伪基站"设备。

【实践中需要注意的问题】

一是关于"未经许可经营法律、行政法规规定的专营、专卖物品或者其他限制买卖的物品"的范围问题。对于专营、专卖以及限制买卖物品的范围，国家会根据市场成熟程度以及改革发展的需要作出适当调整。司法实践中，需要对政府及政府相关部门在市场经济领域的监管变化作出及时调整和反应。例如，长期以来，食盐是专营的。2002年9月4日，最高人民检察院颁布的《关于办理非法经营食盐刑事案件具体应用法律若干问题的解释》对办理非法经营食盐刑事案件适用非法经营罪等问题作出规定。2016年以来，国务院印发《盐业体制改革方案》，修订《食盐专营办法》，在坚持食盐专营制度的基础上推进供给侧结构性改革，主要有以下变化：其一，坚持完善食盐定点生产、定点批发制度；其二，取消食盐产、运、销等环节的计划管理，取消食盐准运证；其三，取消食盐产销隔离、区域限制制度，允许食盐生产企业进入流通和销售领域，允许食盐批发企业开展跨区域经营；其四，改革食盐定价机制，食盐价格由经营者自主确定。改革后，储运食盐不再被法律法规限制，不构成犯罪；对非法生产、销售食盐适用非法经营罪也已不能准确评价其行为性质，对其中危害食品安全的应当适用危害食品安全的犯罪，没有危害食品安全，仍可以根据修订后的《食盐专营办法》给予行政处罚。基于此，2020年3月27日，最高人民检察院作出《关于废止〈最高人民检察院关于办理非法经营食盐刑事案件具体应用法律若干问题的解释〉的决定》，2020年4月1日起施行。该决定指出，"为适应盐业体制改革，保证国家法律统一正确适用，根据《食盐专营办法》（国务院令696号）的规定，结合检察工作实际，最高人民检察院决定废止《最高人民检察院关于办理非法经营食盐刑事案件具体应用法律若干问题的解释》（高检发释字〔2002〕6号）"，同时规定，"该解释废止后，对以非碘盐充当碘盐或者以工业用盐等非食盐充当食盐等危害食盐安全的行为，人民检察院可以依据《最高人民法院、最高人民检察院关于办理生产、销售伪劣商品刑事案件具体应用法律若干问题的解释》（法释〔2001〕10号）、《最高人民法院、最高人民检察院关于办理危害食品安全刑事案件适用法律若干问题的解释》（法释〔2013〕12号）的规定，分别不同情况，以生产、销售伪劣产品罪，或者生产、销售不符合安全标准的食品罪，或者生产、销售有毒、有害食品罪追究刑事责任"。

二是关于"其他严重扰乱市场秩序的非法经营行为"的理解问题。本条规定了四种情况，其中第四项"其他严重扰乱市场秩序的非法经营行为"属于兜底性的规定。实践中，对于该项规定的适用是否会被"扩大化"，各方面提出了一定的担忧。对此，从严把握该项规定的适用是适当和必要的，符合法治的精神，也契合我国社会主义市场经济的发展进程。司法机关面对实践中出现的一些新情况和新问题，通过遵循立法关于非法经营罪的本意，以司法解释等方式，经过严格的程序，也对一些情况明确适用该项规定。总体上，对于该项的认定和理解，应考虑与前三项所列的违法经营专营、专卖等物品、买卖进出口许可证、进出口原产地证等批准文件、未经国家有关主管部门批准非法经营证券、期货、保险等业务的情形具有相当的社会危害程度。司法机关应根据案件的情况和需要，审慎判断适用非法经营罪。

第二百二十六条　【强迫交易罪】

以暴力、威胁手段，实施下列行为之一，情节严重的，处三年以下有期徒刑或者拘役，并处或者单处罚金；情节特别严重的，处三年以上七年以下有期徒刑，并处罚金：

（一）强买强卖商品的；

（二）强迫他人提供或者接受服务的；

（三）强迫他人参与或者退出投标、拍卖的；

（四）强迫他人转让或者收购公司、企业的股份、债券或者其他资产的；

（五）强迫他人参与或者退出特定的经营活动的。

【条文精解】

本条是关于强迫交易罪及其处罚的规定。

本条规定了五种行为。第一种行为是以暴力、威胁手段强买强卖商品的犯罪行为。其中，"以暴力、威胁手段"，是指行为人采取了暴力方法或威胁手段。例如，在商品交易中，不是以公平自愿的方式，而是对交易对方采取殴打等暴力方法或者以人多力强等威胁方式迫使交易对方接受不公平的交易的行为；"强买强卖商品"，是指在商品交易中违反法律、法规和商品交易规则，不顾交易对方是否同意，以暴力、威胁手段强行买进或者强行卖出的行为。

第二种行为是以暴力、威胁手段强迫他人提供或者接受服务的行为。"强迫他人提供服务"，主要是指行为人在享受服务消费时，不遵守公平自愿的原则，不顾提供服务方是否同意，以暴力、威胁手段，强迫对方提供某种服务的行为；

"强迫他人接受服务",主要是指餐饮业、旅游业、娱乐业、美容服务业、维修业等服务性质的行业在营业中,违反法律、法规和商业道德及公平自愿的原则,不顾消费者是否同意,以暴力、威胁手段强迫消费者接受其服务的行为。

第三种行为是以暴力、威胁手段强迫他人参与或者退出投标、拍卖的行为。主要是指,在一些工程竞标、拍卖等活动中,使用暴力或者威胁手段施加压力迫使其他本不愿意参加投标或者拍卖的人参加投标或竞拍,旨在让他人作为陪衬,以此来掩饰自己或者其他第三者操纵投标或者竞拍的违法性;或者强迫参与竞标的参与者退出投标、拍卖活动,目的是使自己或者其他第三者中标或者在没有竞拍者竞拍的情况下以不公平的价格购买到拍卖品。按照正常的市场运作,竞标市场或者拍卖市场应当是在公平竞争的原则下,均以平等的身份参与竞标或竞拍活动的,也只有这样,竞标和竞拍的最终结果才能使得具有真正实力和资质的竞标者或竞拍者胜出,以达到竞标项目或拍卖品竞拍的最终目的,使得竞标项目或工程得到符合要求的保证、高质量地完成,以及竞拍的拍卖品能让有真正收藏实力的人收藏。而以暴力、威胁手段强迫他人参与或者退出投标、拍卖的行为,不但破坏了正常的竞标和竞拍的市场秩序,在不公平的情况下得到竞标结果和拍卖品,而且使得没有资质和实力的施工队伍或项目经营者混入了市场,使他人不能合法地参与竞争。

第四种行为是以暴力、威胁手段强迫他人转让或者收购公司、企业的股份、债券或者其他资产的行为。公司、企业的资产转让,应当按照正常的市场法则进行。以暴力、威胁手段强迫他人转让或者收购公司、企业的股份、债券或者其他资产的行为,就是为了获得不正当的利益,以暴力、威胁手段,强迫他人在不符合市场价值规律和不利于出让人、收购人的情况下转让、收购公司、企业的股份、债券或者其他资产,自己或者第三人从中获取不法利益,而使他人利益受损。

第五种行为是以暴力、威胁手段强迫他人参与或者退出特定的经营活动的行为。其中特定的经营活动,是指在不法分子指定的经营活动范围内,由于屈从于暴力、威胁手段,在没有选择的情况下,从事或者退出经营活动的情况。比如屈从于暴力、威胁手段,被迫投资、出资入股,但被给予的收益分成比例与其出资比例极不相称,或者以暴力、威胁手段强迫竞争对手退出特定……活动,以形成垄断地位轻易获取巨额不法利润等。

犯……规定的犯罪,处二档刑。"情节严重的",处三年以下有期徒刑或者拘役,并处或者单处罚金。"情节特别严重的",处三年以上七年以下有期徒刑,并处罚金。此外,根据刑法第二百三十一条的规定,单位犯本条规定之罪的，对单位判处罚金，并对其直接负责的主管人员和其他直接责任人员，依照本条的规定，定罪处罚。

关于本罪的立案追诉标准，最高人民检察院、公安部《关于公安机关管辖的刑事案件立案追诉标准的规定（一）的补充规定》第五条规定，以暴力、威胁手段强买强卖商品，强迫他人提供服务或者接受服务，涉嫌下列情形之一的，应按照强迫交易犯罪予立案追诉：（1）造成被害人轻微伤的；（2）造成直接经济损失二千元以上的；（3）强迫交易三次以上或者强迫三人以上交易的；（4）强迫交易数额一万元以上，或者违法所得数额二千元以上的；（5）强迫他人购买伪劣商品数额五千元以上，或者违法所得数额一千元以上的；（6）其他情节严重的情形。以暴力、威胁手段强迫他人参与或者退出投标、拍卖，强迫他人转让或者收购公司、企业的股份、债券或者其他资产，强迫他人参与或者退出特定的经营活动，具有多次实施、手段恶劣、造成严重后果或者恶劣社会影响等情形之一的，应予立案追诉。

【实践中需要注意的问题】

实践中，如果行为人在强迫交易过程中使用暴力造成被害人重伤、死亡的，则应依照刑法关于故意杀人罪、故意伤害罪等有关规定定罪处罚。如果行为人以市场交易为借口，以暴力或者威胁的手段索取、强拿的财物，远远超过正常买卖、交易情况下被害人应支付的财物，可以根据刑法关于抢劫罪的规定，追究行为人的刑事责任。

第二百二十七条 【伪造、倒卖伪造的有价票证罪】【倒卖车票、船票罪】

伪造或者倒卖伪造的车票、船票、邮票或者其他有价票证，数额较大的，处二年以下有期徒刑、拘役或者管制，并处或者单处票证价额一倍以上五倍以下罚金；数额巨大的，处二年以上七年以下有期徒刑，并处票证价额一倍以上五倍以下罚金。

倒卖车票、船票，情节严重的，处三年以下有期徒刑、拘役或者管制，并处或者单处票证价额一倍以上五倍以下罚金。

【条文精解】

本条是关于伪造、倒卖伪造的有价票证罪，倒卖车票、船票罪及其处罚的规定。本条共分两款。第一款是关于伪造或者倒卖伪造的车票、船票、邮票或者其他有价票证的犯罪及其处刑的规定。其中，"伪造"，是指仿照车票、船票、邮票或者其他有价票证的样式、图案、规格，用印刷、描绘等手段，制作假车票、假船票、假邮票或者其他假有价票证的行为。这里的"伪造"含有"变造"的意思，即以拼接等方式变造车票、船票、邮票或者其他有价票证。"车票"，主要是指客运火车票、长途客运汽车票。"船票"，主要是指客船票。"邮票"，是指由邮电部发行的各类邮票。"其他有价票证"，是指除车票、船票、邮票以外的，由有关主管部门统一发行和管理的有价票证。有价票证的情况比较复杂，在不同时期有价票证的种类不同，且不同的有价票证的作用、价值也不同，法律很难列举全面。刑法只列举了实践中较常见的危害较为严重的伪造、倒卖伪造的车票、船票、邮票的行为，至于对伪造或者倒卖伪造的其他有价票证的行为，作了概括性的规定。这样规定也便于司法机关在查处这类犯罪活动时，灵活掌握。因为，随着形势的发展还会出现新的破坏有价票证的犯罪行为。例如，根据最高人民检察院《关于非法制作、出售、使用IC电话卡行为如何适用法律问题的答复》规定，非法制作或者出售非法制作的IC电话卡，数额较大的，应当依照刑法第二百二十七条第一款的规定，以伪造、倒卖伪造的有价票证罪追究刑事责任，犯罪数额可以根据销售数额认定。本款关于处刑的规定分为两档，第一档为数额较大的，处二年以下有期徒刑、拘役或者管制，并处或者单处票证价额一倍以上五倍以下罚金；第二档为数额巨大的，处二年以上七年以下有期徒刑，并处票证价额一倍以上五倍以下罚金。此外，根据本法第二百三十一条的规定，单位犯本款规定之罪的，对单位判处罚金，并对其直接负责的主管人员和其他直接责任人员，依照本款的规定，定罪处罚。这里的"票证价额"，是指本条规定的伪造或者倒卖伪造的有价票证的票面价额。根据最高人民检察院、公安部《关于公安机关管辖的刑事案件立案追诉标准的规定（一）》第二十九条的规定，伪造或者倒卖伪造的车票、船票、邮票或者其他有价票证，涉嫌下列情形之一的，应予立案追诉：（1）车票、船票票面数额累计二千元以上，或者数量累计五十张以上的；（2）邮票票面数额累计五千元以上，或者数量累计一千枚以上的；（3）其他有价票证价额累计五千元以上，或者数量累计一百张以上的；（4）非法获利累计一千元以上的；（5）其他数额较大的情形。

第二款是关于倒卖车票、船票的犯罪及其处刑的规定。不同于第一款，本款规定的是倒卖真的车票、船票的犯罪行为。对于这种犯罪的处刑规定是，情节严重的，处三年以下有期徒刑、拘役或者管制，并处或者单处票证价额一倍以上五倍以下罚金。此外，根据本法第二百三十一条的规定，单位犯本款规定之罪的，对单位判处罚金，并对其直接负责的主管人员和其他直接责任人员，依照本款的规定，定罪处罚。根据最高人民检察院、公安部《关于公安机关管辖的刑事案件立案追诉标准的规定（一）》第三十条的规定，倒卖车票、船票或者倒卖车票坐席、卧铺签字号以及订购车票、船票凭证，涉嫌下列情形之一的，应予立案追诉：（1）票面数额累计五千元以上的；（2）非法获利累计二千元以上的；（3）其他情节严重的情形。

【实践中需要注意的问题】

一是本条第一款将伪造、倒卖伪造邮票的行为规定为犯罪。实践中，还出现了变造、倒卖变造邮票的情况。变造的邮票也是一种伪造邮票的方式。2000年12月9日施行的最高人民法院《关于对变造、倒卖变造邮票行为如何适用法律问题的解释》对此作了进一步明确。该解释规定，对变造或者倒卖变造的邮票数额较大的，应当依照刑法第二百二十七条第一款的规定定罪处罚。

二是关于如何认定"有价票证"的问题。实践中，"票、证"的表现形式多样。有的票、证具有临时性、赠与性、无流通性、票证价值难以计算等情况。相关案件中的"票、证"是否属于本条第一款规定的"有价票证"，在认定时需要慎重。司法机关根据实践中的情况，通过遵循立法原意，以司法解释等方式明确将一些票、证适用本罪。例如，最高人民法院1999年通过的《关于审理倒卖车票刑事案件有关问题的解释》，将倒卖火车票坐席、卧铺签字号、订购车票凭证这些无流通性质的票证视同倒卖火车票，予以定罪处罚。总体上，对于实践中出现的一些"票、证"是否属于"有价票证"，一般需要结合案件的具体情况，根据票、证的本质，以及是否具有与伪造、倒卖伪造的车票、船票、邮票等相当的危害程度综合认定。

第二百二十八条【非法转让、倒卖土地使用权罪】

以牟利为目的，违反土地管理法规，非法转让、倒卖土地使用权，情节严重的，处三年以下有期徒刑或者拘役，并处或者单处非法转让、倒卖土地使用权价额百分之五以上百分之二十以下罚金；情节特别严重的，处三年以上七年以下有期徒刑，并处非法转让、倒卖土地使用权价额百分之五以上百分之二十以下罚金。

【条文精解】

本条是关于非法转让、倒卖土地使用权罪及其处罚的规定。

本条规定的非法转让、倒卖土地使用权罪，是指以牟利为目的，违反土地管理法规，非法转让、倒卖土地使用权的犯罪行为。其中，"以牟利为目的"，是指以获取经济利益为目的。"违反土地管理法规"，根据 2009 年 8 月 27 日第十一届全国人民代表大会常务委员会第十次会议修正的《关于〈中华人民共和国刑法〉第二百二十八条、第三百四十二条、第四百一十条的解释》的规定，是指违反土地管理法、森林法、草原法等法律以及有关行政法规中关于土地管理的规定。"非法转让土地使用权"，是指将依法管理和持有的土地使用权违反上述法律、行政法规的有关规定，擅自转让给他人的行为。"非法倒卖土地使用权"，是指违反上述法律、行政法规的规定，将土地使用权进行倒卖，从而进行牟利的行为。土地管理法第二条规定，任何单位和个人不得侵占、买卖或者以其他形式非法转让土地。土地使用权可以依法转让。可见，土地使用权的享有和转让是由国家法律、行政法规明确规定的，不能随意买卖。即使进行土地使用权的有偿转让，也应根据有关法律、法规的规定和通过有关主管部门的审查和批准才能进行。

本条关于处刑的规定为两档刑，第一档刑为情节严重的，处三年以下有期徒刑或者拘役，并处或者单处非法转让、倒卖土地使用权价额百分之五以上百分之二十以下罚金；第二档刑为情节特别严重的，处三年以上七年以下有期徒刑，并处非法转让、倒卖土地使用权价额百分之五以上百分之二十以下罚金。此外，根据刑法第二百三十一条的规定，单位犯本条规定之罪的，对单位判处罚金，并对其直接负责的主管人员和其他直接责任人员，依照本条的规定，定罪处罚。根据 2010 年最高人民检察院、公安部《关于公安机关管辖的刑事案件立案追诉标准的规定（二）》第八十条的规定，以牟利为目的，违反土地管理法规，非法转让、倒卖土地使用权，涉嫌下列情形之一的，应予立案追诉：（1）非法转让、倒卖基本农田五亩以上的；（2）非法转让、倒卖基本农田以外的耕地十亩以上的；（3）非法转让、倒卖其他土地二十亩以上的；（4）违法所得数额在五十万元以上的；（5）虽未达到上述数额标准，但因非法转让、倒卖土地使用权受过行政处罚，又非法转让、倒卖土地的；（6）其他情节严重的情形。根据 2000 年最高人民法院《关于审理破坏土地资源刑事案件具体应用法律若干问题的解释》第一条、第二条的规定，具有下列情形之一的，属于非法转让、倒卖土地使用权"情节严重"：（1）非法转让、倒卖基本农田五亩以上的；（2）非法转让、倒卖基本农田以外的耕地十亩以上的；（3）非法转让、倒卖其他土地二十亩以上的；（4）非法获利五十万元以上的；（5）非法转让、倒卖土地接近上述数量标准并具有其他恶劣情节的，如曾因非法转让、倒卖土地使用权受过行政处罚或者造成严重后果等。具有下列情形之一的，属于非法转让、倒卖土地使用权"情节特别严重"：（1）非法转让、倒卖基本农田十亩以上的；（2）非法转让、倒卖基本农田以外的耕地二十亩以上的；（3）非法转让、倒卖其他土地四十亩以上的；（4）非法获利一百万元以上的；（5）非法转让、倒卖土地接近上述数量标准并具有其他恶劣情节，如造成严重后果等。本条具体规定了罚金刑的处罚幅度，即"非法转让、倒卖土地使用权价额百分之五以上百分之二十以下"。这是根据这种犯罪具有牟利性的特点规定的。其中罚金数额的具体确定，是以实际转让、倒卖土地使用权的价额为计算基数，非法转让、倒卖土地使用权价额越高，应当判处的罚金数额也就越大。

第二百二十九条 【提供虚假证明文件罪】【出具证明文件重大失实罪】
承担资产评估、验资、验证、会计、审计、法律服务、保荐、安全评价、环境影响评价、环境监测等职责的中介组织的人员故意提供虚假证明文件，情节严重的，处五年以下有期徒刑或者拘役，并处罚金；有下列情形之一的，处五年以上十年以下有期徒刑，并处罚金：

（一）提供与证券发行相关的虚假的资产评估、会计、审计、法律服务、保荐等证明文件，情节特别严重的；

（二）提供与重大资产交易相关的虚假的资产评估、会计、审计等证明文件，情节特别严重的；

（三）在涉及公共安全的重大工程、项目中提供虚假的安全评价、环境影响评价等证明文件，致使公共财产、国家和人民利益遭受特别重大损失的。

有前款行为，同时索取他人财物或者非法收受他人财物构成犯罪的，依照处罚较重的规定定罪处罚。

第一款规定的人员，严重不负责任，出具的证明文件有重大失实，造成严重后果的，处三年以下有期徒刑或者拘役，并处或者单处罚金。

【条文精解】

本条是关于提供虚假证明文件罪和出具证明文件重大失实罪及其处罚的规定。

关于本条的立法背景，主要有以下几个方面：

第一，1979年之后至1997年刑法修订前的立法情况。关于中介组织人员故意提供虚假证明文件罪，1979年刑法没有规定。随着市场经济的发展，中介组织发挥着越来越重要的作用。其主体资格的取得，对从事市场行为有着重要的影响，并直接关系到市场秩序。为此，在一系列法律、法规中都对中介组织的权利、义务、行为规范及中介组织违反这些规定所应负的法律责任作了规定。1995年2月28日第八届全国人民代表大会常务委员会第十二次会议通过的《关于惩治违反公司法的犯罪的决定》第六条规定了提供虚假证明文件的犯罪，对刑法作了补充。该决定第六条规定：承担资产评估、验资、验证、审计职责的人员故意提供虚假证明文件，情节严重的，处五年以下有期徒刑或者拘役，可以并处二十万元以下罚金。单位犯前款罪的，对单位判处违法所得五倍以下罚金，并对直接负责的主管人员和其他直接责任人员，依照前款的规定，处五年以下有期徒刑或者拘役。

第二，1997年修订刑法的情况。1997年修订刑法时，将《关于惩治违反公司法的犯罪的决定》第六条的规定修改后纳入刑法。主要作了以下修改：一是扩大了本条犯罪主体的范围。在列举的中介组织人员中增加会计、法律服务人员，同时增加规定"等"，以起到兜底作用，即将除了明确列举的几类中介组织之外的，其他所有的中介机构的人员都纳入本罪犯罪主体。二是对罚金刑的数额标准作出修改，将处"二十万元以下罚金"修改为处"罚金"，即不再限定具体数额，由法官根据案件的具体情况确定具体的罚金数额，以更有利于实现罪责刑相适应。三是增加一款规定，对索取他人财物或者非法收受他人财物以提供虚假证明文件的中介组织的人员，明确规定处五年以上十年以下有期徒刑，并处罚金。四是增加过失犯罪的规定。对于严重不负责任，出具的证明文件有重大失实，造成严重后果的中介组织的人员，规定处三年以下有期徒刑或者拘役，并处或者单处罚金。五是调整了关于单位犯罪的位置，未对本罪的单位犯罪在本条中单独规定，而是在刑法第二百三十一条中对刑法分则破坏社会主义市场经济秩序罪一章中"扰乱市场秩序罪"一节的单位犯罪作出统一规定。同时调整了单位犯罪的罚金刑标准，由"对单位判处违法所得五倍以下罚金"调整为"对单位判处罚金"。

第三，2020年《刑法修正案（十一）》对本条作了第二次修改。一是进一步增加列举了一些中介组织，以进一步明确本罪适用的主体范围，对从事保荐、安全评价、环境影响评价、环境监测职责的中介组织的人员适用本罪作了明确规定。二是增加了一档刑，即"处五年以上十年以下有期徒刑，并处罚金",同时对加重处罚的情形作了明确列举,包括:提供与证券发行相关的虚假的资产评估、会计、审计、法律服务、保荐等证明文件,情节特别严重;提供与重大资产交易相关的虚假的资产评估、会计、审计等证明文件,情节特别严重;在涉及公共安全的重大工程、项目中提供虚假的安全评价、环境影响评价等证明文件,致使公共财产、国家和人民利益遭受特别重大损失。三是修改完善了中介组织人员受贿以提供虚假证明文件的处罚,将法定刑"处五年以上十年以下有期徒刑,并处罚金"修改为"依照处罚较重的规定定罪处罚"。作出以上修改,主要有以下考虑:

一是有的全国人大代表、有关部门建议,进一步明确本条的犯罪主体。如有的全国人大代表、有关部门提出,在公司上市和证券发行领域,保荐人是保障资本市场投融资功能有效发挥的关键一环,在信息披露真实性、投资者保护方面,相对于会计师和律师具有更高的勤勉尽责义务。保荐人除了要保障自己提供的发行文件真实、准确和完整以外,还需要对会计师事务所、律师事务所和评估机构提供的证明文件的真实性、准确性和完整性进行审慎核查。保荐人故意提供虚假证明文件或者出具证明文件重大失实,往往与欺诈发行股票、债券、违规披露、不披露重要信息等违法犯罪相关,具有严重的社会危害性。特别是在以信息披露为核心的证券发行注册制施行后,保荐人作为发行"担保方",其职责更重。保荐人出具有虚假记载、误导性陈述或者重大遗漏的保荐书,或者不履行其他法定职责的,依法给予行政处罚各方面认识是一致的,但是在是否应当追究刑事责任问题上,有的地方司法机关认为还需要进一步明确。主要是无论从性质、职责、作用来看,保荐人都应当属于刑法第二百二十九条规定的"中介组织"。可是由于刑法在规定上采取了列举加兜底的规定方式,在明确列举的几类中介组织中,没有列举保荐人,导致有的对于保荐人是否属于刑法第二百二十九条规定的"中介组织",感觉没有把握。为了解决这一认识上的分歧,确保刑法准确适用,建议此次修改刑法时,对保荐人严重违法违规出具虚假保荐书的情况,加以补充列举,以进一步明确法律责任。还有的部门和地方提出,因各地环保力度加大,环保考评制度严格落实等原因,环境影响评估结果造假、伪造监测数据的情况增多。一些负责环境监测的中介组织的人员故意伪造环境监测的情况、数据,提供虚假的环境监测报告;一些负责环境影响评价的中介组织的人员违法进行环境影响评价,有的甚至捏造环境影响评价书,有的直接抄袭其他项目的环境影响评价书等,这些造假行为使得环境影响评价形同虚设,严重损害社会公共利益。在司法适用中,根据2016年最高人民法院、最高人民检察院

《关于办理环境污染刑事案件适用法律若干问题的解释》第十条的规定，对环境质量监测系统采取修改参数、修改监测数据、干扰采样等破坏环境质量监测系统的行为，以破坏计算机信息系统罪定罪处罚，部分解决了针对计算机平台的环境监测数据造假行为追究刑事责任的问题。但是对于计算机平台以外的环境影响评估造假、环境监测数据造假行为，还需要在刑法上进一步明确适用罪名。立法机关对于以上意见和建议进行了认真研究，总的看，刑法第二百二十九条所规定的犯罪主体是涵盖了所有的中介机构的人员的。因此，承担保荐、环境影响评价、环境监测的中介组织的人员故意出具虚假证明文件或者出具重大失实证明文件，都应当适用本条规定定罪处罚。考虑到实践中对于上述保荐人等是否属于本罪规定的"中介组织的人员"，存在不同认识。同时，这些中介组织所负责的保荐、安全评价、环境影响评价、环境监测等活动，对相关事项具有非常重要的社会服务、监督职能，从事这些中介服务的人员故意出具虚假的证明文件，具有严重的危害性，明确对这些行为应当适用刑法予以惩治，有利于警示相关从业人员依法履职，恪尽职守。因此，对承担这些任务的中介组织在本条现有规定的基础上作进一步明确，也是可以的。为此，本条修改在罪状中增加规定了"保荐、安全评价、环境影响评价、环境监测"。

二是对一些承担特别重要职责的中介组织的人员故意提供虚假证明文件的，明确规定适用更重一档的刑罚。本罪的犯罪主体涵盖所有中介机构的人员，适用范围较广。随着我国市场经济的持续发展，政府职能不断转变，"放管服"改革继续深化，各类中介组织将会进一步发展，并承担更多和更重的社会服务、监督等职责。有的意见提出，目前不少中介组织承担的职责曾是政府部门长期负责的重要职责。与政府部门时刻处于被监督的"聚光灯"下不同，中介组织反而更容易出现玩忽职守、滥用职权、徇私舞弊等情况，特别是在市场经济领域，中介组织提供虚假证明文件或者出具证明文件重大失实的较多，存在严重不负责任，只管"盖章收钱"的现象。因此，有必要对一些关键领域的中介组织，在"赋权"的同时作出"严管"的法律设计和安排。建议对本条增加一档刑罚，适用于所有中介组织的人员。也有的意见提出，考虑到承担各种职责的中介组织涉及领域很广，情况比较复杂，存在明显的发展不平衡，行业水平参差不齐的特点。从培育中介组织健康发展的角度，需要不同情况，区别对待，不宜简单作出"一刀切"的规定。有的中介组织提供服务的领域涉及民生、安全等重要事项，造假、放水可能造成特别严重的后果，对这些中介组织的人员增加一档更重的刑罚是必要的，对有些中介组织的人员，根据其违法犯罪行为的实际情况和造成的危害后果，适用第一档刑罚，总体上能够罚当其罪，也足以在行业里发挥教育警示等一般预防作用，可不必适用更重的刑罚。立法机关经认真研究，在本条修改中，对证券发行、重大资产交易以及与公共安全相关的重大工程、项目中从事安全评价、环境影响评价等职责的中介组织的人员，故意提供虚假证明文件的，增加规定了更重的一档刑罚，即法定最高刑可处以十年有期徒刑。

三是进一步完善了受贿并故意提供虚假证明文件行为的法律适用。有的部门提出，根据刑法第二百二十九条的规定，一般构成犯罪的，处五年以下有期徒刑或者拘役；有受贿情节的，一律处五年以上有期徒刑。这与刑法其他条款中，一般对于因为受贿而实施相关犯罪的，作为从重情节依法从重处罚的处理方式有较大差别，在刑罚衔接上存在一定的"跳档"情况，即如果不论行为人出具虚假证明造成危害后果的具体情况，也不论实际收取财物多少，一律处以五年以上有期徒刑，在有的案件中会出现轻重失衡，难以做到罪责刑相适应。也有的意见提出，对于因受贿而出具虚假证明文件的，相关人员可能同时构成刑法第一百六十三条"非国家工作人员受贿罪"或者第三百八十五条"受贿罪"，对此，有的情况下依照处罚较重的规定处罚，如定为受贿类犯罪可能更为合理。立法机关经研究，在对本条的修改中，采纳了上述意见。

本条共分三款。第一款是关于承担资产评估、验资、验证、会计、审计、法律服务、保荐、安全评价、环境影响评价、环境监测等职责的中介组织人员故意提供虚假证明文件及其处罚的规定。构成本款规定的犯罪，必须符合以下特征：一是主体特定，必须是中介机构的从业人员。随着我国经济社会生活不断发展，中介组织发挥着越来越重要的作用，其活动对市场行为、人民群众的社会生活等发挥着重要影响，并直接关系到市场秩序、社会生活秩序的正常进行。为此，在一系列法律、法规中都对中介组织的权利、义务、行为规范及中介组织违反这些规定所应负的法律责任作了规定。这里规定的"承担资产评估、验资、验证、会计、审计、法律服务、保荐、安全评价、环境影响评价、环境监测等职责的中介组织"，是指依法承担相关中介服务职责的资产评估机构、验资机构、验证机构、会计师事务所、审计师事务所、律师事务所、保荐机构、安全评价机构、环境影响评价机构、环境监测机构等。"人员"，是指在这些中介机构中，具有国家认可的专业资格的负有相关职责的专业从业人员。二是行为人实施了故意提供虚假证明文件的行为。这里所说的虚假证明文件，既包括伪造的证明文件，也包括内容虚假、有重大遗漏、误导性内容的文件。这些文件的载体有多种形式，如资产评估报告、验资报告、发行保荐书、安全评价报告、环境影响报告书(表)等。这些文件有时是单一文件,有时还含有其他附属材料以佐证其结论,包括数据、材料、资料、样本等。上述证明文件如果属于虚假文件,内容不真实,就违反了法律、法规、行业规则等对于资产评估、验资、验证、会计、审计、法律服务、保荐、安全评价、环境影响评价、环境监测等中介活动的要求,不能发挥证明作用。证明文件虚假,包括有关资料、报表、数据和各种结果、结论方面的报告和材料等不真实。三是构成本罪需要符合"情节严重"的要件。这里可以参考最高人民检察院、公安部《关于公安机关管辖的刑事案件立案追诉标准的规定(二)》的有关规定。根据该规定,承担资产评估、验资、验证、会计、审计、法律服务等职责的中介组织的人员故意提供虚假证明文件,涉嫌下列情形之一的,应予立案追诉:(1)给国家、公众或者其他投资者造成直接经济损失数额在五十万元以上的。(2)违法所得数额在十万元以上的。(3)虚假证明文件虚构数额在一百万元且占实际数额百分之三十以上的。(4)虽未达到上述数额标准,但具有下列情形之一的:①在提供虚假证明文件过程中索取或者非法接受他人财物的;②两年内因提供虚假证明文件,受过行政处罚二次以上,又提供虚假证明文件的。(5)其他情节严重的情形等。根据本款规定,对中介组织的人员故意提供虚假证明文件构成犯罪的,第一档可以处五年以下有期徒刑或者拘役,并处罚金。

《刑法修正案(十一)》对一些承担特别重要职责的中介组织的人员故意提供虚假证明文件的,还规定了更重一档刑罚。具体包括三种情形:

一是提供与证券发行相关的虚假的资产评估、会计、审计、法律服务、保荐等证明文件,情节特别严重的。依照证券法的规定,保荐机构、会计师事务所、律师事务所以及从事资产评估、资信评级等证券服务机构,应当提供相应的证明文件以支持证券发行。这些中介组织的人员所提供的证明文件对保障证券发行的真实性,具有非常重要的作用。特别是在以信息披露为核心的证券发行注册制施行后,中介组织出具的证明文件对投资者的价值判断和投资决策具有直接影响。根据修订后的证券法第十条、第一百六十条、第一百六十三条、第一百八十二条、第二百一十三条等规定,保荐人、证券服务机构的人员为证券发行等证券业务活动制作、出具发行保荐书、审计报告及其他鉴证报告、资产评估报告、财务顾问报告、资信评级报告或者法律意见书等文件,应当对文件的真实性、准确性、完整性进行核查和验证。如果制作、出具的文件有虚假记载、误导性陈述或者重大遗漏,对他人造成损失的,应当承担法律责任。本款该项规定的中介组织的范围是"资产评估、会计、审计、法律服务、保荐等",只要是负责提供与证券发行相关的虚假证明文件的中介组织的人员,都属于本项规定的主体。本项规定,要"情节特别严重"才能适用第二档刑罚,如造成的损失特别巨大、手段特别恶劣等。如果故意提供与证券发行相关的虚假证明文件只具有一般情节的,适用本款第一档刑罚。

二是提供与重大资产交易相关的虚假的资产评估、会计、审计等证明文件,情节特别严重的。这里的"重大资产交易"主要是指相关资产交易事项重要、金额巨大、影响广泛等情况。如重大的资产重组、收购、出售、转让、受让或者以其他方式进行的各种资产交易活动。公司法、证券法、上市公司重大资产重组管理办法等法律法规对重大资产交易作了相应的规定。其中,"资产评估、会计、审计等"中介组织出具的证明文件,对重大资产交易的真实性具有直接证明作用,会影响重大资产交易双方的决策以及交易完成后相关主体的一系列商业行为。本款该项规定的中介组织的范围是"资产评估、会计、审计等",只要是负责提供与重大资产交易相关的虚假证明文件的中介组织的人员都属于本项规定的主体。本项规定,要"情节特别严重"才能适用第二档刑罚,如造成的损失特别巨大、手段特别恶劣等。如果故意提供与重大资产交易相关的虚假证明文件只具有一般情节的,适用本款第一档刑罚。

三是在涉及公共安全的重大工程、项目中提供虚假的安全评价、环境影响评价等证明文件,致使公共财产、国家和人民利益遭受特别重大损失的。这里的"涉及公共安全的重大工程、项目"需要满足两个条件:其一"涉及公共安全"。重大工程、项目的作用不一,有的与公共安全息息相关,如矿山、水电站、核电站、桥梁、隧道、大型运动场等;有的可能与公共安全不直接相关,只是涉及金额比较大。对于与公共安全不直接相关的重大工程、项目中提供虚假的安全评价、环境影响评价等证明文件的行为,仍可以适用本款第一档刑罚处罚。其二应是"重大工程、项目",主要是指与民生紧密相连的重大建筑工程、基础设施建设项目、矿山、金属冶炼建设项目等。如国家的国民经济和社会发展五年规划纲要中涉及的重大工程、项目,地方规划建设的重大工程、项目,涉及金额巨大,对一定区域商品和服务提供安全评价、环境影响评价,对生态环境等有重要影响的工程、项目等。根据本项规定,承担这些工程、项目的安全评价、环境影响评价等职责的中介机构提供虚假证明文件的,还需要符合"致使公共财产、国家和人民利益遭受特别重大损失",包括特别重大的经济损失、造成人员重大伤亡、环境受到特别严重破坏等。这里的"致使"要求提供虚假证明文件的行为与"公共财产、国家和人民利益遭受特别重大损失"之间具有紧密的因果关系。如果承担重大工程、项目的安全评价、环境影响评价等职责的行为人故意提供虚假证明文件，但尚未"致使公共财产、国家和人民利益遭受特别重大损失"的，仍可以适用本款第一档刑罚处罚。

根据本款规定，中介组织的人员有上述三项规定的行为之一的，处五年以上十年以下有期徒刑，并处罚金。

第二款是关于有前款行为同时索取他人财物或者非法收受他人财物如何处罚的规定。本款规定的犯罪，从行为特征上看与第一款的规定基本一致。不同的是，增加了"索取他人财物或者非法收受他人财物"的客观要件。中介机构的性质决定了它所出具的证明文件应当公正，但实际上却提供了虚假的证明文件，如果其中存在利用履行职务行为的便利条件进行利益交换以后再出具虚假的证明文件的情况，危害性就更大。为了确保中介机构的公正性，对于中介机构的人员索取他人财物或者非法收受他人财物而故意提供虚假证明文件的行为，应当明确给予惩治。考虑到中介组织的人员一般属于非国家工作人员，其受贿行为往往还涉嫌构成刑法第一百六十三条"非国家工作人员受贿罪"（另外，其中如果有属于国家工作人员范围的情况，则还可能涉嫌构成刑法第三百八十五条"受贿罪"）。因此，可能出现以下两种情况：一是行为人触犯本罪的量刑较高，同时触犯刑法第一百六十三条"非国家工作人员受贿罪"的量刑较低；二是行为人触犯本罪的量刑较低，同时触犯刑法第一百六十三条"非国家工作人员受贿罪"的量刑较高（如果属于国家工作人员，涉嫌刑法第三百八十五条"受贿罪"的，也有类似情况）。对此，根据本款规定，有前款行为，同时索取他人财物或者非法收受他人财物构成犯罪的，依照处罚较重的规定定罪处罚。

第三款是关于第一款规定的人员严重不负责任，出具的证明文件有重大失实的犯罪及其处罚的规定。其中"第一款规定的人员"，是指第一款规定的中介组织的人员，包括"承担资产评估、验资、验证、会计、审计、法律服务、保荐、安全评价、环境影响评价、环境监测等职责的中介组织的人员"；"出具的证明文件有重大失实"，是指所出具的证明文件，在内容上存在重大的不符合实际的错误或者内容虚假。这里规定的证明文件与第一款规定的证明文件的内容和范围是相同的。本款规定的犯罪与第一款规定的犯罪的主要区别在于行为人主观方面不同，第一款规定的犯罪是故意犯罪，而本款规定的则是过失犯罪。因此，本款规定"造成严重后果的"，才负刑事责任。这里可以参考最高人民检察院、公安部《关于公安机关管辖的刑事案件立案追诉标准的规定（二）》。该规定第八十二条规定，承担资产评估、验资、验证、会计、审计、法律服务等职责的中介组织的人员严重不负责任，出具的证明文件有重大失实，涉嫌下列情形之一的，应予立案追诉：（1）给国家、公众或者其他投资者造成直接经济损失数额在一百万元以上的；（2）其他造成严重后果的情形。由于本款规定的出具证明文件重大失实罪是一种过失犯罪，较提供虚假证明文件罪在主观恶性上要轻一些，因此，在处刑的规定上也较第一款规定的提供虚假证明文件罪的处刑要轻。对于造成严重后果的，处三年以下有期徒刑或者拘役，并处或者单处罚金。

【实践中需要注意的问题】

实践中，有些建设单位依法可以自行编制建设项目的环境影响评价文件。根据环境影响评价法第十九条的规定，建设单位具备环境影响评价技术能力的，可以自行对其建设项目开展环境影响评价，编制建设项目环境影响报告书、环境影响报告表。这类"自评自建"的建设单位不属于本条规定的承担环境影响评价职责的中介组织。当相关人员实施篡改、伪造环境影响报告书（表）的行为时，不属于本罪规定的中介组织人员提供虚假证明文件的情况，但是其篡改、伪造环境影响报告书（表）的行为，如果构成刑法规定的其他犯罪的，应当依照相应规定追究。如相关环境影响评价涉及的项目造成环境污染的，相关证明文件造假的行为人可以按照刑法第三百三十八条污染环境罪的共同犯罪定罪处罚。

第二百三十条 【逃避商检罪】

违反进出口商品检验法的规定，逃避商品检验，将必须经商检机构检验的进口商品未报经检验而擅自销售、使用，或者将必须经商检机构检验的出口商品未报经检验合格而擅自出口，情节严重的，处三年以下有期徒刑或者拘役，并处或者单处罚金。

【条文精解】

本条是关于逃避商检罪及其处罚的规定。

本条规定的逃避商检罪，是指违反进出口商品检验法的规定，逃避商品检验的犯罪。构成逃避商检罪应当具备以下特征：一是行为人主观上有逃避商检的故意。"逃避商品检验"，是指行为人通过自己的作为或者故意的不作为使应当经过进出口商品检验部门检验的商品，避开检验的行为。"必须经商检机构检验的进出口商品"，是指国家进出口商品检验主管部门依法列入必须实施检验的进出口商品目录中的商品。根据进出口商品检验法的规定，列入目录的进出口商品，由商检机构实施检验。进口商品未经检验的，不准销售、使用；出口商品未经检验合格的，不准出口。二是行为人实施了逃避海关监管的行为。根据本条规定，构成本条规定的犯罪行为主要有以下两种情况：其一，"未报经检验而擅自销售、使用"，是指行为人将进口商品未报经商检机构检验，就自行将商品在境内销售或者自行使用的情况。行为人未报经检验就自行销售、使用的行为，直接破坏了国家对进出口商品的监督和管理。其二，"未报经检验合格而擅自出口"，是指没有经商检机构检验合格就自行出口的行为。因为出口商品是否符合国家规定的出口条件，应经商检机构通过出口商品的检验才能确定。三是逃避商检的行为"情节严重"。根据最高人民检察院、公安部《关于公安机关管辖的刑事案件立案追诉标准的规定（二）》第八十三条的规定，违反进出口商品检验法的规定，逃避商品检验，将必须经商检机构检验的进口商品未报经检验而擅自销售、使用，或者将必须经商检机构检验的出口商品未报经检验合格而擅自出口，涉嫌下列情形之一的，应予立案追诉：（1）给国家、单位或者个人造成直接经济损失数额在五十万元以上的；（2）逃避商检的进出口货物货值金额在三百万元以上的；（3）导致病疫流行、灾害事故的；（4）多次逃避商检的；（5）引起国际经济贸易纠纷，严重影响国家对外贸易关系，或者严重损害国家声誉的；（6）其他情节严重的情形。应当注意的是，无论是未经检验、自行销售或者使用进口商品，还是擅自出口商品，都是以所销售、使用、出口的商品是法律、法规规定的必须经过检验的商品。如果不是必须经过检验的商品，不构成本罪。

本条对逃避商品检验构成犯罪的处刑规定是，处三年以下有期徒刑或者拘役，并处或者单处罚金。此外，根据本法第二百三十一条的规定，单位犯本条规定之罪的，对单位判处罚金，并对其直接负责的主管人员和其他直接责任人员，依照本条的规定，定罪处罚。

第二百三十一条 【单位犯本节规定之罪的处罚】

单位犯本节第二百二十一条至第二百三十条规定之罪的，对单位判处罚金，并对其直接负责的主管人员和其他直接责任人员，依照本节各该条的规定处罚。

【条文精解】

本条是关于单位犯本节规定之罪及其处罚的规定。

本条规定的"单位犯本节第二百二十一条至第二百三十条规定之罪的",是指单位触犯刑法第三章第八节各条规定的犯罪。这里的"单位",根据刑法第三十条的规定,是指公司、企业、事业单位、机关、团体。本条关于对单位犯罪的处刑规定,采取了"双罚制"的原则,即对单位判处罚金,并对其直接负责的主管人员和其他直接责任人员,依照本节各条的规定处罚。

【实践中需要注意的问题】

1998年12月29日第九届全国人民代表大会常务委员会第六次会议通过的《关于惩治骗购外汇、逃汇和非法买卖外汇犯罪的决定》第四条规定,在国家规定的交易场所以外非法买卖外汇,扰乱市场秩序,情节严重的,依照刑法第二百二十五条的规定定罪处罚。单位犯前款罪的,依照刑法第二百三十一条的规定处罚。因此,单位在国家规定的交易场所以外非法买卖外汇,扰乱市场秩序,情节严重的,应根据本条规定,对单位判处罚金,并对其直接负责的主管人员和其他直接责任人员,依照刑法第二百二十五条"非法经营罪"的规定处罚。